노동 – 시민 연대는 언제 작동하는가

노동-시민 연대는 언제 작동하는가

배태된 응집성과 복지국가의 정치사회학

When Solidarity Works
Labor-Civic Networks and Welfare States in the Market Reform Era

이철승 지음
박광호 옮김

후마니타스

차례

3부

일러두기

1. 단행본, 정기간행물에는 겹낫표(『 』)를, 논문, 기고문에는 큰따옴표(" ")를 사용했다.
2. 본문의 대괄호([ ])는 옮긴이의 첨언이며, 긴 설명이 필요한 경우, '[옮긴이]' '[- 옮긴이]'로
   표시해 각주를 달았다. 인용문 안의 대괄호([ ])는 대부분 저자의 첨언이며,
   옮긴이의 것일 때만 '[- 옮긴이]'로 표시했다.

한국어판 서문

이 책의 영문판 서문을 쓴 지 3년 만에 한국어판 서문을 쓴다. 그사이 필자는 우여곡절 끝에 10년 가까이 머물렀던 시카고의 직장을 그만두고 고국으로 돌아왔다. 18년을 머문 미국 생활을 정리한 것이다. 돌이켜보면, 이 책을 준비하면서, 인터뷰를 위해 태평양을 오가며 내 커리어를 다시 생각했던 것 같다. 이 책을 쓰기 위해 수많은 노동운동가와 시민운동가들을 만나면서 나 자신이 변한 것이다. 이 책이 케임브리지에서 출판되던 2016년 가을, 막 타오르기 시작하던 촛불 시위를 목도하며 귀국 결정을 다졌다. 그리고는 시카고로 돌아가 사직서를 썼다. 이듬해 봄, 나는 미국의(얼마 안 되지만 나름 소중한) 인적·물적 자산들을 정리했다. 이 책의 영문판 초판도 이 결정과 함께 태평양 너머에 두고 온 셈이다. 세일즈를 담당해야 할 저자가 출판과 함께 사라졌으니 출판사에는 미안한 일이다.

결국 돌아오는 단초를 제공한 책이지만, 난 이 책을 철저히 미국과 서구학계의 독자들을 염두에 두고, 더 직접적으로는 시카고대학교 사회학과의 내 동료들과 미국 사회학 및 정치학계의 동료들을 청중으로 생각하며 썼다. 그들의 판단 기준이란 이런 것이다. 얼마나 동시대 사회학과 정치학 분야에 쌓여 온 지식과 앎을 이론적·경험적으로 진전시켰는가? 이 연구는 기존의 이론적 주장과 가설들을 다시 생각하도록 만드는가? 동시대 사회운동, 사회정책, 비교정치 분야의 주요 업적들을 넘어서는 새로운 발견과 주장이 담겨 있는가? 제시된 이론 틀과 발견 및 증거들은 동시대 사회과학의 규준에 적합한 방법론을 통해 엄격하게 테스트되었는가? 궁극적으로, 이 연구는 사회과학의 언어를 이용해 인류 사회의 앎을 증진하고, 다음 세대 사회과학도와 정책 생산자들, 그리고 시민사회의 독자들에게 유익한 영감을 제공하는가?

　　이 질문들에 이 연구가 만족할 만한 수준의 결과물을 내놓았는지는 독자들이 판단할 일이다. 필자는 노동 – 시민 연대의 구조가 어떻게 만들어지는지, 그리고 이 연대의 내부 동학을 좀 더 잘 파악할 수 있다면, 그 사회의 복지 체계가 어떻게 만들어지는지를 좀 더 잘 이해할 수 있을 것이라 보았다. 필자는 한국의 노동 – 시민 연대가 성취한 성과를 다른 나라들의 사례들과 비교함으로써, 그 특수성과 보편성을 이론화하고자 했다. 어느덧 포부와 작업의 결과물을 일치시킬 수 있어야 하는 나이에 접어들었지만, 아직은 포부가 더 큰지도 모르겠다. 책의 서두에서 다루고자 한 주제와 질문들에 부족하게 답했다면, 후속 연구를 통해 보충할 것이라 약속드린다.

　　연구자들은 저마다 마음속에 '범형'을 가지고 있다. 그것은 동료의 저작일 수도, 지도교수의 저작일 수도, 아니면 동시대의 고전일 수도 있다. 필자 또한 여러 범형의 도자기를 마음속으로 떠올리며, 그에 뒤지지 않는 수준의 도자기를 빚고자 애썼다. 한국말로 쓰인 수많은 뛰어난 논문들이 있지만, 필자는 임영일 선생의 박사학위 논문(1996)과 은수미 선생(시장)의 박사학위 논문(2005)을 떠올리며 이 책을 썼다(이 책에서 내가 발전시킨 개념과 증거들은 상당 부분 그들의 연구에 터하고 있다). 학위논문을 쓴 지 14년이 지나 중견 학자 소리를 듣지만, 필자가 이들의 학위논문에 필적하는 수준의 연구를 하고 있는지는 여전히 확신이 없다. 한 분은 인터뷰하며 뵀고, 다른 한 분은 여태 뵌 적이 없다. 공교롭게도 두 분 모두 이제는 학계에 계시지 않다. 임 선생의 논문은 절판되었고 은 선생의 논문은 책으로 출판되지 않았다. 한국 학계의 문제인지 출판계의 문제인지 알 수는 없으나, 지식 유통의 짧고 얕은 호흡이 안타깝다. 이 책의 운명 또한 알 수 없는 일이지만, 아무튼 이 한국어판은 두 분에게 헌사하고 싶다. "이 정도 도자기면 되겠는지요?" 하면서 말이다. 두 분이 수고했다, 그만하면 됐다고 하시면, 그로 족하다.

영어판 서문에도 언급했지만, 인터뷰에 응해 주신 노동운동가와 시민운동가들께 다시 한번 감사드린다. 이 책은 그들이 이 사회를 위해 희생하고 헌신한 노력과 땀을 사회과학 언어의 틀로 재구성한 결과일 뿐이다. 적어도 이 책에서 인터뷰한, 또는 하지 못한 수많은 시민운동과 노동 분야 활동가들의 노력이 없었다면 우리가 오늘 누리는 복지 혜택은 훨씬 조야하고 덜 체계적이었을 것이다.

한국어판 작업은 필자의 귀향 과정만큼이나 쉽지 않았다. 한국 사람이 쓴 영어를 한국 번역자가 한국어로 옮겼으니, 번역의 결이 이중, 삼중이라는 이야기다. 번역하느라 고생하신 박광호 선생님, 다듬느라 고생하신 안중철 편집장님과 강소영 편집자님, 그리고 후마니타스의 장인들께 감사의 말씀을 전한다. 조금 더 평이한 언어로, 학계의 동료들뿐만 아니라, 동시대의 지식 대중에게도 영감을 줄 수 있었다면 하는 아쉬움이 남는다.

이 책이 출판되기까지 긴 시간을 지켜봐 주신 모든 분들께 거듭 감사드린다.

2019년 봄, 과천의 한 도서관에서

서문

이 책은 시민사회에서 노동 - 시민 연대가 어떻게 진화하고 또한 어떤 복지국가를 건설하는지 탐구한다. 필자는 다양한 부류의 독자들을 염두에 두고 책을 썼다. 우선, 개발도상국들 사이에서 나타나는 복지국가의 발전과 후퇴를 설명하고자 하지만, 복지국가와 관련된 기존의 연구 문헌들이 주로 부유한 민주국가들에 초점을 맞추고 있다는 사실에 불만을 느끼는 이들이다. 다음으로, 민주적 거버넌스와 공공 정책의 형성에서 시민사회와 사회운동의 중요한 역할을 탐구하려는 이들이다. 마지막으로, 집합행동을 위한 다양한 조직들 사이의 연대가 사회마다 다른 양상으로 발전하는데, 이 같은 상이한 진화 과정에 관심이 있는 이들이다.

이 책에는 내가 그동안 관심을 가져 왔던 두 가지 기획이 결합돼 있다. 하나는 '하방'going-underground[1]이라는 주제와 관련된 것으로, 이 기획에서 필자는 개발도상국들을 대상으로 억압적인 권위주의 정부 시기에 상이한 유형의 노동 – 시민 연대가 각기 어떻게 등장했는지, 나아가 그것들이 민주주의 공고화 시기에 어떻게 상이한 유형의 노동조직들로 진화했는지 밝혀내고 싶었다. 나머지 하나는 2012년 『세계 정치』World Politics에 게재한 논문의 주제로, 상이한 구성의 시민사회 네트워크들이 복지국가의 축소 또는 확장과 관련된 정당 및 노동조합 엘리트의 정치적 의사 결정에 각각 어떤 영향을 어떻게 미치는지 탐구하는 것이다. 이 기획에서 필자는 우선 노조가 어떻게 국가, 정당, 시민단체 등과의 연계를 발전시키는지 포착하고자 배태성[착근성]embeddedness과 응집성cohesiveness이라는 개념을 개발했다. 이 두 가지 기획을 결합하는 과정에서 새롭게 제기된 과업은 특정 사회정책을 중심으로 노동 – 시민 연대가 진화하는 역사적 과정을 조명하는 것이었다.

　이 같은 목적들을 달성하기 위해서는 통상적인 네트워크 분석에서 전형적으로 제시되는 구조주의적 주장을 넘어서야 했다. 노동 – 시민 네트워크의 역사적 진화 과정 및 (시간이 흐름에 따른) 구조의 변화를 조사하기 위해, 다양한 층위의 노동단체들과 시민단체들을 분석해야 했다.

---

1 [옮긴이] 한국적 맥락만 고려한다면, '하방'이라는 표현보다는, '현장 투신' 또는 '노동 현장 투신' 정도의 표현이 좀 더 적합해 보인다. 구해근에 따르면, 이 같은 흐름은 전두환 정권 초기에 학생운동 진영이 채택한 주요 정치 전략(노동현장론)으로, "학생들이 공장노동자로 산업 현장에 들어가 노동자들의 계급의식을 제고하고, 민주 노조 설립 활동을 돕는 것"이었다. 구해근, 『한국 노동계급의 형성』, 창작과비평사, 2002, 158쪽 참조. 다만, 한국적 맥락을 살린 (노동) 현장 투신이라는 표현은 주로 공장이나 공단 등에 초점이 맞춰져 있어, 이 책에서 다루는 (좀 더 광범위한 시민사회와의 연계를 맺고 있는) 다른 나라의 사례들과 다소 맞지 않는 측면이 있기도 하다. 일단 이 글에서는 한글로 발표된 저자의 다른 논문에서 이 단어를 '하방'으로 소개하고 있기에, 저자의 번역어에 따라 하방으로 옮겼다. 이철승, "다중격차 시대의 노동-시민 연대", 황규성·강병익 엮음, 『다중격차 2: 역사와 구조』, 페이퍼로드, 2017.

이를 위해 필자는 다년간 개발도상 4개국의 주요 노조 및 노동단체의 고위 지도부들을 인터뷰했다. 특히, 한국에서 활동하는 사회정책 및 노동시장 정책 관련 전문가들을 만났는데, 이를 통해 '정책 네트워크'policy networks와 '정책 역량'policy capacity이라는 아이디어에 눈뜨게 되었고, '정책 배태성'과 조직 역량에 기초한 '동원'mobilization이라는 개념도 개발할 수 있었다. 인터뷰를 하는 동안 필자는 이차 문헌으로는 파악할 수 없었던 진기하고 난해한 현실을 설명하기 위해, 기존에 세웠던 가설들 가운데 다수를 폐기하고 새로운 이론적 도구를 고안해야 했다. 인터뷰 자료 덕분에 필자는 상세한 역사적 맥락과 현장의 목소리를 결사체[시민단체] 네트워크associational network 자료와 결합할 수 있었다. 그것은 네트워크의 각 교점node이 목소리를 내고 자신의 이야기를 하도록 하는 과정이었다. 이 과정을 통해 필자는 상이한 사회정책이 '정책 역량'과 '동원 역량'에 따라 어떻게 진화하고, 제도화되는지를 설명할 수 있었다.

이 책의 또 다른 기원은 1990년대 한국, 격동의 민주화 시기를 대학생 및 대학원생으로 보낸 필자의 경험으로 거슬러 올라간다. 지금으로부터 20년도 더 전인 그때, 노동운동에 투신하고자 공장에 위장 취업을 했던 경험이 있는 몇몇 선배들을 우연히 만나게 되었다. 돌이켜 보건대, 당시는 1980년대의 혁명적 열정이 사라지고, 민주화가 그 급진적 운동가들에게 새로운 정치적 공간을 열어 준 시기였다. 일부는 캠퍼스에 잠시 머물러 있다가 새로운 노동조직과 시민단체를 건설하는 데 나섰다. 다른 일부는 운동을 그만두거나 관련 부문에서 전문직 종사자로 살았다.

지난 20년 동안 필자는 '하방을 했던' 그들에 관한 연구에 착수하고 싶었다. 그들은 왜 공장과 빈민가로 들어갔는지, 또 왜 거기서 나오게 되었는지, 그리고 이후 현대적인 노동단체와 시민단체들을 '왜 그리고 어떻게' 건설했는지, 그들이 성취한 것은 무엇이고, 성취하지 못한 것은 무엇인지 등을 좀 더 진지하게 조사하고 싶었다. 그리고 그들의 역사를 내가 습득한 분석 도구 및 언어들로 재구성해 보고 싶었다. 오늘날의 노동 정치가 어떤 경로와 일상의 실천들을 통해 제도화되었는지를 밝히기 위해서는 그들의 목적·전략·행동·자원뿐만 아니라, 그들의 개인적 이력이 어떻게 변화해 왔는지 추적해 보는 것이 중요하다고 생각했다. 또한 노동 정치의 진화 과정을 시민사회의 발전 또는 '다양한 사회운동 조직들의 장'multi-organizational fields이라는 좀 더 큰 맥락에서 살펴보는 것이 필수적이라고 생각했고, 그러기 위해서는 노동조직들의 내부 역량뿐만 아니라 좀 더 광범위한 결사체들의 장associational fields[2]에

2 이 글에서 결사체들의 장이란 "무수히 많은 시민사회단체들로 구성된 사회운동 '조직들의 장'(organizational field)을 칭한다. 이들은 장(field) 내부에 설정된 목표들과 관계들, 그리고 장 내부의 규칙들(Fligstein and McAdam 2011)에 대한 공통의 이해(understanding)를 기반으로 서로에 대한 일정 수준의 지식을 보유한 채 상호 교통하는 조직들이다"(Akchurin and Lee 2013, 697, 각주 1). 예를 들면, 한국의 노동운동 부문을 하나의 '장'이라 이해할 때, 이 장은 다른 장과 구별되는 장 내부의 목적(노동자의 이해 증진), 장 내부 행위자들 간의 공식·비공식적 관계의 규칙들(지역 혹은 산업별 연대·이합집산과 위계의 규칙, 내부의 정파에 따른 경쟁과 이해 조정의 규칙, 대자본가 투쟁 및 협상의 규칙)을 공유한다. 이 개념은 3장("결사체 네트워크의 출현과 공고화"라는 단락)에서 상술할 것이다. 이 '결사체들의 장' 개념은 "사회운동 조직들의 장"(organizational field)(DiMaggio and Powell 1983) 또는 "장"(field)(Bourdieu 1993, Martin 2003) 같은, 사회운동 및 조직 이론 문헌의 몇몇 개념과 유사하다. 결사체 네트워크/장은 사용 가능한 자원의 정도 및 범위와 관련해 행위자를 제한하는 주어진 구조일 뿐만 아니라, 그런 네트워크에 배태된 행위자가 정책 수립과 유권자/지지 동원과 관련해 자원을 더 잘 조직할 수 있는 "도구들"(tool-kit)(Swidler 1986)이기도 하다. 필자는 각 특정 사회의 결사체들의 장에서 노조는, 다른 핵심 행위자들에 대한 동원 모델, 조직 간 연계의 패턴, 그리고 주장을 제기하는 방식 등(Akchurin and Lee 2013, 697)으로 구성된 독특한 "조직화 기술들"(organizational reper-

배태된 노동조직들의 제도적 특징들을 조사해야만 할 것으로 생각했다. 그런 노력을 기울이면, 특히 최근 민주화된(또는 민주화가 진행 중인) 개발도상국 사회의 복지국가를 연구하는 데 일조하고, 사회운동/사회조직에 대한 분석과 복지국가에 대한 분석 사이에 남겨진 연구 공백을 메울 수 있으리라고 추측했다.

이 책을 쓰면서 많은 사람들에게 빚을 졌다. 무엇보다 자신이 겪은 시절의 경험을 기꺼이 나눠 준 노동단체 및 시민단체 지도자들에게 감사드린다. 그들은 노동 – 시민 연대에 관해 자신들이 경험했고 기억하는 역사를 생생하게 들려주었을 뿐만 아니라, 상이한 사회의 노동 정치 및 시민 정치에 관해 다양한 설명과 조언을 제공해 주었다. 그들의 증언은 이 책을 집필하는 데 중요한 토대가 되었다. 자료 수집은 미국국립과학재단National Science Foundation, NSF의 재정 지원을 받았다(No. 1260191, "Identity, Networks, and The Origins of Participatory Democracy"). 논문에 관한 소중한 조언과 더불어 뒤이은 연구 조사 역시 지원해 준 프랑수아 닐슨Francois Nielsen과 존 D. 스티븐스John D. Stephens에게 감사한다. 노스캐롤라이나대학교 채플힐 캠퍼스의 멘토들, 에벌린 후버Evelyne Huber, 켄 볼른Ken Bollen, 찰스 커즈먼Charles Kurzman 또한 필요할 때마다 값진 조언을 해 주었다. 피터 에번스Peter Evans는 이 기획의 시작부터 마지막까지 계속해서 지지를 보내 주었으며, 자신의 연구 모임에 나를 초청해 이 연구를 계속하도록 격려해 주었다. 데이비드 브래디David Brady, 아트 앨더슨

---

toires)(Clemens 1993; 1997)을 개발할 것이라고 주장한다. 그런 기술을 이해하기 위해서 이 연구는 첫째, 결사체들의 장에서 핵심 행위자들이 어떻게 출현하며, 둘째, 그들이 이슈를 형성하고, 자원을 동원하며, 조직 간 연계를 만들고, 정책을 생산해 내는 모델들에 초점을 맞춘다._이 책에서는 '결사체 네트워크'와 '결사체들의 장'이란 표현을 혼용해 사용했다.

Art Alderson, 앤드류 슈랭크Andrew Schrank, 크레이그 바이어라인Kraig Beyerlein은 18년의 미국 생활 내내 각종 정보와 조언을 통해 많은 도움을 주었다. 이들은 내게 정서적으로도 큰 도움을 주었다. 시카고대학교 사회학과 동료들에게도 고마움을 전한다. 앤드류 애벗Andrew Abbott, 에드워드 라우만Edward Laumann, 자오딩신赵鼎新, 엘리자베스 클레멘스Elisabeth Clemens, 제임스 에번스James Evans, 안드레아스 글레이저Andreas Glaeser, 테리 클라크Terry Clark는 '시카고적 의미'의 진지한 기획을 발전시키도록 격려해 주었고, 이 책 기획의 여러 단계에서 매우 값진 의견을 주었다. 마르코 가리도Marco Garrido, 킴벌리 호앙Kimberly Hoang, 존 레비 마틴John Levi Martin은 이 책의 몇몇 장들을 읽고 놀랍도록 통찰력 있는 평을 해주었다. 동아시아 연구 프로그램의 최경희와 브루스 커밍스Bruce Cumings 역시 가장 초기 단계에서부터 이 의제를 밀고 나가도록 격려해 주었다. 다른 동료들도 이 책의 일부를 읽어 주었다. 사려 깊은 의견을 준 제이슨 벡필드Jason Beckfield, 조석주, 히로세 켄타로広瀬 健太郎, 김창완, 김용균, 제임스 몽고메리James Montgomery, 박종희, 모니카 프라사드Monica Prasad, 로스 슈톨젠베르크Ross Stolzenberg, 앤드류 슈랭크에게 감사한다. 조석주, 히로세 켄타로, 제임스 몽고메리, 로스 슈톨젠베르크의 의견들은 더 엄밀한 게임이론 모델을 세우는 데 도움이 되었다. 특히 조석주 교수는 부록 C의 비교 정태 분석comparative statics을 정교화하는 데 많은 가르침을 주었다. 내 강의 "복지국가, 빈곤, 불평등"과 "시민사회의 사회학" 수강생들도 몇몇 장을 읽고 중요하고 도전적인 평을 해주었다. 여러 워크숍 및 콜로키움의 참가자들도 다양하고 깊은 의견을 주었다. 이 책 기획의 일부를 발표한 곳은 다음과 같다. 노스웨스턴대학교에서 켈로그 경영대학원이 후원한 사회운동 워크숍, 인디애나대학교 블루밍턴캠퍼스 사회학과 콜로키움, 브라운대학교 왓슨연구소, 시카고대학교 동아시아 워크숍 및 비교정치 워크숍, 에머리대학교 개발도상국 연구소, 일리노이대학교 어바나 – 샴페인캠퍼스 동아시아태평양 연구소, 중앙대학교 사회학과 콜로키움, 한국노동연구원, 서울대학교 사회학과, 베이징대학교 서울대학교 사회학과 공동 콘퍼런스 서울대학교 초빙교수로 있는 동안 사회학과 동료들은 사려 깊은 의견을 주었고 이 기획의 연구 조사를 수행하기에 이상적인 환경을 마련해 주었다. 특히 장경섭 교수와 정근식 교수는 책 집필과 그 가치에 관해 사려 깊고 전문적인 조언을 해주었다. 또한 지난 수년간 "한국사회과학연구지원사업 다중 불평등 기획"SSK-Multiple-Inequality Project의 몇몇 동료들, 즉 전병유 교수, 장지연 박사, 신진욱 교수 등은 서울에서 연구 조사를 하고 또 머무는 일에 지원을 아끼지 않았다.

이 책의 연구 조사는 대체로 한국의 네트워크 자료 수집이 목적인 연구 조사 팀이 받은 한국연구재단의 연구 보조금(한국사회과학연구지원사업 NFR-2014S1A3A2044833)에서 부분적인 지원을 받았다. 또한 은수미, 장덕진, 강국진도 이 연구 조사를 위한 네트워크 자료를 사용하고 갱신하도록 허락해 주었다. 그들의 관대한 지원이 없었다면 이 책의 상당 부분은 결코 가능하지 않았을 것이다. 이곳 시카고대학교와 4개국 다른 대학 대학원생들은 노조 지도자의 인터뷰 자료를 수집하는 데 도움을 주었다. 아파라지타 다스Aparajita Das, 니콜라스 다민Nicolas Damin, 데니 루보Deni Rubbo, 윌슨 산토Wilson Santo, 천샤오위Hsiao-Yu Chen, 마리아나 톨레도Mariana Toledo, 모니세 피칸수Monise Picanço, 마리아나 바르보자Marina Barbosa, 루카스 아마랄Lucas Amaral, 문명선, 크리스 던랩Chris Dunlap은 인터뷰를 수행하거나 그 자료를 녹취·편집하는 데 도움을 주었다. 네이선

곤살레스Nathan Gonzalez, 스티븐 클라인Stephen Klein, 루완즈Wan-zi Lu, 앤드류 프록터Andrew Proctor, 베냐민 로어Benjamin Rohr, 샹누안누안Nuannuan Xiang은 상당한 시간을 들여 실질적인 평을 해주었을 뿐 아니라 여러 판본의 원고를 정리해 주기도 했다.

이 책의 일부는 간행 혹은 미간행 원고에서 가져왔다. 1장의 일부는 『미국사회학리뷰』*American Sociological Review*(2007년 8월)에 게재한 논문 "노조와 좋은 거버넌스"Labor Unions and Good Governance에서 가져왔다. 3장과 9장은 『세계 정치』*World Politics*에 게재한 "아르헨티나, 브라질, 한국, 대만의 결사체 네트워크와 복지국가"Associational Networks and Welfare States in Argentina, Brazil, South Korea, and Taiwan를 발전시킨 것이다. 4장의 일부(응집성과 배태성의 기원)는 『사회학 이론』*Sociological Theory* [2016, Vol. 34(3)]에 실린 "하방: 최근 민주화된 나라에서 다양한 유형의 노동 정당들과 그들의 성공의 기원"Going Underground: The Origins of Divergent Forms of Labor Parties and their Successes in Recently Democratized Countries에 기초했다. 7장의 한 부분(아르헨티나에 관한)은 마리아 아추린Maria Akchurin과 8장의 한 부분(대만에 관한)은 장옌천린Jean Yenchun Lin과 각각 함께 쓴 미간행 논문을 토대로 확장한 것이다.

익명의 논평자 두 분이 거의 글 한 편 분량의 평을 해주셨는데, 이를 토대로 책을 고치기 위해 그들의 논평을 몇 달간 곱씹어야 했다. 마크 그래노베터Mark Granovetter는 연구 결과를 네트워크 분석과 매끄럽게 결합해 본문에 넣는 과정에 도움을 주었다. 케임브리지대학교 출판부 편집자 로버트 드리슨Robert Dreesen은 3년 전 책 초고가 있는지 물어봐 주었고, 내가 아무것도 없는 상태에서 무언가를 내놓을 때까지 3년을 꼬박 기다려 주었다. 그 제안과 기다려 준 것에 감사한다. 세심하게 원고를 정리, 교열해 준 캐시 로버츠Cassi Roberts, 헬렌 플리튼Helen Flitton, 루크 핀리Luke Finley에게도 감사한다.

아내와 아이들은 늘 나와 함께해 주었고, 일뿐 아니라 삶도 즐겨야 함을 상기시켜 주었다. 이들이 없었다면 좋은 연구를 성취하려는 뜻을 유지하지 못했을 것이다. 끊임없이 격려해 주신 장인, 장모님, 그리고 무조건적인 사랑과 지지를 보내 주신 부모님께 깊이 감사드린다.

1부

1장

서론

수수께끼와 연구 문제

지난 수십 년간은 신자유주의의 시대였다. 1980년대 이래 국가기구의 두 가지 주요 기능─시장에 대한 규제 기능과 시민에게 집단적 안전망을 제공하는 보호 기능─은 격심한 공격을 받았다. 이를 촉발한 것은 한편으로 지구적 자본주의의 힘이었고, 다른 한편으로 지구화로 수혜를 입는 국내 행위자였다.

　부유한 민주주의 국가들 사이에서 경제성장과 복지국가의 확대라는 황금기가 끝난 뒤, 국가기구가 수행하던 이 두 가지 주요 기능들은 후퇴에 직면했다. 강력하고 포괄적인 노조들 및 이들과 긴밀히 연결된 동맹 정당을 기초로 오랫동안 번영을 구가하던 사회민주주의와 좌파 정치는 신자유주의적 시장 개혁(공공 부문의 민영화, 노동시장 규제 완화,

복지 서비스 축소 등과 같은)을 추진하는 중도 및 우파 정치 세력의 심각한 도전에 직면해 있다.

부유한 민주주의 국가들에서와 달리, 개발도상국 사회에서는 민주주의로의 이행 및 공고화 시기가 공교롭게도 신자유주의 시기와 겹쳤다. 아시아와 라틴아메리카를 비롯한 다양한 비서구 지역 사회에 민주주의가 도래함에 따라, 특히 중위 그리고 중상위 소득에 있는 다양한 사회 세력들[과 이들을 대표하는 정당들] 사이에서 [권력을 획득하기 위한] 민주적 경합이 극적으로 촉진되었다. 그 결과 사회복지를 통해 재분배를 바라는 시민들의 요구에 응해야 할 필요성이 이들 사회에서 가장 중요한 정치적 의제 가운데 하나가 되었다. 곧 '민주화된' 수많은 개발도상국들에서 정당 지도자들은 물론이거니와, 노조와 같은 공식 조직의 지도자들 역시 자신들의 지지자들이 제기하는 이 같은 요구에 응해야만 했다. 달리 말해, 민주주의의 제도화는 진보적인 조세정책 및 사회정책 프로그램을 통해 "하층 종속 계급과 개혁 엘리트들이 자신들의 (재)분배 요구를 전달하고 실현할 수 있는 더 나은 기회와 통로를 그들에게 제공한다"(Lee 2005, 163). 민주주의는 중하층이 [자신들의 이해관계를 대표하는] 대안 정당과 정책의 존재를 인식할 수 있게 하며, 결국 민주적인 정치 경합은 "재분배를 옹호하는 행위자들이" 자신들이 선호하는 정책을 공론화하고 의식적으로 추구할 수 있게 한다(Huber and Stephens 2012, 11).

그런데 지난 20세기에 가속화된 경제적 시구화는 신생 민주주의 국가의 지도자와 시민을, 세계 시장에서 발생하는 경제 위기, 충격, 변동에 점점 더 취약한 위치로 몰아넣었다. 이는 1980년대, 권위주의에 맞서 시민사회의 저항과 도전을 이끌었던 사회 세력들이 민주화와 동시에 또는 그 직후에 신자유주의적 시장 개혁의 압력에 직면해야 했다는 뜻이다. 따라서 일부 국가들에서는 주요 제도들이 민주화의 흐름에 맞춰 새롭게 개편되던 시기에, 신자유주의적 의제들이 시장과 시민사회에 스며들기 시작했고, 이는 재분배 정치의 기회를 제약하는 요인으로 작용하게 된다.

이 같은 기회와 제약 아래에서, 민주화 운동과 노동운동을 통해 새롭게 등장한 지도자들은 기존의 노동시장 정책 및 사회정책의 확대 및 축소와 관련된 여러 난제들을 ― 때로는 도전자로서, 때로는 정부의 동맹 세력으로서 ― 해결해야만 했다. 그들은 ① 어떤 정책을 지키고 어떤 정책은 포기할 것인가. ② 어떤 사회·정치 세력과 동맹을 맺을 것인가. ③ 정부에 도전하거나 로비를 할 때 어떤 전략을 쓸 것인가에 관한 선택을 내려야 했다. 이 같은 환경에서, 신생 민주국가의 정치 엘리트들은 아래로부터, 또한 외부로부터 제기되는 이 같은 압력에 판이한 대응을 보였다. 어떤 나라들에서는 복지국가가 극적으로 확대된 반면, 어떤 나라들에서는 공공 부문의 급격한 축소가 나타났다. 노동에 기반을 둔 정당의 지도자들이 집권 후에, 기존의 노동 친화적 시장 규제를 폐기하고 급진적이고 신자유주의적인 시장 개혁을 도입한 경우가 있는 반면, 어떤 지도자들은 그와 같은 규제를 유지 또는 확대했다. 이처럼 민주주의가 최근 제도화된 국가들 사이에서 사회정책과 노동시장 제도의 발전과 후퇴를 설명하는 요인은 무엇인가? 왜 어떤 노동운동 세력은 신자유주의 시장 개혁의 압력에서도 핵심적인 노동시장 제도를 지켜 낸 반면, 다른 노동운동은 그러지 못했는가? 왜 어떤 노조들은 (또한 그들과 동맹한 정당과 시민단체는) 좀 더 보편적이고 포괄적인 복지국가 체제를 세우는 데 성공하는 반면, 다른 노조들(그 역시 규모가 크고 강력한 노조임에도)은 그러지 못했는가?

사례에서 제기되는 연구 문제와 수수께끼

이런 질문에 답하기 위해, 이 연구에서는 우선 한국의 노동운동이 사회정책 및 노동시장 정책의 입안과 유지에서 담당한 역할에 주목한다. 이 책의 후반부는 네 나라의 사례에 관한 비교연구에 주력하지만, 전반부는 한국의 사례에 집중한다. 한국은 이 글에서 제시하는 이론을 검증하는 데 가장 이상적인 역사적 실험실이다. 다시 말해, 한국은 현대사에서 가장 급속한 경제 발전을 경험했을 뿐만 아니라, 개발도상국 가운데에서도 가장 강력한 노동운동 및 시민사회를 단 몇 십 년 만에 (이상적인 형태는 아니지만) 제도화했다. 한국의 노동운동이 전성기 시절에 발휘한 힘은 실로 놀라운 것이었다. 1996~97년 총파업은 40년간 질기게 이어져 온 권위주의적 통치를 무너뜨리는 데 결정적 역할을 했고, 1990년대 말, 한국의 노동 – 시민 연대는 그 포괄성 측면에서 (개발도상국에서는 유례를 찾아 볼 수 없을 정도로) 보편적이며 통합적인 국민건강보험 제도를 일구어 냈다. 그렇지만, 한국의 사회정책 및 노동시장 정책이 극적으로 변화하는 과정 역시 그 자체로 가장 흥미로운 '부정적' 사례 가운데 하나이기도 하다. 즉 노무현 정부가 집권했던 2000년대에 나타난 신자유주의적 전환은 충격적이고 갑작스러운 것이었다. 그러나 이 사례에서도 검토할 만한 흥미로운 차이가 있다. 즉 연금제도와 노동시장 규제는 국가와 자본이 추진한 축소[후퇴] 공세에 취약했지만, 국민건강보험 제도는 견고한 노동 – 시민 연대를 통해 잘 방어되었다. 한국 노동운동의 영웅적인 연대 활동, 비극적인 내부 투쟁, 뒤이은 쇠퇴가 이 같은 사회정책(및 노동시장 정책)의 변화, 그 중심에 있었다.[1] 민주화 이행 이후 약 30년간 사회정책 및 노동시장 정책의 극적인 확대와 극적인 축소를 설명하는 요인은 무엇인가? 동일한 요인으로 확대와 축소 모두가 설명되는가, 아니면 사례별로 서로 다른 요인이 작동하는가? 이 같은 정책 변화에서 노동단체와 시민단체는 어떤 역할을 했고, 노동 - 시민 연대의 내용은 무엇이었나? 한국 사례는 사회운동과 복지국가 일반을 연구하는 학자들에게 어떤 시사점을 줄 수 있는가?

이 책의 후반부에서는 네 나라, 즉 아르헨티나, 브라질, 한국, 대만에 관한 비교 역사 분석으로 초점을 확대한다. 이렇게 사례를 선정한 이유는 다음과 같다. 우선 이 국가들은 중위(아르헨티나와 브라질)에서 상위(한국과 대만) 수준의 발전을 성취했고, 또 그에 따라 복지에 대한 사회적 요구가 기능적·인구학적·정치적 맥락 모두에서 한꺼번에 분출했다. 결국 사회정책의 확대와 축소는 공식 정치 영역에서 중대한 정치적 쟁점이 되었다. 더욱이 네 나라 모두 1980년대에 민주화를 경험했고, 1990년대와 2000년대에는 민주주의적 절차가 공고화되었다. 좀 더 중요하게는, 네 나라 모두 20세기 말에 경제 위기를 경험했다. 라틴 아메리카의 두 나라에서는 부채 위기가 고질적·만성적이었으며, 인플레이션이 극단적으로 높았는데, 1980년대와 1990년대에는 상황이 더욱 악화되었다. 반면 동아시아의 두 국가는 1997년 금융 위기를 겪었고, 이후 경기 후퇴가 (대만에서는 덜 심각한 수준으로) 나타났다. 이 같은 유사성 덕분에 (이 네 나라들의 복지국가 동학의 차이를 설명할 수도 있었을) 몇 가지 경제적·정치적·구조적 요인들을 통제할 수 있다. 둘째, 문화적·지정

---

1 분석 단위와 사례연구의 범위는 장별로 다르다. 이를테면 4장에서 6장까지는 분석 단위가 주로 단체(노동조합과 시민단체)지만 지도자 개인 수준으로 내려가기도 한다. 7, 8장에서는 분석 단위가 연맹인 반면 9장에서는 국가다. 4장에서 6장까지는 표본 범위가 한국 노동운동과 시민운동만을 다루는 단일 사례연구지만 7, 8, 9장에서는 4개국 (그리고 노조 연맹 여덟 곳)에 관한 비교 사례연구다.

학적 역사가 비교적 유사한 동아시아 지역과 라틴아메리카 지역에서 각각 두 나라를 의도적으로 택했다. 이를 통해, 알려지거나 알려지지 않은 지역 특유의 몇 가지 요인들을 쉽게 통제할 수 있다. 대만과 한국은 현대사가 흡사하다. 이를테면, 일본 제국주의의 식민 지배, 냉전 시기 미국이 행사한 정치·군사적 영향력과 그에 따른 이념 대립, 권위주의 정부 시기에 추진된 국가 주도의 수출 지향적이고 급속한 경제발전, 강력한 유교 문화가 그것이다. 아르헨티나와 브라질도 지리·문화적으로 유사하다. 종교적으로는 가톨릭이 지배적이고, 극도로 불평등하고 불안정한 경제구조, 포퓰리즘 정치 전통, 대지주와 외국자본의 확고한 영향력 등이 그것이다.

마지막으로, 이 같은 유사성에도 불구하고, 개발도상에 있는 이 네 나라는 복지 레짐의 역사가 상당히 상이하다. 첫째, 아르헨티나와 브라질에서 복지국가의 발전과 후퇴는 매우 흥미로운 비교 사례다. 이 두 나라는 1990년대와 2000년대에 걸친 사회·정치·경제적 변화의 과정에서 뚜렷하게 서로 다른 경로를 밟았다. 아르헨티나는 심각한 부채 위기를 겪은 뒤 공공 부문과 사회정책에 대한 신자유주의적 시장 개혁을 수용한 반면, 브라질은 그와 같은 압력에 전적으로 따르지는 않았다. 아르헨티나는 연금 부문을 급진적으로 민영화했고, 전체 의료비 지출 가운데 공공 부문이 차지하는 몫을 삭감했으며, 가족수당도 삭감했다. 반면 브라질은 연금 같은 핵심 사회정책에 대한 시장 지향적 개혁을 완강히 거부했을 뿐만 아니라, 전체 의료비 지출에서 정부 지출이 차지하는 비중을 극적으로 늘렸다.

최근 한국과 대만에서 나타난 복지국가의 전개 양상 역시 매우 흥미롭다. 민주주의 공고화 과정에서 두 나라는 보편적 건강보험 및 국민연금뿐만 아니라, 빈곤선 아래에 있는 장애인과 노인을 위한 복지수당(장애인연금과 기초노령연금) 그리고 중산층 장애인과 노인을 주요 대상으로 한 장기 요양 보험 역시 도입했다. 더욱이 두 나라는 노인에게 한정된 정부 보장 기본소득(기초연금) 역시 도입했다. 그런데 두 나라가 공유하고 있는 조건들이 많고, 또 복지를 지지하는 영향력 있는 시민단체의 증가와 같은, 공통으로 작동하는 인과적 힘들을 공유하고 있음에도 불구하고, 사회정책을 이행하는 방식은 서로 달랐다. 지출 측면에서 대만은 주로 직접 현금을 지급하는 관대한 사회부조 위주의 소득보장 정책으로 말미암아 전반적으로 사회복지 지출이 한국보다 높은 수준을 유지해 왔다. 그런데 제도 측면에서 한국은 미래에 공공 지출을 늘릴 가능성이 훨씬 큰, (국민건강보험과 국민연금 같은) 좀 더 보편적이고 통합적인 유형의 사회보험 프로그램을 입안하는 데 성공했다.

아르헨티나와 브라질, 대만과 한국 사이에서 나타나는 이런 차이들은, 아르헨티나에서 사회정책의 주요한 후퇴 및 축소가 노동 기반 정당인 정의당Partido Justicialista, PJ에 의해 추진된 반면, 대만에서 주요 사회정책의 시행 및 확대는 우파 (반#권위주의적인) 정당인 국민당에 의해 추진된 것을 고려할 경우 훨씬 더 복잡해진다. 노동에 기반을 둔 정당이 갑자기 자신들의 전통적 지지 기반이었던 빈민과 노동자계급을 배반하는 일이 왜 아르헨티나에서는 일어났고 브라질에서는 일어나지 않았는가? 대만에서는 (이전에) 우파 권위주의 정당이었던 국민당이 왜 주요 사회정책을 확대했는가? 한국에서는 보편적인 사회정책이 점점 더 대중의 지지를 얻어 가는 동안 선별 복지 대 보편 복지 전선에 따라 전통적인 좌파·우파 사이의 대립이 깊어진 반면, 대만에서는 정치인들이 정당 소속에 상관없이 앞 다투어 더욱 관대한 현금 급여 프로그

<표 1.1> 개발도상 4개국에서 소득 보장 정책의 확대와 축소: 1990년대와 2000년대

		아르헨티나	브라질	한국	대만
주요 확대 내용	건강보험	없음	행정 합리화 (지방자치단체로의 진보적 배분) (2002)	국민건강보험 (2000) 장기요양보험	국민의료보험 (1995) 장기요양보험 (2007)
	노령연금	2008년, 국가에 의한 민영화	없음	국민연금(1999) (단층 체계) 기초노령연금(2007) 기초연금 (비기여 연금) (2014)	국민연금(2008) (분산된) 기초노령연금 (2008)
	가족수당과 사회부조	실업자 부조 조건부 현금 급여 확대, 2000년대	조건부 현금 급여 (볼사 파밀리아 Bolsa Familia) [가족수당이라는 뜻]a 노인, 장애인, 지방 빈민에 대한 비기여제 연금이 점차 확대.	정부 보장 기본소득(2000)b 어린이집 보조금 확대(2010년부터)	최저생계비(2008) 노인 무료 보호시설(1993) 아동 의료 보조금(2002) 육아 보조금 (2008)
주요 축소 내용	건강보험	공적 혜택 감소	없음	없음(민영화 시도 실패)	없음([축소] 시도 실패)
	노령연금	부분적 민영화 (1993) 최소연금보장 축소(1995)	자격 및 수당 조정 (1998) 연금 개혁(자격 관련) 시도 실패(2012)	소득대체율 축소(60%에서 40%)	연금 개혁 (개인 계정) 연기 (2014)
	가족수당과 사회부조	혜택 감소	없음	없음	없음

*출처: USA Social Security Administration 2014/15.
*주a: 아동의 학교 출석률과 백신 접종 여부에 따라 지급.
*주b: 이 법의 공식 명칭은 '국민기초생활보장제도'.

램을 제공하려 했던 이유는 무엇인가?

이런 난제들에 답하려면 사례들을 좀 더 상세히 살펴봐야 한다. 브라질에서는 중도 정부(카르도주Fernando Henrique Cardoso)와 중도 좌파 정부(룰라 Luiz Inácio Lula da Silva와 지우마Dilma Vana Rousseff) 모두 온건한 개혁을 시작했고, 노조로부터 다양한 수준의 지지를 받았다. 그런데 아르헨티나에서는 같은 PJ 내 상이한 분파들이 전적으로 상이한 수준과 유형의 개혁을 시작했다. 즉 카를로스 메넴Carlos Saul Menem 정부은, 바로 앞에서 언급했듯이,

현대 개발도상국 경제 가운데 가장 급진적인 시장 개혁에 착수한 반면 키르치네르 정부들[남편 네스토르 키르치네르Néstor Carlos Kirchner(2003-07년 집권), 아내 크리스티나 키르치네르Cristina Fernández de Kirchner(2008-15년 집권)]은 메넴만큼이나 급격하게 방향을 뒤집어 기존 노동시장 제도와 사회정책을 회복시켰다(<표 1.1> 참조).

라틴아메리카에서는 노동시장 개혁이 사회정책 개혁과 유사한 경로를 밟았지만, 동아시아 사례에서는 이와 달랐다. 곧 대만은 좀 더 온건한 개혁을 서서히 도입했지만, 한국의 민주개혁 정부들은 노동시장에 대한 기존의 규제를 급격히 해체해 정리해고를 가능하게 했고, 파견 노동자 및 간접 고용 관련 법 같은 급진적 유연화 조치를 도입했다. 특히, 제2기 개혁 정부(노무현 정부)는 연금 및 의료보험[2] 체계에 시장 지향적 요소들을 상당수 도입했다. 즉 한국에서 보편적 복지국가 건설을 추동하던 강력한 추동력이 격동의 2000년대를 지나며 돌연 중단되었던 것이다. 보편적 사회정책 확대의 가장 인상적인 사례 가운데 하나가 2000년대 이후 돌연 여러 핵심 사회정책의 심각한 정체 또는 후퇴 사례로 변한 것이었다.

---

2 [옮긴이] 우리나라의 건강보험은 1977년 500인 이상 사업장 노동자를 대상으로 한 직장의료보험 제도로 처음 출발했다. 이후 1979년 공무원, 사립학교 교직원, 300인 이상 사업장 노동자로 확대되었고, 1988년에는 농어촌지역의료보험, 1989년 도시 자영업자를 대상으로 의료보험이 시행되면서 사실상의 전 국민을 대상으로 한 의료보험 시대가 개막했다. 이후 이 책에서 다루듯, 지역, 직장 등 조합별로 나눠져 있는 의료보험 체계를 하나로 통합하려는 운동이 전개되었고, 이에 따라 1998년 지역의료보험 조합과 공무원 교원 의료보험 공단이 국민의료보험관리공단으로 통합되었고, 2000년 7월에는 마침내 국민의료보험관리공단과 직장의료보험조합이 단일 조직으로 통합되면서, 의료보험이 건강보험으로, 국민의료보험관리공단이 국민건강보험공단으로 그 명칭이 바뀌었다. 본문에서는 각각의 맥락에 따라, 의료보험과 건강보험이라는 용어를 병행해 사용했다.

이런 정당과 정책 사이의 현저한 차이와 이념적 부조화(즉 노동에 기반을 둔, 또는 노동 친화적 정부들이 수행한 급진적 개혁들)는 어떻게 설명할 수 있는가? 현대 사회과학은 (특히 정치사회학, 정치학, 비교 정치경제학) 이런 차이를 설명하는 데 어떤 이론적 자원을 제공하는가?

이런 질문들에 답하고자 이 책에서는 복지국가 비교 연구에 '배태된 응집성'embedded cohesiveness 개념을 도입한다. 사회운동 연구 문헌들과 조직 이론 및 네트워크(연결망) 분석을 기초로, 이 책은 연대solidaristic linkages 에 관한 두 가지 이론적 구상, 즉 응집성(노조의 집권당 또는 노동 정당과의 연계)과 배태성(노조의 시민단체와의 연계)이라는 개념을 정립한다(이는 3장에서 상술한다). 그런 뒤 국가와 노조가 사회정책의 축소와 확대를 두고 어떻게 상호작용을 하는지 설명한다. 이 '연계'ties를 이 글에서는 "조직 간 연대", 그러니까 "다양한 사회운동 조직들의 장"(Curtis and Zurcher 1973, Minkoff and McCarthy 2005) 내에서 지도자와 구성원들이 자원을 서로 교환하고, (장외 투쟁의 정치를 위한)[3] 대중 동원, 정책 숙의 및 전달, 선거 개입 같은 목표를 두고 협상하는 관계라는 의미로 쓴다. 이 네트워크 조직

---

3 [옮긴이] 이 책에서는 '장외 투쟁의 정치'(contentious politics)로 옮기고 있는 개념은 한글 문헌들에 서 흔히 논쟁 정치, 분쟁 정치, 경합 정치, 쟁투적 정치 등으로도 통용되고 있다. 이 개념은 원래 찰스 틸리(Charles Tilly), 시드니 태로우(Sidney Tarrow), 더그 맥아담(Doug McAdam) 등이 의회를 비롯한 기성의 정치제도를 중심으로 벌어지는 숙의 및 로비의 정치와 대별되는 개념으로 사용했던 표현이다. 이들은 이 개념을 통해 사회의 일상적 작동을 방해하는 시위, 파업, 폭동, 시민 불복종은 물론, 혁명이나 봉기 등과 같은 다양한 사회적 갈등 양식을 포괄하려 했다. 찰스 틸리에 따르면, 이 개념은 서로 상충하는 이해관계를 토대로 상반된 주장을 펼치는 행위자들 사이에서 벌어지는 상호작용을 가리키는데, 여기서 정부는 목표물(targets)이 되거나, 어떤 주장의 당사자(initiator), 또는 제3자(third parties)로 나타난다. 이에 대해서는, Charles Tilly, *Contentious Performance*. Cambridge: Cambridge University Press, 2008, p. 5 참조. 이 개념과 (신)사회운동 등의 차이에 대해서는 이준한, "촛불, 매스미디어, 그리고 민주주의", 『사회과학연구』 서강대학교 사회과학연구소 2009 참조. 특히, II절.

상의 행위자를 중심으로, 이 책은 노동 및 시민단체의 지도자들이 사회정책과 관련된 의제를 통해 어떻게 다양한 내용의 사회적 연대를 동원하고, 제도화하는지 또한 그 정책 의제들을 위협과 설득의 정치를 통해 어떻게 국가 제도로 전환시키는지를 탐구한다. 요컨대, 이 책은 시민사회를 중심으로 복지국가의 형성과 전개 과정을 설명하는 모델을 개발하고, 그 모델을 통해 노동 - 시민 연대와 노조-정당 동맹이 복지국가를 확대 또는 축소하는 과정을 설명한다. 이 연구의 이론과 결과는 부유한 민주국가와 신생 민주국가들에서 나타나는 사회정책 발전 과정을 분석할 수 있는 새로운 접근법을 제공할 것이다.

연구의 의의: 노동조합과 노조가 시민사회와 맺는 연계의 중요성

지금부터는, 노조 및 노조가 시민사회와 맺는 연계의 중요성을 하나하나 검토하고, 이후 이 연구의 주요 인과 기제를 제시한다. 상당수의 나라들에서 노조와 그들의 영향력이 감소했다는 것은 널리 알려져 있는 사실이다(Western 1995; 1997), 이 책에서 연구하는 네 나라 역시 예외가 아니다. 그럼에도 필자는 노동조합(다양한 시민 결사체 가운데 하나로서 또는 좀 더 광범위한 시민사회의 한 구성 요소로서)의 역할을 강조하는 것이 여전히 중요하다는 사실을 발견했다. 그 이유는 다음과 같다.

1) 왜 노조가 중요한가

이 글에서는 노조가 국가, 경제, 시민사회의 관계를 형성하고 그 균형을 유지하는 데 결정적 역할을 하는 유일무이한 시민단체라고 주장한다.

첫째, 노조는, 다른 자발적 조직과는 다르게, 제도적 또는 비제도적 수단을 통해 생산 활동에 직접적으로 영향을 미칠 수 있다. 노조와 국가 그리고 노조와 사용자 사이의 협력은, 일국을 포괄하는 네오코포라티즘적 제도(Garrett 1998)와 기업 수준의 협력(Hicks and Kenworthy 1998) 모두를 통해, 경제활동 전반을 신장할 수 있다. 전국 또는 산별 수준의 노조 연맹은 임금 인상을 스스로 자제함으로써(Western 1997) 경제성장을 지속하고 사회복지를 확대하는 데 결정적인 역할을 한다. 심지어 노조가 다른 시민단체와 활발히 연대 활동을 벌이고 있지 않다 해도, 노조의 정치적·경제적 중요성은 과소평가할 수 없다. 노조는 국가 및 사용자와 협력해 경제적 자원과 이익의 생산 및 분배를 개선할 수 있는 유일한 시민조직이기 때문이다.

둘째, 노조는 국가의 강제력에 맞서 가장 강력한 대중운동을 조직할 수 있는 조직된 시민 권력이자, 대안적 세계관을 형성하는 구심점이기도 하다. 노조에게는 자신의 이익을 위해 또는 좀 더 일반적인 수준의 이익을 위해 생산 라인에서 노동자를 철수시킬 수 있는 선택지가 있다. 노조는 파업과 임금 교섭을 통해 그리고 후원금, [전략] 투표, 자원 공유 등과 같은 정당 지지 활동을 통해, 공장 너머로 자신들이 가진 정치적·경제적 힘을 행사함으로써 기존의 권력 구조와 사회질서에 막대한 영향력을 끼칠 수 있다(Fantasia and Stepan-Norris 2004). 더욱이 노조는 사용자와의 갈등 및 교섭 과정에서, "대안적 신념 체계"와 결부된 집단 정체성을 형성한다(Dixon et al. 2004; Roscigno and Danaher 2001).

셋째, 민주적 투표에 기초한 노조의 조직 구조는 노동자로 하여금 민주주의적 통치에 더욱 적극적으로 참여하게 하고, 이는 상위 노조를 통해 조직적인 정치 참여로 이어질 수도 있다(Marks 1989). 더욱이 노조 간부는 민주적 투표를 통해 획득한 정당성과 노동자들의 물질적 지원을 기반으로, 지역사회 및 기타 사회운동 조직에 지도력을 행사할 수 있으며, 물적·인적 자원을 지원할 수도 있다.

마지막으로, 노조는 종속 계급 또는 하층계급의 경제적 이익을 의식적으로 추구함으로써, 경제 정의와 형평성을 추구하는 시민단체이다. 노조의 목표에 내재된 분배 정의 ─더 나은 노동조건, 더 많은 임금, 더 좋은 부가 혜택, 더 강력한 고용 보호, 그리고 기업 또는 산업 수준의 더 나은 복지 제도─ 는 대체로 좀 더 일반적인 수준의 사회적 의제로 확대된다. 노조는 다른 사회운동 조직과의 연대를 통해 평등주의적 사상 및 운동 자원을 시민사회 내의 다른 단체들에게 조직적으로 전달하고, 이를 통해 노조가 주도하는 개혁 의제의 사회적 정당성을 제고할 수 있다. 노조가 이처럼 다른 시민단체들과 깊이 연계되어 있을 때, 하층계급의 이해관계가 민주주의적인 정치과정에 좀 더 쉽게 반영된다. 립셋(Lipset 1960)이 "민주주의적 계급투쟁"이라는 개념을 통해 지적했듯, 절차적 민주주의와 그것의 정치적 메커니즘은 사회적 혜택을 받지 못하는 이들의 이익을 도모하는 방식으로 사회가 작동하도록 변화시킨다. 노조는 민주주의 정치에서 사용자 및 그 동맹 세력에 비해 턱없이 부족한 노동자를 비롯한 하층계급의 권력 자원을 보완해 줄 수 있는, 나아가 노동자가 행사할 수 있는 대항 – 헤게모니 조직의 핵심 교점이다.

위의 네 가지 점을 결합하면, 시민사회 내에서 그리고 국가와 시민사회 사이 모두에서 노조가 점하고 있는 유일무이한 조직적 위치와 자원 덕분에, 노조는 그 어떤 조직보다도 시민사회 공동체의 힘을 늘릴 수 있는 잠재력이 크다. 노조는 풍부한 인적·물적 자원을 통해 다른 사회운동 조직에 지도부와 회원 등을 제공할 수 있고, 평등주의적 정책 의제의 개발과 공유를 통해 정책 자원을 제공할 수도 있다. 노조와 다른 사회운동 조직이 정치적·구조적 개혁을 위해 장기적으로 연대하거나, 특정 정책을 이행하기 위해 단기적으로 연대할 경우, 시위나 가두행진 등에 소요되는 동원 비용이 크게 줄고(Gerhards and Rucht 1992; Rosenthal et al. 1985), 이는 결국 시민사회가 투표와 로비를 통해 개혁 성향의 정당들에 미칠 수 있는 영향력을 강화하게 된다. 요컨대 **노조는 다른 사회운동 및 지역공동체 조직과 연결될 때 사회운동 네트워크 전반의 권력을 신장할 수 있다.**

2) 노조의 연계는 왜 중요한가

이 연구는 노동, 국가와 시민사회, 그리고 좀 더 일반적으로는 시민단체 연구자들이 공공 정책의 결과 및 거버넌스와 관련된 분석을 할 경우, 노조가 정당 및 시민사회와 맺는 연계에 더욱 주목할 것을 제안한다.

(1) 계급 간 동맹의 핵심 교점

민주주의 및 복지국가의 발전과 관련해, 권력자원론은 중산층과 노동계급 사이에 맺어진 계급 동맹이 민주주의로의 이행과 공고화(Collier 1999; Rueschemeyer et al. 1992), 그리고 복지국가의 발전(Esping-Andersen 1990)에 중요한 역할을 한다고 주장한다. 최근 주목받고 있는 "집합행동에 대한 관계적 접근법"(Diani 2003; Emirbayer 1997)과 "사회적 연대"(Gould 1995) 개념은 조직 간 네트워크 분석을 통해 계급 동맹을 미시적으로 설명한다. 지도부 및 회원 공유에 기초한 다양한 조직들 사이에서 이루어지는 상호작용은 사회운동의 동원 과정 및 그것의 성패를 설명하는 중요한 사안이다(Rosenthal et al. 1985). 노조가 지역사회에 기초한 시민단체와 중산층 기반의 회원들을 공유하면서 갖게 되는 계급을 초월한 연계는 시민사회 운동의 방향과 특징뿐만 아니라, 국가와 시민사회 사이에 맺어지는 관계의 향방에도 중요한 영향을 미친다.

첫째, 중산층 시민단체(또는 지식인)는 노조가 지역적·일국적·지구적 경제변동에 대처할 수 있는 전문 지식을 획득하도록 돕는다. 또한 국제 노동 기준 및 노동 친화적인 작업 환경에 관한 정보를 제공한다. 그리고 그들은 노조가 사용자 및 국가와 대립하거나 단체교섭에 임할 때 추구할 수 있는 '현실적인' 정책 선택지를 제공한다. 둘째, 중산층 및 계급 중립적인 시민단체와의 동맹은 노동계급만의 협애한 경제적 이익을 넘어, 좀 더 '일반적인 이해'를 대변할 수 있는 개혁 의제를 노조에 제공한다. 이를테면, 노조 지도자가 신사회운동 조직과 환경문제를 함께 논의할 경우, 양측 모두 지역사회에서 훨씬 더 많은 지지를 얻게 될 것이다(Clawson 2003; Rose 2000; Southworth and Stepan - Norris 2003). 셋째, 노조가 저명한 중산층 단체, 예컨대 전문가 단체, 교회, 기타 계급 중립적인 단체와 협력할 경우, 노조는 지역사회에 더 깊이 배태될 수 있고, 이럴 경우 자신들이 주도하는 파업, 단체교섭, 정치 활동 등에 대한 높은 수준의 지지와 "사회적 정당성"(Cornwell and Harrison 2004; Suchman 1995)을 획득할 수 있다. 1871년 파리코뮌(Gould 1995) 같은 역사적 사례에 대한 연구들은 봉기를 일으키는 이들이 지역사회에 얼마나 배태되어 있는지가 집단 정체성의 형성과 대중 동원에 커다란 영향을 미쳤음을 보여 준다. 최근 미국(Eimer 1999; Fantasia and Voss 2004), 남아프리카공화국(Wood 2002), 한국(은수미 2005b) 등 노동운동 진영에 제기되고 있는 목소리, 곧 "경제적 노동조합주의"에서 "사회운동적 노동조합주의"로의 변화를 요구하는 목소리들은, **지역사회 및 다양한 사회운동 집단과 동맹을 맺는 일이 노조의 성공은 물론이고, 좀 더 광범위한 공동체들의 발전에 중요하다는 점을 시사한다.**

(2) 자율성과 대항 헤게모니를 위한 핵심 교점

국가 엘리트와 자본가들은 모두 (국가가 후원하는) 준￼시민 조직/단체를 통해 시민사회에 간접적으로 영향력을 행사하려 하거나, 경제적 유인 또는 포퓰리즘적 전략을 통해 직접적으로 시민단체를 포획하려 한다. 이런 의미에서, 권위주의적 또는 포퓰리즘적 국가 엘리트가 (시민 또는 준시민) 단체에 성공적으로 침투하거나 이들을 포획할 경우, 사회적 자본이 늘어난다 해도 민주주의의 제도화가 심화되거나 더 나은 거버넌스가 나타나지는 않는다. 20세기에 나타난 인류의 역사는, 민주주의와 전제주의 모두 강력한 시민사회에 기초할 수 있음을 입증한다. 일찍이 안토니오 그람시Antonio Gramsci는 시민사회의 이 같은 이중적 측면에 주목해, 강력한 결사체들의 영역이 자발성과 민주적 시민권을 조성하는 자치의 공간이 아니라, 파시즘의 미시적 기초가 될 수 있다고 주장했다(Gramsci 1971). 수많은 역사적 사례들 ─ 아르헨티나에서 등장한 페론주의 정부들(Waisman 1999), 1930년대 이탈리아의 파시즘 정부, 그리고 노조를 비롯한 시민 결사체에 침투해 아래로부터의 자발적 지지를 이끌어 낸 나치(Berman 1997; Rueschemeyer et al. 1992, 4장) ─ 은 강한 시민 결사체와 민주적 거버넌스 사이의 긍정적 관계만을 설정하는 토크빌식의 일차원적 척도로는 쉽사리 설명되지 않는다.

자발적 결사체들이 활동하는 영역의 자율성을 국가 엘리트와 자본의 포획 전략으로부터 지켜 내기 위해서는 몇 가지 요소들이 전제되어야 한다. 그것은 바로 강력한 노조, 강력한 (대체로 중산층 지식인들이 주도하는) 시민단체 및 개혁 정당, 그리고 가장 중요한 것은 이들 사이의 연대이다. 특히, 노동계급 출신의 지식인(그람시적 의미에서 유기적 지식인)과 중산층 출신의 지식인(전통적인 인텔리겐치아) 사이의 연대는 노동조합이 협애한 경제적 이익에 함몰되지 않도록 하는 데 중요하다. 달리 말해, **비노동계급 중심의 시민단체와의 연대는 개혁 지향적인 또는 지역사회 지향적인 투쟁의 관점 및 의제를 노조에게 제공한다.** 노조가 임금 인상과 같은 경제주의에만 매몰된다면, 이는 국가와 자본의 포획 전략에 기초한 단기적 보상만을 이끌어 낼 수 있을 뿐이다. 반면 개혁적 중산층 및 지역사회에 기반을 둔 지식인과의 연대는, 지역적 수준과 일국적 수준 모두에서 민주주의를 제도화하고, 더욱 나은 거버넌스 체계를 확립할 수 있는 기회를 제공함은 물론, 좀 더 장기적인 투쟁의 지평을 연다. 노조가 절차적 민주주의를 통해 노동의 이익을 현실화하는 프로젝트에는 의회 민주주의를 통한 민주주의적 계급투쟁이 포함된다 (Lipset 1960). 노동계급 및 노조가 절차적 민주주의라는 틀 내에서 분배 문제를 해결할 수 있는 더 큰 기회를 얻을 수 있다고 확신할 경우, 이들은 개혁주의 운동을 조직하거나 그것에 참여할 것이고, 이는 북유럽 사민주의 국가들이 보여 주었듯, 민주주의의 제도화를 심화한다(Korpi and Shalev 1980). 민주주의가 성공적으로 제도화되었는지 여부를 설명하는 데 있어 관건은 노동계급이 좀 더 광범위한 시민단체 네트워크 및 개혁 정당들과 연결되어 있는지 여부다. 노조와 다른 시민단체 사이의 견고한 연대는 국가 엘리트와 자본가의 포섭 전략을 막아 주고, 이와 동시에 노조가 [여타의 시민사회로부터] 고립되어, 이후 전투적 노동조합주의로 경도되는 것을 예방한다. 지금까지 논의한 노조의 역할은 이 연구의 핵심 개념인 '배태된 응집성'으로 이어진다.

주장의 개요: '배태된 응집성 접근법'

'시민사회에 대한 노조의 배태성'과 '정당에 대한 노조의 응집성'이라는 개념을 통해, 이 연구는 사회운동, 조직 연구, 복지국가에 관한 기존의 학문 조류들을 통합된 이론 틀로 제시한다. 이 연구는 사회운동과 (명시적으로 또는 암묵적으로 제정된 규칙을 따라 정책적 협의와 협상이 진행되는) 제도화된 연대를 연결하고, 다시 제도화된 연대를 사회·노동시장 정책의 발전 및 후퇴와 연결하는 인과적 설명 틀을 마련한다. 이 글에서는 이 기획을 '배태된 응집성 접근법'이라고 부르는데, 이런 접근법의 목적은 사회운동론, 정치사회학, 조직 연구, 비교정치학 분야에서 다음 네 가지의 새로운 목적을 달성하는 것이다. ① "시민사회[단체들의] 공동체"organizational community(Suchman 1988; Astley 1985)라는 개념을 고려해, 전체 시민사회의 한 구성원으로서 노동의 역할에 관한 이론을 구축한다. ② 정책 역량과 동원 역량 사이의 차이와 관계를 개념화해, 연대의 '내용'을 이론화한다. ③ 네트워크 접근법 및 게임이론 접근법의 개념들을 이용해 국가 부문과 사회운동 부문 사이의 전략적 상호작용을 이론화한다. 이런 접근법들에 기초한 이 기획은 배태성을 뒷받침하는 '메커니즘들', 그리고 사회정책적 결과들[예컨대, 복지 정책의 확대 또는 축소]을 발생시키는 배태성과 응집성의 상호작용을 이론화한다. (4) 이런 노력은 결국 '확대의 정치'politics of expansion 이론과 '축소의 정치'politics of retrenchment 이론으로 귀결될 것이다. 전자를 통해서 이 접근법은 어떻게 그런 전략적 상호작용이 보편적 개혁 또는 선별적 개혁으로 이어지는지를 설명할 것이다. 후자를 통해서는 국가와 노조의 상호작용이 어떻게 급진적 개혁 또는 온건한 개혁을 낳는지에 관한 모델을 제시할 것이다.

배태된 응집성 접근법은 스카치폴Theda Skocpol, 에번스Peter Evans, 뤼시마이어Dietrich Rueschemeyer의 『국가를 제자리로 돌리기』*Bringing the State Back In*(1985), 그리고 에번스의 『배태된 자율성』*Embeded Autonomy*(1995)으로 촉발된, 국가 역량/효과성capacity/effectiveness의 사회적·정치적 토대에 관한 광범위한 문헌들과 그 원류가 닿아 있다. 그러면서도 배태된 응집성 접근법은 '사회적 (시민적·제도적) 협력'의 중요성을 강조한다는 점에서 기존 연구들과 구별되는데, 사회적 협력은 깊은 사회 "조직"fabrics과 "환경"milieus(Habermas 1991[1962])에 뿌리박혀 있으며, 또한 과거에는 급진적이었지만 이제는 [시민사회 및 지역사회에] '배태된', 지식인 및 지역사회 출신의 지도자들에 의해 물질화[구체화]된다. 따라서 배태된 응집성 접근법은 마이클 만(Mann 1986)의 "조직화된 네트워크로서의 사회 권력" 접근법 또는 "생태계 공간들 사이에서의 틈새 발전"interstitial development 개념[4]과 일맥상통하는데, 배태된 응집성 접근법과 만의 분석 틀 모두 '사회 중심적인' 모델이라는 점에서 그렇다. 피터 에번스 등(Evans et al. forthcoming, 18)이 아마르티아 센Amartya Sen에 근거해 지적하듯이(Sen 1999), 인간은 자신이 겪는 고통의 기원과 메커니즘을 성찰할 수 있고, 또한 "자신이 가치 있다고 여기는 삶을 살" 수 있다. 배태된 응집성 접근법은

---

4 자오(Zhao 2015)는 만의 "틈새 발전" 개념을 "진화의 추동력"로 서술하는데, 이 개념은 우점종[지배적 종]의 공간이 아니라, 주변부 공간, 즉 지배 종들의 생태 공간 사이에 거주하고 있다가, 새로운 생태 환경이 나타날 경우 지배 세력으로 출현하는 종에서 유래한다. 필자의 개념으로 바꿔 말하자면, 가장 혁신적인 연대 운동은 공식·비공식 시민사회 모두의 조직들 사이에 배태된 행위자들로부터 진화할 것이다(상세한 논의는 3장을 참조).

인간의 역량에 관한 이 같은 관점을 공유하고, 그런 역량을 예시하는 사례들을 탐구하며, '인간의 역량'과 '안녕'을 극대화 또는 침해하는 긍정적·부정적 사례들의 기제를 이론화하고자 한다. 이 접근법은 국가 내부의 "사회 하부구조"의 효과적 작동에 집중하는데, 이는 국가 중심적 접근법(Skocpol st al. 1985) 또는 정치제도적 접근법(Ostrom 1990)에서는 충분한 관심을 받지 못한 것이다. 배태된 응집성 접근법에서 사회 하부구조를 형성하는 행위자들agents은 이중으로 배태된다. 즉 중앙 정치 네트워크뿐만 아니라, 주변의 소외된 지역사회에도 배태된다. 이와 관련해, 특히 이 접근법은 이 행위자들의 [하방운동에서 비롯되는] 사회적·지적 기원을 강조한다는 점에서 다른 유사 접근법들과 구별된다. 그들은 가혹한 권위주의 정부 시기에 은밀한 '하방' 활동에 자발적으로 참여해, 가장 사회적 혜택을 가장 받지 못한 사회집단들, 곧 노동자, 농민, 도시 빈민과 관계를 맺으려 했던 이들이다. 배태된 응집성 접근법은 그런 연계들이 민주화 국면에서 어떻게 제도화되는지, 또한 그것들이 결국 '사회 권력에 배태된 정치권력'으로 어떻게 귀결되는지에 집중한다. 이 배태된 응집성 접근법은 신자유주의적 시장 개혁 시기에 나타난 복지국가 발전을 '시민사회에 기초해 설명하는' 효과적인 이론 틀이 될 것이다. 3장에서는 배태된 응집성 접근법의 논리를 좀 더 구체적으로 명시하고, 또한 배태성과 응집성이라는 두 가지 주요 설명 변수를 통해 복지국가 결과의 변동을 설명하는 구체적인 인과 모델을 개진한다.

배태된 응집성 접근법의 문제의식

배태된 응집성 접근법은 다음과 같은 세 가지 이론적 질문을 제기한다. 특히, 이 세 가지 질문들을 탐구함으로써 국가와 노동 사이의 관계를 국가와 시민사회 관계라는 맥락 속에 재설정한다. 우선, 이 접근법은 지구화, 산업구조 및 직업 구조의 변화(로 인한 계급 구성의 변화), 경제 위기 시기의 정당과 노조 사이의 관계를 다시 고찰한다. 그렇다면, 노동에 기반을 둔 정당과 노조 사이의 긴밀한 관계는 복지국가와 노동자의 권리를 지키는 데 여전히 도움이 되는가? 서유럽에서 노조와 사민주의 정당 사이의 긴밀한 동맹에 기초해 발전해 온 권력 자원 이론들(Esping-Andersen 1985; Huber and Stephens 2001; Korpi 1983)에 따르면, 노조의 지지를 받는 집권당은 노동계급의 이익에 좀 더 충실한 공공 정책을 시행하고 방어할 것이다. "정치적 기회 구조"(Eisinger 1973; McAdam 1996; Meyer 2004) 이론에 따르면, 노동에 기반을 둔 정당이 집권하면 노조는 집권당을 통해 자신의 이익을 촉진할 기회를 적극 이용할 것이다. 따라서 두 이론은, 노조와 노동 기반 정당이 연대할 경우, 시장 지향적 개혁에 좀 더 효과적으로 저항할 수 있을 것으로 예측한다. 그런데 최근 문헌은 좌파 정당과 노조 사이의 이 같은 연대를 약화시키는 다양한 요인이 있음을 시사한다. 무엇보다도, 산업 노동자 계급이 전체 계급 구조에서 다수를 차지하고 있지 못한 많은 사회들에서, 노동 기반 정당이 집권하기 위해서는 중산층 사무직 노동자, 소상공인, 농민 같은 동맹 세력을 찾아야 했고(Baldwin 1990; Esping-Andersen 1990; Przeworski 1985), 이와 같은 경향은 산업 노동계급의 규모가 서유럽 수준에 이르지 못한 라틴아메리카에서 다양한 유형의 포퓰리즘적 동원이라는 형태로 자주 관측되었다(Roberts 2002; 2006). 더욱이, 탈산업화 및 직업 구조의 변화로 말미암아 노조 조합원이 감소하면서, 노동계급 내부의 이질성이 증가했고, 전통적인 계급 연대 역시 약화되었다(Clark and Lipset 2001;

Franklin et al. 1992; Kitschelt 1994; Western 1995). 그 결과 선거에서 산업 노동계급 노조가 노동 기반 정당을 지지할 수 있는 역량이 점차 줄어들었다. 이런 맥락에서 좌파 정당은 산업 노동계급의 지지 역량 하락을 벌충하고자 자영업자나 사무직 노동자 같은 대안적인 사회적 기반을 구축해야 할 압력을 느낀다(Howell et al. 1992; Levitsky 2003b; Przeworski 1985). 이처럼 중산층의 지지를 이끌어 내야 할 필요성 때문에, 노동 기반 정당은 전통적인 동맹을 외면하고 시장주의적 개혁 — 예컨대 공기업 민영화, 노동시장 제도의 자유화, 사회적 지출 축소 — 을 시행할 충동을 느낄 것이다.[5] 나아가 이 같은 압력은 지구화와 경제 위기를 겪고 있는 개발도상국에서 훨씬 더 크게 작용할 것이다. 따라서 최근의 위 문헌들이 주장하듯, 노동 정당과 노조가 긴밀한 관계를 맺는다고 해서 반드시 급진적 시장 개혁을 막아낼 수 있는 것은 아니다.

첫 번째 질문은 두 번째 질문으로 이어진다. 그러면 어떤 노조는 왜 그리고 어떻게, 보편적 사회 개혁을 추진하는 데 또는 국가의 시장주의적 개혁[6]에 맞서 노동자의 권리와 혜택을 보호하는 데 성공하는가?

---

5 이를테면 뉴질랜드와 영국의 노동 정당들은 각각 1980년대와 1990년대에 이러한 방향으로 강령을 바꾸었다(Castles et al. 1996; Huber and Stephens 2001). 특히, 뉴질랜드 노동당과 재무부의 신자유주의 동맹은 1980년대에 부유한 민주국가들에서 시행된 가장 급진적인 시장 지향적 개혁 정책을 도입했다. 연이은 임기 동안 그들은 통화를 자유화하고, 국유 기업을 민영화하며, 관세를 제거하고, 산업 보조금을 없애며, 은행에 대한 규제를 철폐했다. 가장 중요한 것은 그들이 연금, 건강보험, 실업,급여를 대폭 삭감했다는 것이고(Huber and Stephens 2001, 292-307), 그에 따라 "임금노동자 복지국가"의 시대도 끝이 났다(Castles 1985).

6 [옮긴이] 한국에서는 주로 '신자유주의적 개혁'이라는 표현이 많이 사용되고 있는데, 필자는 이 개념이 너무나도 광범위하다는 점에서, 좀 더 중립적으로 좁은 의미의 '시장주의적 개혁' 또는 '시장 개혁'이라는 표현을 주로 사용하고 있다. 다만, 본문에서는 위 세 가지 표현을 문맥에 따라 자연스러운 표현을 선택해 옮겼다.

이 질문은 사회운동적 노동조합주의(Almeida 2008; Clawson 2003; Fantasis and Voss 2004; Lopez 2004; Rose 2000; Seidman 1994) 또는 운동 간 연계inter-movement linkage(Isaac and Christiansen 2002)에 관한 문헌들에서 부분적으로 답을 구할 수 있다. 후기 산업사회에서 노조는 쇠퇴한 전통적인 기반을 벌충하기 위해 '다양한 사회운동 조직들의 장'[7]에서 다양한 계급의 사회적·정치적 조직들과 연합해야 필요를 느낀다. 전 세계적으로 전통적인 노조들이 기존의 정치적·경제적 권력이 주는 보상과 처벌에 의해 점점 길들여지고 약화되면서, 새롭게 등장한 노동운동가들 역시 노동계급이 새로운 역할을 찾기를 희망해 왔다. 그들은 구마르크스주의자들이 고수했던 경제 환원주의와 [노동계급의] 정치적 전위주의를 버리고, 자신들의 전략과 투쟁에 좀 더 폭넓은 지역사회와 다양한 사회집단을 포괄하려 했다(Scipe 1992; Waterman 1993). 실제로, 최근 미국을 비롯해 여러 사회에서 노동운동은 폭 넓은 지지층을 획득하기 위해 저소득층 주택단지, 교육, 직업 훈련뿐만 아니라 환경문제 같은 지역 차원의 비경제적 문제들에도 점점 더 많이 개입해 왔다. 이 같은 사회운동적 노동조합주의 안에서, 노조와 다른 시민사회 조직 사이의 연계[연대]는, 지역사회의 강력한 지지와 더 많은 운동 자원을 노조에 제공할 수 있다. 그런 환경 안에서, 노동권은 시민권으로까지 확대될 것이고, 그에 따라 중산층, 농민, 도시 빈민, 소상공인, 그리고 은퇴자, 전업 주부 등과 같은 비취업 인구까지 포괄하는 다양한 범주의 노동자의 이익이 '노동의 권

---

7 이 책에서는 다양한 사회운동 조직들[단체들]의 장, 결사체들의 장(associational field), 결사체[시민단체] 네트워크(associational network), 시민사회 (단체들의) 공동체(organizational community)라는 용어들을 혼용해 가며 사용한다[이에 따라, 옮긴이 역시 맥락상 좀 더 자연스러운 표현을 따라 번역어들을 변주하기도 했다 – 옮긴이].

리'로 인정될 것이다. 최근 민주화된 개발도상국들 가운데, 강력한 노조와 시민사회 조직이 잘 연계된 일부 사회는 민주주의를 더욱 효율적으로 공고화해 왔다(Collier 1999; Rueschemeyer et al. 1992). 민주화 운동 시기에 시민사회 집단과 연대했던 노조는, 이후에도 그 동맹으로부터 더 유효한 지지를 얻을 공산이 크고, 이를 통해 시장 개혁에 맞서 더욱 광범위한 연대를 구축하는 데 성공할 수 있을 것이다.

두 번째 질문은, 최근 부유한 민주국가와 일부 발전한 개발도상국들 사이에 "내부자 – 외부자의 정치"insider-outsider politics가 급증한 것과도 관련이 있다(Rueda 2005; 2007). 데이비드 루에다David Rueda에 따르면, 사민당은 조직되고 특권적인, 핵심 노조원들을 위해서만 헌신할 뿐, 실업자나 불안정한 직종의 종사자 같이 주변화된 노동시장의 외부자들은 배제한다. 그는 사민당이 내부자에만 헌신하기에 "고용이 안정된 사람과 그렇지 못한 사람" 사이에서 노동시장 불평등이 확대될 수 있다고 주장한다(Rueda 2005, 61). 이 주장은 경험적으로 잘 뒷받침되지는 않는다. 내부자와 외부자 사이에서 적극적 노동시장 정책에 관한 선호 및 그에 따른 수혜의 차이는, 루에다가 주장한 것만큼, 그리 크지 않기 때문이다(Thelen 2014). 그럼에도 이 주장 자체는 중요한데, 노동계급의 이익이 동질적이지 않다는 점과 더불어, 노동에 기반을 둔 정당이 반드시 노동계급 전체를 위해 또는 특권을 갖지 못한 비조직화된 노동자의 이익을 위해 복무하는 것은 아님을 상기시키기 때문이다. 이 점에서 위의 두 번째 질문 속에는 다음과 같은 추가 질문이 내제되어 있다. 즉, **어떤 조건에서 노조가** (그리고 노동에 기반을 둔 정당이) **내부자와 외부자 사이의 격차를 줄일 수 있는 보편적 사회정책을 추진하는가?**

세 번째 질문은 국가와 노동이 어떻게 합리적 수준의 (확대 또는 축소)

개혁에 합의하게 되는지를 탐구한다. 코포라티즘에 관한 문헌들은 이 질문을, 노조가 국가에 의해 통제되는 기능적 보조자에 지나지 않는, 이익대표 체계의 맥락에서만 제기한다(Schmitter 1974). 이를테면, 이런 관점에서 볼 때, 라틴아메리카에서 노동단체들에 대한 코포라티즘적 규제의 역사는 노동의 순응 수준을 설명해 준다(Collier 1995; McGuire 1997). 반면 (네오)코포라티즘적 전통에서, 노조가 동맹 정당과 협력 관계를 맺으면, 지역 노조의 활동을 통제하는 포괄적인 중앙 노조 조직들의 발전으로 이어지고(Alvarex et al. 1991, Calmfors and Drifill 1988, Przeworski 1991), 그 결과 노조는 임금 교섭 과정에서 자발적으로 [임금 인상을] 자제를 하게 된다. 노조 내부의 정치적 경쟁에 주목하는 최근 연구(Murillo 2001)에 따르면, 정당과 연계된 분파들 간의 노조 지도부 장악을 둘러싼 경쟁이 부재할 경우(다시 말해서, 노조 지도부가 일원적 지배 체제로 유지되면), 노조는 [국가에] 협력하는 경향을 보인다. 그런데 이런 연구들 가운데 그 어떤 설명 틀도 노조와 국가가 [코포라티즘적 틀 내에서 전개되는] 일련의 상호작용 과정에서 발생하는 개혁, 투쟁, 양보의 비용을 각자 어떻게 가늠하는지는 검토하지 않고, 따라서 다음과 같은 중요한 질문을 답하는 데는 크게 도움이 되지 않는다. 즉, 각 [협상] 당사자들은 어떻게 가장 바람직한 결과를 성취하는가? 어떤 조건에서 그런 바람직한 결과가 발생할 공산이 더 큰가?

이 질문들에 답하기 위해, 필자는 3장에서 각 조직·단체 수준의 행위자들이 채택하는 행위 전략의 유형들과 관련된 중범위 수준의 이론적 기제들을 제시한다. 네트워크 및 조직 분석에서 활용한 '응집성'과 '배태성' 개념을 통해, 필자는 각각의 행위자들이 취하는 행동을 설명하는 과정에서, 각 행위자가 결사체 네트워크 내에서 차지하고 있는 구조적 지위와 역량을 강조한다. 또한 국가와 노조의 의사 결정 과정을, [제안이나 압력에 대한] 상대방의 거부 역량 및 예상되는 행위를 고려하여 내려지는, 전략적 선택으로 보고자 한다. 각각의 노조 연맹은 저마다 과거의 경험과 미래의 성공 가능성을 고려해 최선의 조치를 취하고자 할 테지만, 조직 수준의 구체적인 전략은 경쟁자, 동맹, 이해관계자, 규제 기관의 역량과 전략에 달려 있다. 따라서 전략적 행동은 다양한 사회운동 조직들의 장 내에서 상호작용하는 다른 행위자의 역량과 전략을 고려하지 않고서는 적절히 분석될 수 없다(Fligstein and McAdam 2011).

이 같은 이론적·개념적 도구들을 사용해, 이 글에서는 노동조직과 그 동맹 단체들 사이에서 나타나는 다양한 동맹의 구조 및 이 같은 동맹의 형성과 관련된 전략적 의사 결정 과정을 연구한다. 이런 관점을 통해 필자는 최근에 민주화된 개발도상 사회들에서 노동조직과 오랜 시간 동안 연대/협력하며 함께 성장한 시민사회 공동체 전체의 구조가 '왜 또 어떻게' 국가와 노조의 전략에 영향을 미치는지를 살펴볼 수 있었다.

배태된 응집성 접근법은 제도 사회학 및 제도 경제학의 전통적 접근법과 궤를 같이한다. 이 접근법은 표준적인 경제학적 접근법과 달리 사전에 주어진 선호를 출발점으로 삼지 않으며, "사회 정치적 구조"가 서열화된 선호의 존재보다 우선하는 것으로 가정한다(DimAggio 1990; Nee and Ingram 1998). 달리 말해, 노조가 국가 및 시민사회와 맺는 관계가 노조와 국가의 정책 선호도에 영향을 미치고, 이는 궁극적으로 노조와 집권당의 행동을 설명해 준다. 그리고 사회운동 과정에서 전개된 연대와 협력의 역사[8]를 통해 결사체 네트워크 내에서 노조가 차지하고 있

---

8 여기서 협력의 역사는 국가와 교섭을 벌이는 당사자들뿐만 아니라, 이 당사자들과 (시민사회 내의 다른

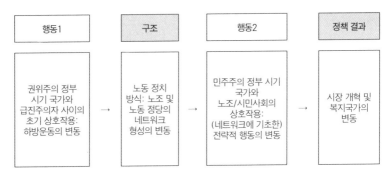

는 구조적 지위는, 국가에게 자신과 경합하는 행위자(곧 노조)의 징벌 역량을 알려 줄 뿐만 아니라, 노조와 (노조와 연대하는 시민사회 내의) 여타 행위자들 사이에 확립된 신뢰도를 알려 주기도 한다. 이처럼 필자는 이 글에서 "과잉 사회화된" 행위자를 주장하는 사회학적 신제도주의 와 "과소 사회화된"(Granovetter 1985) 행위자를 주장하는 순수한 합리적 선택 이론(예컨대 Becker 1976)을 절충한 행위 이론을 제시한다.

　배태된 응집성 접근법은 우선 노조가 국가와 결사체 네트워크 사 이에서 어떤 구조적 위치(배태성과 응집성으로 측정된)에 있는지 탐구한다. 이 접근법은 결사체 네트워크에 속한 행위자들 사이에서 노조가 차지 하고 있는 구조적 지위를, 노조에 대한 "다른 결사체들의 신뢰도 및 [이 들을 동원할 수 있는 노조의] 역량에 관한 정보를 제공해 주는" 준제도적 기 제로 해석한다(Hall and Taylor 1996). 그리고 네트워크에 기초한 사회 정 치적 구조로부터 도출된 상대 행위자의 선호에 대한 다양한 정보가 시

조직들을 망라하는) 제3자 사이의 협력의 역사까지도 포괄한다.

장 개혁 시 노조와 국가의 상이한 전략과 그에 기반을 둔 행동으로 이어질 것이라고 추정한다. 이런 일련의 의사 결정 과정은 <그림 1.1>로 요약된다.

연구 조사의 틀

'민주화된 개발도상' 국가들에서 추진된 신자유주의 개혁의 정치 동학을 이해하기 위해, 이 연구는 '행위자 중심의 역사적 구조주의'라는 분석 전략을 취한다. 이 접근법에서 필자는 "장기간에 걸쳐 형성된 깊고 조밀한long and thick 구조의 독립변수"와 "단기적으로 발생하는 얕은short and thin 종속변수"로 구성된 인과 틀을 세울 것이다(Pierson 2004). 전자와 관련해, 이 글에서는 노조, 정당, 여타 시민사회 조직들로 구성되는 결사체들의 네트워크가 형성되는 비교적 장기적인 과정에 초점을 맞출 것이다. 다시 말해, 응집성과 배태성이라는 개념을 통해 깊고 '조밀한'thick 결사체 네트워크의 다중적인 층과 차원들을 탐구할 것이다. 후자, 곧 "단기적으로 발생하는 얕은 종속변수와 관련해", 이 글에서는 사건 또는 행동으로서의 신자유주의적 정책 개혁에 비해, 신자유주의 개혁 자체의 장기적인 형성 과정에는 관심을 덜 기울인다. 그러므로 이 연구는 분량과 노력의 측면에서 '독립변수'에 더 비중을 둔다.

장기적이고 조밀한 설계를 위해서는 상이한 두 틀을 통합할 필요가 있다. 장기적인 역사적 접근법을 통해, 이 연구는 더 이른 시기인 권위주의 정부 시기의 정치를 다시 분석함으로써, 지난 수십 년간 나타난 사회적·정치적 분열을 조성했을 (특히 한국에 대한 사례연구에서) 시간과 공간을 탐구한다. 조밀한 부문에 기초한 접근법으로 이 연구는 시민단체 네트워크의 다층적 구조를 조사한다. 두 접근법을 결합함으로써, 이 연구는 일국 수준의 시민단체 네트워크가 민주화 과정에서 어떻게 상이하게 구조화되었는지를 탐구한다. 이 글에서는 이 장기적이고 조밀한 구도에서, <그림 1.1>에서 제시하듯이, 인과 기제의 맨 앞과 '정책 결과' 바로 앞에 두 개의 중요한 행동(행동 I와 행동 II)를 위치시킨다.

첫째, 신자유주의 개혁의 (국가 내 또는 국가 간) 변이를 이해하기 위해, 이 연구는 먼저 급진적 지식인이 지역사회와 공장에서 펼친 은밀한 하방운동에 대해 살피고, 그 이후 이 같은 운동들이 제도화되는 과정 및 그 과정에서 국가와 대립하거나 협력을 했던 노동 정치에 대해 탐구한다. 다시 말해, 이 연구는 가혹한 국가 억압 시기에 펼쳐진 '하방'운동이 이후 노동에 기반을 둔 정당의 제도화에 미친 영향에 관한 모델을 세운다(<그림 1.1>에서 '행동 1 → 구조'). 둘째, 이 연구는 집권당과 시민사회에 배태된 노조 사이의 (네트워크에 기초한) 전략적 상호작용 모델을 개발한다(<그림 1.1>에서 '행동 2 → 정책 결과).

두 특정한 행동 양식에 초점을 맞추는 이유는 무엇인가? 이 글에서는 권위주의 시기에 나타난 급진적 지식인들의 첫 번째 행동, 곧 '하방'이 결사체들의 장의 구조적 특징을 결정했고, 또한 결사체들의 장에 위치한 정치 조직가들political entrepreneurs의 두 번째 행동(곧, 이들 사이의 전략적 게임)이 신자유주의적 개혁의 범위와 정도를 결정적으로 약화시켰다고 본다.

그렇다면, 각 사회에서 나타나는 결사체[시민단체] 네트워크의 구조적 특징을 어떻게 포착할 수 있을까? 앞서 상술했듯이 이 연구는 결사체 네트워크의 특징을 분석하기 위한 두 가지 개념으로 응집성과 배태성을 제시한다. 응집성은 노조와 집권당 또는 노조와 노동에 기반을 둔 정당 사이의 관계를 나타낸다. 배태성은 노조와 시민사회 조직의 관계를 포착한다. 이 글은 이 두 차원을, 노동 정치의 구조와 그 결과를 이해하기 위해 가장 중요한 요소로 강조한다. 요컨대 이 글에서는 한 편으로는 응집성과 배태성이 어떻게 각 사회에서 역사적으로 형성되었는지 살펴볼 것이고, 다른 한편으로는, 이 두 설명 요인이 어떻게 장소와 시간을 초월해 신자유주의 개혁 및 사회정책의 확대 및 축소와 관련된 변이들/차이들을 설명해 주는지 분석할 것이다.

    <그림 1.1>에서 제시된 순차적 과정과 관련해 마지막으로 주의해야 할 점은 "과정에 기초한"(Abbott 2016) 주장을, '구체적인 예외 사례가 없는 보편적으로 불변적인 명제'로 이해해서는 안 된다는 것이다. 배태성과 응집성은 다양한 사회운동 조직들의 장이 어떤 구조로, 어떻게 배치되어 있는지를 포착하기 위한 중범위 수준의 실용적 장치로 이해해야 한다. 이를테면, 배태성과 응집성은 처음에 <그림 1.1>의 행동 1, [ㄹ] 급진적 지식인들의 하방운동에 의해 형성될 것이다. 각각의 사회에서 그런 운동들은 운동이 발생한 해당 지역 시민사회의 서로 다른 문화에 따라 서로 다른 제도를 창출한다.

    또한 노동운동가의 전략적 행동은 자신이 가진 구조적 자원과 다른 행위자의 행동(국가, 사용자, 여타 시민단체의 행동)에 의해 구성된다. 이런 행동은 보편적으로 일관된 것이 아니며, 외려 행위자들이 가진 서로 다른 자원과 생각 등에 따라 크게 달라진다. 이를테면, 브라질 노동운동가는 지역사회에 토대를 둔 강력한 민중 부문에 기원을 두며, 그에 따라 사회운동적 노동조합주의와 광범위한 시민 연대 기획에 헌신한다. 그와 달리, 한국의 노동운동가는 권위주의 시기에 태동한 지식인 사회의 정파적 노선에 따른 하방운동을 통해 성장함으로써, 이념 정파의 기획에 헌신하는 경향이 있다. 나아가 이같이 초기에 형성된 배태

성과 응집성, 그리고 그 결과(행동 2)는 다양한 대내외적 압력(예컨대, 외부적으로는 경제적 압력, 내부적으로는 정치적 압력)에 노출된다. 예를 들어, 1990년대, 아르헨티나의 국가 관료 및 노동 엘리트와 2000년대, 한국의 사용자 및 관료는 신자유주의 경제학자들의 사상을 전적으로 받아들였고, 그에 따라 시장에 기초한 급진적인 개혁을 시행하려 했다. 이런 개혁 때문에 노조와 시민사회는 한때 자신들과 동맹 관계에 있던 이들―곧 신자유주의 사상과 그 지지자들에 깊은 영향을 받은 노동 정당 또는 개혁 정당의 지도자들―이 착수한 급진적이고 신자유주의적인 기획들에 직면해야 했다. 따라서 브라질 및 대만과는 대조적으로, 아르헨티나와 한국에서 노동 및 시민단체 지도자들은 세계화와 신자유주의의 도전에 맞서 집권당(또는 노동 정당)과 대결의 정치를 펼칠 수밖에 없었다. 물론, 여기에서도 사회정책의 결과는 사회별로 다를 것이며, 이는 정부(또는 집권당)의 개혁 시도에 대한 노조 및 시민사회의 대응력에 달려 있을 것이다. 요컨대 배태성과 응집성은, 다양한 사회운동 조직들의 장에서 다양한 핵심 행위자들과의 상호작용을 통해 지속적으로 또한 내부적·외부적으로 재형성되며, 그에 상응하는 사회정책 체제의 변화가 일어난다.

사례연구를 위한 자료와 분석 전략

지구화와 민주화의 영향에 노출된 네 국가의 사례는 신자유주의적 시장 개혁 배후의 정치를 분석하는 데 커다란 가치가 있다. 이 네 국가가 지난 수십 년간 겪은 정치·경제 제도에서의 급진적 변화에 대한 분석을 통해, 필자는 사회운동의 역량이 주요 정책들의 형성 과정에 끼치는 영향을 평가할 수 있다. 이 나라들에서 노동 및 시민조직은 운동을 동원하는 역할에서 정책 개발자/교섭가로 변화해 왔다. 어떤 노조들은 이 같은 근본적인 변화를 성공적으로 이루어 낸 반면, 다른 노조들은 그러지 못했다. 이 네 국가는 지난 20세기에 정책 및 동원과 관련한 노동 – 시민 연대에 관한 흥미로운 사례이다.

해당 사례에 관한 현지 연구 문헌, 노조 및 기타 시민단체의 내무 문건에 대한 조사, 그리고 그런 조직의 핵심 지도자들과의 인터뷰에 기초한 비교역사적 사례연구를 통해, 이 연구는 사회정책 및 노동시장 정책의 확대/축소뿐만 아니라, 응집성과 배태성에서 나타나는 변이 또한 설명할 것이다. 분석 전략은 마호니와 뤼시마이어(Mahoney and Rueschemeyer 2003)가 비교 역사 분석을 위해 제시한 틀과 대체로 같은 선상에 있다. 몇몇 중요 사례들에 대한 "인과 분석" 및 "맥락 비교"를 통해 사례들 간의 차이를 심도 있게 이해할 수 있다면, 응집성과 배태성이라는 분석 틀은 "더 높은 수준의 개념적 타당성과 비교 척도로서의 타당성"(Mahoney and Rueschemeyer 2003, 13-14)을 획득할 수 있게 될 것이다.

이 글에서 사례연구는 세 단계로 수행된다. 첫째, 한국에 대한 심도 있는 단일 사례연구다. 세 장으로 구성된 이 부분에서는 최근 30년간 한국에서 노동운동이 어떻게 출현·번성·쇠퇴했는지뿐만 아니라, 노동운동 지도자 및 그 동맹 세력들이 어떻게 복지국가 건설에서 성공/실패했는지를 밝히고자 한다. 세 장 모두 한국에 초점을 맞추지만, 분석 단위는 다르다. 주로 전국민주노동조합총연맹(민주노총)의 배태성과 응집성을, 이보다 온건한 한국노총과 비교할 경우, 분석 단위는 대체로 '노동조합 연맹'이다. 하지만 의료보험, 연금 개혁, 기타 노동시장 정책의 입법 과정을 비교할 때는 '정책'이다. 전술했듯이 한국 사례에서 노동운동과 사회정책의 성공/실패에 관한 이야기들은 시간이 흐르면서 커다란 변동을 보였다. 따라서 복수의 분석 단위와 시점들을 고려함으로써 조직, 정책, 시기 전체에 걸친 사례 수를 크게 늘릴 수 있다. 한국 사례에는 복수의 자료를 이용한다. 곧 1차 자료는 연맹 중앙, 산별노조, 기층 노조의 지도자뿐만 아니라, 시민단체, 정당, 노동 정치에 깊이 관여하는 지식인 총 56인과의 반구조화된 인터뷰다(이 지도자들의 구체적인 이력과 역할은 부록 A를 참조). 또한 노조 내부 문건, 주요 신문 기사, 노동단체의 정기간행물은 물론, 노동 정치에 관한 연구 문헌 역시 참조한다. 마지막으로 1990년대와 2000년대, 한국에서 시민단체와 노동조직들이 다양한 시위와 정책 협의회와 같은 복수의 사건들 events에 공동으로 참여하면서 형성된 2원 네트워크(연결망)[9] 자료를 이용한다. 이 같은 데이터를 통해, 이 글에서는 보편적인 사회정책의 개발 또는 방어라는 결정적 국면에서 나타난 핵심적인 조직 행위자들의 연대의 노력을 밝힐 것이다. 한국에 관한 이 같은 상세하고 심도 있는 사례연구를 통해, 나는 단기적인 사례연구나 대규모 사례연구로는 쉽게 탐구할 수 없는, 정책 역량 및 동원 역량이라는, 배태성과 응집성의 핵심 기제 두 가지를 드러낼 것이다.

7, 8, 9장에서는 사례연구의 두 번째 단계로 넘어가는데, 4개국 사이의 비교 역사 분석이 그것이다. 7장에서는 먼저 라틴아메리카의 두 국가에서 전개된 시장 개혁에 대한 주요 노조 연맹, 곧 아르헨티나노동자총연맹Confederación General del Trabajo de la República Argentina, CGT과 아르헨

---

9 2원 네트워크(two-mode network)는 행위자(단체) A와 B가 C라는 시위나 정책 협의회에 함께 참여했을 경우 A와 B가 암묵적으로 연결된 것으로 보고, 여기에 적절한 연계의 존재 또는 강도를 나타내는 값을 부여함으로써 형성되는 다수 행위자(단체) 간의 네트워크이다. 좀 더 자세한 네트워크 측정에 관한 설명은 부록 A, 그리고 네트워크 자료 집합의 출처와 내용에 대해서는 부록 D를 참조.

티나중앙노조CTA, 그리고 브라질의 노동조합의힘Força Sindical, FS과 통합노동자총연맹Central Única dos Trabalhadores, CUT의 다양한 대응들을 비교한다. 8장에서는 이 같은 비교를 아시아 두 나라의 주요 노조 연맹으로 확대한다. 곧 한국은 한국노총과 민주노총, 대만은 중화민국전국총공회Chinese Federation of Labor, CFL와 대만전국산업총공회Taiwanese Confederation of Trade Unions, TCTU를 비교한다. 이런 비교 분석들은 [한국을 제외한] 위 세 나라의 노동운동 지도자들과 이루어진 심도 있는 현장 인터뷰 약 90건에 기초한다.[10] 이 사례연구들에서 분석 단위는 연맹이다. 20년 동안(1990년대와 2000년대) 각국의 대표적인 연맹 두 곳씩을 분석함으로써, 총 사례 수를 16건으로 확장한다. 이런 식으로 이 글의 연구 설계는 비교 사례연구에서 "자유도"degree of freedom 문제[11](Lieberson 1991; Rueschemeyer et al. 1992)에 관한 염려들을 누그러뜨리고 복수의 잠재적인 제3 변수들을 고려한다. 9장에서는 연구의 초점을 네 나라의 비교로 확대한다. 배태성과 응집성이라는 이론적 개념들, 그리고 세계가치관조사World Values Surveys에 기초한 국가 수준의 단체 네트워크 분석들을 이용해 제도의 발전과 후퇴 사이의 변동을 설명한다. 이 마지막 경험적 [연구의] 장의 분석 단위는 국가다. 즉 네트워크 구조 및 사회정책 입법에 대한 분석의 자료들을 국가 수준으로 총합해 수행한다.

---

10 모든 현장 연구는 미국국립과학재단의 재정 지원을 받았다(지원 번호. 1260191, "정체성, 네트워크, 그리고 참여 민주주의의 기원"). 이 지도자들의 이력과 역할에 대해서는 부록 A를 참조.

11 사례 수에 비해 설명 변수가 너무 많아 발생하는 빈칸의 문제, 또는 다양한 변수들 간의 결합으로 발생하는 설명 변수들의 하위 교차 공간들 각각을 대표하기에 너무 적은 사례 수로 인해 발생하는, '설명 변수의 과잉'의 문제를 일컫는다. 스카치폴의 기념비적인 저작인 『국가와 사회혁명』States and Social revolutions(1979)에 대한 리버슨의 비판(Lieberson 1991)을 참조.

일반적 주장에 대한 개괄: 배태성의 도입

이 글에서는 공식 부문의 단체들,[12] 특히 그 가운데 노조의 비공식 시민사회에 대한 배태성이 다음의 세 가지 이유에서 복지국가의 확대 또는 방어에 중요하다고 주장한다. 첫째, 시민사회에서 배태성의 확산과 심화 메커니즘은 노조 지도자와 투표자 사이의 연계를 강화함으로써, 더욱 광범위한 복지국가를 낳는다. 여기서 노조 지도자와 투표자 사이의 연계가 강화되는 것은, 배태성이라는 연계 메커니즘을 통해 공식 부문 지도자들의 신용도·신뢰성·수행성에 대한 효과적인 정보 교환과 정확한 평가가 가능해지기 때문이다. 유권자로서 시민은 개인적·조직적 네트워크를 통해 확산되는 정보들에 기초해 정책 및 정치적 입장에 대한 선호를 형성한다.[13] 이런 상황에서, 노조와 비공식 시민단체 (특히, 교회, 운동 클럽과 문화 클럽, 생활 세계/지역사회에 기초한 시민단체 같은 비정치적 집단들) 사이의 연계는 노동 친화적인 공약을 내세우는 (또는 이와 반대로 반노동적인 공약을 내세우는) 공식 부문 지도자에 대한 정보와 평판이 시민들 사이에서 쉽게 확산될 수 있도록 한다. 그 결과, 복지 및 노동문제에 관한 공식적인 이익 교섭 과정이 시민사회의 비공식적 시민단체들과의 협의 아래 진행되는 사회들에서는, 시민이 공식 부문, 특히 노동 관련 부문의 지도자들과 더욱 강력한 "신뢰 관계"(Coleman 1990; Granovetter 1985)를 쌓을 공산이 크다.

---

12 [옮긴이] 예를 들자면, 노조, 전문가 단체, 정당이 공식 부문의 단체들이다. 공식 부문, 비공식 부문 단체들에 대한 설명은 이 책의 3장 참조.
13 다른 중요한 '선호 형성' 기제는 대중매체인데, 이 연구에서는 논외다.

복지국가를 방어하는 데 잠재적으로 기여하는 노동 – 시민 연대의 두 번째 요소는 노조나 정당의 지도자들로 하여금 협애한 조직의 이해를 넘어 사회적으로 정당한 방향으로 의사 결정을 수행하게 하는 역할이다. 배태성이 큰 노동 기반 정당 및 노조 지도자들은 과거에 노동자 또는 빈민 공동체에서 하방운동을 수행한 적이 있을 공산이 더 크고(이에 대해서는 4, 7, 8장에서 논의할 것이다), 그에 따라 이 지도자들이 지향하는 목표와 지지 기반에 대한 헌신의 정도는, 머신[계파] 정치인machine politicians[공적인 목적보다는 사적인 목적을 추구하며, 이를 위해 자신을 따르는 추종자들과 더불어 정당을 좌의우지하는 정치인]들의 그것과는 근본적으로 다를 것이다. 이런 배태된 노동 지도자들은 지역사회를 기반으로 출현하기에, 또는 적어도 지역 주민들과 의사소통을 거듭하며 성장하기에, 지역사회 수준에서 좀 더 광범위한 시민 집단들에게 이바지하는 정책들을 추진하려 할 공산이 더 크다. 시민사회 내에 존재하는 아직 조직화되지 못한 부분들, 지역사회, 그리고 주변화된 사람들에 대한 그런 깊은 헌신은 또한 배태된 노조 및 그 지도자로 하여금 (복지국가) 후퇴 공세에 격렬히 저항하거나 그런 시도에 협력하지 않도록 하고, 그 결과 기존의 사회복지 제도가 유지되는 데 기여한다(3장의 '명제 3'에서 상술한다).[14] 이처럼 '배태된 노조'는, 칼 폴라니Karl Polanyi가 말하는 "'사람'이라는 도덕적 실체"의 현대적 담지자로, 이 사회를 도덕적으로 타락시키는 자기 본위의 시장 메커니즘에 맞서는 존재다(Polanyi 1944, 163-169[국역본, 244쪽]).

복지국가를 확대하는 시민사회의 세 번째 기제는 동원 역량과 정

---

14 이 배태성이 없을 때, 국가와만 응집적 연계를 맺고 있는 노조는 흔히 지배 블록과의 협력 또는 그들에 의한 포섭을 통해 '선별적 개혁'에 나서게 된다(이는 3장에서 제2 명제로 제시될 것이다).

책 역량에 기초한 노동 – 시민 연대를 통해 증가하는 로비 및 협상 역량이다(이에 대해서는 3장에서 논의한다). 좀 더 부유한 민주국가에서는 노조에 기반을 둔 정책 전문가들이 다양한 시민단체와 정치단체의 전문가 및 대표자들과 특정한 정책을 두고 연대한다. 한국의 '보건의료노조'가 가장 좋은 실례다(4장에서 6장까지). 상위 노조 또는 대규모 노조의 정책 전문가 및 대표는 임금 교섭을 넘어 사회정책과 노동시장 정책을 협상·조율·수립하고, 그 과정에서 다양한 시민단체와 전문가 단체뿐만 아니라 여당·야당과도 연대를 한다. 이 과정에서, 배태성이 큰 노조는 흔히 노동계급이라는 협애한 기반을 넘어 광범위한 사회 계급 속에 있는 "유권자" 및 "동조자"(McCarthy and Zald 1977)들로 구성된 정책 연대 운동을 벌일 수 있다. 이처럼 특정 사회정책에 기초한 계급 간 연대는 좀 더 포괄적인 사회정책으로 이어지고, 이는 흔히 더 큰 복지국가로 전환된다. 따라서 종합하자면, (비공식적) 시민사회에 깊게 배태된 노동단체가 국가와의 응집적 통로도 갖고 있으면, 좀 더 관대하고 보편적인 복지 프로그램이 확대될 것이다.

사례연구 개요

4, 5, 6장에서는 한국의 노동 정치와 복지 정치에 관한 심도 있는 사례연구를 수행하는데, 배태된 응집성 접근법을 사용해 복지국가가 시간이 흐르면서 정책 영역 전반에서 극적으로 확대 또는 축소되는 변화 과정을 설명한다. 4장에서는 (1970년대와 1980년대라는 가혹한 권위주의 시기에) 한국에서 급진 좌파 지식인이 도시의 공장에서 펼친 은밀한 하방운동이 어떻게 다음 10년(1987-97년) 동안 시민사회와 정치사회에 대한

노조의 배태성과 응집성으로 진화했는지를 논의한다. 4장에서는, 이 지식인들이 결국 노동 – 시민 연대를 형성할 뿐만 아니라, 국가 제도와 정당에 대한 노동 측의 로비 통로로 제도화되는 과정을 다룬다. 이 분석을 통해 필자는 '연대의 구조'를 구축하려는 다양한 활동가의 노력을 통해 정책 영역을 중심으로 출현하는 노동 – 시민 연대의 구체적 성장 과정을 제시한다. 두 개의 이상적이고 경험적인 사례('민주노총과 참여연대 사이의 일시적 연대' 대 '의보연대회의에 대한 민주노총의 조직적 참여')에 대한 명시적 비교를 통해, 이 글에서는 노조가 주요 시민단체 및 정당과 맺는 연계가 어떻게 다양한 유형의 응집성과 배태성으로 제도화되는지를 탐구한다. 노동과 연계된 시민단체 네트워크의 출현과 구조화에 관한 이 같은 역사적 분석을 통해, 필자는 이후 5장과 6장에서 배태된 응집성 접근법이 한국의 복지국가 발전의 성공 및 실패를 설명하는 맥락을 규명한다.

5장에서는 한국의 급진적 노동운동 지도자들이 어떻게 민주노총(과 산별노조들)을 건설하고 이후 보편적인 사회정책 개혁에 성공했는지, 즉 광범위하고 대중적인 노동-농민-지식인 연대 활동(대표적으로, 의보연대회의)에 참여해 어떻게 의료보험 통합에 관한 법안을 통과시켰는지 분석한다. 또한 1990년대 말과 2000년대 초 김대중 정부 시기, 곧 민주화 이행 이후 첫 개혁 정부 시기에 정책 영역에서 충돌한 바 있는 민주노총의 보편적 개혁 전략과 한국노총의 선별적 개혁 전략을 비교한다. 이후, 의보연대회의의 정책 역량과 동원 역량을 민주노총-참여연대 동맹의 정책 역량 및 동원 역량과 비교한 뒤, 동원 역량이 부족한 상위 조직들 사이의 (정책 역량을 위한) 동맹은 시간의 흐름에 취약한 개혁을 낳는다는 결론을 제시한다.

6장에서는 2000년대 이후, 즉 노무현 (개혁) 정부와 이명박·박근혜 (보수) 정부의 집권기에 사회정책 및 노동시장 정책에서 일어난 신자유주의적 개혁을 살펴본다. 먼저 배태성과 응집성의 변화를 추적하고, 노동 - 시민 연대가 1990년대 말에 만든 보편적 사회정책들의 핵심 요소를 어떻게 지켜 냈는지 또는 지켜 내지 못했는지를 탐구한다. 여기서는 두 정책 영역 — 건강보험과 국민연금 — 전반에 걸쳐 나타난 노동 - 정당 연대와 노동 - 시민 연대의 상이한 구조에 초점을 맞춰, 건강권실현을위한보건의료단체연합과 건강세상네트워크를 중심으로 한 건강보험 부문에 대한 노조의 견고한 배태성을 확인하고, 그에 반해 연금 개혁과 관련해 발생한 배태성의 급격한 쇠퇴 또는 결여를 살펴본다. 이후, 건강보험 부문의 연대 네트워크는 2000년대 내내 지속적으로 시도된 신자유주의적 민영화에 맞서 건강보험 체제를 성공적으로 방어한 반면, 국민연금 영역의 경우, 노조의 약한(약해진) 배태성이 심각한 후퇴의 한 원인이 되었음을 보여 준다. 6장에서는 3장에서 구성한 네 가지의 연합 유형이 결사체 네트워크의 변화하는 구조 및 복지국가 후퇴라는 결과의 변동을 설득력 있게 설명한다는 것을 입증한다.

7장과 8장에서는 각국의 주요 노조 연맹 조직에 초점을 맞춰, 국가의 시장 개혁 시도에 맞서 노조 연맹 수준에서 나타나는 전략적 의사 결정 과정을 조사한다. 마찬가지로 배태된 응집성 접근법을 사용해 4개국 노조 연맹 여덟 곳의 행동을 분석한다. 구체적으로 살펴보면, 아르헨티나의 CGT, 브라질의 노동조합의힘, 한국의 한국노총, 대만의 중화민국전국총공회는 국가가 노동 억압적 또는 시장 지향적 개혁을 시행했을 때 투쟁보다는 수용을 택했다. 필자는 또한 노조의 배태성이, 국가와의 응집적 연계가 없을 때조차도, 국가의 급진적 후퇴 공세에 맞서 노조의 핵심 권리와 자산을 방어하는 데 매우 중요하다는 것을 보여 준다. 아르헨티나의 중앙노조Central de Trabajadores de la Argentina, CTA, 한국의 민주노총, 그리고 대만의 대만전국산업총공회와 (1997년 이전의) 그 전신들은 국가의 억압이나 시장 지향적 개혁을 용인하지 않았는데, 특히 그들의 배태성이 최고로 강했던 1990년대에 그러했다. 마지막으로, 최상의 결과, 곧 국가의 온건한 개혁과 노조의 자제를 성취하려면, 노조는 배태성과 응집성을 통한 사회적·제도적 조율 과정을 필요로 할 것이다. 내가 조사하는 사례연구 가운데, 이런 시민적·제도적 조율의 이상적 유형은 브라질에서 달성되었는데, 아르헨티나와 대만에서 CTA와 대만전국산업총공회가 전문화된 시민단체들과 맺은 동맹 또한 2000년대, 곧 크리스티나 키르치네르 집권기와 민진당 집권기 각각에 준-배태된 응집성을 실현했고, 이는 현저히 확대적인 사회정책 개혁으로 이어졌다.

9장에서는 국가별 사례연구를 통해 다양한 시민단체, 정치단체가 어떻게 결사체 네트워크의 다양한 구조를 만들어 냈는지, 또한 이런 구조의 변동이 어떻게 다양한 복지국가 유형을 만들어 냈는지를 밝힌다. 1990년대 아르헨티나와 대만에서는 노조가 비공식적 시민사회로부터 탈구되어 있었던 반면, 국가와는 응집적 관계를 유지하고 있었는데, 이 때문에 엘리트가 추동하는 위로부터의 사회정책 개혁을 수행할 수 있었고, 이는 급진적인 신자유주의 개혁(아르헨티나)으로 또는 관대한 현금 급여를 중심으로 한 복지국가의 발전(대만)으로 나타났다. 반면, 1990년대, 브라질과 한국에서는 정당 및 노조 지도자들이 좀 더 광범위한 시민단체와 지역사회에 배태되어 견고한 연대를 형성하고 있었기 때문에, 복지국가 후퇴에 저항할 수 있었고(브라질) 보편적 사회정책을 시행(한국)할 수 있었다(그 기초에는 아래로부터의 동원과 복지 수요의 표출이 있었다).

그런데 2000년대 이후, 변화하는 배태성과 응집성이 경제구조의 변화 및 국내의 정치적 경쟁과 상호작용하면서 사회정책 체제에 상당히 다양한 결과를 양산했다. 아르헨티나와 대만에서는 시민사회와 협력하는 새로운 노조 운동들이(아르헨티나에서는 CTA, 대만에서는 대만전국산업총공회) 출현해, 자신들의 정치적 동맹 세력이 정권을 장악하도록 도왔고, 그 결과 복지국가를 확대하는 개혁이 이어졌다. 브라질에서는 배태된 응집성이 노동자당의 집권과 더불어 더욱 강해졌고, 그에 따라 개발도상국 가운데 가장 진보적이고 (너무도) 야심찬 사회정책 개혁으로 이어졌다. 한국에서는 1990년대와 2000년대 초에 보편적 사회정책을 성취한 노동 – 시민 연대가 놀랍게도 뜻밖의 종말을 맞이했을 뿐만 아니라, 핵심적인 사회보험 제도에서 후퇴를 목격해야 했다.

종합하면, 이 연구는 배태성을 결여한 노조의 응집성은 사회정책 및 노동시장 제도에 대한 국가의 급진적 시장 지향 개혁으로 귀결될 수 있음을 증명한다. 또한 노조의 배태성이 이 네 나라에서 시장 개혁에 맞서 복지국가를 지키는 데뿐만 아니라 선별적 개혁을 넘어 보편적 개혁을 추진하는 데도 결정적인 역할을 함을 보여 준다.

결론에서는 주요 주장과 그 함의를 요약하고 한국 사례연구 및 비교 사례연구들의 함의를 논의한다. 또한 배태된 응집성 접근법으로 복지국가 이론들을 재논의하고, 나아가 이 논의를 시민사회, 발전론, 민주주의에 관한 더 폭넓은 연구 문헌으로 확장한다. 그리고 배태된 응집성 접근법이 어떻게 사회 연대 및 복지국가 형성 이론들을 이해하는 새로운 방식이 되는지를 설명하면서 끝을 맺는다.

2장
개발도상국과 복지국가 이론의 재검토

이 장에서는 복지국가에 관한 대표적인 이론들을 재검토하고, 최근에 민주화된 개발도상국들의 복지 정책을 설명하는 데 있어, 그 이론들의 장점과 한계를 고찰한다. 배태된 응집성 접근법에 대해서는 다음 장에서 상술한다. 부유한 민주주의 국가들을 중심으로 제시된 복지국가 이론들은 대체로 세 가지 학파로 발전해 왔다. ① 국가 중심론 및 정책 유산론 ② 권력 자원 이론 ③ 자본주의 다양성론(그리고 이와 결부된 최근의 선거제도 기반 설명). 이 세 관점은 주로 무엇을 사회정책 확대의 이면에 있는 '추동력'으로 간주하는가에 따라 갈리긴다. 그 추동력은 국가/정책 구조 자체일 수도, 노조 및 좌파 정당, 또는 사용자일 수도 있다. 한편 급변하는 세계경제 상황에서 복지국가 및 사회정책의 확대와 지속을 강조하는, '경제 개방성' 이론과 '비난(책임) 회피의 정치' 이론 역시 주목받아 왔다.

그러나 이 같은 기존의 복지국가 이론들은 개발도상 사회에서 새롭게 출현한 복지국가를 설명하는 과정에서 심각한 도전에 직면했다. 무엇보다 개발도상 국가들에서는 민주화와 (신자유주의 시장 근본주의를 지향하는) 지구화가 동시에 — 주로 1980년대와 1990년대에 — 일어났다. 따라서 사회정책의 확대 또는 축소를 유발하는 요인들이 이 같은 이중의 격동적 상황에서는 서로 뒤섞이고 혼동될 수밖에 없다. 권력 자원 이론이 주장하듯, 민주화는 개발도상국 사회에서 새롭게 선거권을 획득한 시민들이 재분배 정치에 대한 상당한 기대를 갖도록 한다. 나아가 경제적 개방성 주장들이 예측하듯, [사회경제적] 지위가 낮고 경제적 변동에 취약한 주변화된 주민들 사이에서 사회 안전망에 대한 수요가 증가한다. 그러나 1980년대 이후 전개된 지구화 시기는, 국제 금융자본과 IMF가 주도한, 시장 근본주의를 그 특징으로 한다. 다수의 신흥 시장경제 국가들은 특유의 국제수지 문제로 말미암아 또는 국제 자본의 급격한 이동에 대응하지 못하는 무능력 때문에 금융 위기를 겪었다. 이 과정에서, IMF와 워싱턴 컨센서스Washington Consensus는 이 나라들에 '시장 중심적 해법들'을 강요했는데, 이는 가혹한 긴축과 삭감, 공공 기관에 대한 대대적 민영화를 요구하는 것이었다. 요컨대 불균형한 산업구조, 비효율적인 정부 시스템, 불평등한 교역 조건 등으로 말미암아 개발도상국들, 특히 신생 경제들은 주기적으로 발생하는 경제 위기를 부유한 민주국가보다 훨씬 심각하게 겪었다. 이 같은 환경 아래에서, 다양한 사회집단들이 시장경제에서 직면하는 위험의 내용(특히, 인구 집단별 소득 곡선)은 국제시장의 변동과 국가정책에 따라 급변할 수 있었고, 국내 정치 세력들은 그런 변화에 즉각 대응해야 했다.

그런데 복지국가 비교연구의 지배적인 이론 틀은 경제성장과 국제

무역, 국가 관료제, 헌법 구조 및 다수 결정을 견제할 수 있는 다양한 제도적 장치들(예컨대, 거부권 행사 기제들), 꾸준히 성장하는 노동계급의 정치력과 같은 요소들이 장기적으로 안정적이라는 가정을 기초로 한다. 전통적으로 복지국가 연구에 사용되었던 이론적 도구들은 모두 전후 경제성장의 황금기(1945-73년)에 형성되었는데, 이 시기에는 노령 인구가 서서히 증가하고 노동계급의 힘이 장기간에 걸쳐 성장했다. 그러나 상대적으로 뒤늦게 민주화된 개발도상국 사회 — 이런 조건 가운데 어떤 것도 완전히 충족되지 않는 사회 — 를 분석하기 위해서는, 정치 세력과 사회 세력 사이에 단기적으로 이루어진 연합과 그것의 급격한 재편, 그리고 갑작스런 제도 변화에 주안점을 둔, 새로운 이론적 관점이 필요하다. 다시 말해, 10년이라는 짧은 기간 동안, 동일한 엘리트들이 어떤 순간에는 복지국가의 확대를 추진하고 또 어느 순간에는 복지국가의 축소를 추진하는 것이 어떻게 가능했는가? 마찬가지로 10년이라는 짧은 기간 동안, 동일한 노조가 어떤 때에는 보편적 사회정책을 지지했다가, 다른 때에는 자신의 이익을 위해 사용자와 결탁한 이유는 무엇이었는가? 기존의 복지국가 이론은 지난 20세기 신생 민주국가들 — 특히 이 책에서 연구하는 네 나라 — 에서 나타난 복지국가의 급격한 확대와 축소를 적절히 설명할 수 있는가? 이 장에서는 먼저 20세기 말에 개발된 대표적인 복지국가 이론들을 하나하나 살펴본 뒤, 그것이 개발도상국에서 나타난 복지국가의 부침을 분석하는 데도 여전히 유용한지 평가한다. 이 장 후반부에서는 개발도상국에서 나타난 복지국가의 확대와 축소 동학을 조사하기 위해 새로운 분석 방법 — 사회운동 과정과 '시민사회의 구조적 특성[배열]'configuration of civil society이라는 관점 — 의 유용성을 탐구할 것이다.

복지국가와 개발도상국 이론들

기존 이론들은 지난 20세기에 벌어진 학계의 논쟁에서 저마다 상이한 시기에 전성기를 구가해 왔다. 국가 중심적 이론은 20세기 부유한 민주국가에서 급속히 확대된 복지국가에 대한 주요 설명 틀 가운데 하나로 출현해, 기존의 지배적 이론이었던 산업화 이론을 대체했다. 산업화 이론(Cutright 1965; Wilensky 1975)은 산업화 과정에서 나타나는 가족 구성(핵가족화) 및 인구학적 구조(노인 인구의 증가)의 변화로부터 새로운 사회정책에 대한 수요를 도출한다.[1] 반면, 국가 중심적 이론은 대안적 사회정책을 파악해 개발하고, 시행하는 자율적 국가 관료의 선도적 역할뿐만 아니라, 기존 사회정책의 유산이 지속적으로 수행하는 역할 역시 강조하는데(Heclo 1974; Skocpol 1992), 이 같은 이론 틀에 따르면 사회정책은 그 스스로 "의미를 창출하고"(Heclo 1974, 4) 그에 따른 '행동'과 '새로운 정치'까지 만들어 낸다. 나아가, 국가 중심적 이론들은 국가 구조 또는 정책 구조 자체가 사회정책의 발전을 촉진하거나 저지하는 결정적 역할을 수행한다고 주장한다.[2] 이를테면, 연방제 국가에 존재하는 다

---

1 사실 한국과 대만은 2000년대 이후 급격히 고령 사회로 변화해 왔다. 양국 모두 2000년대 말에는 65세 이상이 전체 인구의 10퍼센트에 도달했고(World Bank 2016), 2010년 말에는 15퍼센트를 넘어섰다. 따라서 혹자는 이런 나라들에서 최근 나타난 복지국가 성장을, 노령 인구의 급증과 이에 따른 사회적 안전망에 필요 증가 결과로 볼지도 모른다.

2 이 같은 정책 유산 접근법의 과도한 경로 의존성을 약화시키는 국가기구 내의 중요한 견제 세력은, 사회정책을 유지시키는 데 소요되는 과도한 비용을 걱정하며 예산을 제약하는 경제 관료들이다. 좀 더 발달한 복지국가에서는 이 같은 비용 및 사회보장 프로그램들의 재정 추계에 관한 예측이 사회정책의 방향을 결정할 수도 있을 것이다(이 같은 관점에 관해서는 Barr 1992 참조). 이를테면, 현재 한국과 대만뿐만 아니라 부유한 민주국가 다수에서 제기되는 연금 고갈 시기와 관련해, 출산율 하락 및 연금 기금 고갈 시기에 대한 재정 추계의 측면에서 국민연금의 지속성을 둘러싼 토론들은 확대 개혁 시도를 제한하는 데 중요한 역할을 한다.

양한 거부권 지점들veto points은 흔히 복지국가의 발전이나 후퇴를 억제하는 중요한 메커니즘으로 언급되어 왔다(Pierson 1994; Skocpol 1992).

국가 중심적 접근법과 더불어, 폴 피어슨Paul Pierson의 "비난 회피의 정치" 역시 [대내외적] 후퇴 압력에도 불구하고 "복지국가가 지속"되는 이유를 설명하는 도구를 제공함에 따라, 1990년대 말에 상당한 주목을 받게 되었다. 피어슨에 따르면, 사회정책은 해당 정책에 대한 적극적인 지지층을 만들어 내는데, 이를 통해 "사회복지 프로그램 주변에 [이를 새롭게 지지하는] 강력한 집단들이 등장하게 되면, 사회복지 프로그램을 처음 확대했던 정당, 사회운동, 노동단체들에 복지국가가 덜 종속적이게 될 것이라"고 주장했다(Pierson 1994, 147). 예를 들어, 복지국가의 수혜자들로서 노년층은 복지국가가, 그것의 창설자들에 의지하지 않고도, 유지될 수 있도록 이를 강력히 지지하는 집단이 될 수 있다(Pierson 1996).

피어슨은 또한 기존의 접근법들이 "축소를 찬성하는 연합을 구성하고 유지하는" 비용을 간과하고 있다고 주장한다(Pierson 1994, 155). 그 결과 "특정 맥락에서의 (확대) 결과를 설명하기 위해 고안된 이론들"(Pierson 1994, 156)은 상이한 정치·경제 환경에서 나타난 축소 결과에 대해서는 적용되지 않을 수 있다. 일반적으로, 집권 세력은 좀처럼 복지 정책을 축소하는 개혁을 시행하려 하지 않는데, 이는 이 같은 축소가 초래할 잠재적 비난을 최소화할 전략을 강구하기 어렵기 때문이다. 이 같은 유인으로 말미암아, 부유한 민주국가들이 보수 정부 아래에서도 일련의 개혁에 성공을 거두지 못했던 것에서 알 수 있듯이, 정치인들은 사회복지 정책에 대한 축소에 쉽게 나설 수 없을 것이다.[3]

---

3 서문에서 언급했듯이 많은 개발도상국은 사회정책 및 노동시장 제도의 깊고도 급진적인 축소를 겪어

이 같은 전통적인 접근법들을 따라, 개발도상국에 초점을 맞춘 복지국가 연구자들 다수는 초보적인 형태의 사회정책이 도입되는 과정에서 자율적인 관료들이 수행하는 역할을 강조했다. 이를테면, 한국과 대만에서는 관료들이 정부 및 대기업 피고용인들을 위한 건강보험과 연금을 도입·시행하는 데 중심 역할을 했다(Kwon 2003; 2005)는 것이다. 다수의 사회정책이 권위주의 정부 시기에 도입되었다는 점에서(Mares and Carnes 2009), 연구자들은 관료들에 주목할 수밖에 없었는데, 이들은 권위주의 정부의 독재자가 허용한 한계 내에서 각각의 사회정책에 대한 세부 계획을 입안했다. 특히 유의미할 정도로 강력한 이익집단이나 압력 집단이 없는 경우, 국가 관료 기구 내의 정책 전문가들이 사회정책의 도입을 촉진하는 유일한 이들일 것이고, 나아가 그들에게는 장기적인 계획(이는 사회정책을 시행하고 예산을 책정하는 데 필수적이다)을 수립하고 시행할 수 있는 역량 역시 있다. 따라서 탈식민 국가 건설 과정에서 국가 관료는 사회에 비해 "과잉 성장하고"(Alavi 1972), 그에 따라 국가적 의제를 다양한 사회 세력들 사이에서 조율하고, 이를 집행할 수 있는 역량도 더 커진다. 그런 상황에서, 국가는 중앙집권화된 관료 체계나 코포라티즘적인 하위 조직을 이용해 사회정책을 쉽게 도입할 수 있다.

사회민주주의 복지국가들이 자본주의를 전복하지 않고도 대의 민

왔다. 그에 따라, 부유한 민주국가와는 다르게, 개발도상국의 축소의 정치에 대한 학술적 초점은 주로 '어떤 조건에서 축소가 일어날 공산이 더 큰가'에 맞춰져 왔다. 이를테면 브룩스(Brooks 2008)는 피어슨의 비난 회피 틀을 개발도상국의 연금 개혁에 효과적으로 적용했다. 선진국과 개발도상국 등 총 71개국이라는 광범위한 표본 집단에 대한 연구를 통해, 브룩스는 명목확정기여체제(NDC)와 비교해 매몰비용과 정치적 부담이 더 큰 적립식확정기여연금계획(FDC)이 중간 소득의 개발도상국 또는 탈공산주의 국가에서 채택될 가능성이 크다는 사실을 발견했다. 그는 이런 반직관적인 결과가 초래되는 이유는 주변 국가들 사이에 동조 압력 메커니즘이 작동하기 때문이라고 본다.

주주의를 통해 노동계급의 이익과 권리를 증진하는 것이 가능함을 입증함에 따라, 1980년대에 권력 자원 이론 역시 등장했다(Esping-Anderson 1985; Korpi 1983; Stephens 1979). 임금노동자 대다수를 아우르는 전국 단위 중앙 노조의 지지를 받은 북유럽 사민당들은 장기간 정권을 유지하며, 보편적인 사회정책을 지속적으로 확대할 수 있었다. 심지어 집권에 실패했을 때에도 사민당이라는 강력한 존재는 선거 경쟁에서 사회정책의 확대를 압박하는 동인이 되었고, 기독교민주당 같은 중도 정당들 역시 다른 서유럽 국가들의 친복지 세력들처럼 계속해서 복지를 지지하지 않을 수 없도록 했다(Huber et al. 1993).

복지국가 연구자들이 개발도상국에 관심을 기울이기 시작하면서, 이들은 권력 자원 이론에 커다란 관심과 신뢰를 보냈다. 특히 민주화 연구자들은 자신들의 이론을 개발도상국의 복지국가 발전에 곧바로 적용했다. 권력 자원 이론이 자본주의사회에서 사민주의 정치의 권력 기반은 '무산자'have-not의 조직화에서 비롯되었다고 추정했듯, 민주화 과정에서 노조와 좌파 정당을 통해 무산자들에게 참정권이 부여되고, 그들의 요구가 결집되면, 이는 결국 개발도상국에서 복지국가가 형성되는 데 기여하게 될 것이라고 학자들은 역설한다(Haggard and Kaufmann 2008; Huber and Stephens 2012). 특히 주목할 만한 점은 복지국가 및 민주화를 연구하는 학자들 모두 노동계급과 중산층 사이의 '계급 연합'의 중요성을 강조한다는 것이다. 디트리히 루쉬마이어 등(Rueschemeyer et al. 1992)은 노동계급이 중산층 — 이들 중산층은 대체로 권위주의 정부 시기에 엘리트들과 유착해 왔다 — 과 연합을 형성할 때, 민주주의 이행이 가장 성공적이고 견고하다는 것을 발견했다. 비슷한 맥락에서 에스핑 - 앤더슨(Esping - Andersen 1990)은 노동계급이 농민 또는 사무직 노동자와 맺은 동맹이 북유럽 국가에서 보편적인 복지국가를 조성하는 데 결정적이었다고 주장했다. 따라서 노동계급이 중산층 또는 중산층 일부와 견고한 연대를 유지하는 사회에서는 민주주의의 공고화가 더 큰 복지국가로 이어지리라는 주장은 타당한 것이다.[4]

20세기 말에 출현한 자본주의의 다양성 학파(Esteve – Able et al. 2001; Hall and Soskice 2001; Iversen and Soskice 2009)는 복지국가를 둘러싼 논쟁의 지형을 근본적으로 변화시켰다. 이 접근법의 지지자들은 에스핑 – 앤더슨(Esping-Andersen 1990)이 널리 알린 복지국가의 세 가지 유형 대신에 '자유 시장경제'liberal market economy, LME와 '조정 시장경제'coordinated market economy, CME로 구성된 좀 더 단순한 분류 체계를 택했다. 이들은 두 유

---

4 사실 해거드와 카우프만(Haggard and Kaufmann 2009)은 개발도상국에 대한 정량분석을 통해, 일반적으로 민주주의 정부가 권위주의 정부보다 재분배를 더 많이 하며, 중간 수준의 권위주의 정부가 더욱 가혹한 권위주의 정부보다 사회정책에 더 많이 지출한다는 것을 발견했다. 좀 더 구체적으로 살펴보면, 그들은 동아시아에서는 민주화가 그와 같은 효과를 냈지만 동유럽에서는 큰 기여를 못했고 라틴아메리카에서는 반대로 작용했음을 발견했다. 후버와 스티븐스(Huber and Stephens 2012) 역시 "민주주의 연수"(years of democracy)가 도시화와 노령 인구와 더불어 라틴아메리카에서 사회보장 및 복지 지출의 가장 일관적인 결정 요인 가운데 하나임을 발견했다. 그들의 결론에 따르면, "민주주의는 재분배에 헌신하는 행위자를 늘리고 재분배를 추구하는 행동을 가능하게 한다"(Huber and Stephens 2012, 11). 일반적으로 이 결론들은 비교적 장기간에 걸쳐, 민주주의 체제에서 시민사회가 발전해 온 특유의 경로를 탐구하는 것이 [해당 국가의] 사회정책 레짐을 이해하는 데 결정적이라는 생각에 힘을 실어 준다. 자율적인 시민 및 노동조직 다수는 권위주의 시기 또는 민주화 운동 시기에 서로 연대했다. 따라서 '민주주의 연수'는 처음에는 사회의 저변에서 부글부글 끓다가 이후 민주화 운동 시기에 분출되는 '평등의 기획들'을 포착하는 데 필요한 일종의 '시간 값'이다. 이 민주적 변화의 시기에 노동 및 시민단체의 지도자와 그 지지자들은 시행착오의 과정을 겪으면서 정책 수립과 조율, 국가 또는 정당에 대한 로비, 나아가 국가 및 자본에 대한 징벌(또는 이들과의 협상)에 관한 실용적 지식을 쌓고 이를 점차 개선해 나간다(이 과정에 대해서는 다음 장에서 상술할 것이다). 다만 '민주주의 연수'라는 변수는 시민사회 세력에게 '기회 구조'가 지속되는 기간만을 포착하기에 사회정책의 발전, 확대, 방어를 위한 시민사회의 역량들이 어디서 어떻게 발생했는가 하는 질문에는 대답하지 않는다.

형 사이의 주요한 제도 차이는 노동자들이 습득하는 숙련skills에 관한 사용자들의 상이한 필요와 전략에서 기인한다고 주장했다. 즉, 자유 시장경제들(전형적으로 미국)은 탈규제된 노동시장, 그리고 시장에 기반을 둔 자본 및 기술 이전 체계를 발전시킨 반면, 조정 시장경제들(전형적으로 독일)은 기업과 노동자가 시장과 기술의 변동과 관련한 정보를 공유할 수 있는 제도적 환경을 조성했다. 이에 따라, 전자는 노동시장 행위자로 하여금 언제든 쉽게 대체할 수 있는 자산(일반 숙련general skills)에 투자하도록 고무하는 반면, 후자는 사용자와 노동자로 하여금 기업 내에서 공동으로 특화된 기술(기업 특수형 숙련firm-specific skills)을 발전시키도록 한다. 특히 조정 시장경제에서 사용자와 노동자는 특화된 기술을 발전시키는 데 공통의 이해가 있는데, 이는 기업 특수형 숙련과 복지 레짐의 발전에 호의적인 중도 좌파와 중도 우파의 연정, 그리고 이를 촉진하는 선거제도인 비례대표제의 공진화로 귀결된다. 이 같은 합의 지향적 선거제도는 역사적으로 중도 – 좌파 연립 정부가 관대한 재분배 정책을 발전시키고 촉진하는 것을 가능케 했다(Inversen and Soskice 2009).[5] 이런 환경에서는 사용자와 노동자가 정부에 대한 로비를 통해 사회정책을 입법화하기 위해 계급 간 동맹을 맺을 것이다(Esteves Able st al. 2001; Mares 2003).

---

5 페르손과 타벨리니(Persson and Tabellini 1999; 2003)에 따르면 비례대표제는 중도좌파 정부가 집권하는 데 일조하는데, 전국 단위의 정당 명부 후보자들에 기초한 선거에서는 유권자가 보편적인 재분배 프로그램을 지지하는 정당을 선호할 터이기 때문이다. 반면 지역구에서 단순 다수제로 개별 후보에게 투표하는 선거에서는 유권자가 해당 지역 단위의 정책 공약에 이끌리게 될 것이다. 전자에서는 소수집단 후보가 연합 정치를 통해 생존할 공산이 크지만, 후자에서는 생존이 쉽지 않을 것인데, 정당 지도자가 소수집단 후보 공천을 더 주저하기 때문이다.

2000년대 이후, 자본주의 다양성 학파의 영향력이 증가함에 따라, 비교 정치, 국제 개발, 노사 관계 관련 학자들은 그 틀을 개발도상국에도 적용해 왔다. 슈나이더와 소스키스(Schneider and Soskice 2008)는 라틴아메리카 경제를 자본주의의 다양성의 부정적 변종, 즉 '위계적 시장경제'Hierarchical Market Economies, HMEs로 간주했는데, 이 같은 위계적 시장경제 내에서는 다각화된 기업집단들이 '제도적 상보성'(하위 계급의 주변화, 원자화된 노동관계, 기술 발전에 대한 낮은 투자, 대통령제 등)을 통해 자신들의 이익을 실현한다. 한편 루드라(Rudra 2007) 역시 처음에 자본주의의 다양성 범주를 사용해 개발도상국의 복지 레짐을 분류했지만, 이후 국가별(예컨대, 남미 국가와 동아시아 국가 사이의)로 나타나는 사회 지출의 차이에 주목해 새로운 유형의 분류 체계 ― "생산적" 복지 레짐 대 "보호적" 복지 레짐 ― 를 사용하고 있다. 그 외 상당수의 연구자들(Haggard 2004; Hall and Gingerich 2009)은 한국을, 박정희 정부의 경제 발전기에 만들어진 노사 관계와 [직업] 훈련 체계를 갖춘, 전형적인 조정 시장경제로 분류한다.

마지막으로, 경제적 개방성 주장은 서로 구별되는 몇 가지 형태로 발전해 왔다. 가장 이른 판본에서 캐머런(Cameron 1978)과 카첸스타인(Katzenstein 1985)은 무역 개방에 따른 경제적 변동은 취약 계층을 보호해야 할 필요성을 증대시킬 것이라 추론했다. 개릿(Garrett 1998)은 지구화가 좌파 정당 및 그들의 재분배 정치를 강화함을 보여 줌으로써 이 주장을 뒷받침했다. 그런데 이 경제 개방성과 복지국가 사이의 긍정적 연관성은 이후 일련의 연구에서 논박되어 왔다. 후버와 스티븐스(Huber and Stephens 2001)는 (적어도 지난 10여 년 동안에는) 지구화가 현저하게 복지국가의 후퇴를 야기해 왔음을 발견했다. 나아가 권혁용과 폰투손(Kwon and Pontusson 2010)은 지구화와 관련해, 좌파 정당이 사회 지출에 미치는 효과가 1970년대와 1980년대 초, 그리고 노조가 헤게모니를 쥐고 있던 나라에서는 뚜렷하게 나타났지만, 1990년대 이후, 그리고 노조가 쇠퇴한 나라에서는 그와 같은 효과가 사라졌다는, 좀 더 정교화된 주장을 펼친다. 그 외에도, 국가와 자본주의를 연구하는 이론가 다수는 시장 근본주의가 케인스주의식 경제를 무너뜨렸고, 자본이 (규제 또는 보호 역할을 하는) 국가를 압도하게 되었으며, 사용자들은 자본의 이동성, 유연성, 효율성과 관련해 더 큰 자유를 누리게 되었다는 데 동의했다 (Jessop 2002, Steinmo 2002, Strange 1997). 최근 들어 금융 개방성이 극적으로 증가하고, 금융자본 및 그 대리인들(소위, 신용 평가 기관)의 목소리가 커지면서 재정, 통화, 사회정책 등을 수단으로 하는 국가의 정책 기동성이 약해진 것으로 추정된다. 사실 스웽크와 스타인모(Swank and Steinmo 2002)는 자본 이동성이 법인세율을 낮춘다는 사실을 발견했다. 이처럼 개방성 관련 문헌에서 지구화는 과거 무자비한 시장 원리로부터 노동자를 보호했던 복지국가와 노동시장 제도를 잠식하는 것으로 나타난다.[6]

경제 개방성은 또한 개발도상국가들에서도 복지국가 확대에 다양한 영향을 미치는 것으로 알려져 있다. 지구화는 노동 기준labor standards을 후퇴시킬 뿐만 아니라(Mosley and Uno 2007) 복지 지출도 축소하는데 (Avelino et al. 2005, Wibbels 2006), 이는 특히 중산층의 복지에도 악영향을 미친다(Rudra 2008). 지구화는 국제 자본과 이들의 국내 파트너뿐만 아니라, 시장 지향 원리를 옹호하는 관료들(예를 들면, 중앙은행)의 목소리 역시 강화하는 경향이 있다(Babb 2001). 경제 위기는 지구화 세력이 노동 기준, 법인세, 사회 임금social wage 등과 같은 일국적 규제 장치들을

---

6 복지국가에 대한 지구화의 혼합된, 곡선형적 효과들에 대해서는 Brady et al.(2005)을 보라.

제거할 수 있는 결정적 국면일 것이다. 이런 분석 틀을 사용하는 학자들은 개발도상국의 복지 제도 형성에서 경제 개방이 수행하는 역할을 설명하기 위해, 자본주의의 다양성 학파의 생산 레짐 주장과 결부된, 거시 발전 전략의 중요성에 주목했다(Haggard and Kaufman 2008; Mares and Carnes 2009; Wibblels and Ahlquist 2011). 이를테면 위벨스와 알퀴스트(Wibbels and Ahlquist 2011)는 노동력이 부족한 (라틴아메리카) 국가들의 경우 도시 부문의 핵심 노동자들을 위한 사회보험 위주의 사회정책과 결합된, 수입 대체 산업화 전략을 채택하는 반면, 노동이 풍부한 (동아시아의) 국가들은 수출 주도 산업화를 택해 (중심부 표적 집단을 넘어) 전체 인구에 대한 '인적 자본 투자'를 추구한다고 추론했다.

이 책의 주장에 대한 경제 개방론의 결정적 비판은, 지구화 시기의 경제 위기가 (이 책의 궁극적인 독립변수인) '시민사회 내에 형성된 조직된 시민들 사이의 연계' 자체에도 커다란 영향을 미칠 수 있다는 것이다. 경제 위기는 노조와 그 동맹 세력들의 자원 기반 및 지역사회에 자리 잡은 연대의 틀을 직간접적으로 무력화함으로써, 이들을 그리고 이들 사이의 연계를 약화시킬 수 있다. 예를 들어, 노동 기준과 단체행동권의 후퇴는 노조 활동에 악영향을 줄 수 있다. 유연성 증대와 급여 체계의 개별화를 추구하는 기업의 새로운 경영전략은 노동자들 사이에 분열을 야기할 것이고(Pontusson and Swenson 1996), 이에 따라 노조의 단체교섭력은 약화될 것이다. 더욱이 다국적기업과 국경을 초월하는 자본의 이동성 증가로 노동력 배치가 지리적으로 분산된 것 또한 전통적인 공업지대에 지리적으로 집중되어 있던 노조의 조직력을 잠식할 것이다. 또한 임금 증가 및 차별화된 각종 혜택의 제공으로 말미암아 노조 지도자 및 조합원(특히 고숙련, 고소득 직종의 이들)들은 주변화된 사회 세력과의 연대를 꺼릴 것이다. 따라서 점점 더 협소해지고 분열되는 노동 계급 조직은 자신의 주도 하에 다양한 사회 세력들을 시민 연대의 틀로 끌어들이려 더는 노력하지 않을 것이다. 이 같은 예측에 기초해 보면, 이 과정의 최종 결과는 노동 – 시민 연대 및 복지국가 모두의 쇠퇴일 것이다.

기존 연구의 한계

선진 산업 민주국가들을 설명하고자 개발된 이론들을 검토하면서, 필자는 복지국가 발전에 대한 주요 이론들이 이 네 나라의 (그리고 다른 발전도상국들의) 차이에 대해 일정한 설명력이 있음에도 불구하고, 이 글에서 제기하는 질문들에 대한 답을 제시하는 데는 일정한 한계가 있다고 본다. 복지국가의 확대와 관련해 가장 흔히 언급되는 설명들은 — 산업화 논리와 결부된 인구학적 압력(즉, 노령 인구의 증가)(Pampel and Williamson 1989; Wilensky 1975)과 경제적 개방성 이론(Cameron 1978; Katzenstein) — 대만과 한국에서 보편적 건강보험 및 국민연금 제도가 도입된 데 대한 상당히 타당한 설명일 수 있다. 하지만 이 이론들은 두 나라가 1990년대 말 이후, 특히 [복지] 프로그램의 구조 — 보편성universality과 관대성generosity — 와 관련해 점점 더 상이한 제도적 경로를 밟아 온 이유를 설명할 수 없다.[7] 두

---

7 한국의 연금 프로그램들은 다음 세 가지 수준이 있다는 점에서 북유럽 나라들과 구조가 비슷하다. ① 소득과 연관된 사회보험(국민연금), ② 개인 계정(퇴직연금), ③ 사회부조로서 일률적 보조금(기초연금). 반면 대만의 연금 프로그램들은 좀 더 시장 지향적이고, 개별적이며, 분산되어 있다. 곧 소득과 연관된 사회보험이 2005년부터 개인의 선택에 의한 개인 계정으로 전환되어 왔다. 또 기초연금은 보편적인 기초 사회부조가 아니라 자발적인 [분담금] 납부 방식이다. 그에 따라 자영업자는 대개 기존 연금제도

이론은 또한 개방도와 인구학적 구조가 유사한 아르헨티나와 브라질에서 복지 정책이 상이하게 발전한 경로를 설명하는 데도 한계가 있다. 이를테면, 이 이론들은 아르헨티나와 한국에서 각각 1990년대와 2000년대에 연금 프로그램의 급진적 축소가 일어난 반면, 브라질에서는 그렇지 않았던 이유를 설명할 수 없다.[8]

복지국가 발전에 관한 또 하나의 영향력 있는 이론인 "국가 중심적" 접근법(Heclo 1974; Skocpol 1992)은 권위주의 정부의 주도 하에 부분적이고 선별적인 사회정책(국가 공무원 및 공공 부문의 피고용인을 대상으로 한)이 초기에 발전했던 일을 효과적으로 설명할 수 있지만, 민주주의가 공고화된 이후 국가 관료들은 과거와 같은 자율성을 누리기 어려운 것으로 보인다. 일반적으로 권위주의 정부의 엘리트들은 기초적인 사회보험을 통해 관료 체제 내 핵심 종사자(공무원, 군인, 교직원)와 핵심 산업의 노동자를 포섭하려 한다. 하지만 이 같은 권리들은 일반 시민들에게 즉각 확대되지는 않는다. 이 같은 권리의 확대는 훗날 다수의 일반 시민들이 자신들이 가진 조직적 힘을 새로 발견하고 이를 기반으로 정부에 압력을 행사함에 따라 이루어진다.

더욱이, 관료의 역할과 과거 정책의 유산(강한 관료의 역할과 수출 지향 산업화 정책의 유산은 한국과 대만에서 유사했고, 약한 관료의 역할과 수입 대체 산업화의 유산은 아르헨티나와 브라질에서 유사했다)을 통해서는, 사회정책이 기존의 경로에서 '급진적으로 일탈'한 것에 대한 만족스러운 설명을 제공할 수

에서 보장을 받지 못한다. 이 중대한 제도 차이들은 9장에서 더 상세히 논의할 것이다.

8 아르헨티나는 연금이 급진적으로 축소되었을 때 4개국 가운데 노령 인구 비율이 가장 높았던(9.6퍼센트) 반면 당시 브라질은 가장 낮았다(5퍼센트). 역사적으로 한국에서 복지국가 확대를 전부터 가장 강하게 반대해 온 집단은 (산업화 세대의) 노인(60세 이상)이고 이들은 보수정당에 강력히 동조해 왔다.

없다. 이 나라들에서 민주화 이행 이후 기존의 사회정책을 축소 또는
확대하려는 국가 관료들의 시도는 대개 시민사회 내 동맹과의 긴밀한
교섭 및 조율을 통해 이루어졌다. 기존 경로에서의 급진적인 이탈은
[민주화 이후 새로운] 여당 지도자가 시민사회 내의 동맹 세력에 대한 일원
화된 하향식 통제력을 가지고 있을 경우, 또는 여당의 동맹 세력(예를 들
면, 노조)이 시민사회 내 다른 세력들과 강한 연대를 맺고 있지 않을 때
에만 가능했다. 따라서 국가 중심적 접근법은 특정 조건 아래에서만
유효하다.[9]

정책 유산 접근법 또한 개발도상국에 적용할 수 있을지 의문스럽
다. 실제로 선진 산업국가들보다 더욱 심각한 경제 위기를 반복적으로
경험한 개발도상국들 사이에서 정책 유산은 그 방향이 쉽게 뒤집혔다.
곧 진보적인 사회정책이 급작스럽게 후퇴하는가 하면, 기존의 정책 경
로가 갑자기 파기되어 급진적으로 보편적인 (또는 진보적인) 이전 정책이
도입되기도 했다. 심지어 주요 경제정책조차 급진적으로 역전되기도
했다. 이를테면, 1990년대에 심각한 재정 위기에 직면한 아르헨티나
와 한국은 모두 공기업과 노동시장 제도를 시장 지향적인 방향으로 급
진적으로 재편하면서 기존의 전통적인 발전 전략의 상당 부분(예컨대,
한국에서 정부의 감독을 받는 은행 - 재벌의 긴밀한 관계)을 폐기했다. 일부 정책
유산(라틴아메리카의 공공 부문 피고용인을 위한 관대한 연금 프로그램 같은)은 살아
남았지만, 국내의 경제 제도는 통제할 수 없는 외부 충격에 직응하기

---

9 (민주화 이행 이후의) 국가 중심적 개혁은 (9장과 결론에서) 탈구된 응집성이라는 더 큰 틀에 포함된 사
례로 논의할 것인데, 이 사례에서 노조는 집권당(국가)과 긴밀한 '종속적' 연계를 맺고 있지만, 다른 시
민사회 세력들로부터는 탈구되어 있다.

위해 빠르게 변형되었다. 그러나 이런 환경에서도 사회정책은, 특히 재정 정책에 보수적인 관료 및 정치인들의 우려에도 불구하고, 극적으로 확대될 수 있다(Barr 1992). 심지어 예산이 제약되어 있는 상황에서조차도, 정책 입안자에게는 사회정책의 개혁에 관한 선택지가 ─이를테면, 예산 재분배, 수급권 자격 조정, 그리고 수령자와 사용자에게서 사회보장비 신설 또는 증세─풍부하다. 결국 관건은 확대 개혁을 지지하는 세력이 개혁 의제와 관련해 유권자, 국가, 의회를 확신시킬 수 있을 정도로 견고하고 역량이 있는지의 여부다. 1990년대 말 한국에서 도입된 보편적인 사회정책 개혁은 이 점을 잘 예증한다. 따라서 이런 맥락에서 (개발도상국의) 정치 행위자는 과거의 정책 유산을 극복하고 급변하는 사회 기반과 동맹에 따라 스스로를 급속히 변형할 준비가 되어 있고 또 그럴 역량도 있다. 종합하자면, 이들 개발도상국에서는 선진 산업국가들과 같은 수준의 정책 지속성과 경로 의존성을 발견하기가 쉽지 않다.

다음으로 복지국가 발전에 대한 자본주의의 다양성 접근법 또한 '핵심'적인 조정 시장경제에 속하지 않는 대다수 사회를 분석하는 데는 심각한 한계가 있다. 첫째, 서유럽과 개발도상국 사이에는 중요한 차이가 하나 있다. 서유럽에서 복지국가는 사실 조정된 생산 레짐의 일환으로 점진적으로 진화해 왔을 것이다. 그러나 개발도상국에서 그와 같은 제도 조율은 국가와 시장 사이에서 좀처럼 일어나지 않았다. 즉 사회정책은 권위주의 정부에 의한 포섭 기제로 도입되었고, 민주화 이행기 또는 그 이후에 더 많은 인구로 확대되었다. 그런 과정에서 기업은 개발도상 시기에 국가와 사회를 가로질러 조율 체제를 개발할 수 있는 시간이나 역량이 충분하지 않았다. 더욱이 개발도상국의 자본가들은, 사회정책 선도자social policy entrepreneurs이기는커녕, 복지국가 확대를 가장 일관적이고 강력하게 반대했을 뿐만 아니라, 신자유주의적 시장 개혁을 가장 일관되게 지지해 왔다. 결국, 자본주의의 다양성 학파 전통에 있는 그 어떤 연구도 개발도상국의 복지국가가 (사용자들의) 상이한 유형의 숙련 필요를 충족시키기 위해 구성된, 제도들 간의 상보성을 보여 주는 적절한 사례임을 입증하지 못했다. 달리 말해, 대부분의 개발도상국가들에게는 숙련[기술] 훈련 제도를 사회정책 체제와 조율할[10] 강한 유인이 없다. 즉 브라질과 아르헨티나의 기업은 세계시장에서 고도의 경쟁력이 필요한 부분에서 경합을 벌일 필요가 없었고, 한국과 대만의 기업은 성장기에 주로 기업 수준의 복지에 의존했다.[11] 요컨대 기술 특정성skill specificity의 필요는 이 개발도상국들의 복지국가 형성에서 중요한 요소가 아니었다.

복지국가 문헌 가운데 이와 관련한 한 가지 이론적 혁신은 제도주의자들이 선거제도를 중심으로 재분배 정책을 추구하는 중도 좌파 정부의 출현을 설명한 것이다. 이런 전통을 따르는 연구자들은 좀 더 강력한 좌파 정치를 만들어 내는 것으로 알려진 비례대표제의 채택 여부

---

10 [옮긴이] 앞서 본문에서도 살펴보았듯이, 홀과 소스키스는 자본주의 체제를 조정[조율된] 시장경제와 자유주의 시장경제로 구분하는데, "그 기준은 기업이 관련 행위자들과 관계를 맺는 방식에 달려 있다." 다시 말해, 기업은 내부적으로는 노동자와, 외부적으로는 공급자, 고객, 주주, 노조, 정부 등 다양한 행위자와 관계를 맺어야 하는데, 그 관계의 성격에 따라 위의 두 체계로 구분된다는 것이다. 예를 들어, 조정 시장경제에서는 기업 특수적(firm-specific) 또는 산업 특수적(industry-specific) 숙련을 통해 지속적으로 생산성을 개선해 나간다. 따라서 이를 위한 직업 훈련이 이루어지는데, 이를 위해서는 장기 금융이 발전해야 하고, 또한 숙련 노동자를 빼내 가는 가로채기의 위험성을 최소화하기 위해 기업 간 협력적인 임금 설정이 필요하며, 고숙련 노동자들로부터의 협력을 얻어 내기 위해 협력적 노사 관계가 필요하다. 이에 대해서는 정이환, 『현대 노동시장의 정치사회학』, 후마니타스, 2006, 55-56쪽 참조.
11 이런 한계에도 불구하고 기업 거버넌스, 직업 훈련, 사회 보호, 금융 제도 같은 상이한 하위 체제가 체계적으로 조율되는 '제도적 상보성'에 자본주의의 다양성 학파가 초점을 맞춘 것을 과소평가해서는 안 된다.

를 토대로 복지국가들에서 나타나는 분배 결과의 변동을 설명한다 (Persson and Tabellini 2003; Iversen and Soskice 2009). 사실 라틴아메리카 두 나라는 (명부식) 비례대표제이지만 동아시아 두 나라는 [지역구와 비례대표를 따로 선출하는] 병립형이고, 그나마 전체 의석 가운데 비례대표제에 따라 채워지는 의석 비율은 더 작다(한국은 18퍼센트, 대만은 30퍼센트). 선거제도라는 변수(그리고 그것의 재분배 효과)는 두 대륙 사이의 차이를 효과적으로 설명하지만, 각 대륙 내부의 차이를 설명하는 데는 그렇게 유용한 요소가 아니다.[12] 아르헨티나와 브라질 노동 정당 사이의 차이, 또 한국과 대만 노동 정당 사이의 차이는 매우 크다. 전자의 경우 잘 규율된 참여 거버넌스participatory governance(브라질) 대 후견주의 정치(아르헨티나)의 차이이고, 후자 경우, 잘 규율되지 못한 이념적 정파주의(한국) 대 내부적으로 잘 조율되었지만 국가에 포획된 코포라티즘(대만) 사이의 차이(Lee 2016)이다.

피어슨의 "비난 회피의 정치"(Pierson 1996) 또한 개발도상국들에 적용하기에는 한계가 있다. 개발도상국에서 복지국가의 후퇴는 민영화의 형태로 자주 발생해 왔다. 이 같은 제도 변화가 [복지] 지출 총량의 급진적 축소로 이어지지는 않을 테지만, 재분배 효과는 현저히 감소할 것이다. 그 이유는 민영화된 건강보험의 경우 상위 소득 수령자의 몫을 하위 소득 수령자에게로 재분배하지 않기 때문이다. 더욱이 이 같은 신자유주의적 제도 개혁 전략에서는 (신자유주의적 예산 개혁과는 달리)

---

12 사실 라틴아메리카의 복지국가 규모는 동아시아 국가보다 훨씬 크고 이는 동아시아 국가에서 비례대표제의 제한적 역할 때문에 좌파 정당이 발전하지 못한 게 그 원인일 것이다. 동아시아 두 나라에서는 사회복지 지출이 대개 국내총생산의 10퍼센트 남짓인 반면 아르헨티나와 브라질에서는(그리고 코스타리카와 우루과이 같은 다른 많은 라틴아메리카 나라들에서도) 대략 20퍼센트를 넘어섰다.

혜택이 여당과 그 후원자들(일반적으로 보험사, 연금 및 건강보험에서 상층 소득 구간에 있는 수령자, 의사, 제약회사)에게로 집중된다. 나아가 상당수의 개발도상국들이 경제 위기에 거듭 직면함에 따라, 그 집권당들은 시장 지향 개혁에 착수해야 할 압력을 훨씬 더 많이 받고 있다. 피어슨의 추측은 이 같은 개발도상국들의 사례에 적용될 수 없다. 민영화의 형태로 나타난 복지국가의 후퇴는 라틴아메리카와 한국을 비롯한 여타 국가들에서 현실적인 위협이었고, 후퇴는 다양한 수준에서 실제로 진행되었다.

이 연구의 사례에서 도출된 경험적 증거는, 사회복지 제도는 시간의 흐름에 따라 애초 그 제도를 만든 이들, 곧 정당, 사회운동, 노조에 덜 종속된다는 피어슨의 단언을 반박한다. 그와 반대로, 적어도 이 글에서 다루고 있는 개발도상국들에서는 사회복지 제도가 그와 같은 행위자들에 더욱 종속적이게 되는데, 이는 충분한 로비 및 동원 역량을 갖춘 영향력 있는 새로운 행위자들이 좀처럼 나타나지 않기 때문이다. 이는 이들 네 나라의 인구학적 구조가 부유한 민주국가 수준에 이르지 못했기 때문이기도 하지만, 더욱 중요한 것은 후퇴로 인한 손해를 인지해야 할 행위자들(예컨대, 부유한 민주주의 국가들에서 노령의 연금 수령자들 같은)이 제대로 된 조직 역량을 충분히 갖추지 못했기 때문이다. 다시 한번 강조해 두자면, 중요한 것은 그런 '구' 세력들—노동자와 정당—이 어떻게 사회적 기반을 회복하고, 새로운 형태의 두생을 개시하며, 새로운 연대의 동학을 만들어 내는가이며, 이것이 바로 이 연구의 핵심 축이다. 나아가, 복지국가의 후퇴를 지지하는 연합을 모으는 비용—피어슨의 초점—뿐만 아니라, 후퇴에 반대하는 연합을 모으고 기존 사회정책을 지키는 역량을 모으는 비용 역시 중요하다.

지구화 및 신자유주의 시기의 경제적 개방성 또는 위기 이론은 다음 장에서 제시되는 배태된 응집성 접근법의 가장 강력한 경쟁자이지만, 이 글에서 다루고 있는 사례들에서 나타난 변동을 설득력 있게 설명하지 못한다. 우선 한국은 1997년과 1998년의 금융 위기 시기에 역사상 가장 보편적인 확대 개혁을 성취한 반면(이에 대해서는 5장에서 논의한다), 대만에서 복지 정책의 확대는 경제적 개방성 또는 위기와 관련 없이 이루어졌다. 그 이론[경제적 개방성 또는 위기 이론]의 예측에 가장 부합하는 유일한 사례는 아르헨티나일 것이다. 그러나 경제적 개방성 주장은 왜 동일한 나라에서 (그리고 동일한 페론주의 정당이) 1990년대 초 경제 위기 이후에는 급진적 축소[정책]을 도입한 반면, 2000년대 초의 또 다른 경제 위기 이후에는 이전의 축소를 뒤집었는지를 설명하지 못한다. 또한 이 이론은 유사한 경제 위기가 발생했던 1990년대에 왜 브라질에서는 주요 노동권이 대체로 유지되었던 반면, 아르헨티나에서는 사회정책이 급진적으로 역전되었는지도 설명하지 못한다.

경제 위기 및 지구화가 노동운동과 시민사회 행위자에게 미치는 강력하면서도 부정적인 영향 역시 단일하지 않다. 곧 그것이 아르헨티나에서는 노동 및 복지국가 모두에 부정적 효과를 낳았지만, 브라질에서는 그렇지 않은 것으로 보인다. 경제 위기가 라틴아메리카 대부분의 지역에 만연했을 당시, 브라질 노동운동들과 노동자당은 지자체 및 중앙정부 수준에서 권력을 장악했다. 한국의 노동운동 역시 경제 위기를 겪고 있을 당시 정점에 이른 상태였다. 지구화라는 맥락 속에서 최근 전 세계 곳곳에서 노동운동이 급증하고(Silver 2003), 좌파 정당이 부활한 것(Levitsky and Roberts 2011) 역시 위 이론들의 예측을 반박한다.[13]

마지막으로 권력 자원 학파(Esping-Andersen 1985; Korpi 1983; Stephens

1979) 역시 개발도상국들에서 나타나는 복지국가의 확대 및 축소를 설명하는 데 한계가 있다. 이를테면, 1990년대 아르헨티나와 브라질의 경우, 노동에 기반을 둔 개혁 정당 및 노조의 권력 자원은 대체로 서로 비슷했지만, 복지국가의 심각한 후퇴를 겪은 나라는 (심지어 노동 기반 정당인 PJ 집권기의) 아르헨티나뿐이었다. 한국의 노동운동은 대만보다 강력한 동원력을 지닌 것으로 알려져 있기는 하지만, 그렇다고 한국에서 노동운동이 그 자체만으로 보편적인 사회정책을 확대하는 데 중요하고 유의미한 역할을 해왔다고 결론을 내리기는 어렵다. 양국 모두에서 지식인, 정당, 노조, 다양한 시민단체들을 (저마다 상이한 방식으로) 연결하는 네트워크가 복지국가 발전에 중요한 영향력을 행사했다.[14] 더욱이 그 모든 사례에서 노조가 반드시 사회정책의 보편적 확대를 지지하는 편에 선 것도 아니었다. 집권 정당과의 강력한 동맹 때문에 노조는 복지국가의 심각한 후퇴를 받아들이거나 묵인하기도 했다. 아르헨티나의 경우 PJ와 CGT 사이의 동맹, 한국의 경우 한나라당과 한국노총 사이의 동맹이 이를 잘 예시한다. 따라서 개발도상국에 대한 권력 자원 이론의 설명력이 제한적인 이유는 첫째, 광범위한 시민사회 영역에서 다양한 시민단체들이 수행하는 역할을 간과하고 있고, 둘째, 전통적인

---

13 그럼에도 필자는 신자유주의적 개혁이 노동계급 내 이질성을 늘려 노동자들을 분열시키고 개별화해, 결국 시간의 흐름에 따라 노동운동을 현저히 약화시키리라는 주장을 선척으로 거부하진 않는다. 이와 관련된 쟁점은 한국 노동 정치의 쇠퇴를 분석하는 8장에서 좀 더 논의한다.

14 권혁주(Kwon 2005)는 이 지식인들을 '옹호 연합'이라 이름 붙인 반면 웡(Wong 2004)은 '정책 집단'으로 부른다. 그런데 이들은 그들이 왜 특정한 정책 개혁에서 성공 혹은 실패했는가를 탐구하기 위해 그 연합 혹은 네트워크의 구조와 내용을 더 깊게 분석하지 않을 뿐만 아니라 기존 노조가 언제 그리고 어떻게 시민사회 내의 이 지식인들과 '정책 관련 연합'을 구성하고 또 그런 연합의 (사회정책적) 결과는 무엇인지는 논의하지 않는다.

(좌파) 정당과 노조 사이의 관계에만 일방적으로 초점을 맞춤으로써, 좀 더 광범위한 시민사회 영역에서 노조가 맺는 다양한 형태의 협력 및 연합의 역할을 도외시하고 있기 때문이다. 결국, 사회정책의 형성에서 노조의 (그리고 좌파 정당의) 역할과 관련해 제기되어야 하는 질문은 어떤 조건에서 그들이 더 광범위한 시민사회와 조직화되지 못한 사회 세력을 수용하며, 또 어떤 조건에서 그들이 자신들만의 협애한 이익에 매몰되는가이다.

요컨대 복지국가 연구에 관한 기존의 접근법들은 모두 지난 몇 십 년간 개발도상국의 정치 동학을 분석하는 데 필요한 결정적 요소 하나를 결여하고 있다. 그것은 사회운동의 발전 과정, 그리고 그것이 한편으로 국가와 시민사회를, 다른 한편으로 공식 시민조직과 비공식 시민조직을 연결하는 역할이다. 이런 맥락에서 사회운동의 발전 과정은 복지국가의 발전과 후퇴를 분석하는 데 결정적인 요소이다. 왜냐하면 그와 같은 과정들이 시민사회 내부에서 또한 시민사회와 국가 사이에서 나타나는 '이익을 위한 동원' 및 '이익 [전달] 통로'의 패턴과 구조를 궁극적으로 결정하기 때문이다. 현대 복지국가의 관대성과 보편성은 기본적으로 상향식 '제도화' 과정에 의해 조형되는데, 이 같은 과정은 사회 안전망의 집단적 제공collective provision 및 위험 분담 압력을 만들어 낸다. 복지국가에 관한 기존의 이론들은 대체로 이 같은 과정을 심도 있게 살펴보지 않는다. 물론, 두 가지 부분적인 예외가 권력 자원 이론과 산업화 이론에서 발견되기는 한다. 전자의 경우, 다양한 복지 레짐의 변동을 설명하기 위해 좌파 정당과 노조의 힘에 초점을 맞춘다(Esping-Andersen 1990; Huber and Stephens 2001, Korpi 1983). 후자는 근대화 과정 자체를 강조하지만 그 인과 기제의 측면에서는 노년층의 '이익집단 정치'가 수행하는 역할을 부각한다(Pampel and Williamson 1989). 그런데 두 이론 모두, 어떻게 상이한 유권자들로 구성된 다양한 유형의 시민단체들이 사회 (민주화) 운동 과정에서 대오를 맞추고, 잠재적으로 서로 다른 이해관계를 조율해, 연대를 형성하는지에 대해서는 좀처럼 설명하지 못한다.

더욱이 기존의 복지국가 이론 가운데 어떤 것도 하층계급(노동계급과 빈민), 중산층(도시 사무직 노동자와 공공 부문 노동자), 그리고 사회적으로 주변화된 이들(주부와 학생, 실업자, 비정규 노동을 비롯한 도농의 비공식 노동, 비노동 세력 집단, 즉 이른바 '프레카리아트'precariats)의 필요와 이익이 민주화 과정을 통해 어떻게 공통의 이익으로 모아지는지 설명하지 못한다. 이 연구에서 다루고 있는 사례들은 이처럼 기존의 이론들에서 간과되었던 사회 운동을 통해 출현하고 작동하는 시민사회 네트워크를 탐구해야 할 필요성을 제기한다.

앞서 지적했듯, 개발도상국들과 부유한 선진 민주국가들 사이의 중요한 차이점은 개발도상국들의 경우 사회정책이 훨씬 짧은 기간 동안, 그것도 민주화 및 지구화가 동시에 진행되는 과정에서, 형성되었다는 사실이다. 선진 산업 민주주의 국가들에서 사회정책은 19세기 말과 20세기 초반에 걸쳐 만들어지기 시작했다. 이 국가들에게는 사회정책이 '성숙하고' '공고화'될 수 있는 시간이 있었고, 또 자본주의의 다양성 학자들이 증명하듯 사회정책을 노동시장 규제, 숙련 심화 과정, 선거제도 등과 조율할 시간이 충분했다(Iversen and Soskice 2009; Thelen 2004). 그 결과 1980년대 초, 지구화가 세계경제 전체를 구성할 동안, 부유한 민주국가의 정치, 노동시장, 사회정책 관련 제도들은 급진적 변형을 요구하는 이 같은 압력 앞에서도 근본적인 변화 없이 그것들을 유지 또는 조정할 수 있는 역량이 있었다. 하지만 개발도상국들은 전후 민주주의와 자본주의가 서로 조화를 이룬 '황금기'를 누리지 못했다. 외려 정치, 정치제도, 노동시장, 사회정책들이 확고히 자리 잡기도 전에 가차 없이 확산된 신자유주의적 개혁 압력에 노출되었다. 이 글에서 다루는 네 나라들은, 사회정책 및 노동시장 제도를 만들기 위한 정치 엘리트 및 사회운동 진영의 노력이 무역 개방과 금융 위기 같은 급격한 경제적 전환이나 사건들뿐만 아니라, 국내의 정치적 격변과 체제 변화에 모두 영향을 받았다. 기존의 복지국가 이론들은 이처럼 빠른 속도로 변화하는 조건들, 그리고 그 조건 아래에서 민주화 운동 세력, 신사회운동 단체들, 노동조합, 그리고 신생 정당들이 급작스런 구조 변화에 대응하기 위해 다양한 동맹과 집합행동을 형성하는 과정을 설명하기 위한 것이 아니었다. 좀 더 일반적으로 말하자면, 기존의 복지국가 이론들은 시민사회에서 일어나는 그런 순차적인 '동원 과정'을 적절히 설명하지 못한다.

대안적인 관점들: 사회운동과 조직화의 관점

사회운동 이론들은 복지국가 및 노동시장 제도를 연구하는 학자들 사이에서 적절한 주목을 받지 못했다. 따라서 이 기획은 사회운동 및 사회운동 조직 간 연대의 네트워크에 관한 최근의 연구도 활용한다 (Gerhards and Rucht 1992; Issac and Christiansen 2002; Stearns and Almeida 2004; Voss and Sherman 2000). 한편으로 복지국가의 발전을 다루는 연구자 대부분이 이미 확립된 정치제도들 사이의 차이에 집중하거나(국가 중심 이론, 권력 자원 이론), 정치 체계와 경제 체계 모두를 가로지르는 좀 더 광범위한 조정 제도들coordinated institutions 사이의 차이를 설명하려 노력했다(자본주의의 다양성 학파). 그들의 표본은 주로 부유한 민주국가에 제한되어 있기에, 오래 전에, 또한 무대 뒤에서 일어난 사회운동의 풍부한 역사들은 잊히거나 탐구되지 못한 상태다.[15] 다른 한편으로 사회운동 연구자들은 종속변수들의 범위를 동원 또는 운동의 성패에서 정책 결과로까지 좀처럼 확대하지 않았다. 이들은 최근에 이르러서야 정책 결과를 가치 있는 연구 의제로 주목하기 시작했다(Amenta 2006; Andrews 2004; Ganz 2000; McCammon et al. 2008; Soule and King 2006, 권력 자원론의 전통에서 사회운동 관점을 사용한 연구로는 Hicks 1999 참조).

그렇다면, 사회운동 관점을 어떻게 개발도상국들에서 나타난 복지국가의 발전과 후퇴에 대한 설명에 통합할 수 있을까? 사회운동 관점은 기존의 연구 틀에 중요한 세 가지 측면을 더한다. 첫째, 시민사회에서 새로운 집단 정체성과 지도부가 형성되는 과정. 둘째, 사회운동이 국가와 시민사회 사이에서 일어나는 정책 결정 과정의 각 단계에 미치는 영향. 셋째, 사회운동이 정책 결과 생산에서 성공 또는 실패하게 되는 (구조적·정치적/제도적·경제적) 조건들이다.

첫 번째 차원은 운동 지도부를 둘러싸고 '선도적인 지도부', '지지자', '방관자'가 형성되는 초기 과정을 상기시킨다(McCarthy and Zald 1977). 운동 조직이 형성되는 초기의 과정(초기의 '각인'imprinting 과정)은 이후 운동 조직이 성숙해 가는 경로, 그것의 성공과 실패, 그리고 그 한계에 영향을 미친다는 점을 고려하면(Aldrich and Ruef 2006), 집단 정체성이 형성되는 조직화 초기의 내부적·외부적 기제들을 밝히는 것이 — 조직의 지속, 확대, 쇠퇴를 이해하기 위해 — 중요하다.[16] 더욱이 어떤 구조적 조건

---

15 Skocpol(1992)과 Amenta(1998, 2006)는 예외적으로 이 잊힌 역사에 접근한다.

아래에서 운동 지도부가 수행하는 초기의 행동은 이용 가능한 자원의 관리와 할당을 제도화(관례화) 함으로써 운동의 경로를 형성하고, 나아가 이는 운동의 지도자와 지지자의 목표, 행동 유형, 그리고 조직 유형까지도 형성하고 제약한다.

두 번째 차원은 정책 결정 과정의 각 단계에 운동이 영향을 미치는 "메커니즘"으로 우리를 이끈다(Elster 1998; Hedström and Swedberg 1998). 사회운동 세력과 정치제도들political institutions 사이에서 나타나는 정치적 압력, 로비, 교섭의 정치는 그 자체로 중요한 연구 주제다. 정책이 개시되는 경로, 이후 (숙의와 법안 처리를 둘러싼) 입법 과정에서 이루어지는 교섭, 마지막으로 해당 정책의 시행을 검토함으로써(Amenta and Young 1999, Martin 2010) 사회운동과 [정책] 결과 사이의 '블랙박스'를 열면, 운동 세력이 얼마나 효과적이었는지, 또는 얼마나 (내부적으로, 또 제도적으로) 역량이 있었는지가 밝혀진다. 이 같은 역량은 운동 세력이 목표를 달성하기 위해 동원할 수 있는 자원과 (적절한 기술과 전문성을 갖춘) 인력을 비롯한 다양한 수단들로 구성된다. 여기서 운동 세력이 동원할 수 있는 자원과 전문성의 양과 질은 궁극적으로 운동 지도부(와 그 구성원들)가

---

16 이 과정의 메커니즘을 밝히는 연구는 최근 사회운동에서 감정[정서] 학파(emotion school)라 불리는 일련의 연구자들에 의해 수행되어 왔다(Jasper 1998; Polletta and Jasper 2001). 그런 전통에서는 집단 정체성을 (일단의) 개인들과 보다 넓은 공동체 사이에 형성되는 "인지적·도덕적·정서적 유대감(들)"로 규정할 것이다(Polletta and Jasper 2001). 그런데 '집단 정체성 형성 과정'을 "공통의 이익, 경험, 유대"를 공유하고 있는 (일단의) 개인들 사이에 [공통의] 인지적·도덕적·정서적 인식 체계가 역사적으로 구축되는 과정으로 고려하면(Taylor 1989), '공통의 이익에 대한 인식'을, '보다 큰 집단과의 유대에 대한 정서적 경험'으로부터 분리하는 것은 쉽지 않다. 이 연구는 집단 정체성으로서 연대의 개념을 문화적·경제적 인지 체계와 등가적인 것으로 사용한다. 이런 의미에서, 사회적 연대는 각 구성원에게 "나는 누구인가"(Latin 1998)라는 문화적 정체성뿐만 아니라 '우리는 무엇을 공유하는가'라는 정치적·경제적 이익에 대해서도 합의와 유대감을 형성하도록 이끈다.

자기 조직과 다른 조직 사이에 다양한 연대와 숙의의 통로를 제도화할 수 있는 역량에 전적으로 달려 있을 것이다. 상이한 운동 세력을 동원하고 조율하는 기술(Fligstein 1997) 및 전문성에 따라 운동의 의제들은 다양한 사회 세력과 관료들로부터 광범위한 지지를 이끌어 낼 수 있는데, 이를 위해서는 특히 운동 내부의 논리를 심화하는 동시에 운동의 의제들이 다른 사회 세력들의 이익에도 부합하는 것임을 설득할 수 있는 "프레임들"frames(Snow 2004; Snow and Benford 1988)을 개발해야 한다. 이 같은 프레임을 개발하지 못한다면, 이는 해당 의제의 기획자·홍보자들에게 그런 폭넓은 사회 연대를 발전시킬 역량이 부족해서 일 것이다. 이런 의미에서 사회운동과 정책 결과 사이에 존재하는 '블랙박스'는 다음과 같은 두 가지 메커니즘을 밝히고 분석해야만 열 수 있다. 하나는 운동의 지도자 및 지지자가 정책 의제와 관련해 다른 사회 세력과 맺는 연대들을 제도화하는 (그에 따라 자신의 역량을 강화하는) 방식이고, 다른 하나는 그들 사이에서 조율된 정책 의제를 기성 정치제도를 통해 [국가에] 전달하는 방식이다.

세 번째 차원은 운동 세력이 특정 의제를 설정하고 이를 위해 행동에 나설 수 있게 하는(또는 이를 불가능하게 하는) 외적 조건의 중요성을 상기시킨다. 정치적 기회 구조에 관한 문헌들(Eisinger 1973; McAdam et al. 1996; Meyer 2004)은 운동 세력의 출현을 낳은 정치적 맥락이, 그 운동 세력이 목표를 달성하는 데도 도움을 준다는 사실을 거듭 가르쳐 준다. 그런 맥락은 그 범위가 엘리트 사이에서의 분열부터 집권 세력과의 정치적 동맹, 선거 승리, 그리고 유리한 제도적 조건의 출현(절차적 민주주의 또는 참여 민주주의의 이용 가능성 여부)에 이르기까지 매우 다양하다. 기회구조는 동원을 가능케 하는 거시 구조적 또는 거시 경제적 변화로도 해석할 수 있을 것이다. 그런 의미에서, 인구 성장(Goldstone 1991), 국가 붕괴(Skocpol 1979), 경제 위기 등은 사회적 불만과 고충을 만들어 내는 (정치적 또는 경제적) 기회 구조로 간주될 수 있는데, 사회운동 세력은 그와 같은 불만을 통해 조직화 비용을 적게 치르고도 동원에 성공할 수 있다.[17]

이 연구는 (정치적) 기회 구조의 역할을 진지하게 다루며, 그것을 외적 조건 내지는 환경으로 명확히 고려한다. 그러나 기회 구조가 반드시 일방적으로 작동하는 것은 아니다. 동일한 외부 조건이라 해도 다양한 사회·정치 세력들은 자신의 사회적 위치와 이해관계에 따라 이를 정반대로 해석하고 이용할 것이다. 이를테면, 경제 위기는 복지 지지 세력에게 기회일 수 있지만, 복지 반대 세력에게는 기존 복지 제도를 후퇴시킬 결정적 기회일 수 있다. 이 같은 구조가 어떤 방향으로 영향을 미칠지는 운동 진영이 자원을 어떻게 배치하고, 어떤 전략적 결정을 내리는지, 나아가 다른 운동 세력들과 이해관계를 조율할 수 있는 제도화된 역량이 어느 정도인지에 달려 있으며, 궁극적으로 현 정권의 위기 대응 방식에 영향을 미칠 것이다.[18] 이 연구는 기회 구조의

---

17 이 두 가지 용법에서, 정치적 기회는 중간 수준에서 '구조가 추동하는 가능성의 힘'이거나, 또는 거시적 수준에서 '압도적으로 지배적인 외부 압력'을 의미할 수 있다. 전자에서 기회 구조는 특정한 사회집단이나 정치 집단이 동맹을 형성하기 위한 더 나은 기회를 이용하도록 고무하는 반면, 후자에서 기회 구조는 특정한 운동 세력이 특정한 방향으로 움직이도록 강제한다.

18 동일한 외부 조건 또한 조직화 비용을 크게 늘리거나 운동의 의제를 사소한 일화로 격하함으로써 사회운동을 가로막을 수 있다. 곧 재산, 종교, 문화적 전통 또는 강력한 여론 같은 깊은 사회적 분열에 뿌리박은 법, 정책, 제도는 운동 세력을 가로막는 강력한 비토 지점으로 작동할 것이다. 급변하는 사회에서는 운동을 가능하게 했던 사회적·경제적 지형이 돌변하거나 전부 사라질 수 있다. 이런 새로운 정치적·경제적 조건은 운동 세력이 적응할 때까지 기다려 주지 않을 것이다.

역할을 '의미화 메커니즘'signifying mechanism으로 활용하는데, 이를 통해 운동 세력은 기존의 연대 구조를 좀 더 광범위한 운동 사회 내에서 활용하거나 재구성한다.[19] 그러나 이 과정에서 운동의 지도부는 변화하는 맥락을 오해할 수 있고, (그 자신이 가진 유의미한 자원과 정보도 없이) 즉흥적으로 부적절한 선택을 내릴 수 있다. 더욱이 환경이 바뀌거나 연대 비용이 늘어나고 구조적 조건이 변하면서 운동 세력 내부에서 분열과 갈등도 발생할 것이다.[20] 따라서 이 연구는 기회 구조의 긍정적 효과를 고찰할 뿐만 아니라, 그 외에도 변화하는 외부 조건이 기존의 연대 운동에 미치는, 잠재적으로 부정적 영향 역시 고려한다.

소결: 시민사회의 구조적 특성에 주목함

현대 사회운동 문헌의 세 가지 핵심 요소 — 새로운 집단 정체성/지도부의 형성, 정책 결정 과정의 각 단계에 사회운동이 미치는 영향, 그리고 정책 채택을 가능하게 또는 불가능하게 하는 구조적 조건 — 를 포함하는 이 연구는 루쉬마이어 등(Rueschemeyer et al. 1992)과 루스 콜리어와 데이비드 콜리어(Collier and Collier 1991)가 도입한 바 있는 '시민사회의 구조적 특성[배열]' 주장을 기반으로 하면서 이와 동시에, 그것을 대체하는 새로운 분석 모델을 제안한다. 이 관점은 애초 민주화를 설명하기 위해 개발되었지만, 주변부 국가에서 나타

---

19 이때 필자는 "시민사회 공동체"(Suchman 1988; 1995)라는 기존 개념을 운동 조직이 배태된 "장"(field) (Bourdieu 1993)을 설명하기 위해 사용한다. 뒤에서는 이를 필자 고유의 용어 — '결사체 네트워크'(associational network) 또는 '결사체들의 장'(associational field) — 로 사용하는데, 이는 '시민사회'라는 전통적 개념에 상응하는 것이다.

20 이런 의미에서 기회 구조는 행위자의 해석, 전략 결정, 실행의 역량에 따른 다양한 운동 결과에 열려 있다.

난 복지국가의 발전을 설명하는 데도 중요한 함의가 있는 것으로 밝혀졌다(Sandbrook et al. 2007). 강한 시민사회는 민주적인 규범, 규칙, 관습, 인력이 자리 잡게 함으로써 과거 권위주의의 영향력 아래에 있던 국가를 길들일 뿐만 아니라, 종속적 사회집단이 스스로를 조직화하고 동원하는 데 더 우호적인 환경이 된다. 보편적 복지국가를 위해서는 "지역사회에 기반을 둔 연대"community-based solidarity(도덕 경제)가 "사회연대"societal solidarity로 "확대"scale up되어야 한다(Sandbrook et al. 2007, 185). 이 연구의 설명 모델은 바로 이 지점에서 출발해 다음과 같은 질문들을 던진다. 즉, 지역사회에 기초한 연대를 정치 영역으로 확대하려는 노력이 어딘가에서 끊기거나, 어떤 구조적 이유로 어딘가에서 탈구가 발생할 경우, 어떤 일이 발생하는가? 유력한 정치, 시민, 경제 엘리트들이 자신들 사이에서만 관계를 유지한 채, 지역사회에 기반을 둔 연대와 분절disarticulate되면 어떤 일이 발생하는가? 그들의 전략적 선택은 여전히 도덕 경제의 원리에 이끌릴 것인가, 아니면 다른 어떤 요소 혹은 이익에 이끌릴 것인가?

이런 이슈들을 '시민사회의 구조적 특성' 주장에 포함하기 위해 필자는 다음 장에서 개발도상국 복지국가의 발전과 후퇴를 설명하는 이론들에서 검토되지 않은 다음의 두 가지 요소를 드러낸다. ① 공식 부문 조직들의 응집성(즉, 국가 행위자와 조직화된 공식 부문 시민단체 사이의 연계). ② 비공식 시민 영역에 대한 공식 부문 조직들의 배태성(즉, 노조와 비공식 시민단체 사이의 연계). 이 글에서는 정당, 노조, 그리고 좀 더 광범위한 시민사회 조직들 사이에서 상이하게 구성된 연합과 조직 간 구조[곧 4개국에서 나타나는 시민사회의 구조적 특성]가 개발도상 4개국에서 다양한 복지국가 결과를 생산한다는 주장을—특히 사회정책의 보편성과 관대성의 변동—제시할 것이다.

그 시작은 배태된 응집성과 탈구된 응집성 개념을 정식화하고, 복지국가와 노동시장 제도의 확대와 축소의 정치 변동을 설명할 수 있는 유용한 이론 틀을 구성하는 것이다(3장). 다음 세 장(4장, 5장, 6장)에서는 한국 사례에 집중해 배태된 응집성 접근법을 평가할 것이다. 이후[시민단체 사이의] 공동 네트워크 자료common associational membership data에 대한 네트워크 분석을 이용해 네 나라의 연합 구조를 탐구하고, 공식·비공식 시민 영역의 조직 유형이 복지국가 정치에 미치는 영향을 설명하는 인과 틀을 설정한다. 양적 네트워크 분석에서 얻은 결과와 결합된, 상세한 비교역사적 사례연구(이 글에서는 이를 '네트워크 정보에 기반을 둔 사례연구'라 부른다)는, 내 이론 틀이 최근 민주화된 개발도상국의 사회 보호의 정치를 어떻게 설명하는지를 보여 줄 것이다.

3장

이론적 논의
결사체 네트워크의 구조와 복지국가의 정치

결사체[시민단체] 네트워크의 기원과 구조를 이해하는 것이 사회정책과 노동시장 정책의 확대 또는 축소를 설명하는 데 어떤 도움이 될까? 이 장에서는 "결사체들의 장"이란 개념을 통해 노동 정치의 제도화를 포착하는 이론 틀을 제시한다(Akchurin and Lee 2013). 우선, 이 글에서는 사회적 네트워크에 기반을 둔 두 가지 변수(곧 배태성과 응집성)를 제시한다. 이 변수들을 통해 우리는 공식 시민단체와 비공식 시민단체 사이의 연계뿐만 아니라, 공식 시민단체들 사이의 연계 역시 포착할 수 있다. 이어서, 응집성과 배태성의 변이들로 구성된 네 개의 이상형 공간을 만드는데, 이 공간에서 각 변수의 변이(예컨대, 강한 배태성, 약한 배태성)는 다른 변수의 변이(예컨대, 강한 응집성, 약한 응집성)와 상호작용을 하며 노동운동과 시민단체 사이의 연대(곧, 노동 - 시민 연대)가 사회정책의 발전 또는 후퇴에 영향을 미치는 메커니즘과 조건을 설정한다.

다음으로 노조의 배태성과 응집성이라는 하위 범주를 제시한다. 배태성은 노조가 시민사회와의 관계에서 갖는 동원 역량과 정책 역량의 차원들이다. 응집성은 노조가 (집권) 정당과의 관계에서 갖는 (선거 정치와 로비 정치에서의) 동원 역량과 정책 역량의 차원들이다. 이 글에서는 노동조직과 시민조직 사이에서 상보적인 과정 ─ 동원 역량과 정책 역량의 교환 ─ 이 어떻게 일어나는지를 이론화하고, 이 과정이 사회정책의 결과를 설명하는 데 중요한 이유를 논의한다. 이 과정들을 상술하며, 노동 – 시민 연대의 두 양상, 곧 ① 동원과 위협/압력의 정치, ② 설득과 로비의 정치를 강조한다. 특히 후자에 관해서는 공적 영역[공론장]public sphere과 정치적 전장battlefield에서 정책을 수립하고 숙의하기 위해 필요한 정책/지식 역량의 점증하는 중요성(박명준 외 2013)에 집중한다.

　　인과 메커니즘을 세우기 위한 마지막 단계로, 네트워크 정보 게임 network-informed games을 설정한다. 이 게임 모델에서, 배태성과 응집성은 노조와 국가에게 장외 투쟁의 정치 또는 제도 정치 상황에서 상대 행위자의 징벌 및 보상 역량에 대해 알려 주는 역할을 한다. 여기서 필자는 두 가지 유형의 게임을 도입한다. 하나는 복지국가 축소에 관한 시나리오고, 다른 하나는 복지국가 확대에 관한 시나리오다. 전자는 국가가 주도하는 네 가지 서로 다른 게임 구조로, 응집성과 배태성 수준에 따라 사회정책에서 나타나는 복지 축소의 다양한 결과(급진 개혁 대 온건 개혁)를 예측한다. 후자는 노조가 주도하는 네 가지 세임 구조로, 여기서도 응집성과 배태성은 서로 다른 확대의 결과(보편 개혁 대 선별 개혁)를 도출하는 데 중요한 역할을 한다. 이 최종 단계에서는 신자유주의적 시장 개혁 압력과 복지 확대 압력에 대한 국가, 노조, 시민사회단체의 다양한 대응을 이해하는 데, 결사체 네트워크의 구조가 핵심적으로 중요하다는 사실을 입증할 것이다.

이 장의 마지막 단락에서는 노동 – 시민 연대 (이 글에서 '노조의 배태성'이라 부르는) 모델이 복지국가 비교 연구에 어떤 이론적 함의가 있는지 다룬다. 이 모델이 국가, 시민사회, 사회운동에 관한 연구들, 나아가 조직 연구, 제도 분석, 그리고 비교 정치경제에 관한 좀 더 광범위한 분야에 제기하는 함의는 결론 장에서 일괄적으로 다룰 것이다.

결사체 네트워크의 출현과 공고화

이 절에서는 노동과 관련된 결사체들의 장을 이론적·경험적으로 상술하기 위해 두 가지 변수를 제시한다. 한 가지 변수는 노동운동가 집단의 정치적 '목표와 의제'로, 이는 결국 응집성(노조의 정당과의 정치적 연계)으로 진화하는 것이고, 다른 하나는 노동운동가의 사회적 '자원과 기반'으로, 이는 결국 배태성(노조의 시민조직과의 연계)으로 발전하는 것이다. 응집성과 배태성은 권위주의 또는 민주화 이전 시기의 다양한 단계들에서는 서로 명확히 구별되지 않는다. 그것들은 (응집성의 경우) 하방 공동체들underground communities에서 정치적 열의나 열정의 형태로, (배태성의 경우) 상이한 사회집단의 지도자와 구성원들 사이의 비공식적인 하위 연계로 존재한다. 이 둘 모두 결국 (민주화 이행기 및 그 이후의 시기에) 장외 투쟁의 정치와 제도 정치의 자원과 통로가 되는, 노동과 연결된 결사체 네트워크의 기초 요소들로 진화할 것이다.[1]

이 같은 틀 아래에서, 응집성과 배태성이라는 두 변수는 서로 다른 사

---

1 하방 활동의 다양한 유형에 대한 좀 더 상세한 이론적·경험적 논의는 Lee(2016) 참조.

회별로, 또 각 시대에 따라, 상이한 수준의 "정치적·사회적 역량"(Fligstein and McAdam 2011)을 보유한 노동운동가들과 그 동맹 세력들이 채택한 운동의 도구 및 전술의 변이에 따라 구성되고 제도화된다. 따라서 이 두 변수는 다양한 이해 당사자들의 자원, 인력, 아이디어들의 안정화된 네트워크로 제도화된다.

이 두 변수는 노조와 그 지도자가 복지국가 축소에 반대하는 또는 확대에 찬성하는 전략적 행동을 취할 때, 그것의 내용을 제공한다. 나아가 그와 같은 운동을 가능하게 하는 기회 구조이자, 그 운동을 제약하는 근원이 되기도 한다. 응집성과 배태성이라는 두 차원은 권위주의 시기에 다양한 양식의 은밀한 비합법 조직 활동으로부터 출현해, 노동운동가들 사이의 연대를 구축하고 이를 유지해 나가기 위한 새로운 '규칙'과 '관습'으로 규범화·안정화된다. 일단 이 같은 네트워크들이 제도화되면, 그것들은 노동운동가가 특정 정책을 수립하고, 협상하며, 로비 활동을 벌이기 위해 동원할 수 있는 자원, 인력, 구상, 전문 기술의 범위를 결정한다.

결사체 네트워크의 구조, 복지국가, 시장 지향적 개혁

복지국가의 확대와 축소를 좀 더 잘 설명하기 위해, 이 글에서는 개발도상국에서 전개된 사회정책의 확대와 신자유주의적 개혁의 변동을 설명하는 데 아직까지 검토되지 않았던 두 가지 요소를 도입한다. 하나는 노동계급과 다른 계급(예컨대, 도시 중산층 같은) 사이의 연대를 비롯한 공식 부문 조직[단체]들의 응집성이고, 다른 하나는 공식 부문에 속한 조직들의 비공식 시민사회 영역에 대한 배태성이다. 이 글은 정당,

노조, 그리고 이보다 더 광범위한 시민사회 사이에 다양하게 구성된 연합과 조직들 사이의 구조로부터 다양한 형태의 복지국가가 생성된다고 주장한다.

그 시작은 배태된 응집성과 탈구된 응집성이라는 개념을 제시하고, 이를 통해 개발도상 4개국에서 나타난 복지국가 확대의 정치와 축소의 정치를 설명하는 이론 틀을 세우는 것이다. 이 장에서는 2원 네트워크 자료2-mode network data에 대한 분석을 활용해(Borgatti et al. 2002; Breiger 1974), 4개국에서 나타나는 시민단체 네트워크의 구조를 탐구하고, 공식 제도 영역과 비공식 시민사회 영역에 속한 조직들 사이의 구성[배열]이 복지국가 정치의 결과[곧, 확대 또는 축소]에 미치는 영향을 설명하기 위한 인과 틀을 세운다. 이후의 장들에서는, 상세한 비교/역사적 사례 연구와, 내가 '네트워크 정보에 기반을 둔 사례연구'라 이름을 붙인 공식 네트워크 분석 결과를 결합해, 최근 민주화된 개발도상 4개국의 사회복지의 정치를 설명할 것이다.

1) 응집성과 복지국가의 형성

이 연구는 공식 조직들의 역할에, 특히 그것들이 좀 더 광범위한 비공식 시민 네트워크와 맺는 연계에 초점을 맞춘다. 이 글에서는 '공식 제도 영역'formal institutional sphere과 '비공식 시민 영역'informal civic sphere을 구별한다. 공식 제도 영역은 정당, 노조, 전문가 단체 등을 포함하는데, 이들은 특정 집단의 이해관계를 전달하는 과정에서 정책 의제 형성 및 협상, 선거 교섭 같은 저마다의 고유한 역할을 수행한다. 이 단체들은 관료제적 조직 구조를 취하고 있는데, 이와 같은 구조 아래에서 조직의 목표, 과업, 의제 등이 핵심 구성원들의 [내부] 활동 및 외부 세계와의 상호작용 속에 공식적으로 명시되어 있다. 공식 조직들의 경우, 이들의 활동은 내적으로는 조직 내부에 성문화된 규칙에 의해, 외적으로는 법의 지배를 받는다(Aldrich and Ruef 2006; Scott 2008). 이 연구에서는 공식 조직의 두 유형, 곧 정당과 노조에 초점을 맞춘다.

비공식 시민조직에는 교회와 자선단체, 노래 모임과 독서 모임 같은 동호회 등이 포함된다. 이런 조직들은 국가와 가족(또는 개인) 사이에, 가장 비공식적이면서 비정치화된(또는 아직은 비정치화된), 또한 이념이나 이해관계로부터 자유로운 공간에 위치한다. 이 조직들은 현대의 관료화된 국가기구 및 특정 이해관계에 기반을 둔 조직과 가장 거리가 먼 반면, 사적이며 비공식적인 지역사회 및 가족의 삶과는 가장 가까이 있다. 퍼트넘은 이 같은 공간이 근대화 및 도시화에 맞서 시민들이 느끼는 집합적 효능감을 육성 및 보존하는 최후의 보루로 유지되기를 희망했다(Putnam 1993; 2000). 하버마스 또한 "의사소통적 이성"의 저장소로서 이 같은 비공식 시민 공간을 품고 있는 "생활 세계"가 현대 관료제의 식민화 권력으로부터 보호되어야 한다고 주장했다(Habermas 1984; 1987).

<그림 3.1>은 공식 부문의 응집성과 관련된 특정 조직들 사이의 연계(실선)를 보여 준다. 우선, 공식 부문의 응집성은 세 개의 핵심적인 조직들 사이의 연계로 정의된다.[2] 첫째, 좌파 또는 개혁적 정당과 노조 사이의 연계는, 전통적이고 사회민주주의적인, 노동에 기반을 둔 권력자원을 나타낸다(Esping - Anderson 1985; Korpi 1983; Stephens 1979). 이 연계는

---

2 응집성 측정에 대한 상세한 설명은 부록 B를 참조. 9장에도 이에 대한 추가 설명이 있다.

"계급의 이해관계를 표명하고 구성원들을 동원해 (집단적) 정치 행동에 나서도록 이끈다"(Huber and Stephens 2001, 18). 권력 자원 이론은 이들 사이의 연계가 강할수록, 소득 및 일자리를 보호해 달라는 노동계급의 요구가 정당 조직을 통해 더욱 효과적으로 전달된다고 예측한다. 달리 말해, 좌파 또는 개혁 정당이 사회정책을 확대·축소하는 특정 개혁 프로그램을 입법 과정에서 통과(저지)시키기 위해서는 해당 프로그램에 대한 노조의 승인이나 불승인이 필수적이다. 둘째, 노조와 여당(또는 국가) 사이의 연계는 국가에 대한 노조의 공식·비공식 로비 통로 및 교섭 통로를 나타낸다. 코포라티즘 이론에 따르면 이 같은 연계가 강할 때 노조의 이익이 국가에 의해 절충·대표되고(Calmfors and Driffill 1988; Crouch 1993; Schmitter 1974), 국가가 추진하는 기획(임금 교섭이나 선거에서의 노동계급 포획) 또한 노조의 묵인 아래에서 실행될 수 있을 것이다. 이 글에서는 첫 번째 연계를 '좌파 정당과의 응집성'으로, 두 번째 연계를 '국가와의 응집성'(간단히 줄여 '국가 - 노조 동맹')으로 이름 붙인다. 이 두 차원들은 사민당 집권기에서는 완벽히 겹쳐지는 반면, 우파 정당 집권기에서는 전자의 차원은 그대로이고 후자의 응집성은 좌파 성향의 민주 노조와 국가의 대립으로 말미암아 사라지거나 약화될 것이다. 개혁 중도 또는 중도 좌파 정부에서는 이 두 차원의 응집성이 노조 내부에 분열을 야기할 것인데, 이념이 상이한 정파들이 자신의 동맹 정당(또는 그런 정당 내 동맹 분파)과의 연대를 고집할 것이기 때문이다.

첫 번째 차원의 응집성 연계는 어느 사회에서건 비교적 안정적이다. 그것은 말 그대로 노조와 노동에 기반을 둔 정당 사이의 응집적이고 견고한 네트워크로, 노동에 기반을 둔 정당의 집권 여부와는 상관없이 장기적으로 유지되는 것이다. 반면 두 번째 차원의 응집성 연계는 일시적이고 과도적일 수 있다. 민주주의 아래에서 정당의 집권은 (대체로 노조의 역량을 넘어서는) 선거 경쟁에 의해 결정되기 때문이다. 3장에 제시된 이론 틀과 이후의 장들(4장에서 8장까지)에서 제시되는 질적 분석은 주로 두 번째 정의에 기초한다(국가 - 노조 동맹). 하지만 양적 자료를 분석하는 9장에서는 다양한 형태의 응집성을 활용하는데, 이는 사회정책에 대한 노조의 구조적 영향력이, 노조가 다양한 범위의 정치 행위자 및 정치제도와 맺는 연계에 따라 달라진다는 것을 보여 주기 위해서다. 9장에서는 특히 다음과 같은 세 가지 방식으로 노조와 정당 사이의 연계를 조사한다. ① 노조와 (모든 종류의) 정당이 (그리고 전문가 단체가) 공식 결사체들의 장 내부에서 맺는 연계이다. ② 노조와 특정 노동 기반(또는 비노동 기반) 정당 사이의 연계이다. ③ 노조와 집권당(국가) 사이의 연계다.[3]

---

3 노조와 전문가 단체 사이의 연계는 노동계급과 중산층이 계급을 초월해 맺은 조직적 연합을 나타낸다. 노동계급과 중산층 사이의 연합이 강하면 보편적 사회정책을 시행·유지하는 데 도움이 된다는 것을 증명하는 역사적 사례와 이론들은 풍부하다. 역사적으로 계급 간 연합은 복지국가의 발전을 이끄는 주요한 동력 가운데 하나였다. 실제로 유명한 사민주의 복지국가들은 노동계급 운동과 농민 조직 사이의 정치적 동맹에 기초했다(Esping - Andersen 1990). 탈산업사회로의 진전과 더불어 새로운 중산층이 출현하게 되자, 북유럽 사민주의는 노동계급과 신생 중산층 사이의 새로운 연합에 정치적 기반을 두게 되었다. 일반적으로 중산층은 사민주의와 보편적 복지국가를 건설하는 데 핵심 역할을 했다(Baldwin 1990; Luebbert 1991). 가장 안정적이고 성공한 복지 프로그램은 중산층의 이익에 부합한 것들이었다. 달리 말해, 궁핍하고 가난한 이의 요구뿐만 아니라 중산층의 요구를 수용함으로써 스스로를 유지하는 정치 연합을 만들어 내는 것이 보편적 복지국가 건설에서 가장 효과적인 전략이다. 곧, 노조와 전문가 단체 사이에 강한 연계가 있다면, 보편적 사회정책을 추구하고 지켜야 한다는 생각에 중산층이 동조할 공산이 훨씬 더 큰 것이다. 마지막으로, 중산층 지향의 전문가 단체와 정당 사이의 연계가 반드시 '보편적' 사회정책에 대한 방어·촉진으로 이어지는지는 불분명하지만, 선진 민주국가에서 전문가 단체는 중산층을 위한 사회복지 프로그램을 요구하고 복지 서비스의 제공에서 전문직의 이익을 지키는 데 역사적으로 긍정적 역할을 해왔다(Baldwin 1990; Huber and Stephens 2001). 더불어, 일부 개발도

요컨대 이런 세 공식 조직 사이에 형성되는 연계는 계급 기반(특히, 노동에 기반을 둔) 이익을 정치 영역으로 전달하는 제도화된 과정을 압축적으로 보여 준다. 공식 부문의 응집성을 개념화하는 것과 관련해, 이 책의 초반부에서는 복지국가에 관한 권력 자원론의 접근법과 생각을 공유하지만, 후반부에서는 전통적인 권력 자원론과는 다른 주장도 펼친다. 다시 말해, 뒤로 갈수록 이 책에서는 공식 정치의 "사회적 배태성"(Granovetter 1985)에 더욱 초점을 맞춘다. 시골 및 도시 빈민의 상당수가 비공식 부문에 있고 조직화된 노동계급의 규모도 선진국보다 훨씬 작은 개발도상국에서는, 노조와 정당 사이에서 나타나는 응집성의 정치가 언제나 보편적 복지국가의 발전·지속을 위해 기능하지는 않는다. 외려 이런 나라에서는 포퓰리즘적 엘리트가 핵심 부문의 노동계급을 포획해 결국 포퓰리즘적 코포라티즘으로 나아가는 게 일반적이다(Lee 2005; 2007; Malloy 1979). 보다 광범위한 시민사회에 배태되어 있지 않을 경우, 공식 조직 및 그 지도자는 별다른 제약 없이 자신들만의 생존과 이익을 위해 활동할 것이다.[4]

상국에서 변호사, 교수, 의사 단체 같은 일부 전문가 단체는 특정한 사회정책의 입법을 위한 지지 연합을 구성해, 사회정책을 도입하는 데 중대한 역할을 해왔다(예를 들어, 한국의 참여연대, 브라질의 공중위생 운동)(Kwon 2003; Wong 2004; Falleti 2010).

4 이는 처음에는 슈미터(Schmitter 1974)가, 이후에는 다른 '네오 코포라티즘' 학파(Calmfors and Driffill 1988; Crouch 1993; Traxler 1996)가 개념화한 국가 주도적 코포라티즘과 사회적 코포라티즘 사이의 차이를 상기시킨다. 코포라티즘 문헌은 임금, 노동시장, 사회정책의 형성에서 국가와 이익집단 사이의 끈끈한 협력 관계의 중요성을 강조했다. 내 연구 틀에서 응집성은 코포라티즘 개념(국가가 주도하거나 이익집단이 주도할 수 있는)과 유사하지만, 공식 부문(또는 노조)의 배태성은 이익집단과 비공식 시민사회 사이의 연계를 강조하는 보다 넓은 개념으로, 코포라티즘 문헌에는 없는 것이다.

2) 배태성과 복지국가의 형성

이 절에서 필자는 노동에 기반을 둔 공식 부문이 사회정책 및 노동시장 정책을 입안할 수 있는 역량은 응집성뿐만 아니라 비공식 시민 영역에 배태된 정도에도 기초해 있다고 주장한다(<그림 3.1>에서 공식 조직 세 곳과 비공식 조직 다섯 곳 사이의 점선을 참조).[5] 필자가 제시하는 주장은 비공식 시민 영역에 대한 공식 제도 부문 내 특정 조직의 배태성이 민주주의적 계급 동원에 관한 두 가지의 근본적인 쟁점을 제기한다는 것이다. 첫째, 공식적인 이익 교섭 구조가 비공식적인 시민사회와 밀접히 연결된 사회에서는 시민들이 [자신들의] 이해관계를 전달·교섭하는 공식 부문 조직들과 좀 더 강력한 "신뢰" 관계(Coleman 1990; Granovetter 1985)를 구축할 것이다. 둘째, 공식 제도 부문의 조직과 비공식 부문 조직 사이의 조직적 연계가 더 강한 나라에서는 정당(및 노조 지도자)이 보편적 사회보장제도를 지키거나 확대하기를 바라는 자신의 지역 유권자(또는 조합원)의 요구에 더욱 충실하게 대응을 할 터인데, 이는 그들이 다음 선거에서 유권자가 자신을 징벌하는 투표를 할지를 더 염려할 뿐만 아니라, 특정 정책을 여타 시민단체들과 비공식적으로 숙의하는 일에 더 깊숙하게 관여하게 됨으로써, 자신들의 이익을 보편적 시민사회의 이익의 일환으로 관철시킬 수 있는 가능성을 고려하게 되기 때문이다. 역으로, 공식 영역과 비공식 영역 사이의 조직적 연계가 약한 사회에서 정당은 (그리고 노조 역시) 자신의 전통적인 선거 기반이나 조직 기반

---

5 배태성의 구체적 측정 [방법]은 부록 B를 참조하라. 비공식 시민단체에는 교회, 생활 문화 동호회, 환경 단체, 스포츠클럽, 자선단체가 포함된다.

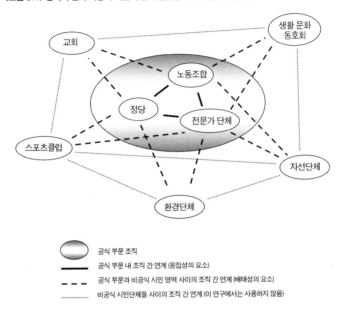

〈그림 3.1〉 공식 부문과 비공식 시민 부문의 응집성과 배태성에 대한 그림

교회

생활 문화 동호회

노동조합

정당

전문가 단체

스포츠클럽

자선단체

환경단체

공식 부문 조직

공식 부문 내 조직 간 연계 (응집성의 요소)

공식 부문과 비공식 시민 영역 사이의 조직 간 연계 (배태성의 요소)

비공식 시민단체들 사이의 조직 간 연계 (이 연구에서는 사용하지 않음)

에 헌신하지 않을 것이며, 필요에 따라 선거에서 살아남기 위해 [기존 지지 세력을 대신해] 자신을 지지할 새로운 유권자를 모색·동원할 것이다.

첫 번째 주장은 경제적 신뢰를 형성하는 데 있어 사회관계의 중요성을 강조하는 전통적인 사회학 문헌들에 기초해 있다(Granovetter 1985; 2002; Montgomery 1998). 또한 그것은 유권자와 공식 제도 영역의 조직(또는 그 지도자) 사이의 정치적 신뢰를 형성하는 일에서, 나아가 신자유주의 시장 개혁 하에서 복지국가를 확대/축소시키는 일에서, 사회적 관계들이 수행하는 역할에 초점을 맞춘다. 공식 부문 조직의 지도자와 밀접한 관계에 있을 경우, 시민은 더 많은 정보를 획득할 수 있는 기회를 갖게 될 것이고, 이에 따라 지도자들과 그들이 제시하는 정책 공약의 신용도, 신뢰성, 유효성, 타당성을 더욱 정확하게 평가할 수 있을 것이다. 이 연구는 일반적으로 조직 간 연계가 오랜 시간 동안 지속되면, 이 같은 정보 획득 및 평가가 용이해질 뿐만 아니라, 지도자에 대한 궁극적 신뢰도 가능해질 것이라고 추정한다(신뢰를 저버린 지도자와는 연계를 끊으리라는 조건에서).[6]

결국, 이 주장은 공식 제도 부문 조직의 지도자와 시민(그리고 그 시민들의 지도자) 사이의 신뢰 관계로까지 확대된다. 이 주장은 사회적 관계가 공식 [제도] 정치를 제약·제한하는 역할을 강조한다. 즉 사회적 관계는 노동에 기반을 둔 정당이 복지 정치에서 좀 더 진보적이고 평등주의적인 의제를 제기하도록 할 뿐만 아니라, 경제 위기 시에도 복지 정책이 후퇴하는 것을 제한한다. 한편으로, 비공식 부문에 깊이 배태된 노동 기반 공식 부문은 참여적 제도 정치를 대표한다. 비공식 시민단체에 단단한 기반을 두고 있는 (노동에 기반을 둔) 정당 지도자나 노조 지도자는 애초에 (노동귀족 또는 머신 정치인machine politicians과 구별되는) 공동체 건설자로서 지역공동체에서 또는 하방 활동을 비롯한 사회운동에서 출현·성장해 왔을 공산이 크다. 그들의 집단 정체성은, 공동체에 기초한 동원이 이루어졌던 1871년 파리코뮌이 예증하듯(Gould 1995), 그들

---

6 정치 지도자 – 유권자 관계를 '후견인 – 피후견인'(patron – client) 관계로 묘사하는 문헌은 매우 많다 (Kitschelt and Wilkinson 2007; Stokes 2007). 하지만 이 연구에서 논의하는 공식·비공식 단체 사이의 연계에 기초한 '신뢰 관계'는 구속받지 않는 정당 중개자와 다른 조직적 자원이 부족한 고립된 지역 유권자 사이의 좀 더 개인적이고 비단체적인, "위계적/수직적 네트워크"(Putnam 1993)와 구별되어야 한다. 어떤 의미에서 피후견적 중개자 역할은 공식 부문 지도자가 지역 시민단체의 구속을 받지 않는 사회에서 많이 나타날 것이다. 이런 의미에서 키셜트와 윌킨슨의 "계획과 절차에 따른, 간접적 교환 관계"는 배태된 응집성이 있는 사회에서 나타날 공산이 더 크다. 반면 "후견 – 피후견의 직접적 교환"은 공식 부문 지도자가 비공식 시민단체로부터 탈구되어 있을 때 더 만연할 것이다.

이 살았던 주거지역 내에서 형성되었을 공산이 크며, 또한 광범위한 시민 동원 네트워크에 역사적으로 배태되어 있을 것이다. 그들은 교회, 노래, 춤, 독서, 축구 등의 다양한 동호회와 타운 홀 미팅 등에서 교류해 온, 계급 출신이 다양한 사람들의 이익 일반에 신경을 쓸 공산이 크다. 따라서 배태된 공식 부문 지도자는 다양한 범위의 사회 세력을 위해 복무함으로써 자신의 "정당성"(Suchman 1995)[7]을 높이고 사회 연대를 구축하는 정책을 쓸 공산이 더 크다.[8]

다른 한편, 비공식 부문에 대한 공식 부문의 배태성은 또한 공식 부문 정치 행위자가 풀뿌리 지도자들과 생각과 인식을 교환함으로써 "서로 경합하는 시민사회의 요구 사항들에 대한 해결책"에 도달하기까지의 "사회적 학습" 과정 및 그 과정에서 축적하는 정치력을 나타낼 것이다(Chalmers et al.. 1998, 565). 실제로, 비공식 시민사회 부문에 배태된

---

7 마크 서치먼은 정당성(legitimacy)을, "개체의 행동이 사회적으로 구성된 규범, 가치, 신념, 의미 체계에서 바람직하고 적절하고 타당하다는 일반적 인식"으로 규정한다(Suchman 1995, 574).

8 이 같은 노조의 배태성 개념은 또한 노조에 관한 올슨식 논리와 관련이 있다(Olson 1965). 올슨은 규모가 작은 노조는 두 가지 메커니즘을 제도화함으로써 "집합행동 문제들"을 극복할 수 있을지도 모른다고 주장했다. 첫째는 노조원의 비공식적인 우정과 소집단 규범을 통해 노조 활동에 대한 헌신을 유지하는 방법이고, 둘째는 동종 산업 내에서 작은 규모의 노조들로 구성된 연합 노조 체계와 같은 상위의 조직 체계를 수립함으로써 규모의 거대화에 따른 무임승차를 통제하는 방법이다(Olson 1965, 62-67). 올슨의 논리를 배태성 개념에 적용하면 어떻게 될까? 노조 활동가/지도자가 지역사회 및 여타 시민단체와 비공식적 우정과 소집단 규범을 통해 잘 연결되어 있을 경우, 이들이 사익을 추구하거나 사회 전반에 관한 정책을 만드는 노력에 무임승차할 공산이 적을 것이다. 이와 더불어 노조는 동종 산업 내 자신과 비슷한 노조뿐만 아니라 동일한 정책 영역에서 활동하는 다른 시민단체 및 그 지도자와도 '연합을 이룰' 것이다. 이 같은 다양한 단체들, 지도자들, 노조들은 비슷한 목표를 품고, 연대 및 자원 교환을 통해 장기적 이익을 성취할 가능성을 제도화할 것이며, 이에 따라 이들의 연합 체계는 사회정책 개발에서 중요한 역할을 담당하게 될 것이다. 이런 점에서 '배태성' 개념은 다양한 사회운동 조직들의 장에서 무임승차를 억제하는 준-제도적 메커니즘으로 간주된다.

공식 부문 지도자는 공적 여론, 토론, 논쟁을 만들어 낼 수 있는 기회뿐만 아니라, 이 공식 영역과 비공식 시민 영역 사이의 상호작용을 통해, 어떤 특정 이슈에 대한 교섭 및 사전 합의를 이루어 낼 수 있는 기회도 많이 가질 수 있다.[9] 이처럼 비공식 시민사회에 깊이 배태된 공식 부문의 지도자는 사전에 협상된 이익과 의견을 시민 합의라는 형태로 대표하고, 이에 따라 좀 더 보편적인 "정책적 연계"programmatic linkage(Kitschelt and Wilkinson 2007)를 통해 이들의 목소리를 정치 영역에 전달할 수 있을 것이다. 또는, 배태된 공식 부문 지도자는 공식 부문과 비공식 시민 부문 사이의 "중개자"[브로커, 거간]broker로서 자신만의 고유한 구조적 지위를 활용해(Gould 1989; Gould and Fernandez 1989), 시민사회의 다양한 이해관계와 의견들을 어떻게 접합하고, 동원해, 이를 정치 영역에 전달할 수 있는지 좀 더 쉽게 배울 수 있을 것이다. 따라서 좀 더 민주적이고 정책적 연계를 매개로 한 중개자로서, [비공식 부문에] 배태된 공식 부문 지도자는 계급 간 동맹을 형성하기 위해 다양한 사회 세력을 조직화하

9 하버마스의 표현에 따르면 이 배태된 공식 부문의 지도자들은 "생활 세계의 의사소통적 하부구조를 발전시킬" 뿐만 아니라 여론 및 의지를 형성하는, "시민사회에 기초한 공적 영역의 상호작용"을 제도화할 것이다(Habermas 1996, 370-371[국역본, 491-492쪽]). 배태된 공식 부문 지도자는 생활 세계를 정치 행동 체계에 연결함으로써 '숙의 정치'(deliberative politics)의 사회학적 판본을 실현하는 자이다. 부르디외에 따르면, 이 배태된 지도자는 개별 이슈/특정 정책 관련 결사체들의 장에서 이루어지는 시민사회 활동을 대표하는 자이고, 이 결사체들의 장은 집권자와 도전자로 구성된 이해 당사자들이 그 장에서 합의한 목표 및 규칙 아래에서 상호작용을 벌이는 곳이다. 그들은 장 내에서 협상과 숙의를 이끄는 한편 동원을 위한 새로운 담론을 만들어 내는 자다. 이 '배태된 지도자'는 모리스(Morris 1984)의 "토착[내생] 조직(indigenous organization)에 뿌리내린" 흑인 목사(black minister) 또는 로브넷(Robnett 1996)이 말하는 "가교[교량] [역할을 하는 – 옮긴이] 지도자"(bridge leader)다. 이와 관련된 구체적인 사례들은 한국과 브라질에서 보건 의료 정책 부문에서 활동하는 배태된 시민단체 및 노조 지도자들의 가교 역할을 서술하는 5, 6, 7, 8장에 제시된다.

는 정치적 기술을 더 많이 보유할 공산이 크다.

이와 더불어, 배태된 공식 부문 지도자는 카리스마적 또는 테크노크라시적 공식 부문 지도자들의 전략적 결정에 저항하고 도전할 것이다. 국가가 외환 위기나 재정 위기에 직면할 경우에도, 배태된 지도자는 기존의 사회복지 체계를 시장 지향적인 체계로 급진적으로 개혁할 공산이 적은데, 그런 신자유주의 개혁이 자신을 지지하는 핵심 유권자뿐만 아니라 지역사회에 미칠 수 있는 악영향을 우려하기 때문이다. 거꾸로 그들은 국제시장에서의 생존을 모색하기 위한 온건한 개혁과 더불어, 그런 개혁에 가장 취약한 이들을 위한 관대한 사회 보호 프로그램들을 추구할 것이다. 그들은 지역사회 출신이고 또 그 사회와 연계와 신뢰 관계를 유지해 왔기에, 세계시장에서 (자신만이 아닌) 국가 전체가 생존하는 데 필수적인 개혁을 용인하도록 기층 시민사회를 설득하는 한편, 동시에 구조적 개혁에 가장 취약한 이들을 돌볼 수 있을 것이다.

반면 비공식 부문과 긴밀히 연결되어 있지 않은 공식 부문 지도자는 자신의 오랜 지지층, 곧 빈민, 노동계급, 그리고 일부 자유주의적 중산층에 대한 제도적·이념적 헌신이 빈약할 것이다. 그런 까닭에 그들은 자신이 대변해 온 사람들의 복지보다 자신의 재선에 더 많은 신경을 쓸 것이다. 이런 공식 부문 지도자는, 새로운 지지자들을 동원할 수 있다면, 정치적 이념에 구애받지 않고 자신을 전통적으로 지지해 왔던 유권자들을 버릴 수도 있다. 예를 들어, 전통적으로 우파 성향이지만 비공식 시민 영역에 깊이 배태되지 않은 공식 부문 지도자는 정치적 생존이란 이름으로 좌파의 포퓰리즘적 동원 전략에도 기댈 수 있다. 좌파 성향이었던 이들이 돌연 공적 영역에서 급진적인 시장 지향 개혁을 추구할 수 있듯이 말이다.

<그림 3.2> 공식 부문의 응집성과 배태성의 교차 공간

		공식 부문의 응집성	
		약함	강함
공식 부문의 배태성	약함	국가와 시민사회에 대한 충성도[헌신] 모두 약함	시민사회에 대한 충성도 약함/국가에 대한 충성도 강함
	강함	시민사회에 대한 충성도 강함/국가에 대한 충성도 약함	국가와 시민사회에 대한 충성도 모두 강함

<그림 3.2>에는 공식 부문의 응집성과 배태성이라는 두 가지 설명 요인을 비롯해, 지금까지 제시된 주장들이 요약되어 있다.[10] 강한 응집 성과 약한 배태성이 교차하는 공간이 보여 주듯, 공식 부문 조직들이 비공식 시민 영역에서 탈구되어 있을 경우, 집권당 지도자는 다른 당 이 개발한 시장 개혁 기획들, 곧 자신의 기존 정책과는 정반대의 정책 프로그램을 대담하게 채택하려 할 수 있다. 이 같은 기회주의적 전략 은 정당 지도자가 다음과 같은 일련의 판단을 할 경우 현실적인 것으 로 간주된다. 즉 다른 정치 진영의 지지자들이 그들의 지도자들에게 더 이상 충성하지 않는 것처럼 보일 때(즉 다른 정치 진영이 그 지지층을 계속 유지할 수 있을 만큼 충분히 응집적이지도 강하지도 않아 보일 때), 또한 새로운 정

---

10 콜리어와 동료들의 기획(예컨대, Collier and Handlin 2009) 또한 이 두 차원을 유사한 방식으로 활 용하는 이론 틀을 발전시키고자 한다[그들의 용어에 따르면 노조 – 정당 연계를 의미하는 업-허브 (Up-hub)와 단체 네트워크를 뜻하는 에이-넷(A-net)]. 그러나 그들의 접근법과 이 연구에는 근본적인 차이가 있다. 즉 ① 그들은 업-허브와 에이-넷 사이의 연계(배태성)를 이론화하지 않는다. ② 그들은 (정 치적) 신뢰 관계로서 단체의 배태성을 고려하지 않는다. ③ 그들은 단체의 구조가 사회정책 및 노동시 장 정책 결과에 미치는 인과적 영향에 주목하지 않는다.

책 프로그램이 기존의 것보다 많은 표를 끌어들일 수 있을 것처럼 보일 때, 마지막으로 산업 및 직업 구조가 바뀌었기 때문에, 전통적인 선거 기반에 대한 이념적 헌신이 더는 유효하지 않고(Burgess and Levitsky 2003), 따라서 생존을 위해서는 새로운 선거 기반을 개척할 필요가 있을 때가 이런 경우에 해당된다.

하지만 (노동 기반) 공식 부문 지도자들이 서로 긴밀히 연결되어 있고 동시에 지역사회에서 벌어지는 시민 활동에 깊이 배태되어 있을 경우, 그들은 의식적으로 노동계급 및 중산층의 광범위한 요구를 정치적 교섭의 장으로 전달하고 또 자신의 지지층은 물론이고 이보다 광범위한 지역사회를 지원하는, 좀 더 보편적인 사회정책을 추진할 것이다. 이와 비슷한 맥락에서, 응집성과 배태성이 강한 (노동에 기반을 둔) 공식 부문 지도자는 우파 정당, 정부, 테크노크라트, 그리고 IMF와 세계은행 같은 국제기구들이 부과하는 신자유주의적 개혁 의제의 압력을 강력히 거부할 것이다.

응집성과 배태성의 차원들: 동원 역량과 정책 역량

위 논의에서 노조의 배태된 연계성 또는 노조의 응집적 연계성을 언급할 때 그것들의 구성 요소는 무엇인가? 지금까지 그것들은 "정보, 전문성, 신뢰 등을 비롯한 여타의 자원"(Kenis and Schneider 1991)을 나르는 "파이프" 이미지(Podolny 2001), 곧 사회적 네트워크 관련 연구 문헌들에서 전형적인 의미로 사용되는 그런 이미지를 상기시킨다(Knoke 1990; Knoke et al. 1996). 우리는 여기에서 더 나아가, 이 배태된 지도자들이 조직 간 연계를 만들고 유지하는 데 어떤 역할을 하는지, 어떤 기능을 수행하는지, 자신들의 네트워크를 통해 어떤 유형의 (정책) 결과를 생산하는지도 탐구해야 한다. 이 단락에서는 배태성과 응집성 개념의 두 가지 하위 차원, 곧 동원 역량 및 정책 역량을 도입해, 조직 간 연계의 내용을 좀 더 분명히 또한 구체적으로 밝힌다.[11]

노조가 결사체들의 장 내에서 다른 사회·정치 세력과 연대를 구축해야 할 필요성은 다음과 같은 두 가지 차원에서 발생한다. 하나는 노조 활동가가 민주주의라는 공식적인 제도 틀 내에서 노동계급의 이익을 보호·추구하기 위해 정당 건설자, 후원자, 로비스트로서 전문적인 선거 정치에 개입할 필요가 있는 경우다. 다른 하나는 노조가 보편적인 정책을 위한 동원자, 이익 조정자, 전체 시민사회의 대표자로서 사회적 정당성을 얻을 필요가 있을 경우다. 이를 성취하기 위해 노조는 다른 사회 세력과 긴밀히 소통·협력해 자신의 이익을 실현할 뿐만 아니라, 장외 투쟁의 정치contentious politics와 제도 정치를 통해 사회의 일반 이익을 찾고 추구해야 한다. 이전 절에서는 첫 번째 차원을 응집성으로, 두 번째 차원을 배태성으로 개념화했다.

이제는 응집성과 배태성의 두 가지 하위 차원을 설정한다. <그림 3.3>에 제시하듯 하나는 '동원 역량을 위한 연계', 나머지 하나는 '정책 역량을 위한 연계'다. 노조와 정당 사이의 응집성은 두 가지 차원에서

---

11 배태성과 응집성이라는 이 두 하위 차원/요소는 필자가 약 150명의 노조 지도자와 실시한 현장 인터뷰 및 관찰을 통해 얻은 것이다. 특히 한국 활동가 다수, 브라질 활동가 일부는 자신들의 회의, 회담, 비공식 모임에서 이 두 개념을 명시적으로 또 자주 사용했다. 이런 까닭에, 내 초기의 이론 틀 — 배태된 응집성 — 이 주로 기존 이론 문헌에 기초해 있지만, 활동가들과 계속 심도 있게 소통하면서 본 이론을 심화시킬 수 있었다. 따라서 배태된 응집성 접근법의 주요 요소 및 주장은 "연역과 귀납, 추상과 구체, 대상과 주체 사이의 변증법"[Ragin et al. 2004, 37에서 존 코마로프(Joh Comaroff)의 언급]에 기초한다.

평가할 수 있다. 즉, 첫째, 정당과 노조가 **선거 동원**(또는 비선거 동원)을 위해 조직 자원을 공유할 수 있는 구조를 구축했는가. 둘째, **정책** 개발을 위해 조직 자원을 공유하는 협력 구조를 구축했는가. 응집성의 첫 번째 하위 측면은 사용자 및 정부의 정책에 반대하는 시위를 벌이고, 선거운동을 하며, 다양한 정치적 협의의 장을 통해 대중의 일반적인 이해관계를 홍보·지지하는 두 (또는 그 이상의) 조직 사이의 연대 구조를 포착한다. 좀 더 구체적으로 동원 역량은 세 가지 요소로 나눌 수 있다. ① 조직 **내부**에서의 동원 역량, ② 조직 **간** 동원 역량, ③ 선거에서 누군가를 위협하거나 지지할 수 있는 역량. 첫 번째 역량은 구성원을 하나의 집단의식으로 묶고, 그들을 공통의 목적을 향해 동원할 수 있는 조직의 역량을 의미한다.[12] 두 번째 역량은 첫 번째와 내용이 같지만

---

12 혹자는 조직률(전체 노동력 가운데 노조에 가입한 이의 비율)로 측정되는 노조의 규모가 복지국가 개혁의 변동을 설명하는 주요 요인이라고 주장할지 모른다. 이 글에서는 북유럽 사민주의 국가에서 보편적 복지국가를 건설하는 데 중앙화되고 포괄적인 대형 노조가 수행한 역할과 관련해 이 같은 통념(권력 자원 이론에서 나온)을 부인하지 않는다(Korpi 1983; Stephens 1979). 하지만 노조의 규모만으로는 노조 조직률이 중간 수준 이하인 나라에서 나타나는 복지국가의 변동을 설명하지 못한다고 본다. 소형, 중형 노조는 그 규모의 한계를 보완해 줄 수 있는 매우 다양한 내부적·외부적 연계의 특성을 가지고 있을 수 있으며, 이에 따라 노조의 규모뿐만 아니라 노조의 연계에도 주목해야 한다. 시민사회에 잘 연결되어 있을 경우, 작은 규모의 노조가 사회정책 개혁에서 주목할 만한 성취를 이룰 수도 있을 것이다. 역으로 시민사회로부터 고립되어 있을 경우, 어떤 노조들은 매우 제한적인 개혁에만, 심지어는 후퇴에 기여할 것이다. 경험적으로 볼 때, 적어도 이 글에서 연구하는 4개국과 관련해서는, 노조 조직률이 노조가 사회정책 개혁에 미치는 영향력의 차이를 설명하는 결정적 요인은 아니다. 국가 간 비교를 보면, 사회정책 개혁에서 노동운동이 발휘하는 힘과 영향력이 더 센 나라(브라질과 한국, 각각 2007년에 20.9퍼센트, 2006년에 10퍼센트, ILO 2011)가 상대국(아르헨티나, 2006년 37.6퍼센트, 대만 2006년 35.9퍼센트)보다 노조 조직률이 훨씬 낮았다. 이 연구에서 조사한 20년 동안, 이 나라들에서는 노조 조직률이 비교적 변하지 않았지만(서서히 하락하기만 했다), 복지국가 확대 및 신자유주의적 시장 개혁에는 상당한 변동이 있었다. 이를테면, 2000년대 이후 한국의 노조 조직률은 크게 변하지 않았고 (1995년 13.8퍼센트에서 2013년에는 10.3퍼센트, 고용노동부 2015), 대만 역시 2013년 기준 29.4

그 일을 다른 시민단체와 함께 수행하는 역량을 뜻한다. 세 번째 역량은 자신의 파트너를 지지하거나 정치적 경쟁자를 위협하기 위해 특정 정책에 대한 유권자들의 지지(또는 반대)를 동원할 수 있는 역량을 뜻한다. 첫 번째와 두 번째는 동원 배태성의 요소고, 첫 번째와 세 번째는 동원 응집성의 요소다.

응집성의 두 번째 하위 측면 ─ 정책 역량 ─ 은, 정책과 관련된 지식 생산의 이면에서 벌어지는 협상과 숙의 과정에 주로 초점을 맞춘 두 조직 사이의 연대 구조와 관련된다<그림 3.3> 상단). 이 같은 틀에서 보면, 한 조직의 정책 역량 개념은 다음의 세 가지 요소들로 구성된다. 첫 번째 요소는 한 조직이 자신의 구성원들을 만족시키는 정책 의제를 생산 또는 채택할 수 있는 역량이다. 두 번째 요소는 조직 간 숙의 및 협상을 통해 잠재적 동맹에게 정책 의제를 납득시키고, 정책 연대 집단이 공유하는 이익을 극대화할 수 있는 '현실적인' 대안을 조율하는 역량이다. 세 번째 요소는 (조율된) 정책 의제를 입법부와 행정부 같은 공식 정치 기관으로 가져가고, 그곳에서 다양한 관료 및 입법 기관의 행위자와 협상하는 역량이다(Dark 1999, 38). 노조의 정책 배태성은 첫 번째, 두 번째 차원과 관련 있고, 노조의 정책 응집성은 첫 번째, 세 번째 차원과 관련한다.

동원 역량과 정책 역량 모두 궁극적으로 노조와 정치조직 및 시민단체들 사이의 네트워크에서 구현되지만, 그 역량의 내용은 시간에 따라 질적으로 달라질 것이다. 예를 들어, 민주화 운동 시기 또는 민주주의로의 이행 국면에서 응집성은 첫 번째 하위 차원 ─ 동원 역량 ─ 을 통

퍼센트로 비슷한 수준을 유지했다(Republic of China, Council of Labor Affairs 2015).

해 구성된다. 이런 국면에서 정당 및 노조 지도자들은 연대 활동과 대중 집회를 조직하는 데 대부분의 시간과 자원을 사용하는데, 더 많은 노동자들과 시민이 시위, 청원, 파업에 참여할 수 있는 방법을 강구한다. 이 시기, 조직들 사이의 연계의 강도는 주로 노조가 벌이는 집단 투쟁의 규모와 기간, 국가(그리고 자본)에 대한 위협 정도로 측정할 수 있다.

그러나 어떤 시점 이후, 즉 장외 투쟁의 정치가 수그러들고 선거 정치와 제도 정치로 이행하게 되면, 응집성의 초점은 동원 역량에서 정책 역량으로 이동해 정책과 표의 교환 과정이 제도화될 것이다. 이 시점에서 응집성은 노조가 정당과 노조원을 설득하고 구속하는 역량을 반영할 공산이 더 크다.[13] 특히 노조 측에서 볼 때 정책 응집성은, 노조 또는 노조 지도자가 정당 지도자 및 당원에게 노조의 중요 이익이, 또는 노조가 제시한 정책이 얼마나 중요한지를 납득시킬 수 있는 정치적 협의의 통로가 존재하고 작동함을 의미한다. 우리는 전자, 곧 이행기에 나타나는 (동원에 기반을 둔) 연대를 '동원 응집성'으로 부르고(<그림 3.3>의 (4)), 후자, 곧 안정기에 나타나는 정책 연대를 '정책 응집성'으로 부른다(<그림 3.3>의 (2)).[14]

---

13 응집성은 버지스가 말하는 '충성 딜레마'(Burgess 2004)와 관련이 있는데, 노조 지도자는 복지 프로그램을 축소하려는 국가의 시도와 관련해 정치 동맹(집권당)과 기층 노동자 사이에서 갈등[충성 딜레마]한다. 응집성이 클 경우 기층 노조원들(노조 지도부와 마찬가지로 집권당의 이념적·조직적 보호 아래 통합된)은, 국가가 사회정책의 급진적 후퇴를 시도하거나 노조의 사회정책 확대 요구를 거부했을 때, 노조 지도자가 이를 수용하기로 결정하거나 또는 징벌하지 않겠다고 결정을 내려도, 용서할 것이다. 하지만 응집성이 낮을 때는 기층 노조원들(집권당에 전혀 충성하지 않는)은 기회주의를 이유로 노조 지도자를 징벌할 것이다. 어떤 의미에서, 노조와 정당 사이에 일정한 연계가 형성되어 있을 경우, 노조 지도부는 충성의 딜레마(와 그것의 비용)에서 벗어날 수 있다. 덧붙여, 노조 지도자와 정당 지도자 사이에 형성되어 있는 기존의 연계는 또한 로비 비용을 줄여 줄 것이다.

14 크레스와 스노우(Cress and Snow 2000)는 "운동 자원"(movement resource)을 도덕 자원, 물질

배태성과 관련해, 동원 역량 및 정책 역량 역시 다음의 두 가지 하위 차원으로 구성된다. <그림 3.3>에서 (3)으로 제시된 첫 번째 것[동원 배태성]은 노조와 여타의 시민단체들이 시위, 청원, 서명운동을 위해 조직 자원을 개발·공유할 수 있는 연대 구조를 구축했는지 여부와 관련이 있다. 배태성의 이 같은 측면은 노조와 기층 (지역사회 수준의) 생활 문화 동호회 사이의 연계에서 발생할 공산이 크다. <그림 3.3>에서 (1)로 나타낸 두 번째 측면[정책 배태성]은 그들이, 노동법, 노동시장 제도, 사회정책을 중심으로 국가 및 사용자와 기업, 지역, 연맹 수준에서 치열한 투쟁과 협상을 벌이는 데 필요한 자료, 전략, 법적 조언, 정책 대안을 생산하는 법적, 전문적 지식 네트워크를 구축했는지 여부와 관련이 있다. 배태성의 이 같은 차원은 전문가 또는 지식인들에 기초한 이슈 중심적인 사회운동 단체들과 노조의 연대에서 발생할 공산이 크다.[15]

자원, 정보 자원, 인적 자원으로 구분한다. "도덕적 지지"(외부 조직의 지지 표명)는 배태성에 관한 이 글의 개념과 비슷한데, 마찬가지로 "정보 자원"(전략적, 기술적 지원)도 이 연구에서 이론화한 '정책 역량'과 흡사하다. 에드워즈와 매카시(Edwards and McCarthy 2004)는 "사회운동 조직 자원"(SMO resource)과 "자원 접근"(resource access)에 관한 일반 이론을 만들고, 네 가지 일반 유형, 곧 자체 생산(self-production), 집성(aggregation), 전용(appropriation), 후원(patronage)을 설명한다. 조직 내부의 동원 및 정책 역량(<그림 3.3>에서 제시된)은 대체적으로 '자체 생산'에 부합하는데, 조직 간 역량들은 대개 '집성' 및 '전용'과 일치한다. 이런 점에서 배태성과 응집성의 하위 차원들은 사회운동 연구의 자원 동원 이론의 전통과 궤를 같이 한다. 이 개념들을 사용하는 가장 가까운 사례로는 인도 케랄라 지역에 관한 헬러(Heller 1999)의 연구가 있는데, 여기서 그는 "계획적이고 실용적인 좌파 정당의 동원 및 전략 역량"이라는 개념을 채택한다(Heller 1999, 17). 이런 전통에서 자원들을 규정하고 그것들을 경험 분석에서 사용한 다른 연구로는 다음을 참조. Jenkins 1983, Jenkins and Eckert 1986, Jenkins and Perrow 1977, Oberschall 1995, Oliver and Marwell 1993.

15 일반적으로 중산층, 상류층 중심의 단체는 빈민, 노동계급 중심의 단체에 비해 자원이 풍부하다 (Edwards and McCarthy 2004). 그들은 전문적인 지식 네트워크를 활용하고 "제도적인 전술"을 이용할 공산이 크다(Staggenborg 1991). 따라서 노조는 중산층 단체와 정책 관련 배태성 관계를 맺을 때 그런 네트워크에, 또한 관련 이슈 분야의 정치과정에 접근하게 될 공산이 크다.

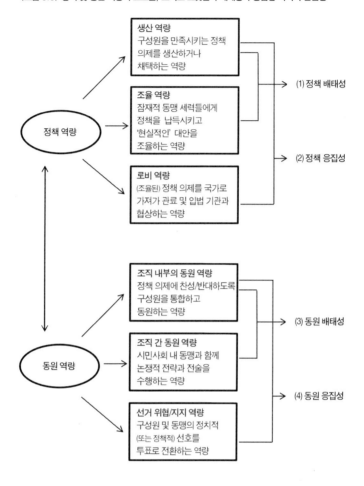

이 같은 지식 네트워크에 대한 필요는 지구화 및 신자유주의적 개혁 압력 속에서 점점 더 긴급해지고 있는데, 특히 경제적으로 좀 더 발전한 국가에 있는 노조들에게 더욱 그렇다. 우선, 노조는 자국의 경제 상황과 관련해 국가와 사용자가 무엇을 알고 있으며, 무엇을 하려는지

알아야 하고, 그에 따라 기업의 상황, 구조 조정 계획의 함축적·명시적 목적과 전망, 그리고 구체적 또는 일반적 경제정책의 장기적·단기적 결과를 진단할 필요도 있다. 두 번째로, 노조는 기업별 및 산별 교섭 수준에서 또한 연맹 수준의 교섭에서 정책을 결정하는 과정에 개입할 수 있어야 한다. 특히, 국가 경제가 성숙해지면서, 장외 투쟁적 대립보다는 제도 정치 내에서의 협상이 국가 – 노동 관계의 규범이 되어 간다. 이런 맥락에서 교섭에 필요한 지식을 생산하고 유연하게 획득할 수 있는 역량이 노조의 역량과 평판에 중요할 것이다.

정책 배태성은 나아가 동맹/연합 역량을 포함하는 개념으로 확대될 수 있는데, 이 역량을 통해 노조에서 활동하는 정책 전문가는 여타의 정치조직 및 시민단체와 정책에 기반을 둔 연대를 구축할 수 있다. 이와 관련해, 필자가 인터뷰한 브라질의 정책 전문가(노동조합 통계 및 경제사회연구소Departamento Intersindical de Estatistica e Estudos Socioeconomicos, DIEESE 소속) 레안드로 오리에Leandro Horie는 다음과 같이 이야기한다. 곧 "정책을 제안하는 것만으로는 충분하지 않습니다. 정책을 잘 조직화해, 관련된 사람들이 그 정책을 구체적이고 뚜렷하게 파악할 수 있도록 해야 합니다." 정책 관련 배태성이 발전하게 되면, 노조의 정책 전문가가 수행해야 할 잠재적 과업 역시 사회정책과 같은 (임금과 작업장 내부의 문제를 넘어선) 사회 개혁 의제로까지 확대된다. 임금 구조에 대한 노조 지도부와 노조원들의 관심이 "사회 임금"(Iversen 1999) 문제로까지 확대되고, 그에 따라 '사회정책 개혁'이 그들의 핵심 정책 의제로 통합되면, 노조 내부에 이와 관련된 정책 전문가가 필요하게끔 전문성의 범위와 수준이 변화한다. 전문 지식인은 이제 체제 수준에서 사회정책 및 노동시장 정책의 제도적 구조를 이해하고, 현 제도적 환경에서 노동자의 이익을 분석하며, 현실적인 정책 대안을 제시할 수 있어야 한다. 가장 중요한 것은 중앙 또는 산별노조의 정책 전문가와 지도자가 정책 대안을 만들어 내고, 그것을 결사체 네트워크 내 다른 시민단체 및 전문가 단체들과 협상·조율할 수 있어야 한다는 것이다. 이 과정에서 "핵심 [정책/전략] 공동체"critical communities(Rochon 1998)로서 그들은 새로운 "지지층"과 "동조자"를 동원하고(McCarthy and Zald 1977), 그에 따라 사회계층과 사회조직을 초월하는 정책 연대를 만들어 내며, 정책 의제를 응집적 연계를 통해 정치제도로 전달하거나 장외 투쟁의 정치를 통해 제도정치를 압박하는 역량을 증대시킬 수 있을 것이다.[16]

결사체들의 장과 네트워크 정보에 기반을 둔 전략적 행동: 복지국가 확대와 축소의 정치

이 절에서는 <그림 1.1>에서 제시한 인과 순서의 세 번째 연쇄, 곧 결사체들의 장이라는 주어진 구조 아래에서 집권당과 노조가 벌이는 전략적 행동을 분석하는 이론 모델을 개발한다. 여기서 응집성은 노조와

---

16 동원 또는 정책 배태성과 관련해 마지막으로 언급할 것은 매우 큰 규모의 노조 연맹은 이런 연대적 연계의 필요를 내부화할 것이라는 점이다. 이를테면, 세계적으로 노조 조직률이 가장 높은 스웨덴과 핀란드(대략 2010년 기준, 직장에 소속되어 근무하는 노동자 전체 가운데 각각 82퍼센트, 76퍼센트) 같은 일부 북유럽 국가의 노조에게는 다른 사회 세력을 대표하는 시민단체와 연합할 긴급한 필요가 없을 것이다. 그런 사례에서는 중산층 사무직 노동자, 비숙련, 비정규 노동자, 그리고 실업자까지도 대부분 노조에 의해 조직된다. 그들은 중산층과 노동계급뿐만 아니라 노동시장 밖의 사람들까지도 포괄하고 있기에, 내부의 결속 유지가 다른 사회집단에 손을 뻗는 것보다 필수적일 것이다. 중앙 노조 연맹은 규모가 커질수록, 국가, 좌파, 중도, 우파 정당들과의 응집성이 복잡해질 것이다. 곧 큰 규모의 노조 연맹에는 다양한 정치 이념과 동맹 메커니즘이 있고, 이로 인해 연맹의 지도자들은 상이한 차원의 응집적 연계에 따른 보다 다양한 로비 및 협상 통로를 추구할 것이다.

집권당 사이의 연계로 협애하게 정의되는('국가와의 응집성' 또는 국가-노조 동맹) 반면, 배태성은 노조와 비공식 시민단체 사이의 연계로 정의된다. 앞 절에서 제시한 정책 역량 및 동원 역량 개념은 복지국가의 확대 및 축소와 관련해 국가와 노조가 벌이는 '네트워크 정보 게임'의 정식화에 반영될 것이다. 여기에서는 우선 노조가 시민단체 네트워크에서 차지하는 구조적 지위에 따라 국가 및 노조가 각각 상대의 역량과 전략을 어떻게 파악하고, 이에 맞서 어떻게 자신이 취할 전략적 행동의 '선호 구조'preference structure를 수립하는지 이론화한다. 이를 통해, 결사체들의 연계성[연결성]associational linkages이라는 개념을 "자원과 정보를 전달하는 파이프"(Podolny 2001) 위에 건설된 신뢰 네트워크에서, 노조와 국가가 자신들의 선호 구조에 따라 취하는 전략적 행동에 수반되는 '비용 발생' 또는 '비용 절감' 메커니즘으로 확대한다. 이 같은 분석에서 결사체 네트워크의 연대 구조는 국가와 노조가 (정책 수립 및 동원 과정에서) 각각 상대방의 잠재적 행동 방향을 예측하고, 이에 맞춰 자신의 대응 방식을 결정하는 '지표'로 기능할 것이다. 게임 구성을 논의하기에 앞서(부록 C를 참조) 필자는 응집성과 배태성이 교차하는 공간을 수정해 제시하는데(<그림 3.4>를 참조), 여기에는 국가와 노조의 구조적 지위와 선호 구조를 새롭게 고찰한 내용이 반영되어 있다.

1) 국가와 시민사회 사이에서 노조의 구조적 지위, 그리고 개혁 결과

이제 앞서 제시한 분석 모델에 따라 나타날 수 있는 복지국가의 서로 다른 결과들을 예측해 본다. 여기서 응집성과 배태성은 협상하는 이들이 상대방의 행위를 예측하고 해석하는 데 필요한 핵심 정보를 담고 있는 범주들로 간주된다. 여기에서는 비공식 시민사회에 대한 노조의 배태성에 다시 한번 특별한 주의를 기울이는데, 그 이유는 다음과 같다.

첫째, 시민사회에 대한 노조의 배태성이 강한 경우, 이는 노조의 선호 구조가 노조원들만의 협애한 경제적 이익에 복무하는 전통적인 선호 구조와는 다름을 시사한다. 시민사회에 배태된 노조는 조합원이 아닌 이들의, 다시 말해 좀 더 광범위한 지역사회의 이익(예를 들면, 조직되지 않은 청년, 여성, 비정규직, 하청업체 노동자들과 지역 시민사회의 소상공인들의 이익)을 자신의 이익 가운데 일부로 간주할 것이다(Seidman 1994). 프리츠 샤르프가 지적하듯, 그들은 "합의가 직접적인 협상 당사자가 아닌 다른 행위자의 이해관계에 미치는 영향을 고려"할 것이다(Scharph 1994, 48). 이를테면, 국가와의 협상 결과가 장기적으로 지역사회에 커다란 희생이나 불이익을 초래한다면, 노조는 그 결과가 단기적으로 노조원에 이익이 될지라도 단기적 이익을 추구하지 않을 것이다. 역으로 교섭 결과가 자신의 단기적 이익을 희생하지만 장기적으로는 지역사회에서 노조의 기반을 확고히 하는 데 도움이 된다면 그것을 강하게 지지할 것이다.

둘째, 노조와 시민사회단체 사이의 강한 연계는 노조가 집권당의 정치적 기반을 동원하거나 해체할 수 있는 강력한 잠재력을 보유하고 있음을 뜻한다. 이런 경우, 국가는 노조를 (임금 자제를 강제해야 할 경제적 주체나, 노동시장 개혁을 달성하기 위해 싸워야 할 대상으로 간주하는 게 아니라) 자신이 선호하는 주요 개혁 의제를 추진하기 위해 협상해야만 하는 정치적 파트너로 간주할 것이다. 이 점에서, 시민사회에 대한 노조의 (정책 관련) 배태성은 노조가 집권당(또는 그 정당의 정책)을 지지하거나 반대하기 위해 자기 노조원만이 아니라 보다 많은 유권자와 시민사회 세력을 설득하고 끌어들일 수 있는 잠재적 능력으로 해석할 수도 있다. 따라서 국가는 노조의 배태성을, 노조의 기대에 반하는 개혁을 시행하거나 노조가 요청한 개혁에 응하지 않음으로써 노조와의 기존 신뢰(응집적 연계)를 깰 경우, 집권당의 선거 기반이 결정적으로 잠식된다는 것을 알려주는 신호로 읽게 될 것이다.

셋째, 시민사회에 대한 노조의 (동원) 배태성이 강하다는 것은 노조가 국가와의 대립에서 사회적·경제적 파장을 초래할 수 있는 역량을 많이 보유하고 있다는 의미이기도 하다. 시민사회가 노조의 장외 투쟁의 정치를 지지한다면, 노조는 파업과 시위로 근무 일수를 줄임으로써, 그리고 그에 따른 생산과 서비스의 감소를 통해 국가 경제에 악영향을 미칠 수 있다(Fantasia and Stepan - Norris 2004). 요컨대 노조가 (선거 정치와는 별도로) 장외 투쟁의 정치를 통해 [사회적·경제적] 파장을 야기할 수 있는 잠재력을 가지고 있을 경우, 국가는 강한 배태성을 가진 노조와 대립할 때 자신이 치러야 할 커다란 대가를 우려하게 될 것이고, 결국 (집권 세력의) 정당성을 약화시킬 수 있는 파업과 대중 시위가 계속되는 것을 막고자 사회복지의 보편적 공급을 바라는 노조의 제안을 수용하거나, 그들에게 양보할 것이다.

마지막으로, 노조의 강한 배태성은 노조로 하여금 낮은 수준의 참여 비용으로 집합행동에 나설 수 있게 한다(Olson 1965). 이는 시민사회의 지지가, 동원 초기의 불충분한 참여로 말미암아 발생할 수 있는 "집합행동의 문제"를 극복하는 데 도움이 되는 것과 마찬가지다. 따라서 배태된 노조는 국가가 급진적 개혁을 추진하거나, 노조가 제시하는 개혁안을 거부할 경우, 이에 대해 효과적으로 도전할 수 있을 것이다.

집권당과 노조 사이의 응집적 연계와 상호작용하는 이런 네 가지

〈그림 3.4〉 응집성과 배태성의 교차 공간에서 국가와 노동조합의 네트워크 정보에 기반을 둔 전략적 행동: 후퇴(축소)와 확대 게임

		응집성(노조의 집권당과의 연계)	
		약함	중간 - 강함
배태성 (노조의 시민사회와의 연계)	약함	노조: 국가와 시민사회에 (장기적) 헌신 관계 부재 국가: 노조에 양보할 필요성 없음. 물리적 대치나 선거에서의 패배에 대한 우려 없음 → 제로섬 갈등 게임: (1) 복지국가 후퇴(축소) 게임 결과: 국가의 급진 개혁과 노조의 전투주의 (2) 복지국가 확대 게임 결과: 노조 주도 개혁 실패	노조: 국가(집권당)에 강한 헌신. 하지만 시민사회에 (장기적) 헌신 관계 부재 국가: 노조에 양보할 필요성 있음. 물리적 대치나 선거 패배에 대한 우려 없음 → 국가 우위 게임: (1) 복지국가 후퇴(축소) 게임 결과: 국가의 급진 개혁과 노조의 수용 (2) 복지국가 확대 게임 결과: 노조의 선택적 개혁과 국가의 수용
	중간 - 강함	노조: 시민사회에 강한 헌신 관계. 하지만 국가(집권당)에는 헌신 관계 부재 국가: 노조에 양보할 필요성 (단기적으로는) 없음. 하지만 물리적 대치나 선거 패배에 대한 강한 우려 → 노조 우위 게임: (1) 복지국가 후퇴(축소) 게임 결과: 국가의 급진 개혁과 노조의 반발, 그리고 국가의 보상/혹은 온건 개혁과 노조의 수용 (2) 복지국가 확대 게임 결과: 노조의 개혁 실패 혹은 노조의 보편 개혁과 국가의 수용(매우 강한 배태성의 경우)	노조: 국가와 시민사회 모두에 헌신 관계 국가: 노조에 양보할 필요성. 물리적 대치나 선거 패배에 대한 우려. → 노조 - 국가 협의 게임: (1) 복지국가 후퇴(축소) 게임 결과: 국가의 온건 개혁과 노조의 수용 (2) 복지국가 확대 게임 결과: 노조의 보편 개혁과 국가의 수용(중간 수준 응집성의 경우).

유형의 노조 배태성은 <그림 3.4>에서처럼 헌신 및 신뢰 관계의 다양한 구조를 만들어 낸다.[17] 첫 번째, 집권당 및 시민사회와의 연계가 모

---

17 부록 C에서는 노조와 집권당이 사회정책의 시장[지향적] 개혁에 관해 전략적 결정을 내리는 광범위한 게임의 네 가지 상이한 구조를 정식화한다(C. 1). 다음으로는 노조와 국가가 사회정책 확대 개혁에서 어

두 약할 경우, 노조는 집권당과 시민사회 어느 쪽에도 헌신하지 않는 다. 이런 상황에서, 국가가 급진적 (후퇴) 개혁을 추진할 경우, 노조는 노동권과 기존의 사회적 혜택을 침해할 노동 억압적 정책 또는 급진 적 시장 개혁을 단기적으로 수용하더라도 국가로부터 그 어떤 장기적 양보도 얻어 내지 못할 것이라고 생각한다. 연계 및 신뢰 관계가 부재 할 경우, 국가는 선거 징벌과 같은 정치적 위협을 받지 않을 것이고, 따라서 노조에게 장기적 차원에서 양보를 약속하는 일도 거의 없을 것이다. 이처럼 응집성과 배태성이 모두 약할 경우, 노조에게는 자신 의 요구를 수용하도록 국가를 강제할 수 있는 정책 역량 및 동원 역량 이 모두 부재하게 되고, 그에 따라 주어진 현재의 상황을 변화시키지 못한다.

노조가 집권당과 조직적 연계를 발전시켜 온 반면, 시민사회와의 연계가 부족한 두 번째 경우, 국가와 노조는 응집성과 배태성이 모두 약한 경우와는 판이하게 다른 방식으로 상대방의 행위를 해석할 것이 다. 이 경우 노조는 집권당에 대한 강한 충성 및 헌신 관계가 있지만, 제3자인 시민사회에는 깊은 헌신 관계가 없다. 이런 조건에서 국가가 급진적 시장 개혁을 추진할 경우, 노조는 그런 개혁이 시민사회에 미 치는 악영향에는 크게 개의치 않으며, 동맹 집권 세력들로부터 자신들 이 받아 낼 수 있는 장기적 양보만을 기대한다. 사회정책 및 노동시장 정책에 대한 진보적 확대 개혁이 추진되는 상황에서도 노조는 자신의 이익만을 추구할 것이고, 그에 따라 국가와의 결탁 아래 노조 및 조합 원만을 위한 사회적 안전망을 선별적으로 공급하는 정책을 도입하려

떻게 상호작용하는지를 보여 주는 광범위한 게임에 관한 또 다른 네 가지 구조를 설정한다(C. 2).

할 것이다. 그런데 시민사회와의 연계가 거의 없다는 사실은, 노조가 다양한 시민단체를 비롯한 잠재적 동맹 세력들을 절실히 필요로 할 때, 그들에게 의지할 수 없음을 의미한다. 이런 경우, 국가가 처음에는 시장 지향적인 개혁을 시행하면서 노조에게 장기적 양보를 약속하더라도, 사후에 이 같은 약속을 파기할 수도 있다. 왜냐하면, 노조에게는 국가를 확실하게 위협할 수단, 이를테면 노조 주도의 지역 수준 또는 산업 수준 파업을 넘어서 경제 전반에 지장을 초래하는 파급력이, 또는 사회 계급 전체를 포괄하는 시민 연합을 통해 선거 국면에서 집권당을 심판할 수 있는 수단이, 부재하기 때문이다.

세 번째 경우는 두 번째의 반대 경우이다. 곧 노조가 시민사회와 강한 연계를 맺고 있는 반면, 국가와는 그렇지 않은 경우인데, 집권당이 노조의 전통적인 동맹 세력이 아니거나, 양자의 당파적/이념적 배경이 다르기 때문에, 서로가 긴밀한 소통의 통로를 개발하지 못했을 경우인 것이다. 한편으로 노조는 시민사회에 깊이 배태되어 있다. 곧 노조원과 지도자 모두 다양한 시민단체와 지역사회 단체에 가입해 있으며, 따라서 노조의 이해관계에는 시민사회의 이해관계가 포함되어 있다. 노조는 시민사회의 이익에는 자신의 이익도 포함된다고 간주하면서, 즉 "타자의 이익을 나의 이익의 일부로 간주"(Hardin 2002)하면서, 시민사회의 대표자로 행동할 것이다. 다른 한편으로 노조는 집권당과는 연계가 약해, 노동 억압적 정책 또는 시장 지향적 개혁이 도입될 때 국가로부터 장기적인 차원에서의 양보를 얻을 수 있다는 기대를 하기 어렵다. 응집성 없는 배태성이 두 번째 경우[배태성 없는 응집성]와 가장 구별되는 점은 국가가 배태된 노조를 고립된 대상으로 간주할 수 없고, 따라서 노동 억압적 정책 또는 시장 개혁을 시행할 때 노조가 그것을 묵인하리라고 기대할 수 없다는 것이다. 배태된 노조는 파업과 장외 투쟁의 정치를 위해 치러야 할 비용에 대해 크게 걱정하지 않는데, 장외 투쟁의 정치에 시민사회 동맹이 대규모로 참여할 경우 동원 비용 및 동원의 정당성에 대한 염려가 크게 줄기 때문이다. 즉 국가가 노동 억압적 정책 또는 시장 지향적 개혁을 추진할 경우, 노조는 시민사회가 지지하는 대중 시위와 총파업을 벌일 준비가 되어 있는 것이다. 국가는 대결의 정치confrontational politics가 초래할 비용을 우려할 것인데, 자칫 국가의 정당성이 크게 손상되고 결국 다음 선거에서 패배할 수 있기 때문이다. 곧 노조가 전투주의적 태도를 취할 경우, 국가는 [정치적] 파국이라는 엄청난 비용을 치러야 할 수 있고, 따라서 이를 최소화하기 위해 국가는 갈등 유발적인 추가 대립을 피해야 한다는 의미다. 다시 말해, 이 경우 시민사회에 배태된 노조가 전투주의를 택한 경우, 국가가 합리적 수준에서 양보를 하는 것이 양보 없이 노조 및 시민사회와 끝까지 투쟁을 벌이는 것보다 비용이 적게 들 것이다.[18] 노조가 확장적 사회 개혁을 추진하는 경우, 커다란 징벌 역량이 있는 노조의 보편적 개혁 운동은 대체로 국가가 그와 같은 개혁을 수용할 정도로 충분히 강하고 설득력 있지 못하다. 하지만 노조의 배태성이 극도로 큰 경우에는 국가가 노조의 보편적 개혁 계획을 받아들일 수도 있을 것이다.

마지막은 노조가 집권당 및 시민사회 모두와 강한 연계를 맺고 있는 경우이다. 이 경우 노조는 집권당과 시민사회 사이에서 "중개자 지

---

18 그런데 전 사회적 노동 – 시민 연대가 장외 투쟁의 정치를 벌였을 때 발생할 비용을 충분히 알고 있다면, 국가는 급진 개혁 자체를 도입하지 않고 온건 개혁을 두고 배태된 노조와 (처음부터) 협상을 벌일 것이다. 이 이슈에 관한 상세한 논의는 부록 C.1(축소 게임 3)을 참조.

위"(Gould 1989)를 맡는다. 곧 노조는 시민사회의 이익을 해석하고, 이를 (대표로서) 국가에 전달할 뿐만 아니라, 선거 때 동원을 통해 국가에 대한 [시민사회의] 지지를 전달하기도 한다. 집권당과 시민사회 모두와 깊은 헌신 관계에 있을 경우, 노조는 중산층과 노동계급, 또는 조직 노동자와 비조직 노동자 모두를 포함하는 시민사회 전반의 이익을 보호할 책임이 있다. 또한 집권당이 좋은 성과를 내고 다음 선거에서 승리하는 데도 책임이 있다. 시장 개혁이 추진될 때 노조는 국가가 급진 개혁을 시행하지도 못하도록 하는 한편, 중개자라는 지위를 활용해 다른 시민사회 행위자에게 [국가가 추진하는] 온건한 축소 개혁의 필요성을 설득할 것이다. 국가는 노조에게 양보할 준비가 되어 있으며, 단기적인 이득을 취하기 위해 급진 개혁을 시행하려 하지 않을 것이다. 물리적으로 대치할 경우 동맹들과의 장기적 신뢰 관계를 상실하고, 선거에서 패배하며, 정당성도 상실할 수 있기 때문이다. 확대적 사회 개혁이 추진되는 경우 노조는 정책 관련 강한 배태성 및 응집성 때문에 보편적 사회정책 의제를 제안할 준비가 되어 있을 것이다. 기존에 존재하던 정책 협의 통로들 덕분에 노조는 다양한 사회 세력들 사이에서 보편적 정책을 조율하고 그 조율된 정책을 최소 비용으로 국가에 로비할 수 있다. 국가는 보편적 사회정책을 도입하려는 그런 압력을 거부할 수 없을 것이다.[19]

---

19 또한, 응집성이 매우 높은 경우에는 국가와 노조가 배태성보다 응집성을 이용해 선별 개혁에 착수할 것이다(추가 논의는 부록 C.2, 게임 4를 참조). 따라서 보편 개혁에 가장 이상적인 시민단체 네트워크의 구성은 높은 수준의 배태성과 중간 수준의 응집성, 곧 노조가 강한 노동 – 시민 네트워크를 구축하고, 국가로부터는 일정한 자율성을 유지하는 조건일 것이다.

요약과 명제들

지금까지 결사체들의 장의 다양한 구조가 어떻게 서로 다른 사회정책으로 귀결되는지 설명하는 이론 모델을 제시했다. 이 글에서는 노동조합과 공식/비공식 시민단체들 사이에 형성된 연계의 중요성을 강조하면서, 개혁 정치의 두 갈래를 분석했다. 곧 ① 위협과 징벌 메커니즘을 통한 동원과 압력의 정치, ② (핵심적인 정책 입안자, 입법부, 시행자, 정책의 수혜자 및 기여자에 대한) 로비와 설득의 정치이다. 이 글에서는 네트워크 이론과 게임이론을 이용해 축소 게임과 확대 게임이라는 두 가지의 이상형 게임, 그리고 거기서 응집성과 배태성이라는 두 변수에 따라 세분화한 네 가지 게임을 개발했다. 그리고 각 게임에서 네 가지 지배적 결과를 얻었고, 이는 국가와 노조의 상이한 효용 극대화 과정을 드러낸다.

축소 게임(<표 3.1> 참조)에서는 노조의 협상력 가운데 동원 역량, 특히 동원 배태성이 가장 중요하다. 동원 역량 측면에서 시민사회 세력과 잘 연계되어 있을 경우, 노조는 국가가 급진 개혁을 추진한 뒤에도, 강력한 연대 투쟁을 통해 최소한 '양보'를 요구할 수 있다. 노조에게 응집성과 배태성이 모두 있을 경우, 국가는 한편으로 노조와의 역사적 동맹 관계 때문에, 다른 한편으로 노조의 위협이 두려워, 급진적 시장 개혁을 추진하지 못할 것이다. 따라서 노조가 자신의 이익을 '지키는' 역량이 중요한 축소 게임에서는 동원 배대성이 노조에 가상 필요한 역량이다. 동원 배태성은 노조가 장외 투쟁의 정치를 통해 국가를 위협하거나 징벌하는 데 가장 큰 힘이다(축소 게임의 보상 구조는 부록 C.1 참조).[20]

---

20 국가는 확대 게임에서 수동적 대응자로, 반면 축소 게임에서는 자본과의 암묵적 협력자로 간주될 수

확대 게임에서는 이야기가 좀 더 복잡하다. 첫째, 개시자로서 노조는 현실적이고 설득력 있는 의제를 제시하고 국가에 로비를 할 수 있어야 하며, 국가가 자신들의 제안을 거부할 경우, 국가를 징벌할 수 있어야 하다. 축소 게임에서와는 달리 노조는 개혁의 비용을 감당할 수 있어야 한다. 개혁 비용에는 전투주의, 연대, 로비 비용이 포함된다. 확대 게임의 구조에서 로비 비용은 강한 응집성을 통해 줄일 수 있고 전투주의와 연대의 비용은 깊은 배태성을 통해 줄어든다. 둘째, 노조는 보편 개혁에 기댈 필요가 없는데, 선별 개혁의 보상 구조가 더 낫기 때

있다. 그러나 부록 C.1에서 제시하는 모델들에서는 국가를 다양한 측면에서 다룬다. 필자는 축소 게임에서 국가가 당파성과 상관없이 자본의 이익을 대변해야 할 압력을 받으리라고 추정한다 — 특히 경제 위기 시 또는 시장 지향적 개혁이 지구적으로 확산하는 시기에 그러할 것이다. 그러나 처음에 이런 가정을 한다고 해서 반드시 [분석] 틀 전체가 국가 – 자본 관계에 관한 마르크스주의적 판본[입장]을 따르는 것은 아니다. 경제 위기 시에도 이 모델은 매우 다양하고 유연하게 그 관계를 개념화하는데, 강한 배태성은 국가의 개혁 수준을 사전에 온건화하거나, 개혁이 진행된 이후에 국가의 양보를 이끌어 낼 것이기 때문이다. 마찬가지로, 확대 게임에서도 국가가 반드시 자본의 대변인인 것은 아니다. 국가는 보편적 개혁 또는 선별적 개혁을 위해 노조와 연합할 것인데, 보편적 개혁일지 선별적 개혁일지 여부는 응집성과 배태성 수준에 달려 있다. 국가 중심적 복지국가 이론들의 주장처럼(Heclo 1974; Weir et al,1988; Skocpol 1992) 국가를 (또는 자율적 관료를) 보편적 정책을 [국가가 성장의 이득 또는 산출을 상이한 사회 세력(자본, 노조, 비조직화된 시민사회 행위자)에 재분배하는 정책을] 개시하는 행위자로 게임을 고안하는 것도 충분히 가능하다. 달리 말해, 배태성과 응집성의 수준에 따라 국가는 전 시민을 위한 보편적 조율자/재분배자/방어자 또는 자본과 노동의 특정 분파를 위한 전략적 협력자 또는 순전히 자본의 대변자로 처신할 것이다. 이 모델에서는 확대 게임, 축소 게임 모두에서 자본이 명시되지는 않지만, 국가는 자본과 노동 사이에서 재분배 결정을 암암리에 수행할 것이고, 그것의 핵심 한도는 배태성과 응집성에 따라 결정될 것이다. 요컨대 노조가 개시하는 확대 게임과 국가가 주도하는 확대 게임 모두에서 국가가 노조와 유착[연합]할지, 자본과 유착할지는 궁극적으로 노조가 시민단체들의 네트워크 내에서 차지하고 있는 구조적 지위에 달려 있다. 이 연구는 국가가 개시하는 사회정책 확대 개혁의 경험 사례들을 깊이 연구하지는 않기에, 국가가 개시하는 게임들이 어떻게 설정될 수 있는지는 부록 C에서 상술하지 않는다. 배태된 응집성 접근법에서 국가 중심 이론의 함의에 대한 추가 논의는 9장과 결론을 참조.

〈표 3.1〉 비교: 축소 게임 대 확대 게임

	축소 게임	확대 게임
개시자	국가	노조(혹은 국가)
역량의 주요 유형	동원 역량	정책 역량 + 동원 역량
정치의 주요 유형	장외 투쟁의 정치	로비와 위협의 정치
연대적 연계의 근원	배태성	배태성 + 응집성
국가에 최상의 결과	급진적 개혁 수용	개혁 실패
노조에 최상의 결과	온건한 개혁 수용	선별적 개혁 수용
시민사회에 최상의 결과	-	보편적 개혁 수용

문이다.[21] 국가(또는 자본) 역시 선별 개혁이 더 낫다는 점을 고려하면, 선별 개혁을 수용하는 [세력 간] 균형 상태가 국가와 노조 모두의 입장에서 가장 용이한 길일 것이다. 따라서 이렇게 국가와 노조가 결탁해 시민사회와 조직화되지 못한 세력들에 손해를 끼치는 것을 막기 위해, 시민사회는 노조와 견고한 신뢰 네트워크를 유지하고, 시민사회 편에서서 보편 개혁을 추구하도록 노조를 설득할 필요가 있다.

확대 게임에서 사회 일반에 가장 바람직한 시나리오는 노조가 보편 개혁을 제안·추구하고, 국가가 이를 수용하는 것이다. 비조직 노동계급을 포함한 사회 전체(임금노동자)의 입장에서 보편 개혁이 주는 이익의 총량(γ)이 선별 개혁의 그것(β)보다 훨씬 크기 때문이다(확대 게임의 보상 구조는 부록 C.2 참조). 이런 결과는 노조가 배태성이 강할 때(그에 따라

---

21 필자는 보편적 개혁을, 조직 노동자와 비조직된 노동시장의 외부자 모두를 아우르는 시민사회 전체에 혜택을 주는 사회정책 개혁으로, 선별적 개혁은 특권적인 조직화된 노조원만을 대상으로는 하는 사회정책 개혁으로 규정한다. 보편적 개혁 대 선별적 개혁의 용례에 관한 구체적인 정의는 부록 C.2를 참조.

시민사회의 이익을 자신으로 이익처럼 소중히 할 때), 또는 노조의 로비, 연대, 징벌 비용이 크게 줄지만 국가의 징벌, 거절 비용은 증가할 정도로 중간의 응집성과 강한 배태성이 있을 때 가능하다. 이 같은 과정에서는 노조의 정책 및 동원 역량이 중요한데, 시민사회와 '정책 연대'를 구축하고 집권당이 그 안을 받아들이도록 설득할 필요가 있기 때문이다. 더욱이 정책 관련 배태성 및 응집성은 애초에 국가의 거부에 대비한 더욱 강한 동원 역량을 보장하기도 한다. 왜냐하면 확대 게임에서 노조와 시민사회 동맹이 제시하는 개혁안은 이를 거부한 국가를 징벌하기 위해 동원할 수 있는 연대의 범위와 깊이를 사전에 보여 주기 때문이다. 이런 축소 및 확대 게임에서의 차이는 <표 3.1>에 요약되어 있다.

지금까지의 논의에 기초해 여기서는 다음과 같은 명제를 도출하고 검증하고자 한다. 이 명제들은 (부록 C에서 발전시킨) 이론적 가정과 논리에 기초하고 있으며, 따라서 이어지는 장들에서 다루는 경험 사례들의 세부 사항 전부를 설명하지는 않는다. 그럼에도 두 가지 네트워크 변수인 응집성과 배태성으로 구성한 네 가지 이상형의 게임은 상이한 사회와 시기뿐만 아니라 상이한 정책 영역에서 사회 및 노동시장 개혁의 다양한 경로를 설명·분석하는 지도가 된다.

명제 1: 국가와 시민사회 모두로부터 고립되어 있을 경우, 노조는 국가와 예상되지 않은, 크고 작은 갈등을 벌일 것이다. 국가가 급진적 축소를 추진할 때 노조는 자신의 핵심 이익을 지키지 못할 수 있고, 따라서 국가는 노조의 핵심 권리(노동시장 [보호] 제도)와 자산(임금과 사회적 혜택)을 침해할 수 있을 것이다. 노조와 시민사회가, 또는 그중 하나가 사회 개혁을 추진할 때 노조는 국가가 노조의 개혁안을 거부할 경우, 그 계획을 (그것이 보편적 사회 개혁이든 선별적 사회 개혁이든) 추진할 수 없고 국가에 로비도 할 수 없으며, 국가를 징벌하지도 못할 것이다. 따라서 개혁은 이루어지지 않을 것이다.

명제 2: 시민사회와 연결되어 있지 않지만 집권당과는 긴밀한 관계를 유지할 경우, 노조는 정치적·경제적 환경에 따라 국가에 이용되거나 자신의 이익만을 극대화하려 할 것이다. 국가가 노조의 핵심 권리와 자산이 침해될 수 있는 시장주의 개혁을 개시할 때, 배태된 연계가 없는 노조는 이를 묵인할 공산이 크고, 국가는 급진적 시장 개혁을 시행할 것이다. 반면 노조가 사회 개혁 기획을 개시할 위치에 있을 경우, 노조는 자신만의 이익을 우선시할 것인데, 시민사회 내 비조직 사회 세력과 깊은 헌신 관계를 맺고 있지 않기 때문이다. (국가와의 기존 통로 덕분에) 큰 로비 비용을 들일 필요가 없는 노조는 자신의 이익만을 위한 선별적 개혁을 착수할 것이고, 국가는 그런 움직임에 동참할 것이다.

명제 3: 시민단체와의 연대는 견고하지만 국가와의 직접적인 로비 통로가 없을 경우, 노조는 국가의 개혁 공세에서도 살아남을 수 있지만, 노조가 유의미한 사회 개혁을 추진·개시할 수 있을지 여부는 정책 및 동원 배태성이 달려 있다. 축소 공세에서도 노조는 자신의 대의를 중심으로 폭넓은 시민사회 부문들을 동원할 수 있는 역량을 통해 국가를 징벌할 수 있다. 국가는 노조의 동원 역량의 규모에 따라 양보를 하거나 축소 시도조차 하지 않을 수도 있다. 사회 개혁의 기회가 있을 때, 배태성이 큰 노조는 시민사회의 대표로서 보편적 사회정책 개혁을 추진할 것이다. 그런 노력은, 국가가 응답하지 않을 때 광범위한 노동 –

시민 연대를 동원해 장외 투쟁의 정치 또는 선거 정치를 통해 국가를 징벌할 역량이 있을 경우 성공할 것이다.

명제 4: 배태성도 강하고 응집성 역시 (중간 수준으로) 강할 때, 노조는 자신의 행동을 국가(그리고 시민사회)와 조율할 수 있을 것이다. 축소의 시기에 국가와 노조는 '온건한 개혁과 수용'이라는 해법에 합의할 수 있을 것이다. 노조의 강한 동원 배태성과 국가와의 견고한 소통 통로는 국가와 노조 모두 기회주의적 행위를 못하도록 한다. 확대의 시기에, 배태된 노조는 (중간 수준의 응집성의 경우) 시민사회의 이익을 자신의 이익으로 고려하고, 사회정책 부문에 보편적 개혁을 도입하며, 선별적 개혁을 개시하고 싶은 욕망을 억누를 것이다.

소결

이 장에서는 공식 시민 부문 조직과 비공식 시민 부문 조직 사이에서 나타나는 연계의 중요성을 강조하는, 나아가, 그와 같은 연계가 복지국가의 확대 및 축소를 둘러싼 정치에 미치는 역할을 강조하는 이론틀을 개발했다. 여기서는 또한 다양한 연대의 패턴과 유형을 탐구하고, 그것이 서로 다른 유형의 (사회정책 및 노동시장) 개혁을 발생시키는 데 있어 어떤 역할을 하는지 탐구했다. 특히, 두 핵심 네트워크 변수, 곧 노조와 좌파/개혁 정당(또는 집권당)의 연계, 그리고 노조의 시민단체와의 연대에 집중했다. 이 변수들은 정책 및 동원 연대를 포착한다. 궁극적으로 이 연구는 노조의 정치적·시민적 연대의 구조를, 복지국가 축소, 확대의 가장 강한 외생적 결정 요인으로 간주한다.

이 글에서는 복지국가에 대한 기존의 접근법들에, 두 가지의 새로운 이론적 관점, 곧 '사회운동' 관점과 '시민사회' 관점을 도입했다. 곧, 1, 2장에서 논의했듯이 이 연구는 "시민사회의 구조적 특성"(Collier and Collier 1991; Rueschemeyer et al. 1992)과 "사회운동의 결과"(Amenta and Young 1999; Amenta et al. 2011)를 복지국가 경로 연구에 도입한다. 전자는 사회적 연대의 '규모 확대' 과정 및 이와 관련해 정치제도에 관한 의제에 초점을 맞추고, 후자는 사회운동 조직과 정치제도 사이의 압력, 로비, 협상, 그리고 그 정책 결과를 탐구한다. 이 두 관점을 통합된 이론 및 경험 틀에 포함하면서, 이 글에서는 두 가지 핵심 변수, 곧 배태성과 응집성을 개념화하고 이를 조작화한다. 그리고 네트워크 분석과 조직 연구에서 도출한 개념에 기초해(Gould 1989; Granovetter 1985) 두 가지 과정을 탐구한다. 즉, 첫 번째 과정은 노동계급이 "특수 이익집단"(Becker 1985; Grossman and Helpman 2002)에서, 민주적인 정치과정과 정책 결과를 기초로 부자들의 정치력에 대응하는 "영향력" 또는 "정치력"(Acemoglu and Robinson 2005)을 행사하며, "보편 이익집단"으로 성장하는 과정이다. 두 번째 과정은 국가가 사회정책 축소 또는 확대의 정치를 추구할 때 노동과 연계된 시민 연대 네트워크의 정치력에 대응하는 과정이다. 배태성과 응집성의 내용 ─ 정책 역량과 동원 역량 ─ 은 전자의 과정을 포착하고, 기초적인 게임이론 틀은 후자의 과정을 개략적으로 보여 준다. 종합하면 이 글의 접근법은 노조의 '정치적 영향력'이 어떻게 노동운동 및 시민운동 활동가에 의해 결사체들의 '장들'fields에서 형성되는지를(Akchurin and Lee 2013; Curtis and Zucher 1973), 또한 그 정치적 영향력이 국가에 어떻게 인식되고 정책 결과로 바뀌는지를 밝힌다. 이런 과정의 논리를 탐구함으로써 이 연구는 응집성과 배태성의 수준에 좌우되는, 복지국가 축소와 확대의 경로를 개발했다.

이 연구에서 제시한 이론 틀은 복지국가의 축소 및 확대 사례들의 차이, 특히 현재의 복지국가 이론들이 설명하지 못하는 차이를 설명한다. 이어지는 장들에서는 한국과 나머지 세 나라에 대한 상세한 비교 역사적 사례연구를 통해 응집성과 배태성의 차이를 확인하고, 또 그런 변수가, 억압적인 시장 개혁과 진보적인 사회 개혁에 대한 국가와 노조의 상호작용을 어떻게 설명하는지도 보여 준다. 이런 비교에 근거해 이 글에서는 다양한 수준 및 방식의 경험 분석을 통해 필자의 네 가지 가설을 평가한다.

2부

4장
한국에서 하향식 연대의 기원

한국의 사례는 개발도상국 가운데 노동 정치와 복지국가의 발전 및 후퇴에 관한 가장 흥미로운 이야기 가운데 하나를 제공한다. 한국의 노동운동은 1990년대에 브라질 및 남아프리카공화국 노동운동과 더불어 가장 전투적인 노동운동으로 출현해 전 세계의 이목을 끌었다. 1987년부터 1997년까지 10여 년 동안 한국의 노동운동은 조직 확대 노력과 정치투쟁을 통해 기존의 어용 노조를 대신할 민주적이고 자주적인 노조 연맹(민주노총)을 설립했을 뿐만 아니라, 거의 40여 년간 지속되어 온 보수 정부의 붕괴에 기여하기도 했다. 하지만 극적으로 확대됐던 한국의 노동운동은 경제와 정치가 신자유주의적으로 재편되면서, 1997년 이후 10여 년 동안 극적으로 쇠퇴했다. 다시 말해, 이 20여 년의 시간 동안, 한국의 복지국가 역시 매우 괄목할 만한 모습으로 성장했다, 매우 인상적인 모습으로 후퇴했다. 1997년 경제 위기와 더불어 새롭게 집권한 개혁 정부(김대중 정부)는 놀라울 정도로 보편적인 사회정책 개혁을 도입했다. 반면, 후임 개혁 정부(노무현 정부)는 연금 및 건강보험 부문에서 그만큼이나 놀랄 만한 축소 및 민영화로 가는 길을 열어 주었다. 우리는 이 두 극적인 변화, 곧 노동 정치의 변화와 복지국가의 변화를 어떻게 설명할 수 있는가? 이 두 변화는 서로 어떻게 연결되어 있는가?

이 질문들에 답하고자, 이 장에서는 먼저 가혹한 권위주의 시기인 1970~80년대에 급진 좌파 지식인이 어떻게 노동자 공동체와 동맹을 구축했는지 논의한다. 이를 위해 특히 노동자 - 지식인 동맹(이른바, 노학연대)의 초기 형성 과정을 다루는데, 이 같은 동맹은 노동운동 지도자가 결국 노동 - 시민 연대(배태성)뿐만 아니라, 기성 정치제도에 대한 노동의 연계(응집성)를 제도화하는 수단이 된다. 그렇다면 1980년대 전투적인 노동운동가들로 조직된 이 독특한 집단은 어떻게, 또 어디서 출현했으며, 이후 수십 년간 노동 정치를 일구는 데 어떤 역할을 했는가?

응집성과 배태성의 기원 1: 배경에 관한 소사[1]

한국전쟁 이후 한국의 노동운동은 1970년대 초부터 본격적으로 분출하기 시작했다. 그 무렵이면, 1961년에 군사 쿠데타를 통해 집권한 박정희가 연이은 세 차례 선거(1963년, 1967년, 1971년)에서 대통령에 당선

---

1 이 단락은 1970~80년대 한국의 민주화 운동 및 노동운동에 관한 지식이 없는 이들(외국의 독자들)을 위한 배경 설명이다. 이미 충분한 지식이 있는 이들은 이 단락은 건너뛰고 "배태성의 증가 1: 노조 측의 이야기"부터 읽어도 된다.

되고, 주로 저임금을 기반으로 한 수출 지향적 산업화를 위해 노동자들에 대한 억압을 강화하던 때였다. 노동자들은 1970년대 초부터 노동조건을 개선하고, 자신들의 권리를 지키고자 산발적으로 노동조합을 조직하려 했지만, 권위주의 정부는 억압적 국가 장치와 정보기관을 이용해 노동자들의 이 같은 노력을 탄압했다. 이는 박정희 정부가 장기 독재를 위해 유신을 선포한 1972년 이후로 특히 그러했다.

1970년 11월, 22세의 재단사 전태일이 더 나은 노동조건을 요구하며 분신한 이후, 지식인과 학생들은 노동자들의 고립된 투쟁에 연대하기 시작했다.[2] 그들은 처음에 도시 인근의 산업 단지에서 개신교가 주도했던 산업 선교회 모임과 (노동자를 위한) 야학을 통해 노동자들에게 다가갔고, 점차 법률적·조직적 지원을 통해 노동자가 노조를 조직하도록 도왔다. 이처럼 초창기의 '하방' 활동은 1970년대에 위험을 무릅쓰고 공장으로 뛰어든 기독교 계열 산업 선교회 선교사들이 활성화했다. 개신교 선교사 집단의 많은 청년 및 학생이 이 시기에 하방 활동을 시작했고, 기독교 신앙 단체의 활동을 통해 초창기 노학 연대의 틀을 세웠다.[3]

1979년 10월, 박정희는 자신의 수하였던 중앙정보부 부장 김재규

2 전태일은 자신에게 노동법과 노동권을 가르쳐 줄 수 있는 "대학생 친구 한 명"이 있었으면 좋겠다고 말한 바 있다. 이 메시지는 많은 대학생들에게 깊은 인상을 남겼고, 그들이 1970년대 초에 노동운동에 헌신하도록 이끌었다.

3 그러나 선교회 소속 노동자 대다수는 1980년대 초에 노동운동이 혁명을 지향하는 급진적 방향으로 전향하는 것을 비판하며 작업장에서 철수했다(Suh 2012). 선교사들은, 레닌주의 혁명의 이상으로 무장했을 뿐만 아니라 종교에 기초한 선교회 노동자에 적대적인 급진 좌파 학생 활동가들의 새로운 조류와 함께 할 수 없었다. 결국 젊은 개신교 활동가들은 새로운 세대의 급진주의자들에게 운동의 헤게모니를 넘겨줄 수밖에 없었다.

에게 암살됐다. 자신이 만든 억압 기구에 의해 19년 동안 유지되었던 독재 체제가 마감한 것이었다. 1980년 서울의 봄이라는 기대와 혼란의 시기에 전두환이 신군부의 지도자로 출현해, 국가를 장악했다(이런 정치적 사건의 연대순은 <그림 4.1>을 참조). 신군부의 등장에 맞서 광주의 시민과 학생들은 5월 18일 대규모 시위를 벌였고, 이에 대한 무력 진압이 이뤄짐에 따라, 결국 수많은 시민이 잔혹하게 학살되었다. 이때부터 학생운동은 혁명 세력으로 급진적으로 변하기 시작했다. 수천 명의 학생들은 전두환이 집권하던 1980년대 초에 학교를 떠나 공단으로 들어가 노동자가 되기로 결심했다. 시민이 군대에 의해 잔혹하게 학살되고, 계엄령 하에서 공적 정치 공간이 사라지는 것을 목격한 학생운동 진영의 많은 운동가들이 정보기관을 피하기 위해서뿐만, 아니라 기층 공동체와 작업장에서 새로운 혁명 자원을 일구기 위해 하방을 했다.

당시에는 전투경찰 수백 명이 학생들의 시위를 막고자 대학 캠퍼스에 상주하고 있을 만큼 대학가 분위기는 을씨년스러웠다. 이런 분위기에서 해마다 수백 명의 학생이 중퇴를 하거나 졸업을 하지 않은 채 노동자가 되었다(Koo 2001). 이 운동가들은 그 세대의 "다른 많은 이들처럼 노동운동에 참여해야 할 의무감을 느꼈고, 노동자가 되는 것 외에는 다른 선택지가 없다고 생각했다."[4] 이 학생들은 어떻게 취업을 하고, 어떤 일상의 문화 활동을 통해 육체 노동자와 친해지며, 그들이 신뢰할 만한 동료로 어떻게 처신해야 하는지, 또 어떤 말을 사용하고(또는

---

4 이는 민주노총 전략가였던 이와의 인터뷰에서 가져온 것이다. 그런 하방 경력이 있는 노동운동가 대다수는 모두들 그런 이야기를 한다. 서울대 출신의 노동 지도자 가운데 한 사람이었던 그는 이렇게 말했다. "그것[하방 활동가가 되는 것]은 특권적인 삶을 살 수 있는 기회를 포기하고 '[노동] 운동'에 헌신하겠다는, 그래서 평범한 삶으로 되돌아가지 않겠다는 일종의 선언이었습니다"(김유선).

사용하지 않아야 하는지), 어떤 옷을 입어야 하는지에 관한 훈련을 받았다 (Lee, Namhee 2007). 위장 노동자로서 운동가는 파업을 조직하다가 공장에서 쫓겨나거나, 심지어 경찰에 넘겨지는 (이는 고문이나 투옥을 의미했다) 대가를 기꺼이 감수하려 했다. 이 같은 운동의 규모는 현대 개발도상국 민주화 운동에서 전례를 찾을 수 없을 정도로 컸다. 1980년대 중반, 서울과 인천의 주요 공단 지역에는 다양한 대학 또는 운동 조직 출신의 학출 노동자가 매우 많았다. 이들이 노동조합 활동을 조직하는 일에 개입하게 됨에 따라, "공장에서 서로를 알아 볼 수 있"는 경우도 흔했다.[5]

구해근(Koo 2001)과 이남희(Lee, Namhee 2007)가 설득력 있게 서술했듯, 학출 운동가들은 노동자들에게 합법적인 노동권뿐만 아니라, 마르크스주의와 레닌주의 전통의 혁명 이론을 가르치는 소모임을 무수히 조직했다. 이 운동가들은 노동자들에게, 노조를 설립하고 사용자와 교섭하는 데 필요한 법적 정보뿐만 아니라, 자본주의사회 일반의 원리를 해석하는 지적 도구 역시 제공해야 해야 한다고 생각했다. 운동가들은 노동자들에게 그들이 자본주의경제의 깊은 모순을 해결할 수 있는 강력한 정치 세력이 될 수 있다는 신념을 불어넣고 싶어 했다. 운동가들은 연좌 농성, 시위, 공장 점거 같은 다양한 전술을 활용해, 노동자들이 파업에 들어가도록 이끌었는데, 이는 1980년대 말 민주화 시기에, 엄청난 규모의 파업이 짧은 시간 안에 집중적으로 일어나는 데 크게 기

---

5 필자가 인터뷰한 (학출) 노동운동가 대다수는 자신들이 어떻게 하방을 집단적으로 결정했는지를 이야기했고, 또 같은 공장에서 자신과 같은 이들을 쉽게 발견할 수 있었다고 말했다. 비록 인터뷰 대상을 운동가 전체 명단에서 무작위로 선정한 것은 아니었지만, 이 글에서는 성별, 연령, 이념 당파에 따라 균형 있게 나누어 계층 변수를 고려하고자 했다. 인구통계적, 정치적 변수에 따라 인터뷰 대상을 나눈 것은 부록 A를 참조하라.

여했다. 그들은 또한 여러 공장들에 산재해 있는 운동가 사이의 조밀한 네트워크를 형성해, 개별 공장의 투쟁을 넘어 [사용자나 국가에] 좀 더 위협적인 대규모의 파업을 벌일 수도 있었다. 서울과 인천의 노동운동가들은 또한 서노련(서울노동운동연합)과 인민노련(인천지역민주노동자연맹) 같은 지역 조직에 결합되어 있기도 했다. 1980년대, 이 같은 은밀한 활동은 이후 노동 정치의 조직적·제도적 초석이 되었다.

가장 급진적이고 유력한 학생운동 집단이 공장에 들어가는 동안, 대학에 남은 운동권 학생들은 '이념 연구회' 모임들을 지속적으로 확장했다. 이 모임들은 대체로 비공식적이었지만, 그 지도자들은 주로 학과 및 대학의 학생회(단과대별 또는 총학생회 등과 같은) 구성원들이기도 했다. 이 지도자들은 매년 선거로 선출되었고, 이 학생회들은 학생들이 낸 회비로 운영되었다. 1980년대 중후반에 이르면, 학생회가 거의 모든 대학교에 설립되었고, 이 공식·비공식 학생 조직들이 학과의 신입생 오리엔테이션을 담당했다. 따라서 1980년대에 대학을 다녔던 이들 가운데 상당수는 적어도 신입생 시절에 각종 좌파 이념 연구회에 노출되었다. 학생운동 지도자들은 국가 정보기관에 붙잡힐 위험 속에서도, 1980년대에 계속 이 같은 공식·비공식 조직들을 끈질기게 유지했다. 1980년대 말 무렵, 학생운동 지도자들은 매우 강력한 중앙 집중적 위계 조직인 전국대학생대표자협의회(전대협)를 설립했다. 전대협은 전국의 거의 모든 주요 대학교를 하위 조직으로 포괄했고, 대학 내의 수많은 풀뿌리 소모임에도 영향을 미쳤다.

이처럼 단단한 조직 구조에 기초한 학생운동은 1980년대 중반부터 군사정부에 저항하는 대규모 시위를 캠퍼스 안팎에서 다양하게 벌였다. 1987년 1월에는 대학생 박종철이 경찰의 고문으로 숨지고, 6월에는 이한열이 시위 도중 경찰이 쏜 최루탄에 맞아 사망하는 사건이 발생함에 따라, 대학생들이 주도했던 시위에 수많은 시민단체, 야당 지도자, 화이트칼라 노동자들이 대거 참여하게 되었다. 6월 말, 수백만 명에 이르는 시위대가 서울을 비롯한 전국 주요 도시의 중심부를 가득 메우자, 마침내 전두환 정부는 대통령 직선제를 외치는 학생과 시민의 요구에 굴복했다. 1987년 여름, 이처럼 극적으로 절차적 민주주의로의 이행이 시작되자, 노동자들 역시 거리로 쏟아져 나와 더 나은 노동 조건과 더 높은 임금을 요구했다. 그해 말까지, 대략 120만 명의 노동자가 파업에 참여했고 노동쟁의가 급증했다. 현대, 대우, 엘지 같은 대기업 노동자들이 대규모로 급증했던 파업과 노조 설립을 이끌었다. 민주화가 가져온 이런 새로운 정치적 기회 속에서 노동운동 지도자들(이들 가운데 상당수가 학출 위장 취업자 또는 그들의 동료들이었다)은 즉시 기층 노조 및 지역 단위의 연대 조직을 건설해야 한다고 느꼈고, 이는 결국 1990년대에 전국노동조합협의회(전노협)(1990)과 민주노총(1995)의 출범으로 이어졌다.

더 깊은 정치적 변화를 바라는 시민사회단체들과 시민의 열망이 분출되었음에도 불구하고, 저명한 두 야당 지도자였던 김대중과 김영삼이 대선에서 단일화를 이루지 못함에 따라, 노태우가 1987년 12월, 33퍼센트 득표만으로 대통령에 결국 당선되었다. 더 심각한 것은 두 야당 가운데 통일민주당의 지도자였던 김영삼이 1990년 1월 김종필의 신민주공화당과 함께 여당인 민주정의당과 전격적으로 3당 합당을 하고, 1992년에 대통령에 당선한 것이었다. 결국 민주화 세력은 외환위기와 더불어 김대중이 집권한 1997년 무렵에 이르러서야 거의 40년 만에 권위주의 정부 출신들을 권좌에서 몰아낼 기회를 얻게 된다.

한국 특유의 노동 정치 구조의 출현을 이해하기 위해서는 이 시기의 사회운동 과정을 심층적으로 검토하는 게 중요하다. 한국 노동운동에 관한 대부분의 문헌은, 1987년 노동자 대투쟁을 향후 한국 노동 정치의 지형을 형성한 "결정적 국면"critical juncture(Collier and Collier 1991)으로 강조하는데, 이 연구는 이보다 조금 이후의 시기 — 1990년대 초 — 를 뒤이은 노동 정치발전의 가장 결정적 순간으로 강조한다.

1991년 소련이 해체되고, 1993년 김영삼 정부가 출범하게 되면서, 다수의 노동운동가들은 자신들이 여태 견지해 왔던 혁명 전략을 진지하게 재고했다. 그 이유는 첫째, 레닌 동상이 철거되면서, 사회주의가 결국 전 세계로 확산되고 혁명운동이 가까운 미래에 한국에 도래하리라는 급진 운동가들의 신념 역시 근본적으로 산산조각 났다. 둘째, 김영삼 정부가 추진한 개혁들은 상당수의 급진주의자들로 하여금 급진적인 사회변혁 계획의 타당성에 커다란 회의를 품게 했다. 셋째, 1989년에 정점에 이르렀던 노동운동이 1990년대 초에는 이미 쇠퇴하고 있었다. 실제로, 1990년을 전후로 이미 노동운동의 위기를 둘러싼 심각한 논쟁들이 있었다. 이 시기에, 민주화 운동 및 노동운동에 참여했던 이들 다수가 한국에서 노동운동 또는 민중운동의 혁명적 변화의 경로가 빠르게 닫혀 가고 있음을 깨달았다(김동춘 1995). 동시에 많은 이들이 새로운 정치적 기회 구조(민중운동이 공식적인 선거 정치라는 틀 내에서 안착할 수 있을 것으로 기대했던)가 출현하고 있음을 깨달았다.

응집성과 배태성의 기원 2: 급진 지식인들이 선택한 삶의 경로들

학출 노동운동가는 세 가지 삶의 경로 가운데 하나를 추구했다. 우선

〈그림 4.1〉 독재에서 민주주의로의 이행 시기, 급진 지식인의 삶의 경로

단계1.권위주의 시기: 1970년대 말~1980년대 초(~1987)   단계2.민주주의로의 이행: 분화: 1980년대 말~1990년대 초(1987~97)   단계3.민주주의 공고화: 노동조직 및 조직 간 연계의 제도화(1997~)

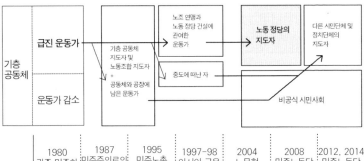

	1980 광주 민주화 운동	1987 민주주의로의 이행	1995 민주노총 설립	1997-98 아시아 금융 위기와 노사정위원회	2004 노무현 대통령 탄핵 소추와 민주노동당의 선거 승리	2008 민주노동당 분열 지구적 금융 위기	2012, 2014 민주노동당 분열 이후 진보 정당들의 선거 실패
주요 정치, 경제 사건		1990 전노협 설립	1996-97 노동법 개악 저지 투쟁				
정부 유형	전두환 정부 1980~87 (군사정부)	노태우 정부 1988~92 (보수)	김영삼 정부 1993~97 (보수)	김대중 정부 1998~2002 (중도 개혁)	노무현 정부 2003~07 (중도 개혁)	이명박 정부 2008~12 (보수)	박근혜 정부 2013~17 (보수)

일단의 지식인들 ─ 작업장에 남거나 그 주변에 머물렀던 ─ 은 노조 지도자를 도와 1990년대에는 전국 단위의 상층 노동조합 연맹체를 만들었고, 결국 2000년대에는 노동운동에 기반을 둔 정당을 건설했다. 두 번째 지식인 집단, 즉 1980년대와 1990년대 초에 작업장을 떠난 이들은 다양한(정치적/비정치적) 시민단체를 설립했다. 마지막으로 세 번째 집단은 학교 또는 일반 시민의 삶으로 돌아갔다.[6] 이 시기 이들 하방 지식인들

---

6 이 마지막 집단, 곧 운동가를 그만둔 이들에 대해 연구자들이 체계적으로 추적하거나 조사한 바 없지만 그들 다수는 나중에 변호사, 교수, 의사, 판사, 검사, 기자, 관료 같은 전문직이 되었다. 이 [운동에서 멀

의 삶의 경로에 관한 개인적 결정은 이후 20여 년간 노동 – 시민 정치
제도화의 근간을 마련했다. 내가 복지국가의 정치에서 검토하는 두 가
지 주요 설명 변수인 배태성과 응집성은 이 운동가들의 집단적·개인
적 삶의 경로를 통해 형성되어 왔다.

    <그림 4.1>은 이 급진적 지식인들이 중대 이행기에 내린 전향적 선
택이 어떻게 이후 노동과 관련한 정치사회 및 시민사회를 형성했는지
보여 준다. 내가 '응집성 형성자'로 이름 붙인 첫 번째 지식인 집단은
1987년 노동자 대투쟁 이후에도 노조나 다른 노동 연계 단체에 남았
다. 그들은 새로운 노조 연맹과 노동에 기반을 둔 새로운 정당의 설립
자로서 [과거와] 유사한 경로를 밟았다. 무엇보다 그들은 노동자가 사용
자 및 국가와 산업 또는 전국 수준에서 교섭할 수 있는 상위 노조 조직
이 필요하다고 생각했다. 노동운동 지도자들은 1988년과 1989년에
지역 연맹들을 처음으로 설립했고, 1990년 1500명의 노동 지도자들
은 국가의 극심한 억압과 감시에도 불구하고 전국노동조합협의회(전노
협)을 설립했다. 그해, 비제조업 분야 노동 지도자들 역시 전국 단위의
사무직 노동자 연맹을 건설했다. 그리고 1995년, 독립적이고 민주적
인 노조 연맹 건설을 열망해 온 노조 지도자들은 마침내 전국민주노동
조합총연맹(민주노총)을 설립하는 데 성공했다. 민주노총은 1997년에
합법화되었고, 2010년 기준, 약 58만 명의 노동자를 망라하는 주요 노
조 연맹으로 남아 있다(조직화된 전체 노동자 중 35.3퍼센트, 고용노동부 2012).

리 떨어져 있는 '동조자들'(McCarthy and Zarld 1977)이 [노동자의] 요구를 '공개적으로 지지하고'
정보를 '전달하며' 역사와 정의를 '가르침'으로써 노동자가 자신의 권리를 지키는 데 현저한 역할을 해
왔음을 상상하기란 어렵지 않다.

유념해야 할 것은 1990년대 초, 학출 노동운동가 다수가 혁명 전략을 포기하고 절차적 대의 민주주의 아래 온건하고 개혁 지향적인 길을 추구하기로 결정했다는 것이다. 한때 혁명가였던 이들은 공식 선거 정치의 장으로 흘러들어 갔다. 일부는 이념적 믿음을 포기했다고 공개적으로 선언하며, 기성 보수당이나 중도 개혁 정당에 들어갔고, 다른 일부는 2000년에 새로운 노동 정당(민주노동당, 즉 민노당)을 건설하고 사회민주주의적 개혁의 길을 추구했다.

학출 노동자가 다수인 민주노총 활동가들은 민주노동당 건설에도 참여했다. 상당수 노조 지도자의 '계급의식'이 1980년대에 학출 노동운동가에 의해 형성되었기에, 노조 지도자들은 처음부터 자연스럽게 민주노동당을 지지했다. 그들은 선거 경쟁에 필요한 인적 자원을 지원했을 뿐만 아니라, 당의 주요 공약 및 정책에 대해 조언하기도 했다. 이 같은 유형의 활동은 선진국에서 사민주의 정당이 건설되는 과정에서 흔한 것이었다. 일부 노조 지도자는 민주노동당에도 가입해 민주노동당 핵심 간부로서 그런 노력에 직접적으로 참여했고, 다른 노조(와 그 조합원)는 기부나 자원봉사로 민주노동당 후보의 선거운동을 도왔다. 민주노동당 5만여 당원은 "노동운동, 농민운동, 도시 빈민 운동, 기타 진보적 시민사회 운동과 지식인 운동, 청년운동 등 진보적 사회운동과 직간접적으로 연결된 활동가 내지는 적어도 적극적 소극적 참여자들"이었으며 "…… 모든 주요 당직과 선거 후보들은 당원들의 직접 선거에 의해 선출"됐다(임영일 2004, 67). 따라서 "민주노총의 조직 분포와 민주노동당의 조직 분포가 직종, 연령, 지역, 성의 거의 모든 변수에서 거의 일치"(임영일 2004, 71)했다.[7]

전반적으로 한국 좌파 지식인 및 조직이 밟은 경로는, 짧은 기간에도 불구하고, 서구 민주국가의 사민당들과 흡사했다. 그들은 육체 노동자들의 이해관계를 당 정책의 중심에 두는, 순수한 대중 - 관료적 노동 정당을 만들길 원했지만, 광범위한 노동계급 연대에서 동맹 세력으로 간주되는 농민과 도시 사무직 노동자들 같은 다른 하층계급 및 개혁적 중산층을 여전히 끌어 들이고 싶었다. 따라서 민주노총과 민주노동당 사이의 연대 관계는 애초에 부유한 서구 민주국가의 노조와 노동 기반 정당 사이의 그것과 비슷해 보였다.

사실 2000년 민주노동당의 탄생은 1990년대에 노동운동 이론가들과 전략가들 사이에서 움텄던 이론적 기획이 극적으로 실현된 것이었다. 1980년대 말 대규모의 파업 및 노동과 자본 사이의 갈등을 겪은 뒤 노동운동 내의 우파 및 좌파 이론가들과 전략가들은 다양한 노동 정치 모델을 제시했는데, '사회적 코포라티즘'(임현진·김병국, 1991), '민주적 코포라티즘'(최장집 1996), '기업 - 수준의 코포라티즘', 그리고 '민주적인 계급 정치'(임영일 1998) 등이 그것이다.[8] 전체적으로 보면 민주

---

7 그러나 민주노동당의 실제 당원이 당의 (당원이 아닌) 선거 기반과 반드시 일치하는 것은 아니었다. 민주노동당은 프롤레타리아 정당이라기보다는, 상이한 사회 세력들을 가로지르는 광범위한 개혁 지향 사회 세력에게서 표를 끌어들이는 정당이다(신광영 2004).
8 사회적 코포라티즘 이론가들에 따르면, 한국의 노자 관계는 양편의 적대적 대립 때문에 비용이 너무 많이 들고 따라서, 국가가 간접적으로 중재하는 방식일지라도, 노자 사이의 민주적인 계급 타협으로 나아가야 한다(Crouch 1993; Katzenstein 1985). 하지만 최장집에 따르면 중앙화된 노조 연맹과 (중앙화된) 자본가 협회가 주도하는 유럽식 코포라티즘이 한국에서는 비현실적인데, 재벌과 그 국가 동맹들이 헤게모니적 지위를 쥐고 있어서 아래로부터 압박에 의한 노자 타협을 막아 왔기 때문이다. 따라서 그는 다양한 계급 및 사회 세력으로 구성된 포괄적인 연대 운동이 조성되어 강한 국가 - 자본 동맹에 맞서야 한다고 제안했다. 최장집을 비롯해 사회적 코포라티즘, 진보적 코포라티즘을 지지하는 이들(예컨대, 김형기 1992)이 폭넓은 연대를 이루기 위해서는 노동운동이 온건해지고 다른 사회 세력의 이익도 아울러야 한다고 주장했다. 반면 임영일(1998)은 전투적 투쟁과 협상 모두에서, 학생운동 출신이든 노동계급 출신이든 노동운동가의 중심적 역할을 역설함으로써 민주적인 계급 정치의 중심성을 강조했다.

노동당의 설립은 부분적으로 "민주적인 계급투쟁"(Lipset 1960)을 체현하고, 이를 진행하기 위한 조직적인 정치단체의 필요성에 관해 노동운동가들이 집단적으로 숙고한 결과였다.

민주노총과 민주노동당 사이의 긴밀한 연대 관계(응집성)가 20여 년에 이르는 노동운동가들의 의식적이고 집단적 노력에서 비롯되었음에 반해, 노조의 배태성은 그 이야기가 다르다. 한편으로 그것은 전투적 노동운동이 '쇠퇴'하는 과정에서 나타난 의도하지 않은 결과였다. 다른 한편으로 그것은 노동운동 진영이 노조를 중심으로 시민사회를 결집하기 위해 애쓴 의식적 노력의 결과였다. 1980년대 하방운동은 전례가 없는 것이었지만, 마찬가지로 그 운동의 소멸 역시 극적이었다. 실제로, 수많은 이들이 하방운동에 뛰어들었지만, 그 가운데 다수가 그 고된 노동을 견디지 못했다. 그들은 무관심한 노동자들에게 점차 좌절하게 됐고, 그 결과 혁명운동에서 노동자가 수행하는 역할에 관한 회의감을 떨칠 수 없었다. 운동가/급진주의자 다수는 결국 공장을 떠났고 그 가운데 일부는 "노동 관련 상담가, 공장 밖 스터디 모임 조직자, 야학 교사, 노동단체 간사 등으로 활동 방향을 바꾸었다"(Lee, Namhee 2007, 262[국역본, 413쪽]).

전체적으로 보아 한국에서 전위적 지식인들이 주도한 하향식 연대는 단명했다. 그들이 작업장과 공단에 참여한 것이 1980년대 노동운동에 근본적으로 깊은 영향을 미쳤지만, 하방운동은 1990년대 초에 기층에서 소멸하기 시작했다. 이와 동시에 수많은 노동 친화적 성향의 진보적 시민단체가 급진적인 학출 지식인들에 의해 건설되었는데, 이는 그들이 온건한 개혁 활동가로 전향하는 과정의 결과였다. 결국 이로 인해 노조의 시민사회에 대한 배태성이 급증했다.[9]

이런 의미에서 1990년대 초는 노동운동에도, 새로 건설된 진보적 시민단체에도 "결정적 국면"(Collier and Collier 1991)까지는 아니더라도 "잉태기"(Aldrich and Ruef 2006)였다고 할 수 있다. 노동과 연계된 많은 조직들이 1980년대 말에 계획되고 건설되었는데, 노동-시민 연대는 1990년대 초부터 점차 조밀해지고 분화되었다. 아래에서는 이 같은 국면에서 급진 지식인들이 선택한 삶의 경로를 탐구해, 그들의 개인적 선택이 다음 세대에 이르러 어떻게 노동과 연계된 시민사회를 형성하게 되었는지를 살펴본다.

응집성과 배태성의 출현: 조직화의 역사

권위주의 시기, 급진 지식인의 정치적 열의는 대체로 지하 혁명 조직에 국한됐다. 학출 노동운동가들은 서울과 인천뿐만 아니라 울산과 창원, 부산 지역 공단 내에서 운동가 네트워크를 구축했다.

한국에서 노동 정치의 발전과 관련해 불편한 진실은 정파 투쟁이 노동운동을 비롯한 민중운동의 정치적 지형을 조형했다는 것이다. 1980년대에 급진 지식인들 사이에서는 두 개의 주요 정파가 출현했는데, 민족 해방NL 그룹과 민중 민주주의PD 그룹이었다.[10] 이 두 집단은

---

9 이렇게 하향식 연대가 짧게 지속된 뒤 지역 공장에서 집단석으로 소멸한 것은 노동 연계 단체 네트워크 구조에 중요한 장기적·단기적 영향을 미친다. 첫째, 그렇게 하방운동이 갑자기 집단적으로 소멸하면서 시민 및 정치 단체들이 급증했고, 지식인들이 잇달아 기성 정당으로 전향했다. 그에 따라 시민사회 및 정치사회의 조직 밀도는 1990년대에 크게 줄었다. 둘째, 지역 기층 노동자 공동체와 급진 지식인은 자신들의 연계 및 신뢰 관계를 확고히 할 시간을 충분히 갖지 못했다.

10 PD는 일반적으로 노동계급을 동원하는 데 지식인이 지도적 역할을 맡는 것을 지지하고, 한국 사회를 혁명적으로 변화시키는 과정에서 노동계급의 중심성을 추구했다. NL은 좀 더 광범위한 사회·정치적

세계 자본주의와 한국, 한반도의 지정학적 상황, 그리고 한국에서 전개되는 계급 갈등의 단계를 서로 다른 이론적·이념적 프리즘을 통해 바라보았다. 이런 까닭에 그들은 당시 진행 중이었던 민주화 과정에 대해서도 매우 다르게 평가했고, 민주화 이행 및 공고화 시기에 각기 다른 전략과 목표를 세웠다. 그런 차이들은 결국 노동운동을 비롯한 한국의 시민사회에서 나타나는 독특한 '정파 구조'의 원인이 되었다.

임영일(1998)에 따르면 1980년대 노동운동가는 자신의 역할을 세 가지 층위, 곧 대중운동(누구나 가입할 수 있는 개방된 노조를 통한), 정치운동(지하 혁명 조직을 통한), 그리고 활동가들끼리의 운동을 통해 확정했다. 여기서 활동가는 정치운동과 대중운동을 수직적으로 중재하는 한편, 이와 동시에 노동운동과 기타 사회운동을 수평적으로 연결해야 했다(임영일 1998, 92). NL과 PD의 차이는 이런 역할과 통합 과정들을 통해 드러났다.

이런 정파들의 존재, 그리고 노동운동이 제도화되는 과정에서 이들 사이의 갈등이 격화되었음에도 불구하고, 상이한 정파 출신의 노조 지도자들은 민주노총에 남아 있었다. 이는 운동 목적, 조직 전략, 동맹 형성 등에서 나타나는 차이를 무난하게 조율한 민주노총 지도부 덕분

기반에 기초한, 좀 더 온건하고 포괄적인 개혁을 추구하고, 통일을 가장 중요한 정치적 목적으로 간주한다. 보통 NL은 미국의 한반도에 대한 영향력이 한반도의 통일을 방해한다고 역설하는데, 이로 인해 그들은 미국과 그 국내 동맹 세력에 반대하는(노동계급을 넘어 광범위한 계급들을 아우르는) 통일전선을 추구한다. 이 같은 노선은 북한의 공식 이데올로기인 '주체사상'과 깊은 연관이 있는 것으로 알려져 있다. 1980년대, NL은 대중운동의 중요성을 강조한 반면 PD는 정치운동을 강화하는 데 에너지를 쏟았다. 그들의 조직 전략의 차이는 혁명 이론의 차이에서 비롯된다. 곧 NL은 광범위한 연대에 농민, 도시 지식인, 노동자, 심지어 개혁적 프티부르주아도 포함되는 '대중적 계급투쟁'을 추구했다. 반면 PD는 '전위 지식인'이 이끌고 노동계급이 중심인 레닌주의적 하향식 혁명을 추구했고, 노동계급이 그런 지도자의 혁명 투쟁에 의해 '자극'을 받고 '선동' 되리라는 견해를 취했다.

이었다. 이는 주요 정파 출신 민주노동당 지도자들이 보여 준 분열과 파행의 역사와 비교할 때, 큰 차이가 아닐 수 없다.[11]

1) 산별노동운동의 출현과 응집성 및 배태성의 증가

1990년대 초반에 급진적이었던 운동가들이 이념적으로 전향하고, 노동운동에 동조하는 진보 성향의 전문직 종사자들이 시민사회로 유입되면서 나타난 배태성과는 달리, 응집성의 성장은 1990년대 내내 노조 지도자들이 기울인 체계적이고 집단적인 연대의 노력에 기초한 것이었다. 특히, 1995년에 민주노총을 건설한 이들은 세 가지 층위, 곧 기층 기업별노조, 산별노조 연맹, 중앙 본부로 구성된(<그림 4.2> 참조) 노조 조직 체계를 빠르게 공고화했고, 이는 유럽의 중앙화된 노조 구조와 흡사했다.

　1990년대 초부터 노동운동가 (전체는 아니더라도) 대다수는 1970~80년대 경제 발전기에 형성된 일본식 기업별노조 체계에서 비롯된 수많은 문제를 극복하기 위해서는 독일식 산별노조를 건설해야 한다는 데

---

11 노동운동에서, NL의 유명한 지도자들은 '국민파'로 불렸는데, 그 기원은 1997년 대선 당시, '국민과 함께'라는 표어를 내걸은 권영길 선거운동본부(선본)에서 일한 이들로 알려져 있다. 이 정파는 기층과 산별노조 지도자들 가운데 45에서 55퍼센트의 시시를 받는 것으로 추산된다. PD 계열은 두 주요 정파, 곧 중앙파와 현장파로 나뉜다. 중앙파는 초창기 민주노총 본부에서 단병호와 함께 일한 바 있는 이들을 가리킨다. 현장파는, 노동운동은 사용자와 국가에 맞서 비타협적인 전투적 투쟁을 계속 벌여야 한다고 주장하는 이들이다. 민주노총 본부는 PD가 요직을 지배하던 초창기 몇 년을 제외하면 주로 국민파와 중앙파가 연합해 관리해 왔다. 2008년 이후 분당한 민주노동당과는 다르게, 민주노총 지도부는, NL이 대개 본부의 요직을 맡아 오고 있기는 하지만, 두 주요 정파 연합을 중심으로 한 핵심 지도부 구조를 유지해 왔다.

〈그림 4.2〉 독재에서 민주주의로 변화하는 시기, 노동 기반 조직의 진화

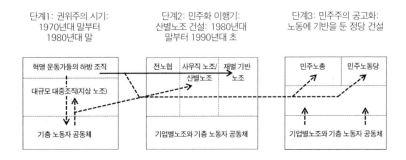

동의했다. 노동운동 지도자들은 노동운동이 사용자 및 국가와 교섭하기 위한 좀 더 광범위한 연대 기구를 마련하지 못하면, 가까운 장래에 위험에 처하리라는 것을 집단적으로 실감했다. 노조 지도자들은 기업별로 흩어진 교섭 제도만으로는 폭넓은 사회 개혁 이슈를 교섭 테이블에 올릴 수 없을뿐더러, 조직률 하락에 대응하거나 조직화되지 못한 노동자에 다가가기 위한 집단적 노력도 기울일 수 없다고 생각했다.

이 책이 산별노조 건설을 위한 구체적인 노조 전략과 그 함의 및 결과에 관한 연구서는 아니지만, 산별노조의 출현 및 제도화 과정을 어느 정도는 상세히 논의할 필요가 있다. 이를 통해, 지난 수십 년간 노동운동가들이 어떻게 노동 정치에서 응집성과 배태성을 형성했는지(또는 그러지 못했는지)에 관한 중대한 단서를 얻을 수 있기 때문이다. 노동운동가들이 민주노총과 산별노조들을 설립하면서, 민주노총 설립 이전에 존재했던 노조 체계, 이를테면 지역 기반 노조 연맹과 재벌 대기업 기반 연맹이 완벽히 소멸된 것은 아니지만, 이들은 대체로 힘을 잃거나

2부 4장

새로 출현한 산별노조 구조에 흡수되었다.[12]

1990년 이후, 대다수 운동가의 노력과 자원은 산별노조 체계를 건설하고 공고화하는 데 집중됐다. 이 공고화의 제도적 영향은 운동가의 향후 목적과 의제를 가능케 혹은 제약해 왔다. 이 단락에서는 우선 산별노조 운동이 가져온 기회를 서술하고, 그 한계 및 부정적 영향은 나중의 논의를 위해 논외로 한다.

2) 운동 전략으로서 산별노조 운동

우선 산별노조는 주로 노동운동가들이 기업별 교섭의 한계를 극복하고 광범위한 '사회 개혁'을 추구하기 위한 '운동 전략'의 일환으로 제시·추구되었다는 점을 지적할 필요가 있다. 1990년대에 산별노조 운동을 제안했던 한 노동운동 연구자는 나와의 현장 인터뷰에서 초창기 산별노조 운동의 발전에 관해 이렇게 상기했다.

> 산별노조 운동은 전노협이 1990년대 중반에 해산하면서 시작되었습니다. 우린 1993년에 영남노동운동연구소에서 그 이론적 기반에 대해 논의하기 시작했지요. 서울에서도 모임을 꾸려 [산별노조에 관한] 책을 내기도 했어요. 우린 먼저 영남 지역에 금속산별(노조)을 세우는 데 주력했습니다. 영누대(영남기역노조대표자 회의)를 끌어들였고, 부산, 창원, 울

---

12 기존의 구조 가운데 일부는 여전히 지속되고 작동한다. 민주노총 지역 지부들은 노조 구조의 또 다른 층위로 기능하는데, 그들의 주요 의제와 역할이 산별노조에 의해 효과적으로 보장되지는 않는다. 산별노조도 저마다 지부 조직들이 있다.

산, 거제, 진주 산업 지역의 많은 노조 현장 간부들이 참여했어요. 금속 노조는 가장 선진적인 이론과 전략을 갖고 있었습니다. 대부분이 정파적 운동가가 아니라 기층 노조 지도자였어요.

민주화 이후 건설된 첫 민주 노조 연맹이자 전투적이고 비타협적 전략으로 유명했던 전노협이 해산하고 세 개의 대규모 노조 조직(전노협, 전국업종노동조합회의[업종회의], 현대/대우그룹 노조)의 지도자 및 조합원이 전국노동조합대표자회의(전노대)를 거쳐 민주노총을 설립하면서, 산별노조 건설은 노조 활동가들의 일차적 목표로 장려되었다. 이에 따라, 1995년을 전후로 노조 지도자들은 금속, 운송, 금융, 의료, 기타 사무직 산업부터 공공 부문과 교원에 이르는 산별 연맹 16곳을 새로 건설했다.

산별노조의 출현과 관련해 가장 중요한 점은, 산별노조를 통해 노조 지도자가 산업별로 사용자와 집단적으로 조율하고 교섭할 수 있는 제도적 영역뿐만 아니라,[13] 노조 활동가들이 활동할 수 있는 조직적 공간과 물질적 지원책들이 마련되었다는 것이다. 이 노조 활동가들은 기업별 교섭을 넘어 중앙화되고 조율된 협상과 투쟁을 벌이며, 노조를 중심으로 정치 활동에 참여할 수 있기를 열망했다. 다음 인터뷰에 나오는, 민주노총의 두 베테랑 (학출) 노동운동가 역시 지역 노조 건설 운동을 그만둔 뒤 산별노조에서 활동 공간을 마련했다.

지역 공장에서 나온 뒤 지역 교회가 조직한 노동 야학에 관여했다가 이

---

13 이런 교섭 노력은 20년간 대개 실패한 것으로 드러났다. 사용자 대부분이 산별노조의 요청에 반응하지 않았고, 대규모 제조업 분야의 개별 기업 노조들이 산별 교섭 참여를 거부했기 때문이다.

후 구로의 한 지역 노조 단체에서 활동했습니다. 그리고 1993년에는 몇몇 중형, 대형 병원 노조들을 연결하는 단체인 병원 노조로 가게 됐지요. 거기서 2005년까지 일했어요. 그 동안, 첫 번째 산별노조인 보건의료노조 건설에 참여했어요. 또 민주노동당 초창기 창립 멤버로 활동하고 민주노동당 광명시 지부장으로 일하기도 했지요. (익명)

[경제적 이유로] 노동운동가를 막 그만두려던 참이었어요. 그러다 공공운수노조 조직 부장을 맡아 달라는 요청을 받게 된 거죠. 또 단병호 후보한테서 민주노총 위원장 선거를 치르는 데 캠프에 와 달라는 요청을 받았지요. 그래서 그때부터 민주노총에도 민주노동당에도 관여하게 됐어요. (익명)

두 운동가는 하방운동 뒤에 노조 운동가로 남아 산별노조와 민주노총이 확고히 자리를 잡도록 계속 분투했으며, 결국 민주노동당 건설에도 힘썼다(그러는 사이 이들은 수많은 동지가 떠나고 배반하는 것을 목격하기도 했다). 이 과정에서 두 운동가는 다양한 역할을 수행했다. 산별노조와 관련해서는, 지역 노조들을 설득해 산별 연맹에 가입시키고, 사용자 단체와의 산별 교섭을 이끌었으며, 사용자 측의 악의적인 고소·고발이나, 정리해고에 맞서 산별 수준의 파업을 조직·주도했고, 개혁 및 진보 성향의 정당들을 설득해, [노동에] 유리한 법안이 통과되도록 힘쓰기도 했다. 민주노총 관련해서는 3년마다 선거운동을 통해 지도부를 조직·건설하는 데 참여했을 뿐만 아니라 전국적 규모의 총파업을 이끌었고, 지역 파업을 지원했으며, 산별 수준에서 제기되는 요구 사항과 의견·정책을 민주노총 지도부에 전달하기도 했다. 가장 중요한 것은 그들이 민주노동당의 조직 기반을 지역과 중앙에서 건설했다는 것이다. 물론, 이런 다양한 활동들이 모두 동시적·체계적으로 수행된 것은 아니었다. 이런 활동들은 정파의 결정, 개인적 결정, 정치적 상황에 따라 불규칙적으로 이루어졌고, 반드시 최선의 결과를 가져온 것은 아니었다.

3) 산별노조와 응집성

<그림 4.2> 3단계에 제시했듯, 응집성 형성의 주요 무대는 산별노조였다. 노동운동을 지키며 노동자들 곁에 남기로 결정한 지식인들은 기층노조를 떠난 뒤에도 산별노조 연맹을 중심으로 공동체의 기반을 건설할 수 있었다. 그들은 새로운 운동가 네트워크 ─ 지역 노조와 중앙 노조를 연결하는 ─ 를 구축했다. 이 역량을 통해 그들은 다른 사회운동 활동가들과 동맹을 맺을 수 있었고, 조직의 다음 기획들을 준비했다.

　요컨대 산별노조 연맹들은 단순히 기업별노조의 상위 교섭 단체만이 아니었다. 산별 연맹들은 국가 및 사용자들과 (기업 수준을 뛰어넘는) 사회적 수준에서 정치적·경제적 협상을 벌이고자 했던 노조 운동가들에게 조직화의 가교 역할을 했고, 운동과 교섭을 위해 필요한 지적·물리적 역량을 축적할 수 있는 매개체로 기능했다. <그림 4.2>는 1970~80년대 급진 지식인들이 주도한 하방운동이, 1990년대에 이르러 어떻게 전국 단위의 중앙 노조와 산별노조로 구성된 민주노총의 설립(2단계)으로, 나아가 2000년대에 이르러서는 민주노동당의 설립(3단계)으로 이어졌는지를 보여 준다. 산별노조 설립은 유럽식 '민주적 코포라티즘'과 '복지국가'를 염원했던 노동운동가 대다수의 조직적 목표였을 뿐만 아니라, 기층 노조를 비롯해 전국적으로 3층의 구조를 건설하고자 했

던 운동가들이 그다음의 기획, 다시 말해 노동에 기반을 둔 정당의 건설로 순차적·제도적으로 나아갈 수 있게 하는 가교이기도 했다.

산별노조를 설립하고 다음으로 노동에 기반을 둔 정당을 건설한다는 두 단계 전략은 또한 "정책과 조직을 연결하는 전략"이기도 했다(김유선과의 인터뷰). 3층 구조의 노조 및 노동 기반 정당을 건설하는 것은 1980년대에 노동권을 지키고 노동자의 이익을 조직화하고자 하방운동을 했던 급진 지식인들의 정치적 열정이 조직적으로 실현된 것이었다. 노동자의 교섭력 및 정치조직을 제도화함으로써 그들은 지식인으로서 두 가지 역할, 곧 공장에서뿐만 아니라 의회에서도 노동 중심의 정책 의제를 기층으로부터 동원하고, 이를 중앙 노조 또는 정치조직으로 전달하며, 시행하는 정책 입안자 및 정치적 조직자로서의 역할을 공고화하기를 바랐다.

4) 민주노동당 설립과 노조의 응집성 변화

2000년 민주노동당 설립과 2004년 총선에서 거둔 성공은 노동자의 이익과 요구를 전달할 수 있는 정치적 대리인이 민주노총에 생겼음을 뜻했다. 민주노동당이 의회에 진출하면서 민주노총의 응집성 유형은 극적으로 달라졌다. 곧 최대 주주였던 민주노총이 민주노동당을 자신의 유일한 정책 파트너로 간주하기 시작하면서, 나른 정당(특히 집권당인 민주당) 소속 정치인과의 정책 숙의에는 덜 투자하게 됐다. 민주노동당의 국회의원 및 상근자 대다수가 민주노총 지도자 및 운동가 출신으로 채워지면서, 정책 수립 절차는 개인적 네트워크에 따라 용이하게 제도화됐다. 응집성의 중심이 당시 여당인 열린우리당[14]에서 사민당인 민주노동당으로 바뀐 것은 국회 보건복지위원회 소속 열린우리당 의원 보좌관(익명)의 다음과 같은 발언에도 잘 나타나 있다.

> 시민단체 대다수가 [로비를 위해] 민주당에 기댔었는데 민주노동당이 창당하면서 모두들 민주노동당에 연락을 취하기 시작했습니다. 그런데 [소수당인] 민주노동당을 통해 정책을 만들 순 있었지만 그것을 의회에서 통과시키려면 더 큰 세력이 필요했지요. 그렇다 보니 열린우리당을 적대적으로 대할 수 없었어요. 요는 시민단체들이 접촉하는 곳이 다각화되었고 또 초기에 정책을 만들 때 민주당보다는 민주노동당과 함께했다는 거예요. …… 과거 민주당과 일할 때는 그 관계가 [로비를 하는 시민]단체와 국회의원 개인 사이의 관계였어요. 하지만 민주노동당의 경우는 그게 당 정책위원회와 노조 사이에서 이루어졌지요. 그들은 소통 구조가 훨씬 안정적이에요. 이미 서로 알고 있었고 또 상근자 대부분이 거기[민주노총]서 채용됐으니까요.

민주노총을 비롯한 진보적 시민단체들과 민주노동당의 협력은 의회를 통한 정책 형성 과정의 역사에서 전례 없이 혁명적인 것이다. 민주노총, 진보적 시민단체들, 그리고 민주노동당은 기층 사회운동에서 분출한 정책들을 의회로 가져갔다. 한 정책 보좌관의 말이다.

---

14 민주당은 외부의 동맹 또는 연정 파트너를 흡수할 때마다 대부분 당명을 바꿔 왔다(국민회의, 통일민주당, 새천년민주당, 열린우리당, 새정치민주연합 등). 하지만 선거 기반, 정강, 인원에서 차이가 거의 없다. 구체적 맥락에 따라 바뀐 명칭을 주로 사용하긴 했지만, 전체적인 맥락에서 칭할 때에는 민주당으로 통칭한 곳도 있다.

'암 환자를 위한 보편적 건강보험' 사례가 기억납니다. 그들은 처음에 보편적 건강보험을 공적 이슈로 만들면서, 그 시작을 암 환자 문제로 하기로 했어요. 암 환자들이 [의료] 비용이 가장 많이 들어 고통 받고 있었으니까요. 처음에 바깥[시민사회]에서 운동이 만들어진 거예요. 거기에 민주노동당이 참여해 법안을 만들고 정부에 정책을 제의한 거죠 [결국 통과되었다]. 그건 일종의 체계적인 팀워크라고 생각해요. 손발이 착착 맞게 활동한 거죠.

이는 노조/진보적 시민단체와 민주노동당 사이에서 나타난 효과적인 정책 전달 과정의 전형적인 사례. 동원 역량이 큰 운동 조직은 또한 전문 지식 및 관련 전문가가 있는 단체와 동맹해 정책을 고안하기도 한다. 민주노총은 (2004년 이후) 의회에 정치적 대표를 갖게 되면서, 여당인 열린우리당만을 바라볼 필요가 없었다. 민주노동당에 대한 응집성 때문에 민주노총이 바라는 정책의 수립, 입안, 의회 통과, 시행 등은, 민주노총과 열린우리당 사이의 개인적인 로비 통로가 아니라, 열린우리당과 민주노동당이 정책을 논의하는 공식적인 위원회와 기존의 비공식 네트워크를 통해 이루어지는 경향을 보였다. 결국 이 시기에, 민주노총의 여당(국가)에 대한 응집성은 크게 약해진 반면, 민주노동당에 대한 응집성은 강해졌다.[15]

15 정책 통로로 민주노동당에만 의지하는 데 따른 대가는 무시할 수 있는 수준이, 특히 2000년대 이후, 아니었다. 이 이슈는 다음 두 장에서 상술한다.

배태성의 증가 1: 노조 측 이야기

1) 동원 역량으로서 배태성

배태성의 첫 번째 차원, 곧 권위주의 시기에 출현한 '동원 역량으로서 배태성'은 시간이 흐르면서, 그러니까 민주화 이행기를 포함해 2000년대 중반까지 응집성과 더불어 증가했지만, 2000년대 이후로는 정치적·구조적·인구통계학적 이유로 점차 하락했다. (야당 지도자 김대중이 대통령에 당선된) 1997년까지로 확장해서 볼 수 있는 민주화 시기 동안, 노동운동 조직은 전대협과 전국연합 같은 학생운동 및 기타 민중운동 조직과 함께 투쟁을 벌이는 것은 거의 전통적인 것이었다.[16] 장외 투쟁의 정치라는 측면에서, 노동운동 및 다른 시민사회 조직들(특히, 민중운동) 사이에서 형성된 동맹은 고도로 조율된 것이었다. 학출 운동가와 학생운동 조직의 지도자는 사회적 네트워크의 두 층위, 곧 학맥과 이념 정파를 통해 조밀하게 연결되었다. 몇몇 이념 정파가 운영한 이 학맥 및 언더 서클을 통해 지도자 집단들은 1980년대에 조밀한 합법/비합법 조직들의 네트워크를 구축했다. 그런 비공식 네트워크에 기초해 전노협 지도자들은 학생운동 및 민중운동 지도자에게 시위와 같은 공동 투쟁을 벌이고, 집회를 조직해 달라고 요청할 수 있었다. 전노협 의장 출신의 명성 있는 한 노동운동 지도자는 이렇게 상기한다. "제가 (전노협산하) 경기 지역 노조 조직을 맡고 있을 때, 우린 지역 정치 상황과 연관된 모든 운동 단체들을 (회의에) 초대했습니다"(양규현과의 인터뷰).

---

16 1980년대 말과 1990년대 내내, 노동자들과 학생들은 서울 도심에서 함께 시위를 벌였다.

그런데 노동과 시민사회가 이처럼 긴밀히 협력하는 듯 보였음에도 불구하고, 1987년 노동자 대투쟁과 뒤이은 파업의 물결 이후 노동운동 진영이 민주화 세력 및 개혁적 시민사회로부터 고립되고 있다는 우려가 노동운동 내부에서 점증하고 있었다. 보수 정부(노태우와 김영삼 정부)는 핵심 지도자들을 체포해 노동운동과 다른 급진 민중운동을 강력히 억압한 반면, 온건한 시민사회 세력에는 합법적인 지위와 정부 지원금을 제공했고, 나아가 정부 요직에 진입할 수 있는 정치적 기회를 제공하기도 했다. 특히 1990년대 초중반에는 정부의 이 같은 (포섭과 억압이 결합된) 전략에 대한 대응으로, 노동운동 지도자들은 국가의 가혹한 억압에 맞서 전노협을 지키고, 나아가 모든 지역과 부문별 노조 활동을 공개적이고 합법적으로 전개할 수 있는 전국 단위의 중앙 연맹을 건설하기 위해 분투했다. 동시에, 이 같은 새로운 조직 확대 전략은 새로운 노조 연맹의 최우선적 의제로 제안된 '사회 개혁 운동'과 병행해 추진되었다. 이 전략은 임금 교섭이라는 전통적인 '생계' 이슈를 넘어, 포괄적인 사회 개혁이라는 목표를 성취하고자 했다.

사회 개혁 운동과 더불어 민주노총 내의 주류 노동운동가들은 지역 조합(지역가입자의료보험조합) 및 그 상위 산별노조인 전국보건의료산업노동조합(보건의료노조)가 주도적으로 개발한 보편적 사회복지 개혁을 채택하기 시작했다. 초창기, 그러니까 1990년대 중반부터 후반에 이르는 시기에 민주노총 본부는 민중운동 부문에서 제기하는 사회 개혁 의제를 열렬히 수용했고, 특히 다른 시민사회단체와 소통·연대하는 책임을 맡는 정책 부서를 개발했다. 민주노총이 노동과 연계된 시민사회 네트워크 내에서 헤게모니적 지도력을 추구하고자, 조직의 목표와 전략을 다각화하기 시작한 것이 바로 이때다.

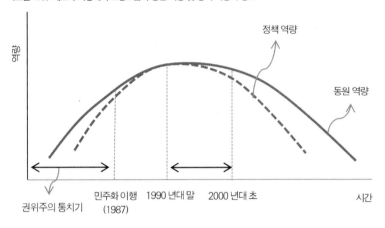

〈그림 4.3〉 제도화 과정에서 노동조합의 동원 역량 및 정책 역량의 경로

<그림 4.3>은 동원 역량 및 정책 역량과 관련된 노조의 배태성 수준이 시간이 흐르면서 어떻게 변화했는지를 보여 준다. 동원 역량으로서 배태성은 1970년대부터 1990년대 중반까지 민주화 운동 및 노동운동의 성장과 더불어 극적으로 증가했다. 투쟁을 위한 동원 배태성은 김영삼 정부 하에서 이루어진 '노동법 개악 저지 대투쟁' 시기에 정점에 도달했다. 1997년 1월, 한국노총과 민주노총은 20세기 말에 들어 처음으로 함께 총파업을 개시했고, 야당과 시민사회 세력 역시 총파업에 동참함에 따라, 결국 여당인 신한국당은 노동법 개정안을 통과시키려는 야망을 버려야 했다. 동원 역량 차원의 배태성은 이때 정점에 도달했고, 노동운동을 중심으로 한 연대는 결국 김영삼 정부를 위기에 빠트렸으며, 이는 뒤이은 대선에서 평화로운 정권 교체로 — 한국 현대사에서 처음으로 — 이어졌다.[17]

한국 노동 정치에서 배태성의 두 차원(동원 역량과 정책 역량)은 1990년

2부 4장

대 말, 2000년대 초에 최고조에 달했다.[18] 확대 개혁의 기회는 두 개혁 정부가 집권 중이던 1990년대 말과 2000년대 중반 사이에 도래했다 (<그림 4.3> 참조). 노조는 그 시기에 시민사회 세력과 견고한 연대를 형성·유지했으며, 집권당 및 자신이 만든 민주노동당과도 견고한 협력의 통로를 가지고 있었다. 하지만 두 차원의 정책 역량은 2000년대 — 특히 2000년대 중반 이후 — 에 곤두박질했다.[19] 여러 측면에서 한국의 노동운동가들은 19세기 말, 20세기 초 유럽에서 노조를 세우고 20세기 전반에 — 적어도 2000년대 초반까지는 — 사민당을 설립한 노동운동가들과 비슷한 경로를 따르고 있었다. 그들과 유럽의 노동운동가들 사이의 결정적 차이는 동원 역량이 여전히 영향력 있는 수준일 때, 정당 및 다른 시민단체와의 관계에서 정책 역량을 제도화하지 못했다는 점이다.

2) 정책 역량으로서 배태성

정책 역량으로서 배태성, 또는 좀 더 간략히 말해, 정책 배태성은 적어도 1990년대 말까지는 동원 역량으로서의 배태성과 유사한 발전(및 쇠퇴) 경로를 따랐다. 정책 배태성에 대한 요구는 전노협 지도부 내에서

---

17 필자가 인터뷰한 거의 모든 노동운동가가 1996년과 1997년 사이의 노동법 개악 저지 투쟁을, 자신들이 참여한 모든 사건과 성취 가운데 가장 기억할 만한 순간으로 자랑스럽게 이야기했다.

18 필자는 모든 인터뷰 대상에게, 민주노총이 1990년대 이후 정책 역량과 동원 역량이 가장 강했던 때가 언제였는지 물었다. 응답자 거의 대부분이 두 역량 모두 1990년대 말, 2000년대 초에 (두 역량 사이에 큰 차이 없이) 정점에 도달했다고 답했다.

19 6장에서는 그렇게 놀랄 정도로 성장하던 배태성과 응집성이 어떻게 2000년대에 들어 노동 친화적이라고 하는 정부에서 비극적으로 흔들리게 되었는지를 논의한다.

처음 분출되었다. 구체적으로는, 노동운동가들 사이에서, 임금 데이터, 거시 경제의 추세, 노동법, 노동운동과 경제 및 정치의 관련성 등을 분석하고, 기업, 산업, 국가 수준에서 교섭 전략을 세우며, 이와 관련된 다양한 쟁점들을 다른 나라들의 역사적 사례 및 추세와 비교·분석할 수 있는 정책 전문가에 대한 필요성이 대두된 것이다. 실제로, 1990년에 전노협이 설립되었을 당시, 전노협 지도부 내에는 이미 소규모의 정책 전문가 집단[20]이 형성되었다. 또 전노협의 핵심 지도부가 민주노총에 참여하면서 김유선(후에 한국노동사회연구소를 설립한) 같은 몇몇 정책 전문가들이 민주노총 산하 싱크 탱크의 핵심 인물이 되었다.

더욱이, 가장 이른 시기 설립된 산별노조 연맹인 전국보건의료산업노동조합(보건의료노조)에도 국민건강보험을 비롯한 복지 정책뿐만 아니라, 사용자 및 정부와의 산별 교섭을 전문적으로 다루는 김태현·이주호 같은 노동운동가 집단이 출현했다. 민주노총의 출범과 더불어, 이런 다양한 정책 전문가 집단 일부가 민주노총 내에서 정책실을 운영하는 한편, 산별노조들(보건의료노조와 전국사회보험노조)의 정책 전문가들은 (의보연대회의를 통해) 다른 시민단체들과 연대 네트워크를 지속적으로 가동했다.

노동운동 진영의 '정책 집단' 내 또 다른 집단은 1980년대 말 이후 노동운동 전략을 수립하는 데 적극적으로 개입해 온 노동 연구가들이었다. 이 연구자 집단은 주로 대학교, 국가 지원 기관, 또는 비영리 사

---

20 이 글에서는 '정책 전문가들' 또는 '정책 (전문가) 집단'이라는 용어를 잠정적으로 사용하는데, 그들은 1990년대에 '정책 네트워크'로 체계적으로 제도화되지 못했기 때문이다. 이 정책 전문가들의 활동은 2000년대에 들어 노동 기반 싱크 탱크를 통해 일정 정도 제도화되었다.

설 기관에 있었지만, 일부는 노조 활동, 특히 정책 및 전략 수립, 지도자 교육 분야에 깊이 개입했다. 구체적으로 고려대 노동문제연구소, 서강대 산업문제연구소, 그리고 서울대 사회학과는 대학원 과정을 통해 수많은 노동문제 전문가들을 교육했고, 이들은 후에 민주 노조 운동 진영에 이론·정책·전략을 제공했다. 이를테면, 노동 및 노동운동 분야에서 저명한 학자였던 임영일은 산별노조 운동의 이론을 개발했을 뿐만 아니라, 1990년대 초부터는 노조원들에게 산별노조 운동의 역사와 전략을 교육하는 일에도 적극적으로 참여했다. 그와 동료들은 산별노동조합주의 사상을 한국 노동 정치에 도입하는 연구 집단을 운영했고, 후에 그는 자신이 설립한 영남노동운동연구소에서, 노조 내 활동가와 정책 전문가를 지원하는 분과를 운영했다. 영남 지역, 구체적으로 울산, 마산, 창원에서 노동 연구자들은 노동운동, 노동법, 사용자 – 피고용인 관계, 여타 관련 노동 이슈에 관한 지식을 생산하는 데 깊이 관여했다. 노조 내외부에서 활동해 온 노동 연구자들은 정책 역량으로서의 배태성을 구성하는 핵심 요소였다.

그러면 이 두 차원의 배태성은 1990년대와 2000년대, 곧 민주화와 민주주의의 공고화라는 중대 시기를 거치며 어떻게 진화하고 변화했는가? 노조의 동원 배태성과 정책 배태성을 관찰할 수 있는 한 가지 편리한 방법은 노조들이 서로 또는 다른 시민단체들과 연대해 함께 시위를 벌이거나, 정책을 수립하고 로비 활동에 참여기 위해 어떤 노력을 경주했는지 확인하는 것이다. <그림 4.4>는 핵심 노동조직 및 시민단체의 2원 (공동 소속) 네트워크two-mode co-affiliation networks를 이용해, 1991년부터 2005년까지의 주요 동원 및 정책 관련 사건들의 동원 배태성과 정책 배태성의 시계열적 추이를 제시한 것이다.[21] 한편, 중심성 지

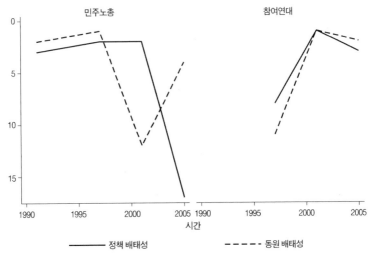

〈그림 4.4〉동원 배태성: 1991년과 2005년 사이, 결사체 네트워크 상의 주요 노동 및 시민단체들의 매개 중심성의 시계열적 추이

Graphs by idn

*주: 민주노총(1995년 설립, 그 이전에는 전노협), 참여연대(1994년 설립).

수centrality score(매개[사이] 중심성)[22]로 측정한 전노협(1990-95년)과 민주노총

21 자료는 수십 건의 결정적 사건에 관여한 수백의 노동단체와 시민단체의 다양한 소속 패턴을 상호 간의 '연계' 혹은 '네트워크'로 기록한 것에 기초했다. 수치로 만들기 위해 사용한 자료 출처와 특정 분석 기법에 대한 상세한 서술은 부록 D를 보라. 네트워크 자료 출처는 부록 D 서두를 보고, 시민사회 내 전형적 동원 지향 사건들과 그 사건들에 참여한 조직에 관해서는 <표 D.1>을 참조하라. 중심성[중앙성] 측정값에 토대한 상세한 순위 정보는 <표 D.2>와 <D.3>(2005년)을 보라. 부록 D의 이 표들과 관련한 논의에서 필자는 이 네트워크 자료가 3장에서 개발한 동원 배태성 및 정책 배태성 개념을 성공적으로 포착하는 방식과 근거의 타당성을 제시한다.

22 필자는 연결 중심성(degree centrality)이나 고유벡터 중심성(eigenvector centrality) 같은 다른 중심성 측정값도 확인했는데 결과는 대개 비슷(중심성 측정값 사이에서 매우 높은 상관관계들을 보였다. 곧 상관계수 > 0.7)했다. 단순성을 위해, 필자는 매개 중심성(betweenness centrality)을 사용했는데, 매개 중심성은 한 단체가 여타의 단체들 사이에서 이들을 서로 '연결해 주는' 정도를 측정하기 때문이다.

(1995년-)의 동원 배태성은 몇몇 예외적 해를 제외하면 거의 정상에 머물렀다. 직관적으로 볼 때, 그 결과는 전노협 – 민주노총 주도의 시민사회가 대표하는 새로운 전투적 노동운동 조직들이, 1990년대와 2000년대 내내 주요 시위를 조직하는 동원 측면에서뿐만 아니라, 정책 수립에서도 일차적·중심적 가교 역할을 했다는 사실을 설득력 있게 보여 준다.

다른 한편 <그림 4.4>는 <그림 4.3>에서 논의했듯이, 1990년대부터 2000년대 초까지 전노협 – 민주노총이 유지했던 중심적 지위를 2000년대 중반에 상실하면서, 그때부터 그들의 정책 배태성 역시 하락하기 시작했음을 보여 준다. 곧 새로운 노동운동들이 (2004년) 민주노동당의 출범과 더불어 정치적 영향력이 최고조의 순간에 이르렀을 때, 정책 협의와 로비 활동의 거점으로서의 역할을 상실하기 시작했다는 뜻이다. <그림 4.4>에서 민주노총의 정책 배태성은 최상위에서 거의 20위로 곤두박질했다.[23] 한편, 참여연대는 설립 당시부터 노동 – 시민연대 네트워크의 가장 중심적 행위자로 출현했다. 창립 3년 뒤인 1997년에는 동원 역량, 정책 역량 모두에서 영향력 있는 단체 10위 안에 들었고, 그때부터 지금껏 5위 밖으로 떨어진 적이 없다. 앞서 말했듯, 참

---

23 혹자는 민주노동당 창당과 총선에서 거든 성과(의회 진출)가 정책 숙의 및 로비에 대한 필요를 다각화했고, 그로 인해 시민사회가 요구하는 정책을 제도 정치에 전달하는 민주노총의 역할이 쇠퇴했다고 생각할 수 있다. 실제로 민주노동당은 연결 중심성에서 10위를 했고, 이는 부분적으로 이 같은 시나리오를 뒷받침한다. 그러나 민주노총은 사이 연결성에서 34위로 매우 낮은 순위에 있다(부록 D를 참조). 또한 민주노총의 일반적 쇠퇴가 한국에서 사회정책의 성패에 관한 일화 전체를 대표하지 않는다는 것에도 주목하라. 몇몇 정책 영역에서, 산별노조와 역량이 강화된 시민단체들은 자원과 전략을 조율하는 데 성공했고, 이를 통해 사회정책의 확대 개혁을 개시했을 뿐만 아니라, 축소 시도에 맞서 기존의 사회정책을 지키는 데도 성공했다. 이 과정에 대해서는 다음 두 장에서 논의한다.

여연대가 [기능면에서 사실상] 정당이자 운동 조직으로서 기능해 온 것이다. 민주노총이 2000년대에 쇠퇴한 것과는 달리, 참여연대가 국가와 여타 작은 시민단체 사이에서 운동 및 정책 중개자로서 담당한 견고한 중심적·지도적 역할은—적어도 2010년대 중반까지도—견실히 유지되었다.

배태성의 성장 2: 시민사회 측 이야기

배태성은 말 그대로 시민사회 내 다른 영역, 다른 단위에 속한 파트너와의 협력을 필요로 한다. 그 범위와 대상은 전문가 단체, 종교 기관, 전통적 민중운동, 학생운동 조직부터 인권, 평화, 여성권, 환경, 협동조합 운동 등의 분야에서 최근 생겨난 신사회운동 조직들까지 다양하다. 동원 역량 및 정책 역량과 관련해, 노조는 자신과 생각을 나누고 공통 의제에 관해 협력할 수 있는 동맹들이 필요하다. 따라서 노조의 배태성을 분석하기 위해서는 노조가 배태된 좀 더 큰 '시민사회 공동체'(Aldrich and Ruef 2006; Suchman 1995), 또는 '사회운동 조직들의 장'(DiMaggio and Powell 1983)의 성장을 반드시 고려해야 한다.

여기서는 앞서 서술한 1980년대의 (단명한) 하향식 연대에 초점을 맞춘다. 앞서 논의했듯이 1990년대 초, 급진 좌파 지식인들이 공장을 떠나면서, 그런 하향식 연대는 정당 및 시민단체에 대한 노조의 응집성과 배태성으로 빠르게 변모했다. 따라서 이제는 이 시기(1990년대)에 공장을 떠나, 다양한 유형의 진보적 정치단체, 시민단체를 설립하기 시작한 이들에 주목한다. 또한 공장에 들어가지 않았지만, 1990년대에 시민단체 활동을 주도한 이들도 살펴본다.

노조의 시민사회에 대한 배태성은 응집성보다 조금 일찍 나타났다.

김영삼 정부 시기, 즉 권위주의 시기의 엘리트와 민주화 운동 내 중도 우파가 연합한 김영삼 정부의 통치에서는, 시민권이 보다 급진적인 민중운동과 노동운동으로까지 확대되지 않았기 때문이다. 이 시기, 급진 지식인들의 혁명에서 사회 개혁으로의 전향은 하방운동에서처럼 획일적이지 않았고 다양한 양상으로 나타났다. 일부는 [공장에, 또는 기존의 이념 운동에] 남기로 결정한 반면, 다른 일부는 ― 서로 다른 이유이기는 했지만 ― 떠나기로 결정했다. 이 글에서는 기존의 운동을 떠나게 된 다양한 형태를 모두 상세히 다루지 않는 대신, 노동 중심의 조직 활동에서 보다 폭넓은 '시민권' 기반 활동으로 운동의 거점을 전환한 이들을 중심적으로 살펴볼 것이다. 시민사회에 대한 노조의 배태성을 평가하는 문제와 관련해, 그들의 이탈이 중요한 이유는 이후 20여 년 동안 그들이 노동 정치에 가장 중요한 동맹 상대로 등장했기 때문이다. 1990년대 초중반, 우후죽순으로 등장한 정치적 성향의 시민단체들은 주로 노동운동가 출신 또는 1980년대부터 노동운동과 긴밀한 연계를 맺어 온 이들이 주도했다. 따라서 노조의 배태성은 노조의 입장에서뿐만 아니라, 시민사회의 입장에서도 판단해야 한다. 일부 시민단체는 노동운동에 적대적이거나 또는 무관심한 태도로 바뀌었지만, 이와 같은 변화는 노동과 시민사회 사이의 협력의 범위와 깊이가 확대되는 과정의 일환이었다.

이를테면, 오늘날 한국에서 가장 영향력 있는 시민단체인 참여연대는 세 명의 핵심 인물이 1994년에 설립했다. 곧 인권 변호사(박원순), 한때 지역 공장에서 노조 건설에 힘썼던 전직 학출 노동운동가(김기식), 노동 – 시민사회 연합 운동을 전공한 개혁 성향의 사회학 교수(조희연)가 그들이다. 1989년에는 경제 정의 분야에서 또 다른 영향력 있는 시민단체인 경실련(경제정의실천시민연합)이 장로교 목사 서경석에 의해 설립됐다. 그는 1970년대에 도시의 공단 지역에서 선교 사역과 노동권 운동을 이끌었다. 경실련의 요직은 학출 노동운동가들로 채워졌는데, 1990년대 이후 시민단체 운동 부문에서 영향력 있는 지도자 가운데 한 명인 하승창도 그중 하나였다. 민주화 이행 이후 가장 영향력 있는 인권 단체인 인권운동사랑방은 서준식이 학출 노동운동가 출신 박래군과 함께 설립했다. 이 단체들의 핵심 활동가들은 학출 노조 조직가였다. 의료보험 개혁 시기의 노동 – 시민 연대 단체, 곧 의보연대회의의 핵심 지도자 가운데 한 명인 조경애 역시 학출 노동운동가였다. 1980년대, 이들 학출 운동가 모두 엘리트 대학교의 학생운동 지도부였다가, 서울과 인천 지역에서 노조 조직화 활동을 했다. 그리고 1990년대에는 시민단체 조직화라는 새로운 활동을 시작했다. 따라서 중요한 의미에서, 1990년대 시민사회의 두드러진 성장(특히 환경에서 인권까지 핵심 사회운동 부문에서의 성장)은 1990년대에 급진 지식인이 비합법운동(지하운동)에서 합법운동으로 집단적 또는 개인적으로 전향한 과정의 부산물이었다.

그런데 이 노동운동가들은 왜 기존 활동을 그만두고 새로운 시민단체를 설립하려 했을까? 이와 같은 집단적인, 하지만 다양한 유형의 전향은, 새로 출현하던 시민사회에 어떤 영향을 미쳤을까? 이 두 질문은 이 연구의 주요 문제의식(노동 – 시민 연대와 복지국가의 발전)과 직접적인 관련은 없지만, 시민사회와 노동 부문의 성장을 더 이해하기 위해 그 자체로 살펴볼 가치가 있다. 김기식은 그 이유를 다음과 같이 설명한 바 있는데, 여기에는 운동가들이 노동 중심의 혁명 사상에 점점 더 회의적이게 된 것에 대한 중요한 단서가 담겨 있다.

1990년에 공장 활동을 그만두었습니다. 그러지 않았다면 [경찰에] 붙잡
힐 수 있는 위험한 상황이었으니까요 …… 공장에서 저는 노동자들이
자신의 권리를 위해 타당한 요구를 하는 게 묵살되고 탄압받는 걸 목격
했고, 그래서 어떻게 하면 그들의 삶이 보다 실질적으로 나아질 수 있
을지를 생각하기 시작했지요. …… 어떤 체제건, 자본주의 체제건 사회
주의 체제건, 대의 과정을 통해 권력은 집중되고 독점된다는 것을 깨달
았어요. 사람들이 권력을 감시할 수 있어야 하고, 또 권력을 창출하고
관리하는 데도 참여할 수 있어야 한다고 생각했어요. 그런 생각과 씨름
하며 2년을 보냈지요. …… 함께 일할 사람들을 찾았어요. …… 조희연
교수, 박원순 변호사, 그리고 운동가인 나, 이렇게 셋이서 엄청난 시너
지 효과를 냈지요. …… 한 사람은 정책을 제시하고, 또 한사람은 법적
지식을 제공하고, 나는 운동가 네트워크를 맡았습니다. …… 각각 서로
존중하고 서로의 약점을 보완해 주는 가장 효율적인 구성이었지요.

김기식과 그의 동료들의 비전은 1990년대 초 민주화 이행기에 겨우
발아 중이던 새로운 국가 – 시민사회 관계를 향했다. 그는 국가를 (권력
을 자신의 기구들에 집중시키는) 불가피한 악으로, 따라서 시민사회 세력이
감시하고 길들여야 하는 것으로 이해했다. 또 노조가 아닌 전문가 조
직이 그런 역할을 맡아야 한다고 생각했다. 참여연대의 핵심 부서들은
진보적 변호사와 교수들로 채워졌다. 참여연대의 부서들은 정부 기구
의 구성과 거의 유사했다. 각 분야의 전문가들은 정부의 조치와 정책
을 감시하고, 이의를 제기하며, 관련 문제에 대한 법적 소송을 제기했
을 뿐만 아니라, 정책 대안을 제시하고 로비를 벌이기도 했다. 참여연
대는 후보만 없을 뿐이지 거의 정당 조직과 다를 바 없었다.

이념 스펙트럼에서 차지하는 위치와 관련해, 참여연대의 가장 중요한 특징은 더 오래된 사회운동들, 특히 노동운동과 협력 관계를 구축하고자 했다는 것이었다. 이는 노동운동과 여타 민중운동에 훨씬 적대적이었던 경실련 같은 정치적 단체와 참여연대 사이의 가장 큰 차이다. 참여연대의 지도적 인물 셋 모두 노동조직과 개인적·조직적 연계를 유지했고, 신생 노동운동 부문과의 더욱 체계적인 연대를 통해 참여연대의 일차적 정책 의제를 홍보하는 데 힘썼다.

1) 중개자(참여연대)를 통한 응집성과 배태성

참여연대는 민주화 이행기에 주요 정당과의 직접적 연계가 없던 노조에 정책 통로를 열어 주는 중요한 역할을 했다. 의회, 정부, 여타 시민단체와 긴밀히 연계하던 참여연대의 전문가들(교수와 변호사)과 활동가들은 상이한 이해관계와 지위를 조율하는 중개자 역할을 했다. 참여연대가 그런 역할을 할 수 있었던 이유는 핵심 활동가들이 민주화 이행기 동안 급변하는 정치사회와 시민사회에서 무엇을 해야 하는지를 정확히 알고 있었을 뿐만 아니라, 핵심 지도부가 변호사와 교수로 구성됨에 따라, 사회적 명망과 영향력을 보유했기 때문이었다.

그들은 기존의 이슈들과 관련해 새로운 방식으로 동원을 이끌어 냈을 뿐만 아니라, 민주적인 거버넌스와 사회정책 등 기성 정당들이 간과해 오던 분야들에서 새로운 이슈를 제기했다. 무엇보다 그들은 새로운 조직 형태, 곧 기존의 사회운동 조직에서는 거의 전례가 없었던 형태를 갖추기 시작했다. 정부의 거의 모든 활동 분야에 대응하는 수많은 팀으로 구성된 '백화점'식 조직 체계를 만든 것이다.[24] 각 위원회와 팀의 핵심 활동은 변호사와 교수 같은 해당 분야 전문가들의 검토와 토론을 거치며 정교화되었다. 또한 활동가와 전문가들이 직접 정당 및 시민사회의 이해 당사자들과 협상하고, 여론을 동원하며, 미디어와 대중들로부터 지지를 이끌어 냈고, 그런 정책과 의견을 정부 관료 및 의회 내 정책 관련 부서와 위원회에 전달했다. 참여연대는 사실상 정당이자 동시에 운동 조직으로 행동했다. 이는 "정부 조직을 거울처럼 반영하는"(Skecpol et al. 2000) 조직 형태(Clemens 1993; 1997)를 통해, 정부 및 의회의 활동에 맞춰 그것들과 경쟁하며, 동시에 그것들을 변화시키기 위해 고심한 결과이다. 가장 중요한 것은 참여연대가 단독으로는 자신이 원하는 바를 달성할 수 없으며, 따라서 중요한 이슈에 따라 정치사회와 시민사회 내의 영향력 있는 다른 행위자와 연합해야 함을 잘 알았다는 점이다. 이런 전례 없는 조직 구조와 역량으로, 국가 관료는 참여연대의 존재를 인정하지 않을 수 없었고, 이들의 로비 활동과 요구를 정책 수립 과정에 반영해야 했다. "주요한 사회복지 현안에 대해

---

24 참여연대가 1994년에 설립되었을 당시 부서는 다섯 개뿐이었다(의정감시센터, 인권센터, 사법감시센터, 공익법센터, 공익제보지원센터). 하지만 2004년에는 조직 형태가 정부 및 의회 활동의 거의 전 분야를 아우를 만큼, 다시 말해 정부와 의회의 공식적인 법적·제도적·정책적 절차의 모든 수준 및 분야에 상응할 정도로 크게 확대됐다. 그리고 경제, 사법, 의회, 조세, 평화 군축, 환경, 소수자 권리, 사회복지, 그리고 국제 연대와 관련한 아홉 개의 하위 활동 조직을 두었다. 또한 내부적으로 아홉 개로 세분화된, 곧 정책, 기획, 사무, 사회권과 인권, 경제개혁, 반부패, 시민권, 시민 참여, 시민 감시에 관한 사무처도 두었다. 이뿐만 아니라 회원 소모임과 대의 체계를 통해 자원과 의견을 민주적으로 동원하는 시스템, 즉 회원들로 구성된 12개의 위원회가 중앙의 운영위원회에 대표를 보내는 방식도 채택했다. 마지막으로 참여연대는 자체적으로 연구 기관[참여사회연구소]과 교육기관[아카데미느티나무]도 두었다. 10년 동안 활동하면서 참여연대는 자신의 기능과 역할을 차별화·전문화했을 뿐만 아니라(김호기·정동철 2004) 내부의 민주적 거버넌스, 혁신적인 정책 생산, 정부와 의회에 대한 효율적인 정책 감시를 극대화하고자 조직 내부에 조율 기구를 발전시켰다. 참여연대의 형성 과정은, 선거에 당선된 정치인만 없을 뿐이지, 정당 건설 과정과 매우 흡사해 보인다.

참여연대 사회복지위원회를 비롯한 시민운동 진영의 발언은 보편적인 국민의 이해관계를 대변하는 시각으로 폭넓게 받아들여지고 있고 정부의 정책 변화에도 일정한 영향력을 발휘하고 있다"(김연명 2004, 8).

다음으로 참여연대는 입법 운동을 시민사회 운동의 새로운 영역으로 도입했다. 참여연대는 당시 한국에서 사회운동 조직이 사용하지 않던 두 가지 종류의 로비 활동을 처음으로 도입했다. 다시 말해, 여당과 야당을 비롯한 주요 정당들에 대한 "내부자 로비"와 "외부자 로비"(Kollman 1998; 이를 참여연대 활동에 적용한 것에 대해서는 홍일표 2007 참조)는 당시만 해도 정책 입안과 관련해 시민운동 조직이 활용하지 않던 것이었다. 그 결과 시민사회 행위자들은 대체로 정책 수립 과정에 무지했고, 대체로 운동 지도자들은 일차적으로 "장외 투쟁의 정치"contentious politics(McAdam et al. 2001)에 의지해 그저 최종안에 이의를 제기하거나, 거부 의사를 표현할 뿐이었다. 참여연대는, 다양한 사회운동 단체 및 부문들(Tilly 1978; 1993)이 우후죽순 생겨났지만, 그들의 요구는 여전히 공식 정치로 제대로 전달되지 못했던 1990년대에 이 빈 무대를 차지했다. 달리 말해, 참여연대 활동가들 및 전문가들은 우후죽순으로 생겨나던 기층 시민사회 집단과, 그들의 등장과 더불어 새롭게 분출된 요구들을 대표하는 데 무관심하거나 무능했던 정치인들을 매개하는 "중개자 역할"(Gould 1989; Gould and Fernandez 1989)을 수행했다. 또는, 어떤 의미에서, 참여연대 활동가들은, 대부분의 다른 사회운동 지도자와 정치인들이 보지 못한, 이제 막 출현하던 새로운 "정치적 기회 구조"(홍일표 2007)를 처음으로 알아차린 것이었다.

노동운동과 관련해 가장 중요한 것은, 참여연대가 이해관계가 서로 다른 다양한 시민사회 조직들을 연대 네트워크로 통합함으로써,

사회정책 영역을 전국적인 수준의 광범위한 시민 의제로 재규정했다는 것이다.[25] 당시 급진 노동운동과 의도적으로 거리 두기를 한 다른 많은 시민단체들과 달리, 참여연대는 의식적으로 노조와 사례별로 동맹을 맺었다. 예컨대, 경실련은 출범 당시부터 의식적으로 자신을 소위 급진 민중운동과 구별한 반면, 참여연대는 1990년대에 국가와 시민사회가 대립하던 결정적 순간들에도 노동운동과 연대하는 데 주저하지 않았다. 1996~97년 노동법 날치기 반대 투쟁에서 참여연대는 한국노총, 민주노총, 한국여성단체연합, 환경운동연합 등과 같은 다른 진보적 시민단체와 더불어 김영삼 정부에 맞서 싸우기로 결정했다. 하지만 김대중 정부 이후로 참여연대는 노동운동, 특히 민주노총과는 오직 선별적으로만 연대했다. 예를 들어, 참여연대는 노동시장 개혁에 반대하는 민주노총의 외로운 투쟁을 지지하지 않았다. 비록 민주노총과 연대해 사회정책 개혁을 통과시키는 데 중대한 역할을 했지만 말이다.[26]

---

25 다른 많은 정치적 시민단체와 마찬가지로 참여연대는 <그림 3.1>의 공식 부문과 비공식 시민 부문 가운데 어디에 속하는지 판단하기 어렵다. 한편 참여연대는 내부자(회원)의 이익에 복무하는 로비 단체 또는 자격증 교부 협회가 아니라는 점에서 '전문가 단체'에 속하는 것은 아니다. 다른 한편으로 참여연대의 핵심 활동이 시민들이 생활 세계에서 겪는 문제(종교, 문화, 건강 이슈)와 관련된 것이 아니라는 점에서 '비공식 시민 부문'에 속하는 것도 아니다. 참여연대는 조직 기능이 정책 수립, 거버넌스 감시, 그리고 노조, 정당, 여타의 전문가 단체와의 연합 활동에 더 집중한다는 점에서, 공식 시민 부문의 기능에 관여한다. 그런데 참여연대는 또한 비공식 시민 부문의 생활 세계적 관심을 정치적으로 유의미한 방식으로 동원하는 데도 관여한다. 따라서 참여연대는 공식 시민 부문과 비공식 시민 부문을 연결하는 전문 중개자 단체로 취급해야 한다.
26 금융 위기 당시 김대중의 노동시장 및 사회정책 개혁은 시민운동과 민중운동(노동·농민·학생 운동)의 관계를 "협력" 관계에서 "긴장과 경쟁" 관계로 결정적으로 뒤바꿔 놓았다(홍일표 2007, 102-106).

2) 제3 조직체를 통한 응집성과 배태성

사회복지 분야에서 또 다른 중요한 시민운동 조직은 의보연대회의였다. 참여연대와는 달리 의보연대회의는 파편화된 의료보험 공급 체계의 통합을 추구하는 단일 쟁점 중심의 (보건 의료 분야의) 연대 네트워크였다. 참여연대가 사회 개혁 의제와 관련된 거의 모든 의제를 포괄한 반면, 애초 의보연대회의는 의료보험 통합 운동에 참여한 조직들만을 포괄했다. 참여연대가 '백화점식' 모델을 추구한 반면, 의보연대회의는 의료보험 통합이라는 단일한 정책 목표를 달성하기 위해 협력하지만, 여기에 참여한 각각의 사회운동 단체들은 저마다 자기 분야에서 상이한, 독립적인 역할을 맡는 '조합'combinaion 모델을 추구했다. 참여연대의 경우, 이해관계 및 관심사가 서로 다른 전문가, 지식인, 시민들이 참여연대라는 우산 아래에서 각자 자신들이 관심을 갖고 있는 문제를 다루는 정책팀issue units을 참여연대의 하위 기구로 만들고, 참여연대라는 '이름'과 구조를 활용해 해당 이슈를 다루었다. 반면, 의보연대회의의 틀에서는 다양한 조직들이 모여서 공통의 정책 의제를 홍보했고, 인력, 자금, 전문성 등에서 자신에게 할당된 몫을 담당했다. 이런 점에서 의보연대회의는 상이한 이해관계자들이 공통의 최종 생산물을 산출하기 위해 저마다 자신의 자원을 제공하는 일종의 '컨소시엄'(연대체) 모델이었다.

　의료보험 개혁의 초창기에 나타난 운동의 형태는, 1988년부터 농촌 지역의료보험 제도가 시행되면서 감당할 수 없이 높은 보험료에 농민들이 불만을 품게 된 사건으로 거슬러 올라간다. 불만을 품은 농민들은 정부 계획에 대응하는 기층 조직들을 조직했고, 1980년대 말에는 농촌 지역의 여러 종교 단체와 개혁적 전문가 단체가 그 개혁 운동에 참여했다. 그 운동에 참여한 단체로는 기독교농민회, 가톨릭농민회, YMCA농촌부, 민주약사동우회(이후, 건강사회실현약사협의회), 빈의협(빈민을위한기독인의료회), 천주교도시빈민회가 있다.[27] 이 단체들은 시위, 청원, 그리고 가장 중요한 보험료 납부 거부 운동을 조직했다. 이 같은 운동들로 말미암아 보험료 납부율이 전국 평균 43.8퍼센트에 불과했다(비판과 대안을 위한 건강정책학회, 전국사회보험지부 [편] 2010, 57).

1988년, 이 다양한 단체들은 전국의료보험대책위원회(의보대책위)을 결성했고, 여기에는 48개의 관련 단체와 40개의 지방 단체들이 가입했다. 의보대책위가 제시한 주요 의제는 ① (빈민을 포함한) 모든 이에게 건강권 제공, ② 의료 서비스 민영화 반대, ③ 의료보험 통합이었다. 그들은 분산된 의료보험 제도의 통합과 소득에 비례한 보험료 납부 등과 같은 개혁안을 주요 정당들에 제출하고 법률 제정을 요청하고 여당과 야 3당 사이의 합의를 끌어내는 데 성공했다. 하지만 의회에서 통과된 그 법안은 노태우 대통령의 거부권 행사로 저지되었다. '조합주의적인 관리 방식'을 선호하는 연대 세력[28]이 '통합주의적 관리 방식'의 법안

27 의보연대회의의 기원과 관련해 중요한 점은 그 회의가 온건한 종교적 기반 위에서 하방운동을 벌인 의료 분야 전문가들로부터 진화했다는 것이다. 빈민을위한기독인의료회와 천주교도시빈민회의 의사 및 의대생들은 1970년대와 1980년대에 의료보험 혜택을 받지 못하던 농민과 도시 빈민에게 자원봉사 활동을 하며 의료 서비스를 제공했다. 비슷한 시기에, 급진 지식인들이 급진적 사회 변형이라는 혁명적 의제를 안고 하방운동을 벌였던 반면, 보건 의료 분야 전문가들은 온건하지만 뚜렷하고 구체적인 목적 ─ 자원봉사를 통해, 사회적, 경제적으로 주변화된 이들의 건강을 증진하는 것 ─ 을 가지고 하방운동을 벌였다. 1980년대 말 민주화와 더불어 이 단체들은 의보연대회의 - 보건의료단체연합의 전신이 되었다.
28 조합주의적 건강보험 관리 체제는 직업에 따라 보험료를 징수하고 관리하는 독일식, 일본식 체제에서 기원한다. 각 건강보험 단체들(조합)은 재정적으로 독립되어 있고, 기여 방식과 수혜 구조가 상이하다. 한국노총과 그 계열 노조들은 이 같은 조합주의적 관리 체제를 옹호했다.

이 실행될 경우, 임금노동자의 보험료를 급격히 끌어올려, 정부에 엄청난 부담이 생길 것이라고 노태우 대통령을 설득한 것이었다.

그러나 잠시 침체기를 거친 뒤, 농민단체, 노조, 시민단체, 전문가 단체는 보건 의료 분야에서 좀 더 포괄적인 연대 컨소시엄인 의보연대회의를 출범시켰다. 의보연대회의의 목적은 세 가지였다. 즉, 의료보험 통합, 의료보험료 인하(비보험 항목에 대한 보장 확대), 더 공평한 비용 분담 체계가 그것이다. 77곳의 관련 전국 단체와 6곳의 지역 연대 단체의 활동가, 전문직, 지식인으로 구성된 협력 네트워크인 의보연대회의는 1994년 무렵 동원 역량과 정책 역량 모두를 완비하기에 이른다.

이 회의는 단일하고 보편적인 정책 의제 —의료보험 개혁—를 위한 전국적인 파업과 시위를 조직할 수 있었고, 자신들이 제시하는 의제들을 전국적인 정치 무대에서 정당화할 수 있는 전문적인 지식 역시 충분히 갖출 수 있었다. 분산된 의료보험 체계를 전국적으로 단일한 기관으로 통합하는 것을 추구함으로써, 의보연대회의는 전 국민으로의 의료보험 확대와 사회적으로 주변화된 이들에 대한 더욱 공평하고 공정한 보험료 부과라는 자신들의 목표를 대중에게 널리 알릴 수 있었다. 1987년 대통령 직선제 개헌으로 절차적 민주주의가 회복된 이후, 민주주의가 공고화되는 시기에, 의보연대회의는 다양한 사회 계급과 단체들 사이에서 가교 역할을 하는 (가장 견고하게 조직되고 잘 조율된) 연대 운동으로 자리 잡았고, 이들의 활동과 영향력은 오늘날까지도 유지되고 있다.

동원 역량 측면에서, 의보연대회의에는 가장 전투적인 노조 조직 가운데 하나인 전노협이 있었다.[29] 1988년에 결성된 의보대책위의 두

---

29 전노협(민주노총의 전신)이 1991년에 (<그림 4.3>의) 동원 배태성에서 1위였음에 주목하라.

주요 세력인 농민과 진보적 의료 전문직들에게는 자체적으로 여당을 위협할 충분한 동원 역량이 없었지만, 의보연대회의에는 노조 조직들이 참여하면서 동원 역량이 결정적으로 향상되었다.[30]

정책 역량의 측면에서, 의보대책위는 1989년에 자신들이 요구하던 법안을 통과시키지 못했지만, 침체기(1989-94년)에도 조합주의적 의료보험 체계를 주장하는 세력에 맞설 수 있는 좀 더 효과적인 주장을 개발하는 등 정책 역량에 지속적으로 투자했다. 1994년 이전에는, 보건의료 분야의 진보적 전문가 단체 소속 전문가와 학생들이[31] 정책 입안에서 중심적 역할을 했지만, 노조, 특히 보건의료노조와 지역 조합이 1994년에 참여하면서, 의보연대회의의 정책 역량이 크게 향상되었다. 노조의 정책 전문가들에게는 통합주의적 의료보험 체계 운동의 논리를 발전시키고 그 정당성을 증명할 필수 자료가 있었다.[32] 그 연대 네트워크의 정책 전문가들은 평범한 시민들이 바로 동의할 수 있는 이슈

---

30 의보연대회의의 집행위원장으로서 노조와 그 연대 네트워크 사이에서 중대한 가교 역할을 한 김용익은 다음과 같이 노조의 중요성을 말한다. "당시 대기업 의보노조의 의료보험기금은 관리가 잘 되지 않아 사실상 회사, 즉 자본 측이 관리하고 있었다. 이 부분을 노동조합들에게 통합 근거로 들어 설득했다. 실제로 의료보험기금은 노동자들의 것이고, 또 그렇게 보이지만 실상은 거의 회사의 돈이 되어 있다, 통합이 된다면 급여 확대를 충분히 할 수 있고 무상의료 상태로 갈 수 있음에도 불구하고, 조합이 나누어져 있기 때문에 급여 확대가 되지 못하는 것이라고 말하는 논리를 개발해서 의료보험 통합이 계급의 문제라는 것을 노동자들에게 설득했다. …… 의보통합 문제에 있어서는 핵심적으로 주체가 되어야 할 세력이 노동운동이라고 생각했다"(비판과 대안을 위한 건강정책학회, 전국사회보험지부 [편]2010, 93, 이는 또한 김용익과의 인터뷰(K26)에서도 확인됐다).

31 인도주의실천의사협의회, 민주약사동우회, 건강사회를위한치과의사회가 의보대책위에 처음부터 참여했다.

32 조경애는 노조의 역할을 다음과 같이 말한다. "노조 지도자들의 역할은 의보연대회의 운동에서 결정적이었습니다. 그들에게는 부자 기업과 가난한 기업 사이의 거대한 불평등을 보여 주는 자료들이 있었으니까요. 삼성 같은 대기업 재벌이 비축한 자원들도 포함해서요."

와 의제 ─ 이를테면, 낮은 보험료, 보장 범위 확대, 더 공평한 비용 부담 ─ 를 준비했다. 그들은 우월한 조건에 있는 직장 의료보험 가입자들도 통합의 장점을 확인하고, 통합을 통해 자신들의 보장 범위 역시 확대될 수 있다고 인식할 수 있는 정책을 개발했다. 개선된 정책 역량에 기초해 농민, 노동자, 도시 자영업자는 통합 운동에서 공통 이익을 발견하기 시작했다.[33] 조경애(의보연대회의 사무국장 출신의)는 노조, 시민단체, 의료 전문가 사이의 시너지 효과에 대해 필자에게 다음과 같이 말했다.

> 물질적, 인적 자원은 노조가 대고, 정책은 의료 전문가들이 제공했습니다. 시민단체는 의제를 사람들에게 알리는 역할을 맡았고요. 세 부분이 각기 자기 역할을 담당한 거지요. 저마다 자신의 자원이 있었지만 서로에게 부족한 것을 채워 주려면 서로가 필요했습니다.

요컨대 의보연대회의는 의료 전문가, 시민단체, 노조 사이의 효율적 연계를 구축하는 데 성공했다. 배태성은 주로 의료 전문가로 구성된 운동 지도자들과 새로 참여한 노조 지도자들 사이에서 깊어지고 넓어졌다. 이 회의의 지도자들은 대학교, 지역 시민사회 조직, 산별노조, 지역 공장에서 학술회의와 토론회, 홍보 행사 등을 다양하게 개최해 통합 운동에 대한 대중의 인식을 고취했다. 또한 매우 정교한 정책 대안을 가지고 여·야 정치인들을 찾아갔다. 시민사회에 대한 노조의 이 같

---

33 의보대책위와 의보연대회의의 저명한 지도자 가운데 한 명이었고 민주당 국회의원을 역임하기도 한 김용익의 지적에 따르면 의보연대회의의 정책 전문가들은 [직장가입자의료보험조합(직장 조합)에 대한 내부 조사를 통해] 직장 조합이 막대한 양의 예비금을 축적해 오고 있었다는 사실, 또한 지역 조합과 비교해 직장 조합이 재정적으로 훨씬 더 안정적이었고 우월하다는 점을 숨겨 왔음을 밝혔다.

은 정책 배태성은 나중에 김영삼 정부 말기와 김대중 정부 초기에 결실을 보게 된다(이에 대해서는 다음 장에서 상세히 논의한다).

시민단체와 노조 사이의 연대 외에도 의보연대회의는 기성 정당 및 관료들에 대한 효과적인 로비 통로를 개발했다. 의보연대회의 내 보건 의료 전문가들은 보수 집권당과 국가 관료를 압박하는 과정에서 노조 지도자와 긴밀히 협력했다. 이를테면, 김용익(연대회의 집행위원장)은 권영길(민주노총 위원장)과 함께 정부 조직(보건복지부) 내에 구성된 의료보장개혁위원회에 들어가, 기존의 조합주의적 체계를 지지하던 관료들과의 토론을 이끌었다. 그들은 정부와 의회에서 통합주의적 의료보험 체계에 관한 토론회와 학술대회를 개최하기도 했다. 의보연대회의에 소속된 단체들이 포괄적이었고, 그 수도 많았으며, 대중에 대한 영향력도 강했기에 (게다가 기존 의료보험 체계에 대한 대중의 불만도 늘어나서) 관료와 정치인들은 의보연대회의의 로비에 귀를 기울이고, 개혁 위원회를 설립해 달라는 요청에 응하지 않을 수 없었다. 의보연대회의 지도자들은 통합 법안의 채택을 설득하고자 여·야 국회의원들을 찾아갔다. 이 점에서, 의보연대회의는 정교한 논리와 자료를 가지고 정책 대안을 개발하고 (비)선거적 동원 위협을 통해 국회와 주요 정당을 압박할 수 있는 역량을 갖춘 한국 현대사 최초의 시민단체였다.

소결

이 장에서는 노동운동의 제도화 과정의 두 요소인 응집성과 배태성의 기원과 구조를 탐구했다. 이런 동맹/연합 구조의 초기 형성을 탐구하고자 필자는 급진 지식인의 하방이라는 역사적 배경을 논의했다. 특히, 권위주의 정부 시기에 하방운동을 했던 급진 지식인이 김영삼, 김대중 정부 시기, 곧 정치적 기회 구조가 열린 1990년대에 어떻게 민주노총과 민주노동당을 건설했는지 탐구했다. 또 그들이 하방운동을 통해 쌓은 독특한 경험과 자원이 어떻게 시민사회와 정치사회에 대한 노조의 배태성과 응집성으로 진화했는지 보여 주었다. 또한 그 과정에서 급진 지식인들이 상이한 삶의 이력을 선택한 것이 어떻게 상이한 조직 유형으로 이어졌는지 보여 주고자 했다(Clemens 1993, 1997). 곧 일부는 여러 개의 산별노조로 구성된 전국 단위의 중앙 노조 연맹과 노동에 기반을 둔 정당을 건설하기 시작했고, 이는 권위주의적 억압에 대한 대응에서 형성된 정치적 비전을 궁극적으로 실현하기 위한 것이었다. 다른 일부는 처음의 길을 떠나, 전문가들과의 동맹을 통해 다양한 진보적 시민단체들을 건설했다. 이런 과정에 대한 서술을 통해, 이 글에서는 시간의 흐름에 따라 다양한 행위자들의 조직적 전략과 그들이 의도한/의도하지 않은 결과를 통해 노동과 연계된 시민단체들의 장이 형성되는 복합적 과정을 드러내고자 했다.

다음으로는 개별 행위자들이 어떤 삶의 이력을 선택했고, 그 이력의 목록들은 어떤 것이었는지를 살펴보았고, 이후 노동운동 조직의 경로를 고찰했다. 그 단락에서는 두 층위의 역사를 분석했다. 먼저, 한국 민주 노조 운동의 공식 의제들이 전개되어 온 역사를 검토했다. 이 수준에서 한국의 노동운동가들의 목표는 포괄적 조직 구조의 중심으로서 산별노조(와 전국 단위의 중앙 연맹)를 건설하고, 이후 궁극적으로 독일식의 사회적 코포라티즘을 확립하는 것이었다. 더불어 그들은 기성 정당과는 독립적이고, 노동에 우호적인 폭넓은 사회운동들을 수용할 수 있는 브라질의 노동자당 같은 노동 기반 정당을 설립하고자 했다.

다음으로는 배태성의 두 하위 차원인 동원 역량과 정책 역량이, 시민단체와의 연대를 추구하는 노동운동가들의 의식적 전략을 통해, 어떻게 발전했는지를 탐구했다. 여기에서는 중요한 연대 파트너들로서 두 시민단체, 곧 참여연대와 의보연대회의에 초점을 맞췄다.

이런 노동 – 시민 연대 구조의 출현과 제도화에 대한 역사적 분석을 통해서 이후 장들에서는 한국에서 복지국가 발전의 성공과 실패를 설명할 것이다. 특히, 노동 연계 시민사회의 일반적인 시계열적 추이 및 변형과 더불어 건강보험과 연금과 같은 특정 이슈에 초점을 맞춘 연대 네트워크에 주목함으로써, 1990년대와 2000년대, 한국에서 나타난 노동 – 시민 연대와 복지 정치의 결과를 좀 더 면밀히 들여다볼 수 있을 것이다.

5장

배태성, 응집성, 그리고 사회정책 확대의 정치
보편 개혁 대 선별 개혁

전후 황금기를 누린 부유한 민주주의 국가들과는 달리, 개발도상국들은 공고화된 민주주의 아래에서 비교적 장기간에 걸쳐 안정적인 경제성장 시기를 경험하지 못했다. 1980년대와 1990년대에 민주화의 제3의 물결이 시작되자마자, 1990년대 중후반에 신자유주의적 시장 압력이 뒤따랐다.

한국 사례는 이렇게 동시에 발생한 대규모의 정치적·경제적 격변이 어떠했는지를 잘 보여 주는데, 이 같은 격변은 그 깊이와 범위가 상당했고, 시민들의 삶에 커다란 영향을 미쳤다. 그것은 제도적 규칙과 규범이 급진적으로 변화하는, 또는 새로운 것들이 과거의 것들을 대체하는 '결정적 국면'(Collier and Collier 1991; Pierson 2004)이었다.

5장에서는 한국에서 노동운동 지도자들이 어떻게 이 격동의 시기에 보편적인 사회정책 개혁을 도입하는 데 성공했는지를 분석한다. 그

리고 두 개의 주요 독립변수인 노조의 배태성과 응집성의 변화가 1990
년대 말부터 2000년대 말까지의 복지국가 및 노동시장 개혁과 어떤
연관이 있는지 탐구한다. 구체적으로 이 장에서는 다음과 같은 질문을
던진다. 민주노총 (그리고 민주노동당) 지도자들은 왜 그리고 어떻게 노조
의 배태성과 응집성을 발전시켰는가? 그들은 어떻게 조직의 숙원 사업
― 노동운동의 공식적인 제도화 ― 을 추진했으며, 또 그와 같은 과정은 노동
시장 규제 및 사회정책의 발전과 관련해 어떤 결과를 낳았나? 특히, 동
일한 시기에 복지국가의 현저한 성장은 어떤 메커니즘으로 설명되는
가? 민주화 시기에, 그리고 이후 한국 사회 및 경제를 덮친 금융 위기
와 신자유주의적 시장 개혁 시기에, 노동운동과 그 동맹 세력들은 복
지 레짐을 건설하고 지키는 데 어떤 역할을 했는가?

이 질문들에 답하고자 이 장과 다음 장은 김영삼 정부 말기(1996-97
년)와 두 개혁 정부, 즉 김대중(1998년 12월-2003년) 및 노무현(2003-08년)
정부 시기 민주노총(그리고 부분적으로 한국노총)의 정치에 초점을 맞춘다.
구체적으로 이 10년(1998-2008년) 동안은 노동운동의 성장과 쇠퇴는 물
론이고, 노동시장 제도 및 사회정책의 발전과 후퇴에도 결정적인 시기
였다. 이 시기 초반에 두 가지 미증유의 결정적 사건 ― 1997년 11월의 금
융 위기와 뒤이어 부과된 IMF의 '구제금융 패키지', 그리고 민주적 선거를 통한 최초의 평
화로운 정권 교체와 노동 및 시민사회 운동의 만개(1997년 12월) ― 이 발생했다. 이
시기는 두 보수 정부의 또 다른 10년, 그리고 민주노동당의 극적인 해
체와 더불어 끝났다. 이 장에서는 그 10년 동안 노동조합들 그리고 관
련 시민단체가 경제 위기 및 정권 교체가 만들어 낸 결정적 '제약' 또는
'기회'의 구조 아래 자신의 동원 역량과 정책 역량에 기초해 국가 및 사
용자와 어떻게 교섭하고 협상했는지를 분석한다.

분석 전략은 두 가지다. 하나는 두 개혁 정부, 즉 김대중 정부와 노무현 정부의 비교이고, 다른 하나는 세 가지의 주요 사회정책 영역, 곧 국민건강보험, 국민연금, 노동시장 규제(특히 정리해고와 비정규/간접 고용)에 대한 비교이다. 이런 식으로 이 장은 한국에 대한 단일 사례연구를, 두 시기(정부)와 세 가지 정책 분야에 대한 비교 사례연구로 확대한다. 이어지는 논의에서는 노조 및 시민단체 문서와 노동 및 시민단체 지도자와의 현장 인터뷰를 사용하는 심도 있는 역사적 사례연구를 통해, 노조와 정당 및 시민단체 사이에서 나타난 연합 정치의 변동을 분석할 것이다. 이 연구 전략에서는 처음에 민주노총을 단일한 행위자로 취급한다. 하지만 연금과 건강보험 영역에서 나타난 상이한 사회정책 결과를 분석할 때는 정책 영역들에서 정당과 관련 시민단체에 대한 (산별) 노조의 응집성과 배태성의 형식과 내용이 어떻게 변화했는지를 강조한다. 이 사례연구들은 "맥락을 고려한 비교"(Mahoney and Rueschemeyer 2003)를 수행하고 인과 분석 틀을 설정하는 데 사용할 것이다.

전체적으로 이 장에서는 두 가지 주장을 개진한다. ① 노조의 배태된 응집성은 보편적인 사회정책을 통과시키는 데 결정적 역할을 한다. ② 노조의 배태성 없는 응집성은 선별적인 사회정책 개혁으로 이어지는데, 국가와 노조가 (주변화된 외부자를 비롯해) 광범위한 시민들의 이해관계보다는 노조원들의 협애한 이해관계에만 이바지하는 정책에 합의하기 때문이다. 이런 주장을 펼치는 과정에서 먼저 1990년대 한국에서 응집성과 배태성이 극적으로 제도화된 과정을 서술한다. 그리고 1990년대 말 기회/위기 구조가 출현하면서 어떻게 노동과 자본 측 모두에게 기존 노동시장 제도와 사회정책을 근본적으로 재조형할 수 있는 유례없는 기회가 열렸는지 논의한다. 다음으로는 이와 같은 조건 아래에서, 노조 및 시민단체 지도자가 세 가지의 사회정책 및 노동시장 정책(국민건강보험, 국민연금, 노동시장 규제)을 수립하는 데 성공(또는 실패)했는지를 분석한다. 특히, 의료보험 조합들을 통합하는 법안을 통과시키는 데 (의보연대회의를 통한) 광범위한 노동 – 농민 – 지식 연대의 역할을 강조한다. 마지막으로 이 책에서 제시하는 이론 틀 — 배태성과 응집성의 정책 및 동원 역량 — 이 한국의 여러 정권들에서 나타난 상이한 정책 결과를 얼마나 설명할 수 있는지 평가하고, 또 노동시장 및 사회정책 확대의 정치와 관련해, 이런 결과들이 다른 나라들에 시사하는 좀 더 광범위한 함의를 이끌어 낸다.

이제 그 출발점으로 김대중 정부 시기의 노사정위원회에서 진행된 사회정책 및 노동시장 정책의 보편적 확대와 선별적 확대를 둘러싼 논의를 우선 살펴보자.

응집성과 배태성의 공고화: 역사적 배경[1]

1) 성공에 관한 소사: 노동 정당들과의 응집성

앞서 노동운동의 공식적인 제도화 과정을 분석하며, 노조와 노동 기반 정당/집권당 사이의 협력 관계를 포착하기 위해 응집성이라는 개념을 이용했다. 여느 사회와 마찬가지로, 한국의 노동 정치에서도 나양한 조류와 정파의 급진 지식인과 노동운동가들이 결집해 다양한 합법적

---

1 이 긴 역사적 배경 단락은 1990년대 한국의 정치, 경제에 대한 지식이 없는 이들을 위한 것이다. 따라서 그렇지 않은 이들은 바로 다음 단락, "노조와 보편 복지국가"로 넘어가도 된다.

또는 비합법적 정치조직을 조직했다. 이들은 내부적으로 또한 다른 조직들과 치열한 토론을 벌였고, 부분적인 또는 광범위한 연대를 구축하기도 했다. 그러다 결국 치열한 의견 충돌과 권력투쟁을 거친 뒤 여러 정파로 갈라졌다. 노조와 노동 기반 정당의 응집성은 이 같이 복잡한 이합집산의 결과일 것이다. 그렇지만 이 연구에서는 좌파 지식인들 사이에서 나타난 분열과 (재)통합의 다양한 경로들을 상세히 탐구하지는 않을 것이다.[2] 그보다는 주로 노동조합 운동가가 폭넓은 정치사회에서 노동자의 이익을 증진하기 위해 제도적 창구를 구축하고, 노동의 이해를 대변하는 정치 행위자들을 창출하는 과정에 집중할 것이다.

1987년 노동자 대투쟁은 "한국 노동계급 투쟁사에서 분수령"이었다(Koo 2001, 153[국역본, 264쪽]). 필자 역시 1987년이 급진 지식인들이 정치권력에 대해 품어 왔던 열망의 역사에서 분수령이었다고 보는데, 그들이 명백히 스스로를 '혁명 정치의 전위' 또는 노동계급의 '합법적 대표체'로 제시하기 시작했기 때문이다. 대통령 선거가 있었던 1987년과 1992년 사이에, 급진주의자들은 서둘러 노동자 정당(민중당) 건설을 준비했는데, 이는 기성 보수정당과 자유주의 정당과는 이념적으로나 조직적으로 완연히 다른 정당이 될 터였다.

당시 노동에 기반을 둔 정당 건설 과정에서 급진 지식인들이 최우선적인 의제로 삼았던 것은, 노동계급의 이익을 가장 중시하는 진보적인 대중정당을 건설해 한국 사회를 급진적이고 근본적으로 변혁하는

---

2 노동 정당 건설에서의 그런 과정을 세심하게 서술한 것으로는 조현연(2009)을 참조. 노조 연맹 건설에서 정파들의 분열과 재조직 과정은 조돈문과 이수봉(2008)에 수록된 글들을 참조. 민주노동당 건설 과정에서 정파들의 문화적·이념적 차이는 정영태(2011)를 참조.

것이었다. 브라질의 노동자당도 그랬지만, 이렇게 초창기에 노동 정당을 건설한 이들은 그 정당을 당선만을 목표로 하는 선거 전문가 정당으로 만들겠다고 주장하지 않았다. 급진 지식인 대다수는 합법적이고 공식적인 선거 공간을 노동계급의 계급의식을 고양하고 조직 역량을 강화하는 수단으로 활용하고자 했다. 그런데 1990년대 초반 대중조직의 지도자들로 간주되던 노조 지도자들은 대체로 선거 공간을 활용하는 것은 아직 시기상조라 판단하고, 그것에 집중하기보다는 견고한 노조 연맹을 건설하길 원했다. 그래서 주류 노조 지도자들은, 민주적으로 선출되었지만 여전히 반권위주의적인 보수 정부(김영삼 정부, 1993-97년)의 가혹한 억압 속에서 노동의 온전한 시민권을 우선적으로 획득하기 위해 싸웠다. 1990년대 초, 지도자들 사이에서 나타난 이 같은 전략상의 불일치로 말미암아, 초창기 노동 정당 창립자들은 기층 노조로부터 지지를 많이 얻지 못했고, 그런 점에서 자신의 내적 한계들을 넘어설 수 없었다. 나아가 소선거구 단순다수제라는 선거제도와 지역주의 투표 성향 같은 외부의 공식 및 비공식적 제약들도 극복할 수 없었으며, 그 결과 정당을 유지하는 데 필요한 최소한의 표도 얻지 못했다. 요컨대 노동에 기초한, 사회민주주의적 응집성은 1990년대 초중반에 개화하지 못했다.

김영삼 정부 후반기(1995-97년)에, 노동운동은 1987년 노동자 대투쟁 이래 가장 중요한 추진력을 획득했다. 새로운 민주 노조 지도자들이 (1995년에) 민주노총을 창립함으로써 전국 단위의 통합된 중앙 조직 건설을 완성한 것이었다.[3] 통합된 이 중앙 조직이 자신의 힘을 보여 줄

---

3 민주노총 건설 과정에 대한 연구는 무수히 많기에 여기에서는 반복하지 않을 것이다. 조돈문과 이수봉

기회는 바로 다음 해에 찾아왔다. 1996년 12월 26일 새벽, 여당은 대규모 정리해고와 비정규직 사용에 대한 규제를 철폐하고, 노조 전임자에 대한 임금 지급을 금지하는 반노동적인 법안들을 날치기로 통과시켰다. 이에 맞서 민주노총과 한국노총은 1997년 1, 2월 내내 총파업 투쟁을 이어갔다. 단합된 노동계의 힘에 놀란 정부와 여당은 1월 21일부터 재개정 협상을 시작할 수밖에 없었다. 하지만, 비록 총파업 투쟁 초기에는 두 노조 연맹이 연대해 여당으로부터 양보를 이끌어 내긴 했지만, 노조 지도자들은 여·야의 협상에서 자신의 목소리를 체계적으로 조율하지 못했고, 그에 따라 최종 절충안은 원안과 크게 다르지 않게 되었다.

노동운동 지도자들은 1997년 초의 실패를 겪은 뒤, 노동이 중심이 된 독자적인 정당을 건설해야 할 필요성을 절실히 느꼈고, 이에 대한 합의가 어느 정도 모아졌다. 특히, 1997년 말에 치러진 대통령 선거에서 노조 지도자들은 노동자를 대표하는 독자적인 대선 후보(권영길, 민주노총 초대위원장)를 지지하기로 합의했는데, 대선이 끝나고 이 선거 조직은 정당 조직으로 전환되었다.

전술했듯이 1980년대에 기층 노조를 조직화하기 위해 헌신했던 산별노조의 노조 활동가들은(당시 대체로 20대였던) 30대에 이르러서는 '열렬한 정당 지지자'가 되었다. 16개의 산별노조와 중앙 연맹인 민주노총 건설에 성공한 그들은 이제 지역과 중앙 모두에서 자원과 인력을 보유했다. 그들은 이미 세 번에 걸쳐 독자적인 노동자 대선 후보들(1987년, 1992년 백기완, 1997년 권영길)을 내세워 선거운동을 전개한 바 있었

(2008), 임영일(1998)을 참조. 1970, 1980년대 민주노총 전사(前史)에 대해서는 Koo(2001)를 참조.

다. 특히 그들은 새로운 전국 수준의 독립적인 연맹을 건설하는 데 성공했고, 이 연맹은 다른 진보적인 시민단체들의 강력한 지지를 받았다. 이들은 중앙 정치에 새로운 조직들을 건설하기 위해 필요한 정치적·사회적 기술 모두(Fligstein 1997; Swidler 1986)를 획득한 것이다.

세 번의 대선을 치르며 쌓은 운동가 네트워크와 자원에 기초해 민주노총의 기층 노조 지도자와 전국 본부의 핵심 지도자들은 정치 전략을 함께 논의했고, 마침내 노동에 기반을 둔 독자적인 정당을 창당하기로 합의했다. 기층 노조와 산별노조부터 전국 본부에 이르기까지 민주노총 모든 수준에서 노조 운동가 대다수가 민주노동당 건설 과정에 적극 참여했다. 그들은 핵심 조직자로서 자금을 모집하는 일에서부터 '몸으로 뛰는 일'까지 모든 것을 제공했다. 그들 가운데 다수가 2004년 총선에서 민주노동당 후보로 출마했는데, 지역에서 출마한 121명의 민주노동당 전체 후보 가운데 52명이 민주노총 출신이었다(이근원 2013). 설립 4년 만에 민주노동당은 정당 투표에서 13.1퍼센트를 득표했고, 부분적으로 도입된 비례대표제에 따라 8석을 얻어, 지역구 당선자 2명을 포함해 총 10석의 의석을 획득하게 된다. 이런 결과들은 1990년대 말부터 2000년대 중반까지 민주노동당에 대한 민주노총의 응집적 연계가, 특히 동원 역량 측면에서, 절정에 있었음을 보여 준다.[4]

---

4 1990년대 말, 민주노동당과의 직접적·공식적·응집적 연계 외에도, 민주노총은 당시 집권당이던 개혁 성향의 자유주의 정당인 민주당과도 비공식적 연계를 발전시켰다. 노조 지도자 다수, 특히 NL 계열 지도자들은 김대중 정부를 지지하는 경향이 있었고 그에 따라 개별 정치인들과, 노동에 우호적인 몇몇 국회의원의 보좌관들과의 비공식적 로비 통로를 만들려 했다. 그런데 이런 상이한 정당들과의 다양한 응집성은 모순적 역할을 했다. 즉 한편으로는 민주노총이 좌파 정당부터 중도 정당까지 여러 정당들에 중요한 정책 의제에 대해 로비를 하고 협상하는 데 일조했지만, 다른 한편으로는 민주노총이 지금껏 정파에 따라 분열되어 온 주요 이유 가운데 하나다.

2) 기회 구조에서의 배태성

1990년대 말까지 민주 노조 운동은 민중운동들, 특히 재야 운동 및 학생운동과 손잡아 왔다. 1990년대, 노동운동을 지지하거나 노동과 연관된 시민단체가 많이 설립되면서 노조의 배태성은 더 강력해졌다.

그에 따라 배태성의 두 차원, 곧 동원 역량과 정책 역량 모두 (앞 장에서 논의했듯이) 1990년대 후반에 정점을 찍었다. 동원 배태성과 관련해, 1996년 당시 여당이었던 신한국당의 노동법 날치기 처리로 대표되는 신자유주의적 개혁 시도는 노조와 시민사회가 연대할 수 있는 이상적인 '이슈' 공간을 제공했다. 노동법 개혁은 정치권 내지 정권 차원의 움직임만은 아니었다. 다시 말해, 한국의 모든 자본들 역시 노동시장 구조를, '유연한' 노동시장 제도와 결부된 '유연' 생산 체제로 변형하고자 조직적으로 힘썼다. 이 같은 시도에 맞서 노조와 시민단체는 광범위한 동원 네트워크를 만들어 냈다. 세 부분의 노조 집단 ― 금속노조를 중심으로 한 전노협 출신 노조들, 재벌 대기업에 기초했던 노조들, 그리고 주로 은행과 보건 의료 분야에 집중된 사무직 노조들 ― 에 토대를 둔 민주노총은 전투적인 힘을 발휘할 준비가 되어 있었다. 과거 정부에 유순했던 코포라티즘적 노조 연맹이자 권위주의 정부의 종속적 파트너였던 한국노총 역시 그 개혁의 정도와 범위를 받아들일 수 없었다. 그 법이 통과되면 핵심 조합원들(특히 공공 부문)이 심각한 타격을 입을 것으로 예상되었기 때문이다. 전국연합과 한국대학총학생회연합(한총련) 같은 진보적 시민사회단체들 역시 반권위주의 정부에 맞서 전투적인 투쟁을 벌일 역량을 잃지 않고 있었다. 특히, 논쟁적인 두 법안 ― 노동자의 권리를 침해하는 법과 친북 활동을 조사하는 안기부의 권한을 강화하는 국가안전기획부(안기부)에 관한 법 ― 을 날치기로 통과시키려 했던 보수 여당의 시도는 야당과 시민사회의 정치적 분노에 기름을 끼얹는 격이었다.

두 법안의 날치기 통과로 발생한 정치적·경제적 혼란이 미친 영향을 광범위했다. 1996-97년 겨울, 전국적인 총파업이 일어나고, 이를 시민사회 세력이 대거 지지하면서, 국가 전체의 정치·경제 시스템이 거의 마비되었다.

1997년, 11월 21일, 여당인 신한국당은 정부가 임박한 통화 위기를 해결하기 위해 IMF로부터 구제금융을 신청한다고 발표했다. 아시아 금융 위기가 신한국당에 결정타를 날린 것이다. 한 달 뒤 치러진 대선에서 야당인 새정치국민회의(1995년부터 2000년까지, 약칭 국민회의. 이후 새천년민주당)는 한국 현대사에서 처음으로 여·야 간 평화로운 정권 교체를 이루어 냈다.

12월 4일, 정부와 IMF는 구제금융을 조건으로 기업과 금융 부문 그리고 노동시장에 대한 개혁에 합의했다. 자본을 대표하는 최상위 단체인 전경련(전국경제인연합회)과 경총(한국경영자총협회)은 근로기준법 개정, 대규모 정리해고와 유연한 노동시장을 허용하는 법안의 도입, 그리고 (대대적인 임금 삭감과 향후 5년간 임금 인상률을 3퍼센트로 제한하는 것과 같은) 인건비 절감을 통해 노동시장 제도를 근본적으로 변형하고자 했다. 12월 3일, 민주노총은 경제 위기를 극복하고 고용 안정을 유지하기 위해 노사정위원회를 만들자고 제안했다. 12월 18일 대통령에 당선된 김대중은 12월 26일 노동, 자본, 정부 대표들이 모여 경제 위기에 대한 해결책을 논의하자고 제안했다.

김대중 정부는 한국 현대사에서 전례 없는 환경 아래에서 통치를 시작했다. 곧 국가가 주도해 자금을 조달하고 재벌 중심의 경제를 감독하던 과거의 축적 체제가 아시아 금융 위기로 붕괴하고, 반세기 동안 억압적 국가기구를 통해 나라를 통치해 온 권위주의 체제 역시 붕괴한 상태였다. 이 같은 상황은 (비록 채권자인 IMF가 채무자인 정부에 여러 가지 정책 권고안을 제시하기는 했지만 그 범위와 세부 사항들이 애초에 구체적으로 명시되지 않았다는 점에서) 자본과 노동 양측 모두에게 제약이자 기회였다.

새로 선출된 김대중 대통령은 한국의 민주화 운동에서 중심적 역할을 해왔다. 오랜 야당 생활을 했던 그는 1960년대 말 이래로 한국의 민주주의와 인권을 상징하는 인물이 되었다. 그는 민중운동 부문에서 활동하던 급진적인 운동가 다수를 야당(즉 새정치국민회의)에 영입했고, 이를 통해 시민사회 조직과의 무수한 공식·비공식 연계를 발전시켰다. 노조 역시 예외가 아니었다. 1997년 대선 직전, 한국노총은 김대중이 이끄는 민주당과 선거 동맹을 맺었다. 민주노총에서조차 민주당에 동조하는 세력이 많았다. 하지만 전반적으로 한국노총은 민주당과 상당히 높은 수준의 응집성을 형성한 반면, 민주노총 지도자 대다수는 민주당을 그저 개혁 성향의 자유주의 정당, 곧 단기적으로만, 또는 사안별로만, 동맹을 맺을 수 있는 정당으로 치부했다.[5]

사용자와 그 대표 조직들은 정부 초기에 비교적 침묵을 지켰고 영향력을 크게 발휘하지 못했다. 한국 발전 국가의 중추였던, 국가가 후원·감독하는 은행 시스템에 기초한 전통적인 자본 동원 체제는 붕

---

5 대통령 당선자 김대중은 자유 시장경제의 미덕을 신뢰하지만 그럼에도 관대한 사회적 안정망과 공평하고 건강한 거버넌스 체제로 그것을 규제해야 하는 필요성도 의식한, 궁극적으로 자유민주주의자였다. 역사적으로 민주당은 중신층 사무직, 소상공인, 도시 빈민, 보다 젊은 세대들, 호남 지역에서 선거 기반을 일구었다. 따라서 그 정권은 노동 기반 정당이라 보기 힘들었고 그에 따라 노동의 입장에서 국가와의 응집성은 특정 의제(사회정책 확대 같은)에만 부분적으로, 제한적으로 추진될 수밖에 없었다.

괴했고, 무수한 은행들이 연이어 도산했다. 국가, 재벌, 무책임한 은행 사이의 긴밀한 유착이 위기의 원인으로 거론되었다. 따라서 사용자들은 숨을 죽이고 새로 선출된 개혁 정부[6]가 이끄는 정책 방향을 당분간 관망해야만 했다. 그들은 지난 반세기 동안 권력으로부터 배제되어 온, 오랫동안 소수당이었던 새정치국민회의 내에 인맥이 많지 않았다. 하지만 그들은 금융 위기와 IMF의 개입을, 정리해고법과 근로자파견법, 즉 1996~97년 노동법 개악 저지 대투쟁에서 무산된 두 법을 입법할 수 있는 또 다른 기회로 보았다. 그리고 노동시장을 유연화하라는 IMF의 요구를 자신들의 장기적 정책 의제와 연결하는 데 성공했다.

노조(그리고 시민사회)에게 금융 위기와 개혁 정부의 출범은 명백한 위기이자 불확실한 기회였다. IMF가 새로 선출된 정부에 요구한 것은 높은 이자율, 부실 자산을 보유한 금융기관의 퇴출, 대규모 정리해고를 비롯한 노동시장 규제 철폐 같은 긴축 조치들, 그리고 실업자와 경제적으로 주변화된 이들을 위한 사회보장 확대 노력이었다. 사용자들은 심각한 경기 하강과 구조 조정 압력에 대한 대응으로 노동력을 감축하고 싶었다. 대규모 정리해고가 임박했고, IMF의 그 첫 번째 정책 권고는 사용자의 필요와 정확히 일치했다. 새로 선출된 정부 역시 정리해고를 임박한 개혁의 불가피한 요소로 간주했다. 그에 따라 금속과 은행 부문 등 민주노총을 지지하는 핵심 산업의 노동자들은 사회적 안

---

6 새정치국민회의는 여당 대선 후보 경선에서 경합하던 두 후보(이회창과 이인제)의 분열이 주된 원인이 되어 대선에서 아슬아슬하게 승리할 수 있었다. 또한 대선을 바로 한 달 앞두고 국가 경제가 급격히 붕괴한 사건은 보수 여당의 정당성을 무너뜨렸다. 그에 따라 새정치국민회의의 공약과 선거 전략은 경제 위기에 대한 여당의 책임을 공격하는 것이다.

정망이 거의 부재한 상황에서 직장을 잃게 될까 봐 두려울 수밖에 없었다. 다수의 기층 노조 지도자들은 IMF, 새로 출범한 개혁 정부, 그리고 전경련과 경총 같은 사용자 단체 사이의 그런 암묵적 합의에 맞서 비타협적 싸움을 준비하는 것 외에는 다른 선택지가 없다고 느꼈다. 하지만 노조와 시민사회의 다른 지도자들은 이를 개혁 정부와 그 지도자들이 정리해고의 규모와 영향을 최소화하고(또는 적어도 정리해고 요건을 어렵게 하고) 고용정책 및 소득 보장 정책을 제공함으로써 자신들을 보호해 줄 수도 있는 기회로 보기도 했다. 노사정위원회는 "새로운 복지국가로 향하는 문과, 정리해고와 고용 조정을 허가함으로써 근로기준법을 급진적으로 개정하는 문 (모두) 열었다"(Yang 2010, 457). 그런 까닭에 노동운동 내부에서는 새로 선출된 정부의 노동시장 및 사회정책 개혁에 어떻게 대응할지를 두고 깊은 분열이 시작됐다.

3자 교섭 구조는 사실 동원 관련 연대와 정책 관련 연대 모두를 구축할 수 있다는 점에서 노조와 시민사회가 연대할 수 있는 충분한 기회가 되었다. 노조와 시민사회는, 보편적 사회정책의 깊이와 범위를 극대화함과 동시에, 신자유주의적 시장 개혁을 도입하려는 사용자(그리고 국가)의 시도에 맞서 자신의 권리를 지키기 위해 서로 필요했다. 그러나 불행히도 노조 지도자들은 협상과 투쟁이 전개되는 동안 점점 더 분열됐다. 그들이 자신의 지지층을 위한 가장 바람직한 결과 ─ 온건한 노동시장 개혁과 관대한 사회정책 프로그램 ─ 를 얻기 위해서는 배태성의 두 차원 다 필요했지만, 정책 부문별로 노조와 시민사회의 정책 역량 및 동원 역량은 균질한 것이 아니었다.

3) 노동시장 개혁: 협력과 저항 사이에서

노사정위원회가 임박한 금융 위기를 극복하고 노동시장을 개혁하는 과정에서 맞부딪힌 가장 큰 쟁점은 국내 자본과 해외 자본 모두가 요청한 정리해고법 제정이었다. 국내 자본은 경기 하강기에 손쉬운 구조 조정을 할 수 있도록 정리해고법이 도입되길 원했는데, 이들은 외환 위기를 정리해고법을 통과시킬 수 있는 최상의 기회로 보았다. 해외 자본 역시 인수 합병(대체로 구조 조정과 정리해고를 동반한다)을 통해 한국 기업을 사들이려 했기에 그 법의 통과에 공통의 이해관계가 있었다. IMF는 정부에 요구한 개혁 패키지에 정리해고 조항을 포함시키지는 않았다고 노조 지도자들에게 이야기했지만, 김대중 대통령 주변의 핵심 정책 집단 사이에서는 정리해고법이 노사정위원회에서 처리해야 하는 가장 긴급한 정책이라는 합의가 있었고, 또 그들은 그 법을, 모든 당사자, 특히 민주노총의 동의를 받아 통과시켜야 한다고 주장했다.

민주노총에게 정리해고법은 마지노선이었다. 한국노총도 처음에는 정리해고법 수용을 거부했지만, 대선 이래 여당과 맺어 온 선거 동맹(응집성) 때문에라도 합리적 수준의 보상이 제시된다면 물러설 것으로 보였다. 반면 민주노총은 정리해고법 통과를 두고 크게 분열했다.

> 특히 정리해고 이슈와 관련해 중앙 지도부와 기층이 크게 부딪히기 시작했어요. 의료보험 통합 같은 다른 이슈에 대해서는 기층 노조가 상급 조직이 내린 방향을 그대로 따랐어요. 그게 얼마나 중요한지 거의 2년 동안 중앙에서 강조했으니까요. 하지만 구조 조정 국면에서 정리해고 문제와 관련해서는 [중앙 본부의] 정책 분야 전문가들과 지역 공장의 일

반 조합 지도자 및 노동자들 사이에 큰 괴리가 나타나기 시작했어요. 그러니까 1997년까지는 괴리가 별로 없다가 1998년 노사정위 때부터 …… 정책 라인에서는 정리해고를 반대만 할 수는 없는 것이었죠. [정책 라인 입장에서 볼 때] 주요 쟁점은 우리가 정리해고의 요건과 절차를 강화해 정리해고법의 세부 사항을 우리쪽에 유리하게 만들 수 있는가 없는가의 문제였어요. 하지만 산하 조직 현장에서는 "어떻게 감히 당신들 [노조 조직의 중앙 본부]이 자본가가 노동자를 마음대로 해고하는 법에 합의해 줄 수 있어?" [결국 관건은 - 옮긴이] 우리가 그 법을 우리 쪽에 더 유리하게 하느냐의 문제가 아니었던 거죠. (김유선과의 인터뷰)

한편, 온건한 노동운동 지도자들은 궁극적으로 정리해고법을 거부하기는 힘들 것이라고 예상했다. 그에 따라 정리해고법이 실제로 시행되는 것을 제한하는 정교한 방법들을 비롯한 보상 패키지의 내용을 극대화하는 데 집중했다. 사무직 노동자 노조가 이런 입장을 지지하는 주요 집단이었다. 다른 한편, 좀 더 전투적인 노동 지도자와 기층의 금속노조들은 정리해고법 수용에 대해서는 그것이 어떤 유형, 어떤 수준이든 격렬히 반대했다. 제조업 분야 대기업 노조들(특히 울산의 현대그룹의 노동자들)은 민주노총 지도자들이 정리해고와 관련된 어떤 것에도 합의할 경우 파업을 벌이겠다고 위협했다. 예를 들어, 사무직 노동자들, 특히 금융기관 종사자들은 좀 더 현실적이고 전략적인 입장을 취했다. 즉, 그들은 이미 자신의 운명 ─ 구조 조정과 대규모 정리해고 ─ 을 받아들인 상태에서, 정리해고의 범위와 정도를 최소화하고 퇴직 조건을 자신들에게 유리한 방향으로 극대화하길 원했다. 반면 금속노조 노동자들은 정리해고를 훨씬 더 두려워했는데, 이들은 지금의 일자리를 잃을 경우

(대안적) 미래가 전혀 없다고 보았기 때문이다. 그 시작부터 민주노총 지도부는 협상을 선호하는 노조와 거부하는 노조 사이에서 흔들렸다.

1998년 2월 6일, 노사정위원회는 한 달간의 의제 설정 및 협상을 거친 뒤 합의에 도달했다. 한국노총과 민주노총은 공동 파업 위협을 지렛대 삼아 버텼지만, 2월 5일 한국노총이 (돌연) 합의안에 서명하겠다고 발표했다. 민주노총 역시, 자신들의 동의 없이도 합의가 이루어질 수 있다는 압박 속에서 합의안에 동의했다. 합의안에는 다음의 내용이 포함됐다. ① 경영상의 지속적인 어려움으로 인한 인수 합병 상황들로만 제한하는 정리해고법의 통과 ② 전교조(전국교직원노동조합)와 공무원노조(전국공무원노동조합) 합법화 ③ 노조 전임자에 대한 임금 지급 금지 조항(삭제), 실직 노동자의 노조 가입(허가), 노동시간 단축, 노조의 경영 참여 등의 의제는 2기 노사정위원회에서 논의하기로 함.

하지만 2월 9일, 합의안은 민주노총 제8차 임시대의원대회에서 대다수의 반대로 부결됐다(찬성 88표 대 반대 184표).[7] 급진적 구조 조정을 예상한 작업장 출신의 기층 노조 지도자들이 대대적으로 반발한 것이다. 이에 대한 책임을 지고 민주노총 지도부가 전원 사퇴했고, 임시대의원대회는 합의안이 더는 유효하지 않다고 발표했다. 그럼에도 민주노총 지도부는 앞서 발표한 바 있는 총파업을 벌이지 않기로 결정했는데, 합의안을 둘러싼 내부 갈등과 분열 때문이었다.[8]

---

7 그 회의장 안팎은 합의안에 반대하는 노동자와 학생들로 가득 메워졌다. 투표는 대의원들의 기립 투표였다. 곧 비밀투표가 아니라 청중 모두 확인할 수 있는 공개투표 방식이었다.

8 필자가 인터뷰한 많은 정책 전문가는 합의안이 임시대의원대회에서 부결되어서, 노동 측이 정리해고법과 파견(노동자)법에 대한 보다 많은 제약 조건을 두지 못하게 되었다고 안타까워했다. 그 결과 노동운동은 노사정위원회에서 (노동의 핵심 이익과 관련된 노동시장 개혁 부문에서) 어떤 것도 얻지 못했고,

전반적으로 민주노총을 제외한 참여자 모두 노사정위원회의 1차 합의안에 만족했다. 새로 집권한 정부는 합의안에 곧바로 서명했는데, 바로 일 년 전에 이전 정권을 궁극적으로 무너뜨린 바 있는 노조들과 갈등을 빚고 싶지 않았기 때문이다. 민주노총이 내부 갈등으로 나가 버리긴 했지만, 정부는 처음으로 [노·사·정 3자 사이의] 합의를 이끌어 낼 수 있었고, 그에 따라 시장 지향적인 개혁을 개시하기에 앞서, 개혁에 대한 정치적 정당성을 내세울 수 있었다. 하지만 민주노총은, 양보에도 불구하고, 애초에 기대했던 것들을 얻지 못했다. 반면 사용자들은 자신이 원하는 것을 얻었고, 노동 측이 원했던 의제들은 2기 위원회로 넘겼다. 즉 "교원 노조와 공무원 단결권, 정치 활동 허용 등은 자본 측의 직접적인 이해관계가 걸린 문제가 아니었다. 반면 정리해고와 파견 노동자 제도는 현장 노사 관계의 권력 균형을 일거에 바꿀 수 있는 사안이었다"(노중기 2008, 175). 한국노총은 집권당과 호혜적인 정치적 관계를 계속 유지(배태성 없는 응집성)할 수 있게 되었고, 다른 한편 민주노총과도 노사정위원회의 합의를 도출해 낼 수 있었다. 문제는 민주노총이었다. 합의안을 두고 민주노총 내 정파들 사이에서 깊은 갈등이 생기기 시작한 것이다.

민주노총은 1기 노사정위원회 기간에 노동시장 개혁에서 노동의 핵심 이익을 지키지 못했음에도 불구하고, (뒤에서 살펴보겠지만) 시민사회에 대한 깊은 배태성 덕분에 주요 사회정책의 확대를 이끌어 낼 수 있었다. 노조는 당시 제시된 주요 사회정책들의 ─ 보편적 자격과 관대성에

개혁은 사용자가 바라는 방향으로 이루어졌다(여타의 복지 개혁안들이 통과되는 데 일조했으면서도, 노조는 이것들을 노동자의 핵심 이익과 직접적 관련이 있는 것으로 여기지 않았다).

관한ㅡ구조를 결정하는 중심 행위자였지만, 시민사회 세력, 특히 정책 관련 전문직 및 전문가들과의 긴밀한 협력을 통해서만 그럴 수 있었다. 이어지는 단락들에서는 노동의 응집성과 배태성이 두 개의 보편적 사회정책, 즉 국민건강보험과 국민연금의 도입뿐만 아니라, 1990년대 말부터 2000년대 말에 이르는 시기에 나타난 정책의 지속 또는 축소를 어떻게 설명하는지를 논의한다.

노조와 보편 복지국가

1) 시민단체 네트워크와 보편적 건강보험 쟁취 운동에서 노조의 중개자 역할

<그림 5.1>과 <그림 5.2>는 민주노총과 그 산하 노조들 그리고 민주노총과 연대하고 있는 시민단체들이, 노동법 날치기 반대 투쟁, 동아시아 금융 위기, 15대 대선, 노사정위원회 구성 등 노동운동과 관련해 일련의 결정적 사건들이 벌어진 시기인 1997년에 어떻게 광범위한 노동 – 시민 연대를 구축할 수 있었는지를 보여 준다. 노동과 시민단체들의 공동 네트워크는 노조와 시민단체들이 어떻게 자신의 부문 내에서 또는 그것을 넘어 서로 연결되었는지, 나아가 어떻게 계급을 가로지르는 광범위한 연합 네트워크를 구축했는지를 밝혀 준다. 4장에서 논의했듯이, 1990년대에는 민주노총 외에도 다양한 시민단체들이 시민사회의 중심 행위자로 출현했다. 하지만 민주노총과 그 산하 노조들이 주도했던 새로운 민주 노조 운동은 다양한 시민단체들을 서로 이어 주는 결정적 가교 역할을 했고, 이는 보편적인 사회복지 개혁을 지향하는 다양한 계급들 간의 포괄적 연대를 낳았다.

<그림 5.1> 1997년, 시민단체의 동원 네트워크(동원 중심 사건들에 기초함)

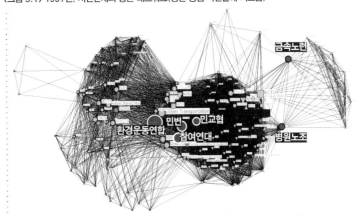

*주: 교점과 단체명의 크기는 각 단체의 연결 중심성을 나타낸다. 곧 교점과 단체명이 클수록 그 단체의 연결 중심성도 더 크다(단체명은 <그림 5.3> 참조).
*출처: 그래픽 써어레틱 레이아웃(Graphic Theoretic Layout)으로 작성했음.

    <그림 5.1>에서 나타나듯, 다양한 시민단체들과 노동조직들은 1997년에 중요하면서도 다양한 연대 활동에 참여함으로써 상호 연결망을 구축했다. 대략적으로 세 개의 큰 무리[결속 집단clique가 형성되어 있다. 곧 좌측에 있는 비이념적 중도 또는 우파에 기울어진 시민단체(예컨대, YMCA와 경실련), 중간에 있는 좌파 시민단체와 민중 단체들(예컨대, 참여연대, 환경운동연합, 민주사회를 위한 변호사모임), 오른쪽에 있는 노조(예컨대, 민주금속노련, 전교조, 현대노조)가 그것이다. 민주노총의 구조적 지위는 다른 진보적 시민단체들과 더불어 중심 집단에 있지만 동시에 두 큰 무리 — 노조와 시민단체 — 사이에서 가교 역할을 하면서 다른 핵심 기층 노조와 산별노조의 중심에도 위치한다. 달리 말해 민주노총은, 상호 배타적이지만 내부적으로는 잘 연결된 두 개의 큰 하위 집단들을 연결하는 '중개자' 역할을 하는 가교 단체로 위치한다. <그림 5.3>[9]에

<그림 5.2> 1997년, 시민단체의 정책 네트워크(정책 중심 사건들에 기초함)

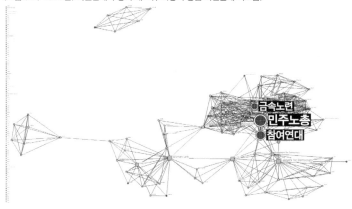

금속노련
민주노총
참여연대

*주: 교점과 단체명의 크기는 각 단체의 연결 중심성을 나타낸다. 곧 교점과 단체명이 클수록 그 단체
   의 연결 중심성도 더 크다.
*출처: 그래픽 씨어레틱 레이아웃으로 작성했음.

제시된 노조, 시민단체, 민중 부문 단체, 농민단체 같은 상이한 하위 집
단 사이에서 민주노총의 "중개자 역할"은 상위 5위 안에 들어간 영향
력 있는 다른 시민단체들과 견주어도 그 규모와 중요성에서 특출하다.
중요한 것은 민주노총 소속 산별노조 가운데, 나중에 보건의료노조로

9 굴드와 페르난데즈(Gould and Fernandez 1989)는 다섯 가지의 중개자 역할을 제시했다. 즉 '조율
  자'[조정자] 역할은 모든 교점이 동일한 집단에 속하는 경우다(A→A→A 두 번째 교점이 중개자다). '문
  지기' 역할은 공급원만 다른 집단인 경우다(B→A→A). '대표'[대리] 역할은 수신자가 다른 집단인 경우
  다(A→A→B). '상담역'[한글 연구 문헌 중에서는 순회 중개자, 컨설턴트 등으로도 옮겨지고 있다]은 중
  개자가 다른 집단이지만 공급원과 수신자 모두 같은 집단인 경우다(A→B→A). '연락' 역할은 세 교점
  모두 상이한 집단인 경우다(B→A→C). 집단 분류와 관련해 필자는 중개자 역할의 총수를 계산하기 위
  해 210개 조직을 다음과 같은 8개 집단으로 분류하는 은수미(2005a)의 원안을 이용했다. 곧 전위 노
  동조직, 노조, 노동 지원 기관, 농민 조직과 빈민 조직, 진보적 시민단체, 비이념적 시민단체, 우파 시민
  단체, 대중 부문 단체.

진화한 병원노련(전국병원노조연맹)이 노조와 다양한 부문의 시민단체들을 서로 연결하는 데 있어 민주노총보다 훨씬 인상적인 중개자 역할을 했다는 것이다.

1997년, 노조와 시민단체 사이의 연대와 대규모의 동원을 초래한 주요 핵심 사건들은 대부분 노동법 날치기 반대 투쟁이 정점에 도달했던 1월에 일어났고, 노동과 시민단체 사이의 연대는 1997년 하반기에 정책 중심의 연대로 전환됐다. <그림 5.2>는 1997년 정책을 중심으로 노동과 시민단체 사이에 형성된 네트워크 구조인데, <그림 5.1>의 동원 네트워크와 비교해 단체들이 더 성기게 연결되어 있고 흩어져 있다. 상이한 부문들의 시민단체와 노동단체 사이에서 중개자 역할을 맡은 민주노총과 병원노련의 중심적 위치는 <그림 5.2>의 정책 네크워크에서도, <그림 5.1>의 동원 네트워크에서 못지않게 인상적이다. 곧 다른 어떤 단체들도 (그림에 표시되지 않은) 민변과 여성단체연합을 제외하면, 민주노총과 유사한 수준의 중개자 역할을 하지 않았다.

또 다른 중요한 점은 당시 민주노총 소속 노조 가운데 가장 크고 가장 강력한 노조인 금속노조가 기층 단위 노조와 민주노총 그리고 여타 진보적 시민단체들 사이에서 중요한 가교 역할을 했다는 것이다.[10] 영향력 있던 다른 시민단체들은 대부분(중심성 지수가 최상위인 단체들조차) 조직 자원을 같은 부문 내 동종의 이웃 조직에 쏟은 반면, 민주노총과 그 산하 핵심 노조들은 폭넓은 시민사회와 연합했다. 달리 말해, 1997년 무렵, 육체 노동자 계급, 농민, 도시 중산층, 전문직을 아우르는 광범위

---

10 이 민주금속노련의 인상적인 가교 역할은 보편 개혁에서 선별 개혁으로 입장을 바꾸는 2000년대에 이르면 완전히 사라진다(6장).

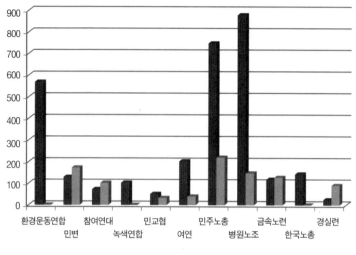

〈그림 5.3〉 하위 집단 전체에서 핵심 노조와 시민단체가 중개자 역할을 한 횟수

*주: y축은 Gould & Fernandez(1989)가 분류한 다섯 가지 중개자 역할(조율자, 문지기, 대표, 상담역, 연락)의 총수다.

한 계급 간 연합이 형성됐다. 이 연합은 결국, 김대중 정부의 출범과 더불어 구성된 노사정위원회에서 핵심 교섭 단위가 된다. 5장의 남은 단락들에서는 노동과 시민단체 사이의 연대가 1990년대 민주화 및 전투적 노조 건설 과정에서 어떻게 형성되고, 그 영향력이 보편적인 건강보험 개혁에서 어떻게 최고점에 달하게 되었는지를 살펴본다.

2) 의료보험 조직 통합과 노동의 선도적 역할

노동법 개혁에서와는 대조적으로, 사회정책 부문에서 노동운동은 매우 높은 수준의 배태된 응집성을 통해 자신들이 중요하게 생각했던 핵심 의제들을 밀어붙일 수 있었다. 국민건강보험 제도의 설립과 시행의 경로는 노조의 (준準)배태된 응집성 없이는 불가능했을 것이다. 1980년대와 1990년대에 등장한 새로운 민주 노조 운동은 의료보험 개혁을 요구하는 광범위한 시민사회 세력들의 연대를 추동하는 핵심 세력이 되었다. 노조 운동가들은 의료보험 개혁의 핵심 이해관계자였는데, 이들은 장기간에 걸쳐 광범위한 연대를 조직하는 데 직접 관여했을 뿐만 아니라, 정당과 정부 관료 조직에 로비 통로를 적극적으로 건설하는 역할도 했다.

지역의료보험 노동자들, 즉 (직장 조합에 가입되지 않은) 지역 가입자들을 담당하는 일종의 공공 부문 노동자들은 1980년대 말에 전국적인 노조 조직을 건설함과 동시에, 여기저기에 분산되어 있는 의료보험 조합들을 단일한 전국 조직으로 통합하는 것을 자신들의 주요 의제로 설정했다. 지역의료보험 노조의 발전은 이후 보건 의료 체계가 발전하는 과정에서 중요한 역할을 했는데, 이후 20년간 '사회권 확대를 지지하는' 시민사회 세력 전체에서 중추 역할을 담당했기 때문이다. 직장이 아닌 지역 가입자들이라는 점에서, 지역의료보험의 핵심 가입자들은 대부분 농민이었고, 그들은 도시의 직장 가입자들과 비교해 의료보험 서비스에서 자신들이 받고 있는 차별로 말미암아 불만이 가득했다. 지역의료보험 조합에서 일하는 노동자들 역시 직장 의료보험 조합에서 일하는 노동자들에 비해 임금이 상대적으로 낮았던 것에 불만이었다. 그 결과 지역의료보험 노조와 전국농민회(전농)는 분산된 의료보험 서비스를 전국적으로 통합하는 데 공통의 이해관계가 있었다. 농민들은 통합을 통해, [상대적으로 직장 가입자보다] 높은 보험료와 (혜택과 보장 범위에서 직장 가입자보다) 열악한 서비스 질의 문제가 해결되길 원했다. 지역의료보험 노동자들의 경우, 자신들의 활동 목표를 노동조건을 개선(이들은 상대적으로 높은 임금을 받고 있던 직장의료보험조합 노동자들과 같은 수준이 되기를 기대했다)하는 것뿐만 아니라, 건강보험 통합 운동을 통해 보편적인 사회적 시민권을 확대하는 것으로 설정했다.[11] 어떤 의미에서, 지역 기반 의료보험 제도의 구조는, 낙후된 산업에 종사하며 사회적 혜택을 받지 못하는 사회 계급인 농민이 숙련되고 전국적으로 조직된 (하지만 정부에 불만을 품은) 준관료 집단(지역의료보험조합 노조)에 의해 대표될 수 있는 기회가 되었다. 보편적 의료보험 체계를 지지하는 전례 없이 강력한 연대는 그런 예기치 못한, 그렇지만 정치적으로는 [두 이해 당사자 사이의] 이상적인 협력을 통해 시작됐다.

두 강력한 이해관계자(전농과 지역의료보험조합 노조)와 그 대표들은 각기 의료보험 통합 연대 운동에 각각 1988년과 1993년에 합류했다.[12] 지역의료보험조합 노조가 연대 운동에 참여한 것은 의보연대회의에 결정적인 추동력이 되었다. 농민들로 구성된 대중조직, 전국적으로 강력한 동원 역량을 보유한 노조(지역의료보험조합 노조), 그리고 광범위하고 기술적인 전문성과 그 운동의 정당성을 제공할 수 있는 다양한 의료보험 전문가 및 지식인 단체 등이 모인 삼자 동맹이 형성된 것이었다. 그렇게 해서 1994년 '의료보험통합일원화 및 보험적용확대를 위한 범국민연대회의'(이하, 의보연대회의)가 의료보험 개혁을 추동하는 핵심 행위자로 출현했다.

---

11 정부 내에서 통합 운동을 반대하는 가장 보수적인 거부권 집단은 보건복지부였다. 당시 보건복지부는 지역의료보험 노조를 통합 운동의 핵심 세력으로 보고 재무 평가와 인사관리(정리해고)를 이용해 가혹하게 억압했다.

12 지역의료보험조합 노조는 의료보험 통합 연대체(전국의료보험대책위원회)가 처음 만들어진 1988년에는 참여하지 않았다.

1995년에는 앞서 언급했듯 민주노총이 출범하게 되는데, 민주노총은 의료보험통합 운동의 제2 추진력이 되었다. 전노협과 병원노련의 정책 전문가들이 모두 민주노총으로 흡수되었고 ─ 그들은 핵심 의사 결정 집단이 되었다 ─ 민주노총은 의료보험 통합 투쟁을 1995년 임금 교섭 투쟁과 결합해 전개하기로 적극적으로 나섰다(연대회의 1994~95년, 8차 보고서, 1995년 9월).[13] 이는 민주노총 소속 핵심 노조들이 보험료 납부 거부 및 보험료 인상 반대 투쟁 같은 직접적·간접적인 방법을 통해 의료보험 개혁 투쟁에 참여했다는 의미다. 중요한 점은 당시까지 노동운동을 지배했던 임금 중심의 협애한 기업별 투쟁 방식을 극복하고자 했던 민주노총 중앙의 운동가들이 '사회 개혁 운동' 또는 '사회 개혁 노동조합주의'를 민주노총 설립 과정에서 자신들의 핵심 의제로 삼기 시작했다는 것이다.[14] 1995년 동안, 의보연대회의는 통합 운동의 의의를 기층 노조 지도자와 조합원들에게 조직적으로 확산하는 데 노력했다. 마지막으로 민주노총은 다음의 세 가지, 즉 (정부가 정한) 상위 임금 상한제 폐지, 노동악법 개정, 의료보험조합 통합 및 보장 범위 확대(사보노조와

13 민주노총이 1995년에 의보연대회의에 깊이 관여하고 건강보험 개혁을 임금 교섭의 일부로 채택한 사실은 여러 최상위 간부와 전략가들도 확인해 주었다(예컨대 [부록 A의] K2 이병렬과 K5 김태현). 3차 중앙집행위원회(1995년 1월 27일)에서 민주노총 지도자들은 건강보험을, 임금 교섭의 일부이자, 제1의 사회 개혁 과제로 추구한다는 데 합의했다. 이에 따라 병원 노조 69곳, 건설 노조 27곳, 자동차 노조 10곳, 금속노조 10곳, 기타 몇몇 공기업 노조는 기업별 임금 교섭에서 건강보험 개혁을 요구했다.

14 민주노총이 출범하면서 그 핵심 지도부는 산하에 여러 개의 산별노조를 거느린 전국 본부의 건설을 정당화할 수 있는 '이슈'가 필요했다. 건강보험 전국 통합 운동의 개시는 바로 민주노총 본부의 이 같은 필요성에 정확히 부합했다. 민주노총 지도자들은 의료보험 통합 문제를 조직적 의제로 적극 받아들였고, 이를 노동이 사용자 및 국가와의 교섭에서 요구해야 할 주요 정책 의제 가운데 하나임을 기층 노동자들에게 홍보했다. 보건의료노조와 민주노총에서 파견한 정책 전문가들은 재벌 기업 및 소규모 제조업 노조 지도자들이 그 이슈를 협상 의제에 넣도록 설득하는 데 결정적 역할을 했다.

비판과 대안을 위한 건강정책학회 2010, 100)를 조직의 중요 의제로 정했다.

　민주노총이 통합 운동에 개입하면서 의료보험 개혁은 1997년과 1998년, 노사정위원회의 핵심 쟁점 가운데 하나가 되었다. 당시 민주노총 지도부는 좀 더 보편적이고 평등주의적인 사회정책들을 추진하기 위해 시민사회단체들과의 연대를 활발하게 추구했다. 전체적으로 보아, 당시 가장 강력한 운동 조직인 민주노총이 의보연대회의의 핵심 조직으로 참여함으로써 의보연대회의는 의료보험 정책 입안에서 여타의 거의 모든 조직과 이해관계자들을, 심지어 정책 수립 과정에서 보건복지부까지도, 압도할 수 있었다.

　개혁의 추진력이 된 결정적 사건은 김대중의 당선으로, 그는 의료보험 개혁을 임기 중 최우선적으로 추진해야 할 과제 가운데 하나로 열거했다. 국민의료보험법은 김영삼 정부 말기인 1997년에 공포(1998년 10월 1일 시행)됐지만, 그 핵심 개혁들 — 분산된 기관의 통합과 자영업자로까지 보장 대상 확대 — 은 김대중 정부에서 실현됐다. 이는 특히 민주노총과 시민단체가 연합해 보다 진보적이고 보편적인 요소를 최종안에 포함시킨 노력의 결과였다. 노조와 시민사회 집단 사이에 형성된 높은 수준의 배태성은 [이들 사이의] 연대 네트워크와 새로 선출된 개혁 정부 사이의 응집적 연계를 통해 더욱 증대되었다. 의보연대회의와 민주노총의 핵심 지도부는 사회정책 의제를 협상 테이블에, 특히 1997년과 1998년에 활동 중이던 노사정위원회에 가서가기 위해 김대중 정부와 보수 야당 내 자신의 비공식 네트워크를 활용했다. 이 결정적 시기 동안, 의보연대회의의 지식인들은 여·야 국회의원들에게[15] 로비를 하기

---

15 연대 네트워크에게는 개혁 성향의 집권당에도, 보수 성향의 야당들에도 동맹이 있었다. 필자와의 인터

위해 전력을 다했고, 그동안 의보연대회의와 민주노총의 지도부들은 기층 노조 지도자들을 찾아가 설득했다.

> 우린[의보연대회의 집행위장이자 전 서울대학교 교수 김용익과 지역의료보험 조합 노조 위원장 출신의 의보연대회의 대변인 강창구] 건강보험 개혁의 필요성을 설득하기 위해 무수한 지역 노조 모임(현대, 대우 노조의 집행위를 포함해)에 찾아 갔어요. …… 노조 집행위가 밤 10시에서 11시에 끝날 경우 우린 그때까지 기다렸다 설명회를 갖고 열심히 설득했지요. …… 결국 현대와 대우 같은 대공장 노조들이 우리와 함께 하는 데 동의했습니다.
>
> (강창구, 전 지역 조합 노조 위원장)[16]

뷰에서 강창구는 의보연대회의와 노조의 의료보험통합 요청에 귀 기울일 뿐만 아니라 동료 의원들에게 개혁을 지지해 달라고 적극적으로 설득해 준 주요 통로로 두 명의 국회의원, 즉 이성재(민주당)와 황성균(한나라당)을 꼽았다. 그의 전언에 따르면, 공무원의료보험공단 이사장 출신 황성균은 통합 개혁의 필요성을 한나라당 내에서 널리 알리는 데 결정적 역할을 했다. 개혁 성향 국회의원들뿐만 아니라 지역구가 시골인 국회의원들도 그 법안을 적극 지지했다. "국회 보건복지위원회 내에서조차 대다수가 우리 편이었어요. 민주당 의원 7명 전원, 한나라당 의원 3명이 통합 법안을 지지한 반면 셋은 지지 혹은 중립이었고, 한국노총과 연계되어 있어 단호하게 반대하는 사람이 서너 사람이었지요. …… 하지만 우리 노력만으로 그런 법안을 통과시키는 건 불가능했습니다. 정확히 말하자면, 국회와 우리[시민사회와 노조 – 인용자]는 법안에 대한 생각이 같았지요. …… 그런데 그런 분위기 이면에는 이미 건강보험 서비스 통합을 찬성하는 대중들의 강력한 분위기가 존재했어요. 우린 기층의 그런 분위기를 한데 모았던 거지요. 재선에 성공하려면 그 어떤 정치인도 그 법안을 거부할 수 없었어요." 강창구는 김대중 정부가 정치인과 시민사회 행위자 사이에 합리적 수준의 합의가 존재하는 경우 (보수 관료들의 내적 저항이 있다 하더라도) 그런 정책의 시행을 받아들이기로 합의했다는 사실도 이야기한다. 이는 김대중 정부에서는 정치적 기회 공간이 크게 확장되었고, 의회를 통해 시민사회 행위자들이 정책 형성에 (민주화 이후 다른 어떤 정권들에서보다도) 개입할 공간이 충분했음을 의미한다.

16 노동계급과 중산층 사이에서 "공통 이익의 발견"(Baldwin 1990, 292)이 자동적으로 일어나지 않는다는 것을 다시 강조할 필요가 있다. 단순히 '위험을 공유하는 연대'(risk solidarity)가 중요하다고 역설하는 것보다, 어떤 조건에서 또 누구에 의해 그런 발견이 이루어지는지 묻는 게 더 중요하다. 이 시기

김대중 정부는 1998년에 복지부 산하에 '의료보험 통합 추진 기획단'을 발족했고, 그 법안은 1999년에 국회에서 통과되었다. 그리고 마침내 2000년, 139곳의 직장의료보험조합을 비롯해, 지역으로 나뉘어 있던 조직들이 단일 기관인 국민건강보험공단으로 통합되었다. 이 같은 개혁을 통해 보험료는 좀 더 평등하게(고소득자가 더 많이 내도록) 부과됐고, 단일 보험자 체계가 시행되면서 관리비도 줄었다. 또한 재정을 좀 더 효율적으로 운영할 수 있게 되었고, 보장 범위를 확대하고 특정 질병 및 의료 행위 대상자에 대한 보장 강화도 가능해졌다.

금융 위기 극복을 위해서 디제이 정부가 노사정 위원회를 활용을 했어요. 노사정위원회에서 디제이[정부]는 노동조합에게서 고용의 유연성 같은 것들[에 대한] 양보를 받아 내려 했죠. 가장 극성스럽게 노동운동을 했던 민주노총에게 [노동시장 유연성에 대한 보상으로] 노동 측에 뭔가를 주고자 했어요. 거래를 했죠. …… 노사정 합의의 최종 시한이 있었습니다. 막판에, 노사정위 종료 바로 하루 전날 민주노총에서 의료보험 통합을 던졌어요. 줘야 될 것들은 이미 다 나왔었죠. 거기에 하나를 더 얹은 거죠. [통합에 반대한] 한국노총도 깜짝 놀랐죠. 반대할 겨를도 없이 …… 거기는 금전적 지원을 많이 원했다고 하더라고요. 하지만, 의보통합 집행 위원장이자 민주노총 부위원장인 허영구 위원장은 마지막 요구 하나만[의료보험 통합] 했어요. …… 이 합의는 결정타였어요. 노사정

에 가장 중요한 '의식적 연대 노력'은 의보연대회의 지도부를 이끌었던, 진보적 건강보험 전문가와 민주노총의 새로운 지도부 사이에서 이루어졌다. 그들은 특권적인 재벌 대기업 노조 지도자와 조합원(이미 산업 및 기업을 통해 양질의 의료보험 제도를 누리고 있어 보편적 통합 체제로 바꿀 필요가 없었던) 이 기존 체제에서 혜택을 받지 못한 농민과 자영업자와 공통 이익을 공유하도록 설득했다.

합의는 반드시 이행하기로 되어 있었기 때문에……만일 노사정 합의가 안 되었으면 의료보험 통합은 조금 더 굴곡을 겪었을 거예요. 그 이후로, 정부가 법안 통과를 막으려 할 때마다 노사정위원회의 합의는 구속 장치로 작동했어요. (의보연대회의 집행부 일원과의 인터뷰)

의료보험 조직 통합을 압박한 연대 운동은 복지국가 발전에서 배태된 응집성의 중요성을 보여 준다. 노동운동 진영과 시민단체들은 공통의 이익을 중심으로 장기간 견고한 연대를 쌓았고, 신뢰에 기반을 둔 네트워크뿐만 아니라 정책 전문성도 계발했다. 그 연대는 처음에는 (1998년에) 동원 네트워크로 시작했지만, 시간이 흐르면서 정책 전문가의 지식이 축적되고, 설득력 있는 대안들을 제시하면서, 정책 역량을 점점 활성화할 수 있게 되었다. 민주노총 정책 팀은 김용익 교수 그룹 및 참여연대와 같은 시민사회 전문가들과의 지속적인 협력을 통해, 이 같은 (정책 역량에서) 높은 수준의 배태성을 성취했다. 어떤 의미에서 시민사회 집단은 민주노총을 통해 결정적 교섭력을 획득했고,[17] 민주노총은 시민사회 전문가들과의 연대를 통해 노동의 헤게모니를 정책 관련 분

---

17 이 점(노동의 역할)은 한국 복지국가 발전에 관한 문헌들에서 상당히 과소평가되었다. 그 연대 운동과, 정부 및 야당과의 협상에서 핵심 역할을 한 김태현과 강창구 모두 이에 대해 말해 주었고 필자는 (의보연대에 참여했던) 시민사회단체 내 다른 인물들을 통해 그들의 주장을 확인할 수 있었다. "건강보험 개혁 연대 운동을 이끈 건 바로 민주노총, 구체적으로 지역 조합 노조와 보건의료노조였어요. …… 건강보험 통합을 결정적으로 가능하게 한 것 바로 민주노총의 투쟁과 1998년 노사정위원회를 통한 합의였어요. 우리, 그러니까 보건 의료 분야 조합원들이 논의를 이끌었고, 처음으로 사회정책 개혁 운동을 대중적인 노조 운동의 맥락으로 통합한 게 바로 민주노총이었어요. 한국노총도 전에 그 쟁점을 제기한 적이 있긴 하지만요. 경총조차도 내부적으로 개별적인, 사회복지 관련 팀을 꾸렸는데 그건 직원 – 사용자 관계나 임금과 관련된 부문만 다루었지요"(김태현, 민주노총 정책실장).

야로 확장했다. 중요한 것은 상이한 세 사회 계급 — 농민, 육체 노동자계급, 사무직 노동자 노동계급(중산층) — 모두 연대 운동 내부에서 자신의 이해관계, 동원 조직, 대표를 발견했다는 점이고, 이는 스웨덴에서 복지국가의 발전을 뒷받침한 농민과 노동계급 사이의 동맹에 거의 상응하는 것이었다 (Esping - Anderson 1985; 1990). 나아가 이 연대는 운동의 범위를 가장 문제적인 사회집단, 곧 소득을 적게 신고해 조세 행정을 피하거나 속이는 경향이 있는 도시의 자영업자로까지 확장했다. 그렇게 함으로써 그 연대는 개혁의 범위를 거의 완벽한 수준으로 보편적·포괄적으로 확대했다.

요컨대, 민주화 초기에, 의료보험 통합이라는 농민들에게 "필요한 것을 성취하기 위한 투쟁"(Fraser 1990)은 결국 다양한 사회 세력 및 사회집단이 포괄적인 연대 네트워크에 참여하고 협력함으로써 보편적 수급 자격을 획득하기 위한 투쟁으로 진화했다. 그 과정에서 지역의료보험조합 노조와 민주노총은 보편적 의료보험 혜택을 필요로 하는 조합원들뿐만 아니라 일반 대중도 설득함으로써, 협소한 취약 계층, 곧 농민들의 투쟁을, 광범위한 계급 간 동맹으로 확대하는 데 결정적 역할을 했다. 특히 지역의료보험조합 노조와 그 상위 연맹들은 의보연대회의, 곧 보건 의료 분야에서 가장 잘 조직된 조직 간 연대 네트워크를 통해 이 결과를 성취했다. 노조 조직들은 보건 의료 분야의 진보적 전문가 같은 적절한 파트너와의 연합을 통해 특정 정책 분야에서 동원 역량을 극대화할 수 있었다.

3) 한국노총의 선별적 조합주의 체제 지키기

민주노총과는 반대로 한국노총은 의료보험 통합 운동에 격렬히 반대했고, 기존의 분산된 의료보험조합 체계의 유지를 지지했다.[18] 통합 운동에 반대한 한국노총과 그 동맹들은 다음과 같은 통합 반대 주장을 계속 퍼뜨렸다. ① 소득이 다르고 필요한 의료도 다른 사람들을 동일한 보험으로 관리하는 것은 비효율적이다. ② 전국적인 거대한 관료 체제는 변화에 즉각 대응할 수 없는 융통성 없는 단일한 위계를 만든다. ③ 임금노동자는 임금노동자가 아닌 이와 자영업자를 부양하기 위해 더 높은 보험료를 내야할 수도 있다. ④ 결국 상이한 건강보험 체제를 통합하면 건강보험 체제 전체의 재정 건전성이 약해질 것이다(이광찬 2009).

반면 한국노총 등은 구성원들의 직업 및 소득에 따라 구별되는 조합별 관리 체계가 다양한 사회집단들을 위해 좀 더 효율적으로 기능할 수 있다고 주장했다. 각 조합이 저마다 비슷한 특징을 공유하는 동질적인 사회집단들을 위해 기능할 수 있다는 것이다. 덧붙여, 각 조합이 조합원들의 소득과 형편에 따라 보험료와 관리 문제를 결정할 수 있다고도 주장했다. 또한 조합별 관리 체계가 의사 결정 과정에서 조합원의 민주적 참여뿐만 아니라, 다양한 의료보험조합들 사이의 경쟁도 고무한다고 덧붙였다. 그들은 전자의 특성은 조합원들 사이의 연대를 강화하고, 후자의 특성은 의료보험조합들을 좀 더 쉽게 비교·평가할 수 있게 한다는 점에서 보험 체제 전반이 더욱 효율화되리라고 보았다.

한국노총 등이 조합주의 체계(다수 보험자 방식)의 유지를 정당화하기 위해 이 같은 근거들을 제시하긴 했지만, 궁극적으로 한국노총의 입장

---

18 직장의료보험조합 노조는 한국노총에 소속된 영향력 있는 단체였다. 한국노총의 관료와 지도자들은 조합주의적 관리 체계 내의 수많은 지위와 자원을 통해 보수 정치인, 교수, 은행가, 전 군사정부의 지도자들과 긴밀히 연결되어 있었다(이광찬 2009). 권위주의 시기에 만들어진 코포라티즘 체계 내에서 성장해 온 한국노총이 직장의료보험조합 노조와 그 동맹의 이익을 대변한 것은 놀라운 일이 아니다.

은 농민, 비정규 노동자, 그리고 자영업자와 비취업자가 대부분인 지역의료보험 가입 조합원들을 배제한 채, 보호를 받는 임금노동자의 이익만을 반영한 것이었다. 곧 한국노총은 현 상태, 즉 선별적 조합주의 체제를 유지하고자 했다. 보편적 의료보험 체계의 도입을 거부했다는 사실은, 한국노총이 노조로 조직화되지 않은 다양한 시민사회 세력들의 기본적 건강권을 옹호하거나 수용하는 데 큰 관심이 없음을 의미했다. 경쟁, 효율성, 민주적 관리에 기초한 한국노총의 옹호 논리는 부유한 [직장]의료보험조합들에게나 최상의 시나리오였을 뿐, 가난한 의료보험조합들(농민을 위시한 지역 가입자들)에게는 적용할 수 없는 내용들이었다. 궁극적으로 한국노총과 산하 노조들은 자신들이 가진 부유한 자원을 사회 취약 계층들과 나누고 싶지 않았던 것이다.

하지만, 민주노총, 시민사회, 그리고 김대중 정부 내 개혁 성향의 정치인들은 연대를 통해 한국노총을 고립시킬 수 있었다. 한국노총과 (반)권위주의 국가는 수십 년간 선별적이고 조합주의적인 의료보험 제도를 유지해 올 수 있었지만, 광범위한 연대에 기초한 통합 운동의 공세 앞에서 과거에 자신들이 고수해 왔던 제도와 핵심 지지 세력(산하노조)을 내어 주어야만 했다. 기층 노조의 지지를 동원하기 위해 서로 경쟁하던 민주노총의 보편적 개혁 전략과 한국노총의 선별적 개혁 전략 사이에서 균형추를 움직인 것은 바로 재벌 대기업 노조였다. 현대자동차, 대우조선을 비롯한 기타 제조업 분야 대기업 노조들은 기층 일반 노동자와 그들의 지도자를 찾아간 의보연대회의의 참여 독려에 설득됐다. 민주노총의 영향 아래 있는 이 대기업 노조들이 사내에 쌓인 자신들의 보험료가 통합 계획에 따라 노동계급 전체의 혜택을 늘리는 데 사용되는 것을 받아들이면서, 한국노총의 선별적 전략은 직장의료보험조합 노조와 이전 체제의 옛 동맹 세력들 외에는 다른 유의미한 지지 세력을 찾을 수 없게 되었다. 1990년대 말, 2000년대 초, 재정 통합에 관한 법률들이 통과·시행됨에 따라, 한국노총을 비롯한 통합 저지 세력들은 통합에 더는 반대하지 않게 되었다. 완벽한 재정 통합은 2003년도에 이루어졌다. 보편적 개혁 세력이 마침내 선별적 개혁 세력에 승리를 거두었다.

4) 연금 개혁과 노동의 제한적 역할

의료보험 개혁 문제에서와는 달리, 노동운동가들은 노동운동의 전성기를 구가하던 1990년대에 연금 개혁 문제[19]에 대해서는 큰 관심이 없었다. 당시만 해도 연금 수령자가 거의 없었고, 노동운동의 핵심 지도부와 조합원은 퇴직 이후를 진지하게 고민하기에는 여전히 너무 젊었다. 사회권이 노령 인구로 확대된 지는 한 세대도 되지 않았기에, 노동운동 지도자 및 구성원들은 조직 역량(동원 및 정책)이 정점에 도달했을 때 '위험 계층'[노인] 또는 '위험'(에 대한 공동 대처를 위한) 공유 연대(Baldwin 1990)의 중요성에 대해서는 대개 무지했다. 성공한 운동가이자 교수, 또 참여연대 사회복지위원회의 지도자 가운데 한 명으로 현 국민연금 제도를 1990년대 말에 시행하는 데 핵심 역할을 한 김연명은 이렇게 상기한다.

---

19 1988년, 국민연금은 10인 이상 사업장 노동자를 대상으로 처음 시행되었다. 1995년에는 자격이 농민에게로, 1999년에는 자영업자와 도시민에게로 확장됐다. 결국 2006년에는 1인 이상 고용하는 사업장에서 일하는 모든 시민에게로 확장됐다.

김용익 선생이 이끄는 단체[의보연대회의]에 처음 가입했을 때 연금 분야에는 그와 유사한 것[연대 단체]이 없다는 걸 알게 되었고 그래서 [참여연대 안팎에서] 운동 단체를 조직하기 시작했어요. …… 하지만 별 효과가 없었지요. 그런 이해관계자들의 이익집단을 만드는 게 쉽지 않았습니다. …… 민주노총에서 아무도 연금이 얼마나 중요한지 진지하게 귀 기울여 주지 않았어요. …… [기존] 연금 수령자조차도 연금제도를 지지하는 걸 사람들에게 드러내고 싶어 하지 않았어요. 특히 연금 분야에는 자유로운 활동을 어렵게 하는 문화적 장벽[20]이 있었습니다.

가장 중요한 것은 노조에는, 기존 연금제도의 핵심 내용, 문제점, 연대성 및 재분배 효과를 늘릴 수 있는 대안 등에 정통한 전문가가 충분하지 않았고, 또한 이 문제와 관련해 다른 시민단체들과 적절한 정책 연대를 이루지 못했다는 것이었다.[21]

---

20 '문화적 장벽'을 그는 (당시) 기존 연금 수령자가 '딴 주머니'를 차고 있다는 사실을 드러내고 싶지 않았다는 의미로 썼다. 연금 수령이 '특권'으로 간주되는 상황에서는 소수의 수령자들이 자신의 권리를 거리낌 없이 드러내고 지키려 하는 것이 어려울 수 있다는 것이다.

21 1990년대, 민주노총이 지역의료보험조합 노조와 병원노련(1998년 이후 보건의료노조) 덕분에 상당한 정책 역량을 획득하고 시민사회 지도자 및 지식인들과 조밀한 네트워크를 구축할 수 있었던 건강보험 개혁과는 달리 연금 개혁은 노조에게 새롭고 낯선 쟁점이었다. 곧 민주노총 지도자들은 적절한 전략을 개발하지 못했고 적절한 입장을 취하지도 못했다. 2004년 말까지도 민주노총은 전국 본부 내 연금 개혁 특별 기획 팀을 꾸리지 않았다(2004년에 작성된 내부 전략 보고서에서는 기획 팀을 꾸리고 기층 노조의 의견들을 모을 것을 지도부에게 촉구했다. 2000년대 초에 연금을 전담한 핵심 전략가 중 한 사람은 필자와의 인터뷰에서 자신은 원래 그 분야의 전문가가 아니었다고 증언했다). 민주노총의 기층 노조원 다수는 국민연금에 반대했는데, 노동자들은 국민연금을 돌려받을 수 없을 세금으로 인식했기 때문이다. 특히, 기층 노동자와 그 지도자들은 금융 위기 동안 동료들이 대규모로 정리해고되는 것을 지켜보았기에, 국민연금을 퇴직 후의 현실적인 안전망으로 생각하지 않았다. 수급 자격을 얻으려면 적어도 20년을 납부해야 하기 때문이다. 대신 그들은 단기적 전략 — 기업별 교섭에서 기본급과 초과근무

의보연대회의 초기 설립에서 핵심 후원자였던 지역의료보험조합 노조와는 달리, 국민연금공단 노조는 바로 그 시작(1999년)부터 훨씬 미약하고 덜 전투적이었다. 지역의료보험조합 노조는 민주 노조 운동(민주노총) 내에서 가장 전투적이고 잘 조직된 지부 가운데 하나였던 반면, 국민연금공단 노조의 전신은 1990년대 대부분 동안 한국노총 소속이었다. 역사적으로 연금 부문의 노조들은 1980년대 말 민주화 시기에서도 정부의 억압으로 말미암아 크게 분쇄되었고 그때 이후로 조직역량을 회복하지 못한 상태였다. 다른 산업 분야에서는 민주 노조 운동이 분출하고 성장하던 1990년대 내내, 국민연금공단의 수장들은 주로 권위주의 위계 체제와 상명하달식의 직장 문화를 유지하던 군 장성 출신이었다. 국민연금공단 노조가 2003년에 소속을 한국노총에서 민주노총으로 바꾸긴 했지만 "2000년대 초중반까지도, 그 조직 네트워크는 민주노총 본부 및 다른 노조들과 조밀하게 연결되지 못했다"(국민연금공단 노조의 수석 상근 간부).²² 심지어, 1990년대 말과 2000년대 중반, 연금의 소득대체율 및 포괄 범위뿐만 아니라, 그 지속 가능성이 대중의 일차적 관심사가 되고 정치적 논쟁의 중심이 되었던, 연금 개혁의 결정적 시기 동안 국민연금공단 노조는 한국노총에서 민주노총으로 소속을 바꾸며 시간을 허비했다. 결국, 이 노조는 노사정위원회 기간 동안, 그리고 2000년대, 퇴직연금 도입 시기에 연금 개혁과 관련해 유의미한 역할을 거의 하지 못했다. 그러다 2000년대 말에 이르러 연금 개

수당 최대화 ― 을 추구했다.

22 이로 인해 국민연금공단 노조가 2007년 연금 축소에 반대할 때 다른 노조 및 시민사회 조직으로부터 별 지지를 얻지 못했다(이에 대해서는 6장에서 좀 더 논의한다).

혁 분야에서 주요 이해관계자 및 운동 주체로 등장했다.

노동이 처음부터 연금 분야에서는 배태성과 응집성을 모두 결여하고 있었기에, 김대중 정부에서 연금 개혁이 주요 정책 의제로 제시되었을 시기에 시민사회 영역에서는 참여연대를 제외하면 다른 유의미한 운동이 없었다.[23] 국민연금개혁위원회가 (위원회 내외부의 이해관계자들과 소통을 하며) 최종안을 총리실에 전달했을 당시, 양대 노총(민주노총과 한국노총)과 참여연대는 연금 개혁의 방향에 영향력을 행사하기 위해 정책 연대 네트워크를 형성했다.[24] 양대 노조와 영향력 있는 시민사회 조

---

23 그 분야 학자들은 1998년 개혁을 보편적 '사회권'의 초석으로 간주할 수 있는지, 그럴 수 없는지를 두고 여전히 논쟁을 하고 있다(김원섭 2009). 정권 내 경제학자들은 주로 (인구 통계적 위기에 직면했을 때의) 연금 기금의 재정 건전성과 균형, 그리고 경제발전에 대한 기여도에 초점을 맞춘 세계은행 모델(World Bank 1994)을 지지했다. 다른 한편, 사회복지부의 정책 입안자들과 (학계의) 개혁 성향의 관련 연구자들은 '최저 (생계비) 수준의 대체율'과 '보편 자격'을 강조하는 '국제노동기구 모델'을 지지했다.

24 1998년 7월 24일 공동 기자회견에서 세 조직은 자영업자에 대한 더욱 철저한 소득 조사, 정부의 다른 재정 정책으로부터 법적·제도적으로 독립된 연금 기금 운용, 그리고 기금에 대한 민주적인 관리 및 감독 같이 자신들이 오래전부터 요구해 온 내용을 무시했다며 정부안을 강하게 비판했다. 두 노조는 정부의 조세 감시 체계에서 소득이 정확히 파악되지 않는 자영업자를 국민연금 가입 대상에 포함하는 일에 강한 거부감을 보였는데, 자영업자가 소득을 적게 신고하면 (정직한) 임금노동자로부터 (부정직한) 자영업자로 '역진적 재분배'가 발생할까 두려웠기 때문이다. 이 쟁점에 대한 정부의 무관심은 이후 연금 제도 전반에 대한 대중의 불만, 혼란, 비난에 불을 붙였다. 이런 위기의 맥락에서 참여연대는 그 개혁의 주요 골자를 견고히 지지했고 개혁 법안이 대중의 불만 속에서도 살아남도록 도왔다(김연명 2004). 두 중앙 노조는 결국 보편적 적용을 지지했지만 국민연금에 대한 기층 노조들의 불만(가까운 미래에 기금이 고갈될 수 있다는 소문들로 인한)은 2000년대 초에도 존재했다. 결국, 1990년대 말, 연금 개혁은 자영업자와 지역 가입 대상자의 자격을 불분명한 상태로 두었다. 소득이 없다고 신고할 경우 연금을 납부하지 않을 수 있게 허락한 것이다. 그 결과 자영업자와 지역 가입 대상의 절반 이상이 사실상 미가입 상태로 남아(연금을 납부하지 않은 까닭에) 노인이 되었을 때 빈곤에 취약해지게 되었다. 이런 의미에서 민주노총과 한국노총 모두 국민연금의 가입 대상 및 자격 범위와 관련해 보편 전략보다는 선별 전략을 암묵적으로 추구했다.

직이 단일하고 집단적인 주장을 제시하자, 정부의 최종안에서는 기획재정부로부터 독립적인 관리 기관(국민연금공단) 설립안을 담아 그들의 우려를 반영했다. 이 제도 개혁에서는 국민연금 기금운용 위원회에 (노조를 포함해) 가입자 (추천) 대표의 수를 늘리고, 모든 운영 절차 및 결과를 의회에 보고하도록 명령하고, 강한 재분배 요소와 높은 소득대체율(세계은행이 권고하는 대체율은 40퍼센트보다 높은 60퍼센트)을 유지하게 함으로써 보다 민주적인 관리 체제를 마련했다.

요컨대 참여연대를 통한 정책 네트워크 덕분에 노조들은 국제노동기구 모델과 유사한 연금 개혁안을 밀어붙이고 사회적 시민권을 확대할 수 있었다(김원섭 2009). 참여연대 사회복지위원회의 활동가 및 전문가들은 개혁의 방향이 보편성 보장, 민주적 관리 행정, 후한 연금액을 지향하도록 민주노총 및 한국노총 모두와 적극적으로 동맹을 맺었다. 개혁 노력은 노동자와 시민의 적극적인 개입, 충분한 정보와 숙의에 근거한 결정을 통해서가 아니라, 전문가 사회와 그들의 네트워크에서 시작되고 달성되었다. 참여연대, 민주노총, 여당에 소속된 소수 정예의 전문가는 1997~98년 노사정위원회에서 이루어진 일괄 타협안에, 의료보험 개혁과 더불어 연금 개혁을 넣는 데 성공했다. 금융 위기 및 정권 교체 시기에 나타난 급격한 권력 변동으로 말미암아 기존 정부(재정경제부 관료), 사용자 단체, 보수 야당 등은 이 같은 개혁에 크게 반대하지 못했다.

하지만 정책 네트워크가 존재했음에도 불구하고 보편적이고 관대한 연금제도를 유지하는 데 필요한 조건들이 부재함에 따라, 즉 노조 내에 핵심 이해관계자들이 없고, 또 기층 노동자들과 연결된 조직적 연대 네트워크도 부재한 결과, 2000년대 노무현 정부 시기에 시장 세력과 반대 세력이 그 개혁의 결과를 뒤집을 여지가 생겼다(다음 단락에서 그것을 '[연금] 개혁 운동의 일대 후퇴'라 부른다).

비교 분석: 노사정위원회 기간,
노동시장 및 복지 개혁에서 응집성과 배태성의 정치

김대중 정부의 노사정위원회 기간 동안 노동과 시민사회단체 사이의 연대는 배태된 응집성 덕분에 의료보험 분야에서 매우 보편적인 개혁을 성취했다. 노동운동가와 시민사회 전문가 등이 깊이 관여한 연대 네트워크는 효과적인 위협과 숙의에 필요한 동원 역량 및 정책 역량뿐만 아니라, 정책을 개발하고 이를 법률로 제정해 의회에서 통과시키는 데 필요한 국가와의 연계도 보유했다. 의보연대회의의 동원 및 정책 역량은 창립 이후 10년 동안 극적으로 성장했고, 의료보험 통합의 필요성에 관한 담론을 정치사회와 시민사회에 널리 알리는 역할을 했다.

분산되어 있던 의료보험 조합들의 통합은 배태된 응집성이 낳은 인상적인 결과였고, 이는 보건 의료에 대한 사람들의 사고방식을 완전히 바꾸었다. 모든 시민이 누리는 '동등하고' '공평한' 자격은 국민건강보험에 대한 대중의 지지를 크게 높였고, 단일 보험자가 자신이 가진 협상력을 통해 가능한 비교적 낮은 비용으로 의료 서비스를 제공할 수 있도록 (의료 서비스 공급자와 제약회사를) 강제할 수 있게 되었다는 점은 개혁의 또 다른 근거가 되었다. 더욱이 (자영업자에 대한) 자격 확대와 취약 계층들(농민 등)에 대한 평등한 대우라는 성과는, 생활 조건이 상이한 다양한 시민들과 위험 집단들이 집단적인 대응을 통해 해결책을 마련한 한국 현대사 최초의 사례에 해당한다. 다음 장에서 논의하겠지만,

이 견고한 연대 구조 덕분에 국민건강보험은 노무현 정부 및 이후의 보수 정부들에서도 대형 병원과 의사들, 보수 관료 및 정치인들의 시장 지향 개혁 노력에도 흔들리지 않고 유지되었다.

반면 연금 개혁에서 노조의 이해관계는 불분명했다. 또한 노령의 연금 수령자들은 수적으로 열세였고, 스스로를 동원할 수도 없었다. 국민연금공단 노조는 의료보험 조합 노조들과 견주어 볼 때 수동적이고 체계적이지 못했다. 연금 개혁 과정 전반을 주도한 것은 다름 아닌 참여연대였고, 민주노총과 한국노총은 그 외부 단체의 주도를 따랐다. 기층 노조들은 연금 개혁에 관심이 없었고, 그 결과 그 개혁은 참여연대와 민주노총 정책 전문가들 사이에서 조율되었다. 이런 조건 아래에서도 전적으로 정책 역량에만 기초한 네트워크는, 비록 정권 내부와 사용자들의 소극적 반대에 직면했지만, 좀 더 보편적이고 좀 더 관대한 국제노동기구의 연금 모델을 지켜 낼 수 있었다. 나아가 연금 관리를 위해 더욱 민주적인 구조 역시 마련했다. 이처럼 법안이 비교적 쉽게 통과된 데에는 김대중 정부 시기 노사정위원회가 만들어 낸 호의적인 정치 기회의 구조가 끼친 영향도 있을 것이다. 하지만 이 같은 성과를 거둔 이후에도, 민주노총은 정책 팀, 특히 연금 정책 팀의 제도화에 좀처럼 투자하지 않았다. 개혁 연합에서 민주노총의 존재는 노사정위원회를 통해 법안을 추진하는 데 중요했지만, 정책 배태성은 주로 참여연대의 노력을 통해 형성되었다. 민주노총의 경우, 정당과 연결된 연금 정책 네트워크가 부족했기 때문에, 주로 참여연대의 로비 및 정책 수립 역량에 의지해야 했다. 이 같은 약한 응집성과 얕은 배태성으로 말미암아 국민연금의 핵심 원리는 이후 노무현 정부의 축소 시도 앞에서 매우 쉽게 허물어졌다

〈표 5.1〉 개혁 성향의 김대중 정부 시기 노사정위원회 기간, 노동시장 및 사회정책 개혁의 정치

	노동시장 개혁 (시장 지향)	의료보험 개혁 (확대)	연금 개혁 (확대)
승리한 연합*	국가–사용자–한국노총	국가–민주노총–시민사회	국가–시민사회–민주노총 –한국노총
핵심 행위자(개시지)	사용자	연대회의(노동–시민사회 연대 네트워크)	참여연대
반대 세력	민주노총(시민사회 세력 부재)	한국노총과 사용자	사용자(하지만 약함)
국가와의 응집성 (민주노총–집권당)			
– 선거 동원	약함	중간	약함
– 정책 수립과 로비	약함	강함	중간(참여연대를 통한)
배태성 (민주노총–시민단체)			
– 논쟁적 동원	보통	강함	약함
– 정책 수립과 로비	약함	강함	중간(참여연대를 통한)
결과	정리해고법과 파견노동자법 시행	국민건강보험 통합 시행	전국적인 독립적·민주적 연금 서비스 개시

*주: 국가는 모든 정책 부문에서 승리한 연합에 속하기 때문에 핵심 행위자라고 생각할 수 있다. 노동시장 개혁들은 '축소'인 반면 나머지 두 사회정책 개혁은 '확대'임에 주목하라. 따라서 국가는 늘 승리한 연합에 속하지만 사실 언제나 복지 확대 개혁 연합에 속하는 것은 아니다. 이론적으로 이 사례들에서 국가는 시민사회의 핵심 이해관계자들과 시장에 의해 흔들리는 '시계추'로 간주할 수 있을 것이다. 이런 국가의 판이한 행동에 대한 보다 긍정적 해석은 새로 선출된 김대중 정부가 노사정위원회를 통해 사용자와 노조가 노동시장 개혁과 사회정책 개혁을 교환하는 데 일조한 적극적 중재자였다는 것이다. 중재자로서 국가의 이 같은 적극적 역할은 국가 중심 이론을 위한 길을 열어 줄 터인데 필자의 의견으로는 중재자로서 이 같은 국가의 역할은 국가 관료가 다른 사회 세력으로부터 독립되어 관대하고 보편적인 사회정책을 의식적으로 육성·시행하는 역할을 하는 [국가 중심 이론] 본래의 판본과 동일한 것은 아니다.

노동시장 규제 분야에서, 국가–사용자–한국노총의 연대 네트워크는 노동법 후퇴와 관련해 자신들이 원하던 목표를 효과적으로 달성했다. 1996~97년 노동법 날치기 반대 투쟁에서 국가에 승리를 거두었을 때와는 달리, 이 문제에서는 민주노총이 자신의 경쟁자(한국노총) 및 의료보험 및 연금 개혁을 위해 협력했던 시민사회의 다양한 세력 모두로부터 고립됐다. 금융 위기 동안, 이전의 동맹 세력 대부분이 정리해고를 불가피한 개혁으로 수용함에 따라, 민주노총 역시 노동시장 규제와 관련된 핵심 조항을 철폐하는 데 동의할 수밖에 없었다. 규제 완화를 수용하기로 한 이 같은 결정은 (그것이 불가피했다 하더라도) 다음 10년 동안 민주노총에 깊은 분열을 낳았는데, 이에 관해서는 다음 장에서 좀 더 자세히 논의한다. 애초 민주노총은 정리해고법이 통과되면 총파업을 벌이겠다며 국가를 위협했지만, 한국노총, 시민사회 조직들, 일부 산하 조직들이 이를 지지하지 않음에 따라 파업은 실현되지 않았다. 그 결과 국가 – 한국노총 – 자본의 연대 네트워크는 결국 자신들이 원하던 정책 의제 ― 정리해고법과 파견노동자법 통과 ― 를 성취했다. 정리해고법은 즉각 노조 조직들 내부에 분열을 낳았고, 파견노동자법은 거대한 구조적 충격을 야기해 오늘날에도 노동시장에 커다란 영향을 미치며 노조를 비롯한 노동단체들을 괴롭히고 있다.

요컨대 노동운동은 정책 분야별로 응집성과 배태성의 수준이 상이했다. 정책 분야 전반에 걸쳐 노조는 다양한 동맹 세력들과 복잡하면서도 각기 상이한 관계를 발전시켰다. 노조는 두 정책 분야, 곧 노동시장 규제와 사회정책에서 각기 다른 수준의 배태성과 응집성을 발전시켰다. 사회정책에서 노조는 로비와 압박의 정치를 통해 자신의 의제를 관철하기 위해 광범위한 수평적인 연대와 유의미한 수의 수직적 통로를 구축할 수 있었다. 그러나 노동시장 규제에서 노동운동은 선택지가 많지 않았다. 그들은 정리해고법에 정리해고를 제약하는 조항을 거의 덧붙일 수 없었다.[25]

---

25 한 정책 전문가는 이렇게 안타까워한다. "우린 모든 이들을 위해 사회정책을 주었지만, 정작 우리 자신을 위한 것은 얻지 못했어요." 실제로, 노조원들은 좀 더 광범위한 일반 대중에게 혜택을 제공하는 보편

소결

이 장에서는, 특정 정책과 관련한 노조의 배태성 및 응집성 수준에 따라 의료보험, 노동시장 규제, 연금 같은 각 정책 영역에서 개혁의 결과가 크게 달라진다는 것을 보여 주었다. 시민사회 조직에 대한 노조의 배태성, 특히 의보연대회의에 대한 민주노총의 연계는 1990년대 말의 결정적 국면에서 보편적인 국민건강보험제도가 도입되는 데 상당한 영향력을 행사했다. 의보연대회의 및 자체의 응집성 통로를 통해 민주노총은 핵심 의료보험 개혁안 — 다수의 의료보험 공급자들을 단일 보험자 체계로 통합하는 안 — 을 최종적으로 통과시키는 데 결정적 역할을 했다. 의보연대회의에서 민주노총이 수행한 역할, 특히 정당 및 국가와의 응집적 연계를 통해 의보연대회의의 요구 사항을 전달하고 이를 실현하는 과정에서 보여 준 민주노총의 연대 활동은, 한국 복지국가의 정치에서 배태된 응집성의 역할이 가장 명확하게 드러난 사례다. 나아가 이 같은 정책 연대는 2000년대에 나타난 축소 공세 앞에서도 유지됐다. 또한 (2000년대) 응집성 수준이 높지 않은 상황에서도, 그 배태성은 의료보험 부문에서 신자유주의적 민영화 세력에 맞서 기존 복지 제도를 유지하는 데 기여했다(또 2010년대 초반인 현재, 곧 우파 정당이 집권한 상황에서도 그런 역할을 유지하고 있다). 이는 다음 장에서 논의한다.

  의보연대회의의 성공과 지속, 그리고 그 연대 네트워크에 대한 민

적 사회정책을 위해 자신들을 희생했던 것인데, 민주노총 내 좀 더 급진적 조합원과 지도자들은 그럼에도 불구하고 노사정위원회 기간 동안의 행동을 두고 전국 지도부를 비판한다. "어떻게 민주노총이 정리해고법을 받아들일 수 있나? 그것에 맞서 싸웠어야 했다."

<그림 5.4> 응집성과 배태성의 교차 공간에서 국가와 노조의 전략적 행동: 확대 게임(한국 사례)

		응집성(집권당에 대한 노조의 연계)	
		약함	중간-강함
배태성 (시민사회에 대한 노조의 연계)	약함 중간 - 강함	제로섬 갈등 게임 지배적 결과: 노조 주도 개혁 실패 전형적 사례:	코포라티즘 게임 지배적 결과: 노조의 선별적 개혁과 국가의 수용 전형적 사례: 의료보험 통합에 대한 한국노총의 거부(김대중 정부 시기), 연금보험을 자영업자로까지 확대하려는 법안에 대한 민주노총과 한국노총의 주저(김대중 정부 시기)
		노조 우위 게임 지배적 결과: 노조 주도 보편 개혁과 국가의 수용 전형적 사례: 1990년대 의보연대회의의 성장	지배적 결과: 노조의 보편적 개혁과 국가의 수용 전형적 사례: 1997~98년 의료보험 조합 통합(김대중 정부 시기)

주노총의 참여는 <그림 5.4>의 우측 하단(1997-98년 노사정위원회에서 의료보험 통합 및 연금 개혁 안의 통과) 게임의 전형적 예다. 민주노총(과 소속 산별노조들)은 의보연대회의에서 또는 참여연대를 통한 연대 관계를 통해 동원 배태성과 정책 배태성을 모두 보유하고 있었고, 또한 집권당인 민주당과의 숙의 및 협상 통로도 있었기에 응집성 또한 확보하고 있었다. 보수 정부를 휘청거리게 한 바 있는, 1997년에 민주노총이 보여 준 강력한 동원 역량을 새로운 정부는 명확히 알고 있었다. 곧 국가는 시민단체 및 노조가 상호 조율을 통해 자신에게 공동으로 제시한 사회정책 의제를 무시할 경우, 어떤 대가를 치러야 하는지에 대해서도 바로 이전 정권의 몰락 과정을 통해 경험했다. 또한 의보연대회의와 참여연대는 국가 및 여당 내의 관료와 정치인들을 설득할 수 있는 정교한 개혁 의제를 개발했고, 따라서 국가는 이들이 제시하는 방향으로 개혁을

추구하지 않을 명분을 마련하기가 어려웠다. 특히 주목할 만한 점은 의보연대회의가 개혁을 지지하는 다양한 이들을 동원하고 조율하는 한편 반대자들을 좌절시킬 수 있었던 역량 — 특정 정책에서 배태된 응집성을 형성하고 다음으로 결국 의료보험 체계를 통합하는 데 결정적이었던 것으로 드러나 역량 — 이다. 의보연대회의의 존재와 이들이 수행한 역할은 보편적인 사회정책을 입안하는 데 필요했던 "시민적 조율"(Weingast 1997)을 이뤄 내고, 나아가 "제도적 조율"을 유지하는 데 결정적이었다. 요약하면, 의보연대회의의 조직적 성장, 성숙, 다각화는 "노조의 배태된 응집성은 보편적인 사회정책을 통과시키는 데 결정적 역할을 한다"라는 명제를 설득력 있게 뒷받침하는 사례다. 복지국가 확대의 시기에 노조는 시민사회의 이익을 자신의 이익으로 고려해, 사회정책 부문에서 선별적 개혁을 추진하려는 욕구를 자제하고 보편 개혁을 도입할 수 있다.

의료보험 통합과 관련해, 권위주의 정부 시기에 만들어진 분산된 조합주의적 관리 체계의 유지를 원했던 한국노총의 입장은 <그림 5.4> 우측 상단의 배태성 없는 응집성에 해당한다. 이 같은 상황에서 노조는 자신만의 특수 이익을 극대화하고자 하는데, 이는 시민사회 내의 조직화되지 못한 사회 세력과 긴밀한 관계를 맺고 있지 않았기 때문이다. 곧 한국노총은 [직장의료보험조합이 가진] 풍부한 자원을, 농민이나 도시 자영업자 같은 취약한 사회집단과 공유하기를 거부했다. 일반적으로, (국가와의 기존 통로 덕분에) 현저한 로비 비용이 들지 않는 (배태성은 없고) 응집성을 보유한 노조는 국가의 후원 속에서 제한적 개혁과 같은, 자신에게만 이익이 되는 기존의 질서를 대체로 유지하는 데는 성공한다. 하지만 권위주의 정부의 40여 년간의 지배를 이제 막 끝내고, 새로 선출된 개혁 정부는 [한국노총보다는] 민주노총과 의보연대회의의 로비에 좀 더 귀 기울였다. 따라서 통합 운동에 대한 한국노총의 저항은 결국 새로운 개혁 정부와의 불완전한 응집성으로 말미암아 실패하게 됐다.

연금 개혁의 경우, 중간 수준의 정책 역량과 약한 수준의 동원 역량을 가진 노조의 배태성은 충분한 보편성을 담보하지 못한 불완전한 상태로 연금 개혁이 전개되도록 한 주요 원인이었다. 민주노총과 한국노총은 일반적으로 참여연대의 진보적 전문가들에 비해 연금 개혁에 무관심했고, 또 한편 연금 수급 자격이 소득이 투명하지 않은 도시 자영업자에게 확대되는 것에 불만을 드러냈다. 그 결과 국민연금 수급 대상의 확대는 제한적으로 이루어졌다. 곧 연금을 낼 수 없고, 그에 따라 미래에 연금을 받지 못하는 가난한 도시민들이 여전히 상당수 남아 있게 됐다. 한국노총과 민주노총 모두 1990년대 말, 즉 민주노총의 사회 개혁주의가 정점이던 시기에, 이와 같이 주변화된 국민들에게 평등주의적 안전망을 제공하는 일에 침묵했다. 이런 경향을 선별 전략의 명백한 사례로 판단하기는 어려울 수도 있지만, 이 사례는 노조가 정책 및 동원 역량 측면에서 시민사회에 깊이 배태되어 있지 않을 때 자신의 이익만을 추구할 수 있음을 분명히 보여 준다.

요약하면, 민주화와 지구화가 전개되던 시기에 한국에서 나타난 사회정책 및 노동시장 정책의 발전과 후퇴에 관한 사례연구는 노동 정치의 성공 여부가 노조 내부·외부에 있는 다양한 조직적·정책적 자원을 긴밀히 결합할 수 있는, 다시 말해 광범위한 연대에 기초한 지도부의 건설 여부에 전적으로 달려 있음을 보여 준다. 이와 같은 지도부는 수평적으로는 시민단체, 그리고 수직적으로는 국가와 특정 사안별로 정책 연대를 추진한다. 그런 연대 네트워크의 구조는 한두 조직(의 지도자들)이 급조할 수 있는 것이 아니라 다양한 조직 및 활동가 다수에 의해 역사적으로 형성되고 구조화되는 것이다. 특히, 의보연대회의 사례는 그런 수평적 연대가 유리한 시기에, 또 불리한 시기에 각각 어떻게 작동하는지, 즉 어떤 시기에는 정치적 기회를 이용해 보편적인 의료보험을 추진하고, 다른 시기에는 반동적인 신자유주의적 개혁에 효과적으로 저항하는지를 분명히 보여 준다(후자의 사례에 대해서는 다음 장에서 논의한다).

이 사례연구는 또한 효과적인 노동 - 시민 연대는 두 요소, 곧 동원 역량과 정책 역량이 필요함을 보여 준다. 이 요건은 의료보험 정책과 연금 정책의 비교를 통해 드러난다. 두 분야에서 정책 전문가의 역할은 결정적이었다. 곧 의료보험 통합 개혁에서 의보연대회의의 전문가들은 정책 및 동원 역량을 형성했고, 연금 개혁에서 참여연대 전문가들은 비록 동원 역량은 없었지만, 정책 수립을 담당했다. 또한 민주노총은 동원 및 정책 연대를 위한 자원을 제공해 의료보험 개혁을 조직적으로 지원했지만 연금 개혁에는 소극적이었다. 참여연대는 전문적인 정책을 수립하고, 정당에 접근할 수 있는 기회를 제공한 반면, 민주노총 산하의 기층 노조들은 연금 정책의 세부 사항에 대해서는 무관심했다. 참여연대는 몇몇 중요한 사항에 관해 민주노총이 결여하고 있던 전문 정책 역량을 보충할 수 있었지만, 동원 역량의 부족은 극복할 수 없었다. 이 사례에서 민주노총과 참여연대 사이의 연대는 제한적이었는데, 참여연대가 민주노총을 위해 중개자 역할을 했지만, 민주노총은 참여연대의 정책 전문성과 로비 역량을 온전히 활용할 준비가 되어 있지 않았기 때문이다. 이런 연대 네트워크는 노조와 동맹 세력들이 배태성의 두 차원 ─동원과 정책─ 을 모두 형성할 때 가장 성공적이었다.

1990년대 한국노총과 민주노총에 대한 사례 비교는 기존 복지국가 이론들을 평가하는 데 훌륭한 관점을 제공한다. 혹자는 권위주의 시기건 민주주의 시기건 확대 개혁을 추진하는 것은 바로 적극적으로 자신의 역량을 활용할 줄 아는 국가 관료(Heclo 1974; Weir et al. 1988)라고 주장할 것이다. 하지만 배태된 응집성 접근법은 배태성 차원을 고려한다는 점에서, 국가 중심 이론(및 권력 자원 이론)과 구별된다. 배태성 없는 한국노총은 경제 발전기 동안 산하 조합원의 이해관계에 도움이 되는 선별적 확대 개혁에 만족했다. 한국노총은 전통적으로 국가 관료와 조밀한 연계를 유지했는데, 이는 한국노총이 권위주의 국가의 종속적 파트너였기 때문이다. 한국노총의 로비를 받던 국가 관료들(특히 재경부)은 보편적·통합적 개혁을 지속적으로 막으려 했다. 따라서 1990년대 한국에서 전개된 의료보험조합 통합 개혁 사례는 확대 개혁에 국가 중심 이론을 적용하는 것에 한계가 있음을 보여 준다. 배태성 없는 국가 관료는 국가 중심 이론에서 설명하듯 물려받은 정책 유산을 지키는 역할을 할 것이다. 그러나 시민사회에 배태된 노조는 새로 출현한 민주노총의 보호를 받으며 주로 의회 제도를 통해 광범위한 시민을 아우르는 좀 더 보편적 개혁 기획을 적극 추구했다.[26] 정부 내부에서도 새로 권한을 부여 받은 보건복지부는 노동조합 및 진보적 시민사회단체와 연계해, 재경부의 전통적인 보수 관료들에 맞서 자신의 의견을 표명할

---

26 <그림 5.4> 좌측 하단에 해당하는 한국의 경험 사례가 하나도 없다고 해서 반드시 확대 게임 3(부록 C.2)의 이론적 예측을 사용할 수 없는 것은 아니다. 의보연대회의의 응집적 연계는 개혁의 맨 마지막 단계에서 임시 로비 통로로 개발되었고, <표 5.1>에서 제시하듯, 의보연대회의의 강도와 효율성은 전통적인 코포라티즘적 정당 – 노조 연계와 같은 수준에는 도달하지 못했다. 이런 의미에서 의보연대회의의 노동 – 시민 연대는 <그림 5.4>의 좌측 하단과 우측 하단 사이에(중간 수준의 응집성) 위치할 수 있을 것이다.

수 있었다(kim, Junki 2001; Yang, Jae-Jin 2004). 따라서 배태된 응집성 접근법이 국가 중심 접근법과 차별화되는 점은 바로 노조의 배태성이다.

더 중요한 것은 이 글의 분석은 민주노총과 그 산하의 산별 연맹 같은 하위 조직들도 정책 영역에 따라 배태성의 수준이 크게 달랐음을 보여 준다는 점이다. 예를 들어, 의료보험 통합 문제와 관련해, 노조와 시민단체들은 그들 사이에 존재하던 기존의 연대를 통해, 조합주의적 방식에 뿌리박은 통합 반대 세력이 강력히 존재했음에도 불구하고, 보편적 개혁을 향한 후속 단계들을 과감히 추진해 나갈 수 있었다. 하지만 연금 개혁 문제에서는 이와 같은 연대가 없었고, 두 노조는 주변화된 도시민으로 포괄 대상을 확대하는 일에 암묵적으로 침묵했으며, 결국 보편적 포괄성은 미완의 과제로 남았다.[27]

이 같은 배태성의 정치는 또한 복지국가 확대와 관련해 어느 행위자가 더 중요한지를 두고 국가 중심 이론과 권력 자원 이론 사이 전개된 장기간의 논쟁을 해결한다. <그림 5.4>에서 국가와 노조 모두 핵심 행위자이듯이, 어느 이론이든 '중간 – 강한 응집성'의 두 칸(배태된 응집성과 배태성 없는 응집성)에 해당하는 자신의 사례와 설명을 찾기란 어렵지 않다. 사실 권력 자원 이론가들은 이 배태성 차원에 주의를 기울일 필요가 없는데, 북유럽의 주요 성공 사례들은 노조 조직률이 매우 높거나(이례적일 정도로 포괄적인 노조)(Huber and Stephens 2001; Korpi and Palme 2003; Thelen 2014), 비례대표제를 토대로 좌파 정당이 주도하는 정치적 연합

---

27 보편적 연금 보장은 미뤄졌고 2014년, 논쟁적인 개혁안이 보수 정당[새누리당]에 의해 도입되었다. 곧 노인들에게 기초연금을 제공하되, 국민 연금 수급자에게는 부분적으로만 제공하는 것이었다. 이 같은 퇴행적 연금 개혁에 대해서는 6장에서 다시 논의한다.

(Iversen and Soskice 2009; Persson and Tabellini 2003)이 시민사회 또는 노동 - 시민 연대의 역할을 대신해 왔기 때문이다. 하지만 노조 가입자가 좀처럼 전체 임금노동자의 절반에 미치지 못하고, 민주주의적 정치 메커니즘을 통해 제도적 자원을 축적할 시간이 충분하지 않은 개발도상국에 대해서는 전통적인 권력 자원 이론이 설명력을 상실하는데, 이는 민주화 시기 동안 노조와 더불어 복지국가를 적극적으로 추진하는 행위자로서 시민사회의 역사적 진화에 주의를 기울이지 않기 때문이다. 연맹 수준에서 한국노총과 민주노총을 비교한 것, 그리고 민주노총 소속 산별노조의 다양한 역할들을 비교한 것은 기존 사회정책의 보장과 혜택에서 보편성과 관대성 정도를 결정하는 데 노조의 배태성이 중요한 역할을 한다는 것을 입증한다. 배태된 응집성 접근법이 권력 자원 이론과 핵심적으로 차이가 나는 지점은 역사적으로 구성된 노동 - 시민 연대(또는 노조의 배태성)를, 사회정책 형성 정치의 분석 차원으로 명확하게 개념화해 설명한다는 것이다.

전반적으로 한국 노동운동 지도자들은 전투적인 대기업 노조와 산별노조 내 정책 전문가들이 지지하는 민주적인 전국 연맹을 설립하는 데 성공했다. 또한 다양한 사회계층을 아우르고 좌파의 사회민주주의적 비전을 지지하는 노동 기반 정당을 설립했고, 그에 따라 응집성의 두 차원 — 집권 정당(국가)과의 응집성과 노동 기반 정당과의 응집성 — 을 동시에 추구했다. 배태성과 응집성의 노동 정치는 국가와 사회를 평등주의적으로 변형하기 위한 진보적인 정책을 활발히 개발하고, 이에 대한 지지 여론을 모으며, 시장 세력이 만들어 내는 위험으로부터 노동자와 시민을 보호함으로써 자신의 비전을 제시했다. 하지만 이 사례연구는, 한국 노동 정치가 가장 강력한 배태된 응집성을 형성하고, 결과적으로 보편적 사회정책을 추진할 수 있었던 시기는 오직 1990년대 말이었음을 보여 준다.

노동운동가들이 노동 기반 정당인 민주노동당과의 응집성 형성에 에너지를 쏟은 2000년대에 들어, 연대의 두 차원은 외려 감소했다. 노동 정치의 비극은, 배태성의 한 차원 ─ 노조 중심의 전문성 네트워크와 그 정책 역량 ─ 이 빠르게 약해지는 동안, 나머지 차원인 동원 역량 역시, 민주노총이 정파 분열과 갈등으로 점점 더 무질서해지면서, 서서히 감소했다는 것이다. 이어지는 장들(6장과 8장)에서는 2000년대에 들어 나타난 이 같은 하락의 결과들을 분석한다. 이 시기는 노동 친화적인 성향을 띤 것으로 간주됐던 정부와 그 정부에서 추진된 신자유주의적 시장 개혁이 한국 경제와 사회에 엄청난 충격을 준 시기다.

6장
신자유주의적 시장 개혁과 축소의 정치

1997년 금융 위기 이후, 한국의 국가와 경제, 그리고 시민사회는 모두 IMF가 요구한 신자유주의적 시장 개혁의 압력에 직면했다. 전통적인 한국의 발전 국가는 자신의 관리·감독 하에 있던 금융 부문이 파산하면서 종말을 맞이했다. 기업들은 전례 없는 경기 하락 국면에서 살아남기 위해 대규모 정리해고를 단행해야 했다. 1970년대 이후, 군부 권위주의 정부(그리고 그 계승자들)에 함께 맞섰던 노조와 시민단체들은 구체제의 급작스런 붕괴를 목격했다. 하지만 이와 동시에 그들은 (민주화 시기에 자신들과 동맹 관계에 있었던) 새로 선출된 개혁 정부가 도입한 시장 지향 개혁에도 직면했다. 전반적으로 민주화 운동 시기에 형성된 투쟁의 연대는 끝이 났고, 곧이어 '신자유주의 반대'를 중심으로 새로운 연대가 시민사회 내에 자리 잡았다.

이 장에서는 2000년대 신자유주의적 개혁 시기에 나타난 사회정책 개혁을 분석한다. 그 시기, 사회정책 및 노동시장 정책에 대한 축소 공세는 노무현 정부(2003-07년)와 더불어 시작됐고, 두 보수 정부, 이명박(2008-12년)과 박근혜(2013-17년) 정부에서 더욱 강화됐다.

이 시기 노동운동과 정치/시민사회 사이에서 응집성과 배태성에는 어떤 일이 일어났는가? 응집성과 배태성은 복지국가의 축소와 노동시장 제도에 어떤 영향을 미쳤는가? 노동운동과 시민사회는 김대중 정부 시기에 형성된 보편적 복지국가의 기틀을 왜 그리고 어떻게 지켜 내려 했으며, 왜 그리고 어떻게 실패했는가? 왜 어떤 노조-시민 연대 운동은 가혹한 후퇴/축소 시기에도 유지되었고 다른 운동은 그러지 못했는가?

이 장에서는 특히 전투적 노동운동 진영이, 태생적으로 노동 친화적이었어야 할 개혁 성향의 노무현 정부 시기에 신자유주의적 규칙과 규범이 강화되는 과정을 지켜볼 수밖에 없었던 이유를 탐구한다. 그리고 응집적 연계와 배태된 연계가 노무현 정부 시기에 복지국가를 지키는 데 어떤 역할을 했는지 심도 있게 분석한다.

또한 이 장에서는 보수 정부 시기에 나타난 연대의 구조와 복지 정책의 후퇴에 대해서도 다룰 것이다. 노조는 이전 개혁 정부의 축소 시도에 대응했던 것과 마찬가지 방식으로 보수 정부의 (더욱 조직적이고 정교한) 축소 노력에 대응했는가? 노조는 동원 및 정책 역량을 높이고, 보수 정부의 신자유주의적 개혁에 대응하기 위해 다른 시민사회 행위자들과 어떻게 그리고 어느 정도까지 동맹을 이루었는가?

이 장에서는 2000년대 이후 동원과 사회정책의 전달 과정에 관한 심도 있는 현장 인터뷰와 문헌 등을 통한 사례연구를 통해 축소의 정치에 관한 두 가지 주장을 펼친다. ① 시민사회에 대한 노조의 배태성은 (응집성이 없어도) 국가(와 사용자)의 축소 시도를 물리치는 데 충분하지만, 노조에게는 시민단체와의 동원 연대 및 정책 연대가 모두 필요하다. ② 배태성과 응집성 모두가 결여될 때, 또는 (응집성은 있지만) 배태성을 결여될 때, 노조는 자신의 핵심 이익과 권리에 현저한 영향을 미치는 급진적 시장 개혁에 취약할 것이다.

이 글에서는 먼저 2000년대에 나타난 노조의 배태성과 응집성의 궤적을 기술하고, 다음으로 두 정책 영역, 곧 국민건강보험과 국민연금에 대한 개혁 및 보수 정부들의 축소 공세를 분석한다. 이후 다양한 수준과 강도의 응집성과 배태성이 어떻게 노조로 하여금 민영화 시도에 대응할 수 있게 했는지, 또는 그러지 못하게 했는지를 보여 준다. 소결에서는 이 글에서 제시된 이론 틀이 사회정책 축소 사례들 간의 변이를 어느 정도 설명하는지 논의한다.

축소 공세에서 배태성의 생존과 하락

1) 배태성의 하락

한국에서 노조의 배태성은 1990년대 말 또는 2000년대 초반에 정점에 도달했다. 하지만 그 후 노조의 배태성은 돌연 하락하기 시작했다. 이같은 극적인 전환은 세 가지 요인에서 비롯된다. 즉, 내부 분열, 시민사회에서 나타난 연합 정치의 변화, 그리고 사회운동 부문의 제도화이다.

첫째, 5장에서 다뤘듯 민주노총은 김대중 정부 시기에 만들어진 노사정위원회의 참여 여부를 두고 깊은 분열에 빠졌다. 한 정파(국민파)는 참여를 지지한 반면, 다른 정파(현장파)는 격렬히 반대했다. 분열은 민주노총이 노사정위원회에 참여하면서 더욱 본격화됐다. 특히, 1998년

2월 민주노총이 노사정위원회에서 정리해고제 및 근로자파견제 도입에 합의했다는 소식이 알려진 이후, 주요 연맹 및 단위 노조 등의 반발과 비난 성명이 이어졌고, 결국 노사정위원회에 참여했던 민주노총 1기 지도부(권영길)는 사임했다. 이후 들어선 2기, 3기 지도부, 곧 한국 노동운동사에서 비타협적이고 전투적인 지도자로 유명한 이갑용(1998-2001년)과 단병호(2001-04년)가 이끈 지도부는 모두 김대중, 노무현 정부의 노동정책에 대해 매우 회의적이었고, 따라서 정부가 주도하는 노사정위원회 참여를 주저했다. 양 지도부 모두 노동운동 내에서 좌파로 분류됐고, 양 지도부의 주요 지지 기반 가운데 일부(전부는 아니더라도)는 개혁 정부(응집성)에 대한 협력은 물론이고, 시민사회(배태성)와의 협력조차 자본가와 그 대리인에 맞서는 노동자의 투쟁 역량을 약화하는 일종의 '개량주의'로 간주하는 경향이 있었다.[1]

2003년, 집권 초기였던 노무현 정부가 화물연대와 철도노조의 파업을 강경 진압하자, 민주노총 내부에서 정부에 대한 이 같은 회의적인 시각과 불만이 더욱 심화되었고, 내부 정파 간의 분열은 더욱 격화되었다. 정파 갈등 속에, 노사정위원회에 참여하자는 입장의 정파가 2004년에 4기 지도부를 구성했다. 그때부터 민주노총은 복수 노조의 기업별 교섭 단일화, 노조 전임자 임금 지급 금지, 대체 인력 투입 허용, 곧 하나같이 노동권을 심각하게 침해할 일들을 논의하는 노사정위원회에 참가하기 시작했다. 한국노총은 복수 노조의 기업별 교섭 단일화, 노조 전임자 임금 지급 금지를 3년간 유예하기로 합의한 데 만족하

---

[1] 이 점은 필자가 인터뷰한 많은 노동운동가들이 토로한 것이다. 특히, 정책 수립 및 협상 쪽에서 일한 소위 '정책가들'은 1990년대 말, 2000년대 초에 그런 분위기가 만연했다며 안타까워했다.

면서, 필수 공익 사업장에 필수 유지 업무 제도 도입, 정리해고에 대한 추가적인 규제 완화를 수용했다.[2] 한국노총과 노무현 정부 사이의 이 같은 합의는 민주노총의 분열과 정파 갈등을 더욱 심화시켰는데, 노사정위원회 참여를 찬성하는 정파로 구성된 민주노총 지도부는 자신들의 핵심 이익을 지키지 못했고, 양보에 대한 보상도 얻지 못했다. 결국 3기 지도부의 불참 전략과 4기 지도부의 참여 전략 모두 별 효과가 없었다(노중기 2008). 이 시기 민주노총은 내부 분열로 말미암아 포괄적인 연대를 추진할 수 없었고, 이에 따라 노동권의 심각한 후퇴를 지켜봐야만 했다.

둘째, 참여연대는 독자적으로 연대 네트워크를 구축하기 시작했다. 몇몇 사회정책에서는 노동운동 진영과의 연계를 유지했지만, 다른 분야에서는 독자적인 개혁안을 추진했고, 각 이슈의 긴급성과 중요도에 따라 관련 자원들을 전략적으로 모았다. 참여연대가 주도한 가장 논쟁적인 운동은 '총선시민연대'와 '소액주주운동'이었는데, 이 두 운동은 모두 2000년에 시작한 것이었다. 민주노총과 민주노동당(2000년에 설립된)은 시민단체들이 총선에 집단적으로 개입하는 것이 불편했다. 민주노동당은 참여연대가 주도해 후보들을 감시·평가하는 것이 궁극적으로 민주당(당시 집권당)에 도움이 되지 않을까 생각했다. 민주노총 운동가들의 경우, '소액주주' 운동의 궁극적 방향에 회의적이었다. 재벌의 소유 구조를 합리화한들 자본주의적 규범만 강화될 뿐, 노동권에는 그

---

2 한국노총은 수십 년간의 권위주의 정부 시에 국가 코포라티즘의 종속적 파트너였다가 두 개혁 정부에서는 중도 좌파 정책 중심의 노조로 극적으로 탈바꿈했다. 그 결과, 1990년대 말과 2000년대 초, 집권당과의 연계(응집성)가 증대되었다. 그러므로 한국노총이 노동시장 개혁을 두고 노무현 정부와 협력한 것은 축소 게임 가운데 배태성 없는 응집성의 전형적 사례다.

어떤 변화도 없으리라는 예측에서였다. 두 조직 사이의 이 같은 긴장은 2000년대 들면서 지속적으로 증가했다. 그러는 사이 참여연대는 우월한 정책 역량을 바탕으로 정책의 방향을 주도했을 뿐만 아니라, 시민사회의 여론과 미디어를 동원할 수도 있는, 정치적으로 가장 영향력 있는 시민단체 가운데 하나로 부상했다. 이를테면 의회를 통한 정책 제안 부문에서 참여연대는 다른 모든 비정부 단체를 압도했다. 민주노총이 법안 6개, 한국노총이 4개를 제출할 때 참여연대는 260곳의 다른 시민단체와 함께 13개의 법안을 제출했다(홍일표 2007, 116). 협력 관계였던 1990년대와는 달리 민주노총과 참여연대는 2000년대에는 '경쟁적 협력' 관계에 들어섰다(홍일표 2007; 은수미 2001; 2005b).

셋째, 진보적 시민단체의 지도자 가운데 상당수가 정부 기관과 개혁 성향의 집권당에서 일하게 되었고, 그에 따라 노동이 배태된 연대 네트워크는 힘을 잃었다. 민주노총 본부의 한 정책 전문가는 '시민사회 내에서 함께 일할 사람을 찾을 수가 없다'고, '모두들 정당으로 떠났다'고 답답해했다. 특히 개혁 성향의 노무현 정부 시기에, 상당수의 시민사회 지도자들이 대통령과 주요 정치인들의 참모로, 장관과 자문 위원으로, 지방자치단체의 장 또는 국회와 지방의회의 후보자로 정권에 참여하기로 결정했다. 시민사회 지도자들의 이 같은 정치권 진출은 다음 보수 정부 시기에도 계속됐는데, 민주당은 시민사회 지도자들을 지속적으로 영입했다. 대표적으로 살펴보면, 참여연대의 두 창립자 박원순과 김기식이 민주당에 영입돼 각각 2011년에 서울시장, 2012년에 국회의원이 되었다. 당연히 그들의 참여와 더불어, 그들이 가진 네트워크와 명망이 제도화된 정당으로 이식됐다. 거꾸로 상당수의 시민단체가 명망 있는 지도자들을 잃었다. 이 같은 일로 말미암아 집권당에 대한 노조의 응집성이 개선되었을 수도 있지만, 노조의 관점에서 볼 때 이는 노동 – 시민 네트워크를 확고히 하고 노조와 정당, 또는 노조와 관료를 연결하는 정책 중개자를 잃었다는 의미이기도 했다.[3]

넷째, 2000년 민주노동당이 창당되면서, 노동운동 진영은 개혁 성향의 집권당보다는 민주노동당과의 동맹을 더욱 돈독히 하는 데 더 집중하는 경향을 보였다. 여당은 집권 2년차부터(2004년) 점점 더 노동과 시민사회와 유리되고 있었다. 이 와중에도 상당수의 '정책가들'이 개별적으로 국회로 갔고, 주로 새로 선출된 국회의원의 보좌관이 되었다.[4] 결과적으로 노동 중심의 (사회민주주의적) 응집성은 민주노동당이 국회에서 10석을 획득한 덕분에 크게 향상되었지만, 여당인 열린우리당과의 연계(집권당과의 응집성)는 오히려 약화되었다. 또한, 노동 중심의 배태성, 특히 정책 역량은 노동 – 시민 정책 네트워크를 일구고 유지할

---

3 이 시기 노동운동 지도자들은, 특히 노무현 정부와 다음 두 보수 정부 동안, 시민사회와의 연계를 더욱 일구려는 의식적인 노력을 기울이지 않았다. 보수 이명박 정부가 집권하고 2년 동안, 그들은 민주노동당 내 정파 싸움, 분당과 합당, 그리고 이후 당원들 사이의 또 다른 재분열에 직접적·간접적으로 연루되었다. 전국 또는 산별 총파업을 조직하는 그들의 역량은 계속 하락했고, 다양한 사회 및 정치 세력 가운데서 정책 의제를 조율하고 수립하는 역량 역시, 핵심 정책 전문가들이 떠나고 시민사회 동맹들이 민주당으로 편입되면서 줄어들고 있었다.

4 겉보기엔 이렇게 정책가들이 갑자기 민주노총을 떠나 국회 및 기타 기관으로 간 것이 우연히 보이지만, 민주노총 내부에는 정파 간의 권력투쟁과 정책실 재편을 둘러싼 분쟁이 있었다. 특히, 정책 입안, 자료 관리, 보고서 작성에 정통한 저명한 정책 전문가 몇몇이 2004~05년 무렵 민주노총을 떠났다. 유력한 어느 정책 전문가는 노동 계열 연구소로 자리를 옮겼다. 또 다른 전문가들은 국회로 가(심상정 의원) 보좌관으로 일하거나, 참여연대 창립자 박원순의 시장 선거 캠프에 합류하기도 했다. 이 정책 전문가들은 민주노총 내부에, 정파 체제의 변화에 흔들리지 않는 독립적인 정책 기관을 세우고 싶었지만 그러지 못했다. 불행히도 그들이 갑작스레 떠나면서, 노동정책에 관한 그들의 노하우 그리고 노조, 정당, 기타 시민단체를 아우르는, 그들이 평생에 걸쳐 구축한, 네트워크 역시 (민주노총으로부터) 모두 사라졌다. 수많은 민주노총 운동가들이 이를 안타까워했고, 민주노총은 이후 10여 년이 지나는 동안에도 정책실의 이 같은 급작스런 해체로부터 회복되지 못했다.

전문가들이 점점 줄면서 돌연 위축됐다.

노조(민주노총)의 배태성은, 지난 수십 년간에 걸친 노력으로 결실을 봐야 할 시기에 예기치 못하게 하락하기 시작했다. 실제로 2000년대 초반은 민주 노조 운동과 그 지도자들에게 결정적인 시기였다. 전국 단위의 노조 연맹과 노동에 기반을 둔 정당을 건설하기 위해 노력했던 그들은 이제 막 그 결실을 목격하기 시작했다. 수년 전 (1996~97년, 노동법 날치기 반대 총파업에서) 노동 – 시민사회 연대를 통해, 그들은 한때 무소불위의 권력을 휘둘렀던 발전 국가를 굴복시켰고, 1997~98년 노사정위원회에서 시민사회 및 집권당 내 동맹들과 협력해 사회정책 입법에서 여러 중요한 부분들을 통과시키는 데 성공했으며(정리해고법 통과를 지켜봐야 했지만), 2000년, 노동 기반 정당이 창당되고 2004년 총선에서, 마침내 그 정당이 의회에 진출하는 것도 목격했다. 바로 그 성공의 순간에 시민사회에 대한 노조의 배태성이 몇몇 구조적·정치적 이유로 붕괴하고 있었다. 곧 노조 내부 정파 분열의 부정적 영향이 증가했고, 시민사회 내의 동맹 세력들 역시 분화되어 집권당과 관료 체제로 포획되었기 때문이다. 1990년대의 뜨거운 투쟁 이후, 이제 막 자신들의 핵심 역량, 특히 정책 역량을 제도화하기 시작할 무렵, 민주노총은 정파 갈등으로 말미암아 그 기회의 순간을 놓치고 있었던 것이다. 그 결과 그 노동운동은 결정적 순간에 복지국가를 공고화하고 더 확대할 절호의 기회를 잃고 말았다.

2) (국가/집권당과의) 응집성의 하락

상당수의 노조 지도자들은 두 번째 개혁 정부인 노무현 정부의 출범을

반겼다. 그들 다수는 인권·노동 변호사 출신인 노무현 대통령이, 1980
년대 말, 당시 국회의원이었던 그가 울산, 마산, 창원 산업 지역에서 수
천 명의 노동자 앞에서 노동권 개혁을 외치던 연설의 순간을 기억했
다. 처음에 노무현 정부는 내각과 청와대를 노동 친화적 성향의 지식
인과 노동운동가로 채우며, 노조와 협력하려는 의사를 보였다.[5] 당시
노조 지도자들은 대통령과 긴밀한 연계를 유지하고 있다고 생각했다.
응집성은, 만약 응집성이 단순히 인적 자원을 매개로 한 노동 지도자
와 집권당 대표인 대통령 사이의 거리로 재정의될 수 있다면, 민주화
이행 이후 2003년, 노무현 정부에서 그 응집성은 가장 높은 수준이었
다. 실제로, 취임 이후 몇 달 동안 화물연대 및 철도노조가 파업을 벌일
당시, 노무현 정부는 노조의 요구 사항(표준 운임제 도입 및 민영화 계획 철회)
에 귀를 기울이며, 노조 측을 지지하는 듯한 경향을 보였다. 하지만 전
교조가 학생들의 개인 정보 유출 문제를 제기하며, 나이스NEIS(교육행정
정보시스템) 도입에 반대하고 나서자, 정부(와 대통령)가 노조에게서 등 돌
리기 시작했다.[6]

5 박태주는 노무현 대통령의 노동 담당 수석 참모[대통령비서실 노동개혁테스크포스팀 팀장], 이정우는
  청와대 정책 참모[대통령비서실 정책실장, 대통령자문 정책기획위원회 위원장], 정태인은 대통령 경제
  자문위의 비서관[대통령비서실 경제보좌관실 국민경제비서관], 김용대는 대통령 인수위 사회 - 노동
  분과 팀장이었다.
6 민주노총의 한 지도자는 당시 상황에 대해 이렇게 말하며 안타까워했다. "솔직히 말하자면 노조는 처음
  두어 달 동안 도를 넘을 정도로 파업을 거듭하고 연장했어요. 대통령은 노조를 '징징거리며 떼쓰는 집
  단'으로 생각하기 시작했어요. 개인적으로 나는 전교조의 파업이 불필요했다고 생각합니다. 그건 몇몇
  매우 기초적인 개인 기록을 보관하는 시스템이었어요. 인권을 심각하게 침해하는 것이 아니었죠. 노조
  는 왜 그런 작은 문제로, [노동에 우호적이라고들 하는 정부] 첫해에 지장을 주고 정권과의 관계를 악화
  시켰을까요? …… 그 결과, 탄핵 이후 대통령과 그 정당은 시민사회와 노조로부터 분리된 섬이 되었습
  니다. 그들은 점차 관료들에 의지했어요[강조는 저자]. 임기 2년차부터는 우리에게 말을 건네지 않았

노무현 대통령이 국회에서 다수인 야당들에 의해 탄핵되고(그동안 노동계는 침묵했다), 집권당이 총선에서 압도적 승리를 거둔 후, 정부는 노조와의 협력을 사실상 중단했다. 집권당(열린우리당)이 획득한 총 152석 가운데 108석이 초선 의원이었는데, 그들 가운데 상당수가 임기 1년 차에 노무현 대통령과 함께 일했던 전직 관료들이었고, 노동 및 복지 전문가는 찾기 힘들었다. 김대중 정부에서 건강보험 및 연금 개혁에 대한 시민사회의 요구를 대변하고 전달하는 데 결정적 역할을 한 이성재(민주당) 같은 국회의원이 없었던 것이다.

정부는 곧이어 4대 개혁 입법(국가보안법 폐지, 언론 개혁 특별법 제정, 과거사 진상 규명 특별법 제정, 사립 학교법 개정)을 추진하기 시작했는데, 이 법안들은 모두 2000년대에 불평등과 빈곤이 증가하면서 급속히 악화되고 있던 노동자의 삶과는 사실 아무런 관련이 없는 것이었다. 게다가 열린우리당은 한나라당의 강력한 반발에 부딪혀 4대 개혁 입법을 추진하는 데 사실상 실패했고, 노무현 대통령의 임기가 후반기로 접어들면서, 다른 개혁안을 추진할 수 있는 역량 역시 상실했다.

노조(특히 민주노총)와 국가 사이의 응집적 연계는 2005년 이후 거의

어요." 필자는 대통령과 노조 지도자들이 그런 차이를 조율하고 골을 메울 수 있는 어떤 단일한 통로가 있었는지 물었고 그는 짧게 답했다. "아니오, 없었습니다." 필자가 보기에 노조는 정권이 시작할 때부터 '제도화된 응집성'이 거의 없었다. 사실 정권 내부에, 기반이 불안정하고 조직화되지 못한, 노동을 지지하는 지식인이 일부 있었지만 말이다. 민주노총 내부에는 노무현 정부와 정책을 의논하기 위한 어떤 제도화된 연계 또는 팀이 없었던 것이다. 정권 초기 노무현 대통령에게 '노동 이슈'와 관련해 자문을 한 바 있는(1년이 안 되어 그만두었다) 민주노총의 전 최고 지도자는 이렇게 회상했다. 화물 운전기사들의 2차 파업 이후 "나는 노조가 왜 그런 식으로 행동하는지, 대통령에게 기대하는 것은 무엇인지 설명하려고 했지만, 대통령을 비롯해 그와 가까운 이들은 그것에 관해 이야기하기를 거부했고, 내 설명을 듣고 싶지 않다고 말했습니다."

사라졌다. 정권에 참여했던, 노동에 우호적인 핵심 지식인들은 2003년 집권 이후 1년 남짓 되는 시간에 모두 물러났다. 민주노총은 10석을 가진 민주노동당을 성공적으로 의회에 출범시켰지만, 집권당과의 연결 통로 및 집권당 내 동맹 세력을 상실했고, 나아가 시민사회 내 핵심 동맹 세력들로부터도 점차 고립되었다. 결과적으로 이 시기에 노조는 노동에 기반을 둔 정당을 건설하는 데 성공했음에도 불구하고, 개혁 집권당 내 핵심 정책 수립 과정에 그 어떤 영향력도 행사하지 못했다. 이는 김대중 정부 시기와는 완전히 다른 상황이었다. 민주노총 지도부가 정권으로부터 고립됐고, 신자유주의적 전환과 관련해 정권 내부에서 어떤 일이 일어나고 있는지에 대해서도 철저히 무지했다고 한다면, 노무현 정부는 노조의 이익과 관심사에 무관심했다. 민주노총이 민주노동당과 점차 일방적인 동맹을 유지함에 따라, 민주노총은 의료 보험 통합 운동 시기에 열려 있던 보수 정당과의 로비 통로를 완전히 닫아 버렸다. 이렇게 응집성이 세 차원 — 좌파 정당과의 응집성, 다양한 정당과의 비이념적 응집성, 국가와의 응집성 — 으로 갈라져 노조 내 정파 투쟁과 맞물린 것은 비효율적인 일이었다. 민주노총은 정책 생산 및 동원을 위해 자신이 만든 민주노동당과 긴밀한 동맹 관계를 유지했지만, 이와 같은 '협애한 응집성'은, 집권당을 비롯한 다른 주요 정당과의 협의·협력 없이는, 중요한 정책 의제를 제시하고 추진하는 과정에서 큰 힘을 발휘할 수 없었다.

2006년 이후 민주노총은 다시 노사정위원회에 적극적으로 참여하기 시작했지만, 정부는 자신들이 추진하고 있는 의제 — 필수공익사업장의 필수업무유지제도와 정리해고 규제 완화 — 를 달성하고자 한국노총과 이미 협력하고 있었다. 민주노총의 관점에서 볼 때 노무현 정부는 노동시장에 유연성을 도입·확대했다는 점에서 김대중 정부와 다를 바 없었다. 반면, 노조와의 대화 통로가 거의 완전히 닫혀 버렸다는 점에서 상황은 김대중 정부 때보다 더 악화됐다. 민주노총에는 노무현 정부와 대화할 수 있는 비공식적인, 또는 제도화된 통로가 없었고, 그동안 정권은 건강보험 및 연금 분야에 핵심적인 민영화 조치를 취하기 시작했으며, 그에 따라 복지국가의 근본적 틀이 침식됐다. 개혁 정부와 한국노총 사이의 (코포라티즘적인) 응집적 연계는 이전 권위주의 정부들 때만큼이나 안정적이었지만, 민주노총은 정부와의 통로를 잃고 말았다.[7]

---

7 노동에 우호적일 것으로 간주되었던 '개혁' 정부가 왜 그렇게 돌연 신자유주의적으로 전환했는가? 그 추동력은 불가피한 외부의 경제적 압력이었나, 아니면 노무현 대통령 자신의 정치적 의지였는가? (단명한) 배태된 응집성에 균열을 내는 데 국가 관료와 보수 세력은 어떤 역할을 했는가? 이것들은 배태된 응집성 접근법에서 자연히 떠오르는 질문인데, 이 접근법에서는 국가 행위자보다는 노동 – 시민 연대를 강조하기 때문이다. 첫째, 보수 세력, 사용자(재벌 대기업), 시장 지향 관료가 다양한 비공식 수준에서 자신들의 조율 체계를 점점 더 확고히 하고 있었다는 점을 지적할 필요가 있다. 내가 인터뷰한 많은 운동가들은 사용자들(특히 삼성)이 재경부의 보수 관료를 통해 대통령실에 점점 더 조직적으로 로비 노력을 기울이는 것을 감지할 수 있었다고 말했다. 노무현 대통령의 비서관으로 일한 바 있는, 의보연대회의의 한 지도자는 자신이 추진하고 싶었던 사회정책 이슈에 관해 보수 경제 관료들이 대통령에게 보고하는 것을 자주 목격했다고 말했다. 다만, 이 같은 비체계적인 관찰을 통해 얻은 정보만으로는 불충분하다. 자본 측의 로비가 어떻게 나타나고, 어떤 잠재적·체계적 과정을 거쳐 작동하는지를 이해하기 위해서는 사용자의 내부 문서와 면밀한 인터뷰를 통해 조사하는 별도의 기획이 필요할 것이다. 둘째, 상당수의 운동가들은 노무현 대통령(과 그의 친밀한 측근 집단)이 변호사와 국회의원으로서 노동 및 인권 문제에 관여했었지만, 총사령관으로서는 준비가 되지 않았다고 지적했다. 그들은 노무현 대통령이 사회정책 이슈를 잘 이해하고 있지 못했을 뿐만 아니라, 사회적으로 혜택을 받지 못하는 이들과 사회정책이 필요한 이들에 대한 깊은 철학을 가지고 있지도 않았다고 주장한다. 하지만 배태된 응집성 접근법은 사회정책의 형성에서 개인의 역량이나 지도자 개인의 의지를 엄밀한 외생 변수로 고려하지 않고 내생 변수로 간주하는데, 이 같은 내생 변수들은 경합하는 시민 및 정치 세력에 의해 형성된다. 이 난락에서 나누었듯이, 민주노동당에 치우친 민주노총의 동맹 관계(그에 따른 국가와의 응집성 하락), 정파 갈등에 따른 분열(그에 따른 배태성 하락), 그리고 주변의 진보적 시민단체들이 노무현 정부로 포획된 것(마찬가지로 배태성 하락), 이 모두가 민주노총과 노무현 정부 사이에 배태된 응집성이 사라지도록 한

전체적으로 보아, 배태성이 하락함에 따라 민주노총은 동원 역량을 통해 정권을 효과적으로 위협하지도 못했고, 응집적 연계가 부족해 정권을 설득하지도 못했다. 노동시장 제도와 사회정책 분야 모두에서, 노동에 가장 우호적일 것처럼 보였던 정권의 신자유주의로의 극적인 전환을 멈출 수 없었다. 유일한 예외는 보건 의료 정책 분야에서 건강연대(건강권 보장과 의료 공공성 강화를 위한 희망연대)와 보건의료노조의 지속적인 존재와 역할이었다.

3) 노무현 정부 시기(2003~07년) 건강연대 네트워크와 축소의 정치

노무현 정부는 국회에서 소수당으로 출발했지만, 2004년 총선에서 (총 299석 가운데) 152석을 얻으며 다수당이 되었다. 민주노동당 역시 노동에 기반을 둔 진보 정당으로는 처음으로 10석을 얻어 국회에 입성했다. 상당수의 사람들은 노무현 정부를, 그 핵심 지도부가 주로 1970대 말과 1980년대 초 학생운동 세대로 구성된, 최초의 진보 정부로 믿었다. 무엇보다 대통령 본인이 1980년대와 1990년대에 노동 및 인권 분야에서 활동한 저명한 인권 변호사, 국회의원 출신이었다. 노무현은 예비 내각과 첫 내각에 상당수의 노동 친화적 지식인과 노동운동 지도자들을 포함시켰고, 개혁에 대한 기대치를 높였다.

원인이 되었다. 더욱이 이로 인해 사용자들은 노무현 정부에 보다 쉽게 다가가 민영화를 위한 로비를 할 수 있게 되었다. 민주노총이 노무현 정부와 갈라지게 된 주요 원인 또한 집권 후 6개월 동안 민주노총 산하 노조들이 벌인 전투적인 파업이었다는 것에 주목해야 한다. 국가에 대한 노조의 응집성이 하락함에 따라 노무현 정부의 의사 결정 과정에 사용자들의 로비가 개입될 수 있었던 것이지, 그 반대가 아니었다.

2부 6장

하지만 노무현 정부는 사회복지 분야, 특히 이 가운데서도 가장 중요한 사회정책 부문인 연금과 건강보험에서 주요한 민영화 조치를 도입한 정부로도 간주된다. 노무현 정부는 '영리 병원'을 경제 자유 구역에 도입하기로 했고, 국민건강보험에서 보장하지 않는 환자의 본인 부담금을 민간 보험사가 지불할 수 있도록 허가[실손 보험 허용]하기도 했다. 연금 분야에서 정권은 소득대체율을 60퍼센트에서 40퍼센트로 줄였으며, 그에 따라 민간 연금 회사들은 연금 시장에서 자신의 몫을 늘릴 수 있게 됐다. 또한 퇴직연금제도를 도입해, 퇴직연금에 대한 관리가 민간 보험사에 크게 개방되었다.[8]

노무현 정부는 또한 유연한 노동시장 제도를 일반화함으로써 노동운동 진영의 거의 모든 바람들을 저버리기도 했다. 곧 비정규직법을 도입함으로써, 비정규직 노동자를 2년 단위로 사용할 수 있는 근거를 마련했다. 반면 대체 인력 투입을 금지하고, 간접 고용 노동자들의 기본적인 노동권(예컨대, 노조할 권리, 파업권 등)을 보호하려는 노력은 별로 하지 않았다. 노무현 정부는 법과 원칙을 엄격하게 적용해, 노동운동 지도자에 대한 체포 및 기소를 남발했는데 이는 과거 권위주의 정부 못지않은 것이었다 (노중기 2005; 2008).

노동운동 지도자들에게 (거의 모든 사람이 '노동에 우호적'이라고 기대했듯)

---

8 이렇게 건강보험과 연금에서 축소를 시행했음에도 불구하고 노무현 정부는 다른 사회복지 분야에서 세 가지 핵심적 확대 개혁을 시행했다. 즉 ① 자산 조사가 있긴 했지만, 빈곤 노인을 위한 기초연금(노인 기초 수당)을 도입했다. ② 노인을 위한 장기 요양 보험도 도입했다. ③ 보육료 지급을 확대했다. "제약이 많긴 했지만 정권 내부에서 우리 경제 예산을 사회복지로 돌리는 데 힘썼습니다"(김용익). 이런 의미에서 노무현 정부는 주변화된 국민들(특히 노인)을 위한 중요한 제도 개혁을 시행한 것에 대한 인정을 받을 자격이 있다. 하지만 이와 동시에 주요한 사회보험 분야에 시장 개혁의 문을 열어 준 것에 대해서는 비판을 받을 만하다.

노무현 정부의 신자유주의적 전환은 매우 당황스럽고 혼란스러운 일이었다. 상당수의 사람들은 민중운동의 전통에 토대를 둔 개혁 정부가 출범하고, 노동에 기반을 둔 정당이 의회에 진출함에 따라, 노동에 우호적인 사회정책 및 노동시장 정책을 추진할 최상의 기회를 얻었다고 믿었다. 하지만 어느 노동 지도자가 유감스럽게 증언하듯 그것은 결국 한국 노동운동과 노동시장(불평등)에 "재앙"으로 드러났다.

민주노총의 응집적 연계와 배태된 연계는 모두 하락하고 있긴 했지만, 정책별로 배태성과 응집성의 차이가 현저했다. 보건 의료 부문에서는, 1988년에 형성되어 의료보험 통합 운동에서 결정적 역할을 한 의보연대회의 핵심 조직들이 포괄적인 연대 네트워크('건강연대'라는 이름으로)를 형성, 2002년까지도 계속 활동하며 노조, 시민사회, 지식인, 의사 등을 비롯해, 건강 및 의료 부문의 다른 단체 사이에서 가교 역할을 했다. 이 연대 네트워크는 보건 의료 부문에서 좀 더 효율적이고 포괄적인 개혁 운동을 전개하기 위해 두 개의 조직으로 재편되었다. 하나는 2003년에 설립된 건강세상네트워크로, 일반 '시민'을 주요 기반으로 환자의 권리에 초점을 맞춘 새로운 조직이었다. 나머지 하나는 건강연대로, 건강보험의 보장률을 높이고(예컨대, 전체 의료비 가운데 80퍼센트까지 공단에서 부담하도록 하는), (보험 공급자) 민영화에 맞서 국민건강보험제도를 지키는 것이 목적이었다. 의보연대회의에 참여했던 단체들 대다수가 2004년 총선에서 후보들의 공약에 영향력을 행사하고자 이 같은 네트워크들에 재가입했다.

보건 의료 부문에서 이 같은 연대 네트워크들은 자체적으로 여러 소속 단체들로부터 전문 인력을 유급으로 채용하고 있었고, 또 거의 20년간 일상적인 조직 활동을 유지해 왔으며, 또 이를 제도화했기에,

사용자, 보수 정치인, 관료 측의 축소[후퇴] 움직임에 즉각 대응 ─ 적어도 그와 같은 정책의 세부 사항과 내용, 해당 정책의 함의와 그것이 미칠 충격을 분석하는 일에서는 ─ 할 수 있었다. 결과적으로 민주노총은 핵심 정책 집단을 상실하고 있었지만, 2000년대에 적어도 보건 의료 부문에서는 건강세상네트워크와 두 노조(전국사회보험노조와 보건의료노조)의 결정적 역할 덕분에, 배태성을 유지할 수 있었다. 이 장 앞부분에서 다루었듯이, 이를 통해 민주노총은 정책 자원을 노조와 공유하려는 보건 의료 전문가들의 네트워크에 참여할 수 있었고, 건강세상네트워크는 노조 조직들을 통해 수천 명의 시위대를 즉각적으로 조직하고, 잠재적으로는 이보다 훨씬 더 많은 유권자를 동원할 수 있는 동원 네트워크를 얻었다.

4장에서 제시한 단체 네트워크 자료는 민주노총과 보건의료단체연합과 보건의료노조 같은 그 동맹 단체들의 핵심적인 역할을 보여 준다. 부록 D(<표 D.2>) (361개 사건들을 토대로 계산한) 매개 중심성 순위에서 보건의료단체연합은 18위였고, 보건의료노조는 88위였다(표에는 없음). 건강세상네트워크는 동원 기반 배태성에서 상위 100단체에 포함되지 않았지만 (매개 중심성과 관련한) 정책 기반 배태성에서는 47위였다. 동원 기반 배태성 순위에서 보건의료노조(전 전국병원노조연맹)는 15위로(<표 D.3>) 급상승했고, 이는 보건 의료 분야의 노조는 같은 정책 분야의 다른 시민단체에 비해 위협 및 징벌 수단의 결정적 자원을 제공한다는, 필자가 앞서 4상에서 펼친 주장을 뒷받침한다. 이 단체들은 (5장에서 논의했듯이) 1990년대 말, 의료보험 조합 통합에 일조한 바 있는 핵심적인 조직 행위자들이다.

<그림 6.1>은 동원 네트워크에서 (보건 의료 및 복지 관련 시민단체들과 기

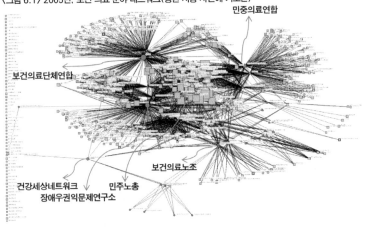

*주: 건강 단체와 비건강 단체 사이 집단 간 연계를 조작화하기 위해 세 가지 범주를 설정고다. 곧 ① 건강 관련 시민단체, ② 복지 관련 시민단체, ③ 나머지 모든 단체. 원은 건강 관련 시민단체와 노조이고 직사각형은 건강과 관련 없는 단체이며 삼각형은 주로 장애인과 빈민을 위한 복지 단체이다. <그림 6.1>과 <그림 6.2>는 UCINET[사회관계망 분석 프로그램]의 '그래픽 씨어레틱 레이아웃'을 이용해 만들었다. 교점의 크기는 단체의 연결 중심성을 가리킨다. 곧 크기가 클수록 연결 중심성도 높다.
*출처: 그래픽 씨어레틱 레이아웃으로 작성했음.

타 단체들 사이) 집단 간 연계만 제공한다. 이 그림을 보면, 보건 의료 분야의 두 핵심 시민단체가 그림 중앙에 있는 민주노총과 참여연대 같은 핵심 중앙 조직들(큰 직사각형들)과 정치적으로 중립적인, 생계 이슈 지향의 다른 소규모 단체들을 연결하는 중개자 역할을 한다. 예상대로 보건의료단체연합과 보건의료노조가 보건 의료 분야의 노동 - 시민 연대에서 두드러진 동원 역할을 하고 있다. 그림은 또한 장애우권익문제연구소가 2000년대에 동원 지향 건강 네트워크에서 출현한 새로운 가교 단체임을 보여 준다.

'보건 의료 분야 시민 네트워크'의 이런 경향은 <그림 6.2> 정책 지향 네트워크에서 훨씬 두드러지게 나타난다. 보건 의료 및 복지 관련

〈그림 6.2〉 2005년 건강 분야 네트워크(정책 지향 사건에 기초한)

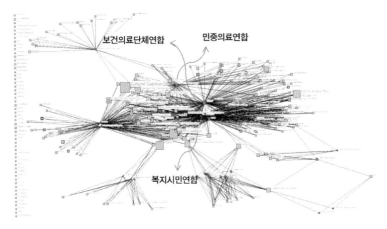

*출처: 그래픽 씨어레틱 레이아웃으로 작성했음.

핵심 시민단체들은 놀랍게도 유명한 시민단체(참여연대 같은)뿐만 아니라, 다양한 이슈들을 중심으로 하는 비정치적 시민단체들과도 긴밀하고 조밀한 연계를 형성하고 있다. 의보연대회의를 계승한 보건의료단체연합은 다양한 복지 관련 시민단체와 노조, 그리고 진보적 시민단체들을 연결하는 중요한 가교 역할을 한다. 4장에서 서술했듯, 보건 의료 분야에서 이런 컨소시엄(연대체) 같은 조직 유형은 자원을 모으고 상이한 이해관계를 조율하며 정당에 로비 활동을 하는 등에서 선도적 역할을 해왔다. 보건 의료 및 복지 분야의 나머지 주요 행위자들은 장애인과 사회적으로 주변화된 이들을(이를테면, 〈그림 6.2〉에 주로 상단 우측 구석에 있는 빈민과 이주 노동자) 대변하는 단체와 주로 지식인과 종교 조직이 형성한 복지시민연합Civic Coalition for Welfare 같은(〈그림 6.2〉에서 주로 우측 중앙에 위치한) 일반 시민 복지/국제 복지 단체이다. 이 단체들은 보건 의료 분야와 밀접히 연결되어 있고, 이를 통해 정당성과 평판을 쌓는다. 따라서 1990년대에 의보연대회의가 추진·달성한 보편적 건강보험 개혁을, 2000년대에 보건의료단체연합과 건강세상네트워크가 지켜 낸 것은 놀랍지 않다. 그 연합은 사회적으로 주변화된 이들을 위해 일하는, 무수한 이슈 기반 단체들로부터 광범위한 지지를 이끌어 냈다.

이와 같은 연대 덕분에 '모든 이를 위한 건강권'이란 개념을 기반으로 시민단체의 보건 의료 전문가들과 노조가 강고한 동맹을 유지할 수 있었다. 이 두 집단(건강 전문가와 노조)에 기초한 건강 분야의 진보적 교수 및 대학원생들은 다양한 행위자들을 연결하고 자원과 정보를 조율 및 조직화하는 '가교 활동가'의 역할을 했다. 노무현 정부 시기에 조직 역량이 현저히 하락한 민주노총, 민주노동당 및 여타 시민단체들과는 달리, 보건의료단체연합, 건강세상네트워크, 보건의료노조를 중심으로 한 연대 네트워크는 동일한 시기에 정책 생산 및 로비 역량에서 최고 수준을 유지했다.

[의료보험] 통합 이후, 2003년부터 2007-08년까지 건강연대는 최고 수준의 역할을 다 했다고 볼 수 있어요. …… 무엇보다 우리나라 보건 의료 제도가 격변을 겪는 시기에 중요한 정책 의제가 계속해서 [정권과 시민사회 사이에] 떠오르고 이해 당사자들끼리 부딪히고 이랬던 시점이었어요. 두 번째로는, 그것에 맞설 수 있는 전문적인 시민사회 영역 쪽 [인력 자원이] 꽤 많았어요. …… 정부에는 김용익 수석이 들어가 있었고 …… 국회 쪽에도 (우리 쪽 네트워크가) 꽤 있었고 …… 국민건강보험공단 이사장도 이성재(전 의원)이었고 …… 이상이(교수)가 연구원장이었고 …… 복지부랑 부딪히든, 딴 데랑 부딪히든, 우리가 정보에서 딸리

지는 않았어요. …… 정보의 소스도 곳곳에 많았고, 우리 네트워크를 통해 동원할 수 있는 자원과 중요한 정보에 접근할 수 있는 경로가 많았어요. (김창보)[9]

따라서 보건 의료 부문에서 형성된 연대 네트워크는 노조에 강한 배태성뿐만 아니라, 준응집성도 제공했다. 집권당과의 응집적 연계가 기존 정당과의 제도화된 연계를 통한 것은 아니었지만, 그 네트워크는 정권 내부에 신뢰할 수 있는 다양한 동맹자들과 소속 단체 출신 인력을 보유하고 있었다. 그런 수평적이고 수직적인 인적 연결망 덕분에 그 네트워크는 노무현 정부의 신자유주의적 전환에 맞서 어느 정도 효과적으로 싸울 수 있었을 뿐만 아니라, 주요 질병에 대한 국민건강보험의 부담률을 현저히 늘릴 수도 있었다. 경제 자유 구역에 영리 병원을 도입하려는 시도 역시, 연대 네트워크가 주도한 강력한 저항에 부딪혀 진전될 수 없었다. 그 네트워크는 보험료, 정부 보조금, 사용자 부담금을 늘리는 방식으로 모든 질병에 대한 공단 부담률을 (60퍼센트에서) 80퍼센트까지 끌어올리지는 못했지만, 진료비가 많이 드는 질병에 대한 보험 보장을 개선하는 데 결정적 역할을 했다. 그리고 사회적으로 주변화된 이들에 대한 보장을 늘리고 보험금을 줄이는 데도 성공했다. 예를 들어, 103개 만성질환에 대한 환자 부담금은 20퍼센트로 축소됐고, 암, 심장병, 뇌혈관 질환은 10퍼센트로 축소됐다. 최하위 사회계층

---

9 이성재(김대중 정부에서 통합 법안을 통과시키는 데 핵심적 역할을 한 국회의원)는 국민건강보험공단 이사장이었고, 이상이는 국민건강보험공단 건강보험연구원 원장이었다. 김용익은 노무현 대통령의 수석 비서관 가운데 한 사람이었다.

의 장애인과 시민도 정부로부터 의료 혜택을 받기 시작했다. 그 네트워크는 민간 보험사가 공급하는 '실손 보험'의 도입을 막을 수 없었지만, 현 보건 의료 체제 밖에 영리 병원을 도입하는 것에 관한 추가 논의를 중단시켰다.

전체적으로 보아 노무현 정부 시기, 적어도 보건 의료 분야에서는 축소 시도보다는, 하층과 주변화된 이들에게 혜택이 돌아가는 보편 개혁이 더 많았다. 이 연대 네트워크에 기초한 강력한 저항은 이명박 정부(2008-13년)에서 계속됐고, 영리 병원을 도입하려는 (또는 영리 병원을 위한) 추가적인 시도들을 성공적으로 저지했다.

4) 노무현 정부 시기의 국민연금 축소

연금 개혁이 밟은 경로는 건강보험 개혁과는 판이했다. 참여연대 사회복지위원회는 1990년대 말 노사정위원회에서의 일괄 교섭을 통해 연금 가입 대상자를 자영업자들로까지 확대하면서도, 그 제도의 핵심 요소들을 방어할 수 있었다. 하지만 축소 시기인 2000년대에는 의보연대회의와 보건의료단체연합 같은, 축소 시도에 맞서 싸워 줄 조직이 존재하지 않았다. 민간 보험사와 동맹 관계에 있는 신자유주의적 관료들이 소득대체율을 40퍼센트로 줄이려 했을 때도, 민주노총과 한국노총은 이 같은 시도에 단호히 반대하지는 않았다. 재경부 관료에 큰 영향을 받은 청와대 비서실의 핵심 의사 결정자들이 퇴직연금제도(미국의 401k와 상응하는)를 도입하고, 민간 보험사들이 이 새로운 시장을 장악할 동안, 노조들은 내부적·외부적으로 이 문제에 대한 지식과 전문성이 없어서 그 제도의 함의를 이해하지 못했다.[10]

법적으로 민주노총과 한국노총은 연금 수령자들의 대표로서 연금 개
혁의 의사 결정 과정에 참여해야 합니다. 그들은 그 자리에 앉아 있기
는 했지만 학습이 안 되어 있으니까 상황이 어떻게 돌아가는지 알지 못
했어요. 서포트(지원)해 주는 사람도 없고, 너무 바쁘고, 그들은 전문가
도 아니었고 …… 그러다 보니 신문에 떠도는 이야기나 하는 거죠.
…… "이거 수익률이 왜 이래!" …… 그렇게 되는 거죠. (참여연대 사회복
지위원회 소속 교수)

나아가, 보수적인 경제학자들과 교수들, 그리고 전문 관료들이 연금
기금의 장기 재정 추계와 재정 운용 계획에 관한 논의를 주도했다. 참
여연대 내 사회복지 및 사회정책 교수들은 정부 측 전문가들의 상대가
되지 못했는데, 특히 현 가입자의 연금 보험료와 수령액을 결정하는
핵심 쟁점인 재정 추계 문제와 관련해서 그러했다. 2003년에 정부 관
료와 보수 언론을 비롯한 그 동맹 세력은 국민연금의 보험료와 수령액
을 현 수준으로 유지할 경우 2070년에는 기금이 고갈되리라는 재정
추계 결과를 계속 퍼뜨렸다. 민주노총과 참여연대 소속의 정책 집단은
이 같은 추계를 인정하지 않았지만, 대안적 추계 자료를 바탕으로 설
득력 있는 대안을 제시할 수는 없었다. "우리와 함께, 기존 연금제도를

---

10 민주노총 내부에 새로운 연금을 전문적으로 담당하던 정책 전문가가 있었지만, 그는 단병호 지도부
(2001~04년)가 출범할 때인 2001년에 그 역할을 시작해서 2004년에 그만두었다. 그는 필자와의 개
인적인 인터뷰에서 다음과 같이 말했다. "정책실을 지도부 교체에 영향을 받지 않는 독립적인 정책 기
관으로 확대하려 했지만, 그들은 귀 기울여 듣지 않았습니다. 그만둘 때, 3년 동안 민주노총에서 쌓은
네트워크와 노하우를 다음 사람에게 전달할 수 없었어요. …… 내 경우와 마찬가지로, 다른 중요한 정
책가들이 서로 다른 이유로 민주노총을 나갔을 때, 그들이 축적한 전문성 역시 다 사라져 버렸어요. 그
런 네트워크와 경험을 제도화하려는 노력이 거의 없었어요."

지킬 뜻이 있는 연금 추계 전공 교수가 전국에 한 명도 없었습니다"(참여연대 사회복지위원회 소속 교수). 결국 연금 분야에서 민주노총과 참여연대 사이의 동맹은 '지식 역량' 또는 '정책 역량' 측면에서 관료, 민간 보험사, 보수 경제학자 사이에 맺어진 동맹에 미치지 못했다.

더 중요하게는, 참여연대를 비롯한 진보적 시민단체들과 노조들(민주노총과 한국노총 모두)이, 1996~97년 노동법 날치기 반대 투쟁 이후 자주 협력해 왔음에도 불구하고, 연금 개혁에 관해서는 생각이 달랐다는 점이다.

[참여연대 내부에서 논의 중인] 연금 개혁에 관한 두 가지 전략이 있었습니다. 하나는 [하위 계층과 연금 혜택을 받지 못하는 이들을 위한] 기초연금을 도입[또는 인상]하는 거였고, 나머지 하나는 현 연금제도에서 중산층[이미 수령 자격이 있는]의 소득대체율을 인상(방어)하는 거였어요. 전자로 가게 되면 노조에게는 별 의미가 없지만 여성계나 빈곤층에게 이득이 되는 것이고 …… 후자로 가면 민주노총과 한국노총의 정규직 노동자들의 이해에 딱 맞는 것이었죠. …… 소득대체율을 인상하려면 보험료 부담을 높여야 설득력이 있는데 …… 노조는 노동자들을 설득할 자신이 없었어요. …… 결국 민주노총은 연대 네트워크가 [보험료 인상 없이] 소득대체율 45퍼센트를 마지노선으로 설정하는 운동을 시작하자고 제안했어요. 우린[연대 네트워크 내 시민사회 세력] 그 안을 받아들일지 논의했고, 정중히 거절했습니다. (참여연대 사회복지위원회 소속 교수)

재벌 대기업이나 공기업에 안정적으로 고용되어 온 정규직 노동자들로 중심으로 구성된 민주노총은 기초연금(모든 노인 인구가 대상인)을 현

연금제도로 포함하는 것에 주저했는데, 기초연금은 민주노총 소속 정규직 노동자들의 이해관계와 즉각적으로 관련되는 사항이 아니었기 때문이다. 노조들은 기초연금의 도입이 아니라 국민연금의 소득대체율을 지켜서 (생산 연령에 있는) 조합원의 미래를 보호하려 한 반면, 참여연대 지식인들은 현 세대의 빈곤 노인층을 돕는 것이 더 긴급하다고 생각했다. 곧 공통의 목표를 위해 협력했어야 할 두 조직 사이에서 이해관계의 차이가 무시할 수 없을 정도로 나타났다. 대통령 본인을 포함해, 노무현 정부 내 개혁 정치인과 지식인들은 재경부 관료가 제시한 주장, 곧 재정이 고갈되기 전에 국민연금을 개혁해야 하고, 또한 이를 위해서는 기초연금과 민간 연금 같은 대안적 조치들이 추가로 도입되어야 한다는 주장에 설득됐다. 정치인들(대통령을 포함해)이 보험료 인상안은 논의에서 제외함에 따라, 문제는 국민연금 삭감 여부가 아니라, 얼마나 삭감해야 하는가가 되었다. 유시민과 김용익을 포함해 정권의 개혁주의자들은 국민연금을 축소하는 대신 기초노령연금(자산 조사를 통한)을 도입하고자 했다. 현재 빈곤을 겪고 있는 노인을 우선적으로 돌봐야 한다는 판단에서였다.

그런데 노조와 그 동맹은 왜 소득대체율 60퍼센트를 방어하지 못하고 기초연금 도입안을 수용했을까? 노조는 국민연금의 축소를 막을 수 없었고, 기초노령연금 도입을 지켜봐야 했다. 연금 부문에서 민주노총에는 보건의료노조 같은 강력한 전문직 노조가 없었고, 의보연대회의(나중에는, 건강세상네트워크와 보건의료단체연합) 같은 강력한 연대체(전문가 조직과 노조 사이)도 없었다. 국민연금공단 노조가 의회로 달려가 시위를 벌이긴 했지만, 보건의료노조나 다른 공공 부문 노조로부터 지지를 받지 못했다. 민주노총 전국 본부조차 국민연금공단 노조의 투쟁에 무관심했다.[11] 기층 노조원들은 [먼 훗날] 노후에 자신들이 받게 될 생활보장에 무관심했고, 또 국민연금이 2070년에 고갈된다는 소문 때문에 국민연금에 적대적이었기에, 정부의 축소 조치에 맞서 대중 시위를 조직하는 것이 어려웠다. 결국 2007년, 연금 개혁(더 낮은 소득대체율과 민간이 운영하는 퇴직연금 도입)이 정권의 의도대로 시행되었고, 이에 대한 노조와 시민사회의 유의미한 저항은 없었다. <그림 6.1>과 <그림 6.2>의 분석에서 마지막으로 눈에 띄는 한 가지는 2005년 노동 - 시민단체 네트워크에 국민연금공단 노조를 포함해 어떤 연금 관련 단체도 1744개의 주요 이슈 관련 활동 단체에 포함되지 않았다는 것이다. 이는 국민연금공단 노조가 2005년에 있었던 각종 시민사회의 주요 연대 활동[집회]에 단 한 번도 참여하지 않았음을 뜻한다. 노무현 정부가 2007년에 연금 축소를 개시할 때까지, 이들 연금 관련 단체들은 여타 시민사회 단체들과 공동으로 연대 활동을 벌인 경험이 거의 없었던 것이다. 이처럼 국민연금공단 노조가 2000년대 중반에 시민사회 네트워크에서 활동하지 않았다는 사실은, 국민연금공단 내외부의 주요 핵심 지도자들과 실시한 현장 인터뷰 내용과도 일치한다.[12]

동원 역량 및 정책 역량 모두에서 배태성이 없었던 민주노총 - 참여연대의 연대 네트워크는 신자유주의적 연금 개혁을 중단시킬 수 없

---

11 국민연금공단 노조 지도자들은 1990년대에 10년 이상 한국노총에 소속돼 민주노총 지도자들과의 유의미한 연대 경험이 거의 없었다. 또한 한국노총 산하 조직으로 있었던 국민연금공단 노조는 연금 분야의 다른 시민단체 및 전문가들과 조직적 네트워크를 발전시킬 기회마저 없었다(낮은 배태성).

12 국민연금공단 노조 대표는 2007년에 처음으로 자신들이 파업과 시위를 벌였을 당시 자신들은 외톨이였다고 술회했다. 그는 그 일을 겪은 뒤에야, 자신들이 정치사회에 영향력을 행사하려면 다른 노조는 물론이고, 다양한 시민사회 조직과 연대해야 한다는 것을 깨달았다고 말했다

〈표 6.1〉 노무현 개혁 정부 시기, 사회정책 시장 지향 개혁의 정치

	건강보험 개혁	연금 개혁
개시자	국가, 사용자	국가, 사용자
핵심 행위자	의보연대회의(노동-시민사회 연대 네트워크)	사용자(민간 보험사)
국가와의 응집성(민주노총)		
선거 동원	약함	약함
정책 수립: 숙의와 협상	중간	약함
배태성(민주노총)		
논쟁적 동원	중간	약함
정책 수립: 로비	강함	약함
결과	민영화 중단: 건강보험 민영화 논의가 있었지만 연기됨 자격 및 보장 확대: 일부 중병에 대한 보험금 인상	민영화 도입: 소득대체율 하락/민간 투자사가 운영하는 연금 계획 도입(미국 401k 유형) 기초노령연금(자산 조사에 따른) 도입

었다. 달리 말해, 〈표 6.1〉에서 요약되어 있듯이, 1990년대에 각종 정책의 개혁과 개악을 둘러싸고 형성되었던 민주노총과 참여연대 사이의 연대는 2007년에 전개된 연금 축소 개혁 국면에서는 효과적으로 작동하지 않았던 것이다.

이처럼 배태성이 하락하게 되자, 민주노총은 노동시장에 대한 규제를 축소하려는 시도에 맞서 싸우기 위한 견고한 연대 네트워크를 구축할 수 없게 되었다. 특히 민주노총이 2000년대에 들어 전문 정책 인력을 상실함에 따라, 2000년대 중반 이후로는 국가의 축소 소치에 대응할 수 있는 역량이 크게 약화되었다. 결과적으로, 노사정위원회에 다시 들어갔을 때 민주노총은 1990년대 말만큼의 정책 역량을 보유하지 못했다. 더욱이 노사정위원회 참가 여부를 놓고 민주노총이 내부 갈등을 겪으면서, 국가와 한국노총의 합의에 반대하는 총파업을 효과적으로 동원할 수 없었다. 정권은 민주노총의 이 같은 내부 사정과 이에 따른 지도력의 약화에 대해 잘 알고 있었고, 이런 상황에서 노동시장 규제들을 철폐하는 기업 친화적인 조치를 개시할 수 있었다.

여기에 더해, 참여연대가 국가와 시민사회 사이에서 입법 및 정책 입안 과정의 주도권을 계속 확대하고, 기업과 국가의 거버넌스 제도를 합리화하는 데 집중하는 한편, 정리해고와 비정규 노동자의 권리 같은 '노동시장 문제들'과는 거리를 둠에 따라, 민주노총과 참여연대의 관계는 2000년대에 들어 계속 약화되었다. 민주노총에 우호적이었던 다른 시민단체들 역시, 민주노총의 거듭된 총파업 선언과 투쟁을 지지하는 데 점점 더 주저하게 되었다. 이처럼 참여연대를 비롯한 시민단체들이 민주노총과 거리를 두면서, 상당수의 급진 기층 조합원과 지도자들은 참여연대와의 연대 활동을 경멸적인 의미에서 '개량주의' 및 '기회주의'로 보게 됐다. 결국 민주노총은 2006년 노사정위원회에서도 고립됐다. 한국노총과 노무현 정부가 노동시장 개혁에 대한 합의안을 통과시키는 동안, 민주노총은 이에 대한 유의미한 저항을 하지 못한 채 이를 무기력하게 지켜봐야만 했다.

보수 정부 시기의 배태성 변동과 다양한 축소 정치

2007년과 2012년 대선에서 보수정당의 승리는 사회정책 부문에서 민영화 의제들이 정부의 일관된 정책으로 향후 추구될 것이라는 의미였다. 노무현 정부에서 재경부 관료들은, 경제 자유 구역과 제주특별자치도에 외국인 투자 영리 병원을 허용하고, 이 병원을 영리 기업으로 등록한 뒤, 한국인도 이용할 수 있게 하며, 또 해외 자본에 기초한 외국 의료 기관들이 국내 영리 병원 사업에 투자할 수 있도록 하는 민영화 계획을 처음으로 도입했다. 이명박 정부는 노무현 정부에서 추진된 이 민영화 계획을 계속 밀어붙였다. 이명박 대통령은 대선에서 경쟁 후보들을 큰 차이로(500만 표 이상) 이겼을 뿐만 아니라, 의회에서도 원내 과반수를 확보한 상황이었다. 민영화를 추진하기에 더 없이 이상적인 정치 환경이었다. 이미 개혁 정부 시기부터 정권 내 가장 강력한 정책 집단이었던 재경부 관료들은 건강보험 및 연금 분야에서 민영화를 지지하는 주요 성원들로 활동하기 시작했다. 이명박 정부는 비영리 의료 법인의 채권 발행, 의료 기관들 간 합병 등을 허용하고, 의료 기관 경영 지원 회사MSO를 활성화하는 등 영리 병원 추진과 관련된 의제 전반을 합법화하는 일련의 추가적인 방침을 발표했다. 2009년, 정부는 또한 내국인에게 영리 병원 운영을 허가하고, 의료 서비스 이용을 목적으로 방문하는 외국인에게 비자를 발급하며, 국내 보험사가 외국인에게도 보험을 판매할 수 있으며, 외국 의료 기관과 국내 의료 기관 사이에 환자가 오고갈 수 있게 하는 계획도 검토할 것이라고 발표했다. 박근혜 정부 역시 대선 공약 ― 노인 인구 전체를 대상으로 한 기초연금 도입 ― 을 파기하며, 기초연금 수령액을 국민연금 가입 기간과 연계시켰다(따라서 국민연금 가입 기간이 길수록 기초연금을 적게 받게 됨에 따라, 기초연금의 자격 기준이 보편적이지 않게 되었다).

그런데 두 정책 영역, 즉 건강보험과 연금 사이의 중요한 차이는, 건강보험 공급의 민영화는 노동 ― 시민 연대 네트워크의 거센 조직적 항의와 거부로 지연된 반면, 보편적 기초연금의 철회에 대해서는 작은 반발만 뒤따랐다는 것이다. 노동 ― 시민 연대는 어떤 정책 영역에서는 더욱 단단해지고 정교해졌으며, 그에 따라 노조와 그 동맹 세력은 국가와 업계의 전략 및 행동에 효과적으로 대응했지만, 나머지 정책 영역에서는 그러지 못했다. 전반적으로 아래의 단락에서는 두 보수 정부에서 재개된 시장 지향적 개혁에 대한 대응에서 노동 – 시민 연대의 성패를 분석한다.

1) 정부의 신산업 정책으로서 건강보험 민영화

보건 의료 민영화 계획은, 두 보수 정부에서 입법 과정이 시작되긴 했지만, 그와 같은 계획이 처음 출현한 것은 김대중 정부 — 의료보험을 통합한 바로 그 정부 — 에서다. 이 계획의 논리는 다음 개혁 정부인 노무현 정부에서 확대됐다. <표 6.2>는 건강보험 산업에서 신자유주의적 시장 개혁의 요소들이 역사적으로 어떻게, 언제 출현했는지, 또 그것들이 어떻게 2000년대 초반 이후 공적 건강보험 제도에 대한 현실적 대안으로 발전했는지는 보여 준다. 마찬가지로 이 민영화 계획 대부분은 두 개혁 정부에서 처음 만들어졌지만, 이후 보수 정부들에서 심화됐다.

대형 병원(서울대병원, 연세세브란스병원, 삼성병원, 현대아산병원)과 민간 보험사의 후원을 받는 재경부 관료들은 민영화 계획들을 공격적으로 추진했고, 이를 향후 한국 경제의 성장을 이끌 신산업 정책으로 묘사했다. 특히 그들은 레임덕이 온 김대중 정부 말기에 이 계획들을 밀어붙였다. 노무현 정부는 건강보험 민영화 계획을 주요 국정 의제로 적극 수용했으며, 이후 이명박 보수 정부에서 구체적인 정책으로 다듬어졌다. 비판적인 이들은 이 모든 개혁의 궁극적 목적이 '공적 건강보험 체제를 약화'시키는 것이고, '결과적으로 건강보험 산업에서 민간 보험사의 역할이 강화'될 것이라고 보았다(신영전 2010, 61-77).[13] 재정경제부 [노무현 정부] 또는 기획재정부[이명박 정부]와 보건복지부 출신 정부 공직 자들이 확인해 준 바에 따르면, 정부는 시민의 기초적 필요를 책임지 는 것을 목표로 하는 한편, 보건 의료에 대한 새로운 수요는 시장이 담 당하도록 했다(건강세상네트워크 2010, 211-214).

2) 복지국가 방어에 성공한 운동 사례들

보건 의료 부문에서 나타난 일련의 민영화 추진 시도는 보건 의료 관 련 연대 네트워크의 활동 재개를 촉발했다. 기존 제도의 '방어'를 지향 했던 이 운동은 이명박 후보가 대통령 선거운동 과정에서 "건강보험 당연지정제"를 전면 재검토하겠다는 발표에 더욱 자극받았다.[14] 두 보 수 정부 시기에, 정부가 추진한 주요 민영화 계획(<표 6.2> 참조) 가운데 특히 중요한 순간이 두 번 있었다. 즉 ① (2008년) 취임과 더불어 이명박 정부가 건강보험 당연지정제를 폐지하려 한 시도, ② (2009년) 제주도에 영리 병원을 허가하는 법을 통과시키려 한 시도 등이 그것이다. 노조 및 관련 시민단체들이 공동으로 운영하는 건강권연대[15]는 이런 움직

---

13 이와 관련 특정 보험사(삼성생명 보고서)와 정부의 민영화 추진 내용을 비교한 뒤 정부가 삼성의 계획 을 거의 그대로 채택해 오고 있다고 결론짓는 연구들이 있다(신영전 2010).

14 건강보험 당연지정제란 의료법의 규정을 받는 모든 의료 기관은 국민건강보험 가입 환자를 의무적으 로 진료하도록 하는 제도이다(또한 이런 체계에서는 의료수가 역시 국민건강보험공단과 협의해서 결 정해야 한다). 대한의사협회는 2002년과 2012년, 이 의무를 헌법재판소에 두 번 제소했는데, 그 의무 가 의료 기관의 '자유로운 사업 활동'뿐만 아니라 소비자의 '자유로운 선택권'을 침해한다는 것이었다. 헌법재판소는 현 의무가 헌법상 타당하고 시민의 (보편적) 건강권을 지키기 위해 유지되어야 한다고 선 고했다. 만약 이 의무가 폐지됐다면 미국식 민간 보건 의료 체제가 시작되는 계기가 되었을 것이다.

임에 강력하면서도 효과적으로 대응했고, 이를 저지하는 데 모든 정책 역량과 동원 역량을 쏟아 부었다.

먼저, 건강보험 당연지정제(국내 모든 의료 기관이 국민건강보험 가입자를 의무적으로 받아야 하는 제도)를 폐지하려는 이명박 정부의 시도에 맞서 건강권연대는 미국식 민간 보건 의료 체제의 민낯—터무니없을 정도로 비싸고 불평등한 의료 서비스—을 폭로하는 마이클 무어의 <식코>Sicko(2007)를 상연하는 전국 운동을 개시했다. 노조원과 지역 시민단체들은 4월 내내 이 운동에 적극 참여했고, 2008년 전반기 내내 거리를 뒤덮은 미국산 쇠고기 수입 반대 '촛불 시위'에도 합류했다. 건강권연대는 현명하게도 '미국산 소고기 수입 반대'와 '보건 의료 민영화 반대' 운동을 함께 전개해 나갔다. 미국산 소고기와 미국식의 시장 지향적 보건 의료 체계는 모두 국민의 건강에 해로울 수 있다는 인식을 대중에게 심어 주는 프레이밍 전략이었다. 광범위한 대중이 시위에 참여함에 따라, 결국 정부는 (2008년 5월에) 건강보험 당연지정제 폐지 발표를 취소했다. 이 승리는 기본적으로 촛불 시위에 참여한 광범위한 대중의 힘 때문이

15 2009년, 이명박 정부의 민영화 시도를 성공적으로 저지한 뒤 건강권연대는 건강보험 재정과 관련해 심각한 의견 충돌로 두 조직, 곧 "건강보험 하나로"와 "무상의료국민연대"로 갈라질 위험에 처했다. 전자는 국민건강보험의 보장과 혜택을 늘리기 위해 보험료 인상을 추구한 반면 후자는 그런 해결책에 반대하며, 그렇게 의료 공급자에 대한 제약 없이 보험료를 인상하면 공급자의 수입만 늘 것이라고 주장했다. 두 진영은 그 연대 네트워크 내부에서 치열하게 싸운 뒤, 민주노총에 연대 유지를 위해 개입, 중재해 줄 것으로 요청했다. 보건의료노조 간부들은 연대 조직을 쪼개지 말라고 두 진영을 설득했고, 정책적 합의를 보는 수준에서 연대를 유지할 수 있다고 제안했다. 건강권연대 운동은 기존 영구 조직인 보건의료단체연합을 유지한 채 의료민영화저지 범국민본부를 출범시키며 갈등을 봉합했다. (보건의료노조 지도자와의 인터뷰에 기초해 요약하면) 노조는 두 연대 네트워크 모두에서 각각을 조율하는 데 핵심 역할을 했다. 간략하게 이 글에서는 이 모든 운동과 단체 활동을 "건강권연대"로 부른다.

〈표 6.2〉 보건 의료 부문에서 민영화의 전개 과정

		김대중 정부 (1998~2002)	노무현 정부 (2003~07)	이명박 정부 (2008~12)	박근혜 정부 (2013~현재)
민영화 추진 내용	전반적인 민간 건강보험 정책	민간 건강보험 활성화를 위한 대책위원회 보고(2002)(민간 보험사 대표들이 개인 질병 정보의 이전을 요청함)	의료 산업 발전 계획(2004) 의료 서비스 경쟁력 향상 계획(2005)	'글로벌 헬스케어' 계획 발표(2009) 의료 산업과 IT 산업을 통합하는 'U-헬스' 계획 발표	의료 산업 발전을 막는 모든 장애물을 없애겠다는 의지 표명
	당연지정제 폐지	대한의사협회가 헌법재판소에 제소(2002)		이명박 후보의 대선 공약 가운데 하나로 제시됨(2007) 더는 추진하지 않겠다고 발표(2008) 대한의사협회의 2차 제소(2012년)	
	'추가 배상 보험' 도입	재경부 주도 대책위에서 구상이 논의됨(2002)	법안이 제출되고 입법됨(2007)	보험 상품 판매 시작(2008)	노인(70세 이상) 민간 보험 상품 첫 출시
	경제자유구역 내 영리 병원	재경부 제안(2002)	입법 계획 발표(2004)(외국 자본 참여 포함) 2004년 12월에 의회 통과 의료 서비스 시장의 개막과 제주도 특별법 시행(2005)	한국인에게 영리 병원 운영을 허가하고, 의료 서비스를 목적으로 방문하는 외국인에게 비자를 발급하며, 국내 보험사가 외국인에게도 보험을 판매할 수 있고 외국 의료기관과 [국내 의료기관 사이에] 환자가 오고갈 수 있게 하는 계획 발표(2009)	
	의료 기관의 영리 활동 허가		2005년 계획과 더불어 처음으로 등장	병원 경영 지원 회사 활성화, 아동 전문 회사 운영, 채권 발행, 외국인 환자 진료 허가 등 추가 정책들로 확대됨 병원 혹은 제삼의 대행사가 환자를 모집하고 소개하는 것을 허가하는 법 통과(2009) 장애인과 노인을 대상으로 한 원격 진료 기기를 사용한 진단 및 치료 허가	아동 전문 병원, 원격 의료 기기 판매 허가 법인 약국 가맹점 운영 허가

었지, 건강권연대 자체의 역량 때문만은 아니었다. 그럼에도 민영화 반대 구호를 미국산 소고기에 대한 국민의 우려와 연결했던 '프레이밍' 전략을 적절히 개발하지 못했더라면, 건강권연대는 이명박 정부의 민영화 드라이브에 그렇게까지 효과적으로 대처할 수 없었을지도 모른다.

2008년 5월, 미국산 소고기 수입을 반대하는 대중 시위가 일어나는 동안 이명박 정부는 건강보험 당연지정제를 폐지하지 않겠다고 선언했다. 하지만 이명박 정부가 추진했던 민영화 계획들은 다층적이고도 다차원적이었다. 촛불 시위가 한창일 당시, 김태환 제주도 지사(집권 당인 한나라당 소속)는 제주도 내에 '영리 병원'을 추진하겠다고 발표했다.16 건강권연대는 모든 역량을 동원해 이 같은 민영화 시도에 맞서 싸우고자 했다. 곧바로 이를 반대하는 기자회견을 열었고, 인터넷에서 민영화 반대 운동을 개시했으며, 민영화 계획에 대응하기 위한 모금도 시작했다. 반대 근거를 알리기 위해 촛불 시위를 조직하고, 이에 참여하며, 야 3당과 함께 의회에서 회의를 개최하기도 했으며, (전국공공운수 노동조합과 함께) 신문에 광고를 싣기도 했다. 또한 주요 방송사가 개최하는 토론회에 정책 전문가들을 패널로 참여시키기도 했고, 제주도 전체를 돌며 영리 병원 설립 반대 메시지를 홍보하는 일군의 활동가들을 파견하기도 했다(건강세상네트워크 2010, 2-4). 결국 도지사 사무실은 여론조사를 실시해, 제주도민이 동의하지 않으면 그 계획을 추진하지 않겠

16 2008년 더 큰 사건은 민간 보험사의 추가 보장 보험 도입이었는데, 이는 그 이상한 이름과는 상관없이 주요 민간 보험으로서 조용히 공공 건강보험의 역할을 대체한다는 것을 의미했다. 촛불 시위 때문에 어느 누구도 2008년 이것이 도입된 것에 주의를 기울이지 못했다.

다고 발표했다. 대다수가 '반대'를 표했고 도지사는 그 계획을 폐기하겠다고 발표했다.

이 승리는 건강권연대가 정부의 민영화 계획을 저지하기 위해 얼마나 효과적으로 활동했는지 보여 준다. 의료보험 통합 운동에서처럼, 건강권연대의 세 부분은 서로 부족한 부분을 보충하며 조직적으로 협력했다. 즉, 보건 의료 분야의 전문가들은 일차적으로 시장의 효율성 신화를 타파하는, 민영화 반대 논리들을 개발했다(예를 들면, 영리 병원이 도입될 경우 의사가 부족해지고 불평등하게 배분될 수 있을 뿐만 아니라, 병원 자체에 대한 접근성도 불평등해질 수 있다고 강조했다). 시민단체 활동가들은 전문가들과 교수들이 개발한 논리들을 활용해, 다양한 활동들을 개발하고 전개했다. 보건의료노조는 기존의 제도들을 방어하는 데 필요한 동원 역량을 제공했다. 특히 민영화 반대 논리를 조합원들에게 전달하고, 운동과 홍보에 필요한 비용을 모금했으며, 가장 중요하게는 조합원들이 대중 시위에 참여하도록 독려했다. 이명박 정부는 (지방선거에서 참패하는) 2010년 말까지 일련의 입법 시도를 통해 민영화 계획을 계속 추진했지만, 건강권연대는 이를 막아 내는 데 성공했다.[17]

---

17 하지만 새누리당이 2012년 총선과 대선에서 승리하면서 민영화의 횃불은 박근혜 정부로 넘어갔고, 정부와 노동 – 시민 연대가 맞붙은 2라운드가 시작됐다. 박근혜 정부에서는 정부가 추진하는 보건 의료 민영화 목록에 (제주도에 영리 병원을 도입하는 기존 항목 외에도) 다른 항목들이 추가됐다. 특히, 이명박 정부에서 구상한, 원격 진료 의료 기기를 개발·도입하는 계획이 주요 정책 의제로 제시되었는데, 당시 삼성전자는 그것을 자사의 차세대 '블루오션' 분야 가운데 하나로 발표했다. 박근혜 정부는 원격 진료를 '창조 경제'의 대표적인 사례로 들며, 어떤 장애물이 있더라도 이를 강력히 추진하겠다고 선언했다. 의료 산업 민영화의 대표적 지지자 가운데 한 명인 김무성은 2014년 새누리당 대표가 되었고, 7월에는 15석이 걸린 보궐선거에서 압승을 거뒀다. 그럼에도 건강권연대 활동가 및 그 지지 기반은 야당들(민주당과 정의당)과 협력해, 중요한 임기 초반 2년 동안 박근혜 정부의 입법 시도를 성공적으로 저지했다.

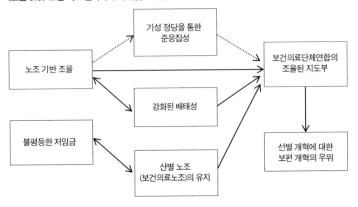

〈그림 6.3〉 보건 의료 분야에서 배태성, 조율, 그리고 보편적 재현 전략의 우위

따라서 보건 의료 분야에서 신자유주의적 개혁에 맞선 연대 네트 워크의 견고성은 시사하는 바가 크다. 민주노총 전국 본부 및 금속노 조 모델과 비교해 보건 의료 부문에서의 연대 네트워크는 정책 및 동 원 역량의 측면에서 응집성과 배태성의 내용들을 계속 새로 개발했다. 보건 의료 관련 연대 네트워크는 노동운동이 좀 더 광범위한 시민단체 공동체 내에서 이들과 끊임없이 함께할 때에만 성공할 수 있음을 설득 력 있게 보여 준다. (보건 의료 부문의 연대 활동에서) 노동 및 시민단체들은 서로의 약점을 효과적으로 보완해 왔다. 보건의료노조는 보건 의료 분 야의 다양한 시민단체 및 전문가 단체의 이해관계를 조율하는 역할을 수행하면서도, 그 연대 네트워크를 희생하면서까지 자신들의 의제(선 별 개혁 전략)[18]를 밀어붙이지 않았다.

---

18 노조의 보편 개혁 전략 대 선별 개혁 전략의 상세한 정의에 대해서는 부록 C.2를 참조하라. 보건의료노조는 2000년대 이후(2017년까지), 한국에서 산별 임금 교섭의 불씨가 살아 있는 보기 드문 노조 중 하나다.

<그림 6. 3>는 수많은 이해관계자 및 시민단체가 국민건강보험을 비롯한 보건 의료 정책들을 지키고 확대하기 위해 서로 다른 이해관계를 조율했던 메커니즘을 보여 준다. 각 단체의 기층 회원들이 서로 이질적이기에 생기는 차이는 대표들의 회의에서 주기적으로 논의·조율됐다. 특히 연대 네트워크는 주요 의제에 관한 '최소주의적' 합의를 이루어 냈다. 이 같은 조율은 그 연대 네트워크에 참여한 다양한 행위자들이 공통의 핵심 대의 — 곧 국민의 건강권을 지키고 확대하는 일 — 를 공유하고 있었기에 가능했다. 기본권 및 관련 쟁점들에 대한 이들의 (최소주의적이지만) 근본적인 합의로 말미암아, 상이한 조직 행위자들이 네트워크에 계속 남아 있었고, 집합행동의 문제를 해결할 수도 있었다. 노조는 자신이 잘 못하는 일들, 곧 관련 쟁점에 대한 전문적인 정보를 제공하고 조직화되지 않은 시민의 목소리를 전달한다는 일을, 시민단체들이 잘 한다는 사실을 인정했다. 시민단체는 다양한 환자 집단과 의료 소비자를 동원함으로써 연대 네트워크의 시민적 기반을 확대·심화했다. 시민단체 또한 자신이 따라갈 수 없는 강력한 동원 역량이 노조에게 있음을 인정했다. 노조와 시민단체들은 모두 참여연대 소속 변호사와 교수들이 입법 과정에 관한 소중한 지식을 제공한다는 점을 인정했다. 상당수의 의사와 약사들은, 보편적 보장성 및 환자의 권리를 보장하기 위해서뿐만 아니라, 소형 병원의 생존을 위해서라도 공적인 국민건강보험 제도를 유지하는 것이 필요함을 인정했다. 그 네트워크는 성파적·이념적 차이와 상관없이 민주노동당(과 그 다양한 분파)뿐만 아니라 주요 야당들과도 응집성 차원의 숙의와 협의를 진행했고, 로비 통로를 개발했다(이런 노력 덕분에 민주노동당이 분열해 영향력을 상실했을 때에도 이들은 크게 당황하지 않았다). 2000년 이후에도, 보건 의료 관련 연대 네트워크는

정부의 민영화 조치에 맞서 국민건강보험을 지키기 위해 야당 내 진보적 국회의원들과 긴밀히 협력해 왔다. 또한 유망한 지도자를 의회와 서울시 당국에 보내기 위해 힘써 왔고, 그 과정에서 새로운 응집성 자원을 개발했다. 보건 의료 관련 연대 네트워크가 국민건강보험을 확대하고, 민영화 조치로부터 그것을 지켜 낸 것은 우연이 아니었다.

3) 연금 축소

2007년, 노무현 정부에서 국민연금의 소득대체율을 60퍼센트에서 40퍼센트로 축소한 이후, 연금 부문에서 가장 큰 쟁점은 노인 인구 전체를 대상으로 하는 기초연금의 도입이었다. 기초연금안은 원래 노무현 정부 시기에 민주노동당과 한나라당이 노인 인구 전체를 대상으로 하는 보편적 수당으로 (즉, 국민연금의 일부로) 함께 제안한 것이었지만, 국회를 통과한 것은 열린우리당이 제안한 '기초노령연금법안'이었다. 결국, 기초연금은 2008년부터 자산 조사에 따른 노인 기초 수당으로 도입됐다. 그런데 2012년 대선에서 새누리당 박근혜 후보는 모든 노인 인구에게 기초연금을 매달 20만 원씩 지급하겠다는, 가장 혁신적이고 관대한 사회정책 개혁을 약속했다. 그러나 박근혜 정부는 집권 이후, 약속을 어기고 국민연금 가입 기간에 따라 기초연금을 차등적으로 지급하는 수정된 기초연금 계획을 도입하기로 결정했다. 이는 하위 70퍼센트만 지급하며, 국민연금 가입 기간이 길수록 기초연금 수령액이 줄게 되는 안이었다.

　민주노총, 참여연대, 그리고 야당인 민주당 모두 정부안을 수용하지 않기로 했고, 사용할 수 있는 모든 전술을 이용해 그 안을 폐기하기로 결정했다. 2007년 개악(소득대체율 축소)에 맞서 외로운 투쟁을 벌인 바 있는 국민연금공단 노조가 이 운동의 중심에 있었는데, 여기서 이 노조는 정부안에 맞서 폭넓은 연대를 이룰 수 있는 새로운 배태성을 구축하기 위해 노력했다.

외로운 투쟁과 패배의 시기였던 2007년과 견주어 볼 때, 이 시기 국민연금공단 노조의 동원 역량과 정책 역량은 여러 측면에서 향상됐다. 첫째, 민주노총의 지지를 받을 수 있었다. 민주노총은 공기업의 민영화를 막고, 왜곡된 기초연금안으로부터 국민연금을 지키는 것을 조직의 핵심 목표로 설정했다. 둘째, 상위 산별노조, 곧 전국공공운수사회서비스노조로부터 조직적인 차원의 지원을 받았다. 셋째, 국민연금공단 노조는 참여연대 사회복지위원회 소속 진보적 교수들과의 정책 연대를 심화했다. 가장 중요하게는 2013년, 22곳의 노동 및 시민단체가 정부안에 맞서기 위한 연대 단체, 곧 공적연금강화국민행동(이하, 연금행동)을 구성했다. 그 컨소시엄의 내용과 구조는 건강권연대와 흡사했다. 노조들이 컨소시엄의 중심에 있으면서(22개의 단체 가운데 거반이 노조였다),[19] 핵심 자원과 인력을 제공했고, 진보적 시민단체들은 여기에 합류해 저마다의 전문 역량을 보탰다. 다른 시민단체들과의 연대라는 측면에서 노조의 배태성은 "매우 크게 개선됐고", "이 문제에 관한 여론과 시민들의 의식은 [2007년 축소 국면에 비해] 견줄 수 없을 정도로 높은 수준이 있다"(국민연금공단 노조 지부장, 박준우와의 인터뷰).

19 소속 조직 명단은 다음과 같다. 민주노총, 참여연대, 한국노총, 한국여성단체연합, 전국공공운수사회복지 지부, 전국공공운수 국민연금 지부, 전국금융산업노조, 전국사무금융노조, 전농, 노후 희망유니온, 청년유니온 등.

2014년은 노조가 정부와 여당의 축소 공세에 맞서 연대 조직을 구축하기에 훨씬 우호적인 조건이었다. 2010년 초, 사회복지 확대를 강력히 요구하는 학문적·대중적 담론이 확산됐다. 지방선거 시기에 진행된 '보편적 무상급식' 운동도 그중 하나였다. 지식인들은 사회복지의 공적 공급 확대를 지지하는 복지국가소사이어티나 내가만드는복지국가 같은 시민단체들을 결성했다. 민주노총 전국 본부 또한 조직의 일차적 목표로 복지국가 건설의 중요성을 인정했다. 보수 정당도 개혁 정당도 하나같이 과거 민주노동당의 사회정책 공약을 모방하고 수정하기 시작했다. 전체적으로 보아 노조는 더 깊고 다양한 배태성의 토대를 확보하고 있었는데, 실제로 그들은 2007년의 고통스러운 패배를 반복하지 않고자 다양한 시민단체들과의 동맹을 의식적으로 구축했다. 이런 의미에서 민주노총은 연금 문제에 대해 더는 무관심하지 않았고, 외려 연금 개혁과 관련된 정책 및 동원 역량을 쌓기 위해 커다란 노력을 경주했다. 이를테면, 민주노총과 국민연금공단 노조는 2013년 '국민연금 1045 운동', 곧 기초연금 지급액을 (국민연금 전체 가입자의 3년치 평균소득의) 10퍼센트까지 인상하고, (2028년에는 40퍼센트까지 떨어지게 되어 있는) 국민연금의 소득대체율을 45퍼센트에서 유지해 더 이상의 인하를 막는 운동을 개발하기 시작했다.

하지만 연금 부문에서 노조의 배태성이 증가하고 있었음에도 배태성의 깊이와 범위는 2014년 정부와 보수 집권당의 축소 공세를 압도할 수 있는 수준이 아니었다. 국민연금공단 노조 자체의 동원 역량뿐만 아니라, 여타의 노조와 시민단체들로부터 연대를 이끌어 낼 수 있는 노조의 역량 역시 정부를 위협하기에 불충분했다. 민주노총 전국 본부는, 국민건강보험공단 노조의 투쟁을 지원하기 위해 최선의 노력을 기울였지만, 이미 동원 역량이 상당히 약해진 상태였고, 이 운동에 다른 노조들의 연대를 이끌어 내지 못했다. 전국공공운수사회서비스 노조의 주요 지부들은 2013년 정부의 민영화 공세에 맞서 투쟁을 벌이는 데 자원을 소진한 터라 큰 도움을 줄 수 없었다. 그 결과 국민건강보험공단 노조는 2007년처럼 고립되지는 않았지만 전국, 또는 산별로 조직화된 파업 같은 결정적인 지지를 기대할 수는 없었다. 더욱이 연금행동을 통해 형성된 조직적 연대는 노조들과, 전국여성단체연합, 전농 등과 같은 기존의 민중운동 단체들로 제한되었다. 연대 컨소시엄에 등록된 노년 유니언은 실직 중인 노인 수십 명으로 구성된 단체로 2012년과 2013년 사이에 이제 막 만들어진 터였다. 보건 의료 관련 연대 네트워크에는 공적인 보건 의료 체계의 유지에 직접적인 이해관계가 걸린 환자 단체 및 소비자 단체가 있었던 반면, 연금 컨소시엄에는 연금 수령자, 곧 노인을 직접적으로 대표할 수 있는 단일한 '이해관계자 조직'이 없었던 것이다.[20] 비록 국회 내부·외부에서 시위와 청원 운동 등이 있기 했지만, 그것들은 관례적인 저항에 그쳐서 집권당이 다음 선거에서 패배를 걱정할 정도로 강렬하지는 않았다. 곧 양 정당은 자신들이 타협해 법안을 통과시킨다 하더라도, 그 대가는 심각하지 않으리라고 보았을 것이다.

정책 연대의 측면에서, 노조는 관련 전문가들과 강력한 동맹을 발

---

20 한국 연금 체계의 짧은 역사를 고려하더라도, 노인들이 연금에 대한 자신들의 권리를 지키기 위해 이익 단체를 설립하지 못했다는 것은 놀랍다. 전미은퇴자협회(American Associations of Retired Persons, AARP) 같은 연금 수령자들의 단일한 이익집단이 부재한 상황에서, 노조원들이 세대를 가로질러 현재와 미래의 연금 수령자로 견고한 연대를 구축하기는 어려웠다. 이로 인해 보수 정부와 민간 보험사들은 심각한 저항이나 정치적 비용을 치르지 않고 연금 구조를 쉽게 조작할 수 있었다.

전시키지 못했다. 연금 부문에서 전문성을 제공할 수 있는 유일한 시민단체인 참여연대를 비롯해, 연금행동 컨소시엄에 참여한 전문가들 가운데 (연금 재정 추계와 관련된 전문 지식을 갖춘) 경제학자나 경영학 교수는 거의 없었다. 이 또한 앞서 서술했듯, 보건 의료 분야에서 다양한 배경을 가진 의사와 교수가 참여해, 민영화 공세에 반대하는 다양한 지식과 논리를 제공한 건강권연대와는 선명한 대비를 이룬다. 결국 중요한 사실은 그 연대에 참여한 단체 및 노조 대다수가 연금 부문에서 전문성을 제공할 수 없었다는 점이다. 그들은 선의를 가지고 참여했지만, 실질적으로 제공할 수 있는 것은 많지 않았다. 곧 배태성이 향상되었음에도 불구하고, 정책 역량의 깊이와 동원 역량의 강도는 정부 내 재경부 관료들이 제시한 정교한 계획에 맞서 싸우기에 충분할 정도로 인상적이지는 못했다. 그에 반해 새정치민주연합(전 민주당)의 대다수 의원들은 정부 계획에 설득되어 2014년 수정된 기초연금 법안을 통과시키는 데 합의했다.

요컨대 일부 나아지긴 했지만 연금 부문에서 노조는 민영화를 저지하고, 기존의 제도를 지키는 데 필요한 동원 및 정책 역량이 여전히 부족했다. 궁극적으로 두 사례에서 결정적 차이는 동원 역량이었다. 국민연금공단 노조 대표는 축소 시도에 맞선 싸움에서 가장 결정적 요소를 다음과 같이 간단하게 요약한다. "우린(국민연금공단 노조) 그렇게 강한 투쟁 역량을 발전시키지는 못했어요. …… 노동운동에서 가장 중요한 것은 연대입니다"(박준우). 2000년대와 2010년대, 연금 개혁에 맞선 국민연금공단 노조 및 그 동맹 단체들의 투쟁은 축소의 정치에서 노조 배태성의 깊이와 범위가 얼마나 중요한지를 설득력 있게 보여 준다. 1980년대와 1990년대 노동자 대투쟁의 시기에 민주 노조 운동 및

<표 6.3> 두 보수 정부 시기, 신자유주의 개혁의 정치(2008~14)

	건강보험 개혁	연금 개혁
개시자	국가, 사용자	국가, 사용자(와 민간 보험사)
핵심 방어자	의보연대회의/건강권연대 (노동－시민사회 연대 네트워크)	국민연금공단 노조와 참여연대
응집성 (민주노총 혹은 그 산하 노조)		
선거 동원	중간	약함
정책 수립: 숙의, 협상, 전달	중간	약함
배태성 (민주노총 또는 그 산하 노조)		
논쟁적 동원	강함	약함에서 중간(기층 저항 부재)
정책 수립: 로비	강함	약함에서 중간
결과	저항 성공	급진적 축소

시민사회 운동 진영과 함께 투쟁하지 않았던, 따라서 역사적으로 빈약한 국민연금공단 노조의 배태성은, 2000년대 결정적 축소의 시기에 다른 시민사회 행위자들에게 다가가 국민연금의 중요성을 설득하기 위한 역량을 제약했다. 2007년, 국민연금공단 노조는 연금 부문에서 연대 파트너를 찾을 수 없었다. 참여연대의 사회복지 분야 교수 및 전문가 몇 명이 국민연금공단 노조와 여타의 정치·시민 단체 사이에서 중개자 역할을 하기에는 역부족이었고, 국민연금공단 노조는 정부의 연금 개혁 시도를 막아 낼 자체적인 정책 및 동원 역량을 갖추지 못했다. 2010년대에 연금행동에 참여한 단체는 22곳으로 늘어났지만, 그 범위는 건강권연대에 참여한 88개의 단체에 비하면 여전히 인상적인 수준에 미치지 못한다(최근 20여 년 동안 건강권연대가 연대 활동을 통해 쌓은 지식과 신뢰의 깊이는 말할 것도 없다). 2007년, 개혁 정부가 축소 법안을 쉽게 통과시켰듯이, 보수 정부 역시 2014년에 별다른 어려움 없이 자신들이 바라는 기초연금 법안을 통과시킬 수 있었다.

요약하면, 2000년대에 전개된 축소의 시기에 민주노총의 응집적 연계, 배태된 연계가 지속적으로 하락했음에도 불구하고, 일부 산별노조는 자원과 영향력 면에서 견고한 조직적 힘을 유지했다. 특히 보건의료 부문 노조들은 결사체들의 장에서 배태성을 유지했고, 그 덕분에 보수 정부의 축소 노력에 맞서 자신의 핵심 이익을 지킬 수 있었다. 과거 의보연대회의의 핵심 세력들은 (의료보험 통합 법안을 성공적으로 통과시킨 이후) 2000년대에도 그 조직 구조와 네트워크를 갱신해 (건강권연대로서) 활력을 유지했고, 그에 따라 노무현 정부와 이명박 정부의 신자유주의적 개혁에 맞서 효과적으로 싸웠다. (<표 6.3>에서 제시되어 있듯) 의보연대회의의 핵심 교수, 시민단체 지도자, 노조 대부분이 건강권연대로 들어옴으로써, 노동 - 시민 연대 네트워크는 견고한 배태성을 유지했다.

하지만 2000년대 초에 소속을 한국노총에서 민주노총으로 바꾼 국민연금공단 노조는 2000년대 내내 연금제도를 지킬 수 없었다. 배태성이 극히 낮았기에, 국민연금공단 노조는 2007년 개혁 정부의 축소 공세에 맞서 연금 체제를 지키기 위한 전 사회적 연대 네트워크를 구축하지 못했다. 또한 이후 민주노총 전국 본부가 직접적으로 조직적 지원과 자원을 보냈음에도 불구하고 (<표 6.3>에서 약한 배태성으로 표시되었듯), 국민연금공단 노조는 다른 시민단체들과 동맹해 강력한 동맹 및 정책 역량을 충분히 개발하지 못했다. 그 결과 2014년, 보편적 기초연금이 도입될 당시, 국민연금공단 노조의 저항은 정부의 기초연금 도입 과정에서 국민연금 가입자에 대한 차별 조항을 시정할 만큼 충분히 강력하지 못했다.

소결

이 장에서는 시민사회에 대한 노조의 배태성이, 국가(와 민간 업계)가 개시한 시장 지향적 복지 축소 시도에 맞서 복지국가의 핵심 요소를 지키는 데 결정적 역할을 한다는 것을 입증했다. 건강권연대(전 의보연대회의), 곧 보건 의료 정책 부문에서 노조, 농민, 전문가 및 시민단체들로 구성된 연합 조직은 기존의 보건 의료 제도를 지키는 데 필요한 동원 및 정책 역량을 충분히 행사할 수 있었다. 노무현 정부 시기에 건강권연대는 청와대 비서실과 보건복지부 내부에 동맹 세력을 보유하고 있었을 뿐만 아니라, 의료보험 통합 운동 시기에 발전시켜 온 실질적이면서도 광범위한 정책 및 동원 네트워크도 보유하고 있었다. 보건 의료 민영화 구상이 노무현 정부 시절의 재경부 관료로부터 처음 나왔지만 건강권연대는 노무현 정부 시기에 그 같은 구상이 확산·실현되는 것을 막아 냈다. 노무현 정부에서 실현되지 않은 시장 개혁은 <그림 6.4>의 배태된 응집성의 결과, 곧 온건한 개혁 – 수용으로 분류될 수 있다. 노무현 정부 내에서 축소를 지지하는 정치인 및 관료조차 저항이 두려워 자기 목소리를 내지 않았고, 잘 조직된 저항 집단은 정부에 상당한 압력을 행사했다.

요약하면 연금 부문에서 존재감이 없었던 국민연금공단 노조와는 달리, 보건의료단체연합과 건강세상네트워크(모두 1990년대 말, 2000년대 초, 의보연대회의가 그 기원인)처럼 산하단체들을 포괄하는 '이해관계자 유형'shareholder-style의 조직들은 다른 노조들(예컨대, 보건의료노조)을 아우를 뿐만 아니라, 보건 의료 부문의 수많은 시민단체를 연결하는 중심 행위자로 남아 있다. 연금 부문과 보건 의료 부문 사이에서 나타난 노조

〈그림 6.4〉 응집성과 배태성의 교차 공간에서 국가와 노조의 네트워크에 기반을 둔 전략 행동: 한국의 축소 사례들

		응집성(노조의 집권당과의 연계)	
		약함	중간 - 강함
배태성 (노조의 시민사회와의 연계)	약함	제로섬 갈등 게임: 결과: 국가의 급진 개혁 추진과 노조의 전투주의 1997~98년, 2005년, 노동시장 제도 개혁, 2007년(노무현 정부), 시장 지향 연금 개혁	국가 우위 게임: 결과: 국가의 급진 개혁 추진과 노조의 수용 노무현 정부 시기, 국민연금과 노동시장 규제 축소에 대한 한국노총의 묵인
	중간 - 강함	노조 우위 게임: 결과: 국가의 급진 개혁과 노조의 전투주의 1996~97년, 노동시장 제도 개혁(노동악법 날치기 반대 투쟁) 영리 병원 도입 시도 실패 (2005년 노무현 정부, 2008년 이명박 정부)	노조 - 국가 협의 게임: 결과: 국가의 온건한 개혁과 노조의 수용 노무현 정부 시기, 보건 의료 체제 민영화 의제가 제기되었으나 묻힘

와 시민단체 조직의 구성과 배열의 차이는 신자유주의 개혁에 맞선 운동의 결과가 서로 상이하게 나타난 원인이 되었던 것이다.

　보건 의료 부문에서 만들어진 연대 네트워크는 시간의 흐름에도, 또한 이명박, 박근혜 보수 정부 시기의 신자유주의적 공격에 직면해서도 견고하게 유지되었다. 보건 의료 체계를 민영화하려는 시도들은 이명박 정부에서 한층 강화되고, 더욱 정교한 형태로 이루어졌다. 건강권연대는 이 같은 시도들을 비판하고 대안을 널리 알리기 위한 논리를 자체적으로 개발해야 했다. 민영화 세력은 소송전을 진행하고, 영리 병원 도입을 위한 특별법을 제정하기 위해 국회와 지방자치단체장들에게 로비 활동을 하며, 시장 지향적이며 효율적인 의료 체제에 관한 장밋빛

청사진을 그렸다. 하지만 민영화 시도는 대부분 건강권연대의 조직적이고 조율된 시위와 홍보에 의해 저지됐다. 이명박 정부 시기에 나타난, 보편적 복지 제도에 대한 이 같은 성공적 방어들은 (1996년 노동법 저지와 더불어) <그림 6.4> 좌측 하단에 있는 노조 우위 게임의 전형적 예다.

연금 분야에서, 1997~98년, 노사정위원회에서 이루어진 보편 개혁은 오래가지 못했다. 결국 2007년 노무현 정부에서 소득대체율 축소로 이어졌고, 2014년 박근혜 정부에서 기초연금 도입과 더불어 또 다른 축소(기초연금의 보편성 후퇴)로 귀결되었다. 노무현 정부에서는 노조와 시민단체 사이에 연대 네트워크가 없었고(배태성 부재), 그에 따라 일찍이 도입된 연금제도는 소득대체율을 (60퍼센트에서 40퍼센트로) 수정하려는 시도에 취약했고, 시장 세력이 개입할 수 있는 여지가 커졌다. 민주노총에는 [의료보험 통합 운동 시기의] 지역의료보험 노조처럼 반대 운동의 중심 세력으로 기능할 산하 노조가 없었을 뿐만 아니라, 전국 본부 차원 또는 산별노조 내에 연금 문제를 다룰 전문 정책실을 만들지도 못했다. 내부 분열과 더불어, 주요 시민단체 및 집권당과 관계가 느슨해지면서, 민주노총의 배태성과 응집성은 2000년대에 들어 더욱 약해졌고, 이에 따라 정부 내 신자유주의 지지자들(소위 '건전 예산 지지자들')은 별다른 어려움 없이 축소/민영화 기획을 성취할 수 있었다.

따라서 1997년부터 2007년까지 연금 체제의 후퇴는 <그림 6.4>의 우측 하단(노조 - 국가 협의 게임)에서 우측 상단(국가 우위 게임) 혹은 좌측 상단(제로섬 갈등 게임)으로의 이동으로 볼 수 있다. 언뜻 보기에, 이 같은 이동은 민주노총과 참여연대 사이의 느슨해진 연대로 나타난, 노조 배태성의 약화 또는 결여 때문인 것 같지만, 더 중요한 기저의 요소와 함의는 정책 관련 배태성은 동원 관련 배태성 없이 지속될 수 없다는 것이다. 두 조직(민주노총과 참여연대)이 중앙 집행부 수준에서 '상징적으로'(은수미 2005a) 협력하던 동안, 그들은 더 깊은 협력 관계(이를테면, 서로 또는 여타의 시민·민중 단체들과 조직 자원을 공유하는 것과 같은)를 좀처럼 발전시키지는 않았다. 이는 정책 및 동원 역량과 관련해 건강권연대 내에서 보건의료노조가 가졌던 견고한 배태성과 극명히 대비되는 것이다.

민주노총 산하 기층 노조들은 국민연금의 확대나 축소에 무관심했기에, 연금 체제를 신자유주의적 시장 개혁으로부터 보호하려는 운동을 광범위한 시민사회 내에서 조직하지 못했다. 2000년대 노무현 정부 시기, 집권당과의 강력한 응집적 연계가 없었기 때문에, 민주노총은 노조가 응집성도 배태성도 없는 <그림 6.4>의 좌측 상단에 배치할수도 있다. 노조의 배태성과 응집성 모두 부재한 상태에서, 노무현 정부는 삼성, 현대 같은 민간 보험사의 이익을 대변하는, 재경부 경제학자 및 관료로 구성된 '예산 보수주의자'에 의해 지배됐고, 이는 연금의 급진적 축소로 이어졌다. 요컨대, 연금 개혁 사례들은 배태성 없는 응집성을 통해서는 신자유주의적 민영화 세력에 단호히 맞설 수 없음을 보여 준다. 그런 응집성은 순전히 갈등적인 게임이 되거나 민영화 반대 운동 세력의 무저항과 무기력을 낳을 수 있다.

요약하면, 국민연금 축소 사례는 국가와 시민사회로부터 고립된(낮은 응집성과 낮은 배태성) 노조는 자신의 핵심 권리(노동시장 제도)와 자산(임금과 사회적 혜택)을 지킬 수 없다는, 앞서 (3장에서) 개진한 이론적 주장을 뒷받침한다. 노무현 정부가 국민연금을 삭감하고 노동시장 규제를 완화한 것에 한국노총이 침묵한 것은 정확히 <그림 6.4>의 상단 우측에 해당하는데(국가 주도 게임), 이는 시민사회와 단절된 상태에서, 집권당과 깊이 연결된 노조는 국가에 이용될 수 있다는 주장을 뒷받침한다. 시민사회에 배태된 연계가 없는 경우, 노조는 국가의 급진적 시장 개혁에 대해서조차 묵인할 것이다. 국가에 대한 직접적인 로비 통로는 없지만, 시민사회와의 견고한 연대가 있는 경우, 노조는 국가의 축소 공세를 완화할 수 있는데, 이는 강력한 동원 역량을 통해 국가를 징벌할 수 있기 때문이다. 이런 경우, 국가는 양보를 하거나 심지어는 사전에 민영화 계획을 폐기함으로써 초기의 축소 노력을 철회할 것이다. 노무현 정부에서 보건 의료 체계 민영화 노력이 중단된 것은 높은 배태성과 중간 수준의 응집성 사례로 해석할 수 있는데, 동원 관련 배태성이 강하고 국가와의 소통 통로를 적절히 발전시킨 노조는 자신의 행동을 국가와 효과적으로 조율함으로써 '온건한 개혁과 수용'이라는 해법을 낳는다.

2000년대 이후 한국 사례에서 나타나는 축소의 정치는 노동 – 시민 연대 및 그 결과에 관해 풍부한 논의의 장을 제공한다. 두 정책 부문, 즉 국민건강보험과 국민연금 개혁에서 나타난 판이한 경로는 기존의 복지국가론에서 당연시해 오던 것에 중요한 도전을 제기한다. 첫째, 기존 사회정책 제도를 지키는 데 중요한 것은 (전통적인 권력 자원 이론에서 예측하듯) (Huber and Stephens 2001; Korpi and Palme 2003) 단순히 노조 또는 좌파 정당의 권력이 아니라 노조가 시민사회에 얼마나 배태되어 있는가이다. 더욱이 권력 자원 이론의 예측과는 정반대로, 응집적 연계는 그 형태가 노조와 좌파 정당 사이의 사민주의적 응집성이든 노조와 집권당 또는 노조와 국가 사이의 응집성이든 시장 지향 개혁 압력으로부터 기존 사회정책을 지키는 데 효과적인 수단도, 믿을 만한 수단도 아니다. 둘째, [특정 정책] 관련 지지 집단이 형성되는 원인은, 적어도 정책 입안 및 공고화의 초기 단계에서는, 국가 중심론 또는 비난 회피론의 주장(Pierson 1996; Skocpol 1992)과 달리, 정책 자체가 아닐 수 있다. 정책 및 동원 역량을 통해 특정 사회정책을 수립한 바 있는 사회운동 세력이 동일한 정책을 중심으로 제도화되어, 이후 국가 내부·외부에서 그 정책을 계속 지지한다는 게 사실에 좀 더 가까울 것이다. 더욱이 이 사회운동 세력의 존재는 사회정책이 그 초기 단계, 곧 축소 압력에 취약한 단계에서 살아남는 데 결정적이다.

권력 자원 이론은 가장 후하고 보편적인 정책 확대가 이루어진 1997~98년 한국 사례, 곧 이전 장에서 논의했듯이 노조의 동원 역량이 정점에 이른 사례에서 일부 타당성을 갖는다. 좌파 정당이 없는 상황에서도 (김대중의) 개혁 성향의 중도 정당은 민주노총의 교섭력 덕분에 국민연금 및 건강보험을 보편적 방향으로 개혁하는 법안을 통과시키는 데 적절한 대리인이었다. 하지만 전통적인 권력 자원 이론은 2000년대, (동일한 개혁) 노무현 정부에서 두 정책 부문에서 나타난 판이한 축소 결과를 설명하지 못한다. 특히, 축소 정치에서 나타난 두 개의 대조적 결과는 탄핵된 대통령의 개혁 집권당(얼마 안 가 민주당에서 나온 열린우리당)이 (동맹 세력인) 신생 민주노동당과 의회의 다수파를 구성하였던 2004년에서 2007년 사이에 일어났다. 이 글에서는 동일한 정치적 환경에서 두 대조적 결과를 설명해 주는 것은 바로 노동 – 시민 연대의 유무, 특히 시민단체에 대한 노조의 배태성 유무라고 주장한다. 특히, 동원 역량을 통한 노조의 위협/징벌 역량과 전문가들의 정책 지식 네트워크가 조직적으로 결합되었을 때, 참여자들 사이에서 상이한 이익을 조율하고 상이한 정당들과 국가에 한 목소리로 로비하는 고효율의 '컨소시엄(연대체) 조직'이 생성됐다.

권력 자원 이론에 대한 이 같은 도전은 자연히 국가 중심적 접근법에 대한 도전으로 이어진다. 그 컨소시엄은 참여 조직들이 민주화 시기에 의료보험조합 통합 운동에 참여한 역사적 경험 덕분에, 보건 의료 부문, 기층 공동체, 환자 단체, 전문가 단체에 깊이 배태되어 있었다. 그래서 성공적 결과 — 전국민건강보험안 통과 — 를 만들어 내자마자, 그 통합 운동은 이내 그것을 수호하는 조직으로 바뀌었다. 국민건강보험과 국민연금의 운명과 관련해, 가장 큰 차이는 시민사회 내 수호 세력의 존재 여부였다. 곧 건강권연대에 소속된 보건의료노조는 개혁 정부와 보수 정부가 국민건강보험을 민영화하려는 시도에 맞서 이를 지키는 데 주도적인 역할을 했지만, 국민연금노조는 — 개혁 정부에서조차 — 이를 방어하는 데 실패했다. 만약 이 배태성의 전사를 모르는 관찰자가 2007년 이후의 상황만을 목격했다면 국민건강보험의 경우, 스카치폴(Skocpol 1992)의 주장처럼, 그 정책 자체의 내용으로 말미암아, 기존 제도의 유지를 옹호할 지지층을 모을 수 있었던 반면, 국민연금의 경우 그렇지 못했다고 주장할지도 모른다. 하지만 사실은 국민건강보험 제도의 경우, 민주화 운동과 더불어 역사적으로 진화한 노동 – 시민 연대에서 탄생한 반면, 국민 연금은 그렇지 않았다는 것이다. 요컨대 정책 및 그 지지층을 형성한 것은 사회운동이지, 정책이 그 자체로 지지층을 모은 게 아니다(적어도 사회정책 입안의 초기 단계에서는 그렇다). 따라서 축소 시기에서 피어슨의 '신정치'new politics(Pierson 1996)는 적어도, 사회정책으로 인해 확대된 국가 역량(Skocpol 1992, 58)과 [그 정책을 지지하며 등장한] 새로운 사회집단의 역할을 과대평가하는 반면, 사회정책을 맨 처음 확대한 "사회운동 및 노동조직"의 역할은 지나치게 과소평가한다(Pierson 1996, 147). 피어슨의 단언처럼 권력 자원 이론은 사회적 조율의 역할이 정당의 것이라고 봄으로써 정당정치를 과도하게 강조하지만,

국가 중심 이론과 '신정치'의 논지는 과거 사회정책을 입안·확대했던 세력과 그 정책의 신생 지지층 사이의 불연속성을 지나치게 강조한다. 한국 사례에서 적어도 최근 30년간, 확대와 축소의 정치에서 보편적 건강보험을 성취한 바로 그 사회운동 조직들은 그 정책의 영향력 있는 옹호자였고, 보편적 건강보험을 지키기 위해 운동 전략과 지지층을 계속해서 새로 만들어 오고 있다. 따라서 배태된 접근법에서는 포괄적 연대를 구축하는 '사회적 조율'의 원천을 찾기 위해서는 정당, 사용자, 또는 정책(국가) 자체에 초점을 맞추기보다는, 사회운동을 통해 역사적으로 출현하는 시민사회의 행위자를 연구해야 한다고 주장한다.

3부

7장
복지국가에서 나타난 시장 지향 개혁과 노조의 대응
브라질과 아르헨티나 사례

1990년대에 라틴아메리카에서 그리고 2000년대에는 동아시아에서 국가와 사용자가 주도한 복지국가에 대한 신자유주의적 개혁은 노동운동 지도부와 (좌파 또는 중도 좌파 성향) 개혁 정치인들에게 새로운 도전을 제기했다. 특히, 금융 및 생산 시장이 전 지구적으로 통합됨에 따라, 개발도상국들은 새로운 현실과 마주해야 했다. 곧 기업들은 생산 시설이나 기업 소재지를 노조가 없거나 유명무실하며, 값싼 노동력을 제공하는 나라로 이전하겠다고 노조를 위협할 수 있게 되었다. 이 같은 바닥을 향한 경쟁race to the bottom 속에서, 각국 정부들 역시 수십 년간의 투쟁을 통해 어렵게 얻어 낸 권리들을 포기하라고 노조를 계속 압박했다. 작업장 내부적으로, 기업은 더욱 유연한 생산 체계(급여 체계, 인센티브, 노동시간, 작업 조직과 관련)를 도입하기 위해 애썼다. 조립 라인 바깥에서 기업과 국가는 관대했던 사회보장 혜택을 삭감했을 뿐만 아니라,

연금과 건강보험을 비롯한 사회 안전망 역시 부분적 또는 전체적으로 민영화하고자 했다.

전례가 없었던 이 같은 압력에 직면한, 민주화된 개발도상국의 노조 지도자들은 민주화 투쟁을 통해 쌓은 기존의 조직 자원들이 지속적으로 약화되는 것을 목격했고, 임금과 노동조건 격차로 말미암아 점점 더 상호 이질적으로 변하는 노조 조직들 사이에서 노조를 새롭게 조직하고 노조들 간에 연대를 일구어 내는 데 어려움을 겪어 왔다. 하지만 노조 지도자들은 또한 민주화로 말미암아 보다 큰 정치적 영향력을 행사할 수 있게 되었고, 그에 따라 정책 입안 과정에서 자신들의 관심사를 표출할 수 있었다. 요컨대 그들이 보유한 응집성과 배태성의 수준은 지속적으로 변화하고 있었다. 한편으로 노동운동 지도자들은 대외적·내외적으로 변화하는 복잡한 환경에 조직을 적응시켜야 했고, 다른 한편으로 노조를 계속해서 내부적으로 결속·조율해야 했는데, 이는 노동조합 내 민주주의(조합장 선거)가 도입되면서 점점 더 어려운 과제가 되었다.

이 같은 환경에서, 왜 어떤 노조는 공공 부문과 사회정책에 대한 시장 지향적 개혁에 협력하거나 침묵하는 반면, 다른 노조는 여전히 전투적으로 반대하는가? 노조와 국가 사이의 관계에서 이 같은 폭넓은 변이는 무엇으로 설명되는가? 이 장부터는 이런 문제들을 탐구하기 위해, 대대적인 신자유주의적 시장 개혁이 전개된 개발도상 4개국에서 주요 노조 연맹들이 변화하는 시민사회의 지형에 따라 어떻게 자신의 전략을 형성했는지 연구한다. 앞서 (3장에서) 개발한 이론 모델, 즉 국가와 시민사회에 대한 노조의 연계가 각 행위자의 선호도와 그에 따른 최종 행동을 결정한다는 모델에 기초해, 이 장에서는 노조(구체적으로는 노조 연맹)가 시장 지향적 개혁의 압력을 받을 때 국가에 협력하거나 전투적으로 반대하게 되는 이유를 살핀다. 이 장과 다음 장들에서도 응집성(집권당에 대한 노조의 수직적 연계) 개념과 배태성(시민사회에 대한 노조의 수평적 연계) 개념을 활용해, 3장에 제시된 모델을, 4개국(아르헨티나, 브라질, 한국, 대만)에서 시장 개혁에 직면한 주요 노조 연맹의 행위에 적용한다.

아르헨티나와 브라질은 1990년대를 심각한 경제 위기로 시작했는데, 이 위기들은 노조와 민중 단체들이 주도한 민주화 운동이 공고화된 직후에 일어난 것이었다. 두 나라는 심각한 부채 및 통화 위기를 겪었고, 1990년에는 2000퍼센트가 넘는 유례없는 수준의 인플레이션이 나타났다. 이런 위기에서 신자유주의적 경제학자들은 1990년 아르헨티나에서, 1994년 브라질에서 안정화 계획을 도입했고, IMF와 세계은행 같은 국제기구들의 권고안(워싱턴 컨센서스)에 따라 공기업과 사회정책 부문에서 시장 지향적 개혁을 단행했다. 하지만 이런 공통의 토대 위에서도, 두 나라의 노조와 시민사회는 시장 개혁 압력에 상이한 방식으로 대응했다. 곧 주로 통합노동자총연맹CUT이 이끄는 브라질 노조들은 중도 정부로부터 온건한 개혁과 양보를 끌어낸 반면, 페론주의 정부에서 아르헨티나 노조들은 사회정책의 급진적 민영화와 축소에 계속 침묵했다. 두 나라에서 각 노조가 서로 판이한 대응을 하게 된 이유는 무엇이며, 또한 두 나라의 정부가 각기 서로 상반되는 정책을 추진하게 된 이유는 무엇일까?

2000년대에 들어, 아르헨티나와 브라질에서는 좌파 정부가 등장해 복지국가를 대폭 확대하며 10년 넘게 장기 집권했다. 아르헨티나에서 네스토르 키르치네르가 민영화된 연금 기금을 재국유화하는 사이, 브라질에서는 노동자당의 루이스 이나시우 룰라 다 실바와 지우마 호세

프가 아동 및 빈곤 노인을 위한 (조건부) 현금 급여 프로그램들을 극적
으로 확대했다. 하지만 브라질의 경우, 공적 연금에 대한 조정은 노동 -
시민 연대의 강력한 저항으로 실시되지 못했다. 노조는 그런 확대 개혁
에 어떻게 기여했는가, 또 국가 - 노조 상호작용의 결과로 어떤 유형의
사회정책 체제가 만들어졌는가? 아르헨티나와 브라질에서 나타난 격동
의 축소 및 확대 시기, 노동 - 시민 연대는 어떤 역할을 했고, 또 이 두 나
라에서 서로 상이한 유형의 노동 - 시민 연대는 어떻게 출현했는가?

브라질: 국가 - 노조 사이에서 조율 역량의 발전

이 절에서는 두 정치적 시기, 즉 ① 카르도주 집권기(1995~2002년), ② 룰
라(2003~11년)와 지우마(2011~16년) 정부 시기에, 브라질 노조가 집권당
및 시민사회에 대한 각각의 연계에 따라, 국가가 주도한 개혁에 어떻
게 대응했는지를 탐구한다. 1990년대 이후를 분석하기에 앞서, 브라
질에서 노동운동과 시민단체 사이에 만들어진 연대의 독특한 기원을
이해하기 위해서는, 1970년대와 1980년대 권위주의 시기와 민주화
시기를 살펴볼 필요가 있다.

1980년대, 브라질에서 민주화가 시작되면서 새로운 독립적 노동운
동 단체들이 민중 부문에서 출현했다. 이 아베르투라abertura[정치적 개방 또
는 민주화] 시기에 주요 중앙 노조 조직들 — 1983년, 통합노동자총연맹, 1986년,
노동자총연맹Confederação Geral dos Trabalhadore, CGT, 1991년, 노동조합의힘 — 이 다양
한 사회적 배경과 기원에서 만들어졌다. CUT는 노동자당 및 상파울루
아베쎄(ABC) 지역의 농촌무토지노동자운동Movimento dos Trabalhadores Rurais
Sem Terra, MST과 더불어 야당 성향의 민중 부문(시민사회)에 깊이 배태된

반면, 나머지 두 노조는 브라질민주운동당과 브라질사회민주당 같은 중도 정당과 더 깊이 관련 있고, 다른 시민사회 집단들과는 연계가 약했다. 브라질의 노동운동이 이 글에서 다루는 다른 나라의 노동운동과 가장 구별되는 점은 노조 조직들이 아베르투라 시기에 서로 독자적으로도 활동하면서도 또한 전국적 차원의 연대를 위한 연합체를 구성했고, 이에 따라 노동운동 내부적으로는 물론, 여타 시민사회 행위자들과도 높은 수준의 조율 역량을 발전시켰다는 점이다. 브라질 노조들, 특히 CUT가 이끄는 좌파 진영은 깊이와 너비 모두에서 높은 수준의 배태성을 개발했다.

이 단체들과 그 구성원들은 지역사회에서 꾸준히 운동을 해왔기에, 노조가 설립된 이래로 계속해서 비공식 시민단체들과 관계를 맺어 올 수 있었고, 또 한편 '시민들의 노조'를 추구한다는 철학을 가지고, 땅 없는 농민 및 도시 빈민을 아우르는 다양한 사회운동 조직과 폭넓은 연합을 형성했다. 가혹한 권위주의 억압 시기에 수많은 지식인, 농민운동 지도자, 노동운동 지도자들은 지역의 진보적 교회에서 은밀한 조직 활동을 벌이는 하방운동을 했다. 그들은 해방신학에 기반을 둔 개혁 성향의 사제들로부터 많은 영향을 받았다. CUT - 노동자당 동맹이 진화하기에 앞서 "진보적 교파와 밀접히 연결된 기독교 공동체"가 존재했다.

나는 1977년에 상파울루에 왔습니다. 당시는 [군부독재 정부의 엄혹한 감시와 탄압으로] 우리가 서로 만날 수도, 시위를 벌일 수도 없었습니다. 그래서 투사들과 함께 거기[교회]에 갔습니다. 우리가 어떤 상황에 처해 있고, 무엇을 해야 하는지 알기 위해서였죠. 매주 토요일, 하루가 끝날 무렵, 교회 청년회를 조직화하기 위해 모이는 청년 집단이 있었습니다.

그런 점에서 나의 전투성은 정당이나 노조에서 생긴 게 아니라, 그 시절 교회에서 생긴 겁니다. (아디 도스 산투스, CUT 상파울루 지부 현 위원장)

나는 민주화를 다시 이루어 내는 역사 속에 있었고, 적극적으로 참여했습니다. 그리고 독재시기에 [정치와 사회에 대해] 성찰할 수 있는 유일한 장소는 교회였습니다. (헤미지오 토데시니Remigio Todeschini)

브라질의 노동운동 지도자들은 애초에 권위주의 시기 다양한 사회운동들이 융합된 공간에서 등장했다.[1] CUT 상파울루 지부 위원장 아디 도스 산투스Adi dos Santos는 노조 지도자들이 어떻게 농민, 마을[지역] 활동가, 비판적 지식인 등으로 구성된 다양한 계급들과 더불어 사회운동에 기반을 둔 노조 활동을 했는지 다음과 같이 압축적으로 이야기한다. "우린 공장 밖에서 이미 사회사업을 하고 있었습니다. 그러다 공장에 들어와 노조를 지지한 것이지요." 산투스와 같이 많은 노동운동 지도자들은 노동운동 이전에 이미 지역에서 교회 공동체를 중심으로 빈민과 농민의 권리와 생활 증진을 위한 풀뿌리 조직을 통해 사회운동에 발을 디뎠다. 호사니 다 실바Rosane da Silva의 말은 이를 뒷받침한다. "노조 본부에서만 활동한 게 아니었습니다. 우린 이웃들을 찾아가 대화를 나눴어요." 이들의 대화는 빈민가에 위치한 학교와 병원의 환경을 어떻게 개선하고, 교통망을 어떻게 확충할 것인지부터 정치적 문제에 이르기까지 다양했다. 결국 지역 교회 공동체를 중심으로 성장한 노조들

---

1 상이한 유형의 노동 – 시민 연대가 권위주의 시기에 어떻게 출현했는지에 대해 좀 더 탐구하려면 Lee(2016)를 참조.

과 다양한 시민단체들은 지레타스 자Diretas Ja(1980년대 중반 브라질에서 대통령 직선제를 요구하며 벌어진 대중 시위) 이후인 1980년대 중후반에 군부독재를 무너뜨리는 데 결정적 역할을 했다. 민주화 운동 때부터 노조들은 자신의 역할을, "자신뿐만 아니라 다른 (비조직) 노동자들을 위해서도 싸우는"(헤나투 줄라토Renato Zulato, CUT 상파울루 지부 재정/행정국장) 사회 계급 전체의 대표로 인식했는데, 이 같은 인식의 뿌리는 노조 지도자들이 지역과 종교 공동체로부터 성장한 역사와 맞닿아 있었다.

1980년대, CUT는 지역사회 중심의 민중운동들 및 농촌무토지노동자운동과의 동맹 속에서,[2] 사회운동적 노동조합주의의 전통적인 조직화 방식과 제조업 노동자 중심의 파업을 통해 성장했다. (당시) 젊은 노조 지도자들은 좀 더 직접적인 대결, 시위, 파업을 고무하는 한편, 전통적인 코포라티즘적 국가–노조 관계는 거부했다. 그들은 1980년대의 이 같은 새로운 노동조합주의의 토대 위에서 노동에 기반을 둔 정당들과 좀 더 직접적인 관계를 추구하고자 했는데, 노동자당PT은 바로 이 같은 토대 위에서 성장할 수 있었다. 어떤 의미에서 CUT의 높은 배태성은, 바로 앞에서 논의했듯이, 1980년대 사회운동적 노동조합주의 활동을 했던 것에서 기인했다. 하지만 그것은 또한 질마르 카르네이루Gilmar Carneiro 지도부에서 태동한 '시민의 노조'citizens' unions/citizen unionism

---

2 CUT – 농촌무토지노동자운동 동맹은 여전히 형성 중에 있다. "주거를 위해 싸우는 대중 운동들은 주거운동전국투쟁 하에서 CUT와 역사적으로 파트너 관계를 유지해 왔습니다 …… 농촌무토지노동자운동은 CUT 설립 이후 바로 탄생했고 우리의 투쟁과 직접적인 관계가 있습니다. 농지 개혁을 위한 우리의 싸움은 CUT에서 유서 깊은 투쟁이지요"[익스페디토 솔라니(Expedito Solaney)]. 이런 의미에서 CUT – 농촌무토지노동자운동 동맹은 스웨덴에서 시민당의 장기 집권에 기여한 적녹 동맹(Esping – Anderson 1990)과 견줄 만하다. 중요한 차이는 브라질의 농촌무토지노동자운동은 땅 없는 [농업] 노동자가 주요 기반인 반면, 스웨덴에서 녹색 부분은 주된 기반이 영세 자작농이었다는 점이다.

개념에 의거해 '사회 계급'이란 개념을 포괄적·유동적 연대의 범주로서 지속적으로 혁신했던 것에서도 기인했을 것이다.

'시민들의 노조'란 무엇일까요? 그건 계급투쟁을 덜 공격적인 방식으로 표현하는 방식입니다. 당신은 어떤 존재인가요? 당신은 여성, 그것도 [좋은] 엄마가 되기 위해 열심히 일하는 여성입니다. 당신은 교통수단이 필요하고, 공부도 하고 싶고, 좋은 임금도 받고 싶고, 일정한 노동조건 아래에서, 경력을 쌓고 싶어도 하지요. 하지만 동시에 차도 타고, 도로를 안전하게 이용하기도 하고, 여가 활동도 하고, 가족도 있지요, 그렇죠? 그래서 우린 노동자를 단순히 직업, 급여, 노동조건, 노동자와 사용자의 관계라는 측면으로만 보지 않기 시작했습니다. 노동자를, 성적 지향에 대한 선택권[을 가진 존재]로, 특정한 피부색을 가진 존재로 보기 시작한 거예요. …… 노동조합운동 내부에서, 시민운동에 대한 개념이, '시민권'이란 개념이 탄생한 겁니다. (파울루 사우바도르Paulo Slavador)

이 인터뷰는 브라질의 (CUT 소속) 새로운 노조 지도자들이 더 많은 시민들의 폭넓은 관심사들에 주목하고, 서로 다른 젠더와 인종 같은 사회적 정체성은 물론이고, 환경 및 보건 의료와 같은 다양한 이해관계가 지속적으로 출현할 수 있는 연대의 틀을 고민하고 있음을 보여 준다. 즉, 이 '시민들의 노조'는 긴급한 쟁점과 국면에 따라 새로운 범주의 연대가 출현하고 형성될 수 있을 가능성을 고려하며, 일자리에 대한 권리, 사회권, 민주주의와 같은 노동계급의 협애한 이익을 넘어서는 시민 전체의 이익을 고려한다. '시민들의 노조'의 출현은 브라질 노동운동이 다양한 시민들의 광범위한 관심사들을 포괄함으로써 '연대 경제'solidarity economy를[3] 구축하기 위해, 노동계급 중심성이라는 구 좌파적 사고를 집단적으로 극복하고자 노력해 왔음을 시사한다. CUT 지도자들은 "[노동계급이] 사회운동을 지지하면" "시민사회 역시 노동자들의 투쟁에 지지를 보낸다"고 보았고, 결국 이는 사회가 연대 의식으로 충만하도록 "변화시키는 공적 행위자들"을 낳을 것이라 보았다(헤지나 코스타Regina Costa, 전국사회보장노동자연맹 사무처장). 노조의 이 같은 사회운동적 기원과 사회 계급에 관한 연대 중심적이고, 유연한 발상은 CUT와 아르헨티나 CGT 사이의 두 가지 중대한 차이다. 두 노조 모두 지역사회 수준의 비공식 연계에 깊이 뿌리박고 있었지만, CUT는 자신을, 민중 부문에 토대를 둔 광범위한 연대 네트워크의 한 부분으로 간주한 반면, CGT는 자신을 페론주의적 후견인 집단의 대표자로 한정했다. 아르헨티나 CGT 지도자들과는 달리 CUT 지도자 다수는 "다른 시민사회 조직, 노조, 센터, 정당과 파트너 관계나 연대적 연계를 구축하는 문제에 대해 어떻게 생각하시나요?"라는 필자의 질문에 연대 활동에 대한 강렬한 지지 의사를 드러냈다. 다음은 헤나투 줄라토의 대답인데, CUT의 다른 많은 지도자에게서도 비슷한 대답이 돌아왔다.

> 우린 스스로를, 노동자뿐만 아니라, 사회 전체를 지키기 위해서도 싸우는 존재로 봅니다. 그래서 늘 지도부의 의견에도 귀를 기울이고, 여론도 경청하기 위해 힘써 왔어요. 그리고 [지도부의 의견과 여론이] 합치되

---

3 [옮긴이] 이윤을 중시하는 시장경제와 달리 연대와 협력을 기반으로 지역공동체의 삶의 질을 증진하기 위해 노력하는 활동, 사회경제적 관계 등을 일컫는 개념이다. 브라질에서는 2001년 세계사회포럼 시기에 주로 등장했는데, 2003년 룰라가 집권하면서 노동부 산하에 연대 경제국이 신설되기도 했다.

고 수렴하는 부분에서 함께 행동하지요. CUT는 정당들 가운데서도 주로 좌파 정당들과 함께합니다. 노동자당과 공산당, …… 그리고 사회운동들과도 관계를 맺고 있어요. 주거 운동, 보건 의료 운동을 함께했습니다. …… 우린 통합 보건 체계Sistema Único de Saúde, SUS의 유지·강화를 위해 싸우는 보건 의료 운동 단체 사람들과 함께 활동했어요. 그러니까 이 분야들은 CUT의 (주요) 의제에 속해요. 노조의 일만 우리 의제인 것은 아니니까요, 그렇지 않은가요? 그건 함께 연결해 해결해야 할 과제인 거죠.

'계급투쟁'에 대한 이처럼 유연하고 좀 더 포괄적인 관점 덕분에 상당수의 여성 노조 지도자들은 CUT라는 틀 내에서 자신들의 의제를 추구할 수 있었다. 그들은 소수자 또는 외부자 정체성을 노조 정치의 중심부로 가져가 노조 운동 내에서 여성의 권리를 강조하며 이렇게 주장했다. "좌파 조직, 노동단체가 여성, 청년, 흑인 등이 겪는 문제를 다루지 않는다면, 그건 노동자들에게 거짓말하는 겁니다. …… 여성들은 (남성들과는) 다른 (열악한) 조건에서 생활하고 있습니다. 그러니까 우리가 겪는 차별을 끝낼 사회정책들에 관해 생각해야 합니다"(호사니 다 실바). CUT 본부는 이 같은 '여성' 의제를 전폭적으로 지지했다. 더욱이 CUT는 최근 들어 노동문제를 좀 더 광범위한 인권 문제로 접근해 왔고, 그 결과 아동 노동, 강제 노동뿐만 아니라, 고문에 맞서 싸우는 단체들, 장애인, 레즈비언, 게이, 양성애자, 트랜스젠더LGBT의 권리를 위해 싸우는 단체들과도 연합하고 있다. "우린 장애인의 기본권을 위해 많은 투쟁을 벌이고 있습니다"(익스페디토 솔라니).

1990년대와 2000년대에 브라질의 정치 엘리트들은 노동시장에 대한 구조 조정 및 유연화를 추구했다. 민주화가 시작되면서 노동자들의 집회와 파업뿐만 아니라, 다양한 종류의 시위가 열렸다(Boito 1991; French 1992; Murillo 2001; Seidman 1994). 특히, 가장 큰 세 노조 세력(CUT, 노동조합의힘, CGT) 가운데 노동조합의힘은 정부와 가장 실용적인 관계를 추구했다.[4] 노동조합의힘의 한 지도자는 "노자 관계는 타협적인 파트너 관계가 되어야 합니다"라고 말하며, 자신이 속한 노조의 입장을 다른 전투적 노조들의 입장과 구별했다. 노동조합의힘의 현 수석 고문 조제 가스파르José Gaspar는 다음과 같이 말하며, 자신들의 실용주의적 입장을 (CUT의 입장과) 간단명료하게 구별했다.

　　　우린 "성과 중심적 노동조합주의"라는 개념을 개발했습니다. 이것은 루이스 안토니우 메데이루스Luiz Antonio Medeiros가 만든 개념으로, 말하자면 무의미한 파업이 아니라 성과를 내는 파업을 벌이는 거죠. 또 정부를 전복하는 파업도 아니고요.

일반적으로, 브라질의 주요 노조들은 1990년대에 들어 좀 더 실용주의적인 경향을 보였다.[5] 이들은 전통적 유형의 전투적 운동 방식 — 항

---

4 CUT와의 경쟁 속에서 노동조합의힘은 제조업과 건설업의 온건한 노조들(예컨대 상파울루금속노동자, 시민건설, 화학노동자연맹, 영양연맹, 노동자들의노조) 사이에서 자신의 위치를 확고히 했다. 최근에는 주로 여성, 흑인, 인권, 환경 운동들과 함께하며 사회운동 기반도 강화했다.

5 유사한 전략적 조치로 중앙 노조들의 지도부 또한 선출직 당선에 집중했다. 과거 전투주의적 노동조합주의 입장을 견지했고 1989년에는 노총 위원장을 맡았던 호제리오 마그리(Rogerio Magri)는 1991년 페르난두 콜로르 지 멜루(Fernando Alfonso Collor de Mello) 정부에서 노동부 장관에 임명됐다. 마찬가지로 1991년, 노동조합의힘의 창립자 가운데 한 명인 루이스 안토니우 메데이루스는 1999년,

의, 파업 및 다양한 형태의 시위 — 에서 카르도주 정부와의 협상으로 운동의 방향을 틀었다. 특히 노동조합의힘은 카르도주의 사회민주당과 강하게 연결되어 있어서, 노조 지도부는 카르도주 정부에 보다 쉽게 다가갈 수 있었다(높은 응집성). 브라질의 다른 중앙 노조 조직들 역시 국가와의 교섭을 위한 전략을 재고하기 시작했다. CUT 역시, 시간이 흐름에 따라(1990년대와 2000년대), 더욱 실용주의적으로 변모했고, 노조 지도자가 지방정부 수준에서 정부에 들어가는 기회가 더욱 늘어나게 되었다. 이런 의미에서 노동조합의힘과 CUT 모두 중도 성향을 띠기 시작했고, 가치관과 접근법이 서로 비슷해졌다. 1990년대에, CUT 내의 최대 정파 역시 노동시장 유연화와 공기업 민영화에 반대하는 투쟁 계획을 세우면서도, 이와 동시에 카르도주 정부와의 일괄 협상 계획을 승인했다. 이로써 CUT는 투쟁과 협상의 병행을 향후 10년간 정부에 대한 대응 방침으로 삼았다(CUT 2003a).

그러나 이런 실용주의적 움직임에도 불구하고, 브라질 노조들, 특히 CUT는 카르도주 정부의 신자유주의 개혁에 대해서는 전투적으로 저항했다. 1996년, 6월 21일, 전국적으로 열린 권리 유지 총파업Strike for the Maintenance of Rights은 카르도주 대통령의 신자유주의 정치에 맞서는 CUT, CGT, 노동조합의힘 사이의 중요한 협력을 나타낸다. 총파업에서 이들은 일할 권리, 적절한 수준의 급여, 퇴직금 유지, 농지 개혁 등을 요구했다. 파업 참가 노동자는 1천 2백만 명에 육박했다. 국가의 억압에 대한 노조의 이 같은 정치적이고 전투적인 대응은 브라질 노조

연방정부의 상파울루주 하원 대표가 되었다. 노동조합 출신들이 정부에 들어 간 것은 노조와 국가의 협력(응집성)이 증가하고 있음을 시사한다.

의 강력한 동원 역량과 시민사회에 대한 높은 배태성을 입증한다. 이후로도, CUT는 카르도주 정부의 신자유주의 개혁에 맞서, 농촌무토지노동자운동, 전국학생연합National Union of Students, UNE, 야당을 비롯한 다양한 시민단체, 노조 연맹 등으로 구성된 광범위한 노동 – 시민 연대를 조직했다. 예를 들어 1998년, CUT는 CGT 및 야당들과 함께 하원에서 검토 중이었던 연금 개혁안에 반대하는 대규모 시위들을 조직했다.

1995년과 1998년 사이에 전개된 일련의 총파업과 시위로 말미암아 카르도주 정부는 공공서비스를 급진적으로 민영화하지 못했다. 최종 법안에서는 기존 연금 프로그램을 조금만 수정했고, 교사와 공무원을 대상으로 한 제도는 그대로 유지됐다. 카르도주 정부가 초기의 축소 개혁을 시도하다가 점진적으로 철회한 것은 부록 C.1의 게임 3, 곧 응집성 없는 배태성 사례와 비슷하다. 하지만 전반적으로 노조들과 국가는 또한 점점 더 깊이 숙의하고 협상하게 되었고, 이는 1990년대 중후반에 브라질의 국가 – 노조 관계가 높은 배태성/낮은 응집성에서 높은 배태성/중간 응집성으로 이미 바뀌고 있었음을 시사한다. 이 같은 전환은 참여 거버넌스 운동과 더불어 지방정부 수준에서 시작되었다. 1995년, 상파울루 아베쎄 지역의 노조 지도자 17명은 지방정부의 단체장, 지역 사업가, 청년 종교 단체들(예를 들어, 가톨릭교회와 연결된 "사목노동자와청년"the Pastoral Workers and Youth)과 더불어 시민권포럼Fórum da Cidadania을 개최했다. 100여 곳 이상의 단체가 참여한 포럼은 카르도주 정부의 신자유주의 경제정책에 이의를 제기하며, 협의회(아베쎄금속노동자의기억 Memoria dos Metalurgicos do ABC)를 설립했다. 1998년에는 금속노조 위원장 루이스 마리뉴Luiz Marinho, 연방 대법원장 세풀베다 페르텐스Sepulveda Pertence, 브라질 변호사 협회 전 대표이자 현 변호사 마르시우 토마스 바

스투스Marcio Thomas Bastos, CUT 전국 위원장 비센트 파울루 다 실바Vicente Paulo da Silva 등이 CUT 사무실에 모여 '정의와 시민권'이란 주제를 논의했다. 이 같은 모임들은 카르도주 집권기에도 노조와 국가 사이에 상호작용이 이뤄지고 대화가 전개될 수 있는 창구가 되었다. 이처럼 1990년대 말 무렵에 이르면, 브라질의 주요 노조 연맹들은 거의 모두(그 내용과 정도는 상이하지만) 국가와 어느 정도 응집적 관계를 형성하고 있었다.

CUT와 노동조합의힘의 주요 차이는 전자가 강력히 배태된 동원 역량을 토대로 응집적 연계와 로비를 이용했던 반면, 후자는 주로 정부와의 응집적 연계에 의지했다는 것이다. 따라서 1990년대, 카르도주 정부와의 협상을 앞에서 주도하고 결국 정부로부터 양보를 얻어 낸 것은 CUT였고, 이런 경향은 이후 노동자당 정부들에서도 계속됐다.

룰라 정부(2003-11년)는 초기에 일반적인 사회정책의 측면에서, 좀 더 구체적으로는 조건부 현금 급여conditional cash transfers, 최저임금, 위생, 식수, 주거, 교통, 에너지 관련 인프라에 대한 투자와 이를 통한 일자리 확대 같은 복지 혜택과 일자리 창출을 위해 상당한 수준의 경제개혁을 추진했다. 이 시기에 브라질의 주요 노조 연맹들은 동원 역량과 로비 역량을 통해 대선 국면에서 룰라(및 그의 후임 지우마)에게 커다란 영향력을 행사했다(Boito and Marcelino 2011). 노동조합 연맹들은 상당히 높은 수준에서 국가와 협상할 수 있었고, 전국 단위의 중앙 정치에 좀 더 쉽게 진입해, 자신의 위상을 확고히 하면서도, 다른 한편으로는 연방 정부가 추진하는 몇몇 개혁에 대해서는 저항, 파업, 소송을 벌이기도 했다. 노동운동에 우호적인 여러 조건(다시 시작된 경제성장, 일자리 확대, 민주주의 시행, 라틴아메리카에서 신좌파, 중도 좌파 정부가 들어섬에 따라 나타난 신자유주의의 쇠퇴)(Marcelino 2008) 아래에서, 노동자당이 지방정부에서 의석을 늘려

나가고, 룰라 또한 재선을 통해 대통령직을 연임하면서 노동조합의 배태된 응집성은 유례없는 수준으로 높아졌다. 지역사회의 정치 집단들과 긴밀히 연결된 노조 지도자들 역시 참여 거버넌스 운동을 통해 정책 입안 및 시행 과정에 깊이 관여하게 됐다. 룰라 정부에서 CUT의 가장 중요한 성취는 정부와 지속적인 협상을 통해 최저임금법을 통과시킨 것이었다. "브라질 부르주아에게, 그 법은 목에 걸린 가시 같은 거였지만, 노동자들의 입장에서는 위대한 승리였습니다. 룰라 정부에서 지우마 정부까지[10여 년 동안] 최저임금이 76퍼센트 인상됐으니까요"(훌리오 뚜라Julio Turra, CUT의 현 사무총장).[6] 이 같은 성취가 가능했던 이유는 룰라 정부가 노조들과 토론을 하고 협상을 벌이는 데 개방적이었을 뿐만 아니라, CUT가 강력한 정책 역량을 보유하고 있었기 때문이었다. 이 같은 역량을 뒷받침한 것은 DIEESE[7] 소속 정책 전문가들의 적극적인 참여였다.

> 현재 노동운동 진영에는 [다양한 정책 생산과 참여의] 공간이 있습니다. 전에도 그런 공간이 있었는지는 모르지만 현재는 그렇습니다. [그런 정책 공간에서] DIEESE는 노동운동뿐만 아니라 다른 제도적 행위자를 뒷받침하고 돕는 방패 역할을 하고 있습니다. (레안드로 오리에, DIEESE 전문 위원)

---

6 CUT의 많은 지도자는 노조들의 성취 가운데 최저임금법 통과를 볼사 파밀리아[가족수당]보다도 더 현저한 성취로 꼽았다.

7 [옮긴이] '노동조합 통계 및 경제사회연구소'(Departamento Intersindical de Estatística e Estudos Socioeconômicos, DIEESE)는 어느 한 중앙 노총에 소속된 기관이 아니다. 이 기관은 다양한 노조에 연구소 지부를 설치해 각종 조사 연구와 자문 서비스, 교육 활동 등을 제공한다. 단위 노조나 산별연맹에 연구소가 지부를 설치하면 노조는 기여금을 납부하는 방식으로 사무실과 설비를 제공하고 인건비도 책임진다. 이에 대해서는, "외국노총 정책연구소는", 『매일노동뉴스』(2007/02/16) 참조.

DIEESE의 자료 분석, 법률 조언, 정치 교육 연수와 관련해,

> 우리 산별노조들은 DIEESE를 정치적·경제적 [전문 문제들]에 대한 분석 기구로 활용하고 있습니다. …… 우리에겐 노동조합간의회담당부[8]도 있습니다. …… 이런 일[DIEESE와의 상담은] [브라질의 노조 활동에서] 아주 일반적인 것입니다. (헤지나 코스타)

요컨대 DIEESE는 산별노조와 연맹에 정책 입안과 관련된 전문적인 조언을 제공하기 위해 만들어졌다. "그것은 '물가'를 조사하는 상파울루 소재의 한 기관이었지만"(헤지나 코스타), 나중에는 (노조 집행부의 정치적 입장과는 상관없이, 즉 CUT뿐만 아니라 브라질의 모든) 노조에 경제정책이나 정치 문제에 대한 자문과 상담뿐만 아니라, 교육 프로그램도 제공하는 정책 연구소로 진화했다. 또한 연구소 내에 '노동 학부'를 만들어, 노조 지도자에게 학위 교육 프로그램을 제공하고 있다. 내가 인터뷰한 여러 노조 지도자들은 그 프로그램을 이수했거나, 수강하고 있었다. 오늘날 DIEESE에는 중도 좌파부터 중도 우파까지 정치적 견해가 상이한 전문위원들이 있어서, 노조와 사회정책에 대한 다양한 견해들이 논의, 토론, 조율되는 '노조 아카데미'로 기능한다. 곧 "DIEESE는 노조 대표들이 차이를 수용하는 법을 배우는 학교입니다"(주앙 카이르스).

요약하자면, 브라질의 CUT(와 2000년대의 노동조합의힘)는 중간 수순

---

8 [옮긴이] 노동조합간의회담당부(Departamento Intersindical de Assessoria Parlamentar, DIAP)는 노조들의 의회 로비를 조율하고 통합하기 위해 1983년에 설립되었다. 입법 활동 감시, 국회의원의 업무 성과 및 노동에 대한 성향 조사 등을 실시한다.

의 응집성/높은 수준의 배태성 모델에 정확히 들어맞는다. 앞서 제시했듯, 이 노조들은 1980년대와 1990년대에는, 노동에 적대적인 국가 정책에 맞서 효과적으로 투쟁을 조직화했고, 이는 전형적인 강한 배태성의 사례에 해당한다. 또한 노조 지도자들은 1990년대와 2000년대에 공직에 참여함으로써, 정부 내에 입지를 마련할 수 있었고, 이에 따라 국가와의 응집적 연계 역시 증가했다. 카르도주 정부 때 시작해, 룰라를 거쳐 지우마 정부에 이르기까지, 국가와 노동은 점점 더 긴밀한 소통 채널을 만들었다.[9] 그와 같은 제도적 통로들을 통해 국가와 노조 사이의 대화가 확대됐고, 그에 따라 온건한 시장 개혁에 대한 조율이 가능해졌다.

그러나 이와 동시에 브라질의 배태된 노조들은 노동자당 정부의 자제 요구를 단순히 따르기만 하는 것이 아니었다. 외려 노동계급의 권리를 위해서 자신의 자율성과 목소리(잠재적 전투주의를 포함해)를 확고히 유지했고, 실제적인 위협력을 유지함으로써, 국가의 사회정책 및 노동시장 정책에 지속적으로 영향력을 행사했다. DIEESE 임원 클레멘테 간츠Clemente Ganz의 발언은 이런 평가를 뒷받침한다.

---

9 하지만 인터뷰를 진행하던 시기(2013~15)에 지우마 정부의 상황은 대중의 지지 하락, 빈약한 거버넌스, 걷잡을 수 없는 부패 스캔들, 그리고 CUT 및 사회운동들과 점점 더 소원해진 관계로 인해 갈수록 악화됐다. 수많은 노조 지도자들이 정부에 비판적이었고, CUT - 노동자당 관계에 대한 우려를 표명했다. "지우마 정부에 책임이 있습니다. 다양한 운동 단체들 및 청년 단체들과 거리를 두며 대화를 하려 하지 않았어요. 그건 치명적인 잘못이에요." "노동자당은 다시 대중들을 찾아가 그들과 만나야 합니다. …… 성난 외침이 무엇인지, 어떤 문제들이 여전히 그대로인지 알아야 해요." "노동자당은 지난 12년 동안 수많은 실수를 저질렀어요. 당에 전략이 없으면 행정에만 급급할 위험이 있어요. 노동자들은 먹다 남은 음식 찌꺼기들만 받게 돼요. 지금 상황이 바로 그렇지요"(CUT 전 대표).

CUT는 카르도주 정부가 추진하던 민영화에 반대하는 강력한 운동을 전개했고, 또 지우마 정부에서도 정부에 맞서 시위를 벌였습니다. 선거에서 지우마를 지지하긴 했지만, 그들은 2013년 리브라 광구의 개발권을 국제 입찰 방식[브라질 석유 광구 공매]으로 매각하려는 움직임에 맞서 전국적으로 시위를 조직하고 대중을 동원했어요. …… 그러니까 그들은 자신들이 대선에서 지지한 정부의 정책에 반대한 거죠.

CUT의 한 주요 지도자는 다음과 같이 말했다. 즉, "우리는 자율성을 늘 유지해 왔습니다. CUT는 노동자당 정부에서 여러 차례 파업을 벌였어요. 예를 들면, 브라질은행 파업이요"(CUT의 전 사무국장이자 은행노조 대표 질마르 카르네이루). CUT의 또 다른 지도자 역시 CUT와 노동자당 사이의 관계를 다음과 같이 요약한다.

1980년대와 1990년대만 해도, 그게[노동자당에 대한 CUT의 독립성] 그리 명확하지는 않았습니다. 하지만 노동자당이 집권한 현재는 노조 본부[CUT]가 노동자당과 독립적이라는 게 점점 더 분명해지고 있습니다. 내 생각으론 1980년대와 90년대, 노동자당이 야권을 이끌던 시기에는 [두 조직 사이에서] 상당수 활동가들의 [역할이] 뒤섞여 있었어요. …… 하지만 노동자당이 정권을 잡은 뒤로는 이건[독립성]은 더 명백해졌어요. 우리 센터를 운영하는 건 노동자당이 아니에요. 그러니까 센터장도 임명할 수 없고 센터 관리, 행정에 영향력도 행사하지 못해요.

이를테면, CUT는 2003년 룰라 정부가 제안한 연금 개혁을 거부했고, 그해 6월, 대중 시위를 동원하기도 했는데, 수도인 브라질리아에서는 거의 7만 명이 시위에 참가했다. 그 시위는 일부 공공 부문 노조들도 지지했을 뿐만 아니라, CUT와 긴밀한 관계가 아니었던 시민사회단체들 역시 지지했다(예를 들어, 전국국세청노조와 세금감시전국연합 등).[10] 2008년, CUT는 또한 퇴직 연령을 높이려는 정부의 계획에 대해서도 거부했다.

전임 룰라 정부와 비교해, 노조와의 관계가 그리 가깝지 않은 지우마 정부 아래에서, 노조와 그 동맹 세력들은 최소 납부 기간을 늘리려는 정부의 연금 개혁안에 맞서 단호히 저항했다. 개정안에 따르면 노동시장에 처음 진입하는 사람들은 현 퇴직자에 비해 연금보험을 약 12년 이상 더 납부해야 했다(SINDUSP 2012). CUT의 대다수가 그 개혁을 지지하긴 했지만(CUT 2013), CUT 내의 더 급진적인 좌파들은 다른 노조 및 시민단체들과 동맹해 이 같은 개혁에 반대하는 시위를 벌였다.[11] 그 결과 지우마 정부는 연금 개혁을 더는 추진하지 않기로 했고, 이에 공공 부문 노동자들은 대부분 기존의 권리와 소득대체율을 유지할 수 있게 되었다.

종합하면 룰라와 지우마 정부에서 노조의 배태된 응집성은 반드시 평화적 조율만을 의미하지 않았고, 전방위적인 위협, 시위, 교섭의 형태를 띠기도 했다(특히 지우마 정부에서). 하지만 주목해야 할 것은 노조의

10 이 무렵, 좀 더 왼쪽의 좌파 노동조합주의자들은 룰라가 (온건한) 시장 개혁을 계속 추진할 것으로 보았다. 이에 CUT 내에서 좀 더 좌파적인 성향의 운동가들과 노조 지도자/조합원들은 새롭고 독립적인 노조 연맹, 곧 전국투쟁위원회(Conlutas 또는 CSP-Conlutas)를 설립했다.

11 동맹에 참여한 조직은 다음과 같다. 전국투쟁위원회, 전국고등교육기관교사노조(ANDES-SN), 전국조리노동자연맹(CNTA), 브라질퇴직자연금수급자연맹(COBAP), 전국연방공무원연맹(CONDSEF), 농촌무토지노동자운동, 상파울루주 농촌노동자연맹(FERAESP), 퇴직자연금수령자민주연합(ADMAP), 전국학생회의-Free(RING), 기타 대중운동 조직들(ANDES-SN 2013).

위협이 카르도주 정부 시기와는 달리 전면적인 총파업으로 이어지지 않았다는 것이다. 외려 지속적인 대화와 수용[자제]이 뒤따랐다. 그에 따라 브라질에서는 칠레나 아르헨티나에서와 같은 공공 부문에 대한 전면적이고 급진적인 개혁이 일어나지 않았다. 대신 브라질 정부는 주의 깊은 협상을 통해 과도한 특권에 대한 온건한 조정을 실시했다.

아르헨티나: 시장 개혁 시기에 나타난 페론주의자들과 노동의 연계 및 국가와 사회의 관계

페론주의를 거론하지 않고는 아르헨티나의 노동 정치를 논하기 어렵다. 페론주의 이데올로기는 초기 노동운동에서부터 이미 깊이 퍼져 있었고, 오늘날에도 그 영향력이 계속되고 있기 때문이다(James 1988; Levitsky 2003b; McGuire 1997). 아르헨티나의 노조들은 1945년 페론주의의 탄생부터 [민선 정부가 출범한] 1983년까지 페론주의에 깊이 관련이 되어 있었다. 페론주의 정치 저널 편집자였고 지금은 정부 관리가 된 카를로스 오루비카Carlos Holubica는 노조와 페론주의 사이의 관계를 이렇게 상기한다. "노조는 페론주의의 명맥을 잇는 책임을 맡고 있었습니다. …… [사회운동으로서의 페론주의를 넘어] 제도적 페론주의로서요." 노조 지도자들과 기층 조합원들 역시 "페론주의의 민중적 특성에" 깊이 경도되어 그 이념에 헌신해 왔다.[12]

---

12 필자가 인터뷰한 아르헨티나 노조 지도자들은 주로 페론주의자 가정에서 자랐고, 어렸을 때부터 이러 저러한 페론주의적 모임들(공식/비공식)에 관여했다(예컨대 '페론주의청년노동자'). 필자가 인터뷰한 페론주의자들의 특징은 페론주의에 대해 저마다 할 말은 많지만, 대체로 그 내용이 추상적이고 불분명 했다는 것이다. 모두 페론주의를 이야기했지만, 아무도 정확히 페론주의를 정의하지 못했고, 각 페론주

아르헨티나에서 노동조합은 페론주의가 깊이 퍼져 있는 기층 시민 사회 조직에 배태되어 있었다. 실제로, 가혹한 군부독재 시절에, 노조와 그 조합원들이 운영하던 지역 축구 클럽들은 페론주의자들이 몸을 피하고, 조직 네트워크를 유지하는 은밀한 비공식 '길드'였다. 노조 지도자 출신으로 PJ 국회의원 로베르토 디곤Roberto Digon은 당시 페론주의 지식인들의 선택을 다음과 같이 설명한다.

나는 노조 지도자가 될 생각이 없었습니다. 청년 지도자, 정치 지도자가 되고 싶었어요. [하지만 그런 활동이] …… 정치적으로 금지되어 있으니까 우리 대다수가 가입된 [그나마 활동이 조금이라도 허용된] 노조를 통해 우리 생각을 표현하고자 생각한 거죠.

오랄도 브리토스Oraldo Britos는 당시의 일과를 이렇게 상기한다.

9시면 비밀 모임을 갖는 게 일과 가운데 하나였습니다. 여러 지역을 돌아가며 한곳에 모이는 거죠. 불을 끄고 하니까 담배를 뻐끔거리는 것만 보였어요. 9명에서 10명쯤 되는 지역 노조 지도자들은 지역 노조 축구 팀 시합이 끝나면 CGT의 재건을 논의했어요.

의 정파 내부에서도 정강/이념의 통일이 되어 있지 않았다. 하지만, 이와 같은 감정적 통일체로서 페론주의는 형체 없는 생물과도 같이, 새로운 인물과 조직을 따라 끊임없이 재생산되고 있었다. 이와 유사한 관찰과 결론은 Levitsky(2003b)와 Mcguire(1997)에서도 확인할 수 있다. 참고로, 한 노조 지도자는 페론주의를 다음과 같이 정의했다. "페론주의는 환자, 곧 치료가 필요한 사람을 돕는 것입니다. …… 페론주의는 당신의 동반자입니다. 페론주의는 상대에게 관심을 갖는 것이고, 동반자와 함께 나누고 결속하는 데 관심을 갖는 것입니다. …… 페론주의는 인민이자 겸손한 자이며 가난한 자이고 노동자며 학교이자 응급실이고 광장이며 …… 조직된 공동체입니다."

어떤 의미에서 페론주의 정치운동들은 노조에 깊이 배태되었고, 노조는 지역의 축구 클럽들에 깊이 배태되었다. 그런 은밀한 모임들에서, 페론주의자들은 페론주의 정치 지도자, 노조원, 지역공동체가 사회적 혜택과 정치적 지지를 주고받는 '후견주의'의 일상적·미시적·역사적 뿌리를 형성했다.

달리 말해, 아르헨티나 노조들과 PJ 사이에 형성된 뿌리 깊은 역사적 신뢰 관계는 20세기 중반 후안 페론Juan Domingo Perón과 더불어 출현했다. 그리고 노조와 PJ는 페론주의를 통해 기층 시민사회에 지지 계층을 구축했다. 이들은 일자리와 사회복지 혜택 같은 이웃들이 실생활에서 겪는 문제들을 해결해 주었고, 이에 따라 페론주의는 지역 빈민들과 노조, PJ 사이의 개인적·정서적·물질적 애착 관계로 굳어졌다 (Auyero 1999; 2000). 사적으로 제도화된 이 같은 페론주의 네트워크들은 1990년대와 2000년대, 국가 – 사회 관계에서, 그리고 공공 부문의 변형 과정에서, 서로 다른 역할을 수행했다. 그것들은 범위 면에서는 가장 강한 형태의 '배태성 없는 응집성'을, 깊이 면에서는 가장 강한 "패거리-기반 배태성"clique-based embeddedness(Lee 2016)을 낳았다.[13] 전자는 PJ와 CGT의 다수파 사이의 견고한 코포라티즘적 동맹을 나타내는데, 이로 인해 PJ는 가장 급진적 시장 개혁 가운데 하나를 개시할 수 있었다. 후자는 시장 지향적 개혁이 진행되는 동안 PJ가 지역의 후견주의적 네트워크를 유지할 수 있게 했다. 그러나 일부 급진적 페론주의자들이 가진 민중과 노동계급에 대한 깊은 애착으로 말미암아 노동 – 시

---

13 [옮긴이] 패거리-기반 배태성이란, 노조 조직이 더 넓은 시민 공동체에 배태된 것이 아니라, 유대감과 충성도는 높으나 매우 제한된 범위의 인적 네트워크에 뿌리내리고 있는 상황을 일컫는다.

민 연대에 집중하는 새로운 노동운동이 탄생하기도 했다. 상대적으로 그 규모와 영향력은 작긴 했지만 말이다.

아르헨티나에서 공공 부문과 사회정책에 대한 국가 주도의 시장 개혁 및 이에 대한 노조 대응은 크게 두 시기로 나눌 수 있다. 첫 번째 시기는 1990년대로, 메넴 정부에서 신자유주의적 시장 개혁을 추구하고, 그 사이 국가와 주요 조직 노동 사이의 통제된 갈등이 나타나다, 세기의 전환기에 경제 위기가 발생하고 대중 시위가 일어난 시기다. 두 번째 시기는 2000년대, 네스토르 키르치네르 정부와 크리스티나 키르치네르 정부에서 공공 부문이 다시 강력히 부활하고, 일부 시장 개혁들을 뒤집음에 따라, 노동과 국가 사이의 새로운 유형의 계약이 형성된 시기다.

1990년대, 메넴 대통령은 공공 부문과 사회복지 프로그램(특히, 연금)에 대한 신자유주의적 급진 개혁을 단행했다. 개혁은 메넴 대통령의 연임 성공을 비롯한 정치적 성공으로 이어졌으나, 동시에 PJ의 변신과 페론주의 진영 내부에 거대한 논란을 촉발시켰다. 메넴의 개혁 전략은 아르헨티나 경제를, 공공 부문이 방대한 보호된 경제에서 좀 더 시장 지향적인 개방 경제로 근본적으로 변형시켰다. 메넴과 PJ의 공공 부문에 대한 신자유주의 개혁은 더욱더 놀라웠는데, PJ는 아르헨티나에서 비교적 관대한 복지 프로그램을 만드는 데 중심 역할을 한 대표적인 (노동에 기반을 둔) 좌파 정당이었기 때문이다(Brooks 2008; Levitsky 2003a).[14]

---

14 어떤 이는 메넴이 PJ와 노조 사이의 연계를 약화시키려 한 레노바도르renovadores[개혁가]였다는 점에서, 이 일이 그리 '놀라운' 것은 아니라고 말할지도 모른다. 하지만 여기서 중요한 것은 메넴의 노동 우호적 선거 공약과 메넴의 경제 브레인 도밍고 카바요(Domingo Cavallo)의 신자유주의 경제정책 사이에 거대한 불일치가 있었다는 점이다.

이후 1998년 경제 위기와 함께 부정부패 문제 등으로 메넴 정부가 인기를 상실해 권력을 페르난도 데 라 루아_{Fernando de la Rua} 정부 (1999-2001년)에 넘겨주긴 했지만, 2001년 최악의 경제 위기를 겪으면서, PJ는 산타크루즈주 출신의 거의 무명의 네스토르 키르치네르의 지도 아래 재집권에 성공했다. 키르치네르 정부는 광범위한 사회정책과 노동 개혁을 시행했고, PJ의 전통적인 지지층(도시 빈민과 조직화된 노동자)의 지지를 되찾아 왔다. 이뿐만 아니라, 실업자와 신사회운동을 끌어들여 이들의 요구 사항을 공약 및 정강에 반영하기도 했다. 그들은 더 나은 부채 상환 조건을 위해 IMF와 재협상을 했고, 민영화된 연금들을 다시 부분적으로 국유화했으며, 유연한 노동시장 정책(정리해고 같은)을 되돌리고, 임금 교섭 제도를 다시 중앙화했으며, 첫 임기(2003-07) 동안 재정 흑자를 달성하기도 했다. 그런 노동 우호적 정책들은 비교적 높은 인플레이션과 장기간의 부채 위기를 동반했다(Etchemendy and Garay 2011). 이렇게 완전히 서로 다른 개혁 프로그램들이 동일한 PJ에서 나오는 게 어떻게 가능했는가? 노조와 시민사회는 메넴의 시장 개혁에 어떻게 대응했고, 이후 키르치네르 정부들의 출현에는 어떻게 기여했는가?

메넴의 시장 지향적 개혁에 대한 대응에서, 조직 노동은 국가와 시민사회에 대한 관계에서 상이한 패턴을 발전시켰다. 처음에 상당수의 노조 지도자는 민영화가 자신의 조직과 삶에 얼마나 파괴적인 충격을 가할지 알지 못했다. 게다가 대다수 노조 지도자들은 PJ에 너무 깊이 관여[헌신]하고 있어 메넴의 급진적 시장 개혁을 비판하기 어려웠다. 이들 지도자들은 상당수의 기층 노조원들이 PJ의 정책에 불만을 품고 PJ와 연결된 노조를 저버릴 때까지도 이 같은 태도를 바꾸지 않았다.

한 페론주의자 정부 관리는 당시 노조 지도자들의 묵인을 다음과 같이 해석한다.

> 예를 들어, 철도노조 사례를 말씀드리면 …… 메넴 전에는 조합원이 거의 10만 명이었어요. 그러다 [메넴 이후에는] 5000명으로 줄었어요. [노조 지도부가] 이렇게 될 걸 미리 알았다고 저는 생각하지는 않습니다. 아마도 다른 생각을 갖고 있었겠지요. 그러다가, 상황을 깨달았을 땐 이미 늦었던 거죠. 다른 사례들도 많이 있는데요, 상당수의 노조 지도자들이 노조의 이익에 반하는 정책에 너무나도 헌신했어요.

메넴 정부 아래에서 노조 지도자들 사이에서 나타난 예기치 못한 순응주의는 정부의 (훨씬 온건한) 시장 개혁 조치에 대한 브라질 노조의 전투적 대응과 선명히 대비된다. 노조 지도자 대부분은 이렇게 생각했다. "그들[CGT 지도자들]은 페론주의 정부가 들어서게 되자, 인민보다 정부 정책을 지켜야 한다고 보았습니다"(CGT에 비판적인 새로운 노조 운동 CTA 지도자).

1990년대와 2000년대 아르헨티나 노동조합 운동의 두 가지 주요한 경향은 두 노조 연맹, 즉 국가 - 사회 관계에 저마다 자기 고유의 철학을 가지고 있는 CGT와 CTA에 의해 대표된다. CGT는 아르헨티나에서 반세기 이상 주요 노조 연맹이었고, 그 뿌리는 페론주의와 노동계급 사이의 동맹 형성 과정으로 거슬러 올라간다. CGT는 앞에서 서술했듯이 아르헨티나 노동운동의 배태성 없는 응집성을 나타낸다. CGT는 무수한 페론주의 축구회와 페론주의자들의 지역공동체 조직들과 같은 (폐쇄적인) 비공식 사회 네트워크들에 기반을 둔 조직이다(따라서 배태성이 아예 없다기보다는 매우 '협애한' 배태성이라 볼 수도 있다). 아르헨티나는 브라질에 비해 시민사회가 훨씬 약해서(Lee 2007; 2012), 시민단체들에 대한 CGT의 연계는 상대적으로 약한 편이다.[15]

그 규모가 작고 시기도 비교적 최근이긴 하지만 CTA의 출현이라는 두 번째 경향은 1991년, 일단의 노조들이 CGT에서 탈퇴해 CTA를 만들면서 발전하기 시작했다. 신생 CTA는 메넴 정부 시기에 추진된 신자유주의 개혁에 대해 CGT가 보여 주었던 유화적 입장뿐만 아니라, 핵심 부문에 종사하는 CGT 노동자들의 특권을 비판했다. CTA는 1997년, 공식적인 대안 노조 연맹으로 자리를 잡았고, 사회 연대에 대한 입장이 더욱 강한 것을 주요 특징으로 한다.

CGT는 PJ 및 그 정당 조직[16]과 역사적으로 긴밀한 연계를 유지해 왔고, 노조 지도자들은 대개 그 정당과 국가에서 일정한 자리를 차지하고 있었으며(Godio 1987), 따라서 노조와 국가 사이에 견고한 응집성이 형성되어 있다. 그러나 CGT는 메넴 정부 아래에서 난처한 상황에

---

15 CGT 전통에 있는 (필자가 인터뷰한) 페론주의 노조 지도자 대부분은 노조가 아닌 다른 사회운동 단체들과 그들의 대의를 위해 공동으로 활동하거나 연합 정치를 수행한 적이 있는가라는 질문에 대해 '아니오'라고 답하거나 분명한 답변을 하지 않았다. 그들은 인권 단체나 환경단체 같은 다양한 목적의 시민단체들과 좀처럼 관계를 맺지 않았다. 이는 다른 사회운동 조직과 오랜 연대의 역사를 갖고 있고, 이를 또 자랑스러워했던 브라질 노조 지도자들과 명확히 대비된다. 물론 일부 학생이나 교수들이 각자 자신들이 관심을 갖고 있고 중요하게 생각하는 노조의 활동들에 참여했지만, 그 같은 연계는 체계적인 수준도 아니었고 조직적인 수준으로 제도화되지도 않았다. 오직 소수의 노조 지도자들만이 노조와 인권 단체의 긴밀한 협력을 강조했을 뿐이다(주로 군부독재 시기 인권 유린과 관련해). 아르헨티나에서는 일반적으로 유의미한 시민단체들을 찾기 어려운데, 시민단체 활동 대부분이 노조나 정당을 중심으로 조직되기 때문이다. 한 지식인은 이렇게 안타까워했다. "새로운 문화 운동이나 지식인 운동이 출현하자마자 [페론주의] 정치조직들을 통해 국가에 연결되는 경향이 있습니다."

16 필자가 인터뷰한 노조 지도자 및 전략가 23명 가운데 14명은 PJ의 중앙 또는 지역 조직에서 일했고, 그중 6명은 결국 국회의원이 되었다.

처하게 되었다. 메넴은 포퓰리즘적 공약을 내걸고 선거운동을 했고, 노동으로부터 지지를 얻었지만, 대통령에 당선되자 노동과 사회정책 모두를 약화시킬 만한 포괄적인 시장 지향적 개혁을 시행하기 시작했다. 이 같은 메넴의 전환을 전혀 예측하지 못할 상황은 아니었다. 전 지구적인 신자유주의의 확산이라는 거시 경제적 맥락이 있었고, 하이퍼인플레이션에 대한 우려도 있었다. 또한 메넴 그 자신은 PJ의 주요 의제 형성에서 노조(즉, CGT)가 수행해 왔던 강력한 역할을 재검토해야 한다고 요구하는, PJ 내 레노바도르[개혁파] 가운데 한 사람이기도 했기 때문이다(Gordillo et al. 1987 참조). 그럼에도 그것은 조직 노동자들에게 정치적으로 커다란 충격이었다. 메넴 정부의 가혹한 긴축 조치와 공격적 축소 공세는 급진적 민영화와 공공 부문의 축소를 비롯해, 아르헨티나 경제의 자유화로 이어졌다. 공기업 민영화에 따라 정리해고가 만연하고, 정부가 노동 보호에 적대적 입장을 취하면서, 노동운동[특히 CGT]은 더욱 약해졌다.

CGT은 처음에 세 정파, 곧 메넴에 대한 공식적 지지를 유지한 산마르틴San Martin 노총, 야권 성향의 아소파르도 노총CGT Azopardo, 그리고 독립성을 유지한 제3 집단으로 나뉘어져 있었다(Murillo 2000). 나라 곳곳에서 부문별 파업과 단편적인 집회가 열리기도 했지만, CGT 지도자들은 메넴의 임기 가운데 3년이 지난 1992년 11월에서야 처음으로 총파업을 벌였다. 하지만, 파업은 주로 임금 문제에 치중했고, 메넴을 지지하는 CGT 주요 정파들로부터 지지를 받지 못했고, 정부의 주목도 거의 받지 못했다. 1992년, CGT는 조직을 다시 추슬러 공동보조를 취하고자 했지만, 메넴의 급진적 시장 개혁에 CGT 주요 지도자들이 순응했던 이전의 기억들로 여전히 분열이 야기됐고, 공공 부문 및 교원 노조들 — 메넴 반대의 핵심 집단 — 은 결국 대안적인 연맹을 창설하기 시작했다. 정부에 반대하는 노조들이 1994년 8월에 총파업을 조직했을 당시, CGT의 주류는 참여하지 않았다. CGT는 총파업을, 특히 메넴의 첫 임기 동안 자제했다. 이런 행동은 (3장의) 축소 게임 2, 곧 정부에 대한 높은 응집성과 시민사회에 대한 낮은 배태성을 가장 잘 보여주는 사례다. 시민사회 행위자와의 강한 연계가 없는 CGT 주류는 전통적 정치 파트너에, 적어도 단기적으로는 충성했고, 그에 따라 급진적인 시장 지향적 개혁을 용인한 것이다.[17]

하지만 메넴 정부에서 노동의 지형이 변화면서, 노동운동의 전략과 정체성 역시 변화했다. 한 집단, 즉 아르헨티나노동자운동MTA, Movimiento de los Trabajadores Argentinos은 투쟁의 정치를 협상과 적절히 결합하고자 했다. 그들은 CGT와의 연계를 유지하면서 노동조합운동의 방향을 바꾸고자 분투했다. 반면, 정부 정책에 반대하는 전략을 추구하며 CGT에서 갈라져 나온 CTA는 실업 문제 해결과 경제 모델 개혁 같은 이슈를 중심으로 새로운 의제를 설정했고, 신자유주의 경제 모델을 비판하고 공공 부문 강화를 지지했다. (CGT로 대변되었던) 노동운동 진영의 이 같은 분열은, 시민사회에 대한 다른 지향성을 가진 대안적인 연맹, 곧 CTA의 탄생으로 귀결됐다(Arellano and de Gennaro 2002; Rauber 1997). CTA는 투쟁의 정치를 확대하며 국가, 경영계, 정당으로부터 노조의 독립

---

17 일부 학자들(예컨대 Huber and Stephens 2012)은 연금 개혁과 관련해, 메넴 정부가 노조에 '양보'한 것으로 서술하기도 한다. 메넴 정부가 애초 추진하려 했던 철저한 민영화 방침에서 한발 물러났고, 노조들의 강력한 반대에 직면해 상당한 수정을 했기 때문이다(Madrid 2003). 하지만 칠레식 개인 계정을 도입하고 동시에 직원들이 공적 체제와 개인 계정 사이에서 선택할 수 있도록 한 혼합 체제는 공적 연금 체제의 현저한 축소로 간주해야 한다.

성을 늘린다는 목표를 견지했다. CTA 설립자 가운데 한 사람은 자신과 자신의 집단이 CGT을 왜, 또 어떻게 떠나야 했는지를 다음과 같이 말한다.

> 배신자는 메넴이었습니다. 하지만 …… CGT는 메넴 정부에 종속되어 있었어요. …… [CGT의] 모든 지도자들이 이렇게 이야기를 했죠. 페론주의 정부가 들어섰으니, [자신들은] 인민이 원하는 것을 지켜야 한다고요. …… 하지만 그 반대였어요. 비록 PJ에 투표를 했더라도, 언제나 지도자들은 정부에 맞서 인민을 지켜야 합니다. …… 우리는 노동자 의회를 소집하기 시작했지요, 우리는 전국을 돌며 CGT가 아닌, …… 노동자 의회를 만들었어요.

이 같은 입장은 급진적 시장 개혁에 직면했을 때 응집성보다 배태성을 추구하는, 일부 노조 지도자들의 선호를 반영한다. 버지스의 충성 딜레마(Burgess 2004)에서, CTA 지도자들은 제도 내 정치적 동맹 세력들보다는 기층 노조원들과 폭넓은 시민사회의 이익을 지키기로 선택했다.

1990년대 중반, 곧 메넴의 재선을 전후로, 노동 정치에는 잠깐 동안의 변동이 있었는데, 이는 높은 응집성/낮은 배태성 모델의 약화를 나타낸다. 1994년, CTA와 MTA는 ─ 전투적 계급주의 경향Corriente Clasista y Combativa, CCC, 퇴직자 단체들, 사회운동 집단들로부터 지지를 받은 ─ 전국 수준의 시위(마르차 페데랄the Marcha Federal, 곧 연방 정부로의 행진)를 조직했는데, 그 시위에서는 전국 각지에서 수도로 모여 든 수천 명이 메넴 정부의 경제정책을 비판했다. 정부가 노동시장 유연화 계획을 도입하자 CGT, CTA, MTA는 단합해 1996년 8월, 9월, 12월에 전국적으로 대규모의 총파업을 벌였다. 수도에서는 파업이 금지되었고, 다른 지역들에도 대규모의 경찰 병력이 배치되었음에도, 그들은 메넴 정부의 정책에 도전했다. 당시 정부는 협상 테이블을 열어 놓았고, 일부 CGT 지도자들은 노동 유연화 과정에 관한 협상 테이블에 참여하기도 했다. 하지만 CTA와 MTA에서 정부에 비판적인 집단들 대다수는 CGT와 거리를 두며, 동원과 파업을 계속 이어 나갔는데, 예컨대 1997년에는 고용을 위한 전국 행진을 조직하는 등, 1990년대 말 내내, 지속적으로 정부 정책에 맞서 대중을 동원했다.

CTA는 (3장과 부록 C.1의) 축소 게임 3, 곧 낮은 응집성과 높은 배태성 사례를 잘 드러낸다. 핵심 기반이 공공 부문 노동자와 교사이고, 가톨릭 기반 좌파 성향의 사제 및 지식인들과 밀접한 관계인 CTA에게 이 같은 저항 활동은 조직 노동자들의 대안적 정체성을 형성하는 중요 계기였다. 그들은 좀 더 대립적인 전략, 곧 거리 투쟁과 파업 전략을 다른 전략[예컨대, 협상]들과 함께 쓰는 것을 선호했는데, 이는 브라질의 CUT의 접근법과 흡사하다.[18] CTA는 자신들의 정체성을 메넴주의자가 아닌 페론주의자로 정의하면서 여당과의 협력을 그만두었다. 조합원들

---

18 실제로 아르헨티나 CTA 지도자들은 인터뷰에서 룰라 및 CUT 지도자들과의 공식적·비공식적 연계에 대해 자주 이야기했다. 그들은 각종 시위나 집회에 서로를 연사로 초대하곤 했다. "미겔 로세투(Miguel Rossetto)가 1994년 연방 행진에 나를 초대했습니다. …… 그라소(Grasso)는 헤알 계획[플라노 헤알the Plano Real, 곧 프랑코 및 카르도주 정부에서 추진된 안정화 조치]과 더불어 이미 저항 운동을 시작했고 사람들을 사로잡고 있었어요. [당시 야당인 노동자당을 이끌던] 룰라는 싸우길 원했습니다. 우린 도밍고 카바요[아르헨티나 재무장관]의 통화 안정화 조치가 시행된 지 4년째를 보내고 있어서, 그 결과에 대해 잘 알고 있었지요. …… 우린 브라질로 가서 CUT와 함께 그것[헤알 계획]에 반대하는 운동을 했습니다"(CTA의 한 지도자). 어떤 의미에서 라틴아메리카에서 시장 개혁의 확산은 새로운 사회운동 노조들이 국경을 초월해 연대하고 지식, 경험, 그리고 이념의 공통 기반을 공유하도록 촉진했다.

이 시민사회에 깊게 뿌리내릴 수 있도록 CTA는 개별 조합원들이 시민사회단체에 가입하는 것을 허용했고, 또 그런 단체들을 조직 구조 내부로 끌어들이기도 했는데, 이에 따라 노조의 배태성이 크게 증가했다. 총파업 시기에 CTA는 폭넓은 공동체 및 사회에 참여를 분명하게 요청했다. 그 지도자들 가운데 한 명은 지역사회[공동체]에 연결된 노동조합주의를 다음과 같이 명쾌하게 요약한다.

> 공장에서 우리가 대표권을 많이 갖고 있다는 것은, 작업장에 노동자들이 잘 조직되어 있고, 힘도 있으며, 민영화에 반대하는 노조가 있다는 의미였습니다. …… 우리가 대다수고, 우리가 함께 어떤 쟁점을 두고 토론하며, 지역사회가 이에 동의하고, 우리가 조직화된 경우, 회사는 [민영화 계획을] 자제했지요. 반면, 우리가 소수이거나, 지역사회가 우리와 함께하지 않는 경우, 그러니까 노동자들이 내부적으로 힘을 강화할 필요가 없고 지역사회가 우리 함께하지 않거나 노조가 [지역사회에] 헌신하지 않는 경우에는, 민영화 계획이 실행됐지요.

그 결과 CTA는, 비공식 부문 노동자, 실업자를 한데 묶어 폭넓은 연합을 이루어 냈다. CTA는 자신들의 요구를 전개하기 위해 사회운동 전술을 받아들였고, 마을 단체와 지역 기관들도 노조의 틀 안에 보듬었다. 예를 들어, CTA 내 교원 노조들은 자신들의 특수한 요구를, 좀 더 질 좋은 공립학교 건설을 위한 시민들의 보편적 요구와 연결시켰고, 그에 따라 지역사회에서 공개적인 지지를 얻어 낼 수 있었다. CTA는 학계, 연구 조사 기관, 지식인과도 연계했다(Palomino 2005; Rauber 1997). 이를테면, CTA는 아르헨티나 소재 라틴아메리카사회과학원FLASCO

같은 전문 연구 집단에 재정을 지원하고 관련 정책에 대한 조언을 받았다. CTA는 공립 대학교와도 긴밀한 관계를 맺고, 조합원이 추가로 교육, 훈련을 받을 수 있도록 권장했다. 그뿐만 아니라 CTA는 인권 단체, 이주민 집단, 그리고 토착민 집단들과 긴밀한 동맹을 맺었는데, 이들 가운데 다수가 키르치네르 부부의 승리를위한전선Frente Para la Victoria, FPV와 PJ의 선거운동에 동원되었다.[19]

세기의 전환기에 아르헨티나는 경제 위기를 겪으며 실업률이 치솟고 정치적 불안정이 만연했다. 이에 따라 시민사회와 연결된 광범위한 노동 정파들이 또 다시 시위를 일으켰다. 이후 2003년, 네스토르 키르치네르는 신페론주의 공약에 기초해 당선됐다. 그의 당선은 조직 노동자와 갱신된 PJ 사이의 강고한 동맹이 재개됨을 알리는 서막이었다. 선거 준비 기간 동안 키르치네르는 노동운동 진영에서 보다 왼쪽에 위치한 CTA로부터 주된 지원을 받았고, CGT 주류로부터는 미온적인 지지만 받았다. 하지만 대통령에 당선되자마자 그는 2001년과 2002년 사이에 출현한 페론주의에 기초한 구세력과 신세력의 통합을 추구했고, 이 연합을 정당 및 국가기구에 연계시켰다. 이 시기에 정부는 또한 최저임금 인상을 강행했고 집단 교섭을 지지했으며 공공사업에 투자했다. 이뿐만 아니라 사회보험을 개혁해 비공식 부문 노동자와 실업자에게로 보장을 확대했다(Levitsky and Murillo 2008). 특히, 다음의 두 가지 정책 변화는 기념비적 개혁으로, 노조의 대대적인 지지를 받았다.

---

19 그럼에도 CTA는 여전히 CGT에 비해 훨씬 작은 노조 연맹이다. 아르헨티나의 약한 시민사회를 고려하면, 아르헨티나 노조들 전부가 CTA의 출현 덕분에 배태성이 신장됐다고 말하는 것은 과장일 것이다. 1991년 창설 이후 CTA는 더 작은 두 연맹, '노동자들의CTA'[CTA de los Trabajadores]와 '진정한 CTA'[CTA Autentica]로 나뉘었다.

첫 번째 개혁은 2008년, 크리스티나 키르치네르 정부가 시행한 민간 연금 기금의 재국유화였고, 두 번째 개혁은 2003년, 비기여 연금을 추가로 50만 명의 노인에게 확대한 것이었다(Huber and Stephens 2012, 188). CTA는 이런 확대적·보편주의적 사회정책 개혁을 달성하는 데 적극 참여했다.[20]

요약하면, 급진적 시장 개혁이 없었다는 점을 고려해 볼 때, 키르치네르 시기, 조직 노동과 국가 사이의 관계는 시간의 흐름에 따라 이원적 성격을 보였다. 처음, 선거운동 기간 동안, 키르치네르 부부는 사회운동적 노조인 CTA와 함께 부상했고, 이는 국가와 노조 사이, 그리고 노조와 시민사회 사이에서 나타나는 배태된 응집성의 전형적인 사례이다. 하지만 키르치네르는 집권한 뒤에는 CGT에 구애했고, 결국 노조들과 그 지도자들에게 노동에 우호적인 정책과 국가 내 자리를 제공해 전통적인 PJ 선거 연대를 회생시켰다. 그에 따라 키르치네르 정부에서 집권당인 PJ는 CGT가 뒷받침하는 코포라티즘적 하향식 파트너들과의 관계뿐만 아니라, 좀 더 탄력적인 사회운동 기반 파트너들, 곧 CTA와의 연대 관계도 누릴 수 있었다. 그런 (CGT와의) 응집성 또는 (CTA와의) 배태된 응집성에 기초해 키르치네르 정부는 실업수당, 연금, 가족수당 정책에서 사회정책에 대한 확대 개

---

20 키르치네르 정부들에서 CTA는 정부와의 응집성을 CGT 수준으로 강하게 발전시켰다. 그리고 연금 (2008~14년), 항공 산업 일부(아르헨티나항공, 2008년), 에너지 기업들, 철도 시스템(2003~14년)의 (재)국유화를 지지했다(괄호 안의 연도는 재국유화를 추진한 기간을 가리킨다). 또한 키르치네르 정부들 동안, 공공 병원을 지키기 위해 시민사회단체들과 연대해 운동을 벌였고, 보편적 아동수당(Asignación Universal por Hijo)을 만드는 데도 중요한 역할을 했다. 그리고 공립학교와 인권을 지키기 위한 폭넓은 운동에 개입하기도 했다(교육노동자연합 – 교원노조 – CTA).

혁을 도입할 수 있었다.[21]

비교: 라틴아메리카에서 노동 – 시민 연대의 과거, 현재, 미래

브라질과 아르헨티나의 두 주요 노조, CUT와 CGT은 각각 시장 지
향적인 신자유주의 개혁 압력에 직면해 현저히 다르게 대응했으며,
국가로부터 판이한 대응을 끌어냈다. 이 장에서는 권위주의 시기, 이
노조들이 사회와 맺었던 상이한 관계, 즉 정치 세력과의 상이한 형태
의 동맹으로 진화한 그 관계를 추적했다. 민중 부문의 사회운동에 기
원을 둔 CUT는 농민 및 기타 시민단체들과 국가에 맞서는 견고한 동
맹을 형성한 반면, CGT는 페론주의 무리로 남아 있는 데 만족하고
페론주의가 아닌 사회 세력과는 협력하지 않았다. CUT의 입장 — 국
가로부터의 자율성 — 은 우파 또는 중도 성향의 정부에 국한된 것이 아니
라 자신이 만들어 낸 노동자당의 집권기에도 적용됐다. 하지만 아르
헨티나의 CGT는 메넴의 시장 개혁을 용인했고, 이는 기층 노조의 불
만을 키웠다. 서로 다른 배태성 수준 때문에, CUT는 1990년대에 시
위를 벌일 때 CGT보다 훨씬 더 광범위한 연합을 이룰 수 있었고, 그
에 따라 국가에 훨씬 큰 압력을 가할 수 있었으며, 카르도주 중도 정부
에서조차 국가로부터 양보를 끌어낼 수 있었던 반면, CGT는 메넴이

---

21 하지만 이 같은 복지국가의 성공적 확대는 건전 예산을 희생하고 국제 투자자들의 탈출을 대가로 얻은 것
이다. 2000년대 초 이후 지속되고 있는 아르헨티나의 대외 무역수지 위기는 지구화된 경제에서 너무 강
한 배태된 응집성은 경제적 성과에 부정적 영향을 미칠 수도 있음을 시사한다. 지구화된 시장에서 너무 강
하게 배태된 응집성의 부정적 영향은, 브라질을 포함해 좌파가 집권 중인 라틴아메리카 나라들이 2010년
대에 유수한 통화 위기를 겪었다는 점을 고려해 볼 때, 좀 더 상세히 논의해야 할 별도의 주제일 것이다.

급진적 시장 개혁을 통해 CGT의 사회적 기반을 소외시키는 것을 무기력하게 지켜봐야 했다.

요약하면, 내가 이 장에서 제시한 모델과 사례연구들은 CGT 사례가 분명히 보여 주듯, 배태성 없는 노조의 응집성이 집권 세력으로 하여금 정당과 노조 사이의 종속적 관계를 이용하도록 고무할 수 있음을 입증한다. 또한, CUT 사례가 보여 주듯, 신자유주의적 시장 개혁에 맞서 성공하기 위해서는, 시민사회에 대한 노조의 강한 배태성이 필요함을 드러낸다. 1990년대, 브라질과 아르헨티나 사례들이 시장 개혁 시기에 나타난 국가와 노조 사이의 상호작용에 관한 매우 흥미로운 대조적 사례들이었다면, 2000년대 들어, 그들의 이야기는 놀랍게도 수렴된다. 라틴아메리카에서 좌파들이 국가권력을 장악하면서, 그들은 가난한 사람들에 대한 보다 관대한 사회부조 프로그램을 앞다투듯 도입했다. 이 시기, 두 나라에서 그런 조치를 고무한 것이 오직 노동 – 시민 네트워크와 그들의 정치적 대표자들의 집권이라고만 한다면 과장일 테지만, CUT와 그 광범위한 시민 동맹이 노동자당과 그 지도자들을 대통령 관저와 의회로 보내는 데 결정적 역할을 했다는 것은 부인할 수 없다. 그런 응집적 연계를 기초로 CUT는 상향식 정책 개혁을 통해 최저임금 정책을 개시했는데, 이 과정에 노조 내부의 싱크 탱크인 DIEESE가 특히 결정적 역할을 했다.

아르헨티나에서 CTA는 여전히 규모와 영향력이 부족하긴 하지만, 국가 내 동맹 세력과의 협상도 추구하면서 전투주의적 투쟁도 마다 않는 페론주의 대안 노조로 출현했다. CUT와 CGT 사례들은, 노조가 최적의 결과 ― 온건한 개혁과 수용 ― 를 성취하기 위해서는 정당과의 인적·이념적 연계를 넘어서는 국가와의 제도적 협력 메커니즘이 필요하고, 시민사회와의 강한 동원 연계가 뒷받침되어야 한다는 것을 입증한다. 다음 장에서는 라틴아메리카 두 나라와 동아시아 두 나라를 비교하는데, 그에 앞서 시장 개혁에 대한 한국과 대만의 대응을 비교 분석한다.

8장
복지국가에서 나타난 시장 지향 개혁과 노조의 대응
대만과 한국 사례

1990년대 중반, 신자유주의적 시장 개혁이 동아시아에 도래했다. 이 같은 개혁들은 일견 1997년 동아시아 경제 위기 이후에 시행된 것 같지만, 세계 시장에서 경쟁하던 한국과 대만의 기업들은 1990년대 초 중반부터 이미 좀 더 유연한 노동시장 제도를 도입하고 싶어 했다. 한국과 대만의 기업들은 비정규, 간접, 파견 노동, 손쉬운 정리해고 같은 개혁을 원했다. 그런데 앞서 다룬 라틴아메리카의 두 나라(브라질과 아르헨티나)에서와는 달리 한국과 대만에서는 1990년대에 복지국가가 확대되고 있는 와중이었다. 탈산업화가 진행되고 노령 인구가 증가하며, 노조와 시민사회가 복지 정책을 점점 더 많이 요구함에 따라, 한국과 대만은 기업 수준에서 제공되는 복지 혜택과 전통적인 가족 부양 체계에만 더는 의지할 수 없게 되었다. 한국과 대만에서 사회복지 정책의 확대는 중요한 쟁점이 되었고, 서로 경쟁하는 정당들은 더 많은 표를 얻기 위해 더욱 관대한 현금 급여 프로그램을 경쟁적으로 도입하려 했다. 앞서 <표 1.1>에서 제시했듯이, 양국은 1990년대, 건강보험과 연금 같은 주요 사회보장 프로그램을 (거의) 전 인구로 확대했을 뿐만 아니라, 무엇보다 최저 생계비, 기초연금, 양육 보조금 같은 다양한 현금 급여 프로그램들도 도입했다. 그 결과 사회보장 지출이 급등했는데, 특히 한국은 대만보다 그 폭이 더 컸다.

6장에서 논의했듯이, 현금 급여 프로그램들의 이 같은 확대에도 불구하고, 시장 지향적 개혁의 원리와 이데올로기는 양국 모두에서 주요 국가 관료 및 정당들 사이에 깊숙이 침투하기 시작했다. 시장 개혁 세력들은 (연금에서) 소득대체율을 낮추고, 연금 체계를 부분적으로 민영화(개인 계정을 통한 퇴직연금)해 사회보장 체제의 핵심 요소들을 시장 친화적으로 바꾸려 했다. 1990년대와 2000년대 나타난 이처럼 다양한 축소·시장화 시도에 노조와 시민사회는 어떻게 대응했는가? 노조 및 시민사회 지도자들은 국가 및 정당과의 제도적 관계를 확고히 맺는 데 어떻게 성공(또는 실패)했는가? 권위주의 시기부터 그들이 역사적으로 제도화되어 왔던 과정은 민주화 이후 등장한 국가 주도의 시장 지향적 개혁에 대한 그들의 대응에 어떤 영향을 미쳤는가?

한국과 대만에서 노동운동은 대체로 1980년대에 전투적인 투쟁 전략을 취하며 조직의 세를 늘렸다. 국가 및 자본의 공세와 유인에 타협하지 않는 새로운 노동운동 지도자들이 기층 작업장에서 출현했고, 권위주의 국가가 만들고 후원해 온 코포라티즘적이고 유순한 기존 노조들로부터 독립성을 유지했다. 하지만 한국과 대만에서, 노조들의 기원과 초창기의 조직화 유형은, 라틴아메리카의 두 나라만큼이나 매우 상이했다. 한국에서 학생 운동가는 사회주의혁명 이념으로 무장했고, 그들 가운데 다수는 1980년 광주에서 군사정부가 시민들을 학살한 이후 급진화됐으며, 이후 주요 산업도시의 노동자 사회로 스며들었다. 1980년대에 걸쳐 전개된 이런 급진적인 하방운동은 기존 정치사회의 주요 야당들과는 독립적인, 나아가 매우 이질적인 계열의 노동운동을 만들어 냈다. 한국에서 학생운동 출신의 새로운 노동운동 지도자들은 처음에는 혁명 노선을 추구했지만, 이후 개량주의적이고 사민주의적인 노선으로 온건하게 변화했다. 따라서 어떤 의미에서 한국의 노동운동 세력은 민주화 운동 세력과, 서로를 강화해 주긴 했지만, 독립적이었다.

반면 대만에서는 야당 운동과 노동운동이 같은 뿌리, 곧 '당외'党外 [재야] 운동에서 나왔다. 노동운동 지도자들은 민진당 지도자들과 민주화 운동을 함께하며 그들로부터 목표와 전략을 배웠고, 그에 따라 민진당과 이념적으로나, 조직적으로 (개인적 네트워크를 통해) 긴밀하게 연결되어 있었다. 더욱이 지식인들 가운데 이 같은 투쟁에서 혁명 노선을 구상한 이는 거의 없었고, 가장 급진적인 집단들조차 스스로를 공장 밖의 '동조적 조력자'로 제한했다. 이런 까닭에 노동운동 지도자들은 독립적인 노동 정당을 건설하는 데 좀처럼 에너지를 소비하지 않고 민진당 산하에 통합된 상태(물론, 내부적으로는 정파가 존재한다)로 남아 있었다. 이 같은 상이한 기원과 노동운동가들이 취한 상이한 조직 유형은 두 나라에서 복지국가가 성장·후퇴하는 시기 동안 사회정책 개혁의 상이한 결과로 이어졌다.

대만의 조직 노동: 정당의 꼭두각시에서 변화의 동인으로

1) 경쟁 관계의 노조 – 정당: 하향식 코포라티즘과 상향식 코포라티즘

대만의 두 주요 노조 연맹, 곧 중화민국전국총공회中華民國全國總工會, CFL와 대만전국산업총공회全國產業總工會, TCTU는 각기 국가 및 시민사회와 서로 다른 관계를 쌓아 왔다. 중화민국전국총공회는 수십 년간 권위주의 정부와 핵심 의제 및 인력을 공유했다. 1948년 권위주의적이었던 국민당 정부 아래에서 설립된 중화민국전국총공회는 국가 코포라티즘의 보조기관이었다. 또한 국민당이 노조와 작업장을 통제하기 위한 전략의 일환으로 탄생한 중화민국전국총공회는 태생적으로 집권당과 긴밀히 연결된 반면, 폭넓은 시민사회 조직들과는 절연되어 있었다. 1949년, 중국공산당에 밀려 대만으로 피신한 국민당은 대만에 노동 억압적인 법률을 도입해, 노동운동을 효과적으로 분쇄하고, 그 어떤 유형의 반대도 작업장에 나타나지 못하도록 했다. 당시에는 자율적인 노조가 하나도 없었고, 국민당이 작업장까지 침투해 노동 현장을 지배했다(Hsiao 1992). 따라서 1980년대 말, 노동자들이 불만을 외치기 시작했을 때, 중화민국전국총공회는 노동자들의 요구를 대변·옹호하지 않았고, 이에 따라 수많은 공장 노동자가 벌이는 시위에서 저항의 표적이 되었다(Ho 2006). 전반적으로, 국민당 정부와의 지극히 높은 응집성과 시민사회와의 낮은 배태성으로 말미암아 중화민국전국총공회는 지금껏 정부나 사용자 측에 반대의 목소리를 내지 않았다.

체제 밖 노조들은 체제 안 노조들과 상당히 다릅니다. 우린 체제 내 노조이고, 그래서 훨씬 온건하지요. 체제 밖 노조들은 좀 더 급진적이지만 그렇다고 꼭 더 나은 결과를 내는 건 아니에요. …… [사용자 및 국가와] 심하게 충돌하는 노조들은 [투쟁을 통해 노동자들의] 임금도 올리고 자신들의 권력도 강화하길 바라지만, 사실 그런 방법으로 문제를 해결하지는 못했죠. 최근 10년 동안, 문제를 해결해 온 방법은 막후교섭, 그러니까 제도적 통로 같은 다른 방법이었습니다. 노동문제를 해결하기 위해 [이를 통해 전투적인 방식보다] 좀 더 효율적인 방법들을 사용할 수 있지요. (중화민국전국총공회 노조 지도자)

하지만 이 지도자 또한 응집성만 있는 노조가 국가로부터 많은 것을 얻을 수 있는 것은 아님을 인정한다. "제한적이에요. 할 수 있는 것은 정부 정책에 대해 의견을 내는 것이지만 실제로 큰 영향을 미치진 못해요." 달리 말해, 중화민국전국총공회는 정책 결정 과정에 접근할 수 있었고, 그에 따라 노조 내 정책 전문가들이 주요 노동시장 정책 및 사회정책의 수립과 관련해 자신의 입장을 관료들에게 전달했다. 하지만 중화민국전국총공회에는 국가가 노조의 입장을 좀 더 수용하도록 강제할 수 있는 다른 선택지들이 없었다. 지난 수십 년간 중화민국전국총공회는 자신이 원하는 것을 국민당에 전달하기는 했지만, 그 뒤로는 국민당이 제시하는 내용과 수준을 묵묵히 받아들이기만 했다.

중화민국전국총공회와는 반대로 대만전국산업총공회는 민주화 운동 시기에 민진당과 더불어 자율적인 노조들 및 반국민당 세력이 만들어 낸 성과였다. 민진당은 1970년대, 환경 운동과 학생운동 같은, 당시 시민사회에서 등장한 수많은 사회·정치 운동의 모태 격이었던 당외 운동에서 기인했다. 노동운동 지도자들 역시 처음부터 당외 운동의 중요한 축이었는데, 이는 대만전국산업총공회와 자율적 사회운동 조직들이 정치적으로 반국민당 운동이라는 동일한 뿌리에서 출현했기 때문이다. 대만전국산업총공회의 명예 의장 마오전페이毛振飛는 이렇게 상기한다.

> 당시[1980년대]에는 대항 운동과 가두시위가 일상적이었습니다. 그런 운동들은 군부가 정당 활동과 선거에 개입하는 것에 반대했어요. 우리 [노조 지도자들] 가운데 다수가 그런 운동에 참여했고 …… 민진당에서 배움을 얻었습니다. 우린 [민진당 지도자들에] 매우 동조적이었고, 그들 [민진당]도 노동운동과 협력하고 동맹을 맺어야 하다는 것을 깨달았지요. 당시 많은 노동운동 핵심 간부들은 [민진당 산하의] 운동 단체들과 연락을 취하고 있었어요.

이 시기에, 당외 운동 출신의 한 지식인 집단이 노조들에게 법률 지원을 하는 단체를 만들었는데, 이후 이 단체가 대만노동전선台灣勞工陣線, the Taiwanese Labor Front, TLF[1]으로 진화했다. 몇몇 지도자들은 "어떻게 노조를 만드는지 몰라 그들과 연락하게 되었"(마오전페이)다며, 노조 설립과 성장에 있어 대만노동전선의 조력을 인정했다. 당외 운동에서 이른 시기부터 출현한 환경 운동 활동가들 역시 민진당 및 노동운동 그룹들과 긴밀하게 연계되어 있었다. "그들은 (또한) 반핵 시위를 면밀히 조직했

---

1 대만노동전선은 계엄령 치하였던 1984년 노동절에 결성되어, 노동자들을 위한 법률 자문과 노동 관련 지식의 전달 및 상담, 노동자 교육에 초점을 두고 노조 지원을 해왔다. 이 단체가 마련한 노동정책 및 강령은 노동조합뿐 아니라 민진당의 선거 공약에도 큰 영향을 미치는 것으로 알려졌다(http://gjhr.go.kr/sub/sub.php?subKey=0505060903).

고, 우리 노조의 핵심 간부들에게 핵 문제에 관해 교육을 하게 되었습니다"(마오전페이). 1986년 민진당이 공식 출범함에 따라, 노동자들은 마침내 국민당에 반대하는 야당을 갖게 됐다. 요컨대 민진당과 대만전국산업총공회의 주류 세력들은 1980년대 민주화 시기에 공동 활동[2]을 통해 긴밀한 응집적 관계를 발전시켰다.

그 무렵, 지구화의 영향력이 심화되고 중국에서도 시장 개혁이 진행되었다. 이 같은 외부적 상황은 대만 노동자들에게 현저한 위협으로 다가왔다. 1980년대 말, 공장이 하나 둘 문을 닫고, 인건비가 더 싼 해외나 중국으로 생산 설비를 이전함에 따라, 노동자들, 특히 노동 집약적 산업의 노동자들이 큰 타격을 입었다(Huang 2002). 이런 맥락, 곧 외부로부터 제기되는 위협이 증가하고, 공장 내부에서는 불만이 늘어나고 있는 와중에, 국민당이 독립 노조들을 합법화할 의사가 전혀 없어 보이자, 이에 분개한 노동자들은 억압적인 노동조건에 저항하기 시작했고, 특히 지역 수준에서 정부와의 강한 연계가 없는 노동자들은 점점 더 전투적인 행동을 취했다. 1988년과 1990년 사이부터 전국적으로 파업과 노동자들의 시위가 분출했다.

국민당 정부는 1980년대 말, 1990년대 초에 노동에 대한 통제를 완화함으로써 일부 양보를 하긴 했지만, 동시에 1989년부터 1991년까지 벌어진 시위들에는 단호한 조취를 취하기도 했다. 당시 독립 노조들과 시민사회 사이의 연대는 국가로부터 더 많은 양보를 이끌어 내

---

2 전술했듯이 한국에 비해 대만에서는 1970년대 말과 1980년대 초에 하방운동을 한 지식인이 거의 없었다. 한국 지식인들이 노동자로 위장해 노동자들을 조직화하고 동원한 반면 대만 지식인들은 '공장 밖'에 남았고, 한국 지식인들이 맡은 역할, 곧 '인큐베이터'보다는, '산파'로 자신의 역할을 제한했다.

고, 국가의 억압에 맞설 수 있을 정도로 강하지는 못했다. 결국 국가의 억압과 사용자들의 자본도피 위협은 시위를 효과적으로 억제했다. 1990년대 초 강력한 탄압 이후 수년간 파업 시위를 찾아보기는 쉽지 않았다. 외부의 위협과 국가의 효과적인 억압에 직면해 조직 노동자들은 전투적인 대응을 중단하고 자신의 목표를 달성하기 위한 다른 전략들을 찾아야만 했다. 결국 1980년대 말, 1990년대 초 국민당 정부와 독립 노조들 사이의 대립은 처음에 응집성 없는 배태성과 유사해 보였지만, 그 관계는 이내 국가의 권위주의적 억압과 이에 대한 노조들의 묵인으로 되돌아갔다.

국가의 억압과 그에 대한 저항을 통해 단련된 노동운동가들은 1990년대 중후반 국가의 새로운 조치(양보와 억압의 병행)에 (민진당과의 연합을 통해) 제도 정치 차원에서 대응하기로 전략을 바꿨고, 이에 따라 기층 노조를 조직화하는 일은 점점 단념하게 됐다(Ho 2003). 노조들은 다양한 지역과 수준에서 민진당과 정치적 파트너 관계를 구축했고, 또 로비 기회를 위해 그 정당과 연합했다. 노동운동가들은 지역별 노조들의 연맹들을 만들기 위해 시장을 비롯한 지방 자치 단체장들을 압박하기 시작했다. 국민당이 독립 노조들에 대한 승인을 거부하고, 또 지역 정치에서 야당의 힘이 늘어나면서, 국민당의 영향력으로부터 독립된 자율적 연맹을 바라는 노동운동가들의 목소리는 민진당의 지방 권력과 나란히 증가했다(Ho 2006).

2000년 민진당이 집권하면서 대만전국산업총공회가 공식적으로 승인되었다. 총선과 지방선거가 더욱 경쟁적으로 변하고, 후보들이 사회적 쟁점들에 더욱 민감하게 반응하면서, 선거운동은 노동자가 원하는 것을 요구할 수 있는 발판이 되었다(Lee 2006). 민주화가 진전되면서

양당의 후보들이 (상대적으로 균등하게) 국회에서 의석을 차지하고, 지방 선거 및 총통 선거에서 당선될 수 있게 된 이후로, 이 지역 단위 노조 연맹들은 노동 이슈를 정치화하는 데 다시 집중했고, 그들이 활용하는 수사 역시 과거의 '반₂정당' 성향에서 '친-로비' 성향으로 바뀌게 되었다.[3] 두 연맹은 제도적 개입을 위해 사전에 정책 대안들을 준비하고 협의하는 전략을 채택함으로써 정권 교체에 대응했다. 국민당과 민진당 또한 노동운동가들을 지역 노동위원회로 흡수하려 했고, 지역 노동위원회는 다양한 노동조직들과 정치권의 의사소통 창구가 되었다. 그 결과 중화민국전국총공회와 대만전국산업총공회는 제도화된 정치과정의 일부가 되면서 집권당과의 응집성을 증대시켰다.[4]

민주화 및 시장 개혁 시기, 대만의 국가 - 노조 관계는 다음과 같은 세 가지의 전형적 유형으로 요약할 수 있다. 즉 ① 민주화 이행 전후 국민당 정부와 중화민국전국총공회 사이의 위계적 코포라티즘. 높은 응집성과 낮은 배태성(부록 C.1의 게임 2), ② 국민당 정부와 배태성 수준이 보통인 독립 노조들 사이의 온건한 갈등. 그 결과는 양보와 억압의 혼합(부록 C.1 게임 3과 부분적으로 유사한 사례), ③ 점차 입장이 수렴되는 국가

---

3 이는 중화민국전국총공회와 대만전국산업총공회(특히 대만전국산업총공회)의 보도자료에서 확인할 수 있다.

4 조직 내 대다수가 민진당에 대한 대만전국산업총공회의 온건한 입장에 불만을 느끼거나 비전투적인 입장에 비판적인 (타이베이노총과 타오위안노총 같은) 몇몇 비판적 기층 노조 및 현(縣, county) 단위 수준의 연맹 들은 대만독립노동조합연맹을 만들었다. 그들은 어떤 정당의 통제도 받지 않는 전국 수준의 독립 노조 연맹을 건설하고자 했다. 대만독립노동조합연맹 및 그 산하 노조들은 근로기준법 개정, 탄력 근무 시간제 개정, 노동쟁의조정법 개정, 유급휴가, 고용보험 및 실업 급여, 그리고 연금 개정을 위해 싸웠다. 하지만 대만독립노동조합연맹 소속 한 노조 지도자 이렇게 안타까워한다. "[대만에는] 노동의 입장을 진정으로 대변할 정당이 거의 없습니다." "가장 큰 좌절은 대만독립노동조합연맹이 기대에 부응하고 있지 못하다는 거예요. …… 최상층 사람들은 자신들의 이익에만 신경 쓰니까요."

– 노조 관계. 그 결과는 낮은 개혁 압력 아래 국가의 온건한 개혁과 노조의 수용(4가지의 이상형에서 벗어난 사례).

2) 대만 노동운동에서 지식인의 변화하는 역할

대만 노동운동의 독특한 특성 가운데 하나는 정책 지향성이다. 노조와 연계된 상당수 진보 지식인들은 자신의 역할을 '정책 네트워크' 내에서 이루어지는 정책 제안과 협의 그리고 입안 과정에서 일정한 역할을 수행하는 것으로 한정했다. 이는 한국 노동운동 지도자들이 지향하는 '전투성'과는 뚜렷이 구분된다. 따라서 대만 정치사회 및 시민사회에서 대만노동전선의 출현과 지속은 주목할 만하다. 영향력 있는 노동 기반 정당이 없는 조건 가운데 대만노동전선이 정책 싱크 탱크 역할을 수행해 온 것이다.

> 우린 공장 노동자들이 노조를 조직할 수 있도록 돕습니다. …… 조력자로서 우리는 노동자들이 조직을 건설하는 걸 돕지요. 노동자는 독립적이어야 하고, 노조도 스스로 유지될 수 있어야 해요. 노동자는 스스로 결정을 내릴 수 있어야 합니다. 우린 도움만 제공할 뿐, 노조가 노조원들의 삶을 꾸려 나가는 과정에 추가로 개입하지 않아요. 우리는 상담자 역할만을 합니다. (대만노동전선 전 사무국장)

대만노동전선의 조직 목표와 정체성은 놀랍도록 온건하지만 효과적이었다. 대만노동전선은 자신의 역할을 '산파'로 한정했기에, 조직 구조와 정체성을 거의 30년간 유지해 올 수 있었다. 노동자에게 법적 조언과 정책 정보를 제공함으로써 대만노동전선은 민진당, 노조, 기타 시민사회 조직 사이에서 중개자 역할을 했다. 대만노동전선 중앙 및 지부 사무실에서 일하는 지식인들은 ① 노조를 어떻게 조직화할 것인가 ② 사용자 및 국가의 억압적 또는 타협적 조치에 어떻게 대응할 것인가 ③ 노동정책 및 사회정책을 국가에 어떻게 제안하고 협상할 것인가를 노조 지도자들과 논의했다. 2000년대에 들어, 대만노동전선은 (스스로 제한한) '노조 조직화의 조력자'에서 노조와 노동자에게 '정책에 관해 조언을 하거나 정책을 홍보하는 단체'로 자신의 목표와 정체성을 바꿨다. 대만노동전선이 이처럼 정체성을 바꾼 것은 노조 설립과 유지라는 본래의 목표를 어느 정도 성취했기 때문이다. 1980년대와 1990년대, 상당수의 중소기업과 대기업에서 노조가 설립되고, 또 노조들이 스스로 제도적 역량을 쌓으면서, 대만노동전선이 애초의 목표를 유지하는 것은 점점 더 의미가 없어졌다. 노동 정치에 대한 대만노동전선의 개입에서 나타나는 이 같은 변화는 노조와 시민사회 사이의 관계가 어떻게 변화해 왔는지를 반영한다. 좌파 지식인들은 자신의 역할을 지도자(곧 한국 지식인들이 하방운동에서 맡은 역할)보다는 조력자로 생각함으로써, 노동자에 대한 자신의 영향력을 스스로 제한했다. 아이러니하게도 이렇게 노조 조직화에 덜 공격적으로 개입하게 됨에 따라, 그들은 노조와 지식인 사회, 그리고 시민사회 사이에서 이들을 연결하는 '가교' 역할 — 한국 노동운동에서는 결코 확실하게 제도화되지 않은 차원 — 을 훨씬 이른 시기에 새롭게 개척할 수 있었다. 전 대만노동전선 사무국장은 조직 정체성의 변화를 다음과 같이 말한다.

노동조합 쪽에서는 이렇게 생각했을 겁니다. "대만노동전선, 당신들은 아직도 노조 조직화를 하고 있네요. 왜 [새로운 노조를 계속 만들어] 우리를 정파별로 나뉘게 하나요?" 이런 질문이 자연스럽게 제기될 수도 있는 상황이었죠. 그래서 1990년대 중반 이후 대만노동전선은 자신의 주요 역할을 노조 조직화에서 정책 담론 주도자로 바꿔 오고 있습니다.

노조의 정치 활동이 처음 시작되던 시기에, 대만노동전선의 역할은 제한적이었고, 노조의 배태성 수준을 향상하는 데도 별반 도움이 되지 못했다. 하지만 노조의 정치 활동이 제도화되던 시기에, 대만노동전선은 민주주의적 협의 정치의 핵심 기관들, 특히 노조, 정당, 시민사회단체들 사이에 존재하던 "구조적 공백"(Burt 1992)[5]을 메울 수 있었다. 대만노동전선의 이 같은 정체성 변화(즉, 노조 건설의 조력자에서 노조들에게 정책 자문을 해주고, 시민사회단체들 및 정당에 노동정책을 홍보하는 역할)는 독립 노조들(나중에 대만전국산업총공회가 되는)이 민진당 및 국가 관료와 정책 이슈를 논의·협상하는 통로를 구축하는 데 일조했다. 사실 대만노동전선은 민진당의 천수이볜 정부에서 연금 체제, 고용보험법, 성평등고용법 등을 제정하는 데 핵심 역할을 했다. 이어서 그들은 민간건강보험감독연맹民間監督健保聯盟, NHI(national health insurance) civic surveillance alliance과 더불어 국민건강보험의 개혁을 추진했을 뿐만 아니라, 직접적으로 독일식 '직장 협의회'(그러나 결국엔 도입하지 못한)를 의미할 노동자 경영 참여 제도를 추진하고자 힘썼다(Han and Chiu 2000). 더욱이 그들은 변호사와 교수 같은 전문가들을 참여시킴으로써, 참여연대의 전문가 네트워크와 유사한 정책

---

5 구조적 공백이란 행위 주체들 사이에 존재하는 연결점의 공백을 의미하는 것으로, 이 공백을 메워 행위 주체들을 이어주는 어떤 교량 역할 없이는 이들이 상호 교통할 수 없는 상황을 일컫는다.

전문가 네트워크를 발전시켰다.

> 우린 '연합 시스템'입니다. 서로 다른 수많은 동맹과 연합체들로 구성
> 되어 있지요. 내 동료는 공공 주택 추진 동맹에 속해 있어요. 저는 건강
> 보험 동맹도 담당하고 있고요. 대만노동전선은 핵발전소 반대 운동 단
> 체에도 소속되어 있어요. 우린 사법 개혁 단체와도 함께해 왔고, 또 사
> 형제 반대 운동에도 소속되어 있습니다. (전 대만노동전선 사무국장)

요컨대, 대만노동전선은 국가와 시민사회 사이에서 급속히 발전해 온
정책 숙의 공간 또는 "정책 네트워크"(Knoke et al. 1996; Laumann et al. 1977;
1985)의 틈새, 즉 구조적 공백을 발견하고 이를 메우는 데 성공했다. 그
리고 이를 통해 대만노동전선은 시민사회에 대한 노조의 배태성을 '정
책 중개자' 활동을 통해 향상시키는 데 결정적으로 중요한 역할을 했다.

> 우린 주로 정책을 다루는 조직입니다. …… 노동단체들은 좀처럼 정책
> 적 관점에서 시작하지 않아요. 우리는 주로 '소방수' 역할을 하지요. 문
> 제가 있는 곳이면 어디든 달려가는. 노조 단체들은 자신과 관련된 이슈
> 에만 집중해요. …… 우린 포괄적인 정책을 개선하는 역할을 하고 싶어
> 요. (장평이張峰益)

국가-사회정책 네트워크에서 대만노동전선은 매우 인상적인 가교
역할을 수행했으며, 대만전국산업총공회는 제도적 차원의 정책 입안
문제에서 대만노동전선과 협력했다. 반면 대만전국산업총공회의 배
태성은 계속 하락했는데, 특히 동원 역량 면에서 그러했다. 대만전국

산업총공회의 동원 역량이 급격히 하락하게 된 배경은 대체로 민진당과의 (너무나도) 긴밀한 관계 때문이었다. 대만전국산업총공회는 2000년 설립과 동시에 대만에서 가장 큰 노조 조직이 되었고, 2010년대에도 여전히 28만 명의 조합원을 보유하고 있었다. 하지만 대만전국산업총공회는 조합원들과 공통의 목표를 세우고, 이를 제도화하며, 일상적 실천을 함께하기도 전에, 조직의 상층 지도부가 새로 집권한 민진당 후견 조직으로 포획되었다. 즉, 대만전국산업총공회의 핵심 지도자들은 민진당에서 국회의원이 되길 바라는 마음에 정치적 사익을 추구한 것이다.

2000년대 초, 보통 수준의 배태된 응집성 덕분에 대만전국산업총공회는 근로기준법을 개정해 노동시간을(주 48시간에서 2주 84시간으로) 줄이고, 연금 및 기타 중요한 노동 개혁안들(고용보험법과 성평등고용법)을 통과시키는 데 일조했지만, 다른 한편으로는 배태성(특히 동원 역량 측면에서)이 점진적으로 하락하는 것을 목격해야 했다. 2004년 이후, 대만전국산업총공회의 가장 중요한 지도자 다수가 민진당으로 흡수되면서 대만전국산업총공회는 점차 (국가 및 사용자에 맞서 구체적인 정책을 생산하고 전략적 동원을 주도하는 중앙 규율 조직이 없는) 관례적으로 매년 회의나 여는 연맹으로 전락했다. 특히 대만전국산업총공회의 핵심인 공공 부문 노조들은 2000년대 이후 정치적으로 유의미한 동원 조직으로서의 기능을 거의 상실한 상태이며, 대만전국산업총공회 산하 (기업별노조 및 성急 수준의 8개 지역 연맹) 지도자들 가운데 상당수는 현재 기층 노동자를 동원할 충분한 역량이 없음을 인정하고 있다. "대만전국산업총공회는 2000년대 초까지 국가에 대한 영향력이 컸습니다. [하지만 그 이후론] 국가의 노동정책에 대한 영향력이 내리막길이었지요. 노동국은 대만전국산업총공회를 무시하기 시작했어요"(현縣 수준의 대만전국산업총공회 책임자). [내가] 인터뷰한 사람 (21명 가운데) 대다수가 대만전국산업총공회가 영향력을 현저히 상실했다고 대답했다. 민진당이 전국, 지역 수준 모두에서 권력을 잡으면서 지역 및 중당 단위의 대만전국산업총공회는 민진당이 내린 결정에 감히 공개적으로 도전하지 못했고, 이는 한국의 민주노총 및 브라질의 CUT의 상황과는 크게 대조된다.

대만전국산업총공회 안팎의 많은 지식인, 특히 좌파 성향이 강한 지식인들은, 민진당과 대만전국산업총공회 사이의 역사적 유대 관계가 대만전국산업총공회의 독립성과 영향력을 지속적으로 쇠퇴시켰다고 보았다. 특히 그들은 이 같은 쇠퇴가 노동 관련 이슈에 대한 민진당의 불분명한 입장 때문이라고 보았다. 예를 들어, 민진당 계열의 비공식 싱크 탱크에 관여한 한 교수는 이렇게 안타까워했다. "민진당은 자신의 대중적이고 계급적인 토대를 (정책을 통해) 명시적으로 밝히고 다지는 작업을 하지 않았습니다. …… 민진당의 계급적 토대는 노동자가 되어야 해요. 민진당은 발은 노동자와 함께하고 있지만 머리는 여전히 자본가계급과 함께하고 있어요." 그 비판은 민진당과 대만전국산업총공회 사이의 응집적 연계의 유용성에 대한 회의로 이어진다. "8년간의 집권기에도 민진당이 늘 노동자의 이익을 보호한 것은 아님을 그들은 잘 압니다. 그러니까 노동자들 역시 민진당과 일정한 거리를 유지할 필요가 있습니다." 사실 대만전국산업총공회의 한 고위 지도자도 다음과 같이 말해 이런 주장을 지지한다. "민진당과 국민당 모두 우파에요. …… 적극적으로 노동계급의 편에 서는 정당은 좀처럼 보기 힘들죠." 대만전국산업총공회에 비판적인 한 내부자는 이렇게 토로한다.

국영기업에서 일하는 대만전국산업총공회 조합원 다수는, 정당들과 좋은 관계를 유지하는 게 무용하다고 주장하기 시작했습니다. 정당들은 여전히 자신들의 이해관계만을 고려하기 때문이죠. 우리 위원회가 내린 결론은 어떤 정당도 신뢰할 수 없다는 것입니다. 그래서 독자적으로 노동 정당을 건설하기 위해 준비하고 있습니다.

국가와 시민사회에 대한 대만전국산업총공회의 영향력은 민진당 첫 집권기(2000년대 초)에 정점에 이르렀고, 그때 대만전국산업총공회는 2주 84시간 노동과 고용보험 같은 핵심적인 노동시장 및 사회정책 제도를 형성하는 데 중요한 역할을 했다.[6] 그 이후 대만전국산업총공회는 주류 정당들과의 관계에서 중화민국전국총공회와 점차 비슷해졌다. 대만전국산업총공회는 조직 기반을 다지고 동맹을 더 확대·강화하지 못한 채 기성 정치사회의 일부로 급속히 편입됐다. 대만노동전선 및 민진당과의 동맹을 통해 대만전국산업총공회는 중요한 제도적 통로와 (응집성과 배태성 면에서) 정책 역량을 형성할 수 있었지만, 동원 역량은 점차 상실했는데, 대만전국산업총공회 지도자들이 기층 노조 및 시민사회와 맺고 있던 관계가 점차적으로 단절되었기 때문이다. 다음과 같은 대만전국산업총공회 고위 간부의 한탄은 대만 노조들의 상황을 요약한다.

대만전국산업총공회는 좀 더 광범위한 관점에서 모든 노동자에게 관

---

6 국민당이 재집권한 2009년 이후, 대만전국산업총공회는 실업 급여를 인상하고 청년 빈곤을 줄이기 위해, 짧긴 했지만, 다시 전투성을 보였다.

심을 갖고 있으며, 따라서 실업 문제와 빈곤은 대만전국산업총공회의 주요 관심사입니다. [하지만] 소속 단위 노조들은 이런 문제들에 큰 관심이 없습니다. 이런 종류의 정책들을 알리기 위해 그들을 설득할 때마다 무력감을 느끼곤 합니다. 대만 노동자들은 대동단결하지 못했어요. 모두가 자기 이익만 고수했지요. 모임[총연맹 회의]에서 때때로 그들은 저에게 물어요. 그게 왜 자신들에게 중요하냐는 거지요. …… 자신들에게 아무런 의미 없는 그런 활동에 왜 참여해야 하냐며 불평합니다. …… 난 이렇게 말했습니다. 당신과 직접적으로 관련된 것은 아니지만 …… 당신 친구나 자녀에게 매우 중요할 수도 있다고요. …… 미래에 퇴직연금제도가 제대로 유지되려면, 우리 자손들이 더 나은 직장을 갖고 있어야 합니다.

전반적으로 대만 노동 정치는 두 가지 대조적 경향으로 요약된다. 한편 2000년대에 중앙 연맹으로서의 대만전국산업총공회의 지도력은, 산하 노조들의 기업 기반 교섭 구조로 말미암아, 또한 대만전국산업총공회와 민진당 사이의 관계에 대한 점증하는 회의로 말미암아 지속적으로 하락해 왔다.[7] 기층에서는 기업 단위 교섭이 일반화되어 기업 간 그리고 산업 간 이질성과 파편화가 증가하고 있는 동안, 중앙의 지도

---

7 최근 (2010년대에) 대만전국산업총공회의 중앙 사무실은 자금과 인력이 부족해지면서 노동운동 및 노동정책의 전국 본부로서의 역할 수행에 한계를 드러냈다. "자금이 충분하지 않으니 인력 자원도 부족합니다. 내가 떠난 뒤론 전임자가 셋뿐이에요. 어떻게 전국 노조가 전임자 셋으로 효율적인 [정책] 활동을 할 수 있겠어요? 대만전국산업총공회 내부엔 정책실 같은 공식구조가 있습니다. …… [하지만] 자금이 충분하지 않으면 연구 조사 일을 할 수 없어요. 그러니까 좋은 거시적 노동정책을 완성할 수 없는 거죠. 그러면 조직의 충분한 협상력도 잃게 되지요. 악순환입니다"(전 대만전국산업총공회 사무국장).

부와 정치권력 사이의 응집성은 강화되었다. 이에 따라, 단위 노조와 노동 관련 지식인 사회에서는 중앙 노조와 민진당의 응집적 연대에 대한 회의가 짙어졌고, 그에 따라 연맹 조직의 상하 간 분절과 이완이 지속적으로 진행된 것이다. 다른 한편으로 대만전국산업총공회의 중요성이 하락함에도 불구하고, 개별 노조와 시민사회 사이의 연대 네트워크는 2000년대 말 이후로도 지속적으로 확대됐으며, 정당들과의 수직적 통로를 독자적으로 강화하기도 했다. 곧, 중앙 노조의 상층 지도부가 민진당에 포획되어 가는 동안, 시민사회의 노동 친화적 지식인들과 단위 노조들, 그리고 시민단체들 간의 정책 연대는 지속적으로 밀도를 높여 갔고, 민진당의 집권과 더불어, 정책 연대 네트워크와 국가 사이의 관계에서는 새로운 기회뿐만 아니라 더 많은 긴장도 만들어졌다.

한국: 국가의 새로운 노동정책에 대한 노조의 대조적 대응

1) 민주화 시기 노조 간 경쟁

최근 수십 년간, 한국노총과 민주노총은 국가 및 시민사회와 다양한 관계를 발전시켜 왔다.[8] 한국에서 국가와 노조의 상호작용은 시장 개혁 시도 및 이에 대한 노조의 대응 패턴에 세 가지 형태가 존재함을 분명하게 보여 준다. 즉 ① 1980년대 말, 민주화 이행 이후 국가와 노조 사이의 심각한 충돌, 낮은 응집성과 낮은 배태성(부록 C.1 게임 1, 민주노총

---

8 민주노총의 기원, 발전, 쇠퇴는 4장에서 6장까지 길게 논의했다. 따라서 이 단락에서 집중하는 것은 국가의 시장 개혁에 한국노총과 민주노총이 어떻게 대응했는지를 비교 분석하는 것이다.

이 설립 전에 갖고 있던 특성들). ② 1997년 총파업 시기, 노조가 벌인 일련의 시위 이후 국가의 양보. 낮은 응집성과 높은 배태성(부록 C.1 게임 3, 민주노총과 한국노총). ③ 2000년대, 두 개혁 정부에서 시도된 시장주의 개혁과 이후 노조의 묵인. 높은 응집성과 낮은 배태성(부록 C.1 게임 2, 한국노총).

한국노총과 민주노총은 그 기원과 이념적 입장이 판이하다. 한국노총은 1970년대와 1980년대 내내 국가 코포라티즘 아래에서 권위주의 집권당에 협력했다. 곧 한국노총은 보수 집권당이 처음으로 대선에서 패배한 1996년까지 경총과 더불어 부분적으로 중앙화된 단체 협약에 참여했다. 1997년 이후, 한국노총은 개혁 정부가 주도하는 임금 협약에 참여하기 시작했고, 또한 중도 개혁 성향의 민주당과 각종 선거에서 공조하기도 했다. 일반적으로, 한국노총은 정부의 이념 성향과는 상관없이, 자신들의 편의에 따라 입장을 바꾼 반면, 1990년대 말까지 신생 시민단체 및 정치단체와 긴밀한 관계를 발전시키지 못했다.

그에 반해 민주노총은 (4장에서 논의했듯이) 권위주의 정부 하에서 반자본주의 성향의 민주화 운동을 전개했던 좌파 사회운동에서 기원했다. 민주노총의 기원이 된 전노협은 1990년에 설립되었는데, 당시는 노동운동이 정점에 도달하고, 민주화와 함께 선거 공간이 열렸으며, 노동자 대투쟁(1987년)과 더불어 노조 조직화 시도가 활발히 전개되면서, 더 높은 임금과 더 나은 노동조건을 요구하는 일련의 파업이 벌어진 이후였다. 1993년 한국노총이 경총과의 임금 교섭에서 임금 인상률을 4.5퍼센트 수준으로 제한하는 데 합의하자, 현대그룹노동조합총연합(현총련), 대우그룹노동조합협의회(대노협) 등 주요 재벌 대기업의 노조들은 한국노총을 탈퇴해,[9] 훗날 민주노총의 기반이 되는 여러 대안 노동조직에 가입했다.

이 새로운 노조 지도자들이 이끄는 비타협적이고 전투적인 운동 전략과 노조 조직화 노력은 응집성과 배태성이 모두 약한 조건에서 나타나는 노조와 국가 사이의 지속적인 투쟁을 반영한다. 전투적인 노동 운동이 민주화 운동 과정에서 출현하긴 했지만, 1980년대에, 노동운동은 자신의 조직화 및 투쟁의 방향을 (비슷한 시기에 태동하고 있던 야당 및 중산층 기반 시민사회단체들과) 긴밀하게 조율하지는 않았다. 독자 노선을 고수한 민주 노동운동 진영은 당시 아직은 독자 정당을 설립하지 못했을 뿐만 아니라, 기존 정당들과의 체계적인 통로 역시 없었다. 재벌 대기업은 국가의 지원 속에서 노동권을 계속해서 폭압적으로 침해했고, 노조들은 그런 조치에 격렬히 저항했다. 그 결과 국가와 노조는 (부록 C.1 게임에서 시사하듯), 상호 자제나 협력을 끌어낼 유인이 부재한 상황에서, 억압과 투쟁 중심의 대립적인 전략만을 추구했다.

대조적이기만 했던 두 노조 연맹의 행동은 1990년대 중반에 들어서며 점차 수렴되어 갔다. 우선, 1995년에 설립된 민주노총은 여타의 개혁적 사회운동 단체들과 동맹해 사회개혁주의를 추구했다(그에 따라 시민사회에 대한 배태성을 강화했다). 다른 한편, 한국노총은 정부 및 재계 친화적인 입장에서 좀 더 개혁적인 방향으로 노선을 전환했다(이는 새롭게 부상하고 있는 민주노총과의 경쟁이 주된 원인이었다).[10] 한국노총 지도부는, 이

---

9 "우리 금속노련에만 조합원이 42만 명이었어요. 하지만 1990년대 초부터 매년 10만 명씩 [민주노총] 금속노조로 가더니 [결국 절반 이상 줄었습니다]" (전 한국노총 정책본부장).

10 "1990년대 말 이후로 한국노총은 전통적으로 강조해 온 '협상 중심 전략'을 끝내고 전투적 투쟁과 다른 노조 및 시민단체와의 연대 같은 다른 원리와 전략을 사용했습니다"(전 한국노총 사무국장). 이 시기, 한국노총은 '사회 개혁적 노동조합주의'를 채택했는데, 이는 민주노총의 노동조합주의와 거의 유사한 것이다. "현재 한국노총과 민주노총은 거의 차이가 없습니다. 민주노총이 최근 들어 [2010년대 초반] 상당한 정도로 동원 역량을 상실했으니까요." (전 한국노총 자문위원회 수석 자문위원).

같은 경쟁 속에서, 개혁적 입장을 지향하는 기층 노조의 압력에 좀 더 민감하게 반응할 수밖에 없게 되었고, 정권이 보수 정당에서 중도 개혁 정당으로 넘어감에 따라, 새로운 정부와 협력할 필요성 역시 있었다.[11] 1990년대 말에 이르면, 두 연맹의 실질적인 정책 지향은 상당 정도로 수렴하게 되었다.[12]

그렇게 점차 차이가 줄면서 민주노총과 한국노총은 당시 집권 여당이었던 신한국당의 노동법 개정안을 저지하기 위해, 1997년 총파업에서 처음으로 협력하게 됐다. 정부의 노동법 개정안에는 ① 대규모 정리해고를 법제화하고 ② (대체 파견 노동자를 포함해) 비정규, 임시, 유연한 고용을 용이하게 하는 법이 포함됐다. 1997년 초, 두 노총은 대규모의 연대 파업을 두 달 동안 함께 벌였다. 민주노총에서는 지역 노조 531곳에서 40만 명의 노동자가, 한국노총에서는 1648곳의 노조에서 42만 명의 노동자가 참여했다(한국노동연구원 2010). 신한국당과 제1 야당(새정치국민회의)은 노동계의 이 같은 반대를 달래기 위해 날치기로 통과된 법안을 철회하고, 새로운 개정안을 통과시키기로 합의했다. 1997년 총파업이 성취한 이 짧은 승리는 응집성은 낮고 배태성은 높은 조건에서 일어난 게임(부록 C.I 게임 3)을 예증한다. 곧, 국가가 추진했던 급진적 개혁은 민주노총과 한국노총의 대규모 저항을 촉발했고, 여기에

---

11 하지만 개혁 정부의 십년 집권이 끝나자(1998~2007) 한국노총은 이내 민주당에 등을 돌리고 다시 이명박 보수 정부와 공조했다. 즉 한국노총은 응집성을 유지하기 위해 정권의 이념과는 상관없이 집권당 곁에 서고자 했다. 그러나 2011년 이후로는 집권 보수당의 반노동적 입장을 더는 용인할 수 없다고 결정을 내렸고, 다음 두 선거에서 민주당과 긴밀히 연합했다(2011년 총선과 2012년 대선).

12 정부에 대한 반대로 입장이 수렴되었음에도 불구하고 배태성 면에서 그들의 조직 역량이 달라지지 않았음에 주목해야 한다. 곧 민주노총은 강한 동원 역량과 민주화 운동에서 기원한 건고한 노동 – 시민 네트워크를 가지고 출현한 반면 한국노총은 시민사회에 동맹이 거의 없었다.

(주로 민주노총 측의) 폭넓은 시민사회 조직들이 지지하면서, 국가로부터 실질적인 양보를 끌어냈다.

민주노총의 출범과 이후 두 노총이 공동으로 벌인 총파업은 한국 노동 정치의 지형을 완전히 재편했다. 우선, 보수 집권당의 영향력 아래 있던 한국노총은 중도 개혁의 입장, 특히 민주당의 입장에 발맞추어 스스로를 재편했고, 이로 인해 한국노총은 (초기에 권위주의 정부들과의 코포라티즘적 관계를 유지한 이래로, 또한 민주화 이후 민주개혁 정부에서조차) 또 다시 높은 응집성과 낮은 배태성의 조건에 처하게 됐다. 두 번째로, 민주노총은 1997년 총파업에서 부분적인 승리를 거둔 이후, 주로 중도 우파 또는 중도 성향의 두 여당들(새정치국민회의와 열린우리당)이 보여 준 신자유주의적 경향을 더는 용인할 수 없다고 결론 내렸다. 이에 민주노총은 (4, 5장에서 서술했듯이) 한국노총과는 달리 노동에 기반을 둔 정당을 건설하고, 산별노조 또는 부문별 노조를 설립해 사민주의적 정치·경제 의제를 좀 더 집중적으로 추진하고자 했다.

1997년 무렵 잠시 수렴하는 듯 보였던 민주노총과 한국노총은, 이같은 새로운 흐름 속에서 2000년대에 들어 판이한 경로를 따르게 됐다. 집권당과 재계는 교섭 테이블과 정책 결정 과정에서 민주노총을 계속 배제했고, 민주노총은 협력 네트워크를, 참여연대를 비롯한 진보적 시민단체들 ─ 단순히 임금과 노동 이슈보다는 폭넓은 사회 개혁에 초점을 맞춘 단체들 ─ 로 확대했다. 이 시기, 한국노총은 (시민사회와의 배태성 없이) 집권당과의 응집성을 확고히 한 반면, 민주노총은 1990년대 말과 2000년대 초에 (집권당과의 응집성 없이) 시민사회와의 배태성을 더욱 강화했다.

1990년대 말, 금융 위기가 발생하고, 개혁 정부가 집권함에 따라, 노동운동의 두 분파는 어려운 상황에 놓이게 됐다. 개혁 정부는 두 가지 개혁을 추진했다. 하나는 IMF가 권고한 신자유주의적 노동시장 개혁이고, 나머지 하나는 노동 – 시민 연대가 이끈 사회복지 개혁이었다. 김대중 정부는 손쉬운 정리해고와 파견 인력 사용 같은 노동시장 개혁을 다루는 노사정위원회에 한국노총과 민주노총이 참여할 것을 권고했다. 그에 대한 보상으로 정부는 민주노총의 핵심 노조 가운데 하나인 전교조를 합법화하고, 해직 노동자를 조합원으로 인정하며, 그리고 복수 노조 시행 및 노조 전임자 임금 지급 금지를 유예하는 안을 제시했다. 김대중 정부는 민주노총과 한국노총이 이 같은 합의안을 수용하도록 설득, 마침내 한국노총과 민주노총은 노동법 개혁에 관한 110개의 상이한 조항이 포함된 합의안에 서명했다. 그러나 민주노총은 기층 노조원, 특히 제조업 분야 조합원들의 대규모 저항에 직면했고, 이에 지도부가 퇴진함에 따라 합의안 역시 철회해야 했다. 1998년, 새로 선출된 민주노총 지도부는 법안 통과를 반대하고, 정부가 보상으로 제시한 정책이 지연되는 것을 비판하며 두 번의 총파업을 실행했다. 1999년 민주노총은 노사정위원회에 다시 참여했지만, 김대중 정부에 대한 적대적 태도를 계속 유지했다.[13]

두 번째 개혁 정부인 노무현 정부에서도 이 같은 상황은 반복됐다. 인권 변호사 출신의 노무현 대통령은 비정규직 조항과 관련해 노동법을 또 다시 개정하고자 했을 뿐만 아니라, 미국 및 유럽과 자유무역협정을 맺으려 했다. 노무현 정부는 김대중 정부와 동일한 전략을 썼다.

---

13 이 같은 민주노총 중앙 본부 수준의 정치가 반드시 산별노조 수준 또는 정책 영역 수준의 정치와 일치하지는 않는다. 4, 5, 6장에서 서술했듯, 보건의료노조 또는 보건의료단체연합을 통한 중간 수준의 응집성과 높은 배태성은 2000년대 내내 계속 작동했고 그 영향력을 유지했다.

곧 노사정 협상 테이블에서 한국노총을 활용해 민주노총이 개혁 의제를 수용하도록 압박하는 것이었다. 민주노총은 기층 노조원들의 저항 때문에 협상 테이블에 남아 있을 수 없었다(노중기 2008). 1997년과 달리 이때는 민주노총과 동맹 관계에 있던 상당수의 시민사회단체들이 민주노총과 거리를 두었는데, 이 단체들이 개혁 정부와 긴밀한 연계를 갖고 있었기 때문이다. 그에 따라 민주노총은 대체로 홀로 정부에 맞서 투쟁해야 했고, 나머지 진보적 시민사회로부터 고립되었으며(<표 8.2>에서 '약해진 보통의 배태성'을 뜻하는 '있음(보통 수준)'으로 나타냈다), 그 결과 개혁 집권당에게서 유의미한 양보를 끌어내지 못했다.

이런 상황에서 한국노총은 개혁 정부들에서뿐만 아니라, 이후 두 보수 정부에서도 교섭 테이블에 남아 있는 유일한 협상 파트너가 되었다. 그렇지만 한국노총이 정부와의 전통적인 코포라티즘적 관계로 돌아갔다고는 할 수는 없다. 정확히 말해 한국노총은 국가, 시민사회, 민주노총 사이에서 온건 개혁주의 성향의 코포라티즘을 유지하고자 했다. 이전에 야당이었던 정당과 기타 개혁 시민단체들에 대한 한국노총의 동조는 한국 노동 정치 지형의 현저한 변화로 간주될 만하다.

2) 한국의 노동시장 구조 변화와 노동–시민 연대의 쇠퇴

그렇다면, 브라질의 CUT와 더불어 1990년대에 사회운동적 노농조합주의로서 세계에서 가장 성공적인 사례 가운데 하나로 평가받았던 민주노총은(Vanderberg 2006) 2000년대에 왜 그렇게 급격히 쇠퇴했는가? 민주노총의 강한 배태성과 응집성은 2000년대 이후 어떻게 이처럼 급격히 쇠퇴할 수 있었는가? 노동에 기반을 둔 정당을 건설해 노동계급의 이익을 민주적으로 대변하고자 했던 노동운동가들의 집단적 기획이 어떻게 민주노동당 분당 및 재편과 함께 극적으로 붕괴했는가?[14] 노동운동의 지형을 재편하고 이 같은 쇠퇴를 낳은 근본적 구조 변화의 원인은 무엇인가?

1990년대 이후, 노동운동은 전 지구적 자본주의 경제에서 나타난 구조 변화로 근본적인 도전을 받아 왔다. 여기에는 기술 발전에 따른 노동력 절감, 새로운 인사관리 체제에 따른 노동자들 사이의 경쟁 강화, 기업별 교섭 체제의 확산 및 일반화(결국 기업별 임금 및 복지 혜택에 따라 노동자 사이의 불평등 증가로 이어진), 그리고 정리해고 및 비정규/간접/하청 노동의 일상화가 포함된다. 전 지구적 규모에서 일어난 이 같은 구조적·제도적 변화는 한국의 노동시장에도 커다란 불평등을 초래했고,

14 노동에 기반을 둔 대중적 진보 정당 건설에 대한 한국 좌파 지식인들의 기획은 가장 유망한 순간에 도달하자마자 허물어지기 시작했다. 2004년 총선에서 놀라운 성공을 거둔 민주노동당은 4년 뒤인 2008년 총선 직전에 분당했다. 분당 이후 두 개로 쪼개진 당은 정당의 (진성 당원의) 물적 기반에서는 물론이고, 선거에서의 대중적 지지도 역시 눈에 띄게 위축됐다. 민주노동당의 분열은 사회적 기반 역시 양분했고, 정당 지도부에 대한 깊은 회의를 낳기도 했다. 따라서 2008년 민주노동당의 해산은, 브라질의 노동자당–CUT 모델과 유사한 사민주의적 대중정당을 건설하려 한 민주노총과 민주노동당 지도자들의 의식적인 실험이 실패했음을 나타냈다. 정파 정치로 민주노동당이 내부적으로 급격히 붕괴하면서 개혁 성향의 시민 및 노동자는 진보 정치에 깊은 좌절과 환멸을 느꼈다. 운동가들 사이의 내전은 동원 및 정책 네트워크에 심각한 손상을 입혔고, 내부 역량의 손실로 이어졌다. 이 일은 노동자와 사회적으로 주변화된 이들이 잘 조직된 노동 기반 정당운동을 가장 필요할 때 발생했다(달리 말해 작업장, 노동시장, 사회정책의 신자유주의적 구조 변형이 한국 사회에 심각한 영향을 미칠 때, 또 노동자들이 자신의 이익을 대변하고 방어해 줄 정당이 간절히 필요할 때 말이다). 가장 중요한 것은 민주노동당 해산으로 기층 노조는 자신의 권리를 지키고 집단적 이익을 전달하기 위한 폭넓은 연대적·협력적 노력에 참여하는 게 아니라 지역에서 독자적으로 해결책을 찾아야 했다는 것이다. 기층 노동자 및 노조 지도자 들은 고용 및 사회적 안전망의 위기를 해결하기 위해 보편적, 전국적 해결책을 추진할 정치적 대리인을 지역 정치 및 전국 정치에서 찾을 수 없었다. 그에 따라 노조들은 개별 기업에서 협애하고 단기적인 경제적 이익을 늘리는 데 너 집중했다.

3부 8장

결국 노조 내부의, 또 노조들 사이의 연대를 근본적으로 약화시켰다. 이는 북유럽 및 스칸디나비아의 몇몇 나라를 제외하면 거의 모든 나라들에서 일어난 변화이다. 한국에서 임금 불평등은 1995년(3.618)까지 감소하다가 1996년 이후 극적으로 증가했다. 2016년 임금 10분위로 계산한 한국의 불평등 지수는 OECD 국가 가운데 미국, 멕시코 다음으로 높았다.[15] 중요한 것은 1980년대와 1990년대에 제조업 분야 대기업을 중심으로 발전한 강한 비타협적 노조 운동이 전투적 경제주의에 입각한 끊임없는 임금 상승 투쟁(과 패턴 교섭)을 통해 노동시장의 '격차'에 크게 기여했다는 것이다. 1980년대 말, 1990년대 초, 전투적인 노동운동이 한창일 때, 대공장(500인 이상의) 노동자의 약 85퍼센트가 노조로 조직화된 반면, 중소기업의 조직률은 9퍼센트에 못 미쳤다(정이환 2013). 노조가 정규직 노동자의 임금, 시간, 고용을 유연화하려는 신노무관리 체계에 확고히 반대하는 대기업에서는 공장 내부 또는 외부의 하도급·파견 노동자를 이용하고픈 강한 유인이 사측에 있었다.

이 글에서는 1990년대 말, 2000년대 초, 제조업 분야 대기업 노조들이 내린 전략적 선택들이 한국의 노동 정치의 결정적 전환점이었다고 본다. 이는 특히, 이들 대규모 단위 노조들이 민주노총 전국 본부, 국가, 사용자와 맺은 새로운 묵시적 관계들로부터 드러난다. 1998년,

---

15 예를 들어, 2014년 한국에서 (500인 이상) 대기업에 정규직으로 고용되어 있고 노조에 가입한 평균 노동자가 100을 받았다면 중소기업에 비정규직으로 고용되어 있고 노조에 가입하지 않은 평균 노동자는 38.6만 받았다(2004년에는 44였다). 대기업 정규직 노동자들 가운데서도 정규직 노동자 비해 비정규 노동자의 평균 임금은 2004년 73.8에서 2014년 66.1로 줄었다. 중소기업 노동자들 가운데 그 비율은 2004년 78.1에서 2014년 68.4로 줄었다(김복선 2015). 2016년 임금 10분위 배율은 상위 10퍼센트/하위 10퍼센트=4.5였다. 이에 대해서는 OECD Earnings Distribution Database, http://stats.oecd.org

민주노총이 정리해고 및 파견 노동자에 관한 정부의 새로운 법안에 동의하자, 기층 노조들은 사용자들의 대규모 정리해고 발표에 직면했다. 예를 들어, 1998년 현대자동차는 1만 2000명의 노동자를 대상으로 한 여러 유형의 고용 조정을 발표했는데, 여기는 수천 명에 대한 즉각적인 정리해고와 강제적 무급 휴가 실시가 포함되었다. 노조들은 36일 동안 파업을 하며 협상을 했지만, 의미 있는 성과를 거두지 못한 채 정리해고를 받아들여야 했다. 정리해고 대상에는 100명 이상의 핵심적인 노조 지도자도 포함됐다. 이때 금속노조와 민주노총 전국 본부는 연대 파업을 벌였고 정리해고를 둘러싼 이 같은 대립은 국가/자본과 노조 사이에서 가장 중대한 사안이었다. 하지만 1990년대 말 대규모 정리해고가 ― 동시에 금융 위기도 ― 진행되는 동안 민주노총과 금속노조는 고용보험과 직업 훈련 및 구직 지원 같은 '고용 안전 제도'를 요구하지 못했고,[16] 결국 2000년대 이후 "사회적 안전망 없는 유연한 노동시장"(장지연 외 2011)이 확립됐다. 정리해고를 당한 노동자들은 국가나 기업으로부터 재훈련, 인근 산업으로의 재취업 알선 등과 같은 그 어떤 지원도 받지 못한 채 '퇴직금'만 일시불로 지급 받고 직장을 떠나야 했다. 앞서 민주노총은 건강보험 및 연금 부문에서 일정한 성과를 거두었고, 그 개혁들은 그 보장 대상이 보편적이긴 했지만, 정규직 일자리를 잃거나 갑자기 소득을 잃어 보험료를 납부할 수 없게 된 이들에게는 큰 의미가 없었다. 이런 고통스러운 경험을 한 뒤, 대규모 사업장의 노동자 및 노조 지도자들은 공장 문을 닫아걸고 각자의 사업장, 각자

---

16 필자가 인터뷰한 많은 노조 지도자들과 노동정책 전문가들은 당시 '파견법'이 무엇인지 정확히 몰랐고, 고용보험과 적극적 노동시장 정책에 대한 고민 또한 없었다고 술회했다.

의 조합원만을 지키는 쪽으로 전략을 대거 선회했다. 이들은 재직 중 급여를 최대화하는 데 집중하는 한편(박태주 2014), 전투적 투쟁으로 해고에 대한 비용을 높임으로써 가능한 오랫동안 일자리를 지키는 데 힘쓰게 됐다. 이렇게 즉각적인 목표, 개별 단위 사업장 차원의 방어적 전략에 집중함에 따라, 정규직 노조들은 같은 공장에서 일하는 비정규직 노동자와의 연대는 고사하고, 기업별노조를 넘어선 더 큰 연대 활동에 대한 욕구조차 점차 상실했다. 대기업 노조들 사이에서 나타난 이 같은 암묵적 전환(곧, 보편적 개혁 전략에서 선별적 개혁 전략으로의 전환)은 2000년대 들어 사용자들이 노동자를 정규직과 비정규직으로 나누어 분할 지배하는 전략을 더욱 강화하자 더욱 두드러지게 나타났다.

1998년, 금융 위기와 대규모 정리해고 이후, 노조들의 강한 저항에 직면한 제조업 분야 대기업들(예컨대, 현대자동차)은 두 가지 방향의 전략을 추구했다. 곧 핵심 업무를 담당하는 정규직 노조원들에게는 높은 임금 및 고용 안정을 보장하고, 비핵심 업무에 대해서는 비정규, 하청 노동의 사용을 극대화하는 것이었다. 그 결과 제조업 분야 대기업 남성 노동자들을 중심으로 한 강력한 노동조합들은 조합원의 이익을 가까스로 지켜 냈지만, 그들은 사용자들이 간접/비정규/하청 고용 관행을 늘리는 것을 묵인 — 그리고 아마도 노조의 암묵적 동의 — 했다. 정규직 노조는 기업이 경기순환에 따른 시장 변동성에 적응하기 위해 정리해고 보다는 차라리 비정규직 노동자를 이용하는 게 (사신들에게는) 낫다고 조심스럽게 판단했다(금속노조 전직 활동가와의 인터뷰). 기업 수준에서 "그들 (정규직 노조)은 같은 조립 라인에서 함께 일하면서도, 갈수록 늘어나는 비정규직 노동자를 조직화하려는 노력을 거의 하지 않았습니다"(한 지역 노동교육 기관의 책임자). 한 전직 노조 지도자는 재벌 대기업 노조의 이 같은 행태를 다음과 같이 신랄하게 비판한다. "정규직 [노동자들]과 자본이 비정규직의 등에 빨대를 꽂고 함께 빨아먹고 있는 셈입니다. 자본가들이 던져 준 떡고물에 길들어진 겁니다."

2000년대에 한국 제조업 분야의 대기업 노조들은 사회운동 조직으로서 떠맡았던 광범위한 역할, 곧 1980년대와 1990년대에 세계를 깜짝 놀라게 하면서 깊은 인상을 남긴, 민주화와 사회 개혁을 선도하는 역할을 점차 포기했다. 기업별 교섭이 제도화되면서 (민주노총 운동가들이 20년 동안 끈질기게 노력했음에도 불구하고, 산별 교섭은 사용자와 노조 사이에서 발전하지 못했다) 가장 전투적이었던 사회개혁주의 노조들과 그 조합원들은 세계 시장에서 경쟁력이 있는 재벌 대기업들이 제공하는 관대한 임금 인상, 안정적 고용 보장, 이윤 배분 프로그램에 길들어졌다. 현대자동차의 한 고위 노조 지도자는 이렇게 말했다. "노조 간부들은 점점 조합원들의 심부름꾼이 되었습니다. 조합원들은 1990년대 이래 임금 인상이 300~400퍼센트에 달하니 물질주의에 빠졌고요 ……."

그 결과, 2000년대 이후, 전 지구적 경쟁에서 성공한 제조업 분야 대기업 노조들은 비정규 노동자들의 권리 향상 같은 문제를 비롯한 노동운동 진영의 집단적 의제뿐만 아니라, 사회 개혁 이슈에 관해서도 목소리를 내지 않게 되었다. 이를테면, 산별 교섭의 경우, 중소기업의 작은 노조들은 산별 임금 교섭에 적극적으로 참여한 반면, 재벌 대기업의 노조들은 대부분 교섭권을 상위 금속노조에 넘기려 하지 않았다. 민주노총의 한 고위 전략가는 대기업 노조의 간부들은 "산별 교섭에 관심이 없어요. …… 비정규직 문제나 지역사회 문제로 상급 조직이 연대를 요청하면 반응하는 척만 합니다"라고 말하며, 불만을 토로했다. 또 다른 민주노총 전략가는 이렇게 안타까워했다. "정규직 노동자나 비정규직 노동자 모두 똑같습니다. 자신의 임금, 고용, 노동조건 등의 문제가 일단 해결되면, 공장 문 닫아걸고, 누구도 문밖으로 나와 연대를 외치지 않아요."

민주노총은 점점 더 대기업 노조 남성 노동자의 이익을 침해하는 그 어떤 정책도 추진하기 힘든 조직이 되었다. 좀 더 정확히 말하자면, 민주노총은 제조업 분야 대기업 남성 정규직 노동자를 대변하는 노조들에 대한 통제력을 점점 더 상실했다. 겉으로는 노조에 가입되어 있지 않은 비정규 노동자의 권리를 지지하고 있지만,[17] 민주노총의 핵심 노조들은 비정규 노동자의 임금과 혜택을 개선하기 위한 사용자 및 국가와의 협상에서 자신의 몫을 포기하려 하지 않는다. 한 민주노총 고위 간부는 이렇게 단호하게 말했다.

누군가에게 자기 살을 떼어 주려면 '남'은 '남'이 아니라 '우리' 가운데 한 사람이 되어야 합니다. 자신의 특권을 비정규직 노동자에게 나누어 주려면, 정규직 노동자들에게 노동자들은 모두 연대해야만 한다는 믿음이 있어야 해요. …… 결국, 한쪽의 이익을 줄여 다른 한쪽의 이익을 늘려야 하는데, 현재 자신이 가지고 있는 몫을 줄이는 걸 그들[정규직 노동자들]이 받아들이게 하는 건 불가능합니다.

민주노총에서 조직 쟁의를 담당하는 또 다른 간부는 이렇게 씁쓸하게

---

17 민주노총의 한 전략가는 다음과 같이 역설했다. "우린 [비정규직 노동자의] 이익을 증진하는 운동을 벌여야만 합니다. 그들은 조직화되지 않았어요. [민주노총 산하] 15만 [금속] 노동자 가운데 조직화된 비정규 노동자는 2000~3000명뿐입니다."

말했다. "과거엔 민주노총 산하 노조들이 전국 본부가 소극적이고 전투성이 부족하다고 비난했습니다. 현재는 제가 기층 노조의 위원장들과 회의하는 자리에서 [전국 본부가 벌이는] 전투적 투쟁에 참여해 달라고 요청하면, 모두들 입을 다물어요. 의견을 내는 사람이 아무도 없습니다." 민주노총 전국 본부가 겪고 있는 집합행동의 문제(이는 자신의 동원 역량을 기꺼이 제공하려는 산하 노조가 거의 없기 때문에 나타난다)는 민주노총 전국 본부의 지도력이 2000년대 초 이후 얼마나 약해졌는지를 간명하게 보여준다.

전 지구적으로 나타난 구조 변화 및 노동시장 불평등의 증가가 한국 노동운동에 미친 영향은 이중적이다. 하나는 경쟁력 있는 대기업 노동자들이 전투적 노동운동 및 사회 개혁 문제에서 서서히 발을 빼면서, 결국 "사용자와의" 암묵적 "동맹"에 기초한 선별 개혁 전략을 받아들이게 된 것이다(Lee et al. 2011; Swenson 1991a; 1991b). 다른 하나는 이 같은 첫 번째 영향에 뒤이은 것이다. 곧 제조업 대형 노조들이 전국 수준의 동원 전략 및 정책 수립에서 발을 뺌에 따라, 민주노총은 국가와 시민사회 행위자에게 유의미한 영향력을 가할 수 있는 핵심 조직 기반을 상실했다.[18]

---

18 사실 제조업 부문 대기업 노조들이 [민주노총 중앙의 입장과 달리] 선별적 개혁 전략으로 선회한다고 해도, 그들은 치러야 할 대가는 그리 크지 않았다. 민주노총과 금속연맹은 산하 대기업 노조의 의무 불이행(파업 기금 미납 또는 산별 단체교섭에서 빠지는 일)을 징벌할 수 있는 방법을 보유하고 있지 못했기 때문이다. 대기업 노조들은 자체적인 동원 자원을 보유하고 있었고, 대체로 기업별 교섭을 선호했다. 이 대기업 노조의 지도자들(이들은 학출이라기보다는 대체로 현장 노동자 출신이다)은 민주노총 전국 본부와 산별노조를 주도하는 학출 노동운동가들과 오직 '이데올로기적으로'만 연결되어 있을 뿐이었다. 게다가 기층 노조 지도자들은 돌아오는 선거에서 획득할 수 있는 현장 노동자들의 표에 더 민감하기에, 그들이 장기적·이데올로기적으로 협력하는 상위 노조 조직(한때 하방운동에서 노동자들을 조

요약하면, 2000년대 들어 민주노총의 배태성과 응집성은 계속 약해졌고, 그 결과 2000년대 말부터 한국에서 복지국가 발전의 중요한 동력이 중단·후퇴했다. 그 원인은 세 가지다. 인적·이념적 파벌을 뛰어넘어 정책 연합으로 발전하지 못한 학출 지식인 중심 하방운동의 얇은 배태성, 노동 정치의 이념적 정파주의, 그리고 노동시장 내 임금 및 고용 안정성 격차의 증가와 같은 폭넓은 구조 변화다. 이 이슈들은 한국에 특정된 것이긴 하지만, 다른 세 나라의 사례와 비교해 볼 때, 노조와 시민단체 사이의 연대에서 나타난 변이의 중요한 원인으로 볼 수 있다. 또한 한국 사례가 시사하는 바에 따르면, 건강보험 정치 및 연금 정치에서 나타났듯이, 배태성과 응집성이 서로 다른 영역에서 상이한 수준으로 작동할 수 있기는 하지만, 2000년대 이후 한국의 노동조합들은 자신의 정치적 영향력이 (민주노동당을 통해) 최고 수준에 이르렀을 때, 정파 투쟁과 분열로 말미암아 시민 연대와 정당 정치의 중심지로서의 지위를 상실했다. 지역 시민 공동체에 대한 민주노총의 얇은 배태성, 심화된 정파 갈등, 빈약한 정책 협력 메커니즘, 그리고 가장 중요하게는 연대를 위한 사회적 동원에서 제조업 분야 대기업 노조의 이탈은, 민주노총의 쇠퇴가 전 방향에서 — 아래로부터, 위로부터, 내부적으로 —

직하고 일반 노동자와 그 지도자들을 교육한 바 있는 사람들이 몸담고 있는)이 제시하는 목표보다는, 자신이 대변하는 노조 조합원들의 협애한 물질적 이익을 위해 봉사하게 된다. 한 (익명의) 산별노조 지도자의 다음과 같은 회고는 한국 노동운동에서 학출 운동가와 기층 노조[학출과 대비해, 현장 출신, 줄여서 '현출'이라고도 부른다] 지도자 사이의 관계가 시간이 흐르면서 어떻게 변화해 왔는지 잘 보여 준다. "난 유명한 현대자동차 노조 대표 중 한 사람과 1980년대 말에 수년간 한 방에서 같이 살며 함께 공부한 적이 있습니다. 사실 울산을 떠나기 전까지 그에게 [혁명운동의 선배로서] 노동운동에 관한 모든 것을 가르쳐 주었어요. 그는 나를 '형'이라 부르며 따랐지요. …… 최근에 그를 만났는데 내가 하는 말을 좀처럼 들으려 하지 않았어요. [제 말을 듣기에는] 너무 커 버린 거죠."

일어났음을 의미했다. 급진 지식인의 하방운동에 뿌리를 둔 얕은 배태
성은 지역사회 및 시민조직에 대한 민주노총의 배태성을 지속적으로
제한했고, 그동안 심화된 정파 갈등과 그에 따른 민주노동당 분당은
민주노총의 동원 역량을 내부로부터 약화시켰는데, 이는 정파주의가
기층 노조 정치에도 만연해 있었기 때문이다. 특히, 2000년대에 제조
업 분야 대기업 노조들이 시민 전체를 아우르는 보편 개혁에서 개별
단위 사업장 정규직 중심의 선별 개혁으로 자신들의 전략을 암묵적으
로 전환한 것은 동원 역량의 원동력 상실이라는 점에서 민주노총의 영
향력을 약화시킨 결정적 요인이었다. 노동 – 시민 연대가 보건 의료 부
문에서는 견고히 유지되기는 했지만, 민주노총의 배태성과 응집성의
전반적인 쇠퇴는 그 밖의 거의 모든 정책 영역에서 노조의 영향을 약
화시켰고, 이 같은 상황에서 개혁 정부와 보수 정부는 핵심 사회정책
및 노동시장 정책에서의 시장 지향적 개혁을 별다른 어려움 없이 시행
할 수 있었다.

비교: 동아시아의 배태된 응집성의 과거, 현재, 미래

한국과 대만의 노조들은 1990년대에 전개된 시장 개혁들에 판이한 대
응을 보였다. 더 놀라운 사실은, 1990년대에 나타난 이 같은 상이한 대
응만이 아니다. 한국에서는 다음 10년 동안 노조의 영향력이 쇠퇴했
던 것과 달리, 대만에서는 노조의 제도적 로비력이 점진적으로 개선되
었다. 민주노총과 한국노총은 1996-97년에 공동으로 총파업을 벌였
고, 이는 한국 현대사 최초로 평화적이고 민주적인 정권 교체로 이어
졌으며, 뒤이은 노사정위원회 활동 시기에는 보편적 사회정책 개혁 법

안이 통과됐다. 하지만 놀라울 정도로 강력했던 노조의 배태성과 전투성은 2000년대에 역시 놀라울 정도로 빠르게 쇠퇴했고, 이는 핵심 사회보험 제도(특히 연금)의 후퇴를 향한 길을 열었다. 민주노총과 시민사회 사이의 광범위하면서도 깊은 연계, 나아가 민주노총과 정당들 사이의 연계는 2000년대 초까지 진전을 보였다가 이후 크게 약화됐다. 앞서 4장에서 논의했듯이, 민주노총의 정책 역량 및 동원 역량은 2000년대 중반 이후 하락했는데, 특히 정책 역량의 하락세가 매우 가팔랐다. 그에 따라 민주노총이 연맹 차원에서 거둔 성과는 1990년대 말 보편적 사회정책 개혁에 한정됐다. 민주노동당의 분당으로 말미암아, 개혁 정당 및 보수 정당들과 거리를 둬 왔던 민주노총은 자신의 정치적 대표자를 찾을 수 없었다. 그 결과 민주노총은 정책 배태성과 응집적 로비 통로를 상실했고, 2000년대 중반 이후 그 어떤 유의미한 사회적 교섭 및 정책 성과를 만들어 낼 수 없었다.

대만의 경우, 노조 지도자 및 시민 지도자들은, 비록 동원 역량에서는 한국보다 훨씬 약했지만, 대만전국산업총공회와 민진당을 중심으로 한 핵심적인 싱크 탱크들을 통해 정책 역량과 네트워크를 주도면밀하게 형성·확대했다. 이 같은 흐름의 중심에는 자신의 역할을 노조 조직자에서 정책 싱크 탱크로 전환한 대만노동전선이 있었다. 대만전국산업총공회는 약화되는 조직 자원에도 불구하고, 양 정당(물론 민진당에 더 중심을 두었다)과 응집적 연계를 유지했다. 민진당에 대한 대만전국산업총공회와 대만노동전선의 일관된 정책 지향 연계는 점진적으로 제도화되었고, 이들 사이에는 한국 노동운동에서와 같은 심각한 정파 분열이 일어나지 않았다.

요약하면, 한국의 전투적 노동운동은 산별노조가 뒷받침하는 강력한 전국 연맹과 노동 기반 정당을 전례 없이 단기간에 건설했지만, 이후 두 개혁 정부 동안 그런 높은 투쟁성을 제도화된 정책 네트워크로 바꾸지 못했다. 민주노총을 중심으로 한 노동 – 시민 네트워크는 2000년대 말 상당히 약화되었다(보건의료노조와 보건의료단체연합 덕분에 유지된 건강권연대 네트워크를 제외하면). 이는 첫째로 민주노동당과 민주노총 내부의 정파 갈등 때문이었고, 둘째로 노동자들 사이의 임금 및 고용 안정 불평등이 증가(그리고 그에 따라 제조업 분야 대기업 노조에 대한 민주노총의 영향력이 감소)했기 때문이었다. 그에 따라, 5, 6장에서 상술했듯이, 1990년대에 노동 – 시민 연대가 성취한 보편적 사회복지 정책은 2000년대에 들어 점진적 또는 급진적으로 후퇴했다. 민주노총은 두 보수 정부에서도 새로운 사회정책 제도 제정에 아무런 영향력도 행사하지 못했다.

반면 대만의 노동 – 시민 네트워크는 (초기에는 동원 역량 및 정책 역량 면에서 한국에 미치지 못했지만) 민진당과 시민단체들 사이의 정책 네트워크 속에서 점차 제도화되었다. 민주노총 지도자들이 노동에 기반을 둔 독자적인 대중정당을 건설하는 데 성공했으나, 이후 민주노동당이 정파 갈등으로 내파되면서 자신을 대변할 정당을 상실했다면, 대만 노조들과 시민 동맹들은 노동의 이익을 고취하기 위해 기성 정당 체제를 충분히 이용했다. 그런 노력 덕분에 대만의 노조 – 시민 동맹은 국민당과 민진당이 공기업의 급진적 민영화와 개인 계정을 포함한 연금 민영화를 시행하지 못하게 하면서도, 노동시간을 단축하고 고용보험을 도입하는 데 성공할 수 있었다.

요컨대 한국에서 노동운동은 상당한 동원 역량을 가졌지만, 너무 적게 성취했다. 반면 대만의 노동운동은 비교적 빈약한 자원과 영향력을 가졌지만, 꽤 많은 것을 얻어 냈다.[19] 사회정책에서 이 두 나라 사이에 차이가 나타난 것은, 한국의 경우 시민단체 네트워크에 대한 노조의 배태성이 너무 급격히 하락했기 때문이고, 대만의 경우 노조, 시민단체, 정당 사이의 정책 역량이 비교적 성공적으로 제도화되었기 때문이다.

그럼에도 한국과 대만에서 강한 배태성을 토대로 세워진 보편적 사회보험 제도는, 2000년대에 전개된 급진적 시장 개혁 시도에도 불구하고, 살아남아 유지됐음을 지적해야 한다. 이는 민주노총과 대만전국산업총공회에 대한 비교 분석을 통해서는 포착할 수 없는 것이다. 한국에서 국민건강보험과 국민연금의 일원화된 통합 체제는 2000년대 내내 손상되지 않았다. 대만에서 점진적 사회정책 개혁은 부문별로 분산된 보험 체제, 또는 양 정당이 현금 급여 프로그램 중심으로 표를 매수하려는 행태들을 근본적으로 바꾸지 못했는데, 이는 다음 장에서 좀 더 논의한다. 한국에서는 1990년대 말 결정적 국면에, 강력하고 견고한 코포라티즘적 이익집단(예컨대 한국노총)이 존재함에도 불구하고, 강력한 노동 – 시민 네트워크에 의해 주요 보편적 사회보험 프로그램이 제정·시행되었다. 대만에서는 노동의 제도적 로비력이 점진적으로 개선됨에 따라, 여러 사회정책들이 도입되기도 했지만, 그 힘이 분산된 사회정책을 보편적으로 개혁·통합할 만큼 충분하지는 못했다.

더욱이 한국에서, 자신의 정책 집단을 제도화하지 못한, 전투적 노동조합주의는, 비록 쇠퇴하기는 했지만 완전히 사라지지 않았다. 반면, 대만에서 노조의 동원 역량은 여전히 빈약하다. 필자가 제시한 이론 틀의 예측에 따르면, 국가가 민영화를 통해 기존 보험 제도를 급진

---

19 이는 이윤경의 『전투주의자 또는 정당주의자』(*Militants or Partisans*)(2011)의 핵심 주장이다.

적으로 축소하려 한다면, 또는 향후 국가 예산에서 사회 이전 지출을 축소하려 한다면, 민주노총과 대만전국산업총공회의 제도적 경로와 유산은 앞서 논의한 것과 판이한 결과를 한국과 대만에 각각 낳을 수도 있다. 물론, 이 노조들은 21세기에 서로가 겪은 실수와 성취의 역사에서 배움을 얻을 수도 있을 것이다.

요약: 연맹 수준에서 노동의 협력과 저항에 대한 인과 설명

1) 기존의 설명들에 대한 재검토

여기에서는 <표 8.1>에서 제시한 자료와 더불어 여러 대안적인 경제적·구조적 요소들을 고려한다. 인구통계적 구조 및 노인의 이익집단 정치와 관련해, 노령화된 인구는 네 나라의 복지국가의 발전 또는 후퇴와 긴밀한 연관이 없다. 가장 가혹한 후퇴는 아르헨티나에서 일어났는데, 아르헨티나의 노인 인구 비율은 네 나라 가운데 가장 높았다. 한국에서 노령 연금의 후퇴는 2000년대 말에 일어났는데, 당시는 한국에서 고령화가 급속히 진행되던 시기였다. 개발도상 시기, 한국의 권위주의 정부에서 급속한 경제 발전의 혜택을 누렸던 60~70대 유권자들은 2000년대 이후 보수 정당의 가장 일관된 지지층이었고, 그에 따라 복지국가 확대를 가장 완고히 반대해 온 집단이다.[20] 그 결과, 적어

---

20 2012년 대선에서 60세 이상의 거의 72퍼센트가 보수 후보 박근혜를 지지한 반면 40세 이하의 약 67 퍼센트가 야당 후보 문재인을 지지했다. 한국에서 그런 세대별 투표 패턴은 최근 선거들에서 강화되어 왔다(출처: 주요 방송 3사의 출구 조사).

<표 8.1> 4개국의 경제, 인구통계, 사회 지출 관련 기초 자료: 1990년대와 2000년대

	아르헨티나		브라질		한국		대만	
	1995	2005	1995	2005	1995	2005	1995	2005
1인당 국내총생산, PPP(미국$)a	9,616	10,819	7,724	8,505	15,761	22,783	15,067	26,657
연령 구조(65세 이상)	9.6	10.6	5	6	5.9	8.6	–	9.6
총 부채 (국내 부채 + 외채, 국내총생산 대비 퍼센티지)	33.8	70.3	39.6	60.3	10.2	30	12	38.5
인플레이션 (연간 퍼센티지)	3 (1990년, 2070)	9	93 (1990년, 2700)	7	7	1	–	2
지니계수	0.49	0.50	0.59	0.56	0.32 (1998)		0.32 (1998)	
사회복지 지출 (국내총생산 대비 퍼센티지)	16.9	15.2 (2010년 18.1)	15.5	18.0 (2010년 21.2)	3.3	6.5 (2009년 9.4)	9.5	10.1 (2010년 9.7)

*출처: 세계은행(2011), 총 부채 자료는 유엔무역개발협의회 2008, 사회복지 지출은 국제노동기구 2014-15.
*주a: PPP=구매력 평가 지수[국내의 실제 구매력 기준으로 책정한 환율]

도 이 네 나라에서 노령화는 축소의 정치나 확대의 정치 그 어느 쪽과
도 연관이 없는 듯 보이는데, 이는 기존 산업화 이론의 예측과는 명백
히 불일치한다(Pampel and Williamson 1989). 이 나라들에서는 피어슨(Pierson
1994)의 부유한 민주국가 사례에 비해 복지 축소가 훨씬 급격하게 발
생·확산되었다는 의미에서, 비난 회피 이론이나 정책 유산 이론도 잘
들어맞지 않는다.

다음으로 경제 개방성 및 경제 위기와 관련해, <표 8.1>에서 제시
한 부채 수준이 라틴아메리카 양국 사이에서, 또 동아시아 양국 사이
에서 대략적으로 비슷하다는 것에 주목할 필요가 있다. 무역 개방성
수준 또한 각 지역에서 유사했다. 시간의 흐름에 따른 부채 및 무역의

증가 또한 각 지역에서 매우 유사했다. 마찬가지로 경제 위기조차도 대략 비슷한 시기에 일어났는데, 라틴아메리카에서는 1990년대 초에 일어났고, 아르헨티나와 브라질에 극히 높은 인플레이션을 야기했다. 하지만 이런 지역 내적 유사성에도 불구하고, 축소 결과는 지역 내부에서 크게 달랐다. 아르헨티나와 한국은 각각 1990년대와 2000년대에 연금 및 노동시장 제도에서 급진적 축소를 겪은 반면, 브라질과 대만은 그렇지 않았다. 아르헨티나와 한국에서는 노동 친화적으로 보였던 정권들이 급진적 시장 지향 개혁을 도입하면서 지지자들을 배반했다. 요컨대 경제 개방성 및 경제 위기 요인들은 사회정책 및 노동시장 정책에 관한 국가 – 노조 상호작용의 다양한 결과를 설명하지 못한다.

그러면 경제 위기는 노조와 그 협력자들에게 부정적인 영향, 즉 제3의 요인으로서 노동 – 시민 연대와 복지국가 모두의 쇠퇴를 야기하는 영향을 미치는가? 노조 연맹 8곳에 대한, 그리고 시민사회에 대한 그들의 다양한 배태성 수준에 대한 비교연구를 토대로, 필자는 엇갈리는 증거를 발견했다. 곧 경제 위기와 지구화는 브라질과 대만의 노동조직 및 그 주변의 시민단체들에 현저한 영향을 미치지 못했다. 브라질에서 노조, 특히 CUT를 중심으로 한 새로운 노조 운동들은 1990년대와 2000년대 내내 시민사회와의 연대를 유지했다. 같은 시기 대만에서도 대만전국산업총공회를 중심으로 한 새로운 노조 운동들이 시민사회 집단과의 연계를 보통 수준으로 늘렸다. 하지만 유사한 경제 위기에서 아르헨티나의 노동조직들은 갈라졌고 일부 정파들은 그간 자신들과 동맹을 맺어 왔던 정당(PJ)의 신자유주의적 전환에 대한 대응으로 지지를 철회하며, 새로운 연맹 CTA를 건설했다. 따라서 혹자는 아르헨티나 노동운동이 메넴의 신자유주의적 전환 때문에 약해졌다고 주장할

지도 모르지만, 다른 이는 노동운동이 1990년대 이후 PJ와 응집적 연계를 끊기 시작하고 시민사회와 폭넓은 연대를 일구었다고 생각할 수 있다. 마찬가지로 한국에서도 경제 위기와 민주화, 개혁 정부의 집권과 연이은 노동 기반 정당의 성공은 노동운동을 정파 분열로 이끌었다. 또한 노동시장 및 노동법 등에 대한 신자유주의 개혁은 노동과 자본 사이에 새로운 관계 및 계약을 도입했고, 그에 따라 노동계급 내부의 이질성과 불평등을 극적으로 늘렸다. 노동운동 내 정파 갈등과 기업 및 산업 수준에서 일어난 구조 개혁은 모두 한국의 노동운동에 매우 부정적인 영향을 미쳤다. 이런 변화들은 필연적으로 시민사회에 대한 노동의 배태성을 하락시켰다. 따라서 경제 위기와 지구화는 사례들 내부의 변동을 그리고 사례들 간의 차이를 균일하게 설명하지는 못한다. 횡단면 비교[같은 시기, 특성이 다른 것들에 대한 비교]에서 경제 위기와 세계화는 큰 설명력이 없다. 하지만 아르헨티나와 한국의 시계열적 변동과 관련해, 경제 위기는 복지국가뿐만 아니라 노동의 배태성을 축소하는 데도 일정한 역할을 했다고 할 수 있다.

그럼에도 6장에서 제시했듯이 한국에서 몇몇 (산별) 노조와 시민사회 사이의 동맹은 견고한 노동 – 시민 연대를 구축했고, 이 연대는 보건 의료에 대한 개혁·보수 정부들의 신자유주의 개혁 공세를 견뎌 냈다. 민주노총 산하 산별노조들이 다시금 시민사회 지향성을 회복하고, 아르헨티나 페론주의자들이 (CTA를 중심으로 한) 노동 – 시민 연대를 이용해 부활한 것은, 경제 위기와 세계화의 부정적 영향들이 전일적으로 관철되는 것이 아님을 시사한다. 그렇다면 이 연구에서 설정한 주요 요인들(응집성과 배태성)은 축소의 결과를 어느 정도 설명할 수 있는가?

<표 8.2> 복합적 인과관계: 연맹 수준에서 1990년대(경제 위기 시기) 국가 - 노조 상호작용의 결정 요인

	아르헨티나		브라질		한국		대만	
	CGT	CTA	노동조합의힘	CUT	한국노총	민주노총	중화민국전국총공회	대만전국산업총공회
요인 1: 경제 위기/시장 개혁 압력	있음	있음	있음	있음	있음	있음	있음c (보통 수준)	있음c (보통 수준)
요인 2: 연맹 사이의 연대(조율)	없음	없음	있음	있음	없음	없음	없음	없음b
요인 3: 연맹의 통일성	없음	있음	있음	있음	없음	있음	없음	있음
요인 4: 배태성(시민사회와의 동맹)	없음	있음	있음	있음	없음	있음	없음	있음
요인 5.1: 응집성1(집권당과의 동맹)	있음	없음	있음	있음 (보통 수준)	있음	없음 (보통 수준)	있음	없음
요인 5.2: 응집성2(좌파 정당과의 동맹)	있음	없음	없음	있음	없음	없음	없음	없음
일반적 결과 1: 노조 전투주의/수용 (또는 탈퇴/분열)a	수용	전투주의	수용	수용 (보통 수준)	수용	전투주의	수용	전투주의
일반적 결과 2: 국가: (급진 개혁에 비해) 온건한 개혁	급진 개혁		온건 개혁		급진 개혁 → 양보		온건 개혁	

*주a: 이 노조의 행동들은 복지국가 축소나 노동시장 유연화 같은 국가 시장 개혁(요인 1에서 기인한)에 대한 대응이다.
*주b: 대만전국산업총공회는 1997년에 설립됐지만 2000년까지 정부의 공인을 받지 못했다.
*주c: (보통 수준)으로 별도 표기한 것을 제외한 모든 것은 강한 수준이다.

2) 배태된 응집성 접근법의 메커니즘과 인과적 영향

<표 8.2>와 <표 8.3>은 20년간, 곧 1990년대와 2000년대, 4개국의 주요 노조 연맹 8곳을 대상으로, 두 가지 인과 요인인 노조의 배태성과 응집성의 변동, 그리고 결과[종속] 변수로서 시장 개혁에 대한 노조 대응을 요약한 것이다.[21] 여기에 서로 경합하는 세 가지의 잠재적 외생

---

21 확대 개혁을 위한 자체적 노력을 포함해 노조 전략 전반에 대한 평가는 다음 장의 국가 수준 비교 분석

변수를 추가했다. 곧 심각한 경제 위기(또는 시장 지향적 개혁 압력)의 유무, 노조 연맹들 사이의 조율, 그리고 각 노조 연맹 내부의 통일성이 그것이다.[22] 노조의 응집성은 두 가지 차원이 있다. 곧, 집권당과의 동맹 및 좌파 정당과의 동맹이 그것이다. 주목해야 할 것은, 두 번째 차원 곧 노조와 좌파 정당 사이의 동맹은 이 둘 사이의 관계가 비교적 안정적이라는 점에서 시간이 흘러도 극단적으로 변하지 않는 반면, 노조와 집권당 사이의 응집성은, 정기적으로 치러지는 민주적 선거 결과에 따라 집권당이 교체됨으로써 달라진다는 점이다. 이어지는 요약 논의에서 첫 번째 차원은 주로 응집성이 (배태성과의 관계와 더불어) 시장 개혁 결과에 미치는 영향을 조사하기 위해 사용할 것이다. [두 표에서] 마지막 두 칸은 종속변수(들)의 변동을 요약한다. 곧 기존 사회정책 및 노동시장 제도에 관한 국가의 행동 — 급진 개혁(급진) 또는 온건 개혁(온건) — 에 대해 노조가 어떻게 대응했는지 — 전투주의 또는 수용[자제] — 이다. 노조 측에

에서 제시될 것이다.

22 분석 단위가 총연맹 수준이기 때문에 이 연구는 개별 노조의 이질성, 특히 산별노조와 기층 노조의 이질성을 충분히 다룰 수 없다. 네 국가들에서 나타나는 노조들의 서로 다른 중앙화 및 조율 수준은 국가(와 사용자)에 맞서는 각 노조들의 동원 역량 및 교섭 역량을 결정하는 중요한 요인이다. 노조 연맹 및 그 지도부 구성의 이 같은 내적 응집성 측면을 고려함으로써, 우리는 인과 모델에서 노조 연맹의 '통일성'(<표 8.2>와 <표 8.3>의 요인 3)을 통제하는데, 이는 노조 연맹이 소속 노조들 사이에서 나타나는 이질적 이해관계와 이념적 경향을 얼마나 관리할 수 있는지 그 정도를 포착한다. 어떤 연맹에서 이 변수의 값이 작게 나타날 때, 그 산하의 개별 노조들은 국가, 시민단체, 사용자와의 관계에서 [연맹과는] 다른, 조율되지 못한 전략과 방향을 가질 것이고, 이에 따라 연맹의 지도력과 교섭력은 약화될 것이다. 비슷한 맥락에서 무리요(Murillo 2001)는 이런 차원을 '조합원을 얻기 위한 노조 경쟁'으로 이론화·조작화했다. 그녀가 노동 내부 정치를 조작화하기 위해 개발한 나머지 변수는 '상이한 정당과 연결된 노조 지도자들 사이의 '지도력 경쟁'이다. 이 변수는 이 연구의 응집성 차원과 비슷해 보이지만 (응집성은 집권당 또는 좌파 정당에 대한 노조의 연계를 이용하는 반면) 그것은 노조가 한 정당에 지배되는지 아니면 여러 부분들로 나뉘는지를 체계화한다는 점에서 다르다.

〈표 8.3〉 복합적 인과관계: 연맹 수준에서 2000년대(경제성장 시기) 국가-노조 상호작용의 결정 요인들

	아르헨티나		브라질		한국		대만	
	CGT	CTA	노동조합의힘	CUT	한국노총	민주노총	중화민국전국총공회	대만전국산업총공회
요인1: 경제 위기/시장 개혁 압력	있음	있음	있음	있음	있음	있음	있음 (보통 수준)c	있음 (보통 수준)
요인2: 연맹 사이의 연대(조율)	있음	있음	있음	있음	없음	없음	있음 (보통 수준)	있음 (보통 수준)
요인3: 연맹의 통일성	있음	있음	있음	있음	없음	없음	없음	없음
요인4: 배태성(시민사회와의 동맹)	없음	있음	있음	있음	없음	있음 (보통 수준)c	없음	있음 (보통 수준)
요인5.1: 응집성1(집권당과의 동맹)	없음	있음 (보통 수준)	있음	있음	있음	없음	있음 (보통 수준)	있음
요인 5.2: 응집성2(좌파 정당과의 동맹)	있음	있음	없음	있음	없음	있음	없음	없음
일반적 결과1: 노조 전투주의/수용(혹은 탈퇴/분열)a	수용	수용 (보통 수준)	수용	수용 (보통 수준)	수용	전투주의	수용	수용
일반적 결과2: 국가: (급진 개혁에 비해) 온건한 개혁	온건 개혁b			온건 개혁	급진 개혁			온건 개혁

*주a: 이 노조의 행동들은 복지국가 축소나 노동시장 유연화 같은 국가 시장 개혁(요인1에서 기인한)에 대한 대응이다.

*주b: 아르헨티나에서는 1999년과 2002년 사이의 위기 이후 시장 개혁에 대한 역전이 있었다. 따라서 온건한 개혁은 사실상 급진 개혁에서 원상태로 되돌아 간 것, 혹은 사회정책들이 긍정적으로 확대된 것이다.

*주c: (보통 수준)으로 별도로 표기한 것을 제외한 모든 것은 강한 수준이다.

서 '수용'은 내부 역량 부족과 분열로 말미암은 '탈퇴/침묵'을 암묵적으로 포함한다. '개혁 추진 없음'이 국가의 선택지일 수 있지만(부록 C 〈그림 C.1〉에 제시되어 있듯), 이 장에서는 선택지로 고려하지 않았는데, 모든 나라가 경제 위기와 시장 지향 개혁 압력에 노출되었고(〈표 8.2〉 요인 1에서 제시했듯), 또 개발도상국은 흔히 어느 정도 그런 압력에 따르는 것 외에는 다른 선택지가 없기 때문이다. 국가는 주로 선도적 또는 다수

의 노조 연맹의 행동에 대응하기에, [두 표에서] 국가 행동 열은 당시 주요 노조 연맹의 세로줄에 대해서만 선별적으로 기입했다(예를 들어, 아르헨티나의 경우 CGT에 대해서만 국가의 반응(급진 개혁)이 기록되고 CTA에 대해서는 공란으로 남겨져 있다).

우선, 두 번째 경우(부록 C.1)를 예증하는 배태성 없는 '응집성 1' 사례들은 정부와의 협력(수용)(결과 1의 수용)과 국가의 급진 개혁(결과 2의 급진 개혁)으로 이어졌다. 1990년대, 아르헨티나의 CGT, 브라질의 노동조합의힘, 한국의 한국노총, 대만의 중화민국전국총공회 모두 국가가 개시한 노동 억압적 정책(한국과 대만) 또는 시장 개혁(아르헨티나와 브라질)에 대한 대응에서 전투적 노동조합주의보다는 수용을 택했다. 2000년대, 한국의 한국노총과 대만의 중화민국전국총공회는 정부에 대한 협력을 선택했다. 이 모든 사례에서 국가의 결정과 노조의 결정을 이끈 공통 요소는 시민사회로부터 동맹 세력을 광범위하게 동원하지 못한 노조의 역량 부족과 국가에 대한 노조의 매우 철저한 충성이었다. 전자, 곧 낮은 배태성으로 말미암아 국가는 선거에서의 패배와 갈등 유발 정치에서 발생하는 [사회적·경제적] 비용을 덜 염려할 수 있었던 반면, 후자, 곧 높은 응집성으로 말미암아 노조는 (단기적으로는) 급진 개혁을 수용한다 해도 그것으로 인해 치러야 할 대가(단위 노조의 저항과 지도부의 정당성 상실)를 고려하지 않아도 되었다. 이 '탈구된 응집성'으로 말미암아 결국 국가는 1990년대 아르헨티나에서, 또 2000년대 한국에서 급진 개혁을 개시할 수 있었지만, 대만에서는 아니었다.[23] 또 다른 중요

---

23 (이 연구의 모델들에서) 벗어난 일탈 사례인 대만에 대한 한 가지 설명은, 대만 기업들은 규모가 작고 유연성이 있으며, 일찍부터 중국 본토(그리고 중국과의 노동 분업)에 노출되어 있었기 때문에, 한국과

한 점은, '응집성 2', 곧 '좌파 정당과의 동맹'은 시장 개혁에서의 변동을 설명하지 못한다는 것인데, '응집성 1'이 있는 노조들이 좌파 정당과의 연계와 상관없이 정부의 정책에 대한 수용을 택했기 때문이다. 달리 말해, 집권당이 급진 개혁들을 개시했을 때, 배태성 없는 노조들은 좌파 정당과의 동맹과 상관없이 그것들을 용인했다.

부록 C.1의 세 번째 사례(축소 게임 3)에서 논의하듯, 응집성 없는 배태성의 모든 사례는 전투적 노동조합주의를 야기했다. 1990년대, 아르헨티나의 CTA, 한국의 민주노총, 그리고 대만에서 당외 운동의 일부로 성장해 온 반√중화민국전국총공회 노동조직(특히, 1997년 이후 대만전국산업총공회) 등이 이 같은 경로를 밟았다. 1990년대, CTA, 민주노총, 대만전국산업총공회는 좀 더 광범위한 시민사회 집단들과 연대 관계를 유지했고, 이 같은 연대의 기원들은 모두 권위주의 정부에 맞서 벌였던 협력적 투쟁이다. 이 같은 배태성은 이 노조들에게, 국가의 억압적 또는 반노동적 개혁 조치를 징벌할 수 있는 충분한 역량을 제공했고, 낮은 응집성은 수용 비용이 전투주의의 비용보다 크다는 것을 뜻했다. 시민사회의 많은 부문들을 동원할 수 있는 노조의 강한 역량에 위협을 느낀 국가는 초기의 급진 개혁 열망을 억누르고 (1997년 한국에서는) 개정안을 제시하거나, (1987년 대만에서는) 회유를 위해 교섭 기관을 설치해야 했다. 하지만 2000년대에 시민사회와의 연계를 점차 상실하

아르헨티나에 비해 신자유주의 시장 개혁 압력을 ─ 특히 2000년대에 ─ 덜 받아 왔다는 것이다. 따라서 대만의 사례는 특정 수준의 경제 위기가 급진적인 시장 지향적 개혁의 필요조건임을 시사한다. 그것이 없다면 국가로서는 급진적인 시장 지향적 개혁을 도입할 유인이 없다. 또 다른 단순한 설명은 대만 정부의 온건한 개혁은 대만노동전선으로 대표되는 노동 친화적 단체들의 정책 연대를 통해 증가한 노동 ─ 시민 연대에 대한 대응이라는 것이다.

면서 민주노총과 대만전국산업총공회는 과거와 같은 영향력과 대규모의 동원 능력을 회복하지 못했다. 민진당과의 연계를 강화한 대만전국산업총공회는 대만노동전선과 더불어 제도 정치에 참여하는 데 성공했다(Lee 2011). 하지만 한국의 민주노총은 2000년대 내내 저항적 입장과 행동을 유지했고 개혁 집권당과 발을 맞추기를 거부했다. 8개의 노조 연맹 가운데 민주노총만이 국가와 결코 협력하지 않는 연맹이었고(1997-98년 노사정위원회 참여를 예외로 하면), 2000년에는 좌파 정당과만 연대(민주노동당의 분당으로 결국 파국으로 끝이 난)를 했다. 그 결과, 2000년대 이후, 민주노총은 국가가 주도하는 급진적인 시장 개혁에 굴복하지는 않았지만, 단독으로 온건한 개혁을 끌어내지도 못했다. 반면 대만전국산업총공회는 기존 (분산되긴 했지만) 사회정책 제도를 방어해 냈고, 민진당 및 대만노동전선과 협력해 새로운 사회적 현금 급여 프로그램들을 도입하기도 했다.

장기적인 배태된 응집성, 곧 노조에게 가장 이상적인 유형은 브라질에서만 실현되었다(한국에서도 1990년대 말, 노사정위원회 기간 동안 짧게 실현되기도 했다. 이에 대해서는 5장을 참조). 기층 노조들 중심의 강력한 상향식 사회운동적 노동조합주의를 추구하는 브라질의 CUT는 1980년대 초 창립 시기부터 시민사회 및 노동자당 모두와 강력한 연계를 유지해 왔다. CUT는 1990년대, 카르도주 정부에서도 영향력을 유지했다(표 8-2, 요인 5의 보통 수준의 응집성). 곧 응집성 없는 배태성과 배태된 응집성의 중간 사례였다. CUT는 2003년에 노동자당이 집권하면서 결국 궁극의 배태된 응집성을 성취했다. 1990년대와 2000년대 초, CUT는 정파 분쟁 때문에 내부 갈등 및 노동자당과의 긴장을 겪었지만, 배태된 응집성에서 노동자당과 공식, 비공식 조율 제도를 오랫동안 유지해 온 덕분에 집권당인 노동자당과 CUT는 최적의 결과(부록 C1, 그림 C.1에서 온건 개혁 - 수용 경로)를 성취했다. CUT는 노동자당 집권기 동안 장외 투쟁적 정치를 조심스럽게 자제했지만, 노동자당의 개혁 의제들을 노동에 우호적인 방향으로 압박할 때는 단호하게 싸웠다. 다른 민중 부문 행위자들과 연대하여, CUT는 룰라(2003년)와 지우마(2012년)의 연금 개혁안에 맞서 기존 연금제도를 효과적으로 지켜 냈다. 또한 정책 관련 로비를 통해 최저임금법을 제정하는 데도 결정적 역할을 했다.[24]

2000년대, 아르헨티나의 국가 - 노동 관계는 배태된 응집성의 또 다른 사례로 간주하기 어려운데, CGT는 여전히 코포라티즘적 노조로 남았고, 시민단체와 관계를 맺으려는 노력도 많이 기울이지 않았기 때문이다. 아르헨티나 사례가 [배태된 응집성 수준과 관련해] 브라질 사례에는 못 미치지만, 키르치네르 정부들에서 새로운 PJ 지도부는 전통적 파트너인 CGT, 그리고 신생 사회운동 노조인 CTA와 동맹을 맺을 수 있었다. CTA는 흔히 전투적·비타협적 입장으로 돌아가곤 했지만, 선거운동에서 첫 키르치네르 정부와 조직적 연계를 한 덕분에 CTA와 PJ는 페론주의자라는 우산 아래 행동을 조율할 수 있었다.[25] CGT와 CTA 모두의 협력 덕분에 키르치네르 정부들은 2000년대 이후 야심 찬 보

---

24 2000년대 대만 사례는 온건한 개혁 - 수용에 딱 맞지는 않지만 매우 가까운 사례다. 시민사회에 대한 대만전국산업총공회의 연계는 2000년대에 상당히 약해졌지만 대만전국산업총공회와 민진당과의 긴밀한 관계가 온건한 개혁에 기여했다. 하지만 대만 사례는 (비교적 가벼운 경제 압력에 따른) 약한 시장 개혁 압력의 결과로 해석할 수 있다.

25 따라서 <표 8.2>에서 집권당인 PJ의 주요 파트너를 CGT으로 설정해야 할지, CTA로 해야 할지 불확실하다. 만약 CGT가 PJ의 주요 교섭 대상이라면 '온건한 개혁 - 수용'이라는 결과는 예측(배태성 없는 응집성의 경우)과 일치하지 않는다. 만약 CTA가 집권당인 PJ의 주요 협력 대상이라면 '온건한 개혁 - 수용'은 초기의 가설과 일치한다(배태된 응집성의 경우).

편주의적 사회정책 의제를 개시할 수 있었다.

요컨대 배태된 응집성 접근법은 노조 행동의 변동을 정확하게 설명한다. 배태성 없는 응집성은, (경제 위기 압력이 상대적으로 약했던) 1990년대 대만을 예외로 하면, 국가의 급진 개혁과 노조의 수용으로 이어졌고, 응집성 없는 배태성은 각 사례에서 노조의 전투주의와 국가의 양보를 낳았다. 배태된 응집성은 세 사례에서 국가의 온건한 개혁과 노조의 수용을 낳았다. 곧 1990년대와 2000년대의 CUT(브라질) 사례와 1990년대 말, 잠깐 동안의 민주노총 사례에서 그러했다. 국가의 행동에 관해 말하자면 배태성 없는 응집성 때문에 1990년대 아르헨티나에서, 1990년대와 2000년대 한국에서 국가는 급진 개혁에 힘을 쓸 수 있었다. 응집성 없는 배태성은 처음에 1990년대, 한국과 같은 일부 나라에서 급진 개혁을 허락했지만, 결국 국가의 양보로 귀결되었다. 다른 나라들에서 배태성이 매우 강한 노조는, 1990년대 브라질에서 CUT가 그랬듯이, 강한 응집성 없이도 국가로부터 온건한 개혁을 끌어냈다. 마지막으로 배태된 응집성은 2000년대 브라질에서 온건한 개혁으로 이어졌다.

한 가지 주의해야 할 것은 연맹이 어느 정도 내적으로 통합되어 있는지 또 기층 노조가 연맹 지도부에 얼마나 충성하는지를 포착하는 '연맹의 통일성'이 수행하는 역할이다. 애초에 이 변수의 역할을 이론적 주장의 핵심 요소로 이론화하지는 않았지만, 그것은 시민사회에 대한 노조의 연계아 더불어, 설합 변수로서 노조의 전투주의를 추동하는 데 중요한 역할을 한다. 2000년대 한국의 민주노총을 예외로 하면 노조의 전투주의로 이어진 나머지 모든 노동 – 시민사회 연대는 전제조건으로 '통일성'이 있었다. 하지만 '연맹의 통일성'이 수행하는 역할은 온건한 개혁 - 수용 결과를 설명하는 데 충분히 명료하진 못하다. 곧 브라질의 CUT 사례에서는 통일성, 노조 - 시민사회 연계, 그리고 노조 - 집권당 연계 모두 있었지만, 다른 사례들에서는 통일성이 필수적인 설명 요인이 아니었다.

전반적으로 1980년대와 1990년대, 곧 4개국의 민주화 이행기에 국가가 주도하는 권위주의적 코포라티즘의 우산 아래 유순하게 행동하던 노조에 도전하는 새로운 노동운동들이 출현했다. 이 새로운 노동집단들은 좀 더 강한 전투주의 및 시민사회단체들과의 포괄적 연대를 통해, 기존의 국가 - 노동 관계에 맞서고자 했다. 이런 도전은 1990년대 노동운동에서 나타난 배태성 없는 응집성에서 응집성 없는 배태성으로의 집단적 이행으로 간주할 수 있을 것이다. 이 운동들은 라틴아메리카 두 나라에서 결실을 봤다. 나아가 2000년대 들어 좌파 정당들이 선거 경쟁에서 승리함에 따라, 라틴아메리카에서는 응집성 없는 배태성에서 배태된 응집성으로의 성공적인 이행이 이루어졌다. 하지만 라틴아메리카와는 다르게 그런 집단적 이행의 동력이 동아시아 두 사례, 특히 한국에서 서서히 줄었고, 그에 따라 국가는 2000년대에 사회정책 및 노동시장 제도에 급진적 축소를 도입할 수 있었다.

9장
아르헨티나, 브라질, 한국, 대만에서
결사체 네트워크와 복지국가

이 장[1]에서는 연구의 초점을 민주화된 개발도상국 네 곳의 비교로 확대한다. 1장에서 간략히 언급했듯, 이 장에서는 이 연구를 추동했던 다음과 같은 핵심 질문에 답하고자 한다. 이들 네 나라에서 뚜렷이 구분되는 사회정책의 서로 다른 발전(과 후퇴) 경로는 어떤 요인을 통해 설명할 수 있는가? 어떤 나라에서는 노동 정치가 시장 근본주의가 지배하던 시기에도 복지국가를 성공적으로 지켜 낸 반면, 다른 나라에서는

---

1 이 장은 『세계 정치』*World Politics*(2012, 522-54)에 게재했던 글의 경험 분석 부분을 확대한 것으로, 네트워크 자료를 갱신하고 연구 문헌과 현장 인터뷰 자료를 추가했다. 원래의 글은 1990년대부터 2000년대 중반까지 결사체 네트워크와 복지국가의 정치를 분석했는데, 현 판본에서는 시간대를 2010년대 초까지 확대했다. 브라질 및 대만에서와는 달리 아르헨티나에서는 복지 정치가 축소에서 확대로 급진적으로 역전된 반면, 한국은 확대에서 축소 또는 정체로 온건한 역전을 겪었는데, 그 원인은 정권 교체뿐만 아니라 결사체 네트워크의 변화하는 구조 때문이기도 했다.

그러지 못한 이유는 무엇인가? 어떤 노조와 동맹은 좀 더 보편주의적인 복지국가를 건설하는 데 성공한 반면, 다른 곳에서는 그러지 못한 이유는 무엇인가? 한국 사례는 다른 사례들과 비교할 때 무엇을 통해 잘 설명되는가, 또한 배태된 응집성 접근법은 한국 사례를 초월해 얼마나 [보편적인] 설명력을 갖는가?

이 질문들에 답하고자 이 장에서는 3장에서 전개한 이론 모델을 토대로 국가 간 비교를 수행한다. "시민사회의 구조적 배열이라는 관점"(Collier and Collier 1991; Rueschemeyer et al. 1992; Sandbrook et al. 2007)과 사회운동적 관점social movement perspectives(Amenta et al. 2011; Andrews 2004)에 토대를 둔 배태된 응집성 접근법은 이 나라들 사이에서 나타나는 사회정책의 변동과 차이를 효과적으로 설명할 것이다. 이전 장들과 마찬가지로 이 장에서도 네트워크에 기반을 둔 두 개의 변수, 곧 배태성과 응집성을 강조할 것이다.[2] 그다음에는 세계가치관조사World Values Survey의 여러 조사에 기초한 공동 소속 네트워크co-affiliation network와 아르헨티나, 브라질, 한국, 대만에 대한 비교 사례연구에서 얻은 증거를 이용해, 각국의 시민 네트워크의 구조를 조사하고, 그 구조가 복지국가의 축소/확대와 관련한 정당 및 노조 엘리트의 정치적 선택에 어떤 역할을 하는지 조사한다.[3]

---

2 이 장에서는 응집성에 대한 정의를 확대한다. 노조의 응집성에 대한 두 가지 정의 ─ 노조와 집권 정당 사이의 연계 그리고 노조와 노동에 기반을 둔 좌파 정당 사이의 연계 ─ 를 계속 사용한 앞선 장들(특히, 한국에 관한 장들과 7장, 8장)과는 달리, 이 장에서는 ① 노조들과 정당들의 응집성과 배태성, ② 노조가 정당뿐만 아니라 공식 부문 내 전문가 단체와도 맺는 응집적 연계에 초점을 맞춘다. 이렇게 응집성 개념을 확대 및 다양화하는 목적은 특정 노조 연맹 및 노조의 당파성을 넘어 그 위에 있는, 더욱 광범위한 국가 수준의 정치를 이해하기 위해서이다. 응집성과 배태성의 측정에 대한 상세한 논의는 부록 B를 참조.

특히 이 장에서는 배태성과 응집성을 어떻게 경험적으로 측정하는지, 나아가 그와 같은 자료들을 국가 간 비교(결사체 네트워크의 구조 및 복지국가의 확대와 축소, 그리고 그것의 시계열적 변화에 대한)에 어떻게 활용하는지에 초점을 맞춘다. 그 시작으로 공동 소속 자료에 대한 네트워크 분석을 이용한다(Borgatti et al. 2002; Breiger 1974). 앞 장에서는 국가의 시장 개혁 시도에 대해 개별 노조 연맹이 정치적 연계(응집성의 수준) 및 시민적 연계(배태성의 수준)에 따라 어떻게 다르게 반응했는지를 탐구했다면, 이 장에서는 정당과 노조를 중심으로 각국의 결사체 구조가 어떻게 형성되어 있었는지에 초점을 맞춘다. 다음으로는 공식·비공식 부문 내 조직들의 구성이 복지국가 정치에 미치는 영향을 설명하기 위한 인과 틀을 설정한다. 내가 '네트워크 정보에 기반을 둔 사례연구'라 부르는, 공식 네트워크 분석 결과와 결합된 상세한 비교/역사 사례연구는 최근 민주화된 개발도상국 네 곳에서 전개된 사회정책의 정치를 설명해 줄 것이다.

전반적으로 이 장에서는 이 네 나라에서 노조와 시민사회 사이에 형성되는 연대의 구조에 따라 사회정책의 보편성 및 관대성의 정도가 달라짐을 증명할 것이다.

긍정적 사례들 — 곧 1990년대 한국, 2000년대 아르헨티나와 대만 — 을 논의하면서 이 글에서는 복지 정책을 추진하기 위해서는 정당과 노조가 결사체들의 장에 사회적으로 배태되어 있는 것이 중요함을 강조한다. 부

---

3 한국에 대한 앞선 장들의 사례연구에서는 응집성과 배태성의 근본적 차원들 — 정책 역량과 동원 역량 — 을 깊이 분석했지만, 이 장에서는 세계가치관조사의 '공동 소속' 자료를 이용해 결사체들의 장 안에서 노조(와 정당)의 응집성과 배태성을 측정하는 것에 만족한다.

정적 사례들 — 곧 1990년대 아르헨티나와 2000년대 한국 — 에 대한 논의에서는 시민사회로부터 탈구된 정당과 노조의 지도자들이 결국 어떻게 복지국가의 급진적 축소 또는 선별적 확대를 추구하는지, 그리고 노조가 어떻게 그런 예기치 못한 조치에 굴복하거나 협조하는지 탐구한다. 그리고 이 네 나라들에서 복지국가의 발전을 둘러싼 현황과 전망도 제시한다.

이어지는 단락들에서는 두 가지 사례연구, 곧 브라질과 아르헨티나의 비교 및 대만과 한국의 비교를 수행한다. 이 같은 지역 내 비교는 이후 유형 간 비교로 확대되면서, 배태된 응집성의 두 사례(브라질과 한국)를 탈구된 응집성의 두 사례(아르헨티나와 대만)와 비교할 것이다. 경제 위기와 민주주의적 경쟁이라는 압력에 직면한 정치 엘리트들이 취하는 정치적 선택은 그들이 공식·비공식 시민사회 네트워크와 어떤 형태의 조직적 연계를 맺고 있는지에 따라 달라진다.

비교 사례연구 1: 아르헨티나 대 브라질

복지 부문이 인상적인 수준으로 성장하고 빈곤율이 감소한 브라질은 최근 수십 년간 참여 민주주의의 가장 대표적 사례로 꼽혀 왔다. 가장 중요하게도, 라틴아메리카의 다른 나라들과는 달리, 카르도주 정부 이래로 브라질은 공공 부문과 사회정책에 대한 시장 개혁 압력을 성공적으로 막아 냈다. 이 글에서는 1990년대, 2000년대 브라질 노동자당이 거둔 정치적 성공이 공식 부문의 강한 응집성과 강한 배태성의 결과일 것이라고 주장한다. <표 9.1>[4]과 <그림 9.1>은 노조, 정당, 전문가 단체가 서로 조밀하게 연결되었을 뿐만 아니라(A칸), 교회, 문화 모임 및

<표 9.1> 개발도상 4개국에서 공식 부문의 응집성과 배태성: 1995년과 2005년

나라	연도	네트워크 총수	공식 부문 네트워크 수 (A칸)	비공식 부문 네트워크 수 (B칸)	공식 부문 내 공동 소속 네트워크 수 (C칸)	부문 사이의 공동 소속 네트워크 수 (D칸)	사회적 자본1의 양 (A+B)/ 네트워크 총수	사회적 자본2의 양 (B/네트워크 총수)	공식 부문의 응집성 (C/A)	공식 부문의 배태성 (D/A)
아르헨티나	1995	1079	94	312	17	119	0.38	0.29	0.18	1.27
	2005	1002	62	284	11	60	0.35	0.28	0.18	0.97
브라질	1995	1149	234	542	93	480	0.68	0.47	0.40	2.05
	2005	1500	262	943	80	511	0.80	0.63	0.31	1.95
한국	1995	1249	120	432	10	136	0.44	0.35	0.08	1.13
	2005	1200	45	418	21	111	0.39	0.35	0.47	2.47
대만	1995	780	104	135	9	80	0.31	0.17	0.09	0.77
	2005	1227	84	257	21	91	0.28	0.21	0.25	1.08

클럽, 환경단체, 자선단체 같은 비공식 시민단체에도 깊게 배태되어 있음(D칸과 D/A)을 보여 준다.

<표 9.1>은 다른 나라들과 비교해 브라질의 공식 부문 단체들이, 규모 또는 연계 면에서, 다른 단체들과 더욱 조밀하게 연결되어 있음을 보여 준다. 1995년, 공식 부문 단체들의 응집성과 배태성(C/A과 D/A)은 아르헨티나보다 거의 두 배 컸다. 또한 <표 9.2>와 <표 9.3>을 보면, 노조의 응집성과 배태성이 1995년부터 2005년까지 조금 감소했지만, 공식·비공식 시민단체에 대한 정당의 연계는 소폭 상승하는 추세로,

4 세계가치관조사에 기초한 이후 네 개의 표들[<표 9.1>에서 <표 9.4>]은 네 나라의 결사체 네트워크의 구조에 대한 대강의 비교를 제공한다. 각 단체들과 관련된 사건들 및 노동 – 시민 네트워크에 대한 좀 더 상세한 실례와 분석은 노조와 연결된 결사체 네트워크가 어떻게 보편적 사회복지 정책의 채택으로 이어졌는지를 조사한 4, 5, 6장을 참조.

<표 9.2> 개발도상 4개국, 정당들이 공식 부문 내외부에서 맺은 조직 간 연계: 1995년과 2005년

나라	연도	공식 부문 내 정당의 연계a/당원 수(A칸)	공식 부문 밖 정당의 연계b/당원 수(B칸)	정당-노조 연계/당원 수(C칸)		공식 시민 부문 밖 정당의 연계/당원 수(D칸)	
아르헨티나	1995	0.32	0.85	0.20(PJ)	0.11(비PJ)	0.87(PJ)	0.84(비PJ)
	2005	0.33	0.63	0(PJ)	0.36(비PJ)	0.50(PJ)	0.43(비PJ)
브라질	1995	0.51	1.46	0.34 (좌파)c	0.21 (비좌파)	1.47 (좌파)	1.45 (비좌파)
	2005	0.56	1.53	0.26 (좌파)c	0.31 (비좌파)	1.70 (좌파)	1.28 (비좌파)
한국	1995	0.23	1.00	한국은 사용 가능한 정당 소속 정보 없음			
	2005	1.00	2.08				
대만	1995	0.23	0.92	0.18 (국민당)	0.22 (비국민당)	0.53 (국민당)	1.67 (비국민당)
	2005	0.38	0.95	0.46 (국민당)	0.13 (비국민당)	0.54 (국민당)	1.63 (비국민당)

*주a: 정당 연계는 ① 정당과 노조 사이, 그리고 ② 정당과 전문가 단체 사이의 공동 소속 값을 포함한다.
*주b: 정당 연계는 정당과 다른 모든 비공식 시민단체 사이의 공동 소속 값을 포함한다.
*주c: 브라질에서는 연정이 매우 일반적이어서 '노동자당'보다는 '좌파 정당들'이란 용어를 사용했다. (질문지에 열거된 정당들 가운데) 좌파 정당들에는 노동자당, 민주노동당(PDT), 브라질노동당(PTB), 녹색당(PV), 사회주의자유당(PSOL)이 포함됐다. 브라질민주운동당(PMDB)은 2010대선에서 지우마를 위한 연정[인민의 힘으로(With the Strength of the People)]에 참여했지만 이 연구에서는 좌파 정당으로 분류하지 않았는데, 이념 스펙트럼이 명백히 좌파에서 우파까지 광범위한 포괄 정당이기 때문이다.

안정적이었다. 아르헨티나와 비교해 브라질의 공식 부문과 노조 및 정당 사이의 연계는 인상적으로 더 높지는 않지만,[5] 비공식 시민 사회와

5 <표 9.2>의 A칸과 C칸, 그리고 <표 9.3>의 A칸을 참조. <표 9.3>의 B칸과 C칸의 강조체에는 [주를 통해] 집권당이 (좌파 정당 또는 비좌파 정당) 가운데 어디에 소속되어 있는지를 표기했다. 아르헨티나에서는 주로 PJ(메넴)가 집권했고, 브라질에서는 브라질사회민주당(카르도주)이 1990년대에 집권했고, 노동자당(룰라)과 중도 좌파 연합이 2000년대[2002년부터 2016년까지]에 집권했다. 브라질에서 2000년대 좌파 집권당과 노조의 연계 또는 1990년대 비좌파 집권당과 노조의 연계는 대체로 비슷했고(1995년에 0.10과 2005년에 0.09), 이는 아르헨티나에서 나타난 노조 – 집권당 연계의 현저한 감소와 크게 대비된다. 전반적으로 아르헨티나에서는 집권당(및 좌파 정당들)과 노조의 응집성 그리고 [시민사회에 대한] 노조의 배태성 모두 감소했지만, 브라질에서는 1990년대와 2000년대에 큰 변화 없이 유지됐다.

<표 9.3> 개발도상 4개국, 노조들이 공식 부문 내외부에서 맺은 조직 간 연계: 1995년과 2005년a

나라	연도	응집성 척도			배태성
		공식 부문 내 노조의 연계b/ 조합원 수(A칸)	노조와 좌파 정당의 연계/ 조합원 수(B칸)	노조의 비좌파 정당과의 연계 /조합원 수(C칸)	공식 시민 부문 밖 노조의 연계/ 조합원 수(D칸)
아르헨티나	1995	0.58	0.16c	0.10	1.37
	2005	0.57	0.07c	0.29	0.57
브라질	1995	0.65	0.10	0.10d	1.44
	2005	0.45	0.09d	0.07	1.33
한국	1995	0.25	사용 가능한 정당 소속 정보 없음		1.13
	2005	0.83			2.00
대만	1995	0.12	노동 정당 없음	0.07e	0.55
	2005	0.50		0.18e	0.68

*주a: 이 결과들의 해석에는 주의가 필요한데, 그 기초 자료인, 노조와 좌파(혹 비좌파) 정당에 공동으로
소속된 이의 수가 매우 적기 때문이다.
*주b: 노조 연계는 ① 노조와 정당 사이, 그리고 ② 노조와 전문가 단체 사이의 공동 소속 값을 포함한다.
*주c: 몇 십 년 동안 아르헨티나에서 집권당은, 델 라 루아 정부(1999-2001년)를 예외로 하면, PJ였다.
*주d: 브라질에서 1990년대와 2000년대에 집권당은 브라질사회민주당(PSDB)(1990년대)과 노동자당
(2000년대)이었다. '좌파 정당들'의 범위는 <표 9.2> 주c를 참조.
*주e: 대만에는 노동에 기반을 둔 정당이 없다. 노동조합주의자들은 국민당에도 민진당에도 소속되었
다. 집권당은 1990년대에 국민당, 2000년대(2000-08년)에 민진당이었다.

의 연결은 광범위하다. 즉 브라질에서 비공식 시민 영역에 대한 공식
조직의 배태성은 아르헨티나 공식 부문의 그것보다 약 2배에서 2.5배
크다(<표 9.2>의 B칸과 <표 9.3>의 D칸을 참조).

더욱이 브라질의 정당들은 아르헨티나의 정당들과 비교해 노조 및
기타 비공식 시민조직과의 조직적 연계 측면에서 판이한 구조를 유지
해 왔다. <표 9.2>에서 브라질의 정당과 노조가 공식 부문 내에서 맺은
연계(응집성) 및 비공식 부문에서 맺은 연계(배태성) 모두 1995년에 4개
국 가운데 가장 높고 2005년에는 두 번째로 높다. 좌파 정당과 비좌파
정당 모두 공식 부문 내에서 노조들과 비교적 긴밀한 연계를 유지해
왔다. <표 9.3>에서 응집성의 핵심 차원 가운데 하나인, 좌파 정당에

<그림 9.1〉. 2005년, 브라질의 공동 소속 자료에 기초한 결사체 네트워크

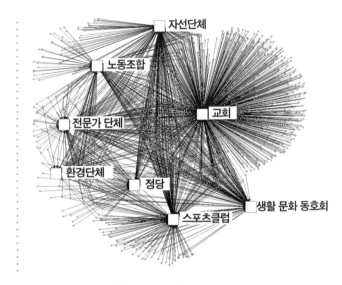

*주: 네트워크 연계 측정에 대해서는 부록 B를 참조.

대한 노조의 연계를 보면, 브라질이 아르헨티나보다 뚜렷하게 높지는 않다. 하지만 아르헨티나에 비해 브라질의 비공식 부문에 대한 정당과 노조의 배태성은 훨씬 높은 수준을 유지해 왔다. 브라질 내에서 정당-노조 연계의 강도(<표 9.2> C 칸)는 좌파 정당과 비좌파 정당 사이에 큰 차이는 없지만(2005년 기준, 0.26 대 0.31), 좌파 정당들은 비공식 시민 공동체에 대한 배태성을 증가시켰다(1.47에서 1.70으로).

비공식 시민조직에 대한 공식 부문의 강한 배태성을 기초로 중도 정당 및 노동 기반 정당 등은 모두 빈민과 노동계급이 요구하는 정책을 실현하기 위해 헌신적인 활동을 해왔다. 종교 및 문화 활동들을 통해 시민의 일상에 배태된 정당 및 노조의 지도자들은 급진적 신자유주의 개혁의 경로를 따를 공산이 더 적다. 실제로 브라질 노조들은 콜로르 지 멜루Fernando Collor de Mello 정부와 카르도주 정부의 축소 시도에 격렬히 저항했던 반면, 좀 더 온건한 개혁에 대해서는 룰라 정부와 협상했다(연맹 수준의 상세한 내용은 7장을 참조).

최근 브라질에서 정책이 채택되고 시행되는 과정은 나머지 라틴아메리카 국가들의 시장 개혁 과정과는 근본적으로 다르다는 점을 지적할 필요가 있다. 노동자당이 예증하듯, 브라질에서는 상당수의 정당 및 노조 지도자들이 지방자치단체 수준의 공동체[지역사회] 정치에서 출현했다.[6] 포르투 알레그레를 비롯한 브라질 도시들의 시민 참여 예산 운동이 보여 주듯이, 주州를 비롯한 지방자치단체 수준의 지역공동체 정치는 여기에 참여하는 시민과 지도자에게 하나의 교육과정이 되고, 그들 가운데 검증된 일부는 결국 전국 수준의 중앙 정치에 진출하게 된다. 그들은 대의 민주주의의 전통적인 교의에 따라 엘리트 정치인들이 노조 및 사회운동의 요구를 중재·대변해야 한다는 생각을 받아들이지 않는다. 그들은 정부 대 운동이라는 이분법을 지양하고, 사회운동을 통해 아래로부터 정부를 건설하고자 한다. 정부 대 운동이라는 이분법을 거부함으로써, 노동자당은 "정치인, 정당 기관, 기층 조직

---

6 노동자당은 조직 구조와 문화가 매우 특이하다. 이 정당을 설립한 것은 두 노동운동(CUT와 농촌무토지 노동자운동)과 가톨릭교회 출신의 운동가들이다. CUT는 새로 설립된 강한 전문직 노조 연맹이고 농촌 무토지노동자운동은 농업 노동자 단체다. 두 조직 모두 노동자당과 회원 및 지도자를 공유하고 있지만 노동자당은 이 조직들로부터 공식적인 재정 지원을 받지 않는다. 외려, 파울루 프레이리(Paulo Freire)(1980년대에 노동자당에 참여한)의 비판적 교육학과 해방신학에 영향을 받은 가톨릭교회의 진보적 진영이 노동자당에 재정 지원을 하고 있는데, 이는 노동자당의 비교조적이고 진보적인 윤리 강령(예를 들어, 동성애자와 낙태권에 대한 인정)이 만들어지는 데 문화적으로 중요한 역할을 해왔다 (Brandford and Kucinski 2003; Keck 1992).

사이의" 긴밀한 "소통" 방법들을 개발할 수 있었다(Guidry 2003, 104). 7장에서 논의했듯이, 공동체 지향 노조 및 정당 지도자 들이 개시한 이런 열린 소통 방식 덕분에 CUT와 노동자당은 노조를 넘어 폭넓은 사회적 기반을 대변할 수 있었고, 또 실제로 다양한 계급 출신의 광범위한 시민들이 노동자당의 지역 및 중앙 거버넌스를 지지하도록 이끌어왔다. CUT와 노동자당의 지역 및 중앙 지도자들은 공식 부문과 비공식 시민 영역 사이에서 "가교 역할"(Mische 2008)을 해왔다. 이를테면 "CUT는 브라질여성권평의회National Council of Women's Rights, 브라질청년평의회National Youth Council, 브라질건강평의회National Health Council, 브라질장애인평의회National Council of Disabled People에 참여하고 있습니다"(호사니다 실바, CUT 여성국 국장). 노동자당 정부는 다양한 사회 세력들이 자신들의 이해관계를 주장하고, 토론하며, 조율할 수 있는 중요한 제도적 공간을 제공했고, CUT는 이런 다양한 사회정책 영역들에서 중요한 가교 역할을 해왔다. 브라질건강평의회에는 50퍼센트가 시민사회 활동가, 25퍼센트가 노동자 대표, 25퍼센트가 보건 서비스 공급자다. 헤지나 코스타에 따르면, '질병 관련 단체' 출신 사회운동 지도자들, 예컨대 난치병(암, 백혈병, 에이즈, 한센병 등)을 앓는 환자나 그의 가족들 또는 다운증후군, 당뇨병, 자폐증 등과 관련된 환자 단체 대표들은 이런 건강 평의회들에서 핵심적인 역할을 해왔다. 그들은 앞서 3장에서 논의한 '배태된' 지도자 또는 '가교' 역할을 하는 지도자의 전형이었다. 그들은 결국 공중 보건 위원회 및 건강 평의회 등에 시민사회 대표로 참여하게 되었고, 의약품 및 보건 의료 정책을 만드는 데 결정적 역할을 했다. 또한, 사회운동 출신으로 이런 기층 단체들과 잘 연결되어 있으며, 그들이 필요로 하는 것들을 잘 알고 있는, 시민단체와 노조의 지도자들도 있다. 사회운동에 토대를 둔 이들의 이 같은 구조적 지위로 말미암아 노동자당의 후보들은 지방 및 연방 수준의 선거 정치에서뿐만 아니라, 참여 제도적 거버넌스에서도 성공할 수 있었다. 그에 따라 브라질의 노조 및 시민 지도자들은 이 제도적 공간에서 협력해 더 보편적이고 재분배적인 사회정책을 창출할 수 있었다.

기층에서부터 발달한 이 같은 제도 및 운동을 토대로 시민과 지도자가 모이고, 그에 따라 공식 정당 조직과 비공식 기층 조직 사이에 정치적 신뢰가 형성된 것은 연방 수준의 복지 정치에도 중요한 역할을 했다. (예산 및 부채 위기와 관련해) 아르헨티나와 비슷한 경제적 압력 속에서 브라질 정치 지도자들은 경제 테크노크라트에 의지하길 주저했다. 카르도주(1994-2002년)와 룰라(2002-10년) 모두 (아르헨티나와 같은) 급진적 민영화의 경로는 일단 테이블에서 제외한 상태에서, 복지 수혜 자격 기준을 문제 삼는 좀 더 온건한 개혁 경로들에 의지했는데, 이는 노동자당, CUT, 그 동맹인 시민사회 운동가들이 그 어떤 민영화 계획에도 명확히 반대했기 때문이었다(Hunter 2010). 결국 CUT와 그 동맹 세력들은 급진적 축소에 의지하지 않은 채 연금 체제를 성공적으로 지켜 냈다.

더욱이 그들(노동자당 정책 입안자들)은 기존의 다양한 가족수당 제도를 통합해, 볼사 파밀리아, 다시 말해 아동의 학교 출석률, 그리고 백신 접종, 영양 프로그램, 직업훈련 과정에 대한 참여를 조건으로 하는 혁신적인 현금 급여 프로그램을 도입했다(Hall 2008, Lomell 2008). 브라질 같이 극단적인 빈곤과 불평등이 만연하고 기존 사회보험 프로그램이 핵심 산업 및 공공 부문 노동자들만을 위해 존재하는 사회에서는 효과적인 사회부조 프로그램을 시행하는 것이 기존의 사회보험 프로그램을 지키는 것만큼 중요하다. 볼사 파밀리아는 빈곤 퇴치에 매우 효과적이

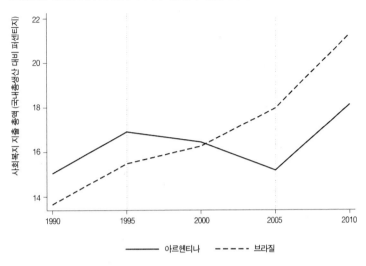

*출처: ILO 2014-15.

었는데, 이에 대해 세계은행은 라틴아메리카에서 가장 효율적으로 대상을 선별하는 조건부 현금 급여 제도라 칭송했다. 그 혜택의 보편성은 도시 및 시골 비공식 부문의 빈민을 위해 복무하는 노동자당 지도자들의 높은 배태성을 시사한다. 곧 혜택의 73퍼센트는 가장 가난한 하위 20퍼센트 인구에게 돌아가고, 94퍼센트는 하위 40퍼센트에게 주어진다(Hall 2008). 이 브라질의 조건부 현금 급여 사례는 비슷하게 대규모로 시행된 아르헨티나 사례와 매우 견줄 만한데, 아르헨티나의 경우 지원금은 대체로 개인화된 후견주의적 네트워크를 통해 정당 중개자에게 충실하게 복종하는 유권자에게 전달되었고(Calvo and Murillo 2013; de la O 2011), 그 결과 지원금의 32퍼센트만이 하위 20퍼센트에게 지급됐다. 요컨대 시민사회에 배태된 브라질의 지도자들은 사회정책의 혜택을, 자신의 지지자들을 넘어, 광범위한 유권자에게로까지 확대 제공할 공산이 더 크다.

이런 노력들은 사회복지 지출의 괄목할 만한 증가로 귀결됐다. 곧 사회부조 지출이 2000년 국내총생산의 1.43퍼센트에서 2010년, 2.49퍼센트로 증가했다(Cerutti et al. 2014). 연방 정부의 개인당 사회복지 총지출 양은 1995년 725달러에서 2010년 1642달러로, 172퍼센트 증가했다. 같은 기간 동안 <그림 9.2>에서처럼 사회복지 총지출의 국내총생산 대비 비율이 13.7퍼센트에서 21.3퍼센트로 증가했다. 볼사 파밀리아, 비조건부 현금 급여 프로그램Benefício de Prestação Continuada, BPC, 최저임금 정책은 브라질에 만연한 빈곤을 줄이는 데에도 결정적 역할을 했다. 실제로, 룰라 집권기에 빈곤율은 2003년 35.8퍼센트(6100만 명)에서 2009년 21.4퍼센트(4000만 명)으로 감소했다(Higgins 2012).

전반적으로 브라질의 정당 지도자들은 공식 부문 내에서, 또한 비공식 시민 부문과도 비교적 안정적인 조직 간 연계를 유지해 왔고, 거듭되는 부채 및 국제수지 위기가 초래한 압력에도 불구하고, 사회보험 체제에 대한 신자유주의적 시장 지향 개혁 압력을 막아 냈을 뿐만 아니라, 보편적인 빈곤 퇴치 프로그램을 그에 적합한 대상에게 유례없는 규모로 확대하는 데 성공하기도 했다.

1990년대와 2000년대의 브라질 사례는, 배태된 응집성이 경제 위기와 함께 나타나는 사회정책에 대한 후퇴 압력을 억세하고 누그러뜨리는 데 결정적 영향을 끼친다는 것을 시사한다. 사회운동 및 공동체 단체에 배태된 정당 및 노조 지도자들은 이웃 나라들의 성공적인 시장 지향 개혁의 시류에 편승하지 않고, 국내외 자본으로 구성된 시장 세력, 노조, 대중운동 조직, 이해관계가 서로 다른 유권자, 그리고 기타 이해 당사자 사이에서 신중하게 정책적 개입과 조율의 여지를 마련하고 이를 활용했다.

　아르헨티나 사례는 공식 부문 단체들의 비교적 강한 응집성과 약한 배태성의 전형을 보여 준다. 1990년대, 메넴 대통령이 공공 부문 및 사회복지 프로그램, 특히 그 가운데서도 연금 부문에서 추진했던 급진적인 신자유주의 개혁은 PJ의 현저한 변형과 더불어 선거 정치에서의 승리로 이어졌다. 메넴의 개혁 전략으로 말미암아 아르헨티나 경제는 (대규모의 공공 부문을 보유한) 보호된 시장에서, 좀 더 시장 지향적인 개방 경제로 근본적으로 바뀌었다. 메넴과 PJ가 공공 부문에서 추진한 신자유주의 개혁 기획은 더욱더 놀라웠는데, PJ는 아르헨티나에서 비교적 관대한 복지 프로그램을 만드는 데 중심 역할을 한 (노동에 기반을 둔) 좌파 정당이었기 때문이다(Brooks 2008; Levitsky 2003b).

　이 연구의 중심 주장은 공식 부문 단체들의 비교적 강한 응집성과 약한 배태성으로 말미암아 메넴과 PJ가 공공 부문에 대한 그와 같은 급진적인 신자유주의 개혁을 시행할 수 있었다는 것이다. <표 9.2>(A칸과 B칸)에 나와 있듯, 메넴이 연금 개혁[7]에 막 착수했을 무렵인 1995년에 노조들은 여전히 정당들과 상당히 긴밀한 관계를 유지하고 있었다. 아르헨티나에서 정당들이 노조 및 전문가 단체 등과 맺은 연계들은 다른 나라들(한국과 브라질, 대만)의 상황과 비교해 보통 수준으로 강한 편이었다. 하지만 동시에 그 정당들이 비공식 시민조직과 맺은 연계는 다

---

7 그것은 1994년에 시작되었지만 이후 여러 차례 수정되었고 1999년, 2004년, 2008년에 추가 입법이 이뤄졌다.

른 나라들에 비해 훨씬 약했다.

탈구된 공식 부문 — 공식 부문 내 안정적이고 비교적 견고한 연계와는 대조적으로 공식 부문과 비공식 시민 영역 사이의 약한 연계가 그 특징인 — 으로 말미암아, 메넴과 PJ는 신생 서비스 부문들과 도시 빈민 지역들 가운데 여전히 정의당에 충성하는 이들을 중심으로 새로운 선거 연합을 충분히 형성할 수 있었다.[8] CGT의 일부 노조 지도자들 역시 PJ의 지지층 및 피후견인으로서 계속 메넴과 함께했고, 이들은 노조가 독자적인 건강보험 프로그램을 만들고 운영할 수 있는 권리를 획득했다(Madrid 2003; Murillo 2001). 메넴, 재정 분야의 전문 기술 관료들, 그리고 PJ에 대한 일부 노조들의 지지는, 비록 대다수 노조들은 이 같은 개혁의 추진에 반대했지만, 의회에서 연금 민영화 법안을 통과시키는 데 결정적 역할을 했다(Roberts 2006).

하지만 10년 동안의 급진적인 시장 지향적 개혁의 결과로 상당수의 노조 조직이 점차 PJ와의 연계를 끊었다.[9] 달리 말해, 과거에 노동에 기반을 두었던 PJ의 공식 부문에 대한 강한 응집성과 시민단체들에 대한 약한 배태성은 결국 공식 부문의 전통적인 동맹인 노조와의 응집적 연계를 약화했다. 공식 부문 내에서 PJ의 조직 기반이 점진적으로 침식되도록 추동한 것은 메넴의 축소 공세에 대한 기층의 분노를 더는

---

8 도시 빈민가의 페론주의적 중개자 – 피후견 네트워크의 유형과 기능에 대해서는 Auyero(1999)를 참조.

9 이 응집성과 신자유주의 개혁이 주고받는 피드백 효과는 탈구된 응집성이 반드시 장기적으로 지속되는 것은 아님을 시사한다. 따라서 노동자당의 변형의 정치는 경제 순환과 선거 주기에 따라 (노동계급에 대한) 포퓰리즘적 포획과 신자유주의 개혁(중산층의 지지를 끌기 위한) 사이에서 오락가락할 운명이었다. 사실 노동자당의 중도 좌파 집단들이 키르치네르 부부에 의해 새롭게 결집된 이후, 그 정당은 2007년에 연금 체제에서 공적 요소를 강화했고(Brooks 2008), 환멸을 느끼고 이탈했던 이전의 정당 기반을 되찾기 위해 여러 보편적 사회정책 개혁을 수행했다.

〈그림 9.3〉아르헨티나, 공동 소속 자료에 기초한 결사체 네트워크: 2005

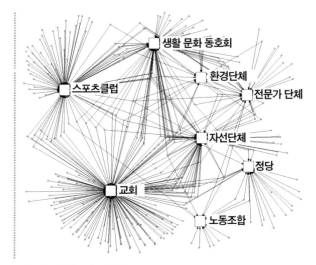

*주: 네트워크 연계 측정에 대해서는 부록 B를 보라.

감당할 수 없었던 노조 지도자들이었다. 메넴의 전문 기술 관료들과 PJ 국회의원들은 최저 연금 보장액을 삭감하고(결국 제거하고), 소득대체율을 낮추었고, 연금 수령액 상한선을 설정했다(Haggard and Kaufman 2008). 노조 조직 및 조합원들은 경제 위기가 거듭될 때마다 메넴이 지속적으로 추진한 축소 조치에 점점 더 환멸을 느끼고 격분했다.

결국 응집성에 기초한 PJ의 급진적 시장 개혁은, PJ와 노조 사이의 긴밀한 네트워크에 기초해 세워졌던 전통적이고 대중적인 노동 정당 구조의 해체로 이어졌다. 노조 조합원들의 PJ 정치 활동에 대한 참여, PJ 지도자들의 노조 조합원으로서의 정치 이력(Levistky 2003a), 그리고 비공식 시민 영역과 노조 지도자들 사이의 관계와 같은 오랜 전통들이 극적으로 붕괴했다. 그 결과 노조의 배태성이 10년 동안 곤두박질해

2005년에는 0.57, 즉 4개국 가운데 가장 낮은 수치를 기록했다(<표 9.3> D칸을 참조).[10]

좀 더 구체적으로 말하자면, <표 9.2>에서 보여 주듯, 1995년에 PJ 당원 20퍼센트가 노조 및 전문가 단체와 연계가 있었지만, 2005년에는 PJ 당원 가운데 그 누구도 다른 공식 부문 단체들과의 눈에 띌 정도의 연계를 유지하지 않았다. 반면 PJ가 아닌 정당의 당원들 가운데 36퍼센트가[11] 2005년에 노조에도 소속되어 있었다. 요컨대 신자유주의 개혁이 10년 이상 진행된 이후, 노조 지도자와 조합원들은 PJ와의 연계를 끊었을 뿐만 아니라, 비공식 시민단체와의 긴밀한 연계 역시 더는 유지하지 않았다. 이 같은 경향은 <표 9.3>에서도 뚜렷하게 나타난다. 곧 노조들이 좌파 정당들(PJ) 및 기타 비공식 시민단체들과 맺은 연계는 시간이 흐르면서 곤두박질했다. 이렇게 하락한 노조의 배태성은, PJ와의 연계가 약해짐에 따라, 노조가 PJ와 시민사회 사이에서의 중재자 지위를 상실하였음을 의미한다. 전반적으로, <표 9.2>에 제시된 아르헨티나 정당의 배태성은, 어느 정당이든, 다른 나라들, 특히 브라질에 비해 눈에 띄게 낮다. 아르헨티나의 공식·비공식 시민 영역들에서 나타나는 이 같은 특징들은, 노조와 정당 모두 다른 비공식 시민단체들과 성기게 연결된 <그림 9.3>에서 분명히 드러난다.[12]

---

10 PJ와 그 동맹인 페론주의 노조(CGT)가 비공식 시민사회와 맺는 연계는, 사회복지 프로그램의 세공, 뉴 권자에 대한 정치적 동원, 그리고 사회적 통합에서 결정적 역할을 해온 무수한 축구회에 주로 토대를 두어 왔다. 그런데 페론주의 집단 내 배태성의 '깊이'에도 불구하고 다른 시민단체들에 대한 노동자당과 CGT의 배태성의 '범위'는 브라질의 정당/노조의 그것에 비해 인상적이지 못하다. 특히 CGT가 여러 분파로 분열하는 과정에서(CTA와 MTA를 낳은 소수의) 좀 더 '연대 지향'적인 집단들은 본래의 CGT에서 떨어져 나와 메넴의 신자유주의 개혁에 대한 더욱 단호한 저항을 추구했다.

11 아르헨티나의 결과(또한 대만의 결과)를 해석할 때 주의할 사항은 <표 9.3> 주A를 참조.

결사체들 사이의 연결 구조associational structure에서 나타난 이 같은 변화는 아르헨티나의 사회복지 지출액 변화에 잘 반영되었다. 곧 <그림 9.2>에서 보여 주듯, 사회보장 예산은 1995년 (국내총생산의) 16.9퍼센트에서 2005년 15.2퍼센트로 현저히 감소했다.[13] 이 시기, 하층과 빈민에 대한 정부의 재분배적 현금 급여는 국내총생산의 1퍼센트 이하로 정체돼 있었는데, 이는 재분배적 사회부조 프로그램을 눈에 띄게 확대한 브라질과 뚜렷한 대조를 보인다. 금융 부문에서의 가혹한 안정화 및 긴축 조치 외에도, 메넴 정부는 민간 개인 계정이 공공 연금 체계와 공존할 수 있도록 연금을 부분적으로 민영화했다(Madrid 2003). 1990년대에, 아르헨티나는 연금 개혁과 사회 지출 축소로 재정 적자를 현저히 줄일 수 있었지만, 소득 불평등과 빈곤의 극적인 증가를 목격해야 했다.[14] 그리고 키르치네르 부부가 집권하고 나서야 사회정책 확대 개혁이 ―2000년대 하반에 ― 이루어질 수 있었다.

　　요약하면 공공 부문 및 사회복지 프로그램들의 급진적 축소가 보여 주듯, 노동에 기반을 둔 정당이 자신의 전통적인 지지 기반을 떠나는 것은 아르헨티나 정당들, 특히 PJ의 사회적 배태성이 부족해 생긴 결과로 볼 수 있다. 게다가 정당 - 노조 간의 연계가 약화되면서, 비공식 시민사회에 대한 노조의 배태성 역시 더욱 급격히 하락하게 됐다

---

12 이 결과들은 에치멘디와 콜리어(Etchemendy and Collier 2007)가 브라질의 조밀하게 연결된 사회운동적 노동조합주의와 아르헨티나의 단절된 페론주의적 하향식 노동조합주의를 대조한 것과 일치한다.

13 그 시기, 주요 라틴아메리카 나라들 가운데 칠레와 우루과이만이 유사한 후퇴를 겪었다.

14 지니계수는 1991년 44에서 2002년 52로 증가했고[세계소득불평등데이터베이스(WIID) 참조], 같은 시기, (면적이 매우 넓은 부에노스아이레스 지역의) 빈곤율은 21.5퍼센트에서 54.3퍼센트로 급등했다[라틴아메리카및카리브해지역사회경제자료(SEDLAC) 참조]. 이 두 수치는 2000년대 키르치네르 정부들에서 정반대로 전환됐다. 더 체계적인 국가 간 시계열 분석은 Huber and Stephens 2012 참조.

<표 9.3>의 B칸과 D칸을 참조). 전술했듯이, (약한) 시민사회에서 탈구된 주요 노조들(CGT)은 대체로 그와 같은 급진적인 개혁을 따른 반면, 그들 가운데 소수(CTA 분파들)는 그 다수 집단에서 빠져 나왔다. 이 같은 아르헨티나의 사례는 배태성이 약한 정당의 경우 공식 부문에서 맺은 동맹 관계나 공동체에 기반을 둔 연대로부터 쉽게 떨어져 나올 수 있음을 실증한다. 처음에 노조들과의 동맹이 견고한 상황에서 시장 지향적 개혁이라는 반노동적 조치를 취한 메넴주의적 PJ는 결국 자신과 전통적으로 동맹 관계에 있던 노조들로부터 소외되었고, 그 결과 노동에 기반을 둔 사회적 연대도 종말을 맞이했다.

아르헨티나 노동운동들, 특히 CTA가 주도한 노동운동은 2003년 대선 이후 키르치네르주의 아래에서 재편되었고 노동과 시민사회 사이의 연대를 재구축하는 데 성공했다. 이 노조들과 그 동맹 세력들 사이의 협력은 (7장에서 논했듯이 이는 대체로 새로운 사회운동적 노동조합주의가 주도 하에 만들어졌다) 2000년대 이후 키르치네르 부부가 선거에서 연이어 승리하고 보편적인 사회정책을 확대하는 데 기여했다.[15]

---

15 하지만 2000년대 이후 아르헨티나에서 나타난 좌파의 급부상을 <표 9.3> 자료를 토대로 배태된 응집 성으로 분류할 수 있을지는 아직 불분명하다. 이는 노동 – 시민 연대가 브라질과 비교해 비공식 시민사회에 깊게 뿌리내리지 못했을 뿐더러 광범위하고 다양한 사회집단들로 구성되어 있지도 않기 때문이다. 한편 키르치네르주의는 조밀하고 자발적인 시민사회에 기반이 없는 좌파 포퓰리즘 유형, 즉 수십 년간 유지되어 온, 약하게 제도화된 아르헨티나 정치 고유의 특성으로 페론주의가 부활한 것으로 보인다. 다른 한편으로 키르치네르 정부들과 그들이 사회정책에 미친 영향은 응집성의 변화가 지도부 구조의 변화(반드시 배태된 응집성 틀에 포함되지는 않는)에 의해 추동될 수 있음을 보여 준다. 따라서 아르헨티나에서 사회정책 확대 개혁을 추동한 것은 배태성과 응집성의 변화를 의미하는 상향식 사회동원 과정이라기보다는 키르치네르 정부들의 좌파적 하향식 동원 역량이었다는 주장이 있을 수 있다. 전반적으로 키르치네르 정부들에서 이루어진 (급격한) 사회정책 확대는 (국가 중심론에 기반을 둔) 당파적 관료 및 정치인의 (자율적) 역할 같은 대안적 설명들이 제시될 여지를 남긴다.

비교 사례연구 2: 대만 대 한국

1) 복지국가의 보편적 확대와 파편적 확대

초인플레이션을 동반한 만성적인 부채 위기와 외환 위기에 시달린 라틴아메리카 경제들과는 달리, 고도의 경제성장과 건전한 균형예산을 성취한 바 있는 동아시아의 두 나라인 대만과 한국은 1990년대 말 경제 위기에 직면했을 때에도 사회적 안전망을 가동할 수 있는 여력이 있었다. 라틴아메리카 국가들이 전반적으로 축소의 정치라는 압력에 시달리는 동안, 동아시아 나라들은 사회정책 확대의 정치를 누리고 있었다.

  대만과 한국은 복지국가의 발전 과정에서 비슷한 경로를 밟아 온 것으로 보인다. 1980년대 말 민주화 이행 이후, 양국은 사회정책의 극적인 확대를 성취했다. 1990년대와 2000년대에 걸쳐, 이 두 나라는 거의 전 인구를 포괄할 수 있도록 건강보험을 재편했을 뿐만 아니라, 고용보험과 노인 수당 등의 주요 사회복지 제도를 도입하기도 했다. 앞서 언급한 많은 학자들이 지적하듯이(Haggard and Kaufman 2008; Wong 2004), 두 나라에서 이런 복지 레짐의 빠른 확장은 대체로 공고화된 민주적 경쟁 때문인 것으로 볼 수 있다.

  그런데 이 글에서는 두 나라 또한 민주화 이행 이후 시민사회의 구조가 점차 서로 다른 모습으로 발전했고, 또한 그 차이들이 복지국가의 발전에서 이 두 나라가 점점 더 서로 다른 경로를 따르도록 추동했다고 주장한다. 아울러, 이런 차이는 복지 지출액에 기초해서는 쉽게 파악하기 어려운 것이다.[16] 이 글에서는 또한 국가 간 공식 시민사회 부문들의 상이한 구조에 주목한다. 그 정도가 낮긴 하지만, 대만의 공식 시민사회 부문이 점점 아르헨티나와 가까워졌고, 한국의 공식 시민사회의 구조는 2000년대 중반까지 점점 더 브라질에 견줄 정도가 되었다고 생각한다. 그 시기 양국에서 보장, 기여, 분배 체계들과 관련한 주요 사회보험 프로그램들의 기본적인 틀은 국가와 사회 사이의 상호작용 및 정치적 경쟁 과정들 속에서 대체로 결정됐다. 그러면 노동 - 시민 네트워크의 상이한 구조는 어떻게 복지국가 발전의 상이한 경로를 형성했는가?

대만의 경우, 1995년을 기준으로 공식 부문에서 응집성과 배태성을 매우 약했지만 시간이 흐르면서 다소 강해지는 추세를 보였다. <표 9.2>를 보면, 대만의 공식 부문 내에서 노조와 정당의 응집성이 1995년엔 4개국 가운데 가장 낮았다가, 이후 10년 동안 조직 간 연계가 급속히 강화된 것을 볼 수 있다. 그렇지만, 비공식 시민 영역과의 관계는 여전히 단절된 상태였다. <그림 9.4>를 보면, 대만의 정당들은 노조들과는 가시적으로 연결돼 있지만, 다른 비공식 시민단체들과는 거의 연결되어 있지 않다. 대만 정치의 탈구된 응집성을 전형적으로 보여 주는 사례는 1990년대, 집권당이던 국민당이 복지에 반대하는 보수 세력에서 복지에 찬성하는 중도 노선으로 전환한 일이었다.

국민당은 반세기에 걸친 장기 집권에도 불구하고, 기층 시민사회에 강한 조직적 기반을 갖고 있지 못했다(<표 9.2>의 D칸 참조). 하지만 시

---

16 보편 연금 프로그램이 아직 충분히 발전하지 못한 한국의 공적 연금 지출은 꽤 낮은 수준에 머물러 있다(2011년, 국내총생산의 2.2퍼센트, OECD 국가 중 세 번째로 낮은 수치. OECD 2016). 국제노동기구의 최근 발간 자료를 보면(2014~15) 두 나라의 사회 보호 지출은 거의 비슷했다(한국은 국내총생산의 9.30퍼센트, 대만은 9.58퍼센트).

<그림 9.4> 공동 소속 자료를 토대로 한 2005년 대만의 결사체 네트워크

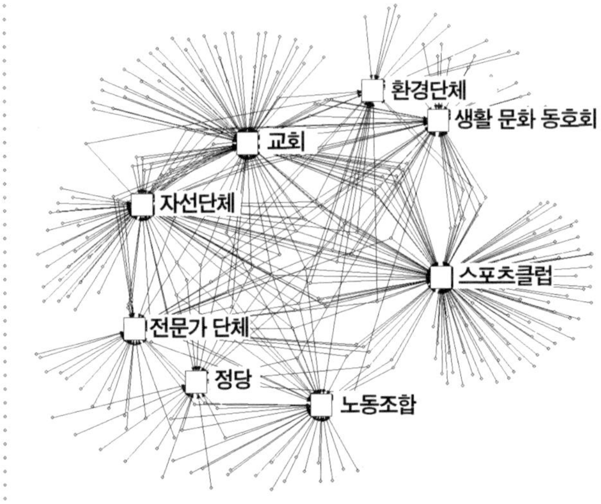

*주: 네트워크 연계에 대한 측정에 대해서는 부록 B를 참조.

민사회에 대한 이 같은 낮은 배태성 때문에 (사용자와 같은 전통적 지지자들의 이익에 반하는) 사회복지 정책을 지지하는 중도 정당으로 신속히 탈바꿈할 수 있었다. 국민당과는 반대로, 민진당을 필두로 한 다른 정당들은 꽤 높은(브라질의 좌파 정당들보다도 높은) 수준의 배태성을 보여 준다. 대만에서 노조들의 배태성이 전반적으로 매우 낮다는 것을 고려해 볼 때 (<표 9.3>의 D칸을 참조), 정치사회 및 시민사회에서 개혁 이슈를 동원하고 정책화하는 데 선도적 역할을 해온 것은 바로 민진당이다.

선거에서 야당인 민진당과 같은, 곧 시민사회단체의 지지(Wong 2004)를 기반으로, 보편적 건강보험, 연금, 소득 보장 정책을 야심차게 주장하는 정당들의 도전이 점차 늘어나면서, 국민당 역시 결국 진보적인 사회정책 개혁을 추진하게 되었다. 1995년에는 국민건강보험을, 1999

년에는 모든 노동자를 대상으로 한 고용보험을 개시했는데, 이것들은 1996년과 2000년 총선을 앞두고 국민당이 선제적으로 추진한 정책이었다.[17] 민진당은 노인을 대상으로 한 (비기여) 기초연금의 도입을 우선적인 주요 정강으로 삼아(Fell 2005), 전통적으로 국민당의 텃밭인 시골 지역들로 선거 기반을 확대했고, 이에 국민당의 주류 당파는 그에 상응하는 현금 급여에 기초한 복지 개혁을 지지함으로써 선거 경쟁에 대응하기로 결정했다. 요컨대 1990년대 말과 2000년대 초, 한국에서는 기여에 기초한 단층적 보편 연금제도가 추진된 반면, 대만에서는 수당에 기반을 둔 분산된 연금제도가 추진되었다(Choi 2008).

대만에서는 보수당 정부가 (건강보험 및 고용보험에 대한) 사회복지 혁명을 주도했고, 또 (연금 문제에 대한) 타협이 약한 개혁 정부와 강한 보수 의회 사이에서 이뤄진 반면, 한국에서는 주요한 '보편적' 사회정책 거의 전부가 정부 내 개혁 성향의 정책 입안자들과 복지 확대에 찬성하는 강력한 (시민사회 집단들로 이루어진) "지지 연합"(Kwon 2003; Sabatier 1986) 사이의 동맹을 통해 도입됐다. 이를테면, 대만에서는 국민당의 정책 입안자들이 보편적 건강보험 개혁의 정책 수립 과정을 시작부터 끝까지 이끌며, 의회에서 다른 정당(민진당)이나 시민사회 집단을 (정책 역량의 측면에서) 압도한 반면(Wong 2004), 한국에서 국민건강보험 개혁(1999년)은 1988년 농민단체가 불평등한 의료보험 혜택과 조합 운영 구조에 저항해 온 이래 (4장과 5장에서 서술했듯이), 10년 이상에 걸친 노동, 자본, 정당,

---

17 하지만 국민건강보험의 보장 대상은 민간 부문의 피고용인 5인 이상 기업 직원들에게로 제한됐고 5인 미만 기업 직원들은 '자발적 가입 대상'이 되고, 공공 부문의 노동자, 교직원, 농민은 분리된 특별 체제에 속했다(USA Social Security Administration 2014/15). 따라서 대만의 '국민'건강보험은 보장 대상과 관련해 보편 체제라고 보기 어렵고, 상이한 사회집단과 직업에 따라 분산된 체제일 수 있다.

사회운동 세력 사이의 갈등과 협상을 통해 이뤄졌다. 노동 및 농민운동 단체를 비롯한 77개 조직으로 구성된 시민사회 집단(의보연대회의) 모두 분산된 의료보험 조합을 단일한 구조로 개혁하는 것을 일차적인 목표로 삼았다. 이런 압력 아래에서, 양당은 1997년 금융 위기 가운데에서도 그 법안을 만장일치로 통과시켰다.

한국에서 복지를 지지하는 시민사회 세력의 성장은 장외 투쟁의 정치가 쇠퇴하고, 공식 제도 영역에서 응집성과 배태성이 증가하는 것과 정확히 일치했다. 1980년대와 1990년대 초, 곧 민주화 운동과 노동자들이 벌인 파업의 물결, 그리고 다양한 사회운동이 분출된 격동의 시기를 거친 이후, 1990년대 중반부터, 결사체들의 장은 운동 조직 및 의제의 급속한 제도화를 겪기 시작했다. 노조와 정당들은 구성원들이 정체되거나(노조) 현저히 줄었지만(정당), 동시에 그런 공식 조직의 핵심 지도자들은 공식·비공식 시민사회 영역의 다른 주요 행위자들과 긴밀한 연계를 맺기 시작했다.

<표 9.1>을 보면 공식 부문에서 구성원들이 현저히 감소한 반면(A칸),[18] <표 9.2>와 <표 9.3>에서 보면 정당과 노조의 지도자들이 공식 부문 내 연계(노조는 0.25에서 0.83으로[<표 9.3>의 A칸], 정당은 0.23에서 1로[<표

---

18 혹자는 복지국가에 미치는 시민단체 구성원 수의 영향(Putnam 2000)을 궁금해 할 것이다. 하지만 <표 9.1>에서 제시된 단체 회원 수의 수준과 변화는 4개국 복지국가의 변동을 설명하는 데 유의미한 원인은 아니다. 그것은 단순히 브라질의 사회적 자본이 풍부함을 포착하고, 아르헨티나, 한국, 대만 사이에 별 차이가 없음을 보여 주는 지표다. 한국은 다른 두 나라보다 사회적 자본이(특히 사회적 자본)이 약간 많지만, 세 나라에서 시간의 흐름에 따른 변화는 거의 없다. 이렇게 회원 수는 안정적인 반면 부문 간 공동 소속으로 포착한 배태성은 복지국가에서 극적인 변화가 발생한 세 나라 모두에서 시간이 흐르면서 눈에 띄게 달라진다. 단체 영역들의 제도화 과정에서 회원 수와 공동 소속 연계의 상이한 방향들을 보여 주는 한국 사례는 전통적인 '수량' 기반 접근법을 넘어 '관계적' 접근법의 중요성을 강조한다.

〈그림 9.5〉 한국, 공동 소속 자료에 기초한 결사체 네트워크 : 2005년

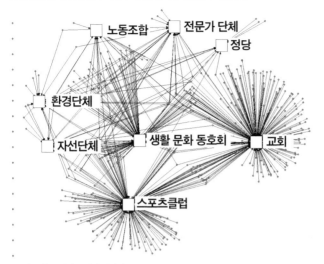

*주: 네트워크 연계 측정에 대해서는 부록 B를 참조.

9.2>의 A칸])와 공식 부문 밖 비공식 시민조직과의 연계(노조는 1.13에서 2로
[<표 9.3>의 D칸], 정당은 1에서 2.08로[<표 9.2>의 B칸])를 극적으로 늘렸다. <그
림 9.5>에서 보듯, 정당과 노조들은 공동 소속 연계를 통해 인력과 자
원을 더 많이 공유했고, 또한 공동체 수준에서 비공식 시민조직들과
더 긴밀하게 연결됐다.[19] 10년 사이 한국의 공식 부문의 응집성과 배
태성은 1995년에 4개국 가운데 최상위였던 브라질의 응집성과 배태
성을 뛰어넘었다.

특히, 이전 장들에서 상세히 분석했듯이, 이 시기에 노동 – 시민 연

19 아르헨티나와 브라질의 대비에 견주면 차이가 잘 드러나지 않지만, 이 시기 한국의 정당과 노조는 대
만에 비해 서로는 물론이고 다른 비공식 시민단체들과도 더 조밀하게 연결되어 있다.

대는 새롭게 출범한 김대중 정부가 분산되어 있던 의료보험 조합들을 통합하고, 연금 보장 대상을 도시 빈민과 자영업자에게로까지 확대하도록 압박하는 데 성공했다. 또한 정부가 최저 생계비를 보장[국민기초생활보장법]하게 한 것도 시민사회가 추동한 복지 개혁의 좋은 사례다. 이는 복지를 가난한 사람에 대한 국가의 선별적 부조가 아니라 시민의 기본권으로 규정한 것이다. 시민사회 집단 가운데서도 참여연대는 기초 소득 보장 정책을 금융 위기 이후 시급히 해결해야 할 정치적 문제로 협상 테이블에 올리는 데 결정적인 역할을 했다.[20] 참여연대는 민주노총, 경실련, 한국여성단체연합 등과 같은 영향력 있는 시민단체 26곳으로 구성된 강력한 지지 연합을 형성한 뒤, 집권 개혁 정당과 보수 야당이 국민기초생활보장법을 통과시키도록 지속적으로 압력을 행사했다(Kwon 2003; 2007). 참여연대가 주도한 지지 연합과 다른 압력단체 사이의 중요한 차이는, 참여연대는 집권당뿐만 아니라 정부 관료 및 보수 야당에도 협의를 진행할 파트너들이 있었다는 것이다. 이 시민단체 연합은 보수 야당 대표와도 협의해 입법 청원 활동을 벌이면서 양정당의 경쟁에 불을 붙였고, 법안이 실제로 통과되도록 집권당 내 동맹 세력들을 지속적으로 압박했다. 법안이 제출된 후 상임위원회를 통과하고 정부 내 상이한 부처들이 시행규칙을 두고 면밀히 검토·토론하는 동안, 시민단체 연합은 입법 및 시행의 각 단계에서 법안의 본래 취지와 내용이 훼손되지 않고 유지되는 데 주력했다.

2000년대 중반까지 정책 동원 및 정책 수립 과정에서 두 나라의 차이를 가장 잘 보여 주는 사례는 건강보험 및 노령 연금의 정치다. 기본

---

20 1990년대 말, 국민연금 개혁에서 참여연대의 역할은 4장과 5장을 보라.

적으로 대만의 건강보험과 노령 연금은 전국적으로 단일한 제도로 보기 힘든 서로 다른 세 개의 하위 체제로 구성되어 있다. 국가 및 공공 부문 노동자를 위한 연금, 회사에 다니는 노동자들을 대상으로 한 직장 연금, 마지막으로, 기존에는 연금 보험이 없었던 이들, 곧 대체로 비취업자, 실업자, 자영업자를 위한 연금이 그것이다.[21] 이 같은 연금제도는 분산적이라는 특성으로 말미암아 위험을 효과적·연대적으로 분산·공유하고, 이를 통해 재분배 효과를 낼 수 있는 여지가 작다. 이렇게 분산된 구조는 "인구 가운데 상이한 부분들에 혜택을 불균등하게 제공"한다(Ramesh 2004, 14). 분산된 연금 구조는 민진당 정부와 국민당이 지배하는 의회 사이에서 이루어진 정치적 타협의 산물이었다. 한편 국민당은 집권당인 민진당이 오랫동안 유지한 공약(노령 연금)을 지지하고 싶지 않았고, 또 보장 대상이 아니었던 비공식 부문 가입자들에 대한 준-현금 급여 프로그램의 도입을 반대함으로써 복지 반대 세력으로 간주되고 싶지도 않았다. 다른 한편, 노동계급과 중산층 모두를 아우르는 시민사회로부터의 강력한 지지를 받지 못한 상태에서, 유의미한 재정 지원자들인 소상공인의 강력한 반발에 직면한 민진당 정부는, 2000년대 내내 애초 자신들이 계획했던 보편적인 연금 개혁안을 의회에서 통과시킬 역량이 충분하지 못했다. 이것이 바로 세 가지 층위의 연금제도가 국민연금이란 이름 아래 분산된 형태로 공존하게 된 배경이다. 국민당의 사회복지 공약이 집권 여부에 따라 판이하게 달라진 것은 국민당의 정책이 철저히 선거 경쟁에서의 필요와 전략에 기초해

---

21 (2007년에 도입된) 국민연금에서, 연금 보험 가입 대상이 아니었던 이들을 위해 새로 추가된 제도는 보험에 든 이들의 고정 기여금(60퍼센트)과 정부의 고정 지원금(40퍼센트)으로 펀딩이 이루어진다.

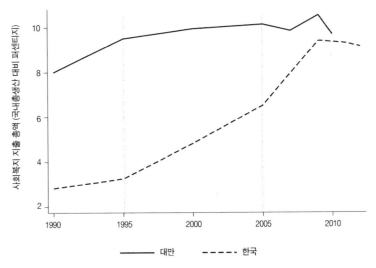

*출처: ILO 2014-15.

있었음을 시사한다. 대만의 건강보험 체계 역시, 연금 체계보다 덜 심하긴 하지만, 분산되어 있었다. 가장 중요한 것은 5인 미만 사업장에 속한 노동자의 건강보험은 자발적 가입에 기초해 있고, "공무원, 농민, 공공 부문 노동자, 교원에 대한 특별 현금 혜택"이 존재한다는 것이다 (USA Social Security Administration 2014, 223). 1995년, 국민당이 건강보험을 시작한 이래, 노조와 시민사회는 이처럼 분산된 체제를 해결하는 데는 많은 노력을 기울이지 않았다.

하지만 한국에서 노령 연금 프로그램은 공식 부문 기업의 노동자에게서 시골과 도시 비공식 부문의 비취업자나 자영업자에게 소득을 재분배하는 단층 체제로 도입되었다.[22] 분산됐던 의료보험 조합의 통합 역시, 공식 및 민간 부문 노동자뿐만 아니라 자영업자와 비취업자가 동일한 조건의 서비스와 혜택을 보장받을 수 있는 전 국민적 단층 체제를 설립하기 위한 지속적이고 끈질긴 노력의 결과였다.[23] 일부 노조 및 중산층 시민단체가 처음에 이에 강하게 반대하긴 했지만, 새로 선출된 개혁 정부는 노조 및 시민사회 집단 내의 좀 더 진보적인 분파들의 강력한 지지를 받아 진보적 단층 체제를 시행하는 데 성공했다.

1990년대, 대만의 주요 정당인 국민당과 민진당은 사회정책의 확대에 큰 관심을 보였다. 그들 사이의 경쟁은 국민당에 맞서 선거에서 표를 얻기 위해 민진당이 고안한 야심 찬 현금 급여 프로그램에 의해 처음 추동되었고(Fell 2005), 이후 국민당은 그에 필적하는 개혁 프로그램들을 선제적으로 내놓았다. 그 결과 대만 사회복지 제도들의 대부분은 단층의 재분배적 제도 아래에서 상이한 인구 집단 전체를 아우르는 보편적인 프로그램이 아니라, 특정 집단을 대상으로 한 직접적 현금 급여 정책들로 구성되어 있다.[24]

---

22 1990년대 말, 한국에서 연금이 확대된 과정의 상세한 내용은 5장에 있다. 5장에서는 국민연금과 국민건강보험의 제정 과정에서 지지 연합들의 역할과 역량의 차이를 강조했는데 이 장에서는 양국의 사회정책 프로그램의 제도적 특징의 (보다 큰) 국가 간 차이에 집중한다.

23 4, 5, 6장에서 상술했듯이, 참여연대가 중심 역할을 한 연금 개혁과는 달리, 의료보험 조합 통합은 당시 선도적 역할을 했던 민주노총의 핵심 노조들(보건의료노조와 보건의료단체연합)이 없었다면, 또 재벌 대기업 노조들의 동의가 없었다면 가능하지 않았을 것이다.

24 사회정책 체제의 '확대' 시기 동안, 공적인 사회복지 지출이 한국에서는 1990년 2.25퍼센드(국내총생산 대비 퍼센티지)에서 2009년 9.4퍼센트로 급증했고(이명박 정부 동안 2012년까지는 변동이 없었다) 대만에서는 크게 달라지지 않았다(1990년 8.0퍼센트, 2005년 10.13퍼센트, 2010년 9.68퍼센트). 하지만 지은주와 권혁용은 양국에서 시장의 소득 불평등과 가처분소득 불평등 자료를 분석한 뒤, 대만이 시장의 소득불평등을 줄이는 데 더 나은 성과를 보였다고 보고한다. 그들의 평가에 따르면 대만에서 "임금 불평등 증가액 가운데 거의 3분의 2가 정부의 조세 및 현금 급여 정책으로 감소했다"(Chi and Kwon 2012, 905).

이런 제도적 차이들은 1990년 이후 양국의 사회복지 지출 총액을 보여 주는 <그림 9.6>에 분명하게 반영되어 있지 않다. 하지만 그 그림의 추세를 보면 대만과 한국이 뚜렷이 구별되는 점이 있다. 곧 대만은 권위주의 시기 및 민주화 이행 초기, 국민당이 집권했을 때 '하향식 사회정책 혁명'이 있었던 반면, 한국은 1990년대 중반과 2000년대 말 사이, 노동 – 시민 연대가 그 의제를 공격적으로 밀어붙였을 때 '상향식 사회정책 혁명'이 성취됐다. 한국에서는 2000년대 말, 보수 정부가 재집권했을 때, 급격히 확대되던 복지국가가 중단 또는 (적어도) 억제됐다.

요약: 배태된 응집성 대 탈구된 응집성

이 단락에서는 지역 내 비교를 넘어 유형별 비교를 시도한다. 우선 1990년대 아르헨티나 및 대만 사례와 2000년대 한국 사례를 탈구된 응집성의 사례로 정의하고, 브라질 사례(1990년대와 2000년대)와 한국 사례(1990년대 말)를 배태된 응집성 또는 응집성 없는 배태성의 예로 분류했다.[25] 지역을 가로지르는 이 같은 분류를 통해, 응집성과 배태성의 수준, 그리고 집권 정당의 성향에 따른 복지 정치의 다양한 결과를 설명하는 인과 경로 트리를 만들었다(<그림 9.7>). 이후, 시민사회에서 노조가 차지하는 구조적 지위(배태성과 응집성)와 종속변수(복지 레짐의 축소와 확장) 모두에서 시간의 흐름에 따른 '변화'에 주목해 복지 정치의 결과를 탐구한다(<그림 9.8>과 <표 9.4>를 참조).[26]

---

25 판단하기 너무 이르긴 하지만, 2016년, 좌파 후보 차이잉원(蔡英文)이 대통령이 된 2010년 대만 사례는 배태된 응집성의 사례로 볼 수 있을 것이다.

<그림 9.7> 탈구된 응집성, 배태된 응집성, 그리고 복지국가에 대한 정당 지도자의 선호

응집성	배태성	집권 정당의 성향	복지국가 확대	복지국가 축소
높음	높음	좌파	O	X
높음	높음	우파	X	X
높음	낮음	좌파	X/O[a]	O
높음	낮음	우파	X/O[b]	O
낮음	높음	좌파	X/O[d]	X
낮음	높음	우파	X/O[d]	X
낮음	낮음	좌파	사례 거의 없음	
낮음	낮음	우파	X/O[c]	X/O

현재 상황 ← 압력들: 경제 위기 + 정치적 경쟁

*주a, 주b, 주c: 여기서 'O'는 경제 위기가 임박한 상황이 아니고 과거의 성장률이 인상적인 경우다. 하지만 확대 개혁은 집권당의 특정 후견인 집단들로 제한될 공산이 있다.
*주d: 여기서 'O'는 노조가 매우 높은 수준의 배태성이 있는 경우다.

<그림 9.7>은 두 가지 주요 설명 요인과 추가 변수(집권 정당의 성향)뿐만 아니라, 1990년대와 2000년대, 개발도상 4개국에서 복지국가의 확대 또는 축소를 이용한 인과 경로를 제시한다. 애초 네 나라는 모두 지구화와 민주화에 따른 압력에 노출됐다. 심각한 금융 위기와 (민주화 이행 이후) 격렬해진 정치 경쟁은 이들 나라에서 공식 정치 부문에 참여하고 있는 엘리트 및 지도자들에게 유사한 압력들을 가했다. 그럼에도 그들은 다양한 연계[연대] 유형mode of linkage에 의해 결정되는 조직 역량에 따라 상이한 경로를 밟아 왔다.

이론적으로 노조가 (집권당과의) 낮은 응집성과 낮은 배태성을 가시

26 <그림 9.8>과 <표 9.4>에서 응집성 측정은 앞서 사용한 협의의 정의 — 노조의 집권당과의 연계 — 가 아니라 광의의 정의 — 모든 정당과 전문가 단체와의 노조의 연계 — 에 기초해 있다. 따라서 그 값이 7장과 8장의 (질적인) 응집성 값과 반드시 일치하지는 않는다.

고 있을 경우, 노조에게는 주도적으로 급진적 (확대) 개혁 기획을 밀어붙일 수 있는 역량이 거의 없을 것으로 보인다. 따라서 그 경로들에서는 확대 개혁을 위한 아무런 조치도 나오지 않을 것이다.[27] 축소 압력 사례에서, 노조의 응집성과 배태성이 낮을 경우, 우파 집권당은 급진적 시장 지향 개혁을 시행할 수 있을 것이다. 8장에서 논의했듯이, 응집성이 없어도 배태성이 높을 경우, 노조는 정부가 시장 지향 개혁을 개시하는 것을 충분히 막을 수 있다. 예컨대 우파 집권당이 급진 시장 개혁을 도입하는 사례에서도, 노조의 높은 배태성은, 1996~97년 한국의 노동자 대투쟁 사례에서처럼, 국가가 원안을 철회하고 회유책으로서의 개정안을 제시하도록 할 것이다.

강한 응집성은 배태성 수준에 따라 상이한 결과를 낳을 것이다. 높은 배태성과 중간에서 높은 수준의 응집성의 경우, 양호한 성장률과 건전한 예산 상황을 물려받은 좌파 또는 개혁 정부에서 노조 및 (노조와 동맹 관계에 있는) 시민사회 세력은 확대 프로그램을 개시할 것이다(예컨대, 1990년대 말 한국과 2000년대 브라질).[28] 심지어 이전 정부로부터 경제 위기 (통화, 또는 부채 위기)를 물려받은 경우에도, 그들은 (브라질 사례에서처럼) 기존 복지국가를 축소하지 않을 것이다. 우파 또는 중도 우파 정부들 — 예를 들어, 이명박 정부(2008~13, 국민건강보험의 민영화 시도), 대만의 마잉주馬英九 정

---

27 1995년 국민당의 건강보험 개혁이 실증하듯, 공식·비공식 조직들이 아직 충분히 발전하지 못한 제한적 민주주의 혹은 민주주의 이행 시기에는 (과거에 권위주의적이었던) 우파 집권당이 공식 부문의 동맹 없이도 정책 개혁을 개시할 자율성이 있을 것이다. 이 경로는 흔히 국가 중심 이론에서 사회정책 확대 개혁을 개시하는 데 국가 관료의 결정적 역할을 보여 주기 위해 사용된다.

28 1996~97년, 민주노총과 한국노총이 공동으로 주도한 총파업은 응집성 없는 배태성의 전형적 사례이다. 또한 1990년대 말, 2000년대 초 한국에서 건강보험 조합들의 통합도 배태된 응집성 사례로 볼 수 있다.

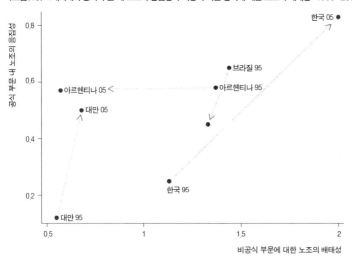

〈그림9.8〉 4개국에서 공식 부문 내 노조의 응집성과 비공식 시민 영역에 대한 노조의 배태성: 1995~2005

부(2008-16, 연금 개혁 시도), 브라질의 카르도주 정부(1995~2002, 연금 개혁 시도) ― 도 시민단체에 배태된 공식 부문의 응집적 조직들(노조)에 둘러싸인 경우, 관대한 복지 프로그램을 새로 개시하지는 않는다 하더라도, 급진적인 신자유주의 개혁 프로그램들을 밀어붙일 수 없을 것이다.

　〈그림 9.8〉과 〈표 9.4〉에서 제시된 응집성과 배태성의 시계열적 변화는 이 같은 시나리오에 신빙성을 더한다.[29] 〈그림 9.8〉을 보면, 시간이 흘러도 응집성과 배태성 모두에서 뚜렷한 변화가 없는 브라질의 배대된 응집싱 사례와 더불어, 1990년대 말과 2000년대 조에 걸쳐 양

---

29 이 응집성과 배태성의 시계열적 변화는 4개국 자료(1995~2005)가 전부 있는 〈표 9.3〉의 A칸과 D칸에 기초해 있다.

국가	노조의 응집성 변화	노조의 배태성 변화	변화율 (응집성/배태성)	복지국가 변화(연금들)	복지국가에서 예기치 못한 (비당파적) 변화
아르헨티나	거의 없음 (-.01)	큰 감소 (-.80)	큰 증가 (0.58)	급진 축소	있음
브라질	약간 감소 (-.20)	약간 감소 (-.11)	약간 감소 (-.11)	온건 조정	없음
한국	큰 증가 (.58)	큰 증가 (.87)	약간 증가 (.20)	확대(보편)	없음
대만	약간의 증가 (.38)	약간 증가 (0.13)	큰 증가 (.50)	확대(현금 지급 기반, 분산된)	있음

차원이 모두 증가한 배태된 응집성의 또 다른 사례, 즉 한국의 노조 사례도 인상적이다(그러다 다음 10년 동안 급격히 쇠퇴한 것도 그에 못지않게 인상적이지만). 결과적으로 브라질에서 변화 거의 없음(또는 약간의 감소)은 주요 사회정책 영역들에서 '변화 없음'으로 이어진 반면, 한국에서 매우 큰 증가는 주요 사회정책 제도들의 보편적 확대를 낳았다(〈표 9.4〉를 참조).

〈표 9.4〉에서 응집성과 배태성의 시계열적 변화를 요약한 칸들은 노조의 배태성이 노조의 응집성보다 설명력이 더 강함을 시사한다.[30] 노조의 응집성은 동아시아 두 나라와 라틴아메리카 두 나라 사이의 차이들을 설명해 준다. 하지만 지역 내의 차이들은 설명하지 못한다. 그러니까 아르헨티나에서의 [변화] '거의 없음'과 브라질에서의 '약간 감소'가 상이한 결과, 곧 아르헨티나에서는 복지국가의 축소, 브라질에서는 복지국가의 유지를 설명하지 못하는 것이다. 반면 배태성의 변화

---

30 사회정책 개혁에서 (응집성보다) 강한 배태성의 역할은 부록 C의 게임 이론적 모델과 부록 E의 잠재적 회귀분석의 결과와도 잘 일치한다.

는 복지국가 변화의 미묘한 질적 차이들을 효과적으로 설명한다. 이 글에서는 이런 시계열적 경향을, 노조가 사민주의 정치로 더 많이 통합되는 것뿐만 아니라, 노조가 공동체 또는 시민사회 기반 비공식 연대에 더 많이 참여하는 것으로도 개념화한다.

요약하면 배태성 또는 배태된 응집성의 정치는, 심각한 경제 위기 아래에서조차, 복지 부문을 보호하거나, 개혁 정부에서 보편적 사회정책을 야심차게 확대하는 과정을 설명한다. 브라질과 한국에서 파괴적 시장 경쟁에 맞서 국민의 복지 일반과 생활 조건을 보장하려는, 노조와 그 동맹 개혁 정당 또는 진보적 시민단체의 헌신적인 노력은 여전히 안정적이거나(브라질) 시간이 흐르면서 강화됐고(한국, 2000년대 중반까지만), 또한 양국에서 그런 노력과 기획들은 공식 부문 내부에서, 그리고 공식 영역과 비공식 시민 영역 사이에서 발달한 조직적 연계에 의해 지탱되었다. 비공식 시민 영역에 깊이 배태되어 있는, 응집적으로 연결된 (노동 기반) 공식 조직의 지도자들은 중산층과 노동계급을 포함하는 폭넓은 시민 공동체를 기반으로 좀 더 보편적이고, 좀 더 관대한 사회보장을 바라는 대중들의 요구를 의식적으로 정치화한 것이다.

이 배태성(또는 배태된 응집성)의 두 사례는 3장에서 축소 게임 3과 4, 확대 게임 3과 4(부록 C.1과 C.2)에서 제시된 예측들을 설득력 있게 지지한다. 카르도주 및 룰라 정부의 신자유주의에 대한 온건한 조정 adjustments이 실증하듯, 배태성이 강한 노동 – 시민 연대는 신자유주의적 시장 개혁 압력을 받고 있는 국가가 급진적 개혁을 시행하지 못하도록 설득하거나 위협하는 데 성공할 것이다. 또한 한국의 연금 및 건강보험 개혁이 증명하듯, 노조가 집권당 및 진보적 시민단체 모두와 잘 연결되어 있을 경우, 노동 – 시민 연대는 광범위한 임노동자와 자영업자를 아우르는 보편적 복지 개혁을 추진할 수 있을 것이다. 1990년 대 말 한국에서 보편적 사회정책 개혁을 추구하는 과정(5장 참조)에서 드러난 노조(특히 민주노총 산하의 전국병원노조연맹과 그 후신인 보건의료노조)의 견고한 지지와 지도력은 국민당과 민진당의 복지 개혁에 관한 대만 노조들의 수동적이고 회유적인 입장과 크게 대조된다. 곧 대만 노조들은 1990년대와 2000년대, 즉 확대 개혁 시기에 보편적 확대 개혁을 좀처럼 자신들의 핵심 의제로 추구하지 않았다. 1995년 국민당이 시행한 국민건강보험 개혁과 관련해 당시에도 그리고 그 이후에도 여전히, 제한적 보장 범위(5인 이상 사업장 노동자들만 보장하는) 문제에, 또는 민간 부문 대 공식 부문, 산업 부문과 농업 부문에 따라 제도가 파편화되어 있는 것에 대해 의문을 제기하는 노조는 거의 없었다. 동일한 맥락에서 연금 프로그램에 대해 대만의 노조들은 분산된 체계, 그리고 그 체계의 제한적인 재분배 효과에 좀처럼 의문을 제기하지 않았다.

내가 '탈구된 응집성'이라 부르는, <그림 9.7>에서 제시한 높은 응집성과 낮은 배태성을 가진 정부는 전통적인 의미에서 (결국에는) 비당파적으로 바뀌며 자신의 전통적인 지지 기반을 배신하게 되는데, 탈구된 응집성에는 이런 변형적 정치(변형주의)에서 오는 잠재적 이득을 판단해 전략적으로 기동할 여지가 존재하기 때문이다. 그러나 탈구된 응집성은 시간이 흐르면서 불안정해질 것이다. 1990년대, 이 나라들에서 노동에 기반을 둔 대중정당이 자신의 전통적인 지지 기반을 배반하고(아르헨티나의 PJ 사례에서처럼), 과거 권위주의적 보수였던 정당이 복지 법안들을 선제적으로 제정해 수동 혁명을 하면서(대만의 국민당처럼), 노조는 자신의 분명한 정치적 동맹 없이 떠돌게 되었다. 아르헨티나에서는 노조와 비공식 시민단체 사이의 연계 역시 급격히 줄었는데(<그림

9.8> 참조), 이는 노조가 PJ와 소원해지면서, PJ와 비공식 시민사회 사이에서 이들을 중재할 수 있었던 지위를 상실했기 때문이다. 대만에서는 민주화와 함께 노조와 시민사회의 관계가 재편되기 시작했으나, 공식 부문 내에서 형성된 국민당과 노조 사이의 공고화된 연계에 비해, 국민당과 비공식 부문 사이의 연계는 여전히 부진했다. 그 결과 노조의 비공식 시민사회단체와의 연계 대비 공식 단체와의 연계 비율은 이 두 나라에서 극적으로 증가했다(아르헨티나, 1995년, 0.58/1.37=0.42에서 2005년, 0.57/0.57=1.00, 대만, 1995년, 0.12/0.55=0.22에서 2005년, 0.50/0.68=0.74). 대만에서 비교적 크게 증가한 응집성 또는 아르헨티나에서 줄어든 배태성은 브라질(0.65/1.44=0.45에서 0.45/1.33=0.34로)과 한국(0.25/1.13=0.22에서 0.83/2.00=0.42로)에서 나타난 작은 변화와 비교가 안 될 정도다. 이 글에서는 이 탈구된 응집성으로의 경향을, 노조가 공식 부문의 머신 정치machine politics로 더 많이 통합될 (특히 대만에서 국민당과 중화민국전국총공회의 동맹과 관련한) 뿐만 아니라, 노조가 공동체에 기반을 둔 비공식 시민단체들과의 연대로부터 더 많이 탈구되는 것(특히 아르헨티나에서 CGT와 PJ의 동맹)으로도 정의한다. <표 9.4>에서 세로 부분 뒤에서 두 번째 열['복지국가 변화(연금들)']은 탈구된 응집성이 정당 성향을 초월한 조치 — 노동에 기반을 두었던 정당의 신자유주의적 축소 개혁과 권위주의적 우파였던 정당의 관대한 사회정책을 지향하는 선제적 개혁 — 로 이어질 수 있음을 보여 준다. 확대 개혁으로든 후퇴로든 그들의 방향은 외부의 압력 혹은 성장률에 따라 움직이는 경향을 보인다.

탈구된 응집성의 두 사례는 또한 3장에서 — 특히 명제 2와 관련해 — '배태성 없는 응집성'에 대해 제시한 예측에 신빙성을 더한다. 한편으로, 역사적으로 정당과 맺어 온 동맹 관계를 유지하는 반면, 시민사회단체와의 연대 관계를 잘 발전시키지 못했을 경우, 노조는 (메넴 정부와 긴밀한 연계를 유지한 아르헨티나 노조들이 그랬듯이) 집권당의 축소 공세를 묵인할 것이다. 다른 한편, 배태성 없는 응집성은 노조로 하여금 (반)권위주의적 국가의 선별적 포획 개혁co-optation reform에 (암묵적으로) 협력하도록 고무할 것이다(노조가 반드시 정치 동맹인 집권당과 협력해 선별 개혁을 개시하지 않는다 하더라도 말이다).[31] 1990년대 말, 국민당의 선제적 복지 개혁은 이 시나리오를 실증한다.

전성기 이후, 노동 – 시민 연대의 역전과 한계

<그림 9.9>와 같이, 2000년대 중반 이후 동아시아에서는 배태성과 응집성 추세에서 무시할 수 없는 역전이 일어났다. 곧 한국에서 노조의 응집성과 배태성은 2000년대 중반 (노무현 정부 후반기) 이후 놀랍도록 하락했다. 한국에서 노조가 정당 및 비공식 시민단체와 맺은 연계는 민주노동당이 붕괴하고 시민사회에 대한 민주노총의 영향력이 줄어들면서 가파르게 쇠퇴했다. 활발히 활동하는 노조 활동가들의 수가 줄어들면서, 10년 동안 정치 및 시민사회 세력들과 연대를 구축하려는 노조의 노력 역시 감소했는데(응집적 연계는 0.83에서 0.5로, 배태된 연계는 2.00에서 1.25로), 이는 심각한 정파 갈등과 노동시장 내 불평등의 극적인 증가가 그 원인이었다. 이 시기, 제조업 분야 대기업 노조들은 1990년대의 사회운동적 노동조합주의를 포기한 채 자신들의 공장에만 머물러 있었고, 그 동안 민주노총 전국 본부의 지도력은 계속 하강했으며, 산별

---

31 동아시아 발전 국가의 전통에서 확대 게임 2는 국가가 선별 개혁을 개시하고 노조가 묵인하는 '국가 주도 게임'으로 쉽게 변형될 수 있다.

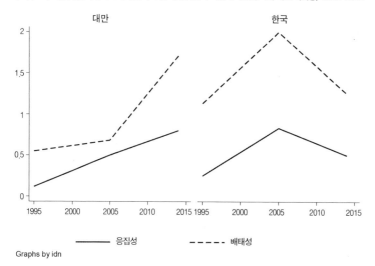

Graphs by idn

*주: 자료의 출처와 계산은 부록 B를 참조. 2014년 아르헨티나 및 브라질 자료는 구할 수 없음

노조들은 대부분 제 기능을 하지 못했다. 이후 (노무현 개혁 정부의 임기 말을 포함해) 두 보수 정부 아래에서 복지국가의 제도적 확대는 중단되거나(건강보험의 경우), 신자유주의적 시장 개혁 공세에서 상당히 축소되었다(연금의 경우).

반면 대만에서는 노조가 정당 및 시민단체와의 동맹을 꾸준히 발전시켰고, 결국 2010년에는 한국을 앞질렀다. 한국 노동 정치의 예기치 못한 분귀와는 대조적으로, 대만의 노동운동 지도자들은 성당뿐만 아니라 비공식 시민단체와의 연계 역시 지속적으로 확대·강화했다. 2014년 무렵, 대만에서 노조의 응집성은 0.5(2005년)에서 0.8로 증가했고 배태성은 (2005년, 0.68에서) 1.71로 급등했다. 이처럼 두 나라에서 응집성과 배태성이 극적으로 역전되면서 최근 양국의 연금 개혁에 관한 축소의 정치 또한 역전되었다. 한국에서 노조와 동맹 세력들은 2007 년, 소득대체율이 (60퍼센트에서 40퍼센트로) 낮아지고, 2014년, 기초연금 도입을 통해 국민연금이 왜곡됐지만, 이에 대해 대체로 침묵했다. 반면, 대만에서는 최근 국민당(마잉주 정부)이 개인화된 연금 계정을 도입하는 시장주의적 개혁을 시도했는데, 이에 대해 노조와 동맹 세력들이 유례없는 저항에 나섰다.[32]

대만과 한국의 한 가지 결정적 차이는, 대만의 정당(민진당)과 노조 지도자들(대만전국산업총공회와 대만노동전선)은 2000년대부터 2010년 중반까지 정당(민진당)과 연계된 정책 네트워크 역량을 면밀하게 유지한 반면, 한국에서 좌파 노동운동 지도자들은 노동에 기반을 둔 정당 아래, 그 특유의 정파주의와 내부의 이질성을 규율·억제하지 못했다. 대만에서는 젊은 세대의 시민사회 지도자, 정치 지도자들이 계속 출현해 사회정책의 정치를 추구하기 위한 새로운 기획과 에너지를 공급했던 반면, 한국에서는 한때 (대만에 비해) 좀 더 급진적이고 효과적으로 동원됐던 노동 – 시민 네트워크가 (386세대와 함께) 급속히 노화하면서 사회정책 영역들에서 스스로를 제도화 또는 재생산하지 못하고 있다.

양국은 급속한 탈산업화(강력한 산업국가로서 중국이 새롭게 부상함에 따른)와 증가하는 노동시장 유연화/탈규제에 직면해 있다. 젊은 세대들 사이에서 늘어나는 비정규, 불안정 노동과 더불어 출산율 감소와 노령화된 인구구조는 양국의 사회정책 예산에 엄청난 부담이 될 것이다. 따라서 이들 나라에서 노동 정치의 미래는 불안정한 비정규직 지위에 있

---

32 8장에서 논의했듯이 이 최근 양국의 노동 정치의 역전은, 한국과 비교해 대만 노동운동의 제도 정치의 상대적 승리를 강조하는 이윤경(2011)의 최근 연구 결과와도 상당히 일치한다.

는 (그러면서도 날로 늘어나고 있는) 노동자들의 조직 역량에 달려 있다. 달리 말해, 이 새로운 최하층 인구들이 정규직 노조 및 시민단체와 더불어, 배태성과 응집성을 통해 새로운 사회 연대의 핵심으로 출현할 수 있는 가가 양국 복지 정치의 향방을 결정할 것이다.

동아시아에서 배태성의 본보기인 한국은 보편적 사회정책 개혁을 지속적으로 추진하지 못했고, 그동안 라틴아메리카의 비교 대상국인 브라질은 노동 - 시민 연대의 한계를 시험해 왔다. 즉, 지우마 정부의 두 번째 임기에서 점점 더 악화된 브라질 경제는 브라질의 배태된 응집성을 심각한 시험대에 올려놓았다. 연방 정부의 세입은 2010년 이래 곤두박질했고, 증가하는 정부 지출(주로 연금 및 사회부조 프로그램으로 인한)은 2013년 이래 세입을 초과했다. 국제수지 위기와 노동자당과 연정 파트너들이 연루된 부패 스캔들 등으로 말미암아 2015년과 2016년, 브라질의 정치와 경제는 그 어느 때보다 나빠 보인다.

브라질의 배태된 응집성은 경제 위기 상황에서 확대일로에 있던 복지국가를 재조정할 수 있을까? 즉 스스로를 통제하거나 제3의 조직 (예컨대 야당들)의 견제를 받지 않을 정도로 너무 강하지는 않은가? 연금은 헌법에 의해 보호될 뿐만 아니라, CUT의 중심인 공공 부문 노조들 역시 기존의 연금 체계를 옹호하고 있다. 연금 프로그램의 삭감이 추진될 때마다(카르도주 및 룰라 정부에 의해) 노동 - 시민 연대는 이를 성공적으로 저지해 왔다. 볼사 파밀리아는 빈곤을 줄이는 데 가장 성공적인 현금 급여 프로그램이었고, BPC[비조건부 현금 급여 프로그램] 같은 현금 급여 프로그램에 대한 지우마 정부의 추가 지출은 빈곤을 더욱 줄일 것으로 기대된다. 앞의 두 장에서 논했듯이, 시민사회 - CUT - 노동자당 간에 형성된 배태된 응집성은 최근 20년간 사회정책 확대 개혁에 기여해 왔다. 그것은 1990년대와 2000년대 초, 이웃나라들을 괴롭힌 신자유주의적 개혁 압력에서도 살아남았다. 하지만 현재는 2008년 금융위기 이후 몇몇 남유럽 국가가 경험한 것과 유사한 도전에 직면해 있다. 즉 경제 위기에서 초과 지출을 얼마나 오래 유지할 수 있을 것인가? 배태된 응집성의 정치는 자신이 창출한 정부의 팽창을 스스로 제한할 수 있는가, 아니면 파산이라는 한계점까지 복지를 확대하기 위해 정부를 밀어붙일 것인가? 그 답은 마찬가지로 노동 – 시민 연대가 자신이 집권당으로 만들어 낸 노동자당을 어떻게, 또 얼마나 규율·억제할 수 있는가에 달려 있다.

소결: 지구적 시장에서 배태된 응집성과 사회보호의 정치

이 장에서는 공고화된 민주국가인 개발도상 4개국의 복지국가 축소 및 확대의 정치를 설명하기 위해 결사체 네트워크의 구조를 복지 정치 논의에 가져왔고, 배태된 응집성과 탈구된 응집성 개념을 정식화했다. 이 장이 시사하는 바에 따르면, 개발도상국에서 나타난 복지국가의 정치를 설명하는 모델은 주로 선진국에 초점을 맞춰 발전한 전통적 이론들을 뛰어넘어야 한다. 그리고 사회보장의 정치의 기원과 내용은 선거에서의 경쟁과 동맹이라는 협애한 현상을 넘어, 비공식 시민 영역과 공식 부문 정치 내외의 구성으로 확대돼야 한다. 특히 공식 조직의 지도자와 비공식 시민단체의 시민들 사이에 존재하는 정치적 연계의 강도와 신뢰, 간략히 말해 배태성은 국가 간 사회정책의 변동 과정과 차이를 설명하는 중요한 요인임이 밝혀졌다.

분석 틀이 단순히 정치 경쟁보다는 조직 간 연계에 기초한 정치적 신뢰의 형성이라는 좀 더 넓고, 깊은 과정에 집중할 수 있을 때, 사회정책 확대 및 축소의 정치를 효과적으로 설명할 수 있다. 공식 부문 지도자들이 상이한 계급과 부문을 가로질러 견고한 연대를 구축했을 때(배태된 응집성), 경제 위기에 직면한 개혁 정부는 지지 집단들과의 협의를 통해 필요 불가결하지만 온건한 구조 개혁을 수행할 것이다. 또는 성장률이 좋은 개혁 정부라면, 이와 같은 지지를 기반으로, 전통적 지지자가 아닌 이들까지 포괄하는 좀 더 야심차고 보편적인 사회정책을 개시할 수 있을 것이다. 그런 사회에서는, 정당과 노조의 지도자들이 위기 시에도 자신의 오랜 지지자들에게 충성할 것이다.

하지만 정당과 노조의 지도자들이, 시민사회로부터 탈구되어 있을 경우, 자신들이 견지해 왔던 이념을 져버리고, 선거에서 승리하기 위해 기존의 공약을 뒤집을 수도 있다. 이런 기회주의적 도박은 지도자들이 심각한 경제 위기나 선거 경쟁으로 말미암아 가까운 장래에 자신의 정치적 기반이 흔들릴 수 있다고 판단할 때 일어날 수 있다. 이 글에서는 노동에 기반을 둔 정당 또는 개혁 정당이 주도한 복지국가 축소의 정치가 이런 기회주의적 변형의 본보기라고 주장했다. 또한 이와 유사한 기회주의적 행태가 민주화 압력을 받고 있는 권위주의 정부 또는 그 계승자들에게서 나타날 수 있음을 보여 줬다. 즉, 경제성장 실적이 좋은 보수 정부는 배태성 없이도 새로운 선거 기반을 일구기 위해 확대 개혁을 시행할 것이다. 따라서 이 탈구된 응집성의 정치는 국가 중심 이론의 핵심 원천이다. 좌파·우파 정부를 막론하고, 어느 정부에서든 배태성이 부재한 경우 국가 엘리트들은 독특한 정치적 기회를 갖게 되는데, 이 정치적 기회의 공간에서 집권당 지도자들은 지구화와 민주화에서 기인한 위기와 새로 출현하는 질서를 적절히 이용할 수 있다. 그러한 공간에서, 당파적 정치인과 국가 관료는, 좌파 정치인이 신자유주의 경제학자에 기대거나 우파 정치인이 사민주의 정책 입안자를 중용하는 것과 같은 방식으로, 새로운 엘리트 연합을 형성할 것이다. 전자는 아르헨티나 메넴 정부에서 일어났고 후자는 대만 국민당에서 발생했다. 중요한 점은, 이 같은 경제 환경 및 정치 재편 과정을 집권 세력의 이해에 맞춰 전략적으로 이용하려는 시도는 높은 응집성과 낮은 배태성 아래에서만 가능하다는 것이다. 따라서 국가 중심 이론은 배태된 응집성 접근법의 한 사례에 포함될 것이다(국가 중심 이론과 배태된 응집성 접근법이 교차되는 지점의 함의는 결론에서 더 논의한다).

이 연구의 중심 주장은 루쉬마이어 외(Rueschemeyer et al. 1992)와 루스 콜리어와 데이비드 콜리어(Collier and Collier 1991)가 제시한 시민사회의 구조적 특성 주장과 일치하고, 나아가 그들의 중심 주장들tenets을 더 밀고 나간다. 그들의 공통 주장에 따르면, 잘 발전한 시민사회는 민주주의에 도움이 되는데, 이는 노동계급이 자신의 조직력을 확대할 수 있는 더 많은 기회를 제공하기 때문이다. 최근, 이런 기존 연구들의 연장선에서 샌드브룩과 그의 동료들은 이 같은 시민사회의 역할을, 주변부 사회에서 사회민주주의를 고무하는 핵심 요소로 고려했다. 그들의 주장에 따르면, 조밀한 시민사회는 종속 계급이 스스로를 조직화하기에 유리한 조건을 제공할 뿐만 아니라 "이해관계의 조율에 필요한 거래 비용을 줄이고" "더 나은 주장이 채택될 수 있는 가능성을 높인다"(Sandbrook et al. 2007, 184). 이 책의 분석과 증거는 몇 가지 지점에서 이 같은 주장들을 개선한다. 이 글에서는 서로 다른 사회들에서 시민사회가 서로 다르게 배열되는 다양한 방식을 (네트워크 분석을 통해) 시각화했을 뿐만 아니라, 공식 단체와 비공식 시민단체 사이의 조직적 연계라는 "배태성"(Granovetter 1985) 개념을 활용해 추가적인 인과 메커니즘도 제시했다. 샌드브룩과 동료들은 조밀하게 연결된 시민사회에서 의사소통적 이성(하버마스의 의미에서)이 출현한다는 것을 강조했는데, 이 글에서는 시민단체 네트워크에 대한 노조의 배태성 구조에 초점을 맞췄고, 공식 부문 조직들이 비공식 시민 영역과 구축하는 신뢰 관계가 사회적으로 배태되었는가의 여하에 따라, 공식 부문 엘리트가 공적 부문의 확대 또는 축소에 대해 내리는 전략적 선택이 달라짐을 강조했다.

개발도상국의 복지국가 발전을 연구하는 학자 다수는 각 나라의 사회복지 프로그램이 대체로 공식 부문의 특권 노동계급을 위해 고안되었기 때문에 도시 및 시골의 비공식 부문에 존재하는 상당수의 인구가 그 프로그램으로부터 배제되어 있다고 지적한다(Haggard and Kaufman 2008; Lee 2005; Rudra 2008; Sandbrook et al. 2007). 그들은 라틴아메리카의 주요 노조들이 포퓰리즘 정부와 동맹 맺는 과정을 지켜보면서, 개발도상국의 보편적 사회정책 추진에 있어 노조가 가진 역할을 회의하게 됐다. 그러나 앞서 보았듯이, 노조가 비공식 시민단체에 깊이 배태되어 있는 사회에서는 노조가 축소에 저항하거나, 더 관대하고 포괄적인 사회복지 정책을 지지하는 데 여전히 유의미한 역할을 한다. 이 글이 제시하는 결론은 다음과 같다. 즉, 노조가 포퓰리즘 정부의 선별적 포획 전략에 넘어가지 않기 위해서는, 배태성이 노조에게 반드시 필요하다.

이 글은 또한 배태된 응집성에 기초한 개혁적 정치 기획이 지구화의 압력에 비교적 영향을 받지 않는다고 주장하는데, 이는 지구화가 고율의 세금을 부과하고 노동권을 보호하는 것과 같은 본질적으로 국가 중심적인 활동을 약화시킴으로써, 더욱 관대하고 포괄적인 복지국가를 건설하려는 전통적인 사민주의의 기획을 좌절시킨다는 주장에 직접적으로 반박하는 것이다. 이 장에서 제시한 비교 사례연구 및 증거는 지구화가 결과 — 즉 기존 복지국가의 (보편적) 확대 및 축소 — 의 변동, 차이를 설명하지 못한다는 것을 보여 준다. 오랜 시간 공통적으로 부채 위기와 해외 자본에 노출되어 온 아르헨티나와 브라질은 신자유주의 시장 세력의 공통적인 구조 개혁 압력에 상당히 다르게 반응했다. 브라질에서 카르도주 정부와 룰라 정부는 모두 초기에는 경제 위기에 따른 제약을 받았지만, 궁극적으로는 시장 지향 개혁 압력이 브라질 사회정책 제도의 급진적 변형으로 이어지지 않도록 했다. 대만과 한국 — 수출 주도형 산업구조를 공유하고, 세계경제에서 위치가 비슷하며, 자본시장 개방도가 높은 — 은 복지국가 발전에서 다소 상이한 경로를 보였다. 중요한 것은 지구화 자체가, 아르헨티나를 제외하면, 기존 복지국가를 확대하거나 보호하려는 중앙정부의 노력을 좌절시키거나 제약하지 못했다는 것이다. 외려 한국 및 브라질 사례가 입증하듯이, 배태된 응집성을 가진 개혁 지도자들은 세계 시장 세력의 압력을, 사회복지 프로그램을 기존의 취약 인구들로 확대하는 기회로 이용했다.

또한 지구화로 인해 중산층은 포괄적인 사회보험 체제를 더 많이 요구하게 할 터인데, 나날이 더욱 변덕스러워지는 금융 자본주의의 환경으로 말미암아, 그들이 더 많은 위에 노출되기 때문이다. 정치 성향과는 상관없이 점점 더 복지 정책을 지지하는 세력이 되어 가는 대만과 한국의 중산층들 역시 이 같은 시나리오를 뒷받침한다. 어떤 의미에서 지구화가 사회보장의 정치에 가하는 영향력 또한 정당과 노동조합의 사회적 배태성의 정도와 방식에 달려 있을 것이다. 배태성이 강한 경우, 지구화 압력은 공식 부문 지도자로 하여금 자신의 전통적 지지 세력을 지키기 위해 복지국가를 보호하거나 확대하도록 하는 유인으로 작용할 것이다. 하지만 배태성이 약한 경우, 지구화는 탈구된 공식 부문 지도자들에게 기존 지지층을 떠나도록 유인하고 이를 정당화하는 근거가 될 것이다. 요컨대 지구화는 특정 정당에 대한 충성심을 강화할 수 있지만, 또한 유권자들의 바람과는 무관하게 정치인들 사이에서의 무질서하고 변형주의적인 이합집산을 연장하거나, 새로운 유권자 정렬을 촉진할 수도 있다.

수십 년 동안 신자유주의가 정치·경제 영역을 지배한 이후 좌파 또는 중도 좌파 정부가 집권하면서, 최근 들어 주변부 세계의 사민주의의 조건과 전망을 탐구하려는 학문적 노력이 많이 등장했다. 하지만 이 연구에서는 아직 사민주의로 간주되지 않는 나라 사례들을 의도적으로 선택했다. 이 나라들은 모두 가혹한 권위주의 정부에서 비교적 최근에 벗어났고, 평화적으로 민주 선거를 치른 지 20년 정도밖에 되지 않았다. 사실 그들은 투명성과 책임감을 향상하기 위한 민주제도의 공고화 과정에 있다. 그리고 각 나라들마다 오랫동안 지속되었던 권위주의 정부들이 남긴 강한 보수 연합이 여전히 존재한다. 대기업(한국), 농업 지주계급과 외국자본(아르헨티나와 브라질), 부패한 머신 정치machine politics(대만과 아르헨티나)의 영향력은 여전히 민주주의의 전망에서 간헐적으로 모습을 드러내고 있다. 사회민주주의의 핵심 구성 요소 — 좌파 정부의 장기 집권(Huber and Stephens 2001) — 는 이 나라들에서 아직 모습을 드러내지 않고 있다. 중도 좌파의 집권조차 흔히 강한 우파 연합(한국과 대만)에 의해 또는 자체적인 변형(아르헨티나)을 통해 중단되거나 제한을 받고 있다. 그럼에도 필자는 민주주의 공고화에 있는 이 나라들을 탐구하는 것이 복지국가의 다른 (선진 자본주의의) 본보기 사례들을 탐구하는 것만큼이나 생산적이라고 생각한다. 바로 이 사례들은 민주적 경쟁을 통해 평등을 획득하려 했던 지난한 투쟁의 생생한 사례이기 때문이다. 이들은 배반, 역량 부족, 전략적 실수가 초래한 좌절로부터 배울 수 있는 교훈은 물론이고, 새로운 정치와 개혁에 대한 지속적인 희망을 우리에게 제공해 준다. 필자는 배태된 응집성 개념이 사회보장의 정치의 다양한 이야기들을 이해하는 데 기여할 수 있고, 또 다른 장소, 또 다른 시간대에 있는, 더 많은 이야기들을 설명할 수 있는 가능성이 있다고 믿는다.[33]

---

33 어떤 이들은 배태된 응집성 접근법이 부유한 민주국가를 포함하는 광범위한 나라들로 일반화될 수 있는지 궁금할 것이다. 필자는 부록 E에서 더 많은 수의 선진국과 개발도상국 샘플(N=50)을 가지고 별도의 국가 간 연구를 수행했고, 여기서 배태성이 더 큰 경우 거버넌스가 좋거나 민주주의가 깊게 제도화된 나라들에서 복지국가가 더 크다는 것을 발견했다. 거버넌스 이슈 자체는 탐구하기에 아주 흥미롭고 중요한 주제이긴 하지만 이 책에서는 깊이 다루지 않기로 했고, 그에 따라 범위를 최근 민주화된, 비교적 발전한 개발도상국 네 나라로 한정했다.

10장
결론

주요 주장과 함의

이 책에서는 '배태된 응집성 접근법'을 통해 네 가지의 이론적 목표를 성취하고자 했다. 첫째, 복지국가 및 노동시장 개혁의 다양한 결과를 설명하기 위해 노동운동과 시민사회 사이의 연대 및 노동운동과 정당 사이의 연대 이론을 구축하는 것. 둘째, 정책 역량 및 동원 역량이라는 개념을 개발함으로써 노동 – 시민 연대(배태성)와 노조 – 정당 연대(응집성)라는 이론적 하위 범주들을 개발하는 것. 셋째, 국가와 노조가 복지국가의 축소와 확대를 둘러싸고 어떻게 전략적으로 상호작용하는지를 체계적으로 설명하는 것. 마지막으로, 노조의 배태성과 응집성이 다양한 사회정책 및 노동정책으로 이어지는 8가지의 '인과 모델'을 상술하는 것. 이 같은 이론적 모델화 작업을 통해, 이 글에서는 노동 – 시민 연대와 노조 – 정당 연대가 복지국가 확대의 시기에 나타나는 개혁의 방향(보편적 확대나 선별적 확대나)뿐만 아니라, 축소의 시기에 나타나는 개혁의 방향(온건 개혁이냐 급진 개혁이냐)을 설명해 주는 '복지국가 확대의 정치' 및 '복지국가 축소의 정치' 이론을 제시했다.

맨 처음부터 이 글에서는 민주화된 개발도상국에서 복지 정책을 방어하거나 뒷받침하기 위해서는 노동운동과 시민단체 사이의 연계[연대]가 중요함을 강조했다. 그 같은 연계를 이론화하는 것의 목표는 궁극적으로 시민사회 내에서 이루어지는 사회운동과 국가기관 내에서 이루어지는 정책 결정 사이의 '블랙박스'를 들여다보는 것이었다. 나아가, 자신들이 선호하는 사회정책을 추진하기 위해 노동조직과 시민단체의 지도자들이 다양한 사회적 연대를 어떻게 동원하고 제도화하는지, 어떻게 로비와 장외 투쟁의 정치를 통해 정책 의제를 국가기관에 전달하는지 탐구했다. 이 과정에서 노동조직은 시민사회 부문에 동원 역량을 제공하고, 시민사회 조직은 노동 부문에 정책 역량을 제공하는 것을 강조했다. 이 교환 메커니즘이 중요한 까닭은 노동 정치의 두 가지 본질적 요소, 즉 '위협과 압박의 정치'를 위한 동원 역량과 '로비와 설득의 정치'를 위한 정책 역량은, 한 사회 계급이 [단독으로] 만들고 발전시키기가 매우 어렵기 때문이다.

사례연구들과 현장 연구에서 얻은 증거는 다음과 같은 이 글의 주장을 뒷받침한다. ① 응집적 연계도 배태된 연계도 없는 노조는 기존의 재분배 제도를 방어하지 못하고 사회정책을 확대하는 새로운 개혁도 추진할 수 없다. ② 응집적 연계는 있지만 시민단체 및 공동체 조직에 배태되지 못한 노조는 국가의 지지를 받아 자신의 협애한 이익을 위한 선별적 개혁을 추구할 공산이 큰데, 이는 노조가 조직화되지 못

<그림 10.1> 인과 모델

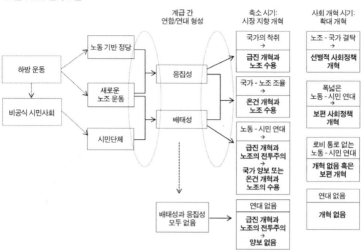

한 시민사회 세력의 이익을 위해 헌신하지 않기 때문이다. 축소의 시기에 그런 노조는 정부와 유착하고, 그에 따라 국가의 급진 개혁 추진을 수용할 공산이 크다. ③ 신자유주의적 시장 개혁 시기에, [시민사회에] 배태된 노조는, 집권당과의 응집적 연계가 없을 경우, 정부가 급진적 축소 개혁을 추진하더라도 그 과정에서 (아예 처음부터) 양보를 이끌어 내거나, 강한 동원 및 위협 역량들을 발휘해 온건한 개혁을 유도할 것이다. 또한 배태된 노조는 배태성의 수준이 가장 높을 때 보편 개혁을 수용하도록 국가를 압박할 수 있을 것이다. ④ 마지막으로 집권당과 (보통 수준의) 응집적 연계가 있으며 시민사회에도 배태된 노조는 보편적 사회정책 개혁을 이룰 공산이 가장 큰데, 광범위한 시민사회 파트너들의 이익을 자신의 이익으로 받아들일 가능성이 가장 크기 때문이다. 더욱이 축소 시기 동안, 배태된 응집성이 있는 노조는 로비 및 징벌

역량을 통해 국가의 개혁을 온건한 수준으로 제한할 공산이 가장 크다. 이 주장들은 <그림 10.1>의 인과 모델로 요약했다. 여기서 민주화 운동 시기와 그 이전 시기에 급진 지식인의 하방운동 및 그들과 비공식 (시민) 사회와의 상호작용은 <그림 10.1>과 같은 인과 과정의 흐름 촉발시키고, 결국 배태성과 응집성의 정도와 유형에 따라 상이한 복지국가의 확장 및 축소라는 결과들을 낳는다.

앞서 주장했듯이, 기존의 복지국가 문헌들은 확대 및 축소 국면에서 나타나는 정책 변동의 폭넓은 과정을 설명하는 두 번째 경우(배태성 없는 응집성)와 세 번째 경우(응집성 없는 배태성)를 무시한다. 한국의 복지국가 발전에 관한 사례연구와 이후 4개국에 대한 비교 연구들은 이 같은 주장들에 상당한 신빙성을 부여한다.

한국 사례의 함의

배태된 응집성 접근법을 이용해 이 글에서는 1987년 민주화 이행 이후 20년 동안의 한국의 노동 정치에 관한 심도 있는 사례연구를 수행했다. 특히, 노동운동 지도자들과 동맹 세력들이 어떻게 보편적 복지정책을 추진하고, 이를 방어하는 데 성공(또는 실패)했는지에 초점을 맞췄다. 한국에서 나타난 노동운동의 급속한 발전, 짧은 성공, 그리고 극적인 쇠퇴는 배태된 접근법의 타당성을 충분히 확인할 수 있는 풍부한 자료를 제공한다. 4장에서는 한국의 노동운동 지도자들이 ─ 권위주의 시기부터 민주주의 공고화 시기까지 ─ 어떻게 배태성과 응집성을 구축했는지를 서술했다. 5장에서는 한국에서 새로운 형태의 노동 - 시민 연대가 출현하고, 이후 개혁 정부들에서 보편 사회정책 개혁을 성공적으로 개시·시행하는 과정을 제시했다. 6장에서는 개혁 성향의 노무현 정부와 이후 보수 정부들이 수행한 신자유주의 개혁을 검토했고, 특히 노동 – 시민 연대가 1990년대 말에 형성된 사회정책들을 어떻게 계속해서 지켜 냈는지 또는 그러지 못했는지에 집중했다. 이 같은 연구는, 한국이 이 연구의 가설들을 설득력 있게 뒷받침하는 경험적인 자료일 뿐만 아니라, 노동운동과 사회운동, 복지국가, 좀 더 일반적으로는 비교 정치·경제 분야의 학자들에게 충분한 이론적·실용적 함의를 제공한다는 것을 보여 준다.

무엇보다, 의료보험 조합 통합에 관한 의보연대회의(이후 보건의료단체연합과 건강권연대)의 성공담은 배태성과 응집성 형성에서 정책 역량과 동원 역량의 중요성을 부각한다. 노동운동가 및 보건 의료 전문가들은 위협/징벌 역량(노동운동)과 전문 정책 지식(전문가)을 교환했고, 그에 따라 시민사회단체들을 아우르고 국가기관에 대한 로비 통로를 적극적으로 개발할 수 있는, 놀라울 정도로 효과적인 '컨소시엄 조직'이 창출되었다. 단일 조직이 단독으로 동원 역량과 정책 역량을 동시에 개발하는 것은 매우 어렵기에, 조직 연합 메커니즘 — 임시적인 컨소시엄이든 장기적 컨소시엄이든 — 을 통해 자원을 교환·공유하는 것이 중요한 것이다.

특히 2000년대 이후 신자유주의적 민영화 조치가 전개되는 가운데, 건강권연대 전문가들의 정책 역량은 보편적 보건 의료 체계를 방어하는 논리를 세우는 데 결정적이었고, 민주노총에 소속된 산별노조들의 조직 역량은 대중 캠페인, 시위, 언론 홍보에 필요한 동원 역량 및 네트워크 자원을 공급하는 중요한 역할을 했다. 보건 의료 부문에서 1990년대 형성된 노동 – 시민 연대 네트워크는 격동의 2000년대에도 유지되었고, 연이은 보수 정부 아래에서도 보편적 건강보험 체제를 지켜 내는 데 결정적 역할을 했다. [의료보험 조합] 통합 운동 과정에서 형성된 네트워크와 이 운동의 핵심 인물들은 함께 나이를 먹어 가면서도, 보건 의료 분야의 새로운 이슈를 중심으로 연대 네트워크를 재가동해왔으며, 동시에 비례대표로 선거 정치에 참여하기도 했다. 그 결과 핵심 지도자들은 모두 보건 의료 분야와 그 주변에서 계속 자신의 일을할 수 있었다. 보건의료단체연합이 지속될 수 있었던 것은 1980년대 이래 진화해 온 배태성 덕분이다. 운동 네트워크가 이렇게 오랫동안생존하면서 자신의 빛나는 성과를 지켜 내는 데 지속적인 역할을 한다는 것은 '신정치'(Pierson 1996)의 주장 — 곧, 사회정책은 그 정책이 만들어 낸 새로운 사회집단에 의해 보호된다 — 과는 달리, 사회운동이 자신이 만들어 내는바로 그 정책을 중심으로 스스로를 제도화하고, 나아가 정책을 축소·후퇴시키려는 압력이 점증하는 시기에도 그 정책을 지키기 위해 존속하리라는 것을 의미한다.

그런데 동일한 국가[한국]에서조차 신자유주의적 연금 개혁에 대해서는 노조와 그 동맹 세력들의 대응이 [의료보험 통합 등 보건 의료 부문에서그들이 보여 준 모습과] 달랐는데, 이는 정책 결과를 설명하는 데 배태된 응집성의 중요성을 또 한 번 보여 준다. 실제로, 연금 분야에서 1998년 노사정위원회 동안에 확대 개혁을 추진한 노동 - 시민 연대는 피상적이었고, 단기적이었던 것으로 드러났다. 보건 의료 부문의 노조들과는달리, 연금 부문의 노조들은 전통적으로 허약했고 역사적으로도 시민단체와의 연계를 조밀하게 발전시키지 않았다. 참여연대 소속의 사회복지 관련 교수들을 제외한다면, 개혁 정부의 축소 공세에 맞서 연금을 지키는 데 동원할 수 있는 전문가 집단은 거의 없었다. 특히 제조업분야 기층 노조들은 연금 축소 문제에 대한 관심이 부족했을 뿐만 아

니라, 시민사회에서 민주노총이 차지하던 비중마저 하락하면서 민주
노총 전국 본부가 국민연금 제도의 핵심 요소(높은 소득대체율)를 지키기
위해 행사할 수 있는 동원 역량이 충분하지 못했다. 따라서 한국의 건
강보험 및 연금의 정치는 사회정책의 변동을 설명하는 데 배태성이 필
수적임을 보여 준다.

또한, 두 정책 영역 사이에서 나타난 이 같은 뚜렷한 대비는 배태성
의 범위뿐만 아니라 깊이도 중요하다는 점을 시사한다. 특정 정책 영
역에서 전문가 사회(한국) 또는 지역공동체(브라질)에 깊은 역사적 기원
과 뿌리를 가진 배태성은, 운동의 지도자들이 국가 내부로 들어가 정
책의 제도적 지지자가 될 수 있을 정도로 행위자들이 정책 기관에 단
단히 뿌리박고 자리를 잡을 수 있음을 의미했다. 따라서 그런 정책은
지역공동체/시민사회 내의 옹호자들뿐만 아니라, 제도 내 지지자들 때
문에도 축소 국면에서 살아남을 수 있다. 그런데 다른 정책 영역에서
는 배태성이 운동 지도자의 즉흥적인 전술·전략의 결과로 형성되고,
그에 따라 전문가 사회나 지역공동체 조직에 깊게 뿌리를 내리지 못하
는 경우가 있다. 이 경우, 운동 지도자들이 일시적인 정치적 기회 구조
에서 확대 개혁을 추진하는 데 성공할지 모르지만, 국가가 신자유주의
개혁으로 전환할 때 심각한 축소를 겪을 공산이 매우 크다. 그런 배태
성은 사회정책 프로그램에 대한 지속적인 공격을 견딜 정도로 충분히
견고하지 못하고, 그에 따라 축소 시도에 맞설 만한 충분히 크고 지속
적인 반대를 구축하는 데 실패할 것이기 때문이다.

비교적 짧은 기간에 사회정책의 극적인 성장과 후퇴를 겪은 한국
사례는, 배태성과 응집성의 부정적·긍정적 사례뿐만 아니라, 노동 –
시민 연대와 노조 – 정당 동맹의 부침과 변화의 기저에 있는 깊은 동학

에 관한 풍부한 이야기를 제공한다. 한국 노동 정치의 사회적 연대와 정치 연합에 관한 사례연구는 다른 나라의 전형적 사례들과의 체계적 비교를 통해 훨씬 생산적인 논의로 발전한다.

비교 사례연구의 함의와 앞서 제시한 세 가지 문제의식

배태된 접근법을 다시 이용해, 이 책은 경험 분석의 두 번째 부분(6, 8, 9장)에서 4개국의 결사체 네트워크와 복지국가 발전에 관한 비교 사례연구를 수행했다. 사례들에 대한 비교연구 결과의 함의를 논하면서, 필자는 앞서 1장에서 제시한 세 가지 문제의식을 다시 논의한다. 첫째, 필자는 지구화 시기에 전통적인 좌파 정당과 노조 사이의 존재하는 연계의 '견고성'durability에 다음과 같은 질문을 던졌다(Clark and Lipset 2001; Howell et al. 1992; Kitschelt 1994). **노동에 기반을 둔 정당과 노조 사이의 긴밀한 관계는, 특히 시장 개혁 시기에, 복지국가와 노동자의 권리를 지키는 데 여전히 도움이 되는가?** 좌파 정당은 그런 견고한 연계를 유지하고 싶어 하지 않을 수 있는데, 그 주된 이유는 다음과 같다. 즉, 지구화, 특히 개발도상국에 만연한 금융 개방성과 그에 따른 경제 위기로 말미암아, 집권 노동 정당은 자신들의 전통적인 사회적 지지 기반의 이해에 반하는 상당한 수준의 시장 개혁을 실시해야 하는 압력을 받게 된다(Levitsky 2003b). 특히 노동 기반 정당이 대체로 육체 노동자의 대부분을 포괄하고 있지 못한 개발도상국에서는 노동 정당들이 언제나 재분배적 사회정책 및 노동자의 권리를 보호·옹호할 수 없었다. 그들은 선거 경쟁에서 살아남기 위해 폭넓은 사회적 기반 및 연합 파트너가 필요했고, 그에 따라 다양한 사회경제적 집단을 끌어들일 수 있는 정책을 제시해야 했다. 자신들이 내건 공약을 수정해야 하는 이 같은 압력에 직면해 있고, 또 특히 자신의 전통적 동맹 세력들이 [자신이 추진하는] 개혁에 도전할 만큼 충분히 강하지 않은 노동 정당 또는 개혁 정당은 단기적으로 좀 더 가시적인 경제 성과를 성취하고, 사업가 및 자영업자를 비롯한 다양한 사회집단에 좋은 인상을 남겨, 궁극적으로는 광범위한 선거 연합을 통해 계속 집권할 수 있도록, 급진 시장 개혁을 추진할 것이다.

두 번째 모델(3장의 명제 2, 곧 노조가 시민사회와 연결되어 있지 않지만 집권당과는 긴밀한 관계를 유지할 경우, 국가가 급진적 시장 지향적 개혁을 개시할 때, 노조는 이를 묵인할 공산이 크다)을 토대로, 필자는 개혁적인 또는 노동에 기반을 둔 집권당이 사회정책에 대한 급진적 시장 지향 개혁을 개시할 수도 있는데, 그 이유는 집권당이, 노조가 연대의 역사 때문에 개혁을 용인할 것이고, 또는 노조의 동원 역량이 낮아, 집권당이 추진하는 개혁을 원하지 않는다 해도, 이를 감내할 수밖에 없을 것이라고 예측하기 때문이라고 추론했다. 시민단체로부터 탈구된, 아르헨티나(1990년대)와 한국(2000년대)의 노동 기반 또는 개혁 성향의 집권당 지도자들은 실제로 국가 주도의 급진적 신자유주의 시장 개혁을 시행했다. 양국에서 노조들은 공공 부문에 대한 국가의 급진 개혁에도 불구하고, 전투성을 억누르거나 저지·처벌 역량이 부족해 이에 대응하지 못했다. 따라서 첫 번째 문제의식과 그에 해당하는 사례들은, 노조가 정당과는 견고한 정책 통로를 구축했지만 시민사회단체와는 연대가 부족한 개발도상국 및 부유한 민주국가 다수에서 노조 지도자가 최근에 직면하고 있는 딜레마들을 반영한다. 배태된 응집성 접근법의 예측에 따르면 노조가 (배태성 없이) 노동 집권당에 계속 충성하면 할수록, 집권당은 더 착취적인[노조를 더 이용하는) 개혁을 개시할 것이다.

그러면 노조와 노동 기반 정당 사이에서 변화하고 있는 이 같은 관계에 대한 대응으로 노조는 무엇을 했는가? 이 질문은 두 번째 문제의식으로 이어진다. 어떤 노조는 왜, 또 어떻게 이처럼 변화하는 환경에서 자신의 권리를 지키는 데 성공했는가? 이 글에서는 비교 사례연구들을 통해 응집성 없는 배태성은 항상 노조의 전투주의로 귀결된다는 것을 입증했다. 곧 1990년대, 아르헨티나의 CTA, 한국의 민주노총, 대만의 대만전국산업총공회 모두 시민사회단체와 강력한 연대를 구축했고, 그 결과 국가의 시장 지향적 개혁에 저항할 수 있었다. 이 글의 분석이 시사하는 바에 따르면, 다양한 사회운동 조직들의 장에서 사회운동적 노동조합주의를 통한 배태성의 정치는 지구화 및 산업 재편의 시기에, 노조와 시민사회 모두에 효과적인 대안으로 기능해 왔다. 더욱 중요한 점은 노조가 '사회적 기반'을 넓히면 넓힐수록, 노조의 의제 역시 지역사회 전반의 건강권, 환경권, 사회권, 인권 등 ― 전통적으로 가장 기본적인 이슈를 넘어서는 이슈 ― 으로 확장된다는 것이다(Almeida 2008; Rose 2000; Seidman 1994; Voss and Sherman 2000). 배태된 접근법이 시사하는 바에 따르면, 시민사회에 깊이 배태되어 있고 국가에 비판적인 태도를 유지할 때, 노조는 복지국가에 대한 급진 개혁에 반대하는 폭넓은 또는 '모든 집단을 아우르는' 연대를 동원할 수 있고, 결국 노동권에 대한 국가의 공격을 막아 낼 수 있을 것이다. 그런 사례에서 노조는 육체 노동자의 이익뿐만 아니라, 시민의 권리들에 대한 국가의 침해에도 저항하는 광범위한 '시민 연대'를 또한 대변한다. 이런 상황에서 시민들은 배태된 노조를 중심으로 [다양한 시민들의] "대응을 [성공적으로] 조율"(Weingast 1997, 251)할 수 있을 것이고, 결국 국가의 급진적인 시장 지형적 개혁에 보복할 수 있는 역량을 기초로 국가로부터 양보를 이끌어 낼 것이다. 포괄성이 높은 서구 유럽의 노조들과는 달리, 개발도상국의 노조들은 임금노동자의 대부분을 대변할 수 있는 역량이 부족하며, 사용자 및 국가에 강력한 교섭력을 행사할 역량 역시 부족하다. 따라서 노조가 시장 지향적 개혁에 효과적으로 대응하거나 국가를 압박해 보편적 사회정책 개혁을 이루기 위해서는 노동 부문을 넘어서 다양한 시민사회 이슈를 포괄하는 폭넓은 연합을 구축하는 게 필수적이다.

세 번째 문제의식은 국가와 노동운동 진영이 시장 개혁의 정도와 범위를 어떻게 조율하는가였다. 이 글에서는 주로 양측이 국가의 개혁 온건화와 그에 따른 노조의 수용을 중심으로 합의에 도달할 수 있는 조건과 요소를 탐구했다. 배태된 응접성 접근법과 이에 대한 경험 분석들은 브라질과 한국에서 지역사회 또는 시민단체에 깊이 배태된 노조 및 정당 지도자가 온건한 신자유주의 개혁과 재분배적 사회복지 개혁(브라질) 또는 보편적 사회정책 확대 개혁(한국)을 개시한 것을 보여 줌으로써, 1990년대와 2000년대 초반 브라질과 한국의 상황에 대한 매우 높은 설명력을 보였다. (브라질의 노조에 관한) 이 글의 모델과 사례연구는, 노조에 우호적인 결과가 나오려면 국가와 시민사회에 대한 노조의 연계 외에도 국가와 노조 사이에 높은 수준의 숙의와 의사소통이 필요함을 시사한다.

그렇다면, 장기적으로 국가와 노조는 각각 상대가 자신이 용인할 수 있는 인내의 한계선을 넘으면 안 된다는 것을 어떻게 상대방에게 확신시킬 수 있을까? 이를 위해서는, 자신의 행동과 상대의 행동이 야기하는 결과들을 매우 섬세하게 이해하고 있어야 한다. 이 글의 결론

결론

은 국가와 노조 사이에 공식·비공식 의사소통 메커니즘이 필요하다는 것인데, 브라질의 CUT(룰라 및 지우마 정부에서), 아르헨티나의 CTA(키르치네르 정부들에서), 한국의 민주노총(김대중 정부의 노사정위원회에서)은 그런 메커니즘이 작동했던 실례들이다. 그들이 제도화된 통로, 또는 최소한 깊은 의사소통과 협력의 역사를 담지할 수 있는 비공식 통로를 공유할 때, 각 행위자는 상대의 징벌 역량, 기회주의적 행동의 장기적 대가, 그리고 협력의 잠재적 보상에 대해 더 잘 예측할 수 있다(Axelrod 1984). 그런 의미에서 "제도화된 조율"(Ostrom 1990) 메커니즘이 존재할 때 국가와 노조는 상대 행위자에게 기회주의적 행동의 결과에 대해 더 효과적으로 신호를 보내거나, "일깨우고"(Wright 2000), 교섭 조건의 범위에 대해 알리며, 응집성과 배태성이라는 주어진 구조 아래에서 공동으로 성취할 수 있는 최적의 결과로 가는 길을 상대에게 확신시킬 것이다.

전반적으로 이 연구는 신자유주의적 시장 개혁을 둘러싸고 국가와 노동이 벌이는 상호작용의 다양한 경로를 탐구해 왔다. 비록 일반화 가능성을 검증하기 위해서는 좀 더 많은 자료가 필요하긴 하지만, 4개국에 기초한 핵심 연구 결과들은 유사한 신자유주의 개혁 압력에 처한 다른 사회들에 상당한 함의가 있을 것이다. 이 모델과 경험 연구의 결과들이 시사하는 바에 따르면, 개발도상국에서 벌어지는 노동 정치의 성공 여부는 교섭 파트너인 국가를 설득·확신시킬 수 있는 (또는 필요에 따라 징벌할 수 있는) 역량뿐만 아니라, 공통의 의제 및 정책과 관련해, 시민사회와 연대를 형성할 수 있는 노조의 역량에도 달려 있다. 배태된 응집성 개념을 통해 이 글에서는 전 지구적 경쟁 압력 아래에서 노동권을 지키기 위해서는 '시민사회와의 조율'뿐만 아니라 '제도적 조율' 역시 중요함을 강조했다.

배태성의 정치와 복지국가 이론들

피터 볼드윈(Baldwin, 1990)은 사회정책에 대한 노동 중심적 접근법에 중요한 도전을 제기한 바 있다. 그는 이를 다음과 같이 날카롭게 지적했다. 즉, "복지국가는 이해관계가 서로 다른 수많은 집단의 상호작용 속에서 형성되었다. 그 다양한 집단들의 이해는 노동 중심적 해석의 이분법적 논리, 즉 노동계급의 압력 행사는 중산층의 저항에 직면한다는 식의 논리에 꼭 들어맞지는 않는다." 나아가 볼드윈은 "북유럽 복지국가의 독특한 특징은 사회정책의 혜택에서 배제되는 것을 용납하지 않는, 그렇지만 그 비용을 자신들이 감당하기보다는 도시에 거주하는 자신의 상대들에게 떠넘기려는, 정치적으로 새롭게 등장한 농업 중산층의 이해관계에 의해 결정되었다"라고 주장하기도 했다(Baldwin 1990, 289). 볼드윈의 주장과 설득력 있는 증거 자료에 힘입어, 많은 학자, 특히 자본주의의 다양성 학파의 학자들은 노동 중심적 접근법에서 벗어나게 되었다. 나아가 특정 기술에 공동으로 투자하는 노동자와 사용자는 사회 보호에 대한 강한 선호를 가지게 된다는, 복지국가 발전에서 새로운 '사용자 중심'의 접근법을 제시하게 되었다(Hall and Soskice 2001; Iversen and Soskice 2009).

자본주의의 다양성 학파가 볼드윈의 중산층 중심의 접근법을 적극적으로 개진하고, 나아가 중산층의 역할을 사용자로 대체했다면, 이 글에서는 볼드윈의 초기 통찰에 부합하는 대안적 경로를 제시한다. 볼드윈은 결코 노동자들의 "아래로부터의 압력"이 수행하는 역할을 전적으로 폐기하지 않았다(Baldwin 1990, 288-299). 대신 그는 노동자의 압력 행사만으로는 복지국가를 확대하는 데 충분한 개혁의 동력을 만들지 못한다고 강조했다. 곧 노동자는 중산층, 즉 '가진 자'가 필요했다. 그는 보편적 복지국가 건설은 특권을 가진 이들(중산층)이 "위험을 재분배"함으로써 자신의 이익이 사회적 약자들(하층 사회 계급)의 이익과 합치될 수 있다는 것을 알기 전에는 가능하지 않았다고 단언한다. 볼드윈은 궁극적으로 재분배적 사회정책을 성취한 것은 노동자와 동맹한 농업 중산층 또는 도시 중산층이었다고 독자들에게 단언했다. 달리 말해, 볼드윈의 주장은 노동계급의 역할을 전적으로 부정하는 것이 아니라, 재분배 정책을 지지하는 계급 간 동맹을 구축하는 과정에서 중산층이 수행하는 필수적 역할을 강조한 것으로 보아야 한다. 그의 주장에 따르면, 노동계급은 국가권력을 통해 재분배를 성취하고자 하는 목적을 단독으로는 완수할 수 없었다. 곧 그들은 중산층과의 동맹이 필요했다.

에스핑 - 앤더슨(Esping - Andersen 1985; 1990)은 북유럽의 보편적 복지국가가 건설되는 과정에서, 노동계급과 농민 사이 또는 노동계급과 사무직 중간 계급 사이의 연대가 수행한 역할을 강조한다. 또한 볼드윈과 유사한 주장을 펼치며 이렇게 말했다. "계급 연합의 형성 과정에서, 그리하여 복지국가의 발전 과정에서 농민들이 수행한 역할은 명확하다. 북유럽 국가들의 경우, 농민들이 농산물 가격 지지를 위한 보조금을 받는 대가로 완전고용 복지국가에 동의함으로써 광범위한 적록동맹의 조건이 형성될 수 있었다"(Esping - Andersen 1990, 30[국역본, 69쪽]). 나아가 그는 [독일과 이탈리아가 그렇듯] 농업이 대체로 노동 집약적인 대륙 유럽에서는 그런 자작농의 정치조직들이 부재했고, 그에 따라 보수 동맹들이 농민들을 "반동적인" 동맹 진영으로 흡수하고 노조 및 좌파 정당들을 고립시킬 수 있었음을 시사한다. 또한 신생 사무직 중산층을 "보편적 사회정책 제도"로 통합하는 사민주의 동맹의 역량이 북유럽

나라에서 관대한 복지국가를 유지하는 데 결정적이었다고도 덧붙인
다(Esping-Andersen 1990, 31[국역본, 70쪽]).[1] 따라서 볼드윈과 에스핑-앤더
슨에게 노동계급의 통합과 동원은 사회정책 확대의 필요조건이지 충
분조건은 아니다. 변화하는 인구구조에 따라 노동계급에게는 '보편적'
복지국가를 추진·유지하기 위한 동맹 세력이 ─ 농민이건 중산층이건 ─ 필
요하다.[2] 권력 자원 이론에 대한 수많은 비판이 소홀히 하는 한 가지
중요한 점은 노동계급이라는 중요한 존재 없이는 농민도 중산층도 보
편적 복지국가를 추진할 수 없었다는 사실이다. 곧 보편 복지 동맹에
서 노동계급이 필수 불가결한 구성 요소이지만 동시에 다른 동맹 파트
너를 필요로 한다는 점에서, 방법론적으로는 [권력 자원 이론뿐만 아니라 복
수의 이론을 통한] 통합적 설명이 필요하고, 현실에서는 노동자의 계급 간
연합이 필요하다. 나아가 이처럼 유명한 두 저작들이 노동계급의 역할
을 완전히 폐기하지 않았음에도 불구하고, 차세대 학자들이 복지국가
건설에서 노동 중심적 접근법(특히, '노동계급의 역량을 과장하는')에 대한 자

1 에스핑-앤더슨과 볼드윈 사이에서 나타나는 계급 동맹에 대한 관점의 일치는 볼드윈의 '위험 계급 범
  주'(risk class category)를 전적으로 받아들이고 노동 중심적 입장의 '계급 지위 범주'(class position
  category)는 배제하는 에스핑-앤더슨의 1999년 책에서 더 분명해진다. 반면 코르피와 팔메(Korpi
  and Palme 2003)와 후버와 스티븐스(Huber and Stephens 2001)는 '계급 지위'와 '계급에 기반을
  둔 권력 자원 모델'이라는 좀 더 전통적인 사회학적 개념을 고수하며, 이와 같은 개념들이 복지국가 결
  과를 설명하는 데 중요하다고 여전히 역설한다.

2 후버와 스티븐스(Huber and Stephens 2001)에 따르면 스웨덴에서 농민당인들은 "정책을 개시한 이
  들은 아니지만 일단 정책이 개시된 후에는 그 구조가 자신들의 주요 지지층인 가족농들에게 유리하
  도록 힘썼다"(Huber and Stephens 2001, 118). 하지만 한국에서는 농민 계급과 그 동맹 지식인들
  이 보편적인 제도[의료보험 조합 통합]를 도입하기 위한 운동을 개시했고, 노동계급(노조들)은 사회 전
  반에 걸친 개혁을 포용하려는 민주노총의 의식적 노력과 더불어 나중에 그 운동에 참여했다. 노조들은
  보편적인 제도 개혁안이 의회에서 통과하는 데 결정적 역할을 했다(5장). 두 사례 모두에서 농민들만이
  개혁 운동을 이끌었다면 아무런 결과도 얻지 못했을 것이다.

신의 비판을 정당화하기 위해 이 같은 주장들을 펼치는 것은 유감스러운 일이다.

권력 자원 학파와 마찬가지로, 배태된 응집성 접근법 역시 노조와 좌파 정당 같은 노동조직에서 시작한다. 그런데 그것은 기층 시민사회에 노조가 배태되게 된 역사와 그 깊이를 고려함으로써, 노동조직에 대한 분석의 범위와 깊이를 그것의 사회적 기반인 시민사회로까지 확대하며, 시민사회단체들과 노동 사이의 폭넓고 심도 있는 연대에 주목한다. 이는 포괄적 연대를 구축하려는 노조들의 "연합 재편"에 관한 캐슬린 텔렌(Thelen 2014)의 최근 주장에서도 나타나 있다.[3] 덧붙여, 비록 노조가 다른 사회 세력들과 '동맹' 수준에 이르지 못했다 해도, 배태성 개념을 통해 노조가 노동계급이 아닌 다른 집단을 동원하거나, 그들과 정책을 중심으로 협력할 수 있는 역량을 포착할 수도 있다. 나아가 배태된 응집성 접근법은 노조와 시민단체 사이의 조직적 연계 또는 비공식 연계를 통해 나타나는 '시너지 효과'를 강조한다. 이는 자본주의의 다양성 학파들도 고려하지 않고 권력 자원 이론가들도 더는 개발하지 않은 것이다. 이런 "관계적 접근법"을 통해(Diani 2003; Emirbayer 1997), 배태된 응집성이라는 틀은 좀 더 관대한 복지국가를 건설하는데 있어, 어떤 계급(노동계급과 중산층 가운데)이 중요한가에서 어떤 종류의 연대가 중요하고, 노동 – 시민 사이의 연대는 어떻게 기능하는가로 그 초점을 전환한다. 이 글에서는 이 같은 관계적 접근법이 "노동조합의

---

3 텔렌의 연합 정치가 적극적/수동적 노동시장 정책과 직업 훈련에 국한되어 있다면, 이 글에서 제시하는 배태성 개념은 노동시장 정책뿐만 아니라 사회복지, 환경, 인권 정책 등을 둘러싼 폭넓은 연합 정치를 포괄한다.

조직화 수준, 득표율, 그리고 좌파 내지 노동 정당이 장악하고 있는 의회와 내각에서의 의석 점유율"(Esping - Andersen 1990, 16[국역본, 44쪽])에 국한된 노동계급의 권력 자원에 대한 과거의 협애한 정의를 유의미하게 확대한다고 믿는다. 이렇게 배태된 응집성 접근법은 정당과 내각의 장악력으로 측정되는, 특정 사회 계급의 '권력 자원'보다 계급 간 '협력'과 '조율'의 유형에 좀 더 주목하는 제3의 길을 개척한다.

전반적으로 배태된 접근법은 (권력 자원 접근법을 포함해) '시장에 대항하는 정치' 접근법들(Esping - Anderen 1985; Korpi 1983; Stephens 1979) 이면에 존재하는 근본적 전제들을 공유하는데, 이 같은 전제는 20세기 말 복지국가 학자들 가운데 확산되고 지배적 영향력을 행사해 온 폴라니의 전통으로부터 기원한다. '시장에 대항하는 정치'의 구상은 노동계급 운동이 민주적인 정치 메커니즘을 활용해 임금노동자의 "상품화를 거부"(Esping - Andersen 1990)하고, 사회적 안전망을 확대함으로써, 실업, 질병, 상해, 퇴직의 위험으로부터 노동자 및 그 가족의 기본권을 지키려는 것이었다. 배태된 응집성 접근법은 노동계급이 가진 권력의 궁극적 기반인 노동조합에서 출발해, 노조와 (좌파) 정당 사이의 관계에 주로 초점을 맞춘다는 점에서(Huber and Stephens 2001; 2012) 권력 자원 접근법과 유사하다. 그렇지만 배태된 응집성 접근법은 권력 자원론이 그간 간과해 왔던 (또는 희미하게 파악됐지만 적절히 이론화되지 못한) 새로운 차원 ─ 시민사회에 대한 노조의 배태성, 그리고 정당에 대한 노조의 응집적 연계와 배태성 사이의 복잡한 상호작용 ─ 에 주목한다.

배태된 응집성 접근법은 그 하위 차원들을 정책 역량과 동원 역량으로 세분화해 노동 – 시민 연대를 이론적으로 더욱 정교화한다. 이 새로운 요소들을 통해 배태된 응집성 접근법은 권력 자원 접근법에서 개넘화되지 못했지만, 발생 가능한 정치적 공간 두 가지, 즉 '응집성 없는 배태성'과 '배태성 없는 응집성'을 추가적으로 밝힌다. 이론적으로 그리고 경험적으로, 이 글에서는 배태된 응집성 접근법이 복지국가의 축소 및 확대 시기에, '시장에 대항하는 정치'의 경우의 수를 크게 확장한다는 것을 보여 주었다. 즉 국가의 축소 공세에서 배태된 응집성 접근법의 네 가지 유형은 국가와 노조의 행동(국가의 급진 또는 온건 개혁 대 노조의 전투주의 또는 수용)을 효과적으로 설명하고, 확대 기회에서 배태된 응집성 접근법의 네 가지 유형 또한 국가와 노조의 행동(노조의 보편 또는 선별 개혁 대 국가의 수용 또는 거부)을 성공적으로 설명한다. 이 같은 추가적인 차원들을 통해, 이 글은 '시장에 대항하는 정치'라는 개념이 협애한 사민주의적 당파 정치 — 에스핑-앤더슨(Esping-Andersen 1985)이 처음 정식화한 모델의 핵심인 — 에 국한되지 않고, 그보다 큰 시민사회를 아우를 수 있도록 확대한다.

배태된 응집성 접근법이 복지국가 연구에 기여하는 점은, 자본주의의 다양성 학파가 최근 '노동 중심적' 학파에 제기한 현저한 도전을 고려했을 때, 더욱 분명해지고 있다. 자본주의의 다양성 학자들은 자신들의 이론 틀에 노조의 배태성을 고려하기는 하지만, 은행의 지배구조와 사용자 단체 같은 시장을 구성하는 주요 제도와 세력에 대한 노조의 배태성만을 이론화함으로써 오직 노사 협력만을 중요시한다. 또한 자본주의 다양성 학파의 접근법은 시장 제도에 대한 노조의 배태성을, 궁극적으로 '기술 특정성'에 대한 사용자의 필요에 따라 결정되는 내생 변수로 간주한다(Estevez-Abe et al. 2001; Hall and Soskice 2001; Iversen and Soskice 2001). 배태된 응집성 접근법 관점에서 볼 때, 자본주의의 다양성 학파는 노조를, '조율된 시장'을 구성하는 많은 제도들의 일부로만 간주한다. 자본주의의 다양성 학파는 시민사회에 대한 노조의 배태성 및 그것이 (보편적) 사회정책의 추진 또는 방어에서 행사하는 영향력을 좀처럼 고려하지 않는다.

이 책에서 연구한 4개국의 복지국가 확대 및 축소의 정치에서 중요한 것은 노동과 시민사회가 민주화 및 지구화와 더불어 새롭게 열린 정치적 기회 구조를 효과적으로 이용했는지 여부, 그리고 그들이, 서로 또한 동맹 정당과 함께 광범위한 연대를 구축할 수 있었는지 여부였다. 4개국에서 노조는 시장 기구들에는 거의 배태되지 않았지만, 민주화 운동 및 시민사회 세력들과는 긴밀히 제휴했다. 한국처럼 몇몇 산업 분야들이 국제시장에서 경쟁력을 갖춘 일부 개발도상국에서는 제조업 분야 대기업의 일부 노조들이 다른 사회개혁주의적 노조들 및 진보적 시민사회 세력들과의 전통적으로 맺어 온 연계를 끊은 경우도 있다(8장에서 서술했듯이). 하지만, (1997-98년의) 가장 중요한 복지 확대 개혁은 대기업 노동조합들 사이에서 이 같은 전환(즉, 이들 사이에서 2000년대에 나타난 보편 개혁 전략에서 선별 개혁 전략으로의 전환)이 나타나기 전에 일어났다(5장). 이 같은 전환 이후, 대기업 노조들은 기존의 사회보장 정책이 시장 개혁 세력으로부터 심각한 공격을 받을 때조차, 이를 방어하기 위한 연대 활동에 좀처럼 참여하지 않았다(6장).

동아시아 및 라틴아메리카 나라들에서 일부 노조는 복지국가의 보편적 확대에 반대하는 가장 반동적인 세력이었다. 예를 들어, 한국노총이 의료보험 조합의 통합에 격렬히 저항한 사례와 1980년대 말, 브라질에서 국립의료원조사회복지원Instituto Nacional de Assistencia Medica da Previdencia Social, INAMPS의 노조들이 건강보험 제도의 통합을 지속적으로 거부한 사례가 있다(McGuire 2010, 177). 반면 라틴아메리카에서는, 적어도 1990년대와 2000년에는, 노조들이 사회정책 개혁과 관련해 사용자들과 좀처럼 동맹을 맺지 않았다. 이 연구에서 분석한 모든 나라에서 사용자들은 초창기에 보편적 복지국가를 지지한 집단이 아니었으며, 지속적으로 기존의 사회정책을 시장 지향적으로 개혁하려 한 집단이었다. 코르피(Korpi 2006)가 자본주의의 다양성 학파를 비판한 글에서 설득력 있게 지적했듯이, 보편적 복지 프로그램은 사용자의 '제1 선호'가 결코 아니었다. 사용자는 선택의 여지가 없다고 보았을 때에만 노동 – 시민 연대 및 이들과 동맹을 맺은 국가가 행사한 압력에 순응했다.

자본주의의 다양성 접근법의 중요한 이론적 요소인 사용자와 노조 사이의 계급 간 동맹(Pontusson and Swenson 1996; Swenson 1991a; 1991b), 그리고 그런 동맹에서 '기술 특정성'과 '임금 유연성'에 대한 사용자의 필요는 부유한 민주국가에서 사회복지의 공적 공급을 증진하는 데 일정한 역할을 해왔을 것이다. 하지만 상당수의 개발도상국에서는 사용자와 노조 사이의 계급 간 동맹이 권위주의 시절에 형성된 '권위주의적 코포라티즘'의 맥락에서, 또는 복지국가 확대의 시기에 선별적 개혁의 맥락에서, 즉 노조가 보다 광범위한 시민사회를 위한 보편적 사회보장 정책에 좀처럼 관심을 보이지 않는 맥락에서 일어났다.

요컨대 배태된 응집성 접근법에서 개발한 네 가지 이상형 공간과 관련 경로들은 다양한 지점에서 기존 복지국가 이론들에 도전한다. 개발도상국 및 선진국에서 복지국가의 변동을 설명하는 데 가장 유용한 것으로 드러난 권력 자원 접근법(Haggard and Kaufmann 2008; Huber and Stephens 2001; Korpi 2006)은 배태성이 만들어 내는 중요한 결과들을 예측하지 못한다. 특히, 기존 권력 자원 이론은 응집성 없는 배태성과 배태성 없는 응집성 사례를 설명할 수 없는데, 이는 노동 – 시민 연대를 중요한 차원으로 고려하지 않기 때문이다. 그 결과 권력 자원 접근법은 축소 국면에 노동 기반 정당이 자신의 지지 기반을 종종 배반하는 이유를 설명하지 못하고, 노조가 어떻게 또는 언제 국가 주도의 급진적 축소 시도에 맞서 자신의 핵심 권리를 지키는 데 성공하는지도 설명하지 못한다. 또한 복지국가 확대의 다양한 경우들을 설명할 만큼 충분히 정교화되지도 못했다. 권력 자원 접근법은 배태성 차원을 무시하기에, 노조가 결국 사회정책에 대한 선별적 개혁을 선택하게 되는 이유를 설명하지 못하고, 흔히 '국가 주도 코포라티즘에 길들여진 노조의 순응'과 같은 임시변통의 설명에 기대게 된다. 권력 자원 이론은 대체로 규범적으로 우월하다고 선험적으로 가정되는, 노조와 노동 기반 정당 사이의 사민주의적 동맹에 집중하기에, 노조가 보편적 개혁을 위해 다른 사회 세력들과 연합하거나(볼드윈이 지적하듯이) 선별 개혁을 위해 그들에게 등을 돌리고 국가(그리고/또는 사용자)와 결탁하는 복잡한 상황들을 설명하지 못한다.

앞서 2장의 이론적 논의에서 필자는 개발도상국에서 복지국가의 발전과 후퇴를 설명하는 데 자본주의의 다양성 학파의 이론을 적용할 수 없다고 했는데, 이는 개발도상국 대부분에서는 자본주의의 다양성 학파가 제기하는 상이한 유형의 '숙련 필요'skill needs와 이를 충족시키기 위해 구성된 '제도적 배열'institutional arrangement 주장들을 적용할 적절한 토대를 찾기 어렵기 때문이다. 자본수의 다양성본의 틀에서 개발노상국의 사례들은 그저 상이한 유형의 숙련 기술에 대한 투자가 결여됨으로써, 조율된 시장경제에 필요한 합의의 정치는 물론이고 시장 제도 또한 결여되었다는 식의 '부정적 사례'로 이용될 수 있을 뿐이다(Schneider and Soskice 2009). 마찬가지로 '비난 회피의 정치' 이론도 개발도상국에서 잘 적용되지 않는데, 이는 민영화 축소 시도가 빈번히 일어나고 그런 시도가 여전히 실행 가능한 위협이기 때문이다.

이 글에서는 국가 중심적 접근법의 유용성을 명시적으로 부정하지는 않았는데, 이는 사실 이 글에서 다루는 몇몇 사례들이 국가 엘리트의 적극적 역할에 의해 설명되기 때문이다. 이 글은 9장에서 탈구된 응집성과 배태된 응집성을 나란히 놓고 비교하면서, 전자, 즉 강한 응집성과 약한 배태성의 조합 아래에서, 당파적·관료주의적 엘리트가 시민사회의 제도적 제약에서 풀려나 복지국가의 급진적 축소 또는 확대 개혁을 개시할 여지를 제공할 수 있음을 시사했다. 개발도상국에서 복지국가가 형성되는 과정에서 전문적인 국가 관료 집단이 수행하는 역할은 이중적이다. 곧 한편으로 상당수의 개발도상국에서 시민사회로부터 유리된 정치인과 "늘어나는, 국제화 지향의 핵심 관료 집단"(Babb 2001)은 기존의 사회정책 및 국가 제도를 민영화해 시장 친화적 제도로 전환하기를 원한다. 다른 한편으로 시민사회로부터 유리된 전前권위주의 정부의 정치인 및 관료 집단은 좌파의 복지 의제를 선제적으로 도입해 노조를 포획하려 한다. 양 사례에서 국가 관료는 시민사회를 압도할 만한 정책 역량을 보유한 반면, 급변하는 경제적·정치적 환경 아래에서 노조 지도자들을 비롯한 시민사회 행위자들은 구체적인 사회정책에 관한 분명한 입장과 논리를 개발하지 못했다. 따라서 신생 민주주의 국가에서 복지 개혁의 주도권을 쥐는 것은 종종 기회주의적 정치 엘리트와 신생 정책 전문가들, 또는 그들 사이의 연합이다.

배태된 응집성 접근법은 이 같은 국가 엘리트들이 신자유주의적 개혁 모델을 채택하거나 진보적 개혁 모델을 채택하는 것을, 배태성 없는 응집성의 특수한 사례로 해석한다.[4] 이처럼 배태성이 취약한 상황에서, 국가 엘리트는 기존 정치·경제 지형을 재집권에 유리한 새로운 제도적 질서로 변형할 기회를 발견한다. 그러므로 이 글에서는 배태된 응집성 접근법이 국가 중심 이론에 전적으로 반한다고 주장하지 않는다. 외려 배태된 응집성 접근법은 권력 자원 이론과 국가 중심 이론 같이 과거 경합하던 이론들을 특수한 사례로 포함하는, 보다 큰 상위 이론이 될 수도 있다. 이 배태된 응집성 공간에서 자율적인 국가 행위자(특히 탈구된 응집성 아래에서)는 이념 지향 또는 좀 더 큰 구조적 변화(불평등 증가나 경제 위기 같은)에 따라 급진적인 시장 지향적 개혁을 개시하거나 또는 좀 더 확장적인 사회정책 개혁을 개시할 (또는 그러지 않을) 것이다. 배태된 응집성 접근법은 자율적인 국가 관리가 특정한 시장 지향 정책이나 구상을 채택하는 [모든] 이유를 반드시 설명하지는 않지만, 언제, 또 어떤 조건에서 관료가 시민사회 행위자가 설정한 제약에 구애받지 않고 정책 목표를 추구할 수 있는지를 설명한다.

---

4 신제도주의 사회학이라면 이런 움직임을, 지역 행위자가 [자신의 규범을] '지구적 규범'으로 수렴시키고자 한다는 의미에서 '제도적 동형화'(DiMaggio and Powell 1983; Meyer et al. 1997; Boli and Thomas 1997)라고 부를 수 있을 것이다. 그러나 배태된 접근법에서 그것은 여전히 응집성과 배태성에 의해 결정되는 네 가지 이상형 공간에 속하는 특정 사례다. 이를테면, 배태된 응집성 조건에 있는 (브라질의) 노조 지도자와 당파적 국가 엘리트 모두 '합리화된 세계 문화'를 모방할 그 어떤 유인도 없다. 탈구된 응집성의 경우에서조차 신자유주의 시장 개혁 또는 복지 확대 개혁을 도입할 궁극적 추동력은 새로운 시장 지향적 원리에 동조할 새로운 중위 투표자들을 끌어들이려는(메넴의 아르헨티나) 또는 장기적 경제성장의 열매를 더 많이 재분배해 달라고 원할, 비교적 빈곤한 중위 투표자를 사로잡으려는(민주화된 대만과 한국), 당파적 정치인의 전략적 조치이다. 이런 이유에서 이 책은 '동형화'와 '모방'이라는 개념 아래에서, 행위자들 사이에 존재하는 서로 다른 구조적 조건과 유인을 뒤섞어 버리는 '세계 사회' 등과 같은 개념들에 기대지 않는다.

사회운동과 복지국가

이 연구는 연합/동맹coalition/alliance 형성 과정의 두 층, 즉 [협상과 로비를 중심으로 한] 제도 정치와 장외 투쟁의 정치 및 그것들이 복지국가에 미치는 영향을 설명하기 위해서 사회운동적 관점을 가져온다. 제도 정치와 관련해, 이 글에서는 정책 역량이란 개념을, 장외 투쟁의 정치와 관련해서는, 동원 역량이란 개념을 개발했다. 나아가 배태성과 응집성이라는 개념 덕분에 이 글에서는 조직 간 네트워크 구조를 단순히 관찰하는 것 이상으로 노조와 시민단체 사이의 조직적 연합 과정을 깊이 탐구할 수 있었다. 이 개념들을 통해 이 글은 노조와 시민단체가 어떻게 공동의 정책 의제를 만들고, 넓고 깊은 범위의 인적·물적 자원을 공동으로 동원하며, 자신들의 요구 사항들을 효과적으로 종합해 국가기관에 전달하는지 포착하고자 했다. 한국 노동 정치에 대한 심도 있는 사례연구를 통해 이 글에서는 노조의 정책 역량(박명준 외 2013) 및 동원 역량이 광범위한 대중들에게 노조 또는 시민단체의 의제를 전파하고 정당화하는 데 결정적임을 입증했다. 이를테면, 정책 및 동원 역량을 원동력으로 한 특정 사회정책에 대한 '사회적 정당화 과정'을 통해, 노조 및 시민 지도자는 자기 조직의 구성원들뿐만 아니라 일반 대중도 설득할 수 있었다(예를 들어, 의료보험 조합 통합 운동 사례). 이 같은 설득 과정은 결국 노조 및 시민단체 지도자의 정책 의제가 (1997~98년 노사정위원회를 거쳐) 입법·시행되는 데 커다란 영향력을 행사했다.

배태성과 응집성 개념은 정책 형성에서 사회운동이 중요한 이유를 좀 더 구체적으로 드러낸다. 배태된 응집성 접근법이 시사하는 바에 따르면, 사회운동 동원의 두 차원(배태성과 응집성) 가운데 하나만 있는 것은 불충분할 뿐만 아니라, 정책 형성 또는 정책 방어 과정에서도 '바람직하지 않은' 또는 '무의미한' 결과를 야기할 것이다. 예를 들어, 배태성을 통해 노동조합이 자신의 기반을 확대하고 동맹을 구축하는(그에 따라 대중에게서 정당성을 인정받고 전문가에게서 전문 지식을 지원받게 하는) '운동의 하부구조'를 포착할 수 있다면, 응집성은 내부자로서 협상의 통로를 통한 노조의 로비 역량뿐만 아니라 국가에 대한 노조의 충성도와도 관련이 있다. 이 연구는 배태된 조직 간 네트워크를 통해 폭넓은 사회 기반을 일구고, 응집적 통로를 통해 운동 의제를 전달하는 것 모두 성공적인 정책 결과에 필수적 요소임을 보여 주었다. 배태성 없이는 폭넓은 보편적 개혁을 성취하지 못하고 핵심 운동 지지자의 협애한 이익만을 채울 뿐이다. 더욱이 축소 개혁의 시기에, 사회적으로 광범위한 연대가 부재할 경우 노조는 노동의 권리와 이해가 현저하게 후퇴하는 것을 지켜보게 될 것이다. 응집성 없이는, 운동 조직들이 정책 입안 초기의 의제 설정 수준의 영향력만을 행사하고, 정책 의제를 실질적으로 유의미한 실행 단계까지 밀고 가지 못할 것이다. 따라서 배태성과 응집성을 주목할 경우, 운동의 결과를 설명하려는 사회운동 학파들의 최근 연구 경향은 더 많은 것을 설명할 수 있을 것이다. 다시 말해, 조직 간 동원의 사회적 과정과 정책 결정에 참여하는 정치과정을 고려함으로써, 최근 사회운동 학파들이 주목하고 있는 쟁점 ─ 사회운동이 공식 정치와 정책 결과에 미치는 영향력 ─ 을 더 잘 파악할 수 있게 될 것이다(Amenta 2006; Andrews 2004; Ganz 2000; McCammon et al. 2008; Soule and King 2006).

이 연구의 두 주요 변수인 배태성과 응집성은 구조적 조건의 변화와 상호작용한다. 즉, 구조적 변화는 복지국가의 축소와 팽창에 독자적인 영향을 끼치는 것이 아니라 배태성과 응집성을 경유한다. 이를테면, 이 글에서는 '경제 위기'나 '지구화'가 배태된 응집성을 가진 노조들에게 일종의 '기회'가 될 수 있다고 보았는데, 그들은 이 같은 국면을 사회적 정당성과 정치적 교섭력을 강화하는 데 이용할 수 있기 때문이다. 그렇지만 경제 위기는 (배태성 없는 응집성 사례에서) 핵심 노조와 이들과 동맹 관계에 있는 집권당이 시장 지향적 개혁을 개시할 빌미로도 이용될 수 있다. 요컨대, 외부의 경제 압력 또는 그와 동시에 발생하는 내부의 경제 위기는 결사체 네트워크의 구조에 따라 양날의 칼로 작용할 것이다.

상당수의 사회운동 문헌이 "운동이 정치적으로 중요해지는 조건들"(Amenta et al. 2011, 295)을 탐구하는데, 배태된 응집성 접근법은 이 같은 조건들을, 운동을 가능하게 하는 조건보다는 운동의 자원/구성 요소로 간주한다. 달리 말해, 배태된 응집성 접근법에서, 정치적 기회 구조는 오직 응집성의 구성 요소로만 간주된다. 정치적 기회 구조에 관한 기존의 연구 문헌들은 어떤 사회운동 의제에 우호적인 정당의 집권을 기회로 간주하는 반면, 배태된 응집성은 그것을 응집성의 잠재적 구성 요소, 그리고 사회운동의 구조 그 자체에 내재적인 것으로 간주한다. 정당의 집권은 노조가 그 정당과 긴밀한 의사소통 및 협상 통로를 구축했을 경우에만 적절한 로비 통로가 될 수 있다. 따라서 이 연구의 접근법에서 그런 응집성은 무언가를 가능하게 하는 조건이 아니라 협력 관계의 잠재적 구성 요소이다. 그런데 노조와 정당 사이의 긴밀한 협력 역시 노조에게 배태성이 없으면 종속적인 코포라티즘적 관계로 전락할 개연성이 크다. 따라서 정치적 기회 구조는 외부 구조가 아니라, 노조가 '조율 기제'coordination institutions를 효과적으로 만들 수 있는 로비 통로 가운데 하나일 뿐이다. 운동의 지도자는 자신이 가진 해석

역량, 전략 수립 역량, 실행 역량에 따라 기회 구조를 충분히 활용할 수도, 아니면 거꾸로 그와 같은 기회 구조를 기존의 연대 관계를 깨는 조건으로 활용할 수도 있다. 결과가 행위자의 역량과 결정에 달려 있는 이 즉흥성/우발성은 행위자의 창조성이 얼마나 중요한 지를 환기한다.

따라서 배태된 응집성 접근법은 사회운동 연구자들 사이에서 충분히 주목받지 못했던 중요한 요소 가운데 하나, 곧 배태된 운동 지도자의 '조율 능력'을 강조한다. 이것은 다양한 사회 세력들의 이해관계를 조율하고, 국가와 협상하며, 그에 따라 폭넓은 시민사회 세력과 자신이 이끄는 노조의 이익을 극대화하는 지도자의 역량을 가리킨다. 구조적 조건과 자원이 같다고 해서 반드시 결과가 같은 것은 아니다. 운동의 결과는 최상의 전략과 행동을 식별해 내고, 연합과 협상 파트너의 이해관계를 주의 깊게 고려할 수 있는 노조 지도자의 사회적·제도적 조율 기술에 달려 있다. 이 조율 역량과 관련해 중요한 것은, 한편으로는 노조가 광범위한 시민사회 세력에게 어떤 혜택을 줄 수 있는가를 가늠하고, 다른 한편으로는 이와 동시에 자신들이 '시민의 노조'로 자리매김할 때 자신들의 역량이 얼마만큼 늘어날 수 있는지를 노조 지도부가 추정하는 능력이다. 이뿐만이 아니라, 노조 지도부가, 특정 사회정책이 국가와 사회 일반에 어떤 영향을 미칠 것인가를 미리 예측할 수 있는지 여부도 중요하다. 그와 같은 포괄적 비전에 기초해 노조 지도부 또는 (노조 지도부를 포함해) 시민 지도부는 불필요한 불신, 배신, 보복의 정치에 기대지 않고 좀 더 효과적으로, 좀 더 신중하게, 국가와 교섭할 수 있을 것이다. 이와 같은 과정에서 노조 및 시민 지도부에게는 다음과 같은 역량이 필요하다. ① 조직 내부·외부에서 자원을 동원할 수 있는 자신의 역량을 객관적으로 평가하는 역량. ② 특정 사회정책의 이점에 관해 연대 네트워크의 다양한 기층 지도자 및 구성원을 설득할 수 있는 역량. ③ 정당 및 국가 지도자뿐만 아니라 대중 일반에게 전달할 설득력 있는 메시지와 논리를 고안할 수 있는 역량. ④ 정당 및 국가와 교섭하고, 그들에게 일련의 조치가 초래할 잠재적 결과(각 행위자의 결정에 따른 이득과 비용)에 대해 설명할 수 있는 역량. 달리 말해 노조 또는 시민 지도부에게는 일종의 '사회적 관계의 기술'social skill ─ "다른 행위자들과의 협력을 이끌어 내는 기술"(Fligstein 1997, 398) ─ 이 필요하다. 이를 통해, 운동의 핵심 지도부는 다른 지도자, 일반 조합원, 동조자 등에게서 긍정적 비전과 에너지를 모아 활성화할 뿐만 아니라, 회의론자와 외부자의 반발이 예상되는 더 힘든 다음 교섭 단계에서도 견뎌 낼 수 있는 견고한 합의를 만들어 낼 수 있다. 미래가 열려 있는, 결과가 확정되지 않은 상황에서 리더십이 가진 역할은 구조적 조건들과 그것들의 일방적 영향이 여전히 우선시되는 기존 사회운동 문헌에 일련의 중요한 도전을 제기한다. 사회운동 학계의 차세대 연구자들은 과정과 결과가 확정되지 않은, 즉 복수의 미래가 열려 있는 협상 또는 대치 상황에서 최선의 결과를 도출해 내는 지도력의 차원(Ahlquist and Levi 2013) ─ 자신과 상대 행위자에 관한 확실한/불확실한 정보들에 기초해 가장 적절한 조치를 취하는 사회운동 지도자의 역량과 기술 ─ 을 탐구할 필요가 있다. 이 차원을 탐구하는 것은 사회정책을 설명하는 데 사회운동이 중요한 이유를 이해하기 위해서뿐만 아니라, 지도자의 조율 기술이 사회운동 결과의 일반적 성패에서 중요한 이유를 이론화하는 데도 결정적일 것이다.

광범위한 문헌에 대한 배태된 응집성 접근법의 함의

분석 전략이 중범위 수준인 응집성 접근법은 토크빌주의자들(Putnam 1993; Paxton 2002)이 찬양해 온 미시 수준의 호혜성 규범(기층 시민단체들 사이의)과 시민 참여 네트워크가 어떻게 거시 수준의 '책임' 정부로 진화하는지를 더 잘 이해하게 해준다. 이는 두 개의 중요한 연구 분야에서 여전히 공백으로 남아 있는 문제들을 효과적으로 설명한다. 한 가지는, 사회적 자본에 관한 연구에서 나타나는 (한편으로는 기층 수준에서 제기되는) 시민사회의 유효성과 (다른 한편으로는 거시 수준에서 제기되는) 거버넌스 사이의 공백이다. 나머지 하나는 연합 정치, 민주화, 복지국가에 관한 보다 광범위한 문헌에서 얼버무리고 넘어가는, 협애하게 정의된 사회 계급들의 "사익 추구 현상"과 계급 간 연대 메커니즘의 발생 사이에 존재하는 공백이다(Baldwin 1990; Collier and Collier 1991; Esping - Andersen 1990; Rueschemeyer et al. 1992).

첫째, 토크빌주의자들은 이론적 핵심 원리 — 호혜성과 협력이라는 규범들 — 를 기층·비공식 시민사회 수준에서 설정하는데, 이들의 주장에 따르면 이는 거시적인 수준에서 더 나은 거버넌스를 낳을 수 있다. [하지만] 기층 시민사회 수준에서 작동하는 수평적 호혜성과 효과적으로 기능하는 책임 정부 사이에는 공백black box이 존재한다. 토크빌주의자들은 여전히 이 부분에 대해 깊이 다루지 않으면서, 정부 특성의 지역적 또는 전국적 차이들을 '두 가지 사회적 균형' — 하나는 기층 시민사회 수준의 신뢰, 호혜성, 자발적 참여가, (자동적으로) 참여 거버넌스를 유지하는 사회규범 수준에서 작동하는 토크빌 식의 이상적 균형이고, 나머지 하나는 부도덕한 가족주의, 수직적 후견주의, 기회주의가 권위주의적, 위계적 정부로 직결되는 홉스적 균형이다 — 을 통해 모호하게 설명한다(Putnam 1993, 164-180). 배태된 응집성 접근법은 시민사회에 관한 토크빌의 관점과 핵심 개념 ─ 호혜성 개념, 그리고 일반적으로 비공식 시민단체가 풍부한 시민 참여 네트워크의 중요성 ─ 을 다수 공유한다. 하지만 배태된 응집성 접근법은 이탈리아 북부와 남부에 관한 퍼트넘의 중요한 연구로 대표되는, 토크빌식의 정적인 '두 가지 사회적 균형' 접근법을 지양한다. 미시적 수준과 거시적 수준 사이에 존재하는 공백을 들여다보기 위해, 배태된 응집성 접근법은 두 가지 '중간 수준의 역동적 메커니즘', 즉 배태성과 응집성을 토크빌식 모델에 도입하고 조작화한다. 이 변수들을 통해서, 퍼트넘이 논의한 개인 수준의 사회적 자본인 참여와 호혜성의 규범이 조직 수준 ─ 노조, 정당, 전문가 단체, 다양한 비공식 시민단체 ─ 으로 확대된다. 이 접근법을 이용해 우리는 노조와 다른 시민단체 사이에서 정책 역량과 동원 역량의 교환을 통해 작동하는 호혜성의 규범들을 분석할 수 있다. 이 글에서는 이 같은 보상의 교환이 한국의 보건 의료(특히 국민건강보험) 부문과 연금 부문에서 어떻게 서로 다른 연대와 협력을 구성하게 되었는지, 그리고 그런 호혜성이 사회정책의 결과에 미친 영향을 탐구했다(4장에서 6장). 퍼트넘이 "사회적 균열을 가로지른다"고 예측했던 시민 참여 네트워크는 이 글에서 계급 간 연대와 조직 수준에서 폭넓은 협력을 나타내는 배태성 개념으로 전환되었다. 노조의 배태성은 노조와 기층 시민사회단체 회원들 사이의 신뢰 관계뿐만 아니라, [특정] 쟁점별로 모인 정치화된 전문가 단체와 노조 사이의 깊은 신뢰 관계 또한 포착한다. 이런 조직 수준의 분석을 통해, 결국 노조와 시민단체 사이의 연대 네트워크를 도출하고, 이와 같은 네트워크 구조가 어떻게 다양한 복지 정책이라는 결과를 도출해 내는지 밝힐 수 있었다(7, 8, 9장).

둘째, 배태된 응집성 접근법은 이기적인 계급 행위자와 계급 간 연대의 출연 사이의 공백을 메운다. 배링턴 무어(Moore 1966)의 전통에 있는 권력 자원 학파는 계급 권력의 균형과 '계급 배열'class constellation 테제 (Rueschemeyer et al. 1992)에 집중하는 경향이 있는데, 이 테제에서 노동계급은 민주주의의 핵심 추동력, 지주 귀족은 민주주의에 반대하는 가장 반동적인 세력, 중산층은 '양가적인' 존재로 간주된다. 권력 자원론 학자들에게 민주화에서 중요한 것은 서로 다른 계급이 가진 상대적 힘이고, 노동계급은 '선천적으로 민주적인' 세력으로 간주된다. 노동계급의 역할에 관한 그런 우호적인 가정은 권력 자원 학파의 복지국가 분석에서 더욱 강화된다. 즉 권력 자원론자들에게 노동계급은, 보편 복지국가의 유일한 추동력은 아닐지라도, 사민주의 동맹의 핵심 구성 집단으로 또 다시 나타나고, 그 동맹에서도 재분배적 성향의 정부가 탄생하는 데 결정적 역할을 한다(Esping-Andersen 1985; 1990; Huber and Stephens 2001; Korpi 1983; Korpi and Palme 2003; Stephens 1979). 배태된 응집성 접근법은 권력 자원 학파와 마찬가지로 시민사회 세력 사이의 힘의 배열과 구성이 가진 중요성을 잠정적으로 받아들이긴 하지만, 노동계급이 선천적으로 보편 복지국가를 추구한다는 권력 자원 접근법의 암묵적 가정에 반드시 동의하지는 않는다. 정확히 말해, 배태된 응집성 접근법에 따르면, 노조는 시민사회에 깊이 배태되어 있을 때 보편적 복지국가를 추구할 것이다. 하지만 배태성 없는 응집성 사례에서처럼, 노조가 시민사회에 배태되어 있지 않을 경우, 복지국가의 제도적 특징들은 보편주의적이지 않고 선별주의적인 것이 된다. 이 글에서는 2000년대 이후 한국 재벌 대기업 노조의 그런 경향을 분석했고, 7, 8, 9장에서 확대 및 축소 시기, 대만과 아르헨티나의 그런 사례들을 브라질과 한국의 배태성의 다른 사례들과 비교했다.

나아가 배태된 응집성 접근법은 분석의 초점을 다른 계급과 비교해 노동계급이 가지고 있는 상대적 힘에서, 다른 계급(또는 계급 공동체 수준이 아닌) 행위자와의 연계를 통해 노동계급 조직이 갖게 되는 관계적 힘으로 전환한다. 사회적 자본/사회적 네트워크 접근법(Coleman 1988, Laumann et al. 1977, Emirbayer 1997)을 이용하는 이 '관계로의 전환'에서, 배태된 응집성 접근법은 '계급 연합'을 계급에 기반을 둔 대표적인 시민사회 조직들 사이에서 이루어지는 '동원 또는 정책 연대'로 재정의했다. 이 점에서 배태된 응집성 접근법은 연대를, '위험'이라는 공통 요소의 분담으로 간주하는 초기 접근법들과 크게 대비된다(Baldwin 1990). 배태된 응집성 접근법은 사전에 엄격하게 정의된 위험이나 선천적으로 주어진 계급의 이해관계에서 시작하지 않는다. 위험과 이해관계의 범위와 범주는 배태성과 응집성의 진화 또는 퇴화 과정에서 지속적으로 협상되고 재정의될 수 있다.

달리 말해, 배태된 응집성 접근법에서 계급 연합의 강도와 범위는 노조 및 시민단체 지도자가 이끄는 효과적인 동원의 정도와 정책 수립 과정에 따라 결정될 것이다. 위험과 계급 이익은 조직 지도부들 사이에서 지속적으로 재협상될 수 있고, 따라서 그것들은 궁극적으로 조직의 지도자가 자신의 사회적 기반뿐만 아니라, 다른 조직의 지도자를 설득하고 확신시키는 정도에 따라 결정된다. 이런 과정을 통해서 한 사회 계급 또는 그들의 대표는 다른 집단의 이익을 자신의 이익으로 인식하거나, 또는 적어도 그것이 자신의 이익과는 충돌하지 않는 것으로 인식할 수 있을 것이다. 요컨대 보편적 사회정책은 노조 및 관련 시민사회단체의 활동가 및 지도자가 다른 시민사회와 정당의 지도자 다수와 벌이는, 이익과 위험의 범위에 관한 지속적인 협상에 의해 결정된다. 이 글에서는 1990년대 의보연대회의의 조직적 활동에서 나타난 새로운 형태의 노동 – 시민 연대를 통해, 기존 이해관계와 위험 범주가 조직 활동가들 사이의 협상에서 해체 및 재구성되는 과정을 보여 주었다(4장과 5장). 이 사례를 통해 필자는 사회적 조율'(진보적인 보건 의료 전문가들과 노조 지도자들 사이에서 10년 넘게 지속된 조직적인 협력 네트워크에서 출발한)의 역사적 형성 과정을 강조했다. 제조업 분야 대기업 노동자들(특권적인 직장의료보험 제도를 향유하고 있던)로 하여금 보편주의적 통합 체제로 입장을 바꾸도록 한 전문 지식인들과 그 동맹 노조 지도자들의 전례 없는 설득 노력은, 연대를 통해 '다른 이들의 이익'을 자신의 이익의 일부로 보듬는 작업이 사회운동 과정을 통해 재형성, 지속화, 제도화될 수 있음을 실증한다. 그런 성공적 접합 과정은 (국민건강보험이라는) 새롭게 통합된 제도적 우산 아래에서, 노동자들의 이익을 폭넓은 대중의 이익과 연결함으로써, 노동자의 이익을 더욱 증진할 수 있다는 생각 덕분에 가능했다. 이 연구는 잠재적 수령자들에게 설득력 있는 대안을 제시함으로써 사회적 연대가 새롭게 구성될 수 있음을, 또한 그런 설득력 있는 정책 비전이 노조 지도자와 시민 지도자 사이의 효과적인 협력의 산물임을 입증했다.

마지막으로 배태된 응집성 접근법은 강한 정책 역량 및 동원 역량이 있는, 노동운동 출신의 새로운 정치 전략가들이 집권당 및 국가와 로비와 협상을 벌이는, 국가와 시민사회 사이의 경합적 상호작용 공간의 중요성을 국가론 및 시민사회론 분야 연구자들에게 환기시킬 수 있다. 역사적·사회적 조건에 따라, 특정 집단의 사회적·정치적 행위자가 부상할 수 있는데, 이들은 가혹한 권위주의 정부 시기에 하방운동을 하다, 민주화 이행기와 그 이후에 사회운동 조직의 지도자로서 국가와 로비 및 교섭을 벌이면서 정치에 진입했다, 이들은 하방 투쟁을 벌였고, 국가와 시민사회 사이의 폭력적·비폭력적 충돌을 경험했으며, 이후 시민사회에 획득한 자원을 가지고 정책 부문을 담당하게 된 시민사회 및 정치 지도자이다. 그들은 민주화 이후 마련된 새로운 선거 공간에서 사회운동 조직들을 적극 동원해 국가 제도를 점유했고, 결국 그 지위에서 집권자로서 사회정책을 확대해 왔다. 이 정치 지도자들은, 특정 정책 영역에서 자신들이 쌓은 전문성과 민주화 운동 과정에서 다진 사회적 권력을 통해, 정당 지도자 및 국가 관료에 맞서 그들을 설득하고, 그들과 교섭을 벌이며, 그들을 징벌할 수 있는 지위에 있다는 점에서 '배태된 동원가/협상가'로 이름 붙일 수 있다.

그런 정치 세력 및 행위자는 많은 개발도상국에서 1980년대와 1990년대, 가혹한 권위주의적 억압 시기와 민주화 이행 시기에 출현했고, 이후 2000년대에 국가기구를 장악하는 데 성공했다. 특히 브라질에서 그런 지도자들은 중앙에서 지방의 기층에 이르는 모든 수준의 정부 제도에 관여하며 참여 거버넌스 구조를 세우는 데도 결정적 역할을 했다. 민주주의 공고화 시기에 겪은 생활 세계의 경험을 바탕으로, 그들은 노동자와 시민의 필요를 식별해 내고, 이를 명확히 표현했으며, 이후 노동 – 시민 연대와 노동 – 정당 동맹을 통해 그 필요들을 제도적으로 확고히 하는 데에서도 중요한 역할을 했다. 이 연구는 이 지식인들이 사회적·정치적 연합을 구축하면서 창출한 전략과 네트워크에 대한 심도 있는 분석을 통해 개발도상국의 복지국가 발전과 후퇴의 변동을 보다 잘 이해할 수 있음을 보여 준다.

종합하면 이 연구는 사회운동 과정이 복지국가의 축소와 팽창이라는 동학을 설명하는 데 중요한 요소임을 보여 준다. 중범위 수준에서 이루어지는 '연대 형성'의 과정을 구체적으로 밝힘으로써, 이 글은 복지국가의 발전(과 후퇴)와 관련해, 사회적 네트워크에 기초한 사회 중심적 이론, 즉 노조 지도자들의 구체적인 조직 전략 및 시민사회 내의 다른 사회집단과 연대하는 그들의 역량에 초점을 맞춘 이론을 세울 수 있었다. 그리고 이 배태성의 차원을 고려함으로써, 전통적인 권력 자원 이론의 축인 '노조 – 좌파 정당 동맹'이 좀 더 광범위한 시민사회 또는 지역공동체 동원의 맥락에서 재평가되어야 함을 밝혔다. 나아가 시민사회에 대한 노조의 배태성을 이해함으로써, 사용자에 대한 노조의 코포라티즘적 배태성에 의지하지 않고 보편적 복지국가로 나아갈 수 있는 대안적 경로를 찾을 수 있을 것이다. 보편적 사회정책(선별적 혹은 배타적 사회정책이 아닌)을 추진하는 사회운동 과정에서 사회 세력들이 자신들의 이해관계를 창의적으로 조율할 수 있는 순간이 분명 존재할 것이다. 복지국가에 관한 오늘날의 연구들은 대체로 그런 순간들을 무시한 채, 복지국가의 제도화된 결과에만 주목한다. '시장에 대항하는 정치'와 '시장을 위한 정치' 사이의 해묵은 논쟁에서 길을 잃은 복지국가 연구자들은 이제 '시민사회에 배태된 정치'에 주목해야 할 것이다.

부록

현장 인터뷰를 실시한 노동운동가와 시민운동가 명단(143명) 및 약력(인터뷰 당시 기준)

A.1. 한국(총 56명)

이름	ID	소속과 직책	연령	성별	하방경력	정당 활동	시민사회 활동
이근원	K1	민주노총 정치위원장	50대 중반	남	유	민주노동당 창당준비위원회	무
이병렬	K2	보건의료노조(민주노총) 정치위원장	50대 중반	남	유	민주노동당 후보 출마[광명 시장 후보]	무
이광호	K3	전노협 참여, 『진보정치』 편집위원장, 『레디앙』 편집국장	50대 후반	남	무		무
김영대	K4	민주노총 사무총장(1998~2001)	50대 후반	남	무	대통합민주신당 비례대표의원	무
김태현	K5	민주노총 정책연구원장	50대 후반	남	유	무	무
배기남	K6	민주노총 서울지역본부 부본부장	50대 중반	남	유	민주노동당 후보 출마	무
강창구	K7	지역조합 대표, 보건의료노조 대표, 의보연대회의 사무국장	50대 후반	남	무	무	의보연대회의 사무국장
신언직	K8	민주노총 조직쟁의실장, 심상정 의원 의원실 보좌관(현)	50대 중반	남	유	민주노동당 창당준비위원회 (민주노총 측)	무
김유선	K9	민주노총 정책실장, 한국노동사회연구소 소장(현)	50대 말	남	무	무	한국노동사회연구소 창립 위원
한석호	K10	민주노총 조직쟁의실장 [사회연대위원장]	50대 초반	남	유	민주노동당 창당준비위원회	무
주진우	K11	민주노총 정책실장, 서울연구원 정책실장[초빙선임연구원]	50대 초반	남	유	무	무
오건호	K12	민주노총 정책부장, 글로벌정치경제연구소 연구실 실장, 내가만드는복지국가 공동운영위원장(현)	50대 초반	남	무	무	내가만드는복지국가 대표
현정길	K13	민주노총 부산지역 본부 부본부장, 부산시 교육감 고문, 정의당 부산시당 대변인(현)	50대 초반	남	유	무	부산노동자협동조합 대표
김태근	K14	참여연대 울산지부 사무국장(현)	40대 후반	남	유	무	경실련 사무국장

하부영	K15	현대자동차노조 부대표, 민주노총 울산지역본부 본부장	50대 후반	남	무	무	무
이영도	K16	민주노총 울산지역본부 부본부장	50대 초반	남	무	진보신당 울산기초의원 후보 출마	무
김정호	K17	창원노동사회교육원 소장(현)	50대 중반	남	유	무	무
임영일	K18	경남대학교 사회학 교수, 영남노동연구소 설립자, 한국노동운동연구소 소장(현)	60대 초반	남	무	초창기 민주노동당 고문	무
박유호	K19	금속노조 [경남 지부] 조직부장, 통진당 창원지역위원장	50대 초반	남	유	통진당 창원시당 위원장	무
여영국	K20	경남지역노동자협의회, 마창노련 창립 회원	50대 초반	남	무	전 민주노동당 지역 위원장	지역 종교단체들과의 연합
최용국	K21	대우자동차판매(주) 지점장, 민주노총 부산지역본부 창립 조합원	60대 초반	남	무	무	부산노동자협동조합 대표
나상윤	K22	전국철도지하철노조협의회 공공연맹 정책위원장	50대 중반	남	유	무	강서양천 민중의집 대표
김창보	K23	건강세상네트워크 사무국장, 서울시 시민건강국장.	40대 중반	남	무	무	건강세상네트워크 창립 회원(서울대 학생)
김준현	K24	건강세상네트워크 상임대표	40대 후반	남	무	무	
김기식	K25	참여연대 사무처장, 국회의원	40대 후반	남	유	무	참여연대 창립 일원, "내가꿈꾸는나라" 설립자
김용익	K26	의보연대회의 대표, 국회의원, 국민건강보험공단 이사장(현)	60대 중반	남	무	무	의보연대회의 창립 일원
이은구	K27	대우자동차노조 위원장	50대 후반	남	무	무	무
양규현	K28	전노협 2대 의장	60대 후반	남	무	무	무
박래군	K29	인권중심사랑 소장(현)	50대 중반	남	유	무	"인권운동사랑방" 설립자
정문주	K30	한국노총 정책본부장	40대 후반	남	무	무	무
이정식	K31	한국노총 사무처장	50대 후반	남	무	무	무
노진귀	K32	한국노총 고문	60대 초반	남	무	무	무
김연명	K33	참여연대 사회복지위원회 위원장, 중앙대학교 사회복지학부 교수	50대 초반	남	무	무	1990년대 중반 이후 참여연대에 관여
정경섭	K34	진보신당 마포을지구당 위원장	40대 초반	남	무	진보신당 간부	마포민중의집 대표
최용	K35	보건의료노조 상근 간부 장하나 의원실(민주당) 보좌관	40대 초반	남	무	민주노동당 지구당 간부	무
정진우	K36	비정규직없는세상만들기, 진보신당 부대표	40대 초반	남	무	민주노동당 지구당	무

박준우	K37	국민연금공단 노조 대표	50대 중반	남	무	무	김광진(박준우)
조경애	K38	건강연대 대표, 건강세상네트워크 공동 대표, 의료민영화저지 범국민운동본부 상임대표	50대 초반	여	무	무	건강권을 위한 여러 컨소시엄 조직들의 설립자
김경자	K39	보건의료노조 부위원장, 민주노총 부위원장, 의료민영화저지 범국민운동본부 공동대표	40대 후반	여	무	무	무
이은주	K40	진보신당 부대표	40대 초반	여	무	무	무
노옥희	K41	울산광역시 교육위원, 진보신당 울산시당 위원장, 울산시 교육감(현)	50대 후반	여	유	진보신당	동구학교운영위원협의회 지도위원
이향원	K42	민주노총 부위원장, 여성위원회 위원장	40대 후반	여	유		
김소연	K43	민주노총 금속노조 기륭전자분회 분회장, 2012 대선, 무소속 후보 출마	40대 중반	여	무	무	무
김선정	K44	민주노총 노조 조직가, 도시 농업 네트워크 운동가(현)	40대 후반	여	무	전 민주노동당 활동가	도시 농업 운동
심재옥	K45	진보신당 여성위원회 중앙여성위원장	50대 초반	여	무	무	무
최혜영	K46	민주노총 경기북부지역본부 본부장	50대 초반	여	유	무	의정부 여성회 회장
황혜원	K47	진보신당 환경위원회 위원장, "종점수다방" 대표(현)	50대 초반	여	무	무	종점수다방 설립자
한정희	K48	전 기자, 민주노동당 강서구위원회 사무국장, 강서양천민중의집 대표(현)	40대 초반	여	무	2006년 민주노동당 구의원 출마	지역공동체 단체들
임진희	K49	평등사회노동교육원(민주노총) 사무국장	30대 후반	여	무	무	무
박선민	K50	전농(전북 지역) 회원, 민주노동당 보좌관(현애자, 박원석, 윤소하 의원실)	40대 초반	여	무	무	지역 농민운동
김영경	K51	전 청년유니온 위원장	30대 초반	여	무	무	서비스 분야 비정규직 청년 노동자를 위한 SNS 커뮤니티들
김하니	K52	희망연대노조	30대 후반	여	무	무	지역 기반 노조 - 시민 연대 운동들
안영신	K53	현 "즐거운교육상상" 공동 대표	40대 초반	여	무	무	지역사회를 기반으로 노조들과 교육/협동조합 운동들
조금덕	K54	현 육아협동조합 대표/전 청년유니온 사무국장	30대 중반	여	무	무	청년유니온/육아협동 조합 운동
나경채	K55	정책 싱크탱크 "오늘" 대표	40대 중반	여	무	노동당 대표, 정의당 대표	민중의집 운동
김명신	K56	최동익 의원(새정치민주연합) 정책 보좌관	40대 초반	여	무	무	무

A.2. 대만(총 21명)

성명	ID	소속과 직책	연령	성별	하방 경력	정당 활동	시민사회 활동
쑨유리엔 (孫友聯)	T1	대만노동전선(台灣勞工陣線) 사무국장	42	남	유 (등록되지 않은 조직에서 활동)	무	1990년대 이후 노조 참가
쑤잉구이 (蘇盈貴)	T2	변호사(전 국회의원 및 타이베이 시 노동국 국장)	56	남	무	대만연대노조 출신 국회의원?	1990년대 이후 시민사회 활동 참여
장쉬중 (張緒中)	T3	청화 텔레콤 노조 가오슝 지부장	56	남	유("등록 되지 않은")	무	1980년대 말 이후 노조 지도자
리우야핑 (劉亞平)	T4	가오슝 교원 노조 위원장	50대	남	무	무	1990년대 이후 노조 지도자
천루이팡 (陳瑞芳)	T5	가오슝 은행(高銀工會) 노조 위원장	50대	남	무	무	1990년대 이후 노조/운동 참여
리우지엔이 (劉建益)	T6	포모사 플라스틱스 (台塑工會) 노조 위원장	60대	남	무	무	1990년대 이후 노조/운동 참여
린쭝훙 (林宗弘)	T7	[팍스] 시니카 연구자(학계)	50대	남	무	무	1990년대 이후 운동 참여
왕사오즈 (王耀梓)	T8	민중단체 대표	60대	남	유	무	1990년대 이후 노조 참여
장펑이 (張峰益)	T9	대만노동사회정책연구협회 협회장	50대	남	무	무	1990년대 이후 시민사회 활동 참여
마오전페이 (毛振飛)	T10	타오위안 현 노조 연맹 명예위원장(전 대만전국산업총공회 간부)	60대	남	유	무	1980년대 이후 노조 참여
차이리엔싱 (蔡連行)	T11	가오슝시 종사자 노조 위원장	60대	남	무	유(민진당 노동 본부. 민진당 당원)	1980년대 이후 운동/노조 참여
지앙지엔싱 (江建興)	T12	가오슝 시 노조 연맹 위원장	60대	남	무	무	1980년대 말 이후 운동/노조 참여
뤄메이원 (羅美文)	T13	대만노동당 명예회장 (전 유안동석유화학 직원)	64	남	유	대만노동당	1970년대 이후 노조 지도자
옌쿤취엔 (顏崑泉)	T14	하오메이 트럭스 개인사업자(포모사 플라스틱스/난야 플라스틱스에서 근무했음)	60	남	무	대만노동당	1980년대 이후 노조/운동 지도자
황칭시엔 (黃清賢)	T15	대만석유노동자노조 고문(전 대만전국산업총공회 위원장)	65	남	무	무	1980년대 이후 노조 지도자
바이정시엔 (白政憲)	T16	다퉁 노조 고문(전 대만전국산업총공회, 대만노동전선 사무국장)	63	남	무	무	1980년대 말 이후 노조 참여
청궈시 (曾國熙)	T17	석유산업노조 가오슝 시 연맹 위원장	50대	남	무	무	1980년대 이후 노조 참여
탕진취엔 (湯金全)	T18	변호사(전 민진당 국회의원, 가오슝 시 시의원, 부시장)	68	남	유	민진당(국회의원)	1980년대 초 이후 노조 참여/변호사 출신

성명	ID	소속과 직책	연령	성별	하방경력	정당 활동	시민사회 활동
좡쥐에안 (莊爵安)	T19	대만전국산업총공회 위원장	51	남	무	무	1990년대 이후 노조/운동 참여
황허쭝 (黃河宗)	T20	타이중 버스노동자 노조 간부	60대	남	무	무	1980년대 이후 노조/운동 참여
우후이링 (吳惠玲)	T21	대만지방기계노동자노조 사무처장	50대	여	무	무	1990년대 이후 노조 참여

A.3. 브라질(총 44명)

성명	ID	소속과 직책	연령	성별	하방경력	정당 활동	시민사회 활동
주앙 아바밀레노 (João Avamileno)	B1	산투안드레 지방정부 인권국 국장	70대 초반	남	유	노동자당	1970년대 말 이후 금속 노동자들의 시민사회 지도자
세르지우 노바이스 (Sergio Novais)	B2	사업부 책임자	57	남	무	노동자당	1990년대 이후 화학[분야] 노동자들의 시민사회 지도자
알레망 두아르테 (Alemão Duarte)	B3	산투안드레 시의원	51	남	무	노동자당	1990년대 이후 금속 노동자들의 시민사회 지도자
주앙 카이르스 (João Cayres)	B4	전국금속노동자연맹 사무처장 및 국제 관계 책임자	46	남	유	노동자당	1980년대 말 이후 금속 노동자들의 시민사회 지도자
세르지우 리카르도 안티쿠에이라 (Sergio Ricardo Antiqueira)	B5	상파울루서비스노동자 조합 대표	45	남	무	노동자당	1990년대 말 이후 교원 노동자들의 시민사회 지도자
발데마르 로시 (Waldemar Rossi)	B6	퇴직 금속노동자/ 파스토랄 오페라리아 일원	82	남	유	노동자당 당원	파스토랄 오페라리아 일원/ 1960년대 이후 금속 노동자들의 시민사회 지도자/ 상파울루 대항조합 및 청년노동자계급(JOC)의 일원이었음
엘리아스 스테인 (Elias Stein)	B7	퇴직 금속노동자	75	남	유	노동자당 당원	1960년대 이후 금속 노동자들의 시민사회 지도자/ 상파울루 대항조합 및 청년노동자계급(JOC)의 일원이었음
헤미지오 토데시니 (Remígio Todeschini)	B8	산투안드레사회보장기관 사무처장	61	남	유	노동자당	석유노동자 지도자, CUT 재정담당자, 청년노동자계급(JOC) 일원
레안드로 오리에 (Leandro Horie)	B9	전국 CUT의 DIEESE (과학/기술위원호)	37	남	무	소속 없음	학부 때 학생운동
익스페디토 솔라니 (Expedito Solaney)	B10	전국 CUT 사회정책/인권부 부장	48	남	유	노동자당	은행노동조합 간부였음
조제 가스파르 (José Gaspar)	B11	노동조합의힘 수석 고문	67	남	유	민주노동당	노동조합의힘 사무국장
파울루 마투스 스크로모브 (Paulo Mattos Skromov)	B12	퇴직 피혁공업 노동자	68	남	유	노동자당	1960년대 이후 피혁노동자들의 노조 및 시민사회 지도자로 일한 바 있음/노동자당 발기인.

이름		직책	나이	성별		정당	비고
							1980년 2월 10일, 노동자당 창당총회 의장
주앙 카를로스 곤살베스 주루나 (João Carlos Gonçalvez-Juruna)	B13	전국 노동조합의힘 사무총장	62	남	유	민주노동자당	가톨릭노동자청년 일원(JOC), 독재 정부 시기에 상파울루금속노동자에서 간부 활동을 했음
제랄디노 도스 산투스 (Geraldino dos Santos)	B14	노동조합의힘 노조관계[부] 부장	63	남	유	연대당	독재 정부 시기, 상파울루 금속노동자[노조의] 고위 간부였음/독재 정부 시기, 지하 공산당 활동
디오게네스 산딤 (Diógenes Sandim)	B15	노동조합의힘 수석 고문	65	남	유	연대당	독재 정부 시기, 지하 공산당원
아파레시두 도니제티 다 실바 (Aparecido Donizeti da Silva)	B16	CUT 경영/재정부 부부장	54	남	무	노동자당	1990년대 이후 화학노동자들의 시민사회 지도자
비센트 칸디두 (Vicente Cândido)	B17	상파울루 국회의원	54	남	유	노동자당	사목청년[회] 회원, 노동자당 창립자 중 하나
파울루 로베르투 사우바도르 (Paulo Roberto Salvador)	B18	헤지 브라질 애투아우(브라질의 주요한 좌파 미디어) 임원	60	남	유	노동자당	은행조합원/1970년대, 학생운동 참여
발테르 산체스 (Valter Sanches)	B19	아베쎄금속노동자조합 연락부장 및 전국금속노동자연맹/ CUT 사무국장	51	남	유	노동자당	아베쎄금속노동자조합/1980 년대 초, 학생운동 참여
아르투르 엔히크 다 실바 산투스 (Artur Henrique da Silva Santos)	B20	상파울루(주 당국) 발전/노동/기업가정신 [부] 부장	54	남	무	노동자당	CUT 대표(2006-12), 전자노동자조합 대표
발데닐슨 아우베스 지 리라 (Valdenilson Alves de Lira)	B21	CUT/상파울루 금속노동자조합 연맹의 노조 책임자	66	남	유	노동자당	아베쎄 금속노동자조합 간부, 전국금속노동자연맹/CUT 간부
아디 도스 산투스 (Adi dos Santos)	B22	CUT-상파울루 대표	59	남	유	노동자당	아베쎄 노조 사무국장(1999-2000), DIEESE 대표/ CUT-상파울루 사무국장(2001-02)
발터 바렐리 (Walter Barelli)	B23	퇴직 교수/DIEESE에서 23년 간 근무	76	남	유	브라질사회 민주당원	DIEESE 대표, 프랑코 정부에서 노동부장관 (1992.10-1994.4)/ 상파울루 고용과노동관계사무국장 (1995-2002)/ 브라질사회민주당-상파울루 출신 국회의원(2003-07)
셀리아 헤지나 코스타 (Célia Regina Costa)	B24	전국사회보장노동자연 맹 사무처장 CUT	57	여	유	노동자당	상파울루 공중보건노동자노조 대표 (Sindsaude-Sp/CUT)

이름		직책	나이	성별		정당	비고
소니아 아욱질리아도라 바스콘셀루스 실바 (Sônia Auxiliadora Vasconcelos Silva)	B25	CUT/상파울루 여성정치국장 및 상파울루노조학교 총책임자	51	여	무	노동자당	가톨릭교회 기반 공동체 일원/프레지덴테 프루뎅테 지역 공무원노조 대표(SINTRAPP-CUT)
마리아 오자네이데 지 파울루 (Maria Ozaneide de Paulo)	B26	CUT 세아라 주 여성정치국장/세아라 주 공무원노조연맹 간부(FETAMCE)	50	여	무	노동자당	세아라 주 아쿠라즈 시 공무원노조 대표(SINSEPUMA/CUT)
헤나투 카르발류 줄라투 (Renato Carvalho Zulato)	B27	CUT 상파울루 재정/행정국장, 상파울루노조학교 행정 책임자	58	남	무	노동자당	전국화학노동자연맹(CUT) 연락부장, 노동자당 상파울루 지부 연락부장, 상파울루 화학플라스틱노동자노조 재정행정부장
하파엘 마르케스 다 실바 주니오르 (Rafael Marques da Silva Junior)	B28	아베쎄금속노동자조합 위원장	51	남	무	노동자당	청년 시절 이후 노동자당원/ 아베쎄 금속노동자조합 간부 및 부대표/ 아베쎄 지역 경제개발국 국장
카를로스 그라나 (Carlos Grana)	B29	상파울루주 산투안드레시장	49	남	유	노동자당	전 상파울루 주 의원, CUT 사무총장, 전국금속노동자연맹 및 주州금속노동자연맹 사무총장
테오니리우 바르바 (Teonílio Barba)	B30	상파울루주 의원	52	남	무	노동자당	아베쎄 금속노동자 노조 행정국장에서 해임됨, 전국금속노동자연맹 간부 및 CUT 감사위원회 위원장
호사니 베르토치 (Rosane Bertotti)	B31	CUT 전국본부 연락부장	49	여	무	노동자당	사목청년[회](교회 공동체) 및 산타 카타리나 주 여성농민운동 회원, CUT-산타 카타리나 조직 부장(임기 3회), 2006년 이후 CUT 전국본부에서 연락부장
치쿠 비지란티 (Chico Vigilante)	B32	연방지구 의원	60	남	무	노동자당	연방지구 경비원노조 창설자, CUT 연방지구 설립자 및 대표, 노동자당 연방지구 설립자 및 대표, 연방지구 연방 의원(1990-98, 2010-14)
에리카 코카이 (Erika Kokay)	B33	연방지구 연방 국회의원	57	여	유	노동자당	브라질리아 은행노동자조합 대표(1992-98), CUT 연방지구 대표(2000-02), 연방 국회의원(2010-14)
호제 파방 (Rose Pavan)	B34	CUT 국제관계국 고문 및 협력재단 임원	67	여	유	노동자당	CUT 상파울루 지부에서 연락부장, 사회정책부장을 담당해 옴
루시네이지 바르장 (Lucineide Varjão)	B35	CUT 전국화학노동자연맹 위원장	47	여	무	노동자당	상파울루 아베쎄 화학노동자노조원/2013년에 여성으로 처음 전국화학노동자연맹 위원장으로 선출됨

성명	ID	소속과 직책	연령	성별	하방경력	정당	비고
루시 파울리누 지 아기아 (Luci Paulino de Aguiar)	B36	룰라 및 지우마 정부에서 사회관계국장	65	여	유	노동자당	아베쎄 금속노동자노조 간부, CUT 전국본부 임원회의의 첫 여성 위원, 전국금속노동자연맹 창립 일원
호사니 다 실바 (Rosane da Silva)	B37	CUT 전국본부 여성노동자국 간부	45	여	무	노동자당	히우 그란지 두 술 주 제화공노조 간부, CUT 전국본부 청년노동자회 일원
주네이아 바티스타 (Juneia Batista)	B38	CUT 전국본부 노동자건강국장, 국제공공서비스노조 간부	57	여	무	노동자당	국제공공서비스노조의 여성노동자국장, 상파울루 공공서비스노조 공인 간부, 상파울루 주 공무원노조연맹 및 CONFETAM 창립 일원
안토니우 카를로스 (Antônio Carlos)	B39	상파울루 공공서비스노조 사무국장	61	남	유. 학생 때	노동자당	군사정부 시기에 학생운동 및 지하 공산당 활동, 상파울루에서 보건대중운동, 소속 노조에서 사우스시티 지역 조직 활동
시다 트라자누 (Cida Trajano)	B40	전국의류노동자연맹 위원장(CNTV/CUT)	53	여	무	노동자당	아베쎄 의류노조 위원장 및 CUT 여성노동자사무국장
리시레니 빈스펠드 (Licilene Binsfeld)	B41	전국상업서비스노동자연맹(CONTRACS) 국제관계및협력국장	44	여	무	노동자당	전국상업서비스노동자연맹 대표(CONTRACS-CUT)
조제 드루몬드 (José Drummond)	B42	CUT 국제관계사무국 고문 및 CUT멀티 프로젝트 책임자	68	남	유	노동자당	화학노동자노조 간부, CUT 지지 위원회 회원, 1983년 8월, CUT 창립에 선도적 역할을 한 인물. 현재 다양한 활동 중: 외국 중앙 노조와의 2자 기획의 책임자, 노조 협상 및 계획에 관한 고문 활동, 국제 기획들의 실행 및 감시
바 산타나 (Wagner Santana)	B43	아베쎄 금속노동자조합 사무국장	53	남	유	노동자당	DIEESE 간부
질마르 카르네이루 (Gilma Carneiro)	B44	CUT 위원장 보좌관	50대 후반	남	유	노동자당	세계노조 네트워크 집행부

A.4. 아르헨티나(총 23명)

성명	ID	소속과 직책	연령	성별	하방경력	정당 활동	시민사회 활동
로렌초 페페 (Lorenzo Pepe)	A1	CGT 철도노동자노조 지도자	80대 중반 (1931년생)	남	유	정의당 의원 대표(1983~2003), 정의당회의 대표(1990~98)	세 학교 (장애인, 저소득층, 직업학교)의 교육재단 [창립]
오랄도 브리토스 (Oraldo Britos)	A2	CGT 철도노동자노조 지도자, 전	80대 초반 (1933년생)	남	유	정의당 상원의원(1973~76, 1983~2003), 정의당	사회부조 재단 "에바 페론, 산 루이스 주"/

	노동부장관(2002)				의원 대표	컴퓨터및사업 교육 과정
오마르 플라이니 (Omar Plaini)	A3	전국신문판매원노조(CGT) 사무국장	60대 중반 (1950년생)	남	유	승리를위한전선-정의 당 의회 대표(200911)와 CGT 의회 대표 (의견이 다르지만 페론주의 지향)(2011~15)	주변화된 사회 부문들의 고등학교 35곳에 재정 지원을 한 노조
프란시스코 가이탄 (Francisco Gaitán)	A4	해양선박노동자노조 위원장(CGT)	80대 초반 (1935년생)	남	유	전 좌파 페론주의 무장 조직 몬토네로 지도자	CLAT 및 INCASUR 교육부장
로돌포 디아즈 (Rodolfo Díaz)	A5	노동변호사/전 노동부장관 (1991~92)	70대 초반 (1943년 생)	남			학생운동(196 0년대와 1970년대)
기예르모 카라스코 (Guillermo Carrasco)	A6	기층 페론주의 운동가/저널리스트 지하 조직)/정부 관리, 국내 보안	60대 초반 (1954년생)	남	유	지역 지도자(남 코누르바노), 정의당(1973~2015)	학생운동(197 0년대) /페론주의청년 회
로베르토 디곤 (Roberto Digón)	A7	노조 지도자, 담배공장노동자노조(CGT)	70대 후반 (1938년생)	남	유	국회의원(80년대와 90년대, 정의당)/ 축구회(보카 주니어)	무
카를로스 오루비카 (Carlos Holubica)	A8	국가와 가톨릭 교구의 관계를 담당하는 책임자, 외무장관/저널리스 트, 전 잡지『사회 정의』Justicia Social 책임자	60대 중반 (1950년생)	남	유	중앙 정부 관리(1990년와 2000년대)	무
수사나 루에다 (Susana Rueda)	A9	노조 지도자, 보건노동자 노조/ 전 CGT 지도자	60대 초반 (1953년생)	여	유	정의당 산타페 지역 지도자(1990년대와 2000년대)	무
아르날도 고에나라 (Arnaldo Goenara)	A10	노조 고문/페론의 고문 역임/페론주의 잡지 두 곳의 책임자	70대 중반 (1940년생)	남	유	정의당 주州 수준의 대표(1983~87)	무
호세 카스티요 (José Castillo)	A11	선박노동자노조 지도자(CGT)	70대 후반 (1936년생)	남	유	정의당 의회 대표 (1980~90년대)	무
카를로스 간드스키 (Carlos Gandsky)	A12	금속노동자노조 전국 대표(CGT)	70대 중반 (1946년생)	남	유	정의당 의회 대표(2000년대)	무
로베르토 바스체티 (Roberto Baschetti)	A13	작가	60대 중반 (1950년생)	남	유	무	기층 조직
노라 파트리치 (Nora Patrich)	A14	예술가	60대 중반 (1952년생)	여	유	전 좌파 페론주의 무장 조직 몬토네로 일원(1972~83)	급진 학생 조직/ 인권운동
마리아 엘레나 나데오 (María Elena Naddeo)	A15	교원노조 지도자(CTA)	60대 중반 (1958년생)	유	유	연방 수도 대표(1990년대와 2000년대)	노조 페미니스트 집단
호라시오 카미노스 (Horacio Caminos)	A16	철도기관사기술자노 조 지도자(CGT-라 프라테르니다드)	60대 중반 (1958년생)	남	유	비타협당원 (1980년대) /지역 페론주의	좌파 노조 집단

						지도자(승리를위한전선-정의당)(2000년대)	
호르헤 로바스 (Jorge Lobais)	A17	섬유노동자노조 지도자 (AOT-CGT)	60대 중반 (1950년생)	남	유	정의당 지도자 (2000년대)	CGT 지도자
마리오 오포르토 (Mario Oporto)	A18	승리를위한전선-정 의당 의회 대표/ 연락보도전국위원회 대표/전 교육부장관	60대 중반 (1952년생)	남	무	정의당 지도자 (1990년대와 2000년대)	당 지도자
이네스 페레스 수아레스 (Inés Pérez Suárez)	A19	전 인권부장관 (1990년대)	70대 중반 (1948년생)	여		시의원(1980년대)/의 회 대표(1990년대)/ 정의당	여성운동단체/ 인권운동단체
아벨 카브레라 (Abel Cabrera)	A20	섬유노동자노조 지도자(AOT-CGT)	70대 중반 (1948년생)	남	유	무	지역 노조 네트워크
알레한드라 에스토우프 (Alejandra Estoup)	A21	은행노동자노조 지도자(CGT-은행)/ 여성연대아메리카 대표	50대 중반 (1963년생)	여	유	무	페미니스트 노조 네트워크
아르만도 카로 피게로아 (Armando Caro Figueroa)	A22	전 노동부장관 (1993~97)	70대 중반 (1944년생)	남	유	페론주의(1960~70년 대)/신자유주의(1980 년대-2000년대)	노조에 지식 제공
빅토르 데 헨나로 (Victor de Gennaro)	A23	CTA 창립자/ 공공부문 노동자 노조 ATE의 지도자/ 국회의원 대표	60대 후반 (1948년생)	남	유	페론주의 지도자 (1970~90년대)/ 페론주의 야당 지도자(1990년대)	전국적인 노조 지도자/ 시민사회와 CTA의 연계

부록 B

(9장에서 사용한) 단체 네트워크 자료에서 배태성과 응집성의 측정

4개국 시민사회의 구조를 측정하기 위해 세계 가치 조사(1995, 2005, 2014)의 자발적 시민단체들의 회원 가입 자료를 이용한다. 세 시기의 회원 가입 설문지들은 특정 단체 회원의 활동 여부에 관한 중요한 정보를 제공한다.[1] 자발적 단체에 대한 개인의 소속 자료를 통해 필자는 "한 사회에서 개인이 어떻게 서로 다른 유형의 자발적 시민단체에 가입하고" "이 개인 및 조직들이 어떻게 공동 소속을 통해 서로 연결되며" "이들 간의 연계를 통해 어떻게 조직의 권력 구조와 구성에서 독특한 패턴이 생성되는지"를 탐구하기 위해 각국 단체 사회의 분석 지도를 만들 수 있다(Lee 2007, 594).

다음으로 UCINET를 이용해 2원[유형] 정보(m 개인× n 단체 유형)에 기초해 n×n 공동 소속 행렬을 만들었다(Borgatti et al. 2002, Breiger 1974). 이 행렬은 각 단체의 회원 수를 나타내는 대각 원소와 각 단체 사이의 공동 회원 수를 나타내는 비대각 원소로 구성된다. 이 공동 회원 행렬로 필자는 다음과 같이 응집성과 배태성 값을 계산했다.

공식 시민단체 부문의 응집성

---

[1] '적극 활동 회원'은 각 국 여덟 유형의 단체(교회, 생활 문화 동호회, 노동조합, 정당, 전문가 단체, 환경단체, 스포츠클럽, 자선단체) 가운데 공동 소속 행렬을 구성하는 데만 사용한다. 실질적인 활동을 하고 있지 않은 유령 회원을 제외하고 실제 적극적으로 활동하고 있는 회원만을 고려할 때 시민단체 사회의 '지도자 네트워크' 구조를 더 정확하게 포착할 수 있다. 또한 시위/파업/점거/청원의 참여 유무를 묻는 질문지를 통해 '활동 회원'의 '사회운동 경험'을 조사했고, 그 결과는 본 장에서 제시한 것과 대개 일치한다.

$$\Sigma\,(CM_{i,j})/M(min)_{u,pa,pr}$$

$$(i \neq i; i, j = \text{공식 시민단체})$$

$$=[(CM_{u,pa}+CM_{u,pr}+CM_{pa,pr})]/M(min)_{u,pa,pr}$$

여기서 $CM_{u,\,pa}$, $CM_{u,\,pr}$, $CM_{pa,\,pr}$ 은 각각 노조(u)와 정당(pa), 노조와 전문가 단체(pr), 정당과 전문가 단체 사이의 공동 회원을 의미한다. $M(min)$ 은 중복된 회원 수를 제외한, 세 곳의 핵심 공식 조직의 회원 수를 의미한다 (예컨대 한 응답자가 세 단체에 모두 소속되어 있다 하더라도 회원 수는 한 명으로 계산한다).

공식 조직 영역의 배태성

$$= \Sigma\,(CM_{i,k})/M(min)_{u,pa,pr}$$

$$(i \neq k; i = \text{공식 시민단체}, k = \text{비공식 시민단체})$$

$$=[\,\Sigma\,(CM_{u,k})+\Sigma\,(CM_{pa,k})+\Sigma\,(CM_{pr,k})]/M(min)_{u,pa,pr}$$

여기서 [분수의] 분자는 공식 시민단체와 비공식 시민단체에 공동으로 가입된 회원 수의 합계다. 좀 더 구체적으로 말하면 분자에는 노조와 모든 비공식 시민단체 사이의 공동 회원 총수($CM_{u,k}$), 정당과 모든 비공식 시민단체 사이의 공동 회원 총수($CM_{pa,k}$), 전문가 단체와 모든 비공식 시민단체 사이의 공동 회원 총수($CM_{pr,k}$)가 포함된다.

마찬가지로 노조의 응집성은 노조가 다른 공식 부문의 시민단체와 회원을 얼마나 공유하고 있는지로 측정할 수 있고, 노조 자체 회원 수 값(분모, Ui)으로 나눔으로써 표준화된다. 노조의 응집성 공식은 다음과 같다.

응집성u $= \Sigma\,(CM_{u,pa \text{ or } pro})/U_i,$

$$응집성u = \Sigma \, (CM_{u,lp})/U_i,$$

$$응집성u = \Sigma \, (CM_{u,ip})/U_i,$$

여기서 $CM_{u,pa \, or \, pro}$는 노조가 정당(pa), 전문가 단체(pro)와 공유하는 회원 규모이고 U_i는 노조의 조합원 수다. 협의에서 $CM_{u,lp}$는 노조와 노동 정당이 공유하는 회원 규모이고 $CM_{u,ip}$는 노조와 집권당이 공유하는 회원 규모다. 첫 번째 것은 당파(특정 정당 성향)에 관계없이 모든 정당에 대한 노조의 일반적 로비 통로를 수량화한다. 이 척도는 또한 '노동계급/중산층 연합'(Esping - Andersen 1990; Baldwin 1990)을 의미하는, 노조와 전문가 단체 사이의 연합 관계도 수량화한다. 두 번째 것은 노조와 노동기반 정당 사이의 사민주의적 응집성을 수량화하고(Stephens 1979; Korpi 1983; Esping - Andersen 1985) 마지막 것은 국가/집권당에 대한 노조의 협상력을 수량화한다.

마지막으로 노조의 배태성은 평화, 인권, 환경, 문화, 종교 단체 같은 다른 비공식 부문 시민단체들과 노조가 공유하는 회원 수로 계산할 수 있다. 이를 통해 노조의 비공식 시민단체와의 신뢰 관계, 그리고 노조가 조직화되지 않은 부문의 이익을 끌어안을 수 있는 가능성을 포착할 수 있을 것이다.

$$배태성u = \Sigma \, (CM_{u,k})/U_i$$

여기서 $CM_{u,k}$는 노조와 다른 모든 비공식 시민단체가 공유하는 회원 규모를 의미하고 노조의 배태성은 노조 조직률(U_i)로 표준화되는 공동 회원 수이다.

부록 C

국가와 노조의 네트워크 정보에 기반을 둔 전략적 행동: 축소 및 확대 게임의 구조

부록 C.1 축소 게임: 초기 설정

필자는 국가가 먼저 행동을 취하고 노조가 반응하는 유형의 게임모델을 수립한다. 여기에는 국가와 노조에 관한 일련의 가정이 있다. 즉 국제 경쟁이라는 압력(흔히 경제 위기의 유형으로)에 직면한 국가는 적절한 수준의 노조 활동에 관한 선호들이 있고, 노조의 (가능한) 행동을 예상해 먼저 행동을 취한다. 국가에게는 개혁 의제와 관련해, 세 가지 선택지(곧 개혁 없음, 온건 개혁, 급진 개혁)가 있다. '급진 개혁'은 노동권을 억압하는 시장 지향적 개혁이 대표적이고 '온건 개혁'은 노동권에 대한 온건한 조정이 대표적이다. 노조가 현재의 권리를 유지할 수 있는 '개혁 없음'이란 선택지도 있지만, 전 지구적 시장 경쟁과 금융 제도의 압력이 강화됨에 따라 국가는 일정한 수준의 시장 개혁을 도입해야 할 압력을 받게 된다. 다음으로 노동자들을 대표하는 단일한 행위자로서 노조는 노동정책 및 복지 정책에 관한 국가 행동의 수준에 대한 선호들이 있다. 국가가 '온건 개혁'이나 '급진 개혁'을 선택하면, 노조는 그 대응으로 '전투주의'나 '수용'[자제]을 선택한다.

<그림 C.1>은 소득/자산 수준의 두 가지 현상現狀, 즉 사용자의 것(y^E)와 노동자의 것(y^W)을 나타내는 게임 트리를 묘사한다. 여기서 필자는 일반적으로 노조가 받는 보상은 노동자의 복리[이익]를 나타내고 국

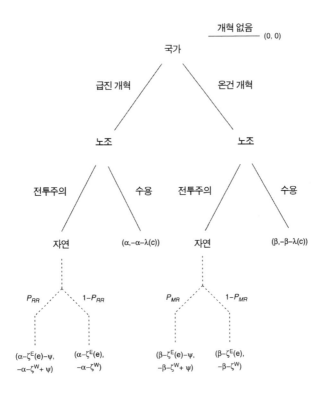

가의 보상은 사용자의 복리[이익]를 나타낸다고 가정한다. 그리고 현상태의 보상은 각각 $y^W = 0$, $y^E = 0$으로 정규화한다. 따라서 국가가 '개혁 없음'을 선택하면 국가와 노조 모두 받는 보상이 없다.

국가의 선제적 개혁은 노동자로부터 사용자로의 소득 이전으로 실현될 것이다. [노동자의 권익을] 침해하는 급진적 또는 온건한 개혁으로 말미암아, (사회 계급으로서) 노동자들은 소득이나 사회 임금이 줄어 처음의 자산과 소득을 빼앗길 것이다. a와 β는 각각 급진 개혁, 온건 개혁으로 이전되는 이익의 크기를 나타내는데, a는 β보다 크다.

국가의 주도 하에 각 유형의 개혁이 추진되고, 노조가 이를 '수용' 한다면, 이 과정에서 국가는 아무런 비용도 치르지 않는다. 따라서 '급진 개혁'과 '수용'에 따른 국가의 보상은 a이고, '온건 개혁'과 '수용'에 따른 국가의 보상은 β다. 수용은 노조에 $\lambda(c) > 0$의 비용을 발생시키므로 급진 개혁과 온건 개혁에서 '수용'에 따른 노조의 보상은 각각 $-a - \lambda(c)$와 $-\beta - \lambda(c)$이다. 필자는 노조의 수용 비용은 응집성 $c \in [0, +\infty)$에 달려 있을 것이라 가정한다. 버지스(Burgess 2004)의 '충성 딜레마'loyalty dilemma를 고려하면, $\lambda(\cdot)$는 철저히 c에 따라 줄어들 것이다. 즉 노조와 집권당의 관계가 더 응집적일수록 노조가 국가 주도의 시장 개혁을 수용할 때의 비용은 더 감소할 것이다.

다음으로 이 글에서는 노조의 전투주의는 장외 투쟁의 정치를 통해 국가(와 사용자)에 비용을 발생시킨다고 가정한다. 그런 비용은 $\zeta^E(e) > 0$로 나타낼 수 있는데, 이는 철저히 노조의 배태성 $e \in [0, +\infty)$에 따라 증가한다. 또한 노조의 전투주의는 기존 자원들을 고갈시키거나 조율 문제를 야기해 노동자 및 노조에 비용을, 즉 배태성과 응집성에 연동되지 않는 고정 비용 $\zeta^W > 0$을 발생시킬 것이다(Olson 1965).

그리고 노조의 저항의 성패는 임의적으로 결정된다고 가정한다. 성공한 경우에서는 국가가 일괄 보상을 통해 노조에 양보할 것이다. 이 보상액은 $\psi > 0$이다. 급진 또는 온건 개혁 이후 저항의 성공 가능성 [확률] $P^{RR}(e) \in (0, 1)$과 $P^{MR}(c) \in (0, 1)$에서 노조는 국가와의 싸움에서 승리해 결국 일괄 양보를 끌어낼 것이고 가능성(1-p)에서는 그러지 못할 것이다. 그리고 '급진 개혁'과 '전투주의'를 추구함으로써 국가가 받는 보상은 $a - \zeta(e) - P(e)\psi$이고 같은 상황에서 노조가 받는 보상은 $-$

$a - \zeta^{W} + P^{PR}(e)\psi$이다. 온건 개혁과 전투주의 경로에서 국가가 받는 보상은 $\beta - \zeta^{E}(e) - P^{MR}(c)\psi$이고 같은 상황에서 노조가 받는 보상은 $- \beta - \zeta^{W} + P^{MR}(c)\psi$이다.

마지막으로 노조의 높은 배태성은 국가와 사용자가 강한 전투주의라는 큰 위협을 인지 또는 인정하도록 유도할 것이고, 이는 $P^{RR}(e)$가 엄격히 e에 따라 증가함을 의미한다. 그런데 노조와 국가 간의 높은 응집성은 국가로 하여금 온건 개혁에 맞서 전투주의를 추구하는 노조의 기회주의를 징벌하거나 좌절시킬 수 있는 수단이 다양하며, 노조 입장에서도 전투주의를 통해 국가와의 동맹 관계를 포기할 경우 잃을 것이 많다는 것을 의미한다. 결국, 이는 $P^{MR}(c)$이 분명 c에 따라 감소함을 의미한다. 달리 말해 배태성이 높은 경우 노조는, 특히 급진 개혁에서, 국가를 징벌할 자원이 더 많고, 응집성이 높은 경우 국가는 온건 개혁에서 노조를 징벌할 수단이 더 많다. e 혹은 c의 모든 함수는 연속적인 것으로 가정한다.

분석

게임은 역진 귀납법backward induction으로 해결할 수 있다. 먼저 국가의 '급진 개혁' 이후 노조의 선택을 고찰한다. '전투주의'를 선택했을 경우 노조의 보상은 $- a - \zeta^{W} + P^{RR}(e)\psi$이고, '수용'을 선택했을 경우의 보상은 $- a - \lambda(c)$이다. <그림 C.1> 하단, 급진 개혁 경로의 결정 지점들에서 노조는 다음과 같은 조건에서만 전투주의를 선택할 것이다.

$$P^{RR}(e)\psi + \lambda(c) > \zeta^{W} \qquad (C.1\text{-}1)$$

<그림 C.2> 배태성과 응집성에 따른 노조의 선택 공간

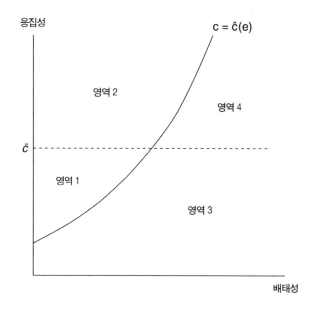

우리는 응집성과 배태성에 관한 비교 정태 분석을 시행한다. C.I-1의 좌변이 e에 따라 증가하고 c에 따라 감소한다는 것을 고려하면, 어떤 수준의 e에서건 불균형 상태는 c가 충분히 낮은 한 불변하지만, c가 충분히 높은 경우 불균형은 역전될 것이다. 따라서 각 e에 ĉ(e)는 $P^{RR}(e)\psi$ + $Λ(ĉ(e))$ = ζ^{W}를 따른다.

함수 ĉ(·)는 연속적이다. P^{RR}은 엄격히 e에 따라 증가하고 $Λ$는 엄격히 c에 따라 감소하기에 ĉ(e)는 엄격히 e에 따라 증가한다. 노조는 c < ĉ(e)에서만 '전투주의'를 선택한다.

다음으로 '온건 개혁' 경로에서 노조의 선택을 고찰한다. '전투주의'를 선택했을 경우, 노조의 보상은 $-\beta - \zeta$W + $P^{MR}(c)\psi$이고, '수용'을 선택했을 경우, 보상은 $-\beta-\lambda(c)$이다. 따라서 노조는 다음의 조건에서만 '전투주의'를 선택한다.

$$P^{MR}(c)\psi + \lambda(c) > \zeta^W \qquad\qquad (C._{I-}2)$$

좌변의 불균형 상태는 c 에 따라 감소한다. 필자는 응집성이 충분히 낮다면 불균형은 지속되지 않을 것이라 가정한다. 또한, 응집성이 충분히 높을 때도 불균형은 지속되지 않을 것이라 가정한다. c̄는 $P^{MR}(\bar{c})\psi + \lambda(c) = \zeta^W$을 따를 것이고, 따라서 c < c̄에서만 '전투주의'를 선택한다. <그림 C.2>는 배태성과 응집성에 따른 노조의 선택을 보여 주는데, 가로축 척도가 배태성, 세로축 척도가 응집성이다. 이 두 조건은 모수 공간을 네 개의 부분집합으로 나눈다. 영역 1에서 노조는 급진 개혁 이후 '수용'을, 온건 개혁 이후 '전투주의'를 선택한다. 영역 2에서는 두 상황에서 모두 '수용'을 선택한다. 영역3에서는 두 상황에서 모두 '전투주의'를 선택한다. 영역4에서는 급진 개혁 이후 '전투주의'를, 온건 개혁 이후 '수용'을 선택한다. 이제 네 가지 경우를 차례대로 고찰한다.

축소 게임 1: 낮은 응집성과 낮은 배태성

이제는 배태성과 응집성의 변화가 어떻게 상이한 전략과 축소 결과를 낳는지를 고찰한다. 먼저 살펴보는 것은 노조와 국가가 서로 거의 연결되어 있지 않고, 노조와 시민사회 사이의 연계가 약한 게임이다. 곧 c < c̄와 c ≥ ĉ(e)의 경우다. 노조는 급진 개혁 이후 '수용'을 택하고, 온건 개혁 이후 '전투주의'를 택한다. '급진 개혁'을 선택한 경우 국가의

보상은 a이고, 온건 개혁을 선택했을 경우에는 $\beta - \zeta^E(e) - P^{MR}(c)\psi$이다. 분명히 전자는 후자보다 훨씬 크고 따라서 국가는 '급진 개혁'을 선택할 것이다.

축소 게임 2: 높은 응집성과 낮은 배태성

노조가 집권당과 강한 연계가 있지만 시민사회와의 배태성은 약한 두 번째 시나리오는 $c \geq \bar{c}$와 $c \geq \hat{c}(e)$이다. 이 경우, 시민사회에 헌신하지 않는 노조 지도자들은 어떤 개혁이 시행되든 개혁의 필요성을 지지하고 '수용'을 선택한다. 노조가 두 경로 모두에서 [개혁을] 묵인한다는 점을 고려하면, 국가는 급진 개혁 – 수용에서의 보상과 온건 개혁 – 수용에서의 보상을 비교할 것이다. $a > \beta$이기에 국가는 급진 개혁을 선택할 것이다.

축소 게임3: 낮은 응집성과 높은 배태성

이 게임에서는 노조가 위치한 네트워크 구성이 이전 게임과 반대다. 즉 노조가 집권당과 강한 연계가 없지만 시민사회에는 깊게 배태된 경우다. 즉 $c < \bar{c}$와 $c < \hat{c}(e)$. 노조는 급진 개혁, 온건 개혁 모두에서 '전투주의'를 선택한다. 국가는 급진 개혁에서의 보상, $a - \zeta^E(e) - P^{RR}(e)\psi$와 온건 개혁에서의 보상, $\beta - \zeta^E(e) - P^{MR}(c)\psi$를 비교한다. 국가는 다음의 조건에서만 급진 개혁을 선택할 것이다.

$$[P^{RR}(e) - P^{MR}(c)]\psi \geq a - \beta \qquad (C.I-3)$$

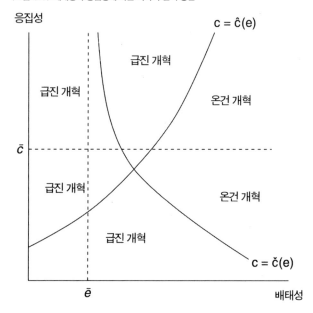

〈그림 C.3〉 배태성과 응집성에 따른 국가의 선택 공간

응집성

급진 개혁

급진 개혁

급진 개혁

$\bar{c}$

급진 개혁

급진 개혁

$c = \hat{c}(e)$

온건 개혁

온건 개혁

$c = \check{c}(e)$

$\bar{e}$

배태성

좌변은 e와 c에 따라 증가한다. 각 e에 대해 $\check{c}(e)$는 $[p^{RR}(e) - p^{MR}(\check{c}(e))]$ $\psi = a - \beta$이다. 따라서 $\check{c}(e)$는 엄격히 e에 따라 증가한다. 국가는 $c \geq \check{c}(e)$ 의 경우에서만 온건 개혁을 선택한다. $c < \bar{c}$이기에 온건 개혁은 배태성 이 상당히 높을 때에만 일어날 것이다.

축소 게임4: 높은 응집성과 높은 배태성

마지막 경우는 $c \geq \bar{c}$와 $c < \hat{c}(e)$다. 노조는 급진 개혁 이후 '전투주의' 를, 온건 개혁 이후 '수용'을 선택한다. 급진 개혁에서 국가의 보상은 a

$- \zeta^E(e) - P^{RR}(e)\psi$이고 온건 개혁에서 보상은 β이다. 국가는 다음의 조건에서만 온건 개혁을 선택한다.

$$P^{RR}(e)\psi + \zeta^E(e) > a - \beta \qquad (C_{.I-4})$$

ē는 $P^{RR}(\bar{e})\psi + \zeta^E(\bar{e}) = a - \beta$이다. 따라서 국가는 e ≥ ē에서만 온건 개혁을 선택한다. <그림 C.3>은 주어진 모수 공간에서 국가가 선택하는 개혁의 종류를 요약해 보여 준다.

부록 C.2 노조 주도의 확대 게임: 초기 설정

확대 게임에서 게임을 개시하는 행위자는 국가(와 사용자)라기보다는 노조다. <그림 C.4>의 게임 나무를 통해 필자는 축소 게임에서처럼 두 가지 소득/자산 수준의 모델을 제시한다. 각각 사용자(y^E)를 대표하는 국가의 것과 노동자(y^w)를 대표하는 노조의 것. 이번에도 이 보상들을 0으로 표준화한다. 따라서 노조가 '개혁 없음'을 선택하면 두 행위자 모두 받는 보상이 0이다. 노조가 '개혁 없음'을 선택하면 게임이 종료된다. 노조가 '보편 개혁' 또는 '선별 개혁'을 선택하면, 노조의 선택을 주시한 뒤 국가는 '거절' 또는 '수용'을 선택한다.

확장 게임 또한 축소 게임과 마찬가지로 국가와 노조에 관한 일련의 가정으로 시작한다. 사회 개혁의 압력에 직면한 노조는 응당한 수준의 국가 행동에 관한 선호가 있고 (잠재적) 국가 반응에 관한 기대를 가지고 먼저 행동을 취한다. 사회 개혁 의제와 관련해, 노조에게는 세 가지 선택지(곧 개혁 없음, 보편 개혁, 선별 개혁)가 있다. 선별 개혁과 관련해,

노조는 오직 또는 주로 자신의 조합원(즉 핵심 산업 및 공공 부문의 조직화된 중산층, 노동계급)에만 혜택이 가는 사회(또는 노동시장) 정책을 개시하기 위해 행동한다. 보편 개혁과 관련해, 노조는 노동조합을 결성하지 못한 (비정규) 노동자, 도시 빈민, 농민, 자영업자를 포함해 좀 더 광범위한 유권자들에 복무하는 사회정책을 추구할 것이다. 국가가 어느 유형이건 개혁을 수용하면, 노조가 개시한 그 개혁은 실행될 것이다. 선별 개혁에서 소득 총액 β은 사용자에서 조직화된 노동자로 옮겨질 것이다. 따라서 노조의 보상은 β 만큼 늘어나지만 조직화되지 못한 외부자는 선별적 재분배 개혁에서 배제될 터이기에,[1] 동일한 지점에서 국가의 보상은 $-\beta$가 된다. 보편 개혁에서는 좀 더 광범위한 유권자에게로 재분배가 이루어지기에 사용자의 부담이 더 크다. 사용자에게 보편 개혁의 비용은 γ이지만, 조직화된 노동자의 혜택은 α만큼만 증가할 것이고 $\alpha < \gamma$여서 조직화되지 못한 노동자 및 노동시장 외부자의 보상은 또한 $\gamma - \alpha$만큼 증가할 것이다. 이 연구는 이 보상액 사이의 불균형을 $\alpha < \beta < \gamma$일 것이라 가정한다. 즉 '보편 개혁'의 이익은 선별 개혁의 이익보다 크고 [여러 계층의 이익을] 아우를 정도로 충분히 보편적일 것이다. 하지만 동시에 조직화된 노동자의 이익 α는 선별 개혁에서의 이익 β보다 작다.

다음으로 국가는 응당한 수준의 노조 행동에 관한 선호들을 가지고 있다고 가정한다. 국가는 노조의 두 행동, 곧 선별 개혁과 보편 개혁 가운데 하나에 대응해 행동을 취한다. 국가의 선택지는 노조의 두 개

---

1 또 다른 암묵적 가정은 불안정한 비정규 노동자나 노동시장 외부자 같은 조직화되지 못한 노동자는 정의상 중앙화된 교섭 단위[노조]가 없고 그에 따라 국가와 노조의 협상에 참여할 기회가 주어지지 않는다는 것이다. 따라서 암묵적으로 그 모델에는 보상 기능[함수]이 있는 행위자가 하나 더 있지만 게임은 두 행위자 사이에서만 수행된다.

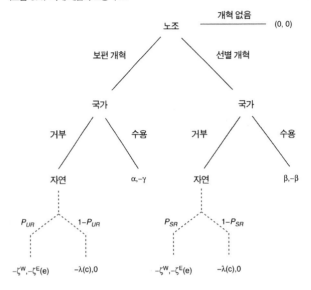

혁 의제를 수용하거나 거부하는 것이다. 수용하면 게임은 종료된다. '거부'를 선택하면 그 결과는 노조와 국가 사이의 잠재적 대립이 어떻게 끝나느냐에 달려 있다. 국가가 노조의 정책 제안을 거부하면 노조는 즉각 가능성[확률] P로 국가를 징벌하거나 가능성 $(1-P)$로 그러지 않는다. P는 '국가의 거부 결정이 노조의 전투주의를 끌어낼 가능성'이다. 다시 가능성 P를, $P^{UR}(e)$와 $P^{SR}(c)$로 구분할 수 있는 이들은 각각 국가가 보편 개혁UR과 선별 개혁SR을 거부했을 때 노조가 전투주의를 보일 가능성이다. 필자는 $P^{UR}(\cdot)$은 연속적이고 노조의 배태성, 즉 e에 따라 증가하고 $P^{SR}(\cdot)$은 노조의 응집성, 즉 c에 따라 증가할 것이라 가정한다. 한편으로 노조의 높은 배태성은 P^{UR}을 늘릴 것인데, 배태성이 큰 노조 및 동맹 시민사회 세력은 서로의 이익을 보편적인 시민의 권리로서 소중히 여길 공산이 더 크기 때문이다. 이를 통해 그들은 보편 개혁에 대한 국가의 거부 결정에 집단적으로 저항하게 될 것이다. 다른 한편으로 노조의 높은 응집성은 P^{SR}을 늘릴 것인데, 조직화되지 못한 노동자나 노동시장 외부자로부터 탈구된 국가/사용자 및 노조는 결탁을 통해 자신들만의 이익을 추구하기 때문이다. 이로 인해 노조는 선별 개혁에 관한 국가의 거부 결정에 더 전투적으로 대응하게 될 것이다. 그런 경향은 노조의 배태성이 낮을 때 더 뚜렷할 것이다. 이런 가정들에 기초한 게임의 경로 및 보상 들은 <그림 C.4>에 요약되어 있다.

노조가 국가(와 사용자)를 징벌할 때 사용하는 전투주의는 노조 자신에도 집단행동의 고정비용(내부 조율과 동원의 어려움에서 기인한) ζ^{W}를 발생시킨다. 만약 국가를 징벌하지 않으면 노조는 직무 유기에 대해 기층 조합원들의 도전에 직면할 것이고(충성 딜레마), 이에 따라 비용 $\lambda(c)$이 발생한다. 따라서 '보편 개혁'과 '거부'에 따른 노조의 보상은 $-P^{UR}(e)\zeta^{W} - (I - P^{UR}(e))\lambda(c)$, '선별 개혁'과 '거부'에 따른 보상은 $-P^{SR}(c)\zeta^{W} - (I - P^{SR}(C))\lambda(c)$이다. 축소 게임에서처럼 $\lambda(\cdot)$는 연속적이고 노조의 응집성 c에 따라 오로지 감소하는 관계에 있다.

전투주의를 통해 노조는 국가를 징벌하는데, 여기에는 파업을 통해 사용자의 생산과정에 차질을 입히는 것뿐만 아니라, 선거운동과 여론 형성을 통해 국가의 경제적 수행력과 정치적 정당성을 공격하는 것도 포함된다. 국가의 비용은 배태성에 따라 증가하는 $\zeta^{E}(e)$가 된다. 따라서 '보편 개혁'과 '거부' 경로에서 국가의 보상은 $-P^{UR}(e)\zeta^{E}(e)$이고 '선별 개혁'과 '거부'에서 보상은 $-P^{SR}(c)\zeta^{E}(c)$이다. 마찬가지로 비용 $\zeta^{E}(\cdot)$도 연속함수이고 노조의 배태성 e에 따라 증가할 것이라 가정한다.

분석

먼저 노조가 '보편 개혁'을 선택한 뒤 국가의 선택을 탐구한다. 국가는 거부 경로의 보상인 $-P^{UR}(e)\zeta^{E}(e)$와 수용 경로의 보상 $-\gamma$를 비교한다. 필자는 국가가 중립일 때[보통의 상황에서] 수용을 택한다고 가정하고 다음의 조건에서만 국가가 거부를 택한다고 본다.

$$P^{UR}(e)\zeta^{E}(e) < \gamma \qquad\qquad (C._{2-1})$$

이제는 응집성과 배태성에 관한 비교 정태 분석을 조사한다. $C._{2-1}$의 좌변이 e에 따라 증가한다는 점을 고려하면 불균형 상태는 e=0일 때 유지되고 e가 충분히 높을 때 역전될 것이다. $\hat{e}$가 $P^{UR}(\hat{e})\zeta^{E}(\hat{e})=\gamma$과 같은 균형 상태를 따른다고 가정해 보자. 이러한 균형 상태에서 국가는 e < $\hat{e}$에서만 '보편 개혁' 이후 '거부'를 선택한다.

　다음으로 노조가 '선별 개혁'을 추진하기로 선택한 후 국가의 선택을 고찰한다. 국가는 거부에서의 보상인 $-P^{SR}(c)\zeta^{E}(e)$와 수용에서의 보상 $-\beta$를 비교한다. 따라서 국가는 다음의 조건에서만 거부를 택한다.

$$P^{SR}(c)\zeta^{E}(e) < \beta \qquad\qquad (C._{2-2})$$

좌변은 c와 e에 따라 엄격히 증가하는 함수들이다. 각 e에 대해 불균형은 c가 충분히 낮을 때 유지되고 c가 충분히 높을 때는 역전될 것이다. 각 e에 대해 $\dot{c}(e)$는 $P^{SR}(\dot{c}(e))\zeta(e) = \beta$ 와 같은 균형 상태를 가정하자. 이러한 균형 상태에서 국가는 c < $\dot{c}(e)$에서만 '선별 개혁' 이후 '거부'를

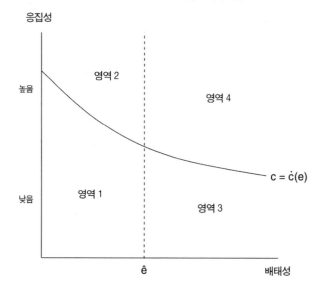

〈그림 C.5〉 배태성과 응집성에 따른 국가의 선택 공간(확대 게임)

선택한다. 함수 $\dot{c}(\cdot)$는 e에 따라 엄격히 감소한다.

　〈그림 C.5〉에서 배태성은 가로축, 응집성은 세로축으로 측정한다. 이 두 조건은 모수 공간을 네 개의 부분집합으로 나눈다. 영역 1에서 국가는 보편, 선별 개혁 모두를 거부한다. 영역 2에서는 보편 개혁을 거부하고 선별 개혁은 수용한다. 영역 3에서는 보편 개혁을 수용하고 선별 개혁은 거부한다. 마지막으로 영역 4에서는 보편, 선별 개혁 모두 수용한다.

확대 게임1: 낮은 응집성과 낮은 배태성

이 첫 번째 시나리오에서, 노조는 국가와 시민사회 모두와 약하게 연결되어 있다. 첫 번째 경우(영역 1)는 $e < \hat{e}$와 $c \geq \hat{c}(e)$를 충족할 경우이다. 국가는 노조의 '보편 개혁'과 '선별 개혁'에 대해 '거부'를 선택한다. 따라서 노조의 보상은 보편 개혁에서 $-P^{UR}(e)\zeta^W - (1 - P^{UR}(e))\lambda(c)$이고 선별 개혁에서 $-P^{SR}(c)\zeta^W - (1 - P^{SR}(c))\lambda(c)$이다. 두 보상 함수 모두 마이너스이기에 '개혁 없음'이 노조에 최적의 선택이다.

확대 게임2: 높은 응집성과 낮은 배태성

두 번째 게임에서 노조는 국가와의 견고한 통로가 있지만(응집성) 시민 사회에는 잘 배태되어 있지 않다. 따라서 두 번째 경우(영역 2)는 $e<\hat{e}$와 $c \geq \hat{c}(e)$를 충족시킬 경우이다. 국가는 노조의 '보편 개혁' 선택 이후에 '거부'를 선택하고, 노조의 '선별 개혁' 선택 이후에는 '수용'을 선택한다. 따라서 노조가 보편 개혁을 선택하면 그 보상은 $-P^{UR}(e)\zeta^W - (1 - P^{UR}(e))\lambda(c)$이다. 선별 개혁을 선택했을 때는 β다. 후자(>0)가 전자(<0) 및 개혁 없음(0)보다 분명 낮기에 노조는 선별 개혁을 개시할 것이다.

확대 게임3: 낮은 응집성과 높은 배태성

세 번째 게임에서 노조는 시민사회와 강한 연계가 있지만 집권당과는 통로가 없다. 세 번째 경우(영역 3)는 $e \geq \hat{e}$와 $c<\hat{c}(e)$다. 국가는 노조의 보편 개혁 이후 '수용'을 선택하고 결국 국가의 보상은 α다. 노조가 선별 개혁을 선택하면 그 보상은 $-P^{SR}(c)\zeta^W - (1 - P^{SR}(c))\lambda(c)$이다. 보편 개혁은 분명 선별 개혁과 '개혁 없음'보다 낮다. 따라서 노조는 보편 개혁을 개시할 것이다.

〈그림 C.6〉 배태성과 응집성에 따른 노조의 선택 공간(확대 게임)

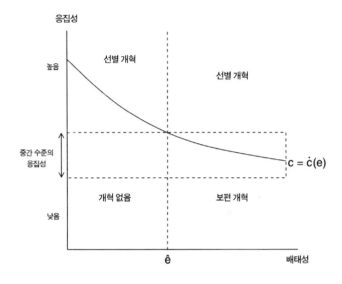

확대 게임4: 높은 응집성과 높은 배태성

네 번째 게임에서 노조는 국가와 시민사회 모두와 강한 연계가 있다. 마지막 경우(영역 4), 곧 $e \geq \hat{e}$와 $c > \dot{c}(e)$에서 국가는 노조의 '보편 개혁'과 '선별 개혁' 선택 이후 '수용'을 선택한다. 노조의 보상은 보편 개혁에서 α이고 선별 개혁에서 β일 것이다. $\beta > \alpha > 0$이기에 노조는 선별 개혁을 개시할 것이다. 〈그림 C.5〉는 모수 공간에서 국가의 개혁 선택을 요약한다.

그런데 마지막 경우를 해석하는 데는 주의해야 할 게 있다. 현실에서 C.2-2 불균형 상태인 $P^{SR}(c)\zeta^{E}(e) < \beta$는 쉽게 깨지지 않는데, $P^{SR}(c)$와 $\zeta^{E}(e)$는 동시에 증가하지 않을 테지만 역 상관관계를 보일 것이기 때문

이다. 달리 말해, 선별 개혁 부분 게임에서 노동 – 시민 연대는 노조의 선별 개혁 제안으로 말미암아 성사되지 않을 터인데, 시민사회는 $\zeta^E(e)$를 증가시킬 것 같지 않은 노동 – 시민 연대에 대한 참여를 거부하기 때문이다. $P^{SR}(c)$은 $\zeta^E(e)$에 의해 억제되기에 $C._{2-2}$ 불균형 상태는 특히 높은 배태성에서 지속될 것이다. 이 경우에서 국가는 보편 개혁을 선택하고 선별 개혁은 거부할 것이다. 정보 집합 최상단에서[게임 나무의 첫 번째 선택에서] 노조는 결국 보편 개혁을 선택할 것이다. 영역 4는 이론적으로는 존재하지만 경험적으로는 있기 어려운데, c와 e가 서로를 제약하기 때문이다. 따라서 배태된 응집성은 '배태성에 제약받는 응집성'을 의미할 것인데, 높은 수준의 배태성은 국가와 노조 사이에서 (매우 높은 수준의 응집성에서) 일어나는 (또는 진화하는), 선별 개혁을 지향하는 응집적 결탁을 막기 때문이다.

어떤 의미에서 노동 – 시민 연대에 최상의 결과인 보편 개혁을 성취하는 것은 바로 중간 수준의 응집성(<그림 C.6>의 직사각형 부분]과 높은 배태성이다. 브라질의 CUT-노동자당 관계처럼(7장을 참조), 노조가 국가와의 관계에서 응집적 연계도 유지하고 일정한 자율성도 가지며 또한 강한 배태성에 의해 뒷받침될 때, 배태된 응집성이 보편적 사회정책 개혁을 이끌 공산이 가장 크다. 따라서 <그림 C.6>에서 노조(와 시민사회의 연대)에 최상의 결과인 보편 개혁을 성취하게 하는 배태된 응집성의 사례들은 중간 수준의 응집성과 높은 배태성이 결합된 $\hat{c}(e)$ 선 바로 아래 위치할 것이다.

부록 D

추가 분석: 2000년대 한국의 시민단체 네트워크

중대한 시기인 2000년대, 한국의 결사체 네트워크 구조를 보여 주기 위해 시민단체 네트워크에 관한 자료를 분석한다. 동원 및 정책 배태성을 분석하고자 이 책에서 이용하는 네트워크 자료는 본래 은수미가 자신의 학위 논문(2005a)에서 구성하고(1991, 1997, 2001년 자료), 이후 강국진(2006) 기자가 최신 자료로 갱신하고 필자가 2015년까지 추가로 갱신한 것이다[1] 4장 <그림 4.4>와 <그림 4.5>를 구성하는 데 1991년부터 2005년까지의 단체 자료를 사용했다. 5장과 6장의 네트워크 도해와 자료들은 주로 은수미(1997)와 강국진(2006) 자료를 사용했고, 단체별 속성 및 특성 자료는 직접 정리·재구성해 사용했다. 9장의 시민단체 네트워크의 국가 간, 시계열 비교에서는 세계가치조사의 시민단체 공동 소속 자료(1995, 2005, 2014)를 이용했다.

특히, 강국진(Kang 2006) 자료는 1744곳의 시민, 정치, 노동단체와 2005년 1월 1일과 12월 31일 사이에 발생한 361건의 주요 정치, 시민사회 행사(연대 시위 및 조직화 노력 52건, 학술 토론 회의/발표회/입법 청원 85건, 기

---

1 감사하게도 은수미와 강국진은 자료들을 이용할 수 있도록 허락해 주었을 뿐 아니라 필요한 정보도 제공하여 자료 갱신을 도와주었다. 박사 논문에서 1980년대와 1990년대, 동일한 구조의 단체 공동 소속 네트워크를 수집한 은수미의 조언에 따라 강국진은 2005년 자료 집합을 구성했다(필자는 1985~86년 자료는 단체 수가 너무 적어서 사용하지 않는다). 상당히 많은 시간을 들여 강국진의 자료를 재구성(갱신과 정리)해 준 대학원생 문명선과 박보영에게도 감사한다.

〈표 D.1〉 2005년 사회복지와 건강 이슈 및 시민조직, 노동조직 참여와 관련한 핵심 연대 행사들

번호	일시	연대 조직화 노력, 공동 시위, 청원의 내용	참여 조직 표본
6	2월 23일	비정규 고용 반대 행동 및 비정규 노동자의 권리를 위한 청원	**민주노총** – 서울, **민주노동당** – 서울, 진보연대, 학생회 – 서울, 전국학생연대회의, 민주노동자연대, 철도노조, 전국공무원노조 외.
12	4월 16일	장애 여성을 위한 3차 연례 회의	한국여성장애인연합, 전국뇌성마비아동을위한연합, 장애여성을위한연합, 서울장애인인권센터 외.
14	4월 20일	복지 시설 민주화 및 사회적 공급을 위한 전국 행동 대회	노동자의힘, **민주노동당**, 사회당, 장애우, 공공운수노조, 공무원노조, 장애우, 행동하는의료인, 복지시민연합, [인권운동]사랑방, 금속노조 – 서울, 자율적 삶을 위한 네트워크 외.
15	4월 20일	4.20장애인차별철폐행동	장애인차별철폐경남행동, **민주노동당**, **민주노총**, 민가협 인권, 전국빈곤철폐민중연대, 사회당, 진보연대, 산재노동자연합, 공무원노조, 전교조 외.
25	6월 30일	양육비 자유화 반대 연대 및 보육시설의 사회적 공급을 위한 행동	공동육아공동체교육, **민주노총**, 육아부모연합, 전국보육노동자조합, **참여연대**, 한국노총, 여성단체연합 외.
28	7월 17일	이주노동자 권리 행동 시민 연대	**민주노총**, 한국노총, 여성노조, **민주노총** – 서울, **참여연대**, 민변, 이주노동자권리연합, 이주노동자노조, 진보연대 외.
29	7월 21일	지역 복지기관 연대 네트워크 출범	경기시민복지연대, 복지시민연대, 나눔과연대, 복지시민연합, **참여연대**, 복지연대행동 외.
42	10월 21일	의료 과실 보상 입법 시민 연대 출범	건강세상네트워크, 경실련, YMCA – 서울, 의료소비자, 한국선한사마리안네트워크 외.
47	11월 24일	장기요양 연대 회의	건강세상네트워크, 의료소비자, 보건의료노조, 사보노조, 빈곤조사재단, 의료복지사회협력 외.

자회견 및 선언 224건)에 관한 두 유형의 정보를 토대로 만들어졌다.[2] 이 자료는 시민사회, 정치사회의 주요 중앙 조직 행위자들뿐만 아니라 부산, 광주, 대구, 인천 같은 대도시에서 활동하는 좀 더 작고 비정치적

---

2 그해는 노무현 개혁 정부의 3년차였고, 민주노동당이 총선에서 역사적 승리를 거둔 다음 해였다.

인, 이슈 기반 단체 및 지역 단체들도 다수 포함함으로써, 가장 포괄적으로 시민단체 활동 자료를 수집한 것이다. 이 자료 집합을 통해 이 글에서는 민주주의의 공고화에서 중대 시기였던 2000년대 중반의 한국 시민사회의 깊고 상세한 구조를 분석할 수 있었다.

<표 D.1>은 시민사회의 대규모의 동원이 이루어진 대표적인 행사 및 그 행사에 참여한 조직을 제시한다. 이 자료는 애초에 두 2원 네트워크 자료, 즉 조직 – 사건(event) 행렬로 구성됐는데(Breiger 1974), 이후 조직들이 교점node들을 차지하고 각 행사가 참여 조직들을 연결하는 끈이 되는, 한 유형의 네트워크 자료로 전환했다. 그 과정은, 행은 조직을 나타내고 열은 사건을 나타내는 행렬 X에 전치 행렬 X'를 곱하는 것이다(P=XX'). XX'$_{ij}$의 큰 값은 한 쌍의 조직들 사이에 강한 연계가 존재함으로 가리킨다(Borgatti and Everett 1997, 246). 하위 집단 응집력subgorup cohesion, 중심성 측정값, 그래프 들을 이용한 네트워크 분석들의 대부분은 두 번째, (2원 네트워크 행렬과 그 전치 행렬을 곱한) 조직 수준의 1원 네트워크 행렬에 기초했다.

<표 D.1>에 제시된 9건의 행사는 사회복지 및 보건 의료 분야에서 시위/청원의 조직화 또는 실제적인 연대 시위를 위한 운영 위원회를 만들기 위해 열렸다. 표에서 민주노동당, 민주노총, 참여연대(강조된) 같은 정치, 시민, 노동조직의 전국 본부들을 확인할 수 있고, 또한 특정 이슈에 전문적인 노조와 시민단체 다수도 있다. 이러한 다양한 단체들이 배태된 시민사회의 구조를 조사하면 사회정책 형성 과정의 숨겨진 동학을 드러낼 수 있을 것이다.

다음 단락들에서는 먼저 세 유형 모두의 사건들에 기초한 기초적 중심성 측정값을 제시하지만, 이후 단락들에서는 두 유형의 사건으로

나누어, 즉 한 유형(연대 시위 및 조직화 노력 52건)은 '동원 – 지향 행사'로, 나머지 유형(학술 토론회/발표회/입법 청원 85건)은 '정책 – 지향 행사'로 간주하여 분석들을 세분화한다. 이 글에서는 이 두 유형의 사건들에 기초한 공동 소속 네트워크와 그 구조가 3장에서 전개한 두 개념, 곧 노조의 동원 지향 배태성과 정책 지향 배태성을 반영한다고 본다. 노조와 핵심 시민단체들을 중심으로 한 단체 구조에 초점을 맞춘 일반적 패턴과 결과들을 논의한 뒤, 2000년대의 동원 네트워크와 정책 네트워크 사이의 상이한 구조를 논의한다.

대조적인 추세들: 동원 역량과 정책 역량

<표 D.2>는 행사 유형을 토대로 구별하지 않고 두 유형의 중심성 측정값으로 순위를 매긴 상위 단체 15곳의 여러 중심성 측정값을 요약한다.[3] [표의] 세 열은 논쟁적인 동원, 정책 입안, 여론 형성에 대한 참여를 통한 다른 단체와의 연결 수(연결 [중심성]), 영향력 있는 다른 행위자의 기능으로서 상대적 지위(고유 벡터 [중심성]), 다른 단체들을 연결하는 가교 역할(매개 [중심성])에서 (1744개 단체 가운데) 상위 단체 15곳을 제시한다. 이를테면 매개[중심성]에서 상위 세 단체는 참여연대, 문화연대, 녹색연합인 반면 대표적인 노동조직인 민주노총과 민주노동당은 4위와 6위다. 다른 대중적 시민단체 다섯 곳은 시민단체의 몇몇 핵심 하위 분야를 대표한다. 즉 인권(민변), 청년(YMCA), 경제 정의(경실련), 환경 운동(환경운동연합), 여성운동(한국여성단체연합).

---

3 모든 측정값은 UCINET 6(버전 6.592)으로 계산했다. Borgaatti 외(2002)를 참조.

〈표 D.2〉 세 가지 중심성 측정값으로 계산한 상위 단체 15곳 순위(361건의 행사와 1744개 시민
단체 대상)

순위	연결 중심성	고유벡터 중심성	매개 중심성
1	참여연대	전농	참여연대
2	문화연대	참여연대	문화연대
3	녹색연합	민주노총	녹색연합
4	민변	녹색연합	민주노총
5	여성단체연합	민언련	민변
6	민교협	문화연대	민주노동당
7	민주노총	민중연대	YMCA
8	민언련	노동자 연대	경실련
9	민주노동당	민변	여성단체연합
10	환경운동연합	여성단체연합	환경운동연합
11	전농	이주노동자연맹	민교협
12	이주노동자연맹	빈민연맹	전농
13	여성연대	반미여성회	민언련
14	민중연대	이주노동자권리연합	투기자본감시센터
15	노동자 연대	스크린쿼터사수연대	장애우권익문제연구소

다른 시민단체들과의 전반적인 연계의 강도, 지위, 가교 등의 역할에서 민주노총은 한국노총([강도] 20위, [지위] 25위, [가교 역할] 17위)에 견주어 월등하다. 민주노총의 지역 본부들과 산별노조들은 각각 독립 단체로 계산했는데 매개 중심성에서 그중 두 곳은 상위 30위에 들었고, 7곳은 상위 200위에 들었다. 반면 한국 노총의 지역 노조들과 산별노조들 가운데 순위에 들어간 곳은 없다. 이 같은 결과는 민주노총의 기원이 주로 사회운동이고, 시민단체 네트워크에 깊게 배태되어 있다는 주장에 신빙성을 더한다. 그런데 이와 동시에 2005년, 시민단체 영역에 대한 한국노총의 배태성은 그 단체의 기원이 권위주의적 경제개발 시기라는 점을 고려했을 때, 매우 인상적이다. 2005년, 시민사회에서 한

<표 D.3> 세 가지 중심성 측정값으로 계산한 상위 단체 15곳 순위(52건의 동원 지향 행사, 85건의 정책 지향 행사, 1744개의 시민단체 대상)

순위	동원 지향 행사		정책 지향 행사	
	고육 벡터 중심성	매개 중심성	고육 벡터 중심성	매개 중심성
1	전농	문화연대	민중연대	문화연대
2	노동자 연대	참여연대	녹색연합	녹색연합
3	문화연대	녹색연합	전농	참여연대
4	민언련	민주노총	노동자 연대	민변
5	민주노총	여성단체연합	참여연대	여성단체연합
6	이주노동자연맹	전농	문화연대	환경운동연합
7	민교협	한국노총	민변	경실련
8	민중연대	YMCA	민주노총	YMCA
9	빈민연맹	민변	여성단체연합	전농
10	이주노동자연맹	민가협 인권	시민행동	시민행동
11	한국노동사회연구소	민주노동당	민언련	녹색미래
12	대학교학생회연합	경실련	환경운동연합	인민연대
13	반미여성회대	천주교인권위원회	대학교학생회연합	민교협
14	스크린쿼터사수연대	장애우권익문제연구소	천주교노동사목위원회	이주노동자연맹
15	통일광장	보건의료노조	스크린쿼터사수연대	노동자 연대

국노총이 차지하고 있는 꽤 높은 순위들은, 민주노총보다 낮긴 하지만, 4장과 8장에서 논의했듯이, 2000년대에 들어 한국노총 내부의 이념적, 조직적 지향이 좀 더 개혁 성향을 띠게 되었음을 반영한다.

　　<표 D.3>은 두 가지 상이한 하위 행사들, 즉 동원 지향 행사(연대적 집단행동을 위한 시위, 연좌 농성, 조직적 대회)와 정책 지향 행사(학술 토론회와 입법 청원)에 기초한 시민, 노동조직들의 순위를 보여 준다(이 두 행사에서 집합행동을 위한 비용이 별로 들지 않는 공동 기자회견과 반대 성명 발표회와 같은 상징적 행사들은 제외하였다). 이 두 유형의 행사에 기초한 공동 소속 네트워크들은 3장에서 논의한 정책, 동원 역량들 — 정책 지향 배태성과 동원 지향 배태성

— 과 일치한다. 이 두 유형의 사건들은 서로 개념적으로 다를 뿐 아니라 세 번째 '약한 – 연계' 혹은 '낮은 – 비용의' 행사와도 다르다. 첫 번째, 동원 지향 행사는 제외된 상징적 행사보다 훨씬 많은 조직화 비용을 수반하고 그런 비용을 감당할 수 있는 조직역량을 필요로 한다. 두 번째, 정책 지향 행사에 참여하기 위해서는, 정책 또는 법 분야의 전문성이 필요하다. 두 사건 모두 사전에 또는 미래에 동원 및 정책 자원들을 축적, 투자, 개발할 수 있는 인적 역량을 완비한 참여 조직들을 필요로 한다. 하지만 세 번째 유형(기자회견 및 공동 성명 발표회)에서는 조직에 최소한의 비용만 필요하다. 즉 기자회견이 있을 때 조직의 이름만 올리면 된다.

세 유형의 행사를 구별하지 않고 별도로 분석한 <표 D.3>에서 결과는 약한 연계, 낮은 비용의 사건이 압도적인데, 여기서 단체 순위는 <표 D.2>와 현저히 다르다. 민주노총의 지위는 동원 지향 행사에서 별 차 없었지만(고유벡터 중심성 5위와 매개 중심성 4위), 정책 기반 행사에 기초한 중심성 측정값은 현저히 떨어졌다(고유벡터 중심성 8위와 매개 중심성 17위). 민주노동당의 역할은 동원 지향 연계에서 미미한데(고유벡터 중심성 26위와 매개 중심성 11위), 정책 지향 연계에서는 (상위 30위권에서) 자취를 감췄다.

부록 E

일반화: 국가 간 양적 분석에서 얻은 결과

이 부록은 선진국과 개발도상국 모두에서 결사체 네트워크와 복지국 가의 발달에 관한 양적 분석을 제시한다. 본문의 몇몇 장에서 한국을 비롯한 네 나라에서 배태성과 응집성이 어떻게 사회정책을 형성해 왔 는지를 질적 분석을 통해 탐구했는데, 이 부록에서는 그 범위를 전 지 구로 확대한다. 배태된 응집성 접근법은 전 세계 국가들을 대상으로 사회복지 지출에서 나타나는 변동을 얼마나 설명할 수 있을까? 또한 이 연구에서 탐구한 네 나라를 넘어 광범위한 사회들에 적용할 수 있 는 좀 더 큰 설명 틀을 제시할 수 있을까?

종속변수는 국내총생산 가운데 공공 의료비 지출이 차지하는 비율, 곧 최신 세계사회보장보고서World Social Protection Report 2014~15(국제노동기 구)에서 발췌해, 광범위하게 이용할 수 있는, 국가 간 사회복지 지출액 을 사용한다. 주요 독립변수 — 배태성 — 는 9장과 같은 측정값을 사용 한다. '거버넌스' 또는 '법치' 측정에서는 잠재 사법독립성Latent Judicial Independence, LJI 지수를 사용한다(Linzer and Staton 2011). 이 측정 단위는 이 전 연구들이 문항반응이론Item Response Theory, IRT 모델을 통해 사용한, 거 버넌스와 법치에 관한 상이한 8가지 기준에 기초한 표준화된 잠재 지 수이다. 그 범위는 0에서 1(법의 지배에서 가장 높은 수준)이다. 이 글에서는 이전 연구들에서 주요 복지국가 이론들을 대표하는 핵심 변수로 사용 되어 온 몇몇 통제 변수들을 가져온다. 우선 1인당 국내총생산(기록된) 과 65세 이상 인구 비율이 기본 모델을 구성한다. 두 변수들은 세계개발지표World Development Indicators(World Bank 2016)에서 가져온 것이다. 이 글에서는 경제개발 수준이 두 종속변수에 긍정적 영향을 미치리라고 기대하는데, 경제개발 자체가 도시화와 산업화(소득 및 실직과 관련해 더 높은 위험을 낳는 경향이 있는)로 인해 사회복지에 대한 더 높은 수요를 창출하기 때문이다. 또한 높은 고령 인구 또한 강력한 이해 집단 정치로 연결되어 사회복지 지출의 증가를 야기할 것이다(Pampel and Williamson 1989). 또한 국내총생산 가운데 수출입액 비율로 측정한 경제 개방도 역시 모델에 포함된다. 이 변수는 사회복지 지출에 긍정적 영향을 미칠 것으로 추측하는데, 경제 개방은 경제변동과 시장 불안정을 야기해 하위 계층들이 실직과 소득 상실의 위험에 더욱 취약해지기 때문이다 (Katzenstein 1985). 이 글은 노조 조직률을 통제 변수 가운데 하나로 포함한다. 필자는 이 변수가 사회복지 지출에 긍정적 영향을 끼치리라고 예측하는데, 노조의 힘이 강해지면, 노동계급의 이익을 정당들에 전달하고, 그들로 하여금 좀 더 보편적이고 관대한 사회복지 프로그램들을 만들도록 하는 경향이 있기 때문이다(Korpi 1983; Huber and Stephens 2001).[1]

<표 E.1>은 노조의 배태성이 보건 의료 지출에 미치는 영향력에 대한 결과를 제시한다. 모든 모델은 다음과 같은 기본 변수들을 포함한다. 즉 1인당 국내총생산, 65세 이상 인구, 무역 개방도, 노조 조직률. 각 변수는 주요 복지국가 발전 이론들을 대표한다. 즉 산업화, 인구구조 변화, 이익집단 정치, 경제 개방도, 권력 자원 이론.[2] 윌렌스키

---

1 기본 모델에서 이 변수들 외에도 선거 체제(Iversen and Soskice 2009)와 좌파 정당의 집권 횟수 (Huber and Stephens 2001)가 복지국가 규모에 미치는 효과도 지역 더미 변수(아프리카, 남아시아 중동)와 함께 검증했다. 이 변수들은 통계적으로 전혀 무의미했고 따라서 표본 규모가 작다는 점을 고려하여 모델들에서 뺐다.

<표 E.1> 배태성과 통제 변수들에 기초하고 선형회귀분석(HC3ᵃ을 이용한)으로 얻은 사회복지 지출에 대한 표준화되지 않은 계수

변수	모델 ①	모델 ②	모델 ③
구소련 노조	-0.637 (-0.740)	-0.543 (-0.633)	-0.249 (-0.276)
65세 이상 인구	0.189*** (2.721)	0.188** (2.162)	0.147 (1.517)
1인당 국내총생산	0.521* (1.988)	0.272 (1.055)	0.333 (1.330)
무역 개방도 (GDP 대비 퍼센티지)	-0.00799 (-1.279)	-0.00751 (-1.367)	-0.00825 (-1.511)
노조 조직률	1.671 (0.646)	1.092 (0.442)	1.362 (0.528)
노조 배태성	-0.0317 (-0.0596)	-0.139 (-0.267)	-0.167 (-0.317)
높은 거버넌스 (더미)		-1.602 (-1.130)	
배태성* 거버넌스		2.593** (2.501)	
제도적 민주주의 (더미)			-2.085 (-1.623)
배태성* 민주주의			3.238*** (4.152)
상수	2.481** ( )	2.570** (2.030)	2.890** (2.253)
관측값	50	50	50
결정계수	0.641	0.668	0.690

*주ⓐ: HC3는 이분산성 일치적 공분산 행렬(HCCM)의 변량(Long and Ervin 2000)이다. 괄호는 t-통계량. ***p < 0.01, **p < 0.05, *p < 0.10.

(Wilensky 1975), 팜펠과 윌리엄슨(Pampel and Williamson 1989)이 일찍 지적했듯이, 1인당 국내총생산과 65세 이상 인구는 기준 모델(모델1)에서 크게 유의미한 두 변수였다.

2 부유한 민주국가의 복지국가 규모에 대한 가장 일관적인 예측 변수인(Huber, Ragin, and Stephens 1993; Huber and Stephens 2001) 권력 자원 이론의 다른 가장 유명한 기준인 좌파 정당 집권(횟수)은 확인했지만 유의미하지 않았다.

모델 2와 모델 3에서는 보건 의료 지출(국내총생산 대비)의 변동을 설명하기 위해 두 가지 상호작용 모델을 도입한다. 즉 모델 2의 '배태성 – 거버넌스' 모델은 인상적인 결과를 낳는다. 곧 노조의 배태성은 높은 수준의 거버넌스(법치)에서 보건 의료 지출에 유의미한 긍정적 효과를 미치지만, 낮은 수준의 거버넌스에서는 배태성의 긍정적인 효과가 사라진다. 비슷한 맥락에서 모델 3의 '배태성 – 민주주의' 모델은 훨씬 더 인상적인 결과를 낳는다. 즉 노조의 배태성은 민주주의가 잘 제도화된 사회에서 보건 의료 지출에 매우 강한 긍정적인 영향을 미친다.[3] 그 결과들은 앞선 질적 결과들과 크게 일치하고, 높은 수준의 거버넌스 또는 성숙한 민주주의 국가에서 노조의 강한 배태성은 더 큰 복지 국가로 이어진다는 내 가설을 뒷받침한다.

---

3 사법 독립성 지수가 아주 높고(>.7), 정체 2(Polity II) 민주주의 지수 또한 아주 높은(=10) 민주주의 국가들에서만 노조의 배태성은 긍정적으로 작동했다. 또한 유의미했던 1인당 국내총생산과 65세 이상 인구가 모델 3에서 유의미하지 않게 되었음에도 주목하라.

참고문헌

건강세상네트워크. 2010. 『건강세상 2010: 활동보고』.

고용노동부. 2015. "고용 노동 통계." 고용노동부
    홈페이지(http://laborstat.moel.go.kr/). (검색일 2015/10/22).

고용노동부. 2012. 『전국 노동조합 조직 현황』. Report No. 11-1492000-000049-10.
    고용노동부 홈페이지(http://www.moel.go.kr/)에서 이용 가능(검색일:
    2016/06/22).

김동춘. 1995. 『한국 사회 노동자 연구』. 역사비평사.

_____. 2001. "노동운동, 사회운동성 회복해야." 『노동 사회』 51, no. 2: 16-23.

김복순. 2015. "사업체 규모별 임금 및 근로조건 비교." 한국노동연구원. 『월간 노동
    리뷰』(2월): 43-59.

김연명. 2004. "'사회복지위원회' 10년의 성과와 과제."
    www.peoplepower21.org/Welfare/655774에서 이용 가능(검색일:
    2016/06/09).

김원섭. 2009. "한국에서 사회정책 개혁과 정책 확산." 정무권 편. 『한국 복지국가 성격 논쟁
    2』. 인간과복지.

김호기·정동철. 2004. "참여연대의 의사 결정 구조와 조직 운영 방식." 홍성태 엮음.
    『참여와 연대로 연 민주주의의 새 지평 : 참여연대 창설 10주년 기념 논문집』.
    아르케. pp. 131-152.

김형기. 1992. "진보적 노자 관계와 진보적 노동조합주의를 위하여" 『경제와 사회』. 가을.

노중기. 2005. "노무현정권 노동정책 평가: 몇 가지 문제 제기" 『비정규노동』(월간) 43:
    24-36.

_____. 2008. 『한국의 노동 체제와 사회적 합의』. 후마니타스.

박명준, 김훈, 어기구, 채준호. 2013. 『노동조합의 정책 역량에 관한 연구: 한국과 주요국
    노동조합총연맹의 탐색적 비교』. 한국노동연구원.

박태주. 2014. 『현대자동차에는 한국 노사 관계가 있다』. 매일노동뉴스.

비판과 대안을 위한 건강정책학회, 전국사회보험지부 [편] 2010. 『국민건강보장 쟁취사』.
    비판과 대안을 위한 건강정책학회, 전국사회보험지부.

신광영. 2004. "한국 진보 정당의 존재 조건." 『역사비평』 68, no. 3: 41-64.

신영전. 2010. "의료 민영화 정책과 이에 대한 사회적 대응의 역사적 맥락과 전개."『상황과 복지』 29: 45-90.

유형근. 2012. "한국 노동계급의 형성과 변형: 울산 지역 대기업 노동자를 중심으로, 1987-2010." 서울대학교 사회학과 박사학위 논문.

은수미. 2001. "한국 노동운동과 시민운동의 경쟁 그리고 헤게모니." 서울대학교 사회학과 석사학위논문.

_____. 2005a. "한국 노동운동의 정치세력화 유형연구." 서울대학교 사회학과 박사학위논문.

_____. 2005b. "연결망 접근을 통해서 본 사회운동적 노동운동의 가능성."『노동정책연구』 5: 43-73.

이광찬. 2009.『국민 건강 보장 쟁취사』. 양서원.

이근원. 2013. "열 명의 민주노동당 의원과 '전진'". <레디앙>(02/05).

임현진. 2009.『한국의 사회운동과 진보 정당』. 서울대학교출판부.

임현진, 김병국. 1991. "노동의 좌절, 배반된 민주화: 국가·자본·노동 관계의 한국적 현실."『계간 사상』(겨울).

임영일. 1998.『한국의 노동운동과 계급 정치, 1987~1995』. 마산: 경남대학교 출판부.

_____. 2004. "노동운동과 노동 정치."『경제와 사회』 64. no.4: 64-83.

장지연, 황덕순, 은수미, 이병희, 박제성, 전병유. 2011.『노동시장 구조와 사회보장 체계의 정합성』. 한국노동연구원.

장지연, 최영준, 김기선, 강성태. 2012.『OECD 주요국의 고용 보호와 사회적 보호』. 한국노동연구원.

조돈문, 이수봉 편. 2008.『민주노조운동 20년』. 후마니타스.

조현연. 2009.『한국 진보정당운동사』. 후마니타스.

조효래. 2010.『노동조합 민주주의』. 후마니타스.

정이환. 2013.『한국 고용 체제론』. 후마니타스.

정영태. 2011. "라이벌 정치 운동 단체의 연합에 의한 정당 건설." 서울대학교 한국정치연구소.『한국정치연구』 22, no.2: 79-106.

최장집. 1996.『한국 민주주의의 조건과 전망』. 나남출판.

한국노동연구원(KLI). 2010.『2010 KLI 노동 통계』. 한국노동연구원. 한국노동연구원 홈페이지(www.kli.re.kr)에서 이용 가능(검색일: 2016/06/22).

홍일표. 2007.『기로에 선 시민 입법: 한국 시민 입법 운동의 역사, 구조, 동학』. 후마니타스.

Abbott, Andrew. 2016. *Processual Sociology*. Chicago: University of Chicago Press.

Acemoglu, Daron, and James A. Robinson. 2005. *Economic Origins of Dictatorship and Democracy*. New York: Cambridge University Press.

Acemoglu, Daron, Simon Johnson, and James A. Robinson. 2012. "The Colonial Origins of Comparative Development: An Empirical Investigation: Reply." *The American Economic Review* 102, no. 6: 3077-110.

Acemoglu, Daron, James A. Robinson, and Dan Woren. 2012. *Why Nations Fail: The Origins of Power, Prosperity and Poverty*. New York: Crown Business.

Ahlquist, John S., and Margaret Levi. 2013. *In the Interest of Others: Organizations and Social Activism*. Princeton, NJ: Princeton University Press.

Akchurin, Maria, and Cheol-Sung Lee. 2013. "Pathways to Empowerment Repertoires of Women's Activism and Gender Earnings Equality." *American Sociological Review* 78: 679-701.

Alavi, Hamza. 1972. "The State in Post-Colonial Societies: Pakistan and Bangladesh."*New Left Review* 74, no. 1: 59-81.

Aldrich, Howard E., and Martin Ruef. 2006. *Organizations Evolving*, 2nd ed. Thousand Oaks, CA: Sage.

Alexander, Jeffrey C. 2006. *The Civic Sphere*. New York: Oxford University Press.

Almeida, Paul. 2008. "The Sequencing of Success: Organizing Templates and Neoliberal Policy Outcomes." *Mobilization: An International Quarterly* 13, no. 2: 165-87.

Alvarez, R. Michael, Geoffrey Garrett, and Peter Lange. 1991. "Government Partisanship, Labor Organization, and Macroeconomic Performance." *The American Political Science Review* 85, no. 2): 539-56.

Amenta, Edwin. 1998. *Bold Relief: Institutional Politics and the Origins of Modern American Social Policy*. Princeton, NJ: Princeton University Press.

_____. 2006. *When Movements Matter: The Townsend Plan and the Rise of Social Security*. Princeton, NJ: Princeton University Press.

Amenta, Edwin, and Michael P. Young. 1999. "Making an Impact: Conceptual and Methodological Implications of the Collective Goods Criterion." pp. 22-41 In *How Social Movements Matter*, edited by Marco Giugni, Doug McAdam, and Charles Tilly. Minneapolis: University of Minnesota Press.

Amenta, Edwin, Neal Caren, and Sheera Joy Olasky. 2005. "Age for Leisure?

Political Mediation and the Impact of the Pension Movement on U.S. Old-Age Policy." *American Sociological Review* 70, no. 3: 516-38.

Amenta, Edwin, Neal Caren, Elizabeth Chiarello, and Yang Su.. "The Political Consequences of Social Movements."*Annual Review of Sociology* 36: 287-307.

Ames, Barry. 2001. *The Deadlock of Democracy in Brazil: Interests, Identities and Institutions.* Ann Arbor: University of Michigan Press.

ANDES-SN (Sindicato Nacional dos Docentes das Instituições de Ensino Superior). 2013. "Mais de 20 Mil Trabalhadores Ocupam a Esplanada em Marcha Vitoriosa."[More than 20 thousand workers occupy the Esplanade in March Victorious] São Paulo, April 24, 2013. Available at www.andes.org.br/andes/print-ultimas-noticias.andes?id=5987 (accessed October 24, 2014).

Andrews, Kenneth T. 2001. "Social Movements and Policy Implementation: The Mississippi Civil Rights Movement and the War on Poverty, 1965 to 1971." *American Sociological Review* 66, no. 1: 71-95.

_____. 2004. *Freedom is a Constant Struggle: The Mississippi Civil Rights Movement and its Legacy.* Chicago: University of Chicago Press.

Arellano, Karina, and Lucia de Gennaro. 2002. *Identidades, Palabras, e Imaginarios. Entrevistas y Análisis.* [Identities, Words, and Imaginary. Interviews and Analysis] Buenos Aires: Instituto de Estudios y Formación de la CTA.

Astley, W. Graham. 1985. "The two ecologies: Population and community perspectives on organizational evolution." Administrative science quarterly 30.2: 224-241.

As manifestações no Brasil [Demonstrations in Brazil]. 1997. *Jornal Folha da Tarde,* São Paulo, July 26.

Auyero, Javier. 1999. ""From the Client's Point(s) of View': How Poor People Perceive and Evaluate Political Clientelism." *Theory and Society* 28, no. 2 (April): 297-334.

_____. 2000. *Poor People's Politics: Peronist Survival Networks and the Legacy of Evita.* Durham, NC: Duke University Press.

Avelino, George, David S. Brown, and Wendy Hunter. 2005. "The Effects of Capital

Mobility, Trade Openness, and Democracy on Social Spending in Latin America, 1980-1999." *American Journal of Political Science* 49, no. 3: 625-41.

Avritzer, Leonardo. 2009. *Participatory Institutions in Democratic Brazil*. Baltimore, MD: Johns Hopkins University Press.

Axelrod, Robert. 1984. The evolution of cooperation. NY: Basic Books.

Babb, Sarah. 2001. *Managing Mexico: Economists from Nationalism to Neoliberalism*. Princeton, NJ, and Oxford: Princeton University Press.

Baiocchi, Gianpaolo. 2005. *Militants and Citizens: The Politics of Participatory Democracy in Porto Alegre*. Stanford, CA: Stanford University Press.

Baiocchi, Gianpaolo, Patrick Heller, and Marcelo Silva. 2011. *Bootstrapping Democracy: Transforming Local Governance and Civil Society in Brazil*. Stanford, CA: Stanford University Press.

Baldwin, Peter. 1990. *The Politics of Social Solidarity: Class Bases of the European Welfare State 1875-1975*. Cambridge: Cambridge University Press.

Barr, Nicholas. 1992. "Economic Theory and the Welfare State: A Survey and Interpretation." *Journal of Economic literature* 30, no. 2: 741-803.

Becker, Gary S. 1976. *The Economic Approach to Human Behavior*. Chicago: University of Chicago Press,.

_____. 1985. "Public Policies, Pressure Groups, and Dead Weight Costs."*Journal of Public Economics* 28, no. 3: 329-47.

Berman, Sheri. 1997. "Civil Society and the Collapse of the Weimar Republic." *World Politics* 49: 401-29.

Boito Jr., Armando. 1991. *O Sindicalismo de Estado no Brasil: Uma Análise Crítica da Estrutura Sindical*.[The State of Trade Unionism in Brazil : A Critical Analysis of the Trade Union Structure] São Paulo: Unicamp, Hucitec.

Boito, Armando, and Paula Regina Pereira Marcelino. 2011. "Decline in Unionism? An Analysis of the New Wave of Strikes in Brazil." *Latin American Perspectives* 38, no. 5: 62-73.

Boli, John, and George M. Thomas. 1997. "World Culture in the World Polity: A Century of International Non-Governmental Organizations." *American Sociological Review* 62, no. 2: 171-90.

Borgatti, Stephen, and Martin G. Everett. 1997. "Network Analysis of 2-Mode

Data." *Social Networks* 19: 243-69.

Borgatti, Stephen, Martin G. Everett, and Linton C. Freeman. 2002. UCINET 6 (Manual) for Windows: Software for Social Network Analysis. Harvard, MA: Analytic Technologies.

Bourdieu, Pierre. 1993. *The field of cultural production: Essays on art and literature*. Edited by Randal Johnson. Columbia University Press.

Brady, David, Jason Beckfield, and Martin Seeleib-Kaiser. 2005. "Economic Globalization and the Welfare State in Affluent Democracies, 1975-2001."*American Sociological Review* 70, no. 6: 921-48.

Branford, Sue, and Bernardo Kucinski. 2003. *Politics Transformed: Lula and the Workers' Party in Brazil*. New York: The New Press.

Breiger, Ronald. 1974. "The Duality of Persons and Groups." *Social Forces* 53: 191-90.

Brooks, Sarah M. 2008. *Social Protection and the Market in Latin America: The Transformation of Social Security Institutions*. New York: Cambridge University Press.

Burgess, Katrina. 2004. *Parties and Unions in the New Global Economy*. Pittsburgh, PA: University of Pittsburgh Press.

Burgess, Katrina, and Steven Levitsky. 2003. "Explaining Populist Party Adaptation in Latin America: Environmental and Organizational Determinants of Party Change in Argentina, Mexico, Peru, and Venezuela." *Comparative Political Studies* 36, no. 8: 881-911.

Burstein, Paul. 1991. "Legal Mobilization as a Social Movement Tactic: The Struggle for Equal Employment Opportunity." *The American Journal of Sociology* 96: 1201-25.

Burt, Ronald S. 1992. *Structural Holes*. Cambridge, Mass.: Harvard University Press.

Calmfors, Lars, and John Driffill. 1988. "Bargaining structure, corporatism and macroeconomic performance." *Economic policy* 3: 13-61.

Calvo, Ernesto, and M. Victoria Murillo. 2013. When Parties Meet Voters Assessing Political Linkages Through Partisan Networks and Distributive Expectations in Argentina and Chile." *Comparative Political Studies* 45: 851-882..

Cameron, David R. 1978. "The Expansion of the Public Economy: A Comparative

Analysis." *American Political Science Review* 72, no. 4: 1243-61.

Carey, John M., and Matthew Soberg Shugart. 1994. "Incentives to Cultivate a Personal Vote: A Rank Ordering of Electoral Formulas." *Electoral Studies* 14, no. 4: 417-39.

Carpenter, Daniel. 2012. "Is Health Politics Different?" *Annual Review of Political Science* 15: 287-311.

Castles, Francis Geoffrey. 1985. *The Working Class and Welfare: Reflections on the Political Development of the Welfare State in Australia and New Zealand, 1890-1980.* Wellington: Allen and Unwin.

Catles, Francis, Rolf Gerritsen, and Jack Vowles. 1996. "Introduction: Setting the Scene for Economic and Political Change." pp. 1-21 in *The Great Experiment: Labour Parties and Public Policy Transformation in Australia and New Zealand.* St. Leonards: Allen & Unwin Pty Ltd.

Central Única dos Trabalhadores (CUT). 2003a. A Revista: Central Única dos Trabalhadores. Sãp Paulo: Takano.

Central Única dos Trabalhadores (CUT). 2009. *Cronologia das Lutas (1981-2009).*[Chronology of the Struggles, 1981-2009] São Paulo: CUT.

Central Única dos Trabalhadores (CUT). 2013. "Dia Nacional de mobilização contra o fator previdenciário."[National day of mobilization against Pension Reform] São Paulo, CEDOC, Dec 11/2013. Available at:http://cedoc.cut.org.br/cronologia-das-lutas. (검색일: 2014/10/20).

Cerutti, Paula, Anna Fruttero, Margaret Grosh, Silvana Kostenbaum, Maria Laura Oliveri, Claudia Rodriguez-Alas and Victoria Strokova. 2014. "Social Assistance and Labor Market Programs in Latin America Methodology and Key Findings from the Social Protection Database" *Social Protection and Labor Discussion Paper Series* No. 1401. Retrieved on June 18, 2016 from wws.worldbank.org/servlet/WDSContentServer/WDSP/IB/2014/06/27/000 470435_20140627092449/Rendered/PDF/887690WP0P1321085243B00P UBLIC001401.pdf

CFL. 2005-2013. Press releases and event listings. Available at www.cfl.org.tw/page1.aspx?no=100100204112638212 (검색일: 201/02/01). In Chinese.

Chalmers, Douglas A., Scott B. Martin, and Kerianne Piester. 1998. "Associative

Networks: New Structures of Representation for the Popular Sectors?" pp. 543-582 In *The New Politics of Inequality in Latin America: Rethinking Participation and Representation.* Edited by D. A. Chalmers et al. . New York.: Oxford University Press.

Chen, Chien-Hsun. 2005. "Taiwan's Burgeoning Budget Deficit: A Crisis in the Making?" *Asian Survey* 45, no. 3 (May-June): 383-96.

Chi, Eunju, and Hyeok Yong Kwon. 2012. "Unequal New Democracies in East Asia: Rising Inequality and Government Responses in South Korea and Taiwan." *Asian Survey* 52, no. 5: 900-23.

Choi, Young-Jun. 2008. "Pension Policy and Politics in East Aisa." *Policy & Politics* 36: 127-44.

Chu, Yin-wah. 1996. "Democracy and Organized Labor in Taiwan: The 1986 Transition." *Asia Survey* 36, no. 5: 495-510.

Clark, Terry Nichols, and Seymour Martin Lipset. 2001. *The Breakdown of Class Politics: A Debate on Post-Industrial Stratification.* Baltimore, MD: Johns Hopkins University Press.

Clawson, Dan. 2003. *The Next Upsurge: Labor and the New Social Movements.* Ithaca, NY: Cornell University Press.

Clawson, D. and M. A. Clawson. 1999. "What Has Happened to the US Labor Movement? Union Decline and Renewal." *Annual Review of Sociology* 25: 95-119.

Clemens, Elisabeth S. 1993. "Organizational Repertoires and Institutional Change: Women's Groups and the Transformation of US Politics, 1890-1920." *American Journal of Sociology* 98: 755-98.

_____. 1997. *The People's Lobby: Organizational Innovation and the Rise of Interest Group Politics in the United States, 1890-1925.* Chicago: University of Chicago Press.

Coleman, James S. 1988. "Social Capital in the Creation of Human Capital." *American Journal of Sociology* 94: 95-120.

_____. 1990. *Foundations of Social Theory.* Cambridge, MA: Belknap Press of Harvard University Press.

Collier, David. 1995. "Trajectory of a Concept: 'Corporatism' in the Study of Latin American Politics." Pp. 135-62 in *Latin America in Comparative*

Perspective. Edited by P. H. Smith. Boulder, CO: Westview.

Collier, Ruth Berins. 1999. *Paths Toward Democracy: The Working Class and Elites in Western Europe and South America*. New York: Cambridge University Press.

Collier, Ruth B., and David Collier. 1991. *Shaping the Political Arena: Critical Junctures, the Labor Movement, and Regime Dynamics in Latin America*. Princeton, NJ: Princeton University Press.

Collier, Ruth Berins, and Samuel Handlin. 2009. "General Patterns and Emerging Differences." Pp. 293-328 In *Reorganizing Popular Politics: Participation and the New Interest Regime in Latin America*. Edited by Ruth B. Collier and Samuel Handlin. University Park: Pennsylvania State University Press.

Cornwell, Benjamin, and Jill Ann Harrison. 2004. "Union Members and Voluntary Associations: Membership Overlap as a Case of Organizational Embeddedness." *American Sociological Review* 69: 862-81.

Cress, Daniel M., and David A. Snow. 2000. "The Outcomes of Homeless Mobilization: The Influence of Organization, Disruption, Political Mediation, and Framing." *American Journal of Sociology* 105: 1063-104.

Crouch, Colin. 1993. *Industrial relations and European state traditions*. Oxford University Press.

Curtis, Russell L., and Louis A. Zurcher. 1973. "Stable Resources of Protest Movements: The Multi-Organizational Field." *Social forces* 52, no. 1: 53-61.

Cutright, Phillips. 1965. "Political Structure, Economic Development, and National Social Security Programs." *American Journal of Sociology* 70: 537-50.

Dark, Taylor E. 1999. *The Unions and the Democrats*. Ithaca, NY: Cornell University Press.

de la O, Ana. 2011. *The Politics of Conditional Cash Transfers*. New Haven, CT: Yale University Press.

Del Campo, Hugo. 2005. *Sindicalismo y Peronismo: Los Comienzos de un Vínculo Perdurable*.[Trade unionism and Peronism: The Beginning of a Lasting Tie] Buenos Aires: Siglo XXI Editores.

Diamond, Larry, and Gi-Wook Shin. 2014. "Introduction." pp.1-26 in *New Challenges for Maturing Democracies in Korea and Taiwan*. Stanford,

Stanford University Press.

Diani, Mario. 2003. "Introduction" pp. 1-20 in *Social Movements and Networks: Relational Approaches to Collective Action*. Edited by M. Diani and D. McAdam. New York: Oxford University Press.

DiMaggio, Paul.1990. "Cultural Aspects of Economic Action and Organization." pp.113-36 in *Beyond the Marketplace*, edited by R. Friedland and A. F. Robertson. New York: Aldine de Gruyter.

_____. 1997. "Culture and Cognition." *Annual Review of Sociology* 23, no. 1: 263-87.

DiMaggio, Paul and Walter W. Powell. 1983. "The Iron Cage Revisited: Institutional Isomorphism and Collective Rationality in Organizational Fields." *American Sociological Review* 48: 147-60.

Dixon, Marc, Vincent J. Roscigno, and Randy Hodson. 2004. "Unions, Solidarity, and Striking." *Social Forces* 83: 3-33.

Economist, The. 2010. "Brazil's Bolsa Familia: How to Get Children out of Jobs and into School." July 29. Available at www.economist.com/node/16690887. (검색일: 2016/06/22).

Edwards, Bob, and John D. McCarthy. 2004. "Resources and Social Movement Mobilization." pp. 116-52 in *The Blackwell Companion to Social Movements*. Edited by D. A. Snow, S. A. Soule, and H. Kriesi. Malden, MA: Blackwell.

Eimer, Stuart. 1999. "From 'Business Unionism' to 'Social Movement Unionism': The Case of the AFL-CIO Milwaukee County Labor Council." *Labor Studies Journal* 24: 63-81.

Eisinger, Peter K. 1973."The Conditions of Protest Behavior in American Cities."*American Political Science Review* 67, no. 1: 11-28.

Elster, Jon. 1998. "A Plea for Mechanisms." pp. 45-73 in Social Mechanisms: An Analytical Apporach to Social Theory. Edited by P. Hedström and R. Swedberg. New York: Cambridge University Press.

Emirbayer, Mustafa. 1997. "Manifesto for a Relational Sociology." *American Journal of Sociology* 103: 281-317.

Esping-Andersen, Gøsta. 1985. *Politics against Markets*. Princeton, NJ: Princeton University Press.

_____. 1990. *The Three Worlds of Welfare Capitalism*. Princeton, NJ: Princeton University Press.

_____. 1999. *Social foundations of postindustrial economies*. New York: Oxford University Press.

Estevez-Abe, Margarita, Torben Iversen, and David Soskice. 2001. "Social Protection and the Formation of Skills: A Reinterpretation of the Welfare State." *Varieties of Capitalism: The Institutional Foundations of Comparative Advantage*. Edited by Peter Hall and David Soskice. New York: Oxford University Press.

Etchemendy, Sebastián, and Ruth Berins Collier. 2007. "Down but Not Out: Union Resurgence and Segmented Neocorporatism in Argentina (2003-2007)." *Politics and Society* 35, no. 3 (September): 363-401.

Etchemendy, Sebastián, and Candelaria Garay. 2011. "Argentina's Left Populism in Comparitive Perspective." pp. 283-305 in *The Resurgence of the Latin American Left*. Edited by S. Levistsky and K. Roberts. Baltimore, MD: Johns Hopkins University Press.

Evans, Peter B. 1995. *Embedded Autonomy: States and Industrial Transformation*. Princeton, NJ: Princeton University Press.

Evans, Peter, Evelyne Huber, and John D. Stephens. Forthcoming. "The Political Foundations of State Effectiveness." In *State Building in the Developing World*, Miguel Centeno, Atul Kohli, and Deborah Yashar, eds., Forthcoming. Unpublished Manuscript.

Falleti, Tulia. 2010. "Infiltrating the State: The Evolution of Healthcare Reforms in Brazil." pp. 38-62 in *Explaining Institutional Change: Ambiguity, Agency, and Power*. Edited by J. Mahoney and K. Thelen. Cambridge: Cambridge University Press.

Fantasia, Rick, and Kim Voss. 2004. *Hard Work: Remaking the American Labor Movement*. Berkeley and Los Angeles, CA: University of California Press.

Fantasia, Rick and Judith Stepan-Norris. 2004. "The Labor Movement in Motion." pp. 555-75 in *The Blackwell Companion to Social Movements,* edited by D. A. Snow, S. A. Soule, and H. Kriesti. Malden, MA: Blackwell Publishing.

Fearon, J. D. 1995. "Rationalist Explanations for War." International Organization 49: 379-79.

Fell, Dafydd. 2005. *Party Politics in Taiwan: Party Change and the Democratic Evolution of Taiwan, 1991-2004*. New York: Routledge.

Fligstein, Neil. 1997. "Social Skill and Institutional Theory." *American Behavioral Scientist* 40, no. 4: 397-405.

Fligstein, Neil, and Doug McAdam. 2011. "Toward a General Theory of Strategic Action Fields." *Sociological Theory* 29: 1-26.

Franklin, Mark N., Thomas T. Mackie, and Henry Valen. 1992. *Electoral Change*. ECPR Press.

Fraser, Nancy. 1990. "Struggle over Needs: Outline of a Socialist-Feminist Critical Theory of Late-Capitalist Political Culture." pp. 199-225 in *Women, the State, and Welfare*. Edited by L. Gordon. University of Wisconsin Press.

French, John D. 1992. *The Brazilian Workers' ABC: Class Conflict and Alliances in Modern São Paulo*. Chapel Hill: University of North Carolina Press.

Ganz, Marshall. 2000. "Resources and Resourcefulness: Strategic Capacity in the Unionization of California Agriculture: 1959-1966. *American Journal of Sociology* 10. No. 4: 1003-62.

Garrett, Geoffrey. 1998. *Partisan Politics in the Global Economy*. New York: Cambridge University Press.

Gerhards, Jurgen, and Dieter Rucht. 1992. "Mesomobilization." *American Journal of Sociology* 98: 555-95.

Giugni, Marco G. 2004. "Personal and Biographical Consequences." pp. 489-507 in *The Blackwell Companion to Social Movements*, edited by D. A. Snow, S. A. Soule, and H. Kriesi. Malden, MA: Blackwell.

Godio, Julio. 1987. *El Movimiento obrero Argentino (1955-1990)*[The Argentine Labor Movement]. Buenos Aires: Fundación Fiedrich Ebert.

Goldstone, Jack A. 1991. *Revolution and Rebellion in the Early Modern World*. Berkeley and Los Angeles, CA: University of California Press.

Gordillo, Marta, Víctor Lavagno, and Antonio Francisco Cafiero. 1987. *Los Hombres de Perón: el peronismo renovador*[The men of Peron: The Peronism Renovator]. Puntosur, 1987.

Gould, Roger V. 1989. "Power and Structure in Community Elites." *Social Forces* 68, no. 2: 531-52.

_____. 1991. "Multiple Networks and Mobilization in the Paris Commune, 1871."

American *Sociological Review* 56: 716-29.

_____. 1995. *Insurgent Identities: Class, Community, and Protest in Paris from 1848 to the Commune*. Chicago: University of Chicago Press.

Gould, Roger V., and Roberto M. Fernandez. 1989. "Structures of Mediation: A Formal Approach to Brokerage in Transaction Networks." *Sociological Methodology* 19: 89-126.

Gramsci, Antonio. 1971. *Selections from the Prison Notebooks*. New York: International Publishers.

Granovetter, Mark. 1985. "Economic Action and Social Structure: The Problem of Embeddedness." *American Journal of Sociology* 91, no. 3: 481-510.

_____. 2002. "A Theoretical Agenda for Economic Sociology." Pp.35-60 In *The New Economic Sociology: Developments in an Emerging Field*. Edited by Mauro F. Guillén, Randall Collins, Paula England, and Marshall Meyer. New York: Russell Sage Foundation.

Grossman, Gene M., and Elhanan Helpman. 2002. *Special Interest Politics*. Cambridge, MA: MIT press.

Guidry, John A. 2003. "Not Just Another Labor Party The Workers' Party and Democracy in Brazil." *Labor Studies Journal* 28: 83-108.

Gutiérrez, Ricardo. 1998. "Desindicalización y cambio organizativo del peronismo Argentino, 1982-1995." XXI Latin American Studies Association Conference, September 1998, Chicago.

Habermas, Jürgen. 1984. *The Theory of Communicative Action I: Reason and the Rationalization of Society*. Boston, Mass.: Beacon Press[장춘익 옮김. 『의사소통 행위이론 1』. 나남. 2006].

_____. 1987. *The Theory of Communicative Action II: Lifeworld and System: A Critique of Functionalist Reason*. Boston, Mass.: Beacon Press[장춘익 옮김. 『의사소통 행위이론 2』. 나남. 2006].

_____. 1991[1962]. *The Structural Transformation of the Public Sphere: An Inquiry into a Category of Bourgeois Society*. The MIT Press[한승완 옮김. 『공론장의 구조변동』. 나남. 2001].

_____. 1996. *Between Facts and Norms: Contributions to a Discourse Theory of Law and Democracy*. Translated by William Rehg. Polity Press[한상진·박영도 옮김. 『사실성과 타당성: 담론적 법이론과 민주적 법치국가 이론』. 나남. 2000].

Hacker, Jacob. 2002. *Divided Welfare State: The Battle over Public and Private Social Benefits in the United States*. New York: Cambridge University Press.

Haggard, Stephen. 2004. "Institutions and Growth in East Asia." *Studies in Comparative International Development* 38, no. 4: 53–81.

Haggard, Stephen, and Robert Kaufmann. 2008. *Development, Democracy, and Welfare States: Latin America, East Asia, and Eastern Europe*. Princeton, NJ: Princeton University Press.

Hall, Anthony. 2008. "Brazil's Bolsa Familia: A Double-Edged Sword?" *Development and Change* 39, no. 5 (September): 799–822.

Hall, Peter A., and Daniel W. Gingerich. 2009. "Varieties of Capitalism and Institutional Complementarities in the Political Economy: An Empirical Analysis." *British Journal of Political Science* 39, no. 3: 449–82.

Hall, Peter A., and David Soskice, eds. 2001. *Varieties of Capitalism: The Institutional Foundations of Comparative Advantage*. New York: Oxford University Press.

Hall, Peter A. and Rosemary C. R. Taylor. 1996. "Political Science and Three New Institutionalisms." *Political Studies* 44: 936–57.

Han, Tzu-Shian, and Su-fen Chiu. 2000. "Industrial democracy and institutional environments: A comparison of Germany and Taiwan." *Economic and Industrial Democracy* 21: 147–182.

Hardin, Russell. 2002. *Trust and trustworthiness*. Russell Sage Foundation.

Hayter, Susan and Valentina Stoevska. 2011. "Social dialogue Indicators: International Statistical Inquiry 2008–9, Technical Brief." International Labour Office, Geneva.

Heclo, Hugh. 1974. *Modern Social Politics in Britain and Sweden*. New Haven, CT: Yale University Press.

Hedström, Peter, and Richard Swedberg. 1998. *Social Mechanisms: An Analytical Approach to Social Theory*. New York: Cambridge University Press.

Heller, Patrick. 1999. *The Labor of Development: Workers and the Transformation of Capitalism in Kerala, India*. Ithaca, NY, and London: Cornell University Press.

Hicks, Alexander M. 1999. *Social Democracy and Welfare Capitalism: A Century of Income Security Politics*. Ithaca, NY: Cornell University Press.

Hicks, Alexander, and Lane Kenworthy. 1998. "Cooperation and Political Economic Performance in Affluent Democratic Capitalism." *American Journal of Sociology* 103: 1631-72.

Higgins, Sean. 2012. "The Impact of Bolsa Família on Poverty: Does Brazil's Conditional Cash Transfer Program Have a Rural Bias?" *The Journal of Politics and Society* 23: 88-125.

Hirsch, Eric L. 1987. *The Theory of Communicative Action II: Lifeworld and System: A Critique of Functionalist Reason.* Boston: Beacon Press.

_____. 1990. *Urban Revolt: Ethnic Politics in the Nineteenth-Century Chicago Labor Movement.* Berkeley: University of California Press.

Ho, Ming-sho. 2003. "Democratization and Autonomous Unionism in Taiwan: The Case of Petrochemical Workers." *Issues and Studies* 39, no. 3: 105-36.

_____. 2006. "Challenging State Corporatism: The Politics of Taiwan's Labor Federation Movement." *China Journal* 56: 107-27.

_____. 2008. "A Working-Class Movement without Class Identity: Taiwan's Independent Labor Union Movement and the Limit of Brotherhood." *Taiwan: A Radical Quarterly in Social Studies* 72. In Chinese.

Houtzager, Peter P. 2001. "Collective Action and Political Authority: Rural Workers, Church, and State in Brazil." *Theory and Society* 30: 1-45.

Howell, Chris, Anthony Daley, and Michel Vale. 1992 "Introduction: The Transformation of Political Exchange." *International Journal of Political Economy* 22, no. 4: 3-16.

Hsiao, Michael Hsin-huang. 1992. "The Labor Movement in Taiwan: A Retrospective and Prospective Look." pp. 151-68 in *Taiwan: Beyond the Economic Miracle.* Edited by D. F. Simon and M. Y. M. Kau. New York: M. E. Sharpe.

Huang, Changling. 2002. "The Politics of Reregulation: Globalization, Democratization, and the Taiwanese Labor Movement." *The Developing Economies* 40, no. 3: 305-26.

Huber, Evelyne, and John D. Stephens. 2001. *Development and Crisis of the Welfare State: Parties and Policies in Global Markets.* Chicago: University of Chicago Press.

_____. 2012. *Democracy and the Left.* Chicago: University of Chicago Press.

Huber, Evelyne, François Nielsen, Jenny Pribble, and John D. Stephens. 2006. "Politics and Inequality in Latin America and the Caribbean." *American Sociological Review* 71: 943-63.

Huber, Evelyne, Charles Ragin, and John D. Stephens. 1993. "Social democracy, Christian democracy, constitutional structure, and the welfare state."*American journal of Sociology* 99: 711-749.

Hunter, Wendy. 2010. *The Transformation of the Workers' Party in Brazil, 1989-2009.* New York: Cambridge University Press.

ILO(International Labor Organization). 2010-11 and 2014-15. *World Social Security Report: Providing Coverage in Times of Crisis and Beyond.* Geneva: ILO. Available at www.ilo.org. (검색일: 2016/06/22).

Isaac, Larry, and Lars Christiansen. 2002. "How the Civil Rights Movement Revitalized Labor Militancy." *American Sociological Review* 67: 722-46.

Iversen, Torben. 1999. *Contested Economic Institutions: The Politics of Macroeconomics and Wage Bargaining in Advanced Democracies.* New York: Cambridge University Press.

Iversen, Torben, and David Soskice. 2001. "An asset theory of social policy preferences." *American Political Science Review* 95: 875-894.

_____. 2009. "Distribution and Redistribution: The Shadow of the Nineteenth Century." *World Politics* 61, no. 3: 438-86.

James, Daniel. 1988. *Resistance and Integration: Peronism and the Argentine Working class, 1946-1976.* Cambridge: Cambridge University Press.

Jasper, James M. 1998. "The Emotions of Protest: Affective and Reactive Emotions in and around Social Movements." *Sociological Forum* 13, no. 3: 397-424.

Jenkins, J. Craig. 1983. "Resource Mobilization Theory and the Study of Social Movements." *Annual Review of Sociology* 9: 527-53.

Jenkins, J. Craig, and Craig M. Eckert. 1986. "Channeling Black Insurgency: Elite Patronage and Professional Social Movement Organizations in the Development of the Black Movement." *American Sociological Review* 51: 812-29.

Jenkins, J. Craig, and Charles Perrow. 1977. "Insurgency of the Powerless: Farm Worker Movements (1946-1972)." *American Sociological Review* 42: 249-68.

Jessop, Robert Douglas. 2002. *The Future of the Capitalist State*. Cambridge, UK: Polity Press.

Kang, Kookjin. 2006. "Analyses on Civil Society Network." Featured as a special theme article in *The Korean NGO Times (Citizens' Newspaper)*, January 2 and January 16 (no. 630 and no. 632).

Katzenstein, Peter J. 1985. *Small States in World Markets: Industrial Policy in Europe*. Ithaca, NY: Cornell University Press.

Keck, Margaret. 1992. *The Workers' Party and Democratization in Brazil*. New Haven, CT: Yale University Press.

_____. 1995. *The Workers' Party and Democratization in Brazil*. New Haven, CT: Yale University Press.

Kenis, Patrick, and Volker Schneider. 1991. "Policy Networks and Policy Analysis: Scrutinizing a New Analytical Toolbox." Pp. 25-62 in *Policy Networks: Empirical Evidence and Theoretical Considerations*. Edited by Bernd Marin and Renate Mayntz. Boulder, CO, and Frankfurt: Campus and Westview Press.

Ki, Junki. 2001. "The Emergence of a Third Party Government in Korea: Contents and Consequences." *International Review of Public Administration* 6, no. 1: 95-108.

King, Brayden, and Nicholas Pearce. 2010. "The Contentiousness of Markets: Politics, Social Movements, and Institutional Change in Markets." *Annual Review of Sociology* 36: 249-67.

King, Brayden, Marie Cornwall, and Eric Dahlin. 2005. "Winning Women's Suffrage One Step at a Time: Social Movements and the Logic of the Legislative Process." *Social Forces* 83, no. 3: 1211-34.

Kitschelt, Herbert.1994. *The Transformation of European Social Democracy*. New York: Cambridge University Press.

Kitschelt, Herbert, and Steven I. Wilkinson. 2007. "Citizen-Politician Linkages. An Introduction," pp. 1-49 In *Patrons, Clients, and Policies: Patterns of Democratic Accountability and Political Competition*. Edited by Herbert Kitschelt and Steven I. Wilkinson. New York: Cambridge University Press.

Knoke, David. 1990. *Political Networks: The Structural Perspective*. New York: Cambridge University Press.

Knoke, David, Franz Urban Pappi, Jeffrey Broadbent, and Yutaka Tsujinaka. 1996. *Comparing Policy Networks: Labor Politics in the U.S., Germany, and Japan.* New York: Cambridge University Press.

Kollman, Ken. 1998. *Outside lobbying: Public opinion and interest group strategies.* Princeton University Press.

Kollock, Peter. 1994. "The Emergence of Exchange Structures: An Experimental Study of Uncertainty, Commitment, and Trust." *American Journal of Sociology* 100, no. 2: 313–45.

Koo, Hagen. 2001. *Korean Workers: The Culture and Politics of Class Formation.* Ithaca, NY: Cornell University Press.

Korpi, Walter. 1983. *The Democratic Class Struggle.* London: Routledge and Kegan Paul.

_____. 2006. "Power Resources and Employer-Centered Approaches in Explanations of Welfare States and Varieties of Capitalism: Protagonists, Consenters, and Antagonists." *World Politics* 58, no. 2: 167–206.

Korpi, Walter, and Joakim Palme. 2003. "New Politics and Class Politics in the Context of Austerity and Globalization: Welfare State Regress in 18 Countries, 1975–95." *American Political Science Review* 97, no. 3: 425–46.

Korpi, Walter and Michael Shalev. 1980. "Strikes, Power and Politics in the Western Nations, 1900–1976." Pp. 301–34 in *Political Power and Social Theory,* vol. I. Edited by M. Zeitlin. Greenwich, CT: JAI Press Inc.

Kuo, Cheng-hsien. 2005. "Deconstruction of the Labor Process of the Long-Distance Bus Drivers." Masters Thesis. Institute for Labor Research, National Chengchi University: Taiwan. Available at http://nccuir.lib.nccu.edu.tw/handle/140.119/34453 (검색일: 2013/04/01).

Kwon, Huck-Ju. 2003. "Advocacy Coalitions and the Politics of Welfare in Korea after the Economic Crisis." *Policy and Politics* 31, no. 1: 69–83.

_____. 2005. "An Overview of the Study: The Developmental Welfare State and Policy Reforms in East Asia." Pp. 1–26 in *Transforming the Developmental Welfare State in East Asia.* Edited by H.-J. Kwon. New York: Palgrave MacMillan.

_____. 2007. "Advocacy coalitions and health politics in Korea." *Social Policy &*

Administration 41: 148-161.

Kwon, Huck-Ju, and Fen-ling Chen. 2007. "Governing Universal Health Insurance in Korea and Taiwan." *International Journal of Social Welfare* 17, no. 4 (September): 355-64.

Kwon, Hyeok Yong, and Jonas Pontusson. 2010. "Globalization, Labour Power and Partisan Politics Revisited." *Socio-Economic Review* 8, no. 2: 251-81.

Laitin, David D. 1998. *Identity in Formation: Russian-Speaking Populations in the Near Abroad.* Ithaca, NY: Cornell University Press.

Laumann, Edward O., David Knoke, and Yong-Hak Kim. 1985. "An Organizational Approach to State Policy Formation: A Comparative Study of Energy and Health Domains." *American Sociological Review* 50: 1-19.

Laumann, Edward O., Peter V. Marsden, and Joseph Galaskiewicz. 1977. "Community-Elite Influence Structures: Extension of a Network Approach." *American Journal of Sociology* 83: 594-631.

Lee, Cheol-Sung. 2005. "Income Inequality, Democracy, and Public Sector Size." *American Sociological Review* 70, no. 1: 158-81.

_____. 2007. "Labor Unions and Good Governance: A Cross-National, Comparative Study." *American Sociological Review* 72, no. 4: 585-609.

_____. 2012. "Associational Networks and Welfare States in Argentina, Brazil, South Korea, and Taiwan." *World Politics* 64: 507-554.

_____. 2016. "Going Underground: The Origins of Divergent Forms of Labor Parties in Recently Democratized Countries." Forthcoming in *Sociological Theory.*

Lee, Cheol-Sung, Young-Beom Kim, and Jae-Mahn Shim. 2011. "The Limit of Equality Projects: Public Sector Expansion, Sectoral Conflicts, and Income Inequality in Post-Industrial Democracies." *American Sociological Review* 76: 100-24.

Lee, Namhee. 2007. *The Making of Minjung: Democracy and the Politics of Representation in South Korea.* Ithaca, NY: Cornell University Press[유리·이경희 옮김. 『민중 만들기』. 후마니타스. 2015].

Lee, Yoonkyung. 2006. "Varieties of Labor Politics in Northeast Asian Democracies: Political Institutions and Union: Activism in Korea and Taiwan." *Asian Survey* 46, no. 5: 721-40.

_____. 2011. *Militants or Partisans: Labor Unions and Democratic Politics in Korea and Taiwan*. Stanford, CA: Stanford University Press.

Levitsky, Steven. 2003a. "From Labor Politics to Machine Politics: The Transformation of Party-Union Linkages in Argentine Peronism, 1983-1999." *Latin American Research Review* 38, no. 3: 3-36.

_____. 2003b. *Transforming Labor-Based Parties in Latin America: Argentine Peronism in Comparative Perspective*. New York: Cambridge University Press.

Levitsky, Steven, and Maria Victoria Murillo. 2008. Argentina: From Kirchner to Kirchner. *Journal of Democracy* 19, no. 2: 16-30.

Levitsky, Steven, and Kenneth M. Roberts. 2011. *Latin America's Left Turn*. Baltimore, MD: Johns Hopkins University Press.

Lieberson, Stanley. 1991. "Small N's and big conclusions: an examination of the reasoning in comparative studies based on a small number of cases." *Social forces* 70: 307-320.

Linz, Juan J. 1978. *The Breakdown of Democratic Regimes: Crisis, Breakdown, and Re-equilibration*. Baltimore, MD: Johns Hopkins University Press.

Linzer, Drew A., and Jeffrey K. Staton. 2011. "A Measurement Model for Synthesizing Multiple Comparative Indicators: The Case of Judicial Independence." Presentation to the 2011 Annual Meeting of the American Political Science Association, September.

Lipset, Seymour Martin. 1960. *Political Man: The Social Bases of Politics*. Garden City, NY: Doubleday.

Lipset, Seymour M. and Stein Rokkan. 1967. "Cleavage Structures, Party Systems, and voter Alignments. An Introduction." Pp. 1-64 in *Party Systems and Voter Alignments: Cross-National Perspectives*. Edited by S. M. Lipset and S. Rokkan. New York: The Free Press.

Lipton, Michael. 1977. *Why Poor People Stay Poor: Urban Bias in World Development*. Cambridge, MA: Harvard University Press.

Lomeli, Enrique Valencia. 2008. "Conditional Cash Transfers as Social Policy in Latin America: An Assessment of Their Contributions and Limitations." *Annual Review of Sociology* 34: 475-99.

Long, J. Scott, and Laurie H. Ervin. 2000. "Using Heteroscedasticity Consistent

Standard Errors in the Linear Regression Model." *The American Statistician* 54: 217-24.

Lopez, Steven Henry. 2004. *Reorganizing the Rust Belt: An Inside Study of the American Labor Movement*. Berkely and Los Angeles, CA: University of California Press.

Luebbert, Gregory M. 1991. *Liberalism, Fascism, or Social Democracy: Social Classes and the Political Origins of Regimes in Interwar Europe*. New York: Oxford University Press.

Madrid, Raúl L. 2003. *Retiring the State: The Politics of Pension Privatization in Latin America and Beyond*. Stanford, CA: Stanford University Press.

Mahoney, James. 2003. "Knowledge Accumulation in Comparative Historical Research: The Case of Democracy and Authoritarianism." Pp. 131-74 in *Comparative Historical Analysis in the Social Sciences*. Edited by J. Mahoney and D. Rueschemeyer. Cambridge: Cambridge University Press.

Mahoney, James, and Dietrich Rueschemeyer. 2003. *Comparative Historical Analysis in the Social Science*. New York: Cambridge University Press.

Mahoney, James and Kathleen Thelen. 2010. *Explaining Institutional Change: Ambiguity, Agency, and Power*. New York: Oxford University Press.

Mainwaring, Scott. 1984. "The Catholic Church, Popular Education, and Political Change in Brazil." *Journal of Inter-American Studies and World Affairs* 26: 97-124.

_____. 1999. *Rethinking Party Systems in the Third Wave of Democratization: The Case of Brazil*. Palo Alto, CA: Stanford University Press.

Malloy, James M. 1979. *Politics of Social Security in Brazil*. Pittsburgh, PA: University of Pittsburgh Press.

Mann, Michael. 1986. The Sources of Social Power, vol. 1, A history of power from the beginning to AD 1760. New York: Cambridge University Press.

Mannheim, Karl. 1993 [1932]. "The Sociology of Intellectuals." Transl. D. Pels. *Theory, Culture and Society* 10: 369-80.

Marcelino, Paula Regina Pereira. 2008. "Terceirização e ação sindical: a singularidade da reestruturação do capital no Brasil."[Outsourcing and union action : the uniqueness of the restructuring of capital in Brazil] PhD dissertation, University of Campinas.

Mares, Isabela. 2003. *The politics of social risk: Business and welfare state development.* Cambridge University Press.

Mares, Isabela, and Matthew E. Carnes. 2009. "Social Policy in Developing Countries." *Annual Review of Political Science* 12: 93-113.

Marks, Gary. 1989. *Unions in Politics: Britain, Germany, and the United States in the Nineteenth and Early Twentieth Centuries.* Princeton, NJ: Princeton University Press.

Marques, Rosa Maria, and Áquila Mendes. 2004. "O governo Lula e a contra-reforma previdenciária."[Lula Government and Counter-Pension Reform]. *São Paulo em Perspectiva* 18, no. 3, July.

Martin, Isaac. 2010. "Redistributing toward the Rich: Strategy Policy Crafting in the Campaign to Repeal the Sixteenth Amendment, 1938-1958. *American Journal of Sociology* 116: 1-52.

Martin, John Levi. 2003. "What Is Field Theory?" *American Journal of Sociology* 109, no. 1: 1-49.

McAdam, Doug. 1982. *Political Process and the Development of Black Insurgency, 1930-1970.* Chicago: University of Chicago Press.

_____. 1996. "Conceptual Origins, Current Problems, Future Directions." pp. 23-40 in *Comparative Perspectives on Social Movements: Political Opportunities, Mobilizing Structures, and Cultural Framings* . Edited by D. McAdam, J. McCarthy, and M. Zald. New York: Cambridge University Press.

McAdam, Doug and W. Richard Scott. "Organizations and Movements." Pp. 4-40 in *Social Movements and Organization Theory.* Edited by G. F. Davis, D. McAdam, W. R. Scott, and M. N. Zald. Cambridge: Cambridge University Press.

McAdam, Doug, John D. McCarthy, and Mayer N. Zald, eds. 1996. *Comparative Perspectives on Social Movements: Political Opportunities, Mobilizing Structures, and Cultural Framings.* New York: Cambridge University Press.

McAdam, Doug., Sidney Tarrow, and Charles Tilly. 2001. *Dynamics of Contention.* Cambridge and New York: Cambridge University Press.

McCammon, Holly, Karen Campbell, Ellen Granberg, and Christine Mowery. 2001. "How Movements Win: Gendered Opportunity Structures and U.S. Women's Suffrage Movements, 1866 to 1919." *American Sociological Review* 66, no.

1: 49-70.

McCammon, Holly, Soma Chaudhuri, Lyndi Hewitt, Courtney Sanders Muse, Harmony Newman, Carrie Lee Smith, and Teresa Terrell. 2008. "Becoming Full Citizens: The U.S. Women's Jury Rights Campaigns, the Pace of Reform, and Strategic Adaptation." *American Journal of Sociology* 113, no. 4: 1104-47.

McCann, Michael W. 1994. *Rights at Work: Pay Equity Reform and the Politics of Legal Mobilization*. Chicago: University of Chicago Press.

McCarthy, John D., and Edward T. Walker. 2004. "Alternative Organizational Repertoires of Poor People's Social Movement Organizations." *Nonprofit and Voluntary Sector Quarterly* 33: 97S-119S.

McCarthy, John D., and Mayer N. Zald. 1977. "Resource Mobilization and Social Movements: A Partial Theory." *American Journal of Sociology* 82, no. 6: 1212-41.

McGuire, James W. 1997. *Peronism Without Peron: Unions, Parties, and Democracy in Argentina*. Stanford, CA: Stanford University Press.

_____. 2010. *Wealth, Health, and Democracy in East Asia and Latin America*. New York: Cambridge University Press.

Meltzer, Allan H., and Scott F. Richard. 1981. "A Rational Theory of the Size of Government." *The Journal of Political Economy* 89: 914-27.

Melucci, Alberto. 1980. "The New Social Movements: A Theoretical Approach." *Social science information* 19, no. 2: 199-226.

_____. 1989. *Nomads of the Present*. London: Hutchinson Radius.

Memoria dos Metalurgicos do ABC. "Protesto Brasil, Cain a Real – S.B.C.: Contexto." [Protest Brazil, Cain Real – S.B.C.: Context] Available at www.abcdeluta.org.br/materia.asp?id_CON=1039. (검색일: 2016/06/22).

Meyer, David S. 2004. "Protest and Political Opportunities." *Annual Review of Sociology* 30: 125-45.

Meyer, David S., and Nancy Whittier. 1994. "Social Movement Spillover." *Social Problems* 41: 277-98.

Meyer, John W., John Boli, George M. Thomas, and Francisco O. Ramirez. 1997. "World Society and the Nation-State." *American Journal of sociology* 103, no. 1: 144-81.

Michels, Robert. 1962. *Political Parties: A Sociological Study of the Oligarchical Tendencies of Modern Democracy.* New York: The Free Fress[김학이 옮김. 『정당론』. 한길사. 2015].

Minkoff, Debra C., and John D. McCarthy. 2005. "Reinvigorating the Study of Organizational Processes in Social Movements." *Mobilization: An International Quarterly* 10, no. 2: 289-308.

Mische, Ann. 2007. *Partisan Publics: Communication and Contention across Brazillian youth Activist Networks.* Princeton, NJ: Princeton University Press.

_____. 2008. *Partisan Publics: Communication and Contention across Brazilian Youth Activist Networks.* Princeton, NJ: Princeton University Press.

Molin, Naira Dal. 2011. "As Reformas Trabalhalista e Sindical no Brasil nos Governos Cardoso e Lula: Conflitos e Consensos." [Trade Union Reform in Brazil in governments Cardoso and Lula : Conflict and Consensus] PhD dissertation, Universidade Federal do Rio Grande do Sul, Brazil.

Montgomery, James D. 1998. "Toward a Role-Theoretic Conception of Embeddedness." *American Journal of Sociology* 104, no. 1: 92-125.

Morris, Aldon D. 1984. *Origins of the Civil Rights Movements.* New York: The Free Press.

Mosley, Layna, and Saika Uno. 2007. "Racing to the Bottom or Climbing to the Top? Economic Globalization and Collective Labor Rights." *Comparative Political Studies* 40, no. 8: 923-48.

Murillo, María Victoria. 2000. From populism to neoliberalism: labor unions and market reforms in Latin America." *World Politics* 52: 135-168.

_____. 2001. *Labor Unions, Partisan Coalitions, and Market Reforms in Latin America.* New York: Cambridge University Press.

Murillo, María Victoria, and Andrew Schrank. 2005. "With a Little Help from my Friends – Partisan Politics, Transnational Alliances, and Labor Rights in Latin America." *Comparative Political Studies* 3, no. 8: 971-99.

Meyer, John W., Boli John, Thomas George M., and Ramirez Francisco O. 1997. "World Society and the Nation-State." *American Journal of Sociology* 103: 144-81.

NCHIU. 1994-5. Conference Reports nos 1 to 8 (internal documents).

_____. 1999. NCHIU Task Report I and II (commercially unavailable).

Nee, Victor, and Paul Ingram. 1998. "Embeddedness and Beyond: Institutions, Exchange, and Social Structure." pp. 19-45 in *The New Institutionalism in Sociology* . Stanford, CA: Stanford University Press.

NSIU and HPACA (National Social Insurance Union and Health Policy Association for Critiques and Alternatives). 2010. *A History of the Foundation of National Health Insurance*. Kungmin Kŏngang Bohŏm Chaeng-chwi-sa. Seoul, NSIU and HPACA.

Oberschall, Anthony. 1995. *Social Movements: Ideologies, Interests, and Identities*. New Brunswick: Transaction Publishers.

OECD. 2016. *OECD Social Expenditure Database*. Available at https://data.oecd.org/socialexp/pension-spending.htm(검색일: 2016/06/22).

Offe, Claus. 1985. "New Social Movements: Challenging the Boundaries of Institutional Politics." *Social Research* 52, no. 4: 817-68.

Oliver, Pamela E., and Gerald Marwell. 1992. "Mobilizing Technologies for Collective Action." Pp. 251-272 in *Frontiers in Social Movement Theory*. Edited by A.D. Morris and C.M. Mueller. New Haven: Yale University Press.

Olson, Mancur. 1965. *The Logic of Collective Action: Public Goods and the Theory of Groups*. Cambridge, MA: Harvard University Press.

Oposição faz ato contra FHC na rampa do Planalto [Opposition acts against FHC at Planalto Ramp]. Jornal Folha de São Paulo, São Paulo, 01/22/1998.

Ostrom, Elinor. 1990. *Governing the Commons: The Evolutions of Institutions for Collective Action*. New York: Cambridge University Press.

Palomino, Héctor. 2005. "Los sindicatos y los movimientos sociales emergentes del colapso neoliberal en Argentina." [Unions and Social Movements Emerging from Neo-liberal Collapse in Argentina] p. 19-52 in *Sindicatos y nuevos movimientos sociales en América Latina* . edited by CLACSO (Consejo Latinoamericano de Ciencias Sociales).

Pampel, Fred, and John Williamson. 1989. *Age, Class, Politics and the Welfare State*. New York: Cambridge University Press.

Passeata de metalúrgico para Via Anchieta.[Metalworker's protest march via Anchieta] Jornal Diário do Grande ABC, São Bernardo, 02/11/1998.

Passos, Najla. 2012. "Entidades de servidores públicos querem anulação da

Reforma da Previdência." Revista Carta Maior, São Paulo, October 11, 2012.

Paula *et al.* 2014. *Social Assistance and Labor Market Programs in Latin America: Methodology and Key Findings from the Social Protection Database*. World Bank Discussion Paper No. 1401. World Bank.

Paxton, Pamela. 2002. "Social capital and democracy: An interdependent relationship." *American sociological review* 67: 254-277.

Persson, Torsten, and Guido Tabellini. 1999. "The Size and Scope of Government: Comparative Politics with Rational Politicians." *European Economic Review* 43, no. 4: 699-735.

_____. 2003. *The Economic Effects of Constitutions*. Cambridge, MA: MIT Press.

Pierson, Paul. 1994. *Dismantling the Welfare State? Reagan, Thatcher and the Politics of Retrenchment*. New York: Cambridge University Press[박시종 옮김. 『복지국가는 해체되는가』. 성균관대학교출판부. 2006].

_____. 1996."The New Politics of the Welfare State." *World Politics* 48, no. 2: 143-79.

_____ 2004. *Politics in Time: History, Institutions, and Social Analysis*. Princeton, NJ: Princeton University Press.

Podolny, Joel M. 2001. "Networks as the Pipes and Prisms of the Market1."*American journal of sociology* 107: 33-60.

Polanyi, Karl. 2001 [1944]. *The Great Transformation: The Political and Economic Origins of our Time*. Boston: Beacon Press[홍기빈 옮김. 『거대한 전환』. 길. 2009]

Polletta, Francesca. 1999. "'Free Spaces' in Collective Action." *Theory and Society* 28: 1-29.

Polletta, Francesca, and James M. Jasper. 2001. "Collective Identity and Social Movements." *Annual Review of Sociology* 27: 283-305.

Pontusson, Jonas, and Peter Swenson. 1996. "Labor Markets, Production Strategies, and Wage Bargaining Institutions: The Swedish Employer Offensive in Comparative Perspective." *Comparative Political Studies* 29, no. 2: 223-50.

Portes, Alejandro, and Julia Sensenbrenner. 1993. "Embeddedness and Immigration: Notes on the Social Determinants of Economic Action." *American Journal of Sociology* 98, no. 6: 1320-50.

Przeworski, Adam. 1985. *Capitalism and Social Democracy*. New York: Cambridge University Press[최형익 옮김. 『자본주의와 사회민주주의』. 백산서당. 1995].

_____. 1991. *Democracy and the Market: Political and Economic Reforms in Eastern Europe and Latin America*. New York: Cambridge University Press[임혁백·윤성학 옮김. 『민주주의와 시장』. 한울. 2019].

Putnam, Robert. 1993. *Making Democracy Work: Civic Traditions in Modern Italy*. Princeton, NJ: Princeton University Press[안청시 외 옮김. 『사회적 자본과 민주주의』, 박영사, 2000].

_____. 2000. *Bowling Alone: The Collapse and Revival of American Community*. New York: Simon and Schuster[정승현 옮김. 『나홀로 볼링』. 페이퍼로드. 2009].

Ragin, Charles, Joane Nagel, and Patricia White. 2003. Workshop on Scientific Foundations of Qualitative Research. Washington, DC: National Science Foundation. Available at www.nsf.gov/pubs/2004/nsf04219/nsf04219.pdf. (검색일: 2016/06/22).

Ramesh, M. 2004. *Social Policy in East and Southeast Asia: Education, Health, Housing, and Income Maintenance*. New York: RoutledgeCurzon.

Rauber, Isabel, ed. 1997. *Profetas del Cambio: CTA, una Experiencia de Construcción de Poder Popular en Argentina*. [An experience of construction of popular power in Argentina] Havana, Cuba: Centro de Recuperación y Difusión de la Memoria Histórica del Movimiento Popular Latinoamericano.

Rawlings, Laura B. 2005. "A New Approach to Social Assistance: Latin America's Experience with Conditional Cash Transfer Programmes." *International Social Security Review* 58, no. 2-3: 133-61.

Republic of China, Council of Labor Affairs. 2015. "Table 20: Important Labor Force Status. Statistics from Statistical Bureau. Available at http://eng.stat.gov.tw/public/data/dgbas03/bs2/yearbook_eng/y020.pdf (검색일: 2015/10/22).

Riley, Dylan. 2005. "Civic Associations and Authoritarian Regimes in Interwar Europe: Italy and Spain in Comparative Perspective." *American Sociological Review* 70: 288-310.

Roberts, Kenneth M. 2006. "Populism, Political Conflict, and Grass-Roots Organization in Latin America." *Comparative Politics* 38, no. 2 (January):

127–48.

_____. 2002. "Social Inequalities Without Class Cleavages: Party Systems and
Labor Movements in Latin America's Neoliberal Era," *Studies in
Comparative International Development* 36: 3–33.

Robnett, Belinda. 1996. "African-American Women in the Civil Rights Movement,
1954–1965: Gender, Leadership, and Micromobilization." *American Journal
of Sociology* 101: 1661–93.

Rochon, Thomas R. 1998. *Culture Moves: Ideas, Activism, and Changing Values.
Prince*. Princeton, NJ: Princeton University Press.

Rocca Rivarola, María Dolores. 2009. "Protagonista opositor, peronista
desplazado: la CGT durante el gobierno de Raúl Alfonsín." *Revista
Mexicana de Ciencias Políticas y Sociales* 207: 137–54.

Roscigno, Vincent J. and William F. Danaher. 2001. "Media and Mobilization: The
Case of Radio and Southern Textile Worker Insurgency, 1929–1934."
American Sociological Review 66:21–48.

Rose, Fred. 2000. *Coalitions across the Class Divide: Lessons from the Labor,
Peace, and Environmental Movements*. Ithaca, NY: Cornell University Press.

Rosenthal, Naomi, Meryl Fingrutd, Michele Ethier, Roberta Karant, and David
McDonald. 1985. "Social Movements and Network Analysis: A Case Study of
Nineteenth-Century Women's Reform in New York State." *American Journal
of Sociology* 90: 1022–54.

Rudra, Nita. 2007. "Welfare States in Developing Countries: Unique or
Universal?"*Journal of Politics* 69, no. 2: 378–96.

_____. 2008. *Globalization and the Race to the Bottom in Developing Countries:
Who Really Gets Hurt?* New York: Cambridge University Press.

Rueda, David. 2005. "Insider-Outsider Politics in Industrialized Democracies: The
Challenge to Social Democratic Parties." *American Political Science Review*
99: 61–74.

_____. 2007. *Social Democracy Inside Out: Partisanship and Labor Market Policy
in Advanced Industrialized Democracies*. Oxford: Oxford University Press.

Rueschemeyer, Dietrich, Evelyne Huber Stephens, and John D. Stephens. 1992.
Capitalist Development and Democracy. Chicago: University of Chicago
Press[박명림 옮김. 『자본주의 발전과 민주주의』. 나남. 1997].

Sabatier, Paul A. 1986. "Top-Down and Bottom-Up Approach to Implementation Research: A Critical Analysis and Suggested Synthesis." *Journal of Public Policy* 6, no. 1: 21-48.

Sandbrook, Richard, Marc Edelman, Patrick Heller, and Judith Teichman. 2007. *Social Democracy in Global Periphery: Origins, Challenges, Prospects.* New York: Cambridge University Press.

Scharpf, Fritz W. 1994. "Games real actors could play positive and negative coordination in embedded negotiations." *Journal of theoretical politics* 6: 27-53.

_____. 1997. *Games Real Actors Play: Actor-Centered Institutionalism in Policy Research.* Boulder, CO: Westview Press.

Schmitter, Philippe C. 1974. "Still the Century of Corporatism?" *The Review of Politics* 36, no. 1: 85-131.

Schneider, Ben Ross, and David Soskice. 2009. "Inequality in developed countries and Latin America: coordinated, liberal and hierarchical systems." *Economy and society* 38: 17-52.

Scipes, Kim. 1992. "Understanding the New Labor Movements in the 'Third World': The Emergence of Social Movement Unionism." *Critical Sociology* 19, no. 2: 81-101.

Scott, W. Richard. 2008. *Institutions and Organizations: Ideas and Interests*, 3rd ed. Thousand Oaks, CA: Sage.

Seidman, Gay. 1994. *Manufacturing Militance: Workers' Movements in Brazil and South Africa, 1970-1985.* Berkeley and Los Angeles, CA: University of California Press.

Sen, Amartya. 1999. *Development as Freedom.* New York: Oxford University Press[김원기 옮김. 『자유로서의 발전』. 갈라파고스. 2013].

Shugart, Matthew Soberg, and John M. Carey. 1992. *Presidents and Assemblies: Constitutional Design and Electoral Dynamics.* New York: Cambridge University Press.

Silver, Beverly J. 2003. *Forces of Labor: Workers' Movements and Globalization since 1870.* New York: Cambridge University Press[백승욱 옮김. 『노동의 힘』. 그린비. 2005].

SINDUSP (Sindicato dos Trabalhadores da USP). 2012. "Vem aí Novamente a

Reforma da Previdência."[Here comes again the pension reform] São Paulo, July 24.

Skocpol, Theda. 1979. *States and Social Revolutions: A Comparative Analysis of France, Russia and China*. New York: Cambridge University Press[한창수·김현택 옮김. 『국가와 사회혁명』. 까치. 1993].

_____. 1992. *Protecting Mothers and Soldiers*. Cambridge, MA: Harvard University Press.

_____. 1999. "How Americans Became Civic." Pp. 27-80 in *Civic Engagement in American Democracy*. Edited by T. Skocpol and M. P. Fiorina. Washington, DC: Brookings Institution Press/Russell Sage Foundation.

Skocpol, Theda, Peter Evans, and Dietrich Rueschemeyer eds. 1985. Bringing the State Back In. New York: Cambridge University Press.

Skocpol, Theda, Marshall Ganz, and Ziad Munson. 2000. "A Nation of Organizers: The Institutional Origins of Civic Voluntarism in the United States." *American Political Science Review* 94: 527-46.

Snow, David. 2004. "Framing Processes, Ideology, and Discursive Fields." Pp. 380-412 in *The Blackwell Companion to Social Movements*. Edited by D. A. Snow, S. A. Soule, and H. Kriesi. Malden, MA: Blackwell.

Snow, David, and Robert D. Benford. 1988. "Ideology, Frame Resonance, and Participant Mobilization." *International Social Movement Research* 197-217.

Snow, David, E. Burke Rochford, Jr., Steven K. Worden, and Robert D. Benford. 1986. "Frame Alignment Processes, Micromobilization, and Movement Participation." *American Sociological Review* 51: 464-81.

Soule, Sarah, and Brayden King. 2006. "The Stages of the Policy Process and the Equal Rights Amendment, 1972-1982." *American Journal of Sociology* 11, no. 6: 1871-909.

Southworth, Caleb, and Judith Stepan-Norris. 2003. "The Geography of Class in an Industrial American City: Connections Between Workplace and Neighborhood Politics." *Social Problems* 50: 319-47.

Staggenborg, Suzanne. 1991. *The Pro-Choice Movement: Organization and Activism in the Abortion Conflict*. New York: Oxford University Press.

Stearns, Linda Brewster, and Paul D. Almeida. 2004. "The Formation of State

Actor-Social Movement Coalitions and Favorable Policy Outcomes." *Social Problems* 51, no. 4: 478-504.

Steinmo, Sven. 2002. "Globalization and Taxation Challenges to the Swedish Welfare State." *Comparative Political Studies* 35, no. 7: 839-62.

Stephens, John D. 1979. *The Transition from Capitalism to Socialism*. London: Macmillan.

Stokes, Susan C. 2007. "Political Clientelism." Pp. 604-627 In *The Oxford Handbook of Comparative Politics*. Edited by Carles Boix and Susan C. Stokes. New York: Oxford University Press.

Strange, Susan. 1997. *Casino Capitalism*. Manchester: Manchester University Press.

Suchman, Mark. C. 1988. "Constructing an institutional ecology: Notes on the structural dynamics of organizational communities." Paper presented at the annual meeting of the American Sociological Association, Atlanta, GA

_____. 1995. "Managing Legitimacy: Strategic and Institutional Approaches." *Academy of Management Review* 20: 571-610.

Suh, Myung-Sahm. 2012. "The Political Turn as an Act of Transgression: The Case of Left-Turned-Right Christian Activists." Paper presented to the conference "Transgression as a Secular Value: Korean in Transition?" Nam Center for Korean Studies, University of Michigan. Held on Oct 25-27, 2012.

Swank, Duane, and Sven Steinmo. 2002. "The new political economy of taxation in advanced capitalist democracies." *American Journal of Political Science*: 642-655.

Swenson, Peter. 1991a. "Bringing Capital Back In, or Social Democracy Reconsidered: Employer Power, Cross-Class Alliances, and Centralization of Industrial Relations in Denmark and Sweden." *World Politics* 43, no. 4: 513-44.

_____. 1991b. "Labor and the Limits of the Welfare State: The Politics of Intraclass Conflict and Cross-Class Alliances in Sweden and West Germany." *Comparative Politics* 23: 379-99.

Swidler, Ann. 1986. "Culture in Action: Symbols and Strategies." *American Sociological Review* 51: 273-86.

Taylor, Verta. 1989. "Social Movement Continuity: The Women's Movement in Abeyance." *American Sociological Review* 54: 761-75.

TCTU. 2000-2005. "Timeline of TCTU's Assistance of or Support for Labor Conflicts." In Chinese. Available at www.tctu.org.tw/front/bin/ptdetail.phtml?Part=achieve009&Category=173 835. (검색일: 2013/02/01).

TCTU . 2005-2013. Press releases. Available at www.tctu.org.tw/front/bin/ptlist.phtml?Category=1737199. (검색일: 2013/02/01). In Chinese.

Terra. 2003. "Lula é vaiado e ovacionado em congresso da CUT." [Lula is booed and cheered in CUT Congress] Portal Terra, June 4, 2003. Available at http://noticias.terra.com.br/brasil/noticias/0,,OI110888-EI1194,00 Lula+e+vaiado+e+ovacionado+em+congresso+da+CUT.html. (검색일: 2014/10/01).

Thelen, Kathleen. 2004. *How institutions evolve: The Political Economy of Skills in Germany, Britain, the United States, and Japan*. New York: Cambridge University Press[신원철 옮김. 『제도는 어떻게 진화하는가』. 모티브북. 2011].

Thelen, Kathleen. 2014. *Varieties of Liberalization and the New Politics of Social Solidarity*. New York: Cambridge University Press.

Tilly, Charles. 1978. *From Mobilization to Revolution*. New York: McGraw-Hill[진덕규 옮김. 『동원에서 혁명으로』. 학문과사상사. 1995].

_____. 1993. "Contentious Repertoires in Great Britain, 1758-1834." *Social Science History* 17: 253-80.

_____. 2005. *Trust and Rule*. New York: Cambridge University Press.

Torre, Juan Carlos. 1990. *La vieja guardia sindical y Perón. Sobre los orígenes del peronismo*. Buenos Aires: Siglo XXI.

Trinta mil protestam contra o desemprego. [Thirty thousands protested against unemployment] Jornal da Tarde, São Paulo, 08/25/1995.

UNCTAD(United Nations Conference on Trade and Development). 2008. "Domestic and External Debt in Developing Countries." Discussion Paper no. 188, March. Data available at http://ideas.repec.org/p/unc/dispap/188.html (검색일: 2016/04/22).

USA Social Security Adminstration. 2014/15. "Social Security Programs throughout the World: Asia and the Pacific, 2014. The Americas, 2015." Available at www.ssa.gov/policy/docs/progdesc/ssptw/ (검색일: 2016/06/02).

Uzzi, Brian. 1997. "Social Structure and Competition in Interfirm Networks: The Paradox of Embeddedness." *Administrative Science Quarterly* 42: 35-67.

Vedres, Balazs, and David Stark. "Structural Folds: Generative Disruption in Overlapping Groups." *American Journal of Sociology* 115: 1150-90.

Voss, K., and R. Sherman. 2000. "Breaking the Iron Law of Oligarchy: Union Revitalization in the American Labor Movement." *American Journal of Sociology* 106, no. 2: 303-49.

Waisman, Carlos H. 1999. "Argentina: Capitalism and Democracy." Pp. 71-130 in *Democracy in Developing Countries: Latin America*. Edited by L. Diamond, J. Hartlyn, J. J. Linz, and S. M. Lipset. Boulder, CO: Lynne Rienner Publishers.

Walzer, Michael. 1984. *Spheres of Justice: A Defense of Pluralism and Equality*. New York: Basic Books.

Waterman, Peter. 1993. "Social-Movement Unionism: A New Union Model for a New World Order?" *Review (Fernand Braudel Center)* 16, no. 3: 245-78[국제연대정책정보센터 옮김. "새로운 사회적 노동조합주의: 신세계 질서를 위한 새로운 노동조합 모델." 피터 워터만, 로날드 뭉크 엮음. 『지구화 시대의 전세계 노동자』. 문화과학사. 2000].

Weingast, Barry R. 1997. "The Political Foundations of Democracy and the Rule of Law." *American Political Science Review* 91, no. 2: 245-63.

Weir, Margaret, Ann Shola Orloff, and Theda Skocpol. 1988. "Introduction: Understanding American Social Politics." Pp. 3-36 In *The Politics of Social Policy in the United States*. Edited by Margaret Weir, Ann Shola Orloff, and Theda Skocpol. Princeton, NJ: Princeton University Press.

Western, Bruce. 1995. "A Comparative Study of Working-Class Disorganization: Union Decline in Eighteen Advanced Capitalist Countries." *American Sociological Review* 60, no. 2: 179-201.

_____. 1997. *Between Class and Market*. Princeton, NJ: Princeton University Press.

Weyland, Kurt. 1996. *Democracy without Equity: The Failure of Reform in Brazil*. Pittsburgh, PA: University of Pittsburgh Press.

Wibbels, Erik. 2006. "Dependency Revisited: International Markets, Business

Cycles, and Social Spending in the Developing World." *International Organization* 60, no. 2: 433-68.

Wibbels, Erik, and John S. Ahlquist. 2011. "Development, Trade, and Social Insurance." *International Studies Quarterly* 55, no. 1: 125-49.

Wilensky, Harold. 1975. *The Welfare State and Equality*. Berkeley: University of California Press.

Wong, Joseph. 2004. *Healthy Democracies: Welfare Politics in Taiwan and South Korea*. Ithaca, NY: Cornell University Press.

Wood, Geoffrey. 2002. "Organizational Unionism and the Possibilities for Perpetuating a Social Movement Role: Representivity, Politics, and the Congress of South African Trade Unions." Labour Studies Journal 26: 29-49.

World Bank. 1994. *Averting the Old-Age Crisis: Policies to Protect the Old and Promote Growth*. New York: Oxford University Press.

_____. 2016. *World Development Indicators*. Washington, DC. Available at http://data.worldbank.org (검색일: 2016/06/22).

Wright, E. O. 2000. "Working-Class Power, Capitalist-Class Interests, and Class Compromise." *American Journal of Sociology* 105: 957-1002.

Yang, Jae-Jin. 2004. "Democratic Governance and Bureaucratic Politics: A Case of Pension Reform in Korea." *Policy & Politics* 32, no. 2: 193-206.

_____. 2010. "Korean Social Concertation at the Crossroads: Consolidation or Deterioration?." *Asian Survey* 50, no. 3: 449-73.

Zald, Mayer N., and John D. McCarthy. 1979. *The Dynamics of Social Movements*. Cambridge, MA: Winthrop.

_____. 1987. *Social Movements in an Organizational Society: Collected Essays*. New Brunswick, NJ: Transaction Books.

Zhao, Dingxin. 2015. *The Confucian-Legalist State: A New Theory of Chinese History*. New York: Oxford University Press.

찾아보기

ㄱ

ㅅ

ㅎ

노동 - 시민 연대는 언제 작동하는가

배태된 응집성과 복지국가의 정치사회학

1판1쇄 | 2019년 7월 22일

지은이 | 이철승
옮긴이 | 박광호

펴낸이 | 정민용
편집장 | 안중철
편집 | 강소영, 윤상훈, 이진실, 최미정

펴낸 곳 | 후마니타스(주)
등록 | 2002년 2월 19일 제300-2003-108호
주소 | 서울 마포구 신촌로14안길 17, 2층 (04057)
전화 | 편집_02.739.9929/9930 영업_02.722.9960 팩스_0505.333.9960

블로그 | humabook.blog.me
페이스북, 인스타그램, 트위터 | @humanitasbook
이메일 | humanitasbooks@gmail.com

인쇄 | 천일문화사_031.955.8083
제본 | 일진제책사_031.908.1407

값 25,000원

ⓒ 이철승, 2019
ISBN 978-89-6437-331-6 94300
      978-89-90106-64-3 (세트)

이 도서의 국립중앙도서관 출판시도서목록(CIP)은 e-CIP홈페이지(http://www.nl.go.kr/ecip)와
국가자료공동목록시스템(http://www.nl.go.kr/kolisnet)에서 이용하실 수 있습니다.
(CIP제어번호: CIP2019025617)